CASOS JULGADOS

Des. José Osório
de Azevedo Júnior

CASOS JULGADOS

EDITORA SINGULAR

A994c Azevedo Junior, José Osório

Casos julgados. / José Osório Azevedo Junior. São Paulo: Singular, 2017.

768 p.

ISBN: 978-85-86626-91-3

1. Decisão judicial, São Paulo (Estado). 2. Tribunal de justiça, Jurisprudência, São Paulo (Estado). I. Título.

CDU: 347.953

Revisão: Paola Morsello e Maria Antonietta Mascolli
Capa e Diagramação: Brandão Design

Editora Singular Ltda.
Tel/Fax: 55 11 3862-1242
www.editorasingular.com.br
singular@editorasingular.com.br

SUMÁRIO

1982 - 2002

PREFÁCIO

Foi com grande honra - umas das maiores da minha carreira jurídica até aqui -, que recebi o convite para prefaciar esta obra, que reúne os principais julgados da lavra do Professor e Desembargador José Osório de Azevedo Júnior.

Conheci o autor na III Jornada de Direito Civil, realizada em Brasília em 2004, promovida pelo Conselho da Justiça Federal, com o intuito de elaborar enunciados doutrinários sobre o então Novo Código Civil Brasileiro. Pela primeira vez, então com 28 anos, eu participava daquele evento, na comissão de Direito das Obrigações, Contratos e Responsabilidade Civil, que teve a presidência do Professor Antonio Junqueira de Azevedo (no primeiro dia) e do Professor José Osório de Azevedo Júnior (no segundo dia).

Na ocasião, chamaram-me muito a atenção a elegância, a técnica e a desenvoltura do Professor José Osório, então conhecido por mim apenas pela fama, apesar de cursar o Mestrado, à época, na Pontifícia Universidade Católica de São Paulo, onde era ele professor. Muitas foram as lições que o jurista me transmitiu naqueles dois dias de convivência acadêmica, razão pela qual passou a ser uma referência para mim.

Nos anos seguintes, pude estudar a fundo os seus trabalhos, especialmente os dedicados à compra e venda e ao contrato preliminar. Pude também conhecer alguns de seus julgados no Tribunal de Justiça de São Paulo, com grande destaque para o proferido no famoso caso da "favela Pullman", um acórdão revolucionário, que melhor aplica o princípio da função social da propriedade em nosso País e que, felizmente, foi confirmado pelo Superior Tribunal de Justiça (Recurso Especial n. 75.659/SP, julgado no ano de 2005).

Assim, o Professor e Desembargador José Osório passou a ser referencial teórico em minhas aulas sobre compra e venda, Direito das Coisas e propriedade. Passou a ser um dos meus professores, apesar de eu nunca ter sido seu aluno direto, e uma de minhas coincidências acadêmicas: somos ambos graduados pelo Largo de São Francisco e mestres pela PUC/SP.

Com ele muito aprendi, o que me motivou a escrever um artigo científico em sua homenagem, comparando o paradigmático julgado "Pullman" com a desapropriação judicial privada por posse-trabalho (art. 1.228, §§ 4.º e 5.º, do Código Civil), publicado na *Revista de Direito Privado* da RT, no ano de 2013. Tal comparação, aliás, igualmente consta do meu livro *Direito Civil*, Volume 4, da Editora Forense, dedicado ao Direito das Coisas, servindo como base para o estudo da correta aplicação do princípio da função social da propriedade no Brasil.

Em ocasiões sucessivas pude reencontrar o Professor, especialmente nas Jornadas de Direito Civil, promovidas pelo mesmo Conselho da Justiça Federal entre os anos de 2006 a 2016, tendo sempre José Osório uma participação ativa como protagonista da comissão de Direito das Coisas.

Chamou-me muito a atenção a forma como o jurista apresenta esta obra. Destaco suas palavras: "é frequente as pessoas que chegam à velhice terem a tentação de escrever as suas memórias. Principalmente quando gostaram da própria vida. Isto também se passou comigo. Mas entendi que a parte substancial de minhas memórias e que podia apresentar alguma utilidade para terceiros estava no período de 21 anos de judicatura. Ou seja, a parte fundamental das memórias consistiu exatamente nas decisões que foram proferidas nesse período".

Penso que não são apenas os seus julgados que trazem vasta utilidade aos mais novos. A sua exemplar conduta é também vital para a construção de nosso País, sempre mergulhado em sérios problemas éticos. As suas lições como doutrinador e como professor também nunca serão apagadas, pois marcaram o nosso Direito Privado. José Osório de Azevedo Júnior é um baluarte, um esteio pessoal para os que o sucedem. Foi para mim. E continuará sendo para muitos outros.

Muito obrigado por tudo o que fez e faz pelo Direito Civil brasileiro, Professor.

Vila Mariana, São Paulo, frio mês de junho de 2016.

FLÁVIO TARTUCE[1].

1. Doutor em Direito Civil pela USP. Mestre em Direito Civil Comparado pela PUC/SP. Professor do programa de Mestrado e Doutorado da FADISP – Faculdade Especializada em Direito. Professor nos cursos de Graduação e Pós-graduação *lato sensu em* Direito Privado da EPD – Escola Paulista de Direito, sendo coordenador dos últimos. Professor da Rede LFG. Diretor nacional e estadual do IBDFAM – Instituto Brasileiro de Direito de Família. Advogado, consultor jurídico e parecerista em São Paulo.

APRESENTAÇÃO

É frequente as pessoas que chegam à velhice terem a tentação de escrever as suas memórias. Principalmente quando gostaram da própria vida.

Isto também se passou comigo. Mas entendi que a parte substancial de minhas memórias e que podia apresentar alguma utilidade para terceiros estava no período de 21 anos de judicatura em segundo grau. Ou seja, a parte fundamental das memórias consistiu exatamente nos votos que foram proferidos nesse período.

Os votos ora editados, em sua maioria, já foram publicados anteriormente, mas ficaram praticamente inacessíveis, dispersos nas revistas de jurisprudência, principalmente *Julgados dos Tribunais de Alçada*, *Jurisprudência do Tribunal de Justiça* e *Revista dos Tribunais*.

O levantamento desses votos – e principalmente daqueles que não constaram das revistas – só foi possível graças à colaboração de algumas pessoas: dos netos bacharéis, Maria Clara e Felipe de Azevedo Morgulis; do filho José Osório Neto, engenheiro, que conseguiu garimpar votos em computadores obsoletos; e do sobrinho e editorialista Beto Furquim. Também foi fundamental o ex-aluno José Carlos Busto, da Editora Singular, que sugeriu a publicação.

Agradeço muito à minha mulher, Laís, professora e Doutora em Linguística, que tanto contribuiu para dirimir as frequentes dúvidas de linguagem.

Esta edição apresenta, subjacente, uma espontânea prestação de contas à sociedade, que me incumbiu do grave dever de julgar.

A separação em capítulos é um tanto aleatória: muitos votos poderiam ser colocados em mais de um capítulo. Assim, um compromisso registrado poderia estar no capítulo de contratos ou no de direitos reais; como também os casos de responsabilidade civil contratual e extracontratual, ou de títulos de crédito vinculados a determinados contratos. Recomenda-se que o leitor se guie pelo índice alfabético-remissivo.

A simples observação do índice mostra a variedade dos temas, decorrência natural da amplitude da competência dos tribunais estaduais.

Nenhum dos casos foi processado em segredo de justiça, estando os votos, portanto, em domínio público, podendo ser consultados nos arquivos dos respectivos tribunais.

Esclareço ainda que muitos votos não apresentam maior complexidade jurídica e foram selecionados porque as questões de fato foram consideradas interessantes.

Dedico a presente publicação ao Tribunal de Justiça do Estado de São Paulo, aos colegas contemporâneos e à memória dos que já se foram.

1

POSSE, PROPRIEDADE E DIREITOS REAIS

APELAÇÃO N. 291.722

ACÓRDÃO

Vistos, relatados e discutidos estes autos de Apelação 291.722, da comarca de São Paulo, em que são apelantes H.L.R. e outros, I.T.O. e outro e M.C.V.M. e outros, sendo apelados M.C.V.M. e outros e I.T.O. a e outro:

Acordam, em 3.ª Câmara do 1.º Tribunal de Alçada Civil, agravo retido improvido, por votação unânime: rejeitar a preliminar de nulidade, contra o voto do Revisor, e, no mérito, negar provimento ao recurso dos autores, contra o voto do Revisor, que o provia; dar provimento aos recursos dos réus H.L.R. e outros e I.T.O. e outro, contra o voto do Revisor.

1. Agravo retido de fls. não deve ter provimento, porque a intervenção do Ministério Público, em casos como o presente, não é de lei e, portanto, o MM. Juiz não estava obrigado a ordenar a intervenção do mesmo. Observe-se que o usucapião foi argüido como mera exceção, gerando efeitos apenas como defesa, no sentido de afastar a pretensão dos autores.

Além disso, o agravo trata de matéria preliminar que teria o mesmo destino da seguinte, isto é, do pedido de decretação da nulidade do feito por falta de citação do marido de uma das rés apelantes.

Tais matérias preliminares são consideradas prejudicadas, nos termos do § 2.º do art. 249 do CPC, uma vez que a decisão pelo mérito é favorável à parte a quem aproveitaria a declaração da nulidade.

Assim sendo, é negado provimento ao agravo retido e considerada prejudicada a alegação de nulidade por falta de citação.

2. Os autores declaram-se proprietários e possuidores da quadra 160 do antigo Sítio T., localizada junto à Av. [...], nesta Capital, com área total de

9.540 m². Desse total, 3.000 m² acham-se arrendados para um chacareiro e, no restante, segundo informa a inicial, foi se instalando uma favela, a partir de 1965. Pretendem os autores, com a presente demanda, sua reintegração na posse da área indevidamente ocupada pelos réus.

A ação, entretanto, não procede, *data venia*.

A hipótese, aliás, não é de carência, mas de improcedência da ação, dada a ausência de atos materiais relativos à posse que estariam os autores a exercer e que teria sido esbulhada.

Pelo que já se disse acima, vê-se que o litígio é típica e exclusivamente possessório, isto é, o campo de discussão é a posse, que, justa ou injusta, produz efeitos jurídicos e que, na linguagem de Lafayette, "tem vida própria e independente" *(Direito das Coisas*, p. 11). Da mesma forma, vê-se que se está no campo do *jus possessionis*, e não do *jus possidendi*, isto é, no campo possessório autêntico, e não no possessório como emanação do domínio. "No *jus possidendi* se perquire o direito, ou qual o fato em que se estriba o direito que se argúi." "No *jus possessionis*, entretanto, o conteúdo do direito é a posse; defender-se-á essa relação da pessoa com a coisa, sem a averiguação do direito" (cf. Octávio Moreira Guimarães, *Da Posse e seus Efeitos*, p. 22).

3. Uma certa aparência de posse há que se reconhecer que os autores tiveram. São todos eles sucessores de C.V.M., havendo adquirido o imóvel com o falecimento deste, em 1940 (fls.). O inventário foi demorado, homologando-se a partilha em 1959 (fls.), expedido o formal em 19.3.70 (fls.). A ação foi proposta em 10.4.79, admitindo a inicial, expressamente, que a favela começou a se formar em 1965. Os autos revelam, entretanto, que antes de 1965 já havia posseiros no imóvel. É o que afirmam as duas testemunhas ouvidas por determinação do Juízo, os dois chacareiros que, como sócios entre si, exploram a parte não ocupada por favela. A testemunha M.J.T.S. diz que plantou na gleba a partir de 1956 e que, quando se instalou no local, "havia alguns barracos de madeira lá, já ocupados por algumas famílias", e que "o número desses barracos aumentou no curso dos anos". Afirma, ainda, que parou de plantar em 1962, deixando lá um preposto. No mesmo sentido depôs a testemunha A.R.C., esclarecendo que, ao chegar à gleba, em 1958, já lá havia alguns barracos, ocupados por famílias.

Por outro lado, as próprias testemunhas dos autores deixam claro que a área não era cercada, que não tinha benfeitorias; que a única exploração foi a dos referidos chacareiros e que o número de ocupantes cresceu progressivamente.

Assim, portanto, resulta claro que a posse dos autores era uma posse exercida à distância e sem sinais de apreensão material da coisa.

Ora, é sabido que a teoria da posse, no correr de sua evolução, sofreu, de fato, um processo de "espiritualização", dispensando muitas vezes a existência de atos concretos sobre a coisa, processo esse que admitiu a posse indireta e que chegou ao máximo de reconhecer até uma posse sem *corpus* nem *animus*, como ocorre com a posse atribuída ao herdeiro, ainda que este ignore a morte do *de cujus*. Mas todos esses casos sempre foram considerados excepcionais e consistentes em autênticas infrações à dogmática da posse, ou, como diz Lafayette, como um "desvio da teoria fundamental" (ob. cit., p. 25), e em regra não podem se equiparar a situações possessórias autênticas, isto é, aquelas em que se tem de fato a coisa no próprio poder (cf., por todos, Windscheid, *Diritto delle Pandette*, 1/507). Saber em que consiste esse poder de fato, que não é definido pela lei, é outro passo.

Não é demais lembrar, por curioso, que exatamente em torno desse fato concreto (a posse) se verificaram as elucubrações e disputas mais abstratas, talvez da história do Direito, para se chegar, modernamente, na própria pátria de Savigny e lhering, à conclusão de que: "En verdad, han fracasado todos los intentos hechos para precisar este concepto (de poder de fato). Trátase de un concepto elemental. Es la opinión general la que ha de dar la pauta para juzgar si la relación entre una persona y una cosa es o no un señorío de hecho. *Señorío es lo que aparece como tal ante la conciencia común*" (os grifos são dos autores - cf. Enneccerus, Kipp e Wolff, 'Derecho de Cosas", in *Tratado de Derecho Civil*, v. I, t. III/28).

No caso dos autos, os dados da consciência comum levam à conclusão segura de que a posse que teriam os autores não passava de uma posse decorrente da herança de Carlos Vieira de Moraes, falecido em 1940, e que não se traduziu em atos de dominação sobre a coisa, a ponto de não haver qualquer reação contra o apossamento lento e progressivo por parte de terceiros, a partir de uma época anterior a 1956, como seguramente está demonstrado.

Não cercando o imóvel, não realizando nele qualquer benfeitoria, mantendo-o em condomínio *pro indiviso*, arrendando parte por aluguel rigorosamente simbólico (Cr$ 30,00 por mês, em 1980 - fls.) para dois chacareiros que se retiraram do imóvel em 1962, lá deixando um mero preposto deles, chacareiros, chega-se à iniludível conclusão de que a posse que os autores possam ter tido sobre o imóvel não passou de mera posse civil (em oposição à posse natural, como dizem diversos autores), inteiramente abstrata e demonstrada só por elementos de direito numa matéria em que o que interessa é o fato, e não o direito. Bem examinado o caso, vê-se que a alegada posse dos autores não é posse propriamente dita, e sim uma lembrança, uma saudade da posse de seus antecessores.

Em suma, não tendo os autores provado sua posse sobre o imóvel; estando, mesmo, admitido por eles, com a habitual lealdade e probidade, que a ocupação se iniciou 14 anos antes da propositura da ação, esta não pode, mesmo, vingar.

Nesse sentido têm decidido tranquilamente nossos Tribunais: sem posse anterior devidamente comprovada, não se admite a reintegratória. As razões de fls. citam jurisprudência nessa orientação, valendo ressaltar a Ap. 77.491, de Recife, relatada pelo eminente Prof. José Lopes de Oliveira: "A posse jurídica, emanada de título dominial por si só, não basta para o exercício da ação possessória".

Acrescentem-se, ainda: *RTJ* 25/270 e *RT* 512/203, 498/107 e 515/247.

4. O caso em foco, porém, não pode ser examinado apenas à luz da doutrina tradicional, embora esta, como vimos, também seja suficiente para solucionar o presente litígio possessório.

Ocorre que, a partir da vigência do Código Civil (1916), houve evidentes e profundas modificações no sistema do direito de propriedade e suas manifestações. As alterações aparecem de modo vigoroso no Direito Constitucional, consoante se nota das Cartas de 1934 em diante. Acontece que os sistemas jurídicos sobre a propriedade nas Constituições e no Código Civil permaneceram estanques, correndo paralelamente por canais autônomos, independentes, sem qualquer intercomunicação e sem o indispensável fluxo de influência da norma maior e posterior sobre a norma menor e anterior.

A Constituição atual (1969) como se sabe, consagrou o princípio da função social da propriedade, estipulando expressamente, em seu art. 160, que "a ordem econômica e social tem por fim realizar o desenvolvimento nacional e a justiça social", com base, entre outros, naquele mencionado princípio.

Tal norma constitucional é de caráter programático, surgindo com freqüência o entendimento segundo o qual deve ela ser tida como contendo mera recomendação, conselho, desejo (algo assim como um voto de boas festas...).

Esse entendimento, mais de odor político, afasta-se, *data venia*, da Ciência do Direito e não resiste à análise jurídica do texto.

A matéria já vem trabalhada há tempos pela doutrina nacional e já não oferece, hoje, maiores dificuldades.

O grande Rui já dizia não haver, "numa Constituição, cláusulas, a que se deva atribuir meramente o valor moral de conselhos, avisos ou lições. Todas têm força imperativa de regras, ditadas pela soberania nacional ou popular aos seus órgãos" (*Comentários à Constituição Federal*, Saraiva, 1933, p. 489, apud José Afonso da Silva, *Aplicabilidade das Normas Constitucionais*, Ed. Revista dos Tribunais, 1968, p. 68).

Para Pontes de Miranda, "regras jurídicas programáticas são aquelas em que o legislador, constituinte ou não, em vez de editar regra jurídica de aplicação concreta, apenas traça linhas diretoras, pelas quais se hão de orientar os Poderes Públicos". Mas, prossegue o jurista: "A legislação, a execução e a própria Justiça ficam sujeitas a esses ditames, que são como programas dados à sua função" (*Comentários à Constituição de 1967*, t. 1/26 e 27, apud José Afonso da Silva, ob. cit., p. 131).

José Afonso da Silva, na obra supra-referida, que já se tornou clássica, distingue as normas constitucionais de eficácia plena, normas de eficácia contida e normas de eficácia limitada, entre as quais inclui as programáticas. Mas deixa claro que, embora programáticas, têm estas "eficácia jurídica imediata, direta e vinculante" em diversos casos, entre os quais naqueles em que tais normas "constituem sentido teleológico para a interpretação, integração e aplicação das normas jurídicas", "condicionam a atividade discricionária da Administração e do Judiciário" e "criam situações jurídicas subjetivas, de vantagem ou de desvantagem" (ob. cit., p. 150). E diz, ainda, o eminente Professor da USP: "Normas programáticas do art. 157, III ('função social da propriedade' - da CF de 1967, atual art. 160, III, da CP vigente) [...] já tutelam mais intensamente os interesses referidos. Delas surge interesse legítimo, que fundamente sua invocação para embasar solução de dissídios em favor de seus beneficiários. O princípio da função social da propriedade, p. ex., pode ser invocado contra o abuso desse direito...". "Tais normas programáticas se encontram no limiar da plena eficácia. Tutelam interesses legítimos que são, como alguém já disse, um direito subjetivo *in fieri*" (ob. cit., p. 1611).

José de Oliveira Ascenção, uma das maiores autoridades em matéria de direitos reais, referindo-se à hipótese do Direito português, semelhante à nossa, afirma, expressamente, que "o princípio da função social é suscetível de uma imediata repercussão". "A Constituição (portuguesa de 1933) estabeleceu um princípio geral, a cuja luz terão de ser apreciadas as normas constantes das leis ordinárias. Conseqüentemente, todas as regras incompatíveis com o princípio constitucional devem considerar-se revogadas. Em numerosos casos o preceito constitucional vai revelar-se decisivo na interpretação das fontes atuais" (*Direitos Reais*, Lisboa, 1971, p. 144).

5. Na realidade, o preceito do art. 160, III, da CF (1969) está a determinar ao Legislativo e ao Executivo que sejam elaboradas e postas em prática leis que atendam àquele princípio e que estão esses Poderes proibidos de legislar e administrar sem levar em conta a função social da propriedade.

E em relação ao Judiciário é determinado que as leis, os negócios jurídicos e as situações jurídicas devem ser examinados à luz do importante princípio de que é vedado decidir contrariamente a ele, sendo certo que o Judiciário, com a sobriedade inerente à sua atuação, saberá bem distinguir as situações jurídicas inconciliáveis com aquele comando constitucional.

No caso dos autos, visto o ponto de litígio sob esse prisma, é impossível deixar de vê-lo. Assim, máxime ao se lembrar do art. 5.º da Lei de Introdução, percebe-se que aquela posse civil que os autores herdaram de Carlos Vieira de Moraes e que perderam no correr dos anos não pode, de forma alguma, legitimar a reintegração pretendida.

Repita-se que os autores deixaram abandonado o imóvel, em região que foi se tornando superpopulosa, e que os réus deram a esse imóvel urbano uma destinação social palpável, isto é, utilizaram-no como suas moradias.

Não há prova alguma nos autos de que os possuidores sejam marginais, do ponto de vista jurídico-penal, como foi insinuado em algumas passagens, nem mesmo de que se trata de uma população flutuante, o que poderia recomendar, eventualmente, a não aplicação do princípio constitucional. A realidade de São Paulo, aliás, leva à presunção oposta, isto é, de que se trata de pessoas comuns, pois as favelas cada vez mais se estabilizam, e a única conclusão segura que se pode tirar em relação ao seu habitante é de ordem econômica, isto é, de que ele é pobre, sendo precipitado tê-lo como marginal ou vadio pelo só fato de residir em favela.

6. Diante de todo o exposto, é de se concluir que o recurso dos réus H.L.R. e outros merece provimento para o fim de julgar improcedente a ação, condenados os autores nas custas e em honorários, que são arbitrados em 10% sobre o valor dado da causa.

7. O recurso dos autores não deve ser provido. O reconhecimento de usucapião em favor dos réus I.T.O. e seu filho foi bem decidido pelo MM. Juiz.

As insuspeitas testemunhas ouvidas por determinação do Juízo foram categóricas em afirmar que, quando chegaram no local (1956 e 1958), já havia barracos de moradores, o que vem pôr por terra a afirmação dos autores e de suas testemunhas de que a favela começou a se formar a partir de 1965. Já as testemunhas dos réus asseveram que eles moram no barraco há mais de 20 anos (fls.).

A prova documental não é desfavorável aos réus, como querem fazer crer os autores. O fato de aparecerem os réus na Bahia, num certo momento, não lhes retira a posse, pois há indícios seguros de que efetivamente residiram sempre no local, com pequena plantação, estando o barraco já há algum tempo com luz elétrica. Como muito bem lembrou o eminente 3.º Juiz, "a circunstância de o contestante haver estado algum tempo na Bahia não é suficiente para elidir o exercício da posse, exatamente como não o foi a ausência do chacareiro, em viagem para outro continente", ocasião em que continuou a manter posse de parte da área em favor dos autores. Também não desfavorecem os autores os documentos juntados com sua apelação, pêlos quais se vê que, quando do casamento de I.T.O. (1957), foi indicado como residência dos nubentes outro endereço. Ocorre que a ação foi proposta 23 anos após, isto é, em 1979, havendo tempo suficiente para o usucapião extraordinário mesmo após a data indicada naqueles documentos. Além disso, é preciso assinalar que tais documentos foram juntados já em fase de recurso, não tendo tido os réus oportunidade para, no curso do processo, fazer a contraprova que poderia caber. Diante do conjunto probatório, a versão que apresenta maior credibilidade é a que decorre dos depoimentos das testemunhas dos réus.

Assim sendo, é negado provimento ao recurso dos autores. Fica declarado, contudo, que o reconhecimento do usucapião em favor dos apelados está, por ora, a produzir efeitos apenas como defesa.

8. O recurso dos réus I.T.O. e filho, versando apenas sobre honorários, deve ser provido, pois a condenação da sentença representará verba insignificante. Considerando a dificuldade da demanda e o trabalho executado, deve a verba ser fixada em Cr$ 15.000,00.

Diante do exposto, é dado provimento às apelações dos réus e negado provimento ao recurso dos autores.

Presidiu o julgamento, com voto vencido, o Juiz Paulo Shintate e dele participou o Juiz Fonseca Tavares.

São Paulo, 2 de dezembro de 1981.

José Osório, Relator, Paulo Shintate, vencido com declaração de voto em separado.

Fonte: *JTA Lex* 74/162

Observação: Este acórdão teve boa acolhida e foi publicado também no *Boletim da AASP* de 16.08.1982, mas sucumbiu em Embargos Infringentes – *RT* 565/105.

Foi também publicado em: *Direitos imobiliários da população urbana de baixa renda*, São Paulo, Editora Sarandi, 2011, p. 141-150.

❖❖❖

APELAÇÃO N. 289.180

CONDOMÍNIO – Despesas condominiais – Rateio entre os condôminos – Irrelevância de, na espécie, tratar-se de unidade autônoma independente – Exclusão, entretanto, das verbas que não a beneficiam.

O condômino de unidade utilizada autonomamente não se exime de participar das despesas condominiais, excluídas aquelas que não a beneficiam.

N. 289.180 – Capital – Apelante: S.S. – Apelado: Condomínio Edifício S.B.

ACÓRDÃO

Vistos, relatados e discutidos estes autos de Apelação 289.180, da comarca de São Paulo, em que é apelante S.S. e apelado Condomínio

Edifício S.B., neste ato representado por sua síndica, F.H.M.: Acordam, em 3.ª Câmara do 1.º Tribunal de Alçada Civil, por votação unânime, negar provimento ao recurso.

Despesas de condomínio estão sendo cobradas através de procedimento sumaríssimo, tendo a r. sentença de fls., cujo relatório é adotado, julgado a ação procedente em parte, determinando a exclusão de verbas que não beneficiam o réu, cuja unidade está situada ao rés do chão, com saída e medidores próprios. Foi o réu condenado a pagar o que for fixado em execução, excluídas aquelas verbas, mais juros, correção monetária, multa, custas e honorários de 10% do valor da condenação.

Apelou somente o réu, insistindo na improcedência total da ação, seja porque a própria sentença reconhecera que havia verbas indevidas, seja porque sua unidade é totalmente autônoma, sendo que a cobrança está sendo feita somente após irregular deliberação de assembleia.

O recurso foi regularmente processado e respondido.

É o relatório.

VOTO

O recurso não deve ter provimento.

Embora a loja do apelante tenha numeração própria e seja utilizada autonomamente, não há dúvida de que compõe o Condomínio Edifício S.B., devendo participar das despesas condominiais.

A r. sentença já fez excluir as verbas referentes à letra "e" do art. 10 da convenção, isto é, as despesas de força, luz, água e gás das coisas e partes comuns, pois para estas o apelante tem medidores próprios.

O apelado está regularmente constituído e as verbas cuja cobrança foi mantida estão regularmente previstas, não sendo de se aceitar a alegação de irregularidade de alteração da convenção, pois, até a declaração de nulidade da mesma, ela está produzindo normalmente os seus efeitos.

A r. sentença bem decidiu a questão e deve ser mantida, por seus próprios fundamentos, pelo que é negado provimento ao recurso.

Presidiu o julgamento, com voto, o Juiz Paulo Shintate e dele participou o Juiz Fonseca Tavares.

São Paulo, 24 de fevereiro de 1982.

José Osório, Relator.

Fonte: *RT* 559/133

APELAÇÃO N. 293.688

DIREITO DE VIZINHANÇA – Pretensão ao fechamento de vão de muro – Ação de cunho nitidamente pessoal – Desnecessidade da participação das esposas dos litigantes – Nulidade rejeitada.

ACÓRDÃO

Vistos, relatados e discutidos estes autos de Apelação n. 293.688, da Comarca de São Paulo, sendo apelante A.O. e apelado S.N.:

ACORDAM, em Terceira Câmara do Primeiro Tribunal de Alçada Civil, rejeitada a matéria preliminar por votação unânime, no mérito, por igual votação, dar provimento parcial para os fins que constarão do acórdão.

Ação desenvolvida pelo rito sumaríssimo e visando compelir vizinho à execução de obras foi julgada procedente pela r. sentença de fls., cujo relatório é adotado, condenando o réu a fechar o vão aberto em sua garagem, retirar a telha que invade a propriedade do autor, bem como nas custas do processo, salários de perito e assistentes técnicos e honorários de Cr$ 20.000,00.

Apelo do vencido, alegando, preliminarmente, a nulidade do processo por não ter tido a participação das mulheres, dada a natureza real da demanda. No mérito, alega que os carros que ficam em sua garagem em nada prejudicam o autor, pois a poluição existe em toda a cidade; que o perito e o assistente técnico do autor não se houveram com acerto, pois apenas emitiram opiniões; que a razão está com seu assistente técnico, o qual se baseou em dados e esclarecimentos fornecidos pela Cetesb; que a telha cuja retirada foi determinada não invade o terreno do autor; que a verba referente ao laudo anterior à ação é indevida; que os honorários dos peritos e de advogado são excessivos, tendo em vista principalmente o diminuto valor da causa; que a sentença deve ser reformada, para dar pela carência ou improcedência da ação, ou para que seja determinada perícia específica para o caso.

O recurso foi processado regularmente, com resposta que procura demonstrar o acerto da decisão.

É o relatório.

VOTO

O recurso só merece provimento em pequena parte.

Não há a alegada nulidade, pois a ação é de cunho nitidamente pessoal. O que o autor deseja é que o réu faça pequenas obras para evitar dano que está ocorrendo. O fato de a ação se fundar no direito de vizinhança não lhe dá o caráter de real. Até mesmo as obrigações *propter rem*, tão comuns no direito de vizinhança, não se confundem com o direito real, e as ações que versam sobre elas não são consideradas reais. No caso, a pretensão do autor não vai além de exigir o cumprimento de mera obrigação de fazer, por isso que se baseou no art. 634 do CPC. Além disso, casos como os dos autos sempre foram resolvidos, no regime do Código anterior, através da ação cominatória (cf. San Tiago Dantas, *O conflito de vizinhança e sua composição*, 2. ed., p. 196).

O perito e o assistente técnico do autor concluíram categoricamente que o vão deixado na garagem do réu, que abriga três carros, faz com que os gases se dirijam com maior intensidade para os quartos do imóvel do autor. Aliás, as fotografias de fls. mostram que aquela conclusão é francamente plausível.

Não é de se considerar o problema da poluição geral que não vai ser aumentada nem diminuída com as obras pretendidas. Trata-se de mera questão de vizinhança e, nesse ponto, como bem acentuou o perito, a razão está com o autor. Cumpre ressaltar que as obras pretendidas pelo autor são mínimas e pouco onerosas para o réu, pois foram orçadas em cerca de Cr$ 3.000,00.

A r. sentença decidiu muito bem a questão e deve ser confirmada, por seus próprios fundamentos, salvo na parte que condenou o réu nos honorários do engenheiro consultado pelo autor antes da propositura da ação (fls.), verba essa de Cr$ 15.000,00. Ocorre que esse mesmo engenheiro funcionou como assistente técnico do autor (fls.) e manter as duas verbas onera excessivamente o réu.

Assim, é dado provimento parcial ao recurso, apenas para o fim de afastar a condenação no reembolso da despesa de fls., supra-referida, confirmando-se no mais a bem lançada sentença.

Presidiu o julgamento, com voto, o Juiz Paulo Shintate e dele participou o Juiz Fonseca Tavares.

São Paulo, 16 de junho de 1982.

José Osório, Relator.

Fonte: *JTA Saraiva* 77/108.

❖❖❖

APELAÇÃO N. 292.454

POSSESSÓRIA – Reintegração de posse – Litígio sobre gleba de mata – Prova suficiente da propriedade, formulada pelos autores, além da prioridade dos atos de sua administração sobre atos de poder físico e direto sobre a coisa – Esbulho configurado pela tentativa de cercar a área – Ação procedente – Sentença.

ACÓRDÃO

Vistos, relatados e discutidos estes autos de Apelação n. 292.454, da Comarca de Bauru, em que são apelantes S.A.S. e Sua Mulher e apelados K.S. e Sua Mulher:

ACORDAM, em Terceira Câmara do Primeiro Tribunal de Alçada Civil, por votação unânime, negar provimento ao recurso.

O recurso não merece provimento.

A área objeto da ação – 14,07 alq. de mata – pertence efetivamente aos autores-apelados. As provas testemunhal e pericial não deixaram nenhuma dúvida a esse respeito. Não está ela incluída nos 107 alq. da Fazenda S.R., pertencente aos réus, cuja origem remonta a duas glebas de B.S.F. (25 alq. adquiridos de seu pai e 89 de B.F., sendo que 7 alq. foram desapropriados), admitindo os réus que a área em litígio provém de B.F. Este, contudo, depondo em Juízo, deixou claro que a gleba por ele vendida não incluía a do litígio. Tal depoimento encontra apoio no de Benito Sanches Filho, que esclareceu que tal área pertenceu a seu pai, e não a ele.

A área em questão, perfeitamente caracterizada na planta que acompanha o laudo pericial (fls.), como também na planta aerofotogramétrica de fls., pertenceu a R.S.C., que vendeu para J.M.N. e sua mulher, que venderam para os autores (cf. laudo de fls.).

No que diz respeito ao aspecto possessório propriamente dito, a razão também está com os autores. A gleba em litígio é de mata, conforme se vê de fls., e, assim, os atos possessórios hão de ser buscados mais naquele conjunto de circunstâncias a que se referia Ihering em trecho citado pela sentença, do que em atos de poder físico e direto sobre a coisa, como ocorre no comum dos casos.

O fato é que, recebendo a área de seus antecessores e cultivando-a em grande parte, os autores por certo que exerceram posse sobre o imóvel todo, inclusive, é claro, sobre a parte não desmatada, que é a litigiosa. E sobre esta os autores revelaram seu poder ao requererem à Casa da Agricultura (representativa do IBDF) licença para desmatar.

Já os réus não receberam posse de seus antecessores porquanto estes não tinham propriedade nem posse sobre a gleba. E o fato de haver mandado fazer levantamento dessa área não é suficiente para, diante do conjunto das circunstâncias, concluir que quem tinha posse seriam os réus.

O esbulho ficou plenamente caracterizado com a tentativa de cercar a gleba, no que foram os réus obstados pelos autores.

A r. sentença, da lavra do Dr. Luís Carlos de Barros, com suas 39 páginas, esmiuçou a prova com extrema acuidade e está muito bem fundamentada. É irretocável e deve ser confirmada, por seus próprios e jurídicos fundamentos.

Presidiu o julgamento, com voto, o Juiz Paulo Shintate e dele participou o Juiz Fonseca Tavares.

São Paulo, 11 de agosto de 1982.

José Osório, Relator.

Fonte: *JTA Saraiva* 79/55

EMBARGOS INFRINGENTES N. 289.410

POSSESSÓRIA – Reintegração de posse – Compromissos de compra e venda, por contratos particulares, outorgados a pessoas diversas – Imóvel entregue à segunda pelos promitentes-vendedores, sem que jamais o tivesse ocupado – Situação dessa compromissária-compradora que deve ser resolvida por outra forma – Afastada a hipótese de constituto-possessório tácito, diante do quadro probatório – Embargos rejeitados.

ACÓRDÃO

Vistos, relatados e discutidos estes autos de Embargos Infringentes n. 289.410, da comarca de São Paulo, sendo embargante M.P.S. e embargado N.S.O.:

ACORDAM, em Segundo Grupo de Câmaras do Primeiro Tribunal de Alçada Civil, por votação unânime, rejeitar os embargos.

Os embargos, *data venia*, são rejeitados.

O litígio possessório se travou entre dois compromissários-compradores de um mesmo imóvel. O compromisso da embargante é anterior – de 27.8.1979 – enquanto o do embargado é de 24.4.1980. Como a embargante não recebeu a posse material do imóvel nem completou o pagamento da entrada do preço, o compromitente, que permanecera morando no prédio, fez novo contrato com o embargado, oito meses depois, e lhe deu posse, entregando-lhe as chaves do prédio. Em julho de 1980, após o compromitente deixar a casa, e enquanto o embargado providenciava pequena reforma, a embargante se instalou na casa, daí gerando a presente ação de reintegração de posse.

O ponto central da controvérsia está em saber se a embargante recebera ou não a posse do imóvel por ocasião da lavratura de seu contrato. Este, na cláusula 2.ª (fls.), diz textualmente que "o comprador tomou posse do imóvel compromissado, podendo nele fazer toda e qualquer benfeitoria que julgar conveniente, conservando-o porém em nome dos vendedores até o pagamento do débito que ora fica a dever".

Na realidade, contudo, não houve transmissão da posse à embargada, pois o compromitente-vendedor continuou a ocupar a casa por onze meses. Tal cláusula só tem sentido após a entrega efetiva do imóvel, pois, só então, será possível a realização das benfeitorias a que ela se refere bem como dos demais atos possessórios comuns.

Dir-se-á, como disse o venerando voto vencido, que a transmissão da posse se deu por força do constituto-possessório.

Sem razão, porém.

Dizem os doutrinadores que o constituto-possessório deve vir expresso ou resultar de forma inequívoca das disposições contratuais. Não é o que acontece no caso dos autos, pois o exame da citada cláusula leva a entendimento contrário.

Tito Fulgêncio ensina que o constituto-possessório

> "é uma modalidade da transferência convencional da posse, por mudança na causa da relação possessória, fenômeno que se opera mediante dois atos jurídicos simultâneos: a) um, de transferência da posse de um possuidor antigo a um possuidor novo (venda, por exemplo); b) outro, de conservação da posse pelo antigo possuidor em nome do novo adquirente (reserva de usufruto, locação, etc.)" – cf. *Da Posse e das Ações Possessórias*, 5.ª ed., vol. I/73.

Otávio Guimarães salienta a situação de dependência em que fica o alienante que permanece no imóvel (*Da Posse e seus Efeitos*, pág. 44).

Na hipótese em tela, não houve tal dependência e faltou inteiramente o segundo elemento assinalado por Tito Fulgêncio: a cláusula contratual deixa claro que a posse que teria sido tomada pela embargante devia ser exercida em nome do alienante até que fosse pago o preço. A relação de dependência, portanto, se deu de forma inversa, ou seja, dependente ficou o adquirente e não o alienante.

Diante de tal quadro, é precipitado, ou mesmo impossível, inferir-se uma hipótese de constituto-possessório tácito.

Quanto a eventuais direitos da embargante contra quem lhe teria dado prejuízo, ou seja, contra seu antigo procurador, ou ainda contra o compromitente-vendedor, devem ser buscados por via própria. Em sede de litígio possessório, a razão está com o embargado.

Por esses motivos, *data venia*, os embargos são rejeitados.

Presidiu o julgamento, com voto, o Juiz Rafael Granato e dele participaram os Juízes Paulo Shintate (Revisor), Olavo Silveira e Benini Cabral.

São Paulo, 24 de novembro de 1982.

José Osório, Relator.

Fonte: *JTA Lex* 78/115

APELAÇÃO N. 298.583

POSSESSÓRIA – Reintegração de posse – Utilidade pública – Declaração que não impede a proteção possessória contra a invasão verificada – Carência da ação que é afastada, para que esta seja julgada pelo mérito – Recurso provido em parte.

ACÓRDÃO

Vistos, relatados e discutidos estes autos de Apelação n. 298.583, da comarca de Mogi das Cruzes, em que são apelantes T.T.P., por si e representando o Espólio de R.P. e outros e apelada Prefeitura Municipal de Moji das Cruzes:

ACORDAM, em Terceira Câmara do Primeiro Tribunal de Alçada Civil, por votação unânime, dar provimento parcial para afastar a carência a fim de que a ação seja julgada pelo merecimento.

O recurso, *data venia*, merece provimento.

Preliminarmente, ressalte-se que improcedem as críticas dos apelantes quanto à concisão da sentença pois esta, em quase toda a parte criticada, concordava com as afirmações básicas dos autores, só discordando a final, a propósito da via processual eleita.

Os autos mostram que os autores pretenderam reintegrar-se na posse de uma área de 4.536 m^2, que teria sido invadida pela ré.

A respeitável sentença reconheceu explicitamente tal fato (fls.). A área em litígio faz parte de gleba maior pertencente aos autores e era vizinha ao imóvel da Caixa Beneficente do Sanatório Santo Angelo, imóvel esse que foi desapropriado pela ré e doado à Cooperativa Habitacional de Moji das Cruzes. Estes últimos atos, entretanto, abarcaram indevidamente a área ora litigiosa, cuja posse e domínio continuaram na titularidade dos autores.

Todavia, a respeitável sentença houve por bem dar pela carência da ação diante de fato que entendeu de força maior, qual seja a existência de decreto de declaração de utilidade pública, pelo que remeteu os autores para as vias da desapropriação indireta.

Não decidiu, contudo, S. Exa. com o costumeiro acerto.

A denominada desapropriação indireta é uma anomalia que a Jurisprudência foi obrigada a consagrar diante de situações de fato verdadeiramente irreversíveis, dada a existência de obras ou de utilização pública do local, sendo que, para tais situações, não raro colaborava a inércia do proprietário.

Não é o caso dos autos.

Nem mesmo a ré disse haver obra pública na área litigiosa; apenas diz que houve a decretação de utilidade pública e ainda admite que houve erro na indicação do proprietário.

É verdade que o assistente técnico da ré (fls.) diz que a área litigiosa vem sendo utilizada como praça pública. Entretanto, tal fato é francamente desmentido pela afirmação do perito (fls.), segundo a qual "a área litigiosa se encontra cercada, há guarda na guarita junto da estrada, impedindo o acesso ao terreno". Mais ainda: as fotografias exibidas pelo assistente técnico da ré mostram a existência da guarita e a inexistência efetiva da praça.

Também não aproveita à ré o fato de haver doado a área para a Cooperativa Habitacional. A invasão se deu em dezembro de 1979 (fls.), quando mal se consumara a doação (fls.), sendo certo que o perito constatou que a invasão foi feita pela Prefeitura. E não se pode igualmente olvidar que a Cooperativa é entidade controlada pela ré e foi incumbida por esta de construir o conjunto habitacional.

A ação, entretanto, não pode ser julgada pelo mérito nesta instância, sob pena de se suprimir um grau de jurisdição, sendo certo ainda que houve pedido de perdas e danos, matéria que não foi aventada pela respeitável sentença.

Além disso, o passar do tempo pode revelar que a área litigiosa tenha se convertido, efetivamente, em área de uso público o que então, estaria a recomendar por economia processual, a conversão desta ação em indenizatória, por expropriação indireta (*Revista dos Tribunais*, vol. 232/94).

Diante do exposto, é dado provimento parcial ao recurso para afastar a carência e determinar seja a ação julgada pelo mérito.

Presidiu o julgamento, com voto, o Juiz Paulo Shintate e dele participou o Juiz Fonseca Tavares.

São Paulo, 24 de novembro de 1982.

José Osório, Relator.

Fonte: *JTA Lex* 78/118

APELAÇÃO N. 299.749

CONDOMÍNIO – Convenção condominial – Interpretação de suas cláusulas – Na dúvida, a cláusula deve interpretar-se contra o que estipula e a favor do que se obriga – Declaratória improcedente, em virtude da inexistência de omissão.

ACÓRDÃO

Vistos, relatados e discutidos estes autos de apelação n. 299.749, da Comarca de São Paulo, em que é apelante A.F. Importadora S/A e apelado Condomínio do Edifício S.C.:

ACORDAM, em Terceira Câmara do Primeiro Tribunal de Alçada Civil, por votação unânime, negar provimento ao recurso.

Ação declaratória desenvolvida pelo rito sumaríssimo, tendo por objetivo declarar conteúdo de convenção de condomínio, foi julgada improcedente pela r. sentença de fls., cujo relatório é adotado, condenando a autora nas custas e em honorários de 10% sobre o valor da causa.

Apelo da vencida querendo ver reformada a sentença para julgar procedente a ação, invertidos os ônus da sucumbência.

O recurso foi processado regularmente, com resposta que procura demonstrar o acerto da decisão.

É o relatório.

VOTO

O recurso não tem provimento.

A autora, como proprietária que é de todas as garagens de 1.º subsolo do Edifício S.C., deseja ver declarado que ela deve pagar as despesas de condomínio segundo as regras que regem a responsabilidade dos donos das lojas e conjuntos comerciais. Isto porque a Convenção previu forma especial para estes últimos, aos quais são atribuídas as despesas que lhes dizem respeito diretamente, sendo omissa em relação às garagens do 1.º subsolo, as quais são oneradas com muitos serviços que não lhes beneficiam.

Sem razão, contudo, pois a Convenção não é omissa. Na cláusula F, item I, estabelece a regra geral segundo a qual todo condômino concorrerá com as despesas condominiais comuns; e, no item IV, estipula regime especial para as lojas e conjuntos comerciais.

Daí não se pode concluir que a Convenção tenha deixado de regular a responsabilidade do proprietário das garagens do primeiro subsolo pelas despesas condominiais. Aplica-se ao caso a parêmia *inclusio unius, exclusio alterius*, ou seja, incluindo as lojas no regime especial, excluiu as demais unidades desse mesmo regime; ou aqueloutra citada por C. Maximiliano: "exceptio firmat regulam in casibus non exceptis", isto é, a "exceção confirma a regra nos casos não excetuados" (*Hermeneutica*, n. 297).

Além disso, não é crível que tivesse havido omissão com referência a tão importante parcela do Edifício, pois as tais garagens do 1.º subsolo correspondem à expressiva fração de 12,8178% do todo. Mais ainda: quem outorgou a Convenção foi o Sr. M.F.A. (fls.), instituidor do condomínio e titular da autora (fls.), pelo que convém lembrar a 7.ª regra de Pothier para interpretação dos contratos, segundo a qual, "na dúvida a cláusula deve interpretar-se contra o que estipula e a favor do que se obriga".

Sem procedência, *data venia*, a invocação do art. 85 do CC, uma vez que a verdadeira intenção do instituidor teria sido a de estabelecer um único regime para ambas as hipóteses. Se assim fosse, o instituidor (e diretor da autora) jamais teria se conformado com a omissão durante tanto tempo, pois a Convenção é de 1976 e a ação foi proposta apenas em 1981. Cumpre lembrar aqui outra boa regra de interpretação prevista no CCom. (art. 131, 3), pela qual o fato do contraente posterior ao contrato é a melhor explicação da vontade que teve no ato da celebração.

Diante do exposto, em que pese a consistência das razões de apelação, é negado provimento ao recurso e confirmada a sentença.

Presidiu o julgamento, com voto, o Juiz Paulo Shintate e dele participou o Juiz Nelson Schiavi.

São Paulo, 1.º de dezembro de 1982.

José Osório, Relator.

Fonte: *JTA Saraiva* 79/96

APELAÇÃO N. 294.434

CONDOMÍNIO – Despesas condominiais – Responsabilidade do arrematante de apartamento, ainda que anteriores – Artigo 4.º, parágrafo único, da Lei n. 4.591, de 1964 – Multa igualmente devida, bem assim a correção monetária desde o vencimento da dívida, por força do estabelecido na Convenção – Procedência da ação de cobrança.

ACÓRDÃO

Vistos, relatados e discutidos estes autos de Apelação n. 294.434, da comarca de São Paulo, em que são apelantes e apelados R.M. e sua mulher e Condomínio Edifício R.:

ACORDAM, em Terceira Câmara do Primeiro Tribunal de Alçada Civil, por votação unânime, negar provimento ao recurso dos réus e dar provimento ao recurso adesivo do autor.

Ação de cobrança de despesas de condomínio foi julgada procedente em parte pela respeitável sentença de fls., cujo relatório se adota, condenando os réus no principal, juros, custas, honorários de 10% sobre o principal e correção monetária.

Apelaram os réus, alegando que as despesas cobradas não são de sua responsabilidade e sim dos antigos proprietários, sendo certo que o apartamento foi adquirido por arrematação judicial. Alegam ainda que o pedido não é certo nem determinado e que houve sucumbência recíproca.

Adesivamente recorreu o autor, pedindo a inclusão da multa na condenação e que a correção monetária seja contada a partir do vencimento da dívida.

Os recursos foram processados regularmente, com respostas.

É o relatório.

VOTO

1. O recurso dos réus não merece provimento.

Em que pesem as bem lançadas razões de apelação e a jurisprudência citada, é de se reconhecer a responsabilidade dos réus pelas despesas de condomínio anteriores à aquisição do apartamento.

O artigo 4.º, parágrafo único, da Lei n. 4.591, de 1964, estabelece de modo expresso que o adquirente responde pelos débitos do alienante em relação ao condomínio, inclusive multas, sem fazer qualquer distinção sobre a natureza da aquisição, não cumprindo ao intérprete distinguir onde a lei não distinguiu.

Assim vem decidindo recentemente este Tribunal através de fundados acórdãos. A Egrégia 2.ª Câmara, em julgado de que foi Relator o Eminente Juiz Álvaro Lazzarini, deixou assentado que "o efeito da arrematação é transferir o domínio do bem ao arrematante, com efeitos análogos ao de qualquer outro ato deste conteúdo, inclusive o de responder pelos débitos do alienante, no condomínio, nos termos do artigo 4.º, parágrafo único, da Lei n. 4.591, de 1964". Nesse mesmo julgamento fez declaração de voto vencedor o Juiz Rangel Dinamarco, acentuando que é exatamente em casos semelhantes ao dos autos, em que fica patenteado ser o antigo proprietário um mau pagador, e provavelmente insolvente, que se impõe a aplicação do mencionado dispositivo legal (cf. *Revista dos Tribunais*, vol. 561/127).

Esta mesma Câmara, em acórdão relatado pelo ínclito Juiz Paulo Shintate, também decidiu no mesmo sentido, desenvolvendo argumento que rebate diretamente o principal fundamento desta apelação:

> "Tanto o adjudicatário como o arrematante de unidade condominial tornam-se adquirentes por ato voluntário, quer requerendo a adjudicação, quer fazendo o lanço em hasta pública, e têm pleno conhecimento da lei que torna o adquirente responsável pelas despesas condominiais em débito. Restringir-se a responsabilidade pelas despesas condominiais apenas ao adquirente por compra e venda seria frustrar a vontade da lei que quis que a unidade condominial constituísse garantia ao pagamento das despesas condominiais" (*Julgados*, ed. Saraiva, vol. 75/168).

Convém lembrar ainda, como, aliás não passou desapercebido ao MM. Juiz, que as despesas de condomínio constituem obrigações reais, também chamadas *propter rem*, e, como tais, estão vinculadas à coisa, permanecem ligadas a esta, ainda que haja mudança na titularidade do direito real. O sujeito passivo de tal obrigação é sempre o titular do direito real sobre a coisa, independentemente da forma como esse direito real foi adquirido e independentemente da natureza do título aquisitivo. E não se atina, s.m.j., com nenhuma razão relevante para se abrir uma exceção na construção doutrinária apenas pelo fato de a aquisição se originar de arrematação judicial, máxime quando o texto da lei está em consonância com tal doutrina.

O paralelismo que se quer fazer entre a dívida tributária e de despesas de condomínio não procede, *data venia*, pois são dívidas de natureza absolutamente diversa, sendo certo que para a tributária existe a disposição expressa do artigo 130, parágrafo único, do Código Tributário Nacional, cuja extensão a uma dívida civil seria rebarbativa. Cumpre lembrar ainda que, se o Estado tem costas largas para desprezar dívidas e garantias, o mesmo não ocorre com o condomínio, cuja vida normal depende essencialmente da repartição das despesas entre as unidades autônomas independente de quem seja o titular delas.

2. Se as dívidas anteriores à aquisição são de responsabilidade dos réus, com maior razão as posteriores também são, inclusive com os acessórios, pois se houve recusa do autor em receber as dívidas posteriores sem o pagamento das anteriores, cumpria aos réus pagá-las em Juízo, para se exonerarem de suas responsabilidades.

3. A dívida é líquida, pois, como é sabido, a necessidade de se fazerem cálculos aritméticos não lhe retira a liquidez.

Assim, é negado provimento ao recurso dos réus.

4. Quanto ao recurso adesivo, tem ele provimento.

A multa é devida por expressa determinação legal, consoante se vê do mencionado parágrafo único do artigo 4.º da Lei de Condomínios. A invocação do princípio de que a multa não deve passar da pessoa do devedor não tem procedência, pois tal princípio não se aplica à hipótese dos autos.

Seja porque esse tipo de dívida é ligado não só à pessoa como também à coisa, seja também porque a lei quis dotar o condomínio de instrumentos enérgicos para a cobrança das despesas.

A correção monetária deve incidir desde o vencimento da dívida, consoante tem decidido sistematicamente esta Câmara, sendo de se salientar que, no caso, a correção já era devida por força da Convenção, não havendo motivos para atrelá-la à data da Lei n. 6.899, de 1981.

5. Diante do exposto, é negado provimento ao recurso principal e dado provimento ao adesivo, para os fins acima.

Presidiu o julgamento, com voto, o Juiz Paulo Shintate e dele participou o Juiz Fonseca Tavares.

São Paulo, 15 de dezembro de 1982.

José Osório, Relator.

Fonte: *JTA Lex* 79/60

❖❖❖

APELAÇÃO N. 297.478

CONDOMÍNIO – Financiamento para construção de prédio de apartamentos – Incorporação não levada a registro – Irregularidades, entre as quais a da omissão, nos compromissos de venda de unidade, da existência de ônus real, como o da hipoteca sobre o terreno e posteriormente sobre as unidades construídas – Silêncio comprometedor – Procedência dos embargos do condômino, à penhora de seu apartamento, na execução promovida pelo financiador contra o incorporador – Recurso provido para esse fim – Voto vencido.

ACÓRDÃO

Vistos, relatados e discutidos estes autos de Apelação n. 297.478, da comarca de São Vicente, em que é apelante J.K.Y, apelado Banco A. e interessado A.A.P.P.:

ACORDAM, em Terceira Câmara do Primeiro Tribunal de Alçada Civil, por maioria de votos, dar provimento ao recurso, para os fins que constarão do acórdão, remetendo-se peça ao Ministério Público.

1. A apelante é titular de direito e legítima possuidora do apto. 110 do Ed. [...], à Av. [...], em Praia Grande. A incorporação do edifício foi feita por A.A.P.P.,que, para levar avante a construção, tomou empréstimo do Banco A., em 9.5.1972, e ofereceu, entre outras garantias, a hipoteca do

terreno e as acessões e benfeitorias que viessem a ser construídas. A apelante tomou posse do apartamento em 17.7.1975, quando adquiriu metade ideal, adquirindo a outra metade em 5.3.1977, sendo transmitentes A.C.D. e sua mulher, que foram os primeiros compromissários do apartamento, em 5.2.1974.

Como o incorporador deixou de pagar parte da dívida original, o apelado, como sucessor do Banco A., executou a dívida e penhorou três unidades, entre as quais a 110, pertencente à apelante. Posteriormente liberou duas delas, prosseguindo a execução somente contra a 110. Ao ser avaliado o apartamento, a apelante tomou conhecimento da execução, quando então opôs os presentes embargos de terceiro, que foram julgados improcedentes.

2. O recurso, *data venia*, merece provimento.

Ressalte-se de início a total boa-fé e legitimidade da posse da apelante. Adquiriu direitos sobre o apartamento, pagou o preço e tomou posse do mesmo *coram populo*, sendo que a aquisição original se fez livre e desembaraçada de ônus (fls.). A alegação do apelado de que a apelante devia saber que o imóvel estava hipotecado, porque o contrato fazia referência ao sistema "BNH – RECON", não tem cabimento. O cidadão comum não tem o dever de conhecer o jargão das autarquias e daí extrair tão importantes conseqüências jurídicas. Além disso, o tal sistema RECON prevê também outros tipos de garantia além da hipoteca, consoante se vê da publicação oficial "Linhas de Financiamento do BNH", ed. 1981, pág. 145.

3. A solução dada ao litígio levou em consideração apenas as normas legais concernentes ao direito real de hipoteca, na sua pureza original, sem ter em conta outras e importantes regras que envolvem as relações das partes.

Assim é que o financiamento foi concedido pelo Banco A. com a destinação específica de construção de um prédio com 30 apartamentos (cls. 2.ª e 25.ª do contrato – fls.), sendo certo ainda que o compromisso original também ressaltou "as finalidades estritamente sociais" do empreendimento (fls.), como aliás ocorre com toda a legislação do SFH.

Ora, a incorporação imobiliária é regida pela Lei n. 4.591, de 1964, cujas disposições – ninguém duvida – são de ordem pública e de extrema energia cogente, tipificando até como crime algumas das infrações a seus comandos.

A incorporação levada a efeito com o financiamento em tela descumpriu em bloco a Lei n. 4.591, de 1964. Embora o compromisso faça menção a ela, não houve sequer registro da incorporação, e a simples leitura do contrato revela diversas nulidades. No caso, interessa de perto a omissão da existência de ônus, ou melhor, a declaração falsa de inexistência de ônus reais sobre o imóvel. A Lei n. 4.591, de 1964, permite que a incorporação se faça em terreno onerado, mas impõe a menção, em todos os documentos, da existência, da extensão dos ônus e das condições de liberação (artigos 32, § 5.º, e 37). Cumpre notar que nas incorporações, como nos loteamentos, a legislação, para maior resguardo dos compradores, exige maiores formalidades quanto à existência de ônus do que nos casos comuns, em que basta o registro ordinário no Registro Público (cf. J. N. Franco e N. Gondo, "Incorporações Imobiliárias", n. 55).

Dir-se-á que tal falha do incorporador não poderá ter conseqüências em relação ao credor hipotecário. Mas tem. O exame do contrato de empréstimo revela que o credor assumiu direitos extensíssimos, não só em relação às diversas garantias (hipoteca, nota promissória e seguro de crédito), como também quanto ao poder de ingerência em todos os aspectos do empreendimento. Ora, o credor não podia se descuidar levianamente desse ponto importantíssimo da operação, qual seja a regularidade jurídica da incorporação, que foi levada avante até mesmo com infração de disposições penais. Se assim agiu o credor era porque considerava conveniente a seus interesses desconhecer as irregularidades, particularmente aquela que diz respeito à obrigatoriedade de fazer constar dos compromissos a existência do ônus real e a forma de liberação. Isto porque qualquer interessado na compra desejaria saber qual o montante da dívida que onerava o apartamento e evidentemente poucos iriam adquirir se estivessem bem informados, como exige a lei, sobre a existência da hipoteca e a forma de liberação, pois, então, ficariam sabendo de todas as conseqüências do princípio da indivisibilidade desse direito real. Para o credor pareceu melhor silenciar, pois entendia que a construção dos apartamentos só lhe beneficiava: ao invés de ter com garantia um terreno, passava a ter um terreno e mais 30 apartamentos, sendo ainda que cada apartamento responderia pela totalidade da dívida... Esse silêncio do credor constituiu um dos "certos silêncios comprometedores" (L. Cabral de Moncada, *Lições de Direito Civil*, II, n. 94, Coimbra, 1959), dos quais dependem efeitos jurídicos. Foi um silêncio, se não deliberado, pelo menos culposo, porquanto o credor, como agente financeiro de programa "estritamente social", acabou por se tornar conivente com a verdadeira armadilha em que caiu a apelante. Sabendo, ou devendo saber, que a incorporação era irregular, não podia o credor aproveitar-se das conseqüências da irregularidade. Frise-se ainda que o já mencionado poder de ingerência no empreendimento por parte do credor era tão grande que ele se tornou até procurador do devedor (cláusula 19.ª – fls.).

4. Seja como for, o fato é que o edifício foi levantado e o condomínio funciona como tal, embora – pelo que dos autos consta – não tenha sido instituído formalmente. Cada unidade autônoma é utilizada individualmente por cada um de seus titulares, os impostos e taxas são cobrados também individualmente, e o próprio credor-apelado reconhece a existência do novo condomínio, pois já liberou quase todas as unidades, reservando para satisfazer seu crédito apenas a unidade da apelante, não se sabendo quais tenham sido os critérios para essa escolha.

E a simples existência do condomínio por planos horizontais, como fato físico e social, está a impedir a aplicação simplista do princípio da indivisibilidade da hipoteca.

Um exemplo mostra a impossibilidade de decidir o caso apenas sob as luzes do direito hipotecário. Suponha-se que o credor escolhesse uma parte estrutural ou outra qualquer de uso comum para penhorar. Mesmo não havendo instituição formal do condomínio e mesmo diante da indivisibilidade da hipoteca, a penhora seria inviável, pois no atual estágio do nosso Direito, essas partes são consideradas inalienáveis e impenhoráveis, consoante se vê de conhecido acórdão desta mesma Câmara - *Julgados*, ed. Lex, vol. 32/137 - Relator Martiniano de Azevedo. O exemplo revela que o tão importante estatuto jurídico da hipoteca - que muitos ainda têm como vestal intocável - há que ser forçosamente aplicado em consonância com outros institutos não menos importantes, como o moderno condomínio. Tenha-se presente que todo aquele estatuto da hipoteca foi montado em época em que nossa legislação nem engatinhava em matéria de condomínio por planos horizontais.

Esta mesma Câmara e muito recentemente (Apelação n. 298.105 - Caraguatatuba), em caso que guarda semelhança com o presente, acolheu voto profundo do Juiz Fonseca Tavares, que acentuou a impossibilidade de se terem as grandes edificações do condomínio por planos horizontais como meros acessórios do solo, como a construção comum foi encarada pelo Código Civil. Com apoio em Caio Mário da Silva Pereira, para quem esse condomínio é um "corpo novo", uma "simbiose orgânica", "uma fusão de direitos" e "uma criação de conceito distinto", diz o mencionado acórdão:

> "Com isso haveria uma inversão na doutrina tradicional do Código Civil, em se tratando de incorporações e condomínios. Quando ali há a predominância do solo sobre a edificação, resultado da aplicação do artigo 545, aqui não mais terá aplicação a regra da acessoriedade, *superficies solo cedit*, isso também para doutrinadores que 'definem o apartamento como coisa principal, não só porque a disposição da quota ideal acompanha a unidade autônoma, como ainda em razão de um critério econômico, pois que o apartamento representa um valor maior do que a utilização das partes comuns. [...], uma vez que é o apartamento que se aluga, que se vende, etc.' (Caio Mário, *Condomínio e Incorporações*, § 42). Mas para o próprio Caio Mário, existe na verdade uma unidade jurídica, direito complexo, sem que se atribua a uma ou a outra a condição de acessória ou de principal".

Por aí se vê que questão jurídica, econômica e social de tal envergadura não pode ser enfrentada com a mera aplicação do princípio da indivisibilidade do direito real de hipoteca.

Impõe-se a harmonização deste instituto com os princípios que regem o condomínio e o Sistema Financeiro da Habitação, tendo sempre presente que se tratou de uma incorporação irregular.

Deixar que toda dívida se concentre e seja suportada pela inocente titular de um único apartamento, com o conseqüente aniquilamento de seu patrimônio, é dar ao caso uma solução iníqua e afrontosa de uma ordem jurídica civilizada como a nossa. Cumpre lembrar, por fim, o dispositivo constitucional que adota o princípio da função social da propriedade, dispositivo esse que obriga a todos os Poderes, inclusive o Judiciário.

Finalmente, é de se observar a atuação do incorporador A.A.P.P. Promoveu incorporação irregular, alienou bem hipotecado e, quando esse bem é penhorado, se volta contra o adquirente. Isto é matéria afeta ao Ministério Público. Remetam-se cópias de todo o processado para se ver da existência de crime de ação pública.

Diante do exposto, é dado provimento ao recurso para o fim de julgar procedentes os embargos de terceiro, invertidos os ônus da sucumbência.

Presidiu o julgamento, com voto vencido, o Juiz Paulo Shintate, e dele participou o Juiz Fonseca Tavares.

São Paulo, 22 de dezembro de 1982.

José Osório, Relator.

Paulo Shintate, vencido, com declaração de voto em separado.

Fonte: *JTA Lex* 79/62

EMBARGOS INFRINGENTES N. 294.663

CONDOMÍNIO – Área comum – Acórdão embargado que reconhece o estado de composse da autora sobre a área e, ao mesmo tempo, reconhece o direito de continuar a mesma a manter a destinação da área, para estacionamento de seu estabelecimento – Questão não de fato mas sim de direito, a ser resolvida pelo petitório e não pela via possessória – Carência decretada – Embargos recebidos, para esse fim.

ACÓRDÃO

Vistos, relatados e discutidos estes autos de Embargos Infringentes n. 294.663, da comarca de São Paulo, sendo embargante Condomínio Edifício D.A. e embargada E.E.N.J.:

ACORDAM, em Segundo Grupo de Câmaras do Primeiro Tribunal de Alçada Civil, por maioria de votos, receber os embargos.

Data venia, os embargos são recebidos.

Dúvida alguma existe de que a área em litígio é comum. Fica ela em frente à loja da autora, cuja locatária mantém ali uma farmácia, usando a área para estacionamento de clientes. O uso do local, entretanto, não é exclusivo da farmácia, pois é compartilhado, embora em menor escala, por condôminos e seus visitantes. Essa situação se manteve por mais de seis anos até que a autora e sua inquilina foram notificadas (fls.) da deliberação do Condomínio em construir um jardim naquela área, daí gerando o presente litígio possessório.

Inequívoco, *data venia*, o direito do Condomínio de alterar a situação existente. Ainda que a posse da autora fosse exclusiva e justa em razão de autorização por parte do Condomínio, essa posse deixou de ser justa na medida em que a autora passou a opor obstáculo à execução de uma legítima deliberação do Condomínio.

A respeitável sentença e o acórdão embargado deixaram expressamente reconhecida uma situação de composse, isto é, a posse da autora-embargada não é exclusiva, é compartilhada pelos demais condôminos.

A partir desse reconhecimento, a solução do caso não pode ser, *data venia*, a dos referidos julgados. O compossuidor só goza de proteção possessória em três casos: quando um terceiro lhe turba a posse; quando um dos compossuidores turba a posse de parte certa (situação *pro diviso*); ou quando turba situação de composse, isto é, quando um compossuidor pretende excluir outro da comunhão possessória (cf. Tito Fulgêncio, *Da Posse e das Ações Possessórias*, vol. 1/91, Rio, 1978). Somente esta última hipótese poderia, em tese, favorecer a autora. Mas nem esta. Diz o mesmo autor, que

> "pode dar-se que a contenda dos compossuidores verse sobre a questão de saber em que limites cada um deles pode usar do objeto comum. (...) Mui visto é que aqui se trata de uma questão de direito, e não simplesmente de uma questão de fato e, portanto, somente pode ser elucidada no juízo petitório, não no possessório" (op. cit., pág. 92).

No mesmo sentido é a lição de Bevilacqua:

> "Se, porém, o compossuidor não nega ou não repele a posse do outro, mas contesta apenas os limites dentro dos quais esse outro pode usar da coisa, a questão já não se resolve por ação possessória (Código Civil Alemão, artigo 866), porque então já não se trata de questão de fato e sim de direito, o que somente no petitório se decide" (*Comentário ao artigo 488 do Código Civil*).

De tudo decorre que a condômina embargada só gozaria de proteção possessória se um terceiro molestasse a posse comum; ou se tivesse posse exclusiva sobre uma determinada área e qualquer pessoa (inclusive condômino) a perturbasse; ou, por fim, se um compossuidor tentasse excluí-la da compossessão.

No caso dos autos, nada disso se verificou. O embargante, representando os demais condôminos, não quer impedir o uso da área pela embargada. Quer cumprir a determinação dos condôminos de transformar a área em jardim, sobre o qual a embargada continuará a exercer composse.

O venerando acórdão reconheceu o estado de composse e, portanto, a posse não-exclusiva da autora sobre a área, mas, ao mesmo tempo, reconheceu o direito de a autora ver mantido o *statu quo*, isto é, ver mantida a destinação da área para estacionamento.

Ora, esta última parte é impossível de ser enfrentada em sede de juízo possessório, consoante se viu dos ensinamentos acima colacionados, pois aí está questão jurídica de alta indagação, qual seja a de saber como resolver juridicamente o impasse surgido na vida condominial: se a coisa comum vai ser usada para estacionamento ou para jardim.

Daí estar a razão com o venerando voto vencido que deu pela carência da ação ao mesmo tempo em que acentuou a flagrante violação do artigo 3.º da Lei n. 4.591, de 1964. Com efeito, reconhecendo a composse e mantendo a destinação atual da área, o venerando acórdão privilegiou a situação do condômino que efetivamente aproveita do estacionamento e violou, *data venia*, princípios básicos do regime jurídico do condomínio.

Diante do exposto, é dado provimento ao recurso, para, em conformidade com o venerando voto vencido, reformar a sentença julgando a autora carecedora da ação, invertidos os ônus da sucumbência.

Presidiu o julgamento, com voto, o Juiz Rafael Granato e dele participaram os Juízes Paulo Shintate (Revisor) e Olavo Silveira (vencido) e Benini Cabral (vencido).

São Paulo, 29 de dezembro de 1982.

José Osório, Relator.

Fonte: *JTA Lex* 78/34

❖❖❖

AÇÃO POSSESSÓRIA N. 299.704

RECURSO – Apelação – Extensão – Mérito – Sentença que conclui pela carência, quando, na realidade, encerrou julgamento de mérito – Apreciação deste.

POSSESSÓRIA – Posse – Exercício – Relação entre a pessoa e a coisa, para utilização econômica – Manutenção de terceiro e inspeções regulares no imóvel em litígio – Abandono não configurado – Ação procedente – Recurso provido.

POSSESSÓRIA – Indenização – Boafé inocorrente – Ocupação sem justo título e colheita de frutos – Direito não reconhecido à pretendida indenização – Recurso provido.

DECLARAÇÃO DE VOTO VENCIDO DO JUIZ JOSÉ OSÓRIO

Divergi da douta maioria pelo seguinte:

A respeitável sentença, a meu ver, bem decidiu a questão ao notar que, na realidade, o autor não teve posse da área a ponto de justificar sua reintegração nela.

O título do autor é a escritura de cessão de direitos possessórios de fls., por onde se vê que o autor adquiriu tais direitos de B.B., por Cr$ 1.000,00, o qual efetivamente morava e explorava a pequena área de terras, chegando a cadastrar sua posse no INCRA. A área em litígio se localiza na zona rural do município de Peruíbe. O autor, ao adquirir os direitos possessórios, residia em São Vicente, e posteriormente se mudou para Pindamonhangaba, admitindo que pouco ia à gleba. Diz ter deixado tomando conta da gleba A.P.M.. Este, contudo, não era empregado do autor, nem se revelou autêntico preposto, pois confessa que, com a chegada do réu, simplesmente deixou de tomar conta para o autor. Observe-se que não há prova alguma de sinais de posse praticada por esse alegado tomador de conta.

A posse dos réus, contudo, parece ser idêntica à de B.B., que vendeu seus direitos para o autor, ou seja: encontrou uma área desocupada, sem dono, e instalou-se nela, passando a explorá-la, juntamente com sua família. Trata-se, portanto, de posse concreta, efetiva, pois os réus exercem de fato sobre a coisa poderes inerentes ao domínio. Já a posse do autor é absolutamente fugaz, etérea e meramente especulativa. A rigor, como posse propriamente dita, não existe. É certo que direitos possessórios podem ser objeto de negócio jurídico, como a compra e venda. Mas é preciso que, adquiridos tais direitos, a posse tenha continuidade concreta e não *solo animo*, sob pena de se subverter o sistema da posse, a qual passaria a ser mero objeto abstrato de mercancia, e não o "exercício de fato de poderes inerentes ao domínio", nos termos do artigo 485 do Código Civil.

O autor comprou os tais direitos pela irrisória importância de Cr$ 1.000,00 (que corresponde hoje a 1 salário mínimo e meio, aproximadamente), não praticou nenhum ato possessório, nem sequer logrou transferir para seu nome o cadastro do imóvel junto ao INCRA, e seu "tomador de conta" não praticou nenhum ato de posse e simplesmente se afastou ante a chegada pacífica dos réus.

Observe-se por fim que posse como a dos réus encontra muito maior apoio em nosso sistema jurídico, pois é posse *ad usucapionem* nos termos da Lei n. 6.969, de 10.12.1981, e a posse do autor não é.

Por todos esses motivos, negava provimento ao recurso e confirmava a respeitável sentença, inclusive por seus fundamentos.

São Paulo, 23 de fevereiro de 1983.

José Osório

Fonte: *JTA Lex* 81/168

APELAÇÃO N. 303.697

INCORPORAÇÃO – Edificação de apartamentos – Alteração do projeto – Sonegação de área – Inadmissibilidade – Aplicação dos arts. 48, § 1.º, e 43, IV, da Lei 4.591/64.

POSSESSÓRIA – Reintegração de posse – Incorporadora – Área indissoluvelmente afetada à incorporação – Posse precária e clandestina – Mera detenção – Ação improcedente.

A sonegação de parte de área nas promessas de venda é de nenhum efeito diante de disposição expressa de lei que estatui, de forma categórica, ser vedado ao incorporador alterar o projeto, especialmente no que se refere à unidade do adquirente e às partes comuns, modificar as especificações ou desviar-se do plano de construção, salvo autorização unânime dos interessados ou exigência legal.

Se a posse não passa de mera detenção, maculada com os vícios do precário e da clandestinidade, não faz jus à proteção pelos interditos.

N. 303.697 – Apelantes: Condomínio E.S., e S.N.R. e outro – Apelada: P. Empreendimentos Imobiliários S/A.

ACÓRDÃO

Vistos, relatados e discutidos estes autos de apelação 303.697, da comarca de São Paulo, sendo apelantes Condomínio E.S. e S.N.R. e J.M.V.B. e apelada P. – Empreendimentos Imobiliários S/A: Acordam, em 3.ª Câmara do 1.º Tribunal de Alçada Civil, por votação unânime, dar provimento ao recurso para os fins que constarão do acórdão.

Trata-se de ação de reintegração de posse movida por P. – Empreendimentos Imobiliários S/A, incorporadora do Condomínio E.S., situado na R. [...] e Av. [...], dirigida a ação contra o condomínio, o síndico e um condômino.

O litígio versa sobre parte do terreno sobre o qual se fez a incorporação, parte essa de 2.010 m^2, a qual, segundo a autora, não foi incluída na incorporação, permanecendo em sua posse e propriedade. Segundo os réus, essa parte do terreno fez parte da incorporação e sobre ele o condomínio exerceu posse, como área de uso comum, implantado ali um playground.

A r. sentença entendeu que, nó âmbito puramente possessório, era de se acolher a pretensão da autora. S. Exa., contudo, não decidiu com o habitual acerto.

Na verdade, o recurso merece provimento, pois a razão está com os réus.

Os autos não deixam nenhuma dúvida de que a construção do Edifício S. foi aprovada para ser realizada em todo o terreno pertencente à autora, com área de 6.013,65 m^2, consoante se vê da planta de fls., datada de 8.6.71.

Ocorre que a autora fez registrar os documentos relativos à instituição do condomínio e à construção do edifício indicando terreno com área de 4.004 m^2 (fls.), área essa que também constou dos contratos de compromisso de venda das unidades autônomas, segundo se vê dos depoimentos dos réus.

Tal fato se deu, sem dúvida, porque a Lei municipal 7.358/69 havia aprovado plano de melhoramentos para a região e era iminente a desapropriação, entre outras, daquela área necessária à retificação da Av. [...] (fls.), motivo por que a área foi omitida nos contratos.

Não há, também, dúvida alguma de que essa área foi computada para efeito da autorização da construção. A Lei municipal 6.877/66 permitia a construção de área seis vezes superior à do terreno, e somente por isso foi expedido o alvará de construção do grande conjunto, com 204 apartamentos e área total de 34.225 m^2. Observe-se que, ainda em 12.4.71, ao requerer substituição de plantas, a autora informava solenemente à Prefeitura que o terreno era de 6.013,65 m^2, e a construção de 33.374,67 m^2 (fls.).

Como, entretanto, o plano de melhoramentos previsto pela Lei 7.358/69 foi abandonado, a autora houve por bem requerer alvará de construção de outro edifício, com 47 apartamentos, exatamente naquele terreno de 2.010 m^2, o que, evidentemente, foi indeferido pela Prefeitura. Insistiu a autora judicialmente, através de mandado de segurança, que acabou por merecer repulsa por parte da Justiça. No acórdão de fls., relator o Des. Villa da Costa, e na declaração de voto vencedor do Des. Almeida Bicudo ficou reconhecida a transgressão aos direitos dos condôminos e a "manifesta burla" à legislação municipal.

O ponto central deste litígio possessório está em saber se a autora tinha posse da área escamoteada aos condôminos e se faz jus à reintegração.

Na verdade, a autora não goza de qualquer proteção possessória. A ocupação que teve da área não passou de mera detenção, jamais atingindo o *status* de posse a merecer o amparo do direito, conforme adiante se verá.

Aprovada a construção em área de 6.013,65 m^2, lícito não era à autora alterar a incorporação em ponto de tal relevância sem a aquiescência da Prefeitura e dos adquirentes. Estes, sem a menor dúvida, passaram a ter direito de aquisição da posse e da propriedade da área indissoluvelmente afetada à incorporação. Por outras palavras, o interessado tem direito de adquirir o apartamento com a área de terreno e com a área de construção aprovadas pelo Município.

A sonegação de parte da área nas promessas de venda é de nenhum efeito, diante de disposição expressa de lei. Diz O § 1.º do art. 48 da Lei 4.591/64 que "o projeto e o memorial descritivo das edificações farão parte integrante e complementar do contrato". E o n. IV do art. 43 da mesma lei estatui de forma categórica que "é vedado ao incorporador alterar o projeto, especialmente no que se refere à unidade do adquirente e às partes comuns, modificar as especificações, ou desviar-se do plano da construção, salvo autorização unânime dos interessados ou exigência legal".

As disposições de tal diploma legal constituem normas de ordem pública com extrema carga cogente, pois se destinam, a um tempo, a proteger interessados na aquisição de apartamentos objeto de oferta pública e, a outro tempo, visam a impedir que a utilização do solo do Município se faça de forma contrária aos interesses públicos. Daí não ter o incorporador, unilateralmente, qualquer margem de manobra após a aprovação do projeto por parte do governo do Município.

Daí o grande Caio Mário haver distinguido com sabedoria:

> "... como parte em um contrato bilateral, o incorporador e o construtor estão sujeitos ao avençado e, no caso de contravirem ao obrigado, hão de sofrer os rigores da lei. Mas, encarada a atividade do incorporador de um outro ângulo, verifica-se que ele mobiliza capitais alheios, atua no plano da economia popular, oferece ao grande público anônimo os seus serviços e, no caso de frustração dos resultados, o impacto desborda da pessoa do outro contratante para alcançar a própria comunidade e, portanto, tem efeitos sociais tão profundos ou talvez mais dos que os de natureza meramente individual" (*Condomínio e incorporações*, 1981, p. 335).

É freqüente fazer-se paralelismo entre as incorporações imobiliárias e o loteamento de terrenos (cf. J. Nascimento Franco e Nisske Gondo, *Incorporações imobiliárias*, p. 68, 1.ª ed.). Em matéria de loteamento, já o velho Dec.-lei 58/37 determinava a inalienabilidade, e conseqüente indisponibilidade, das áreas livres a partir da inscrição do projeto (art. 3.º). A mesma *ratio legis* está a impor o reconhecimento da total indisponibilidade de área destinada ao uso comum do condomínio a partir da aprovação do projeto pela Prefeitura, como conseqüência também de elementares princípios de Direito Urbanístico.

Diante de tais considerações, que revelam as graves responsabilidades do Incorporador, fica evidenciado não poder ele se valer da própria malícia em detrimento tanto de sua contraparte no contrato como em detrimento do interesse público, cujo representante só autorizou a construção porque o terreno oferecido comportava a edificação.

Observe-se que aparecem com frequência, no País e no exterior, comportamentos irregulares de incorporadores que sonegam área construída. Mas sonegar o próprio solo constitui infração mais rara e ainda mais grave.

Poder-se-á dizer, talvez, que, irregularmente ou não, o fato é que a autora teria mantida para si própria a posse da área de 2.000 m^2 e, diante do apossamento por parte dos réus, a ação deva ser julgada procedente. Foi esse, a rigor, o fundamento da r. sentença.

Sem razão, porém. Consoante já foi dito, a sonegação do terreno pela autora não gerou posse e o fato não passou de mera detenção.

Devendo entregar a área ao condomínio e não o fazendo, a alegada posse da autora padece de dois graves vícios. Um é o precário, pois a posse teria sido mantida através de grave abuso de confiança. E desse vício – segundo muitos – a posse nunca convalesce (cf. Silvio Rodrigues, *Direito das coisas*, 1972, pp. 29 e 31).

Outro é a clandestinidade, e este demanda maior análise. No próprio terreno em litígio, que faz frente para a Av. [...], foi instalado o *stand* de vendas, conforme declaração de um dos réus (fls.), não contestada. A área foi utilizada normalmente durante a construção. Finda esta, o terreno parece ter ficado algum tempo sem utilização definida. Segundo a autora, a utilização se deu como depósito de materiais. E, segundo os réus, os filhos dos condôminos usavam a área em recreação. O fato é que os condôminos só tomaram consciência de que a autora pretendia manter a posse daquela área quando foram surpreendidos por anúncio de venda da área e por tomarem conhecimento de que a autora havia requerido o desdobramento do terreno para efeito de lançamento do imposto territorial. Até então, a certeza era de que a área integrava a incorporação, só deixando de vir a integrá-la se e quando ocorresse a desapropriação.

A partir daquela tomada de consciência, instalou-se o estado de beligerância entre as partes, e entre a autora e a Prefeitura. Esta resistiu em Juízo e saiu vitoriosa diante das pretensões da autora em utilizar-se da área para outras finalidades, e há nos autos ofício do próprio Sr. Prefeito Municipal informando que o terreno "faz parte integrante da área maior do Condomínio Edifício S." (fls. dos autos de atentado). E os condôminos requereram, com êxito, o cancelamento do desdobro indevido do terreno (fls. dos autos principais) e lá instalaram o *playground*, que foi encontrado pelos oficiais de justiça, consoante se vê do auto de constatação de fls.

Assim, há plena convicção de que, até eclodir a reação dos réus, a alegada posse da autora era clandestina. Veja-se, a propósito, a lição de Astolpho de Rezende, com apoio em Pothier, para quem a posse clandestina de uma coisa é a de quem a obteve "escondendo-se daquele do qual temia poder ser reivindicada" (*Manual do Código Civil*, vol. VII, n. 50).

Ora, segundo o art. 497 do CC, os atos clandestinos e violentos não induzem posse enquanto não cessada a violência ou a clandestinidade. No caso dos autos, cessada a clandestinidade, a alegada posse da autora foi francamente contestada pelos condôminos e pelo Governo municipal, revelando-se perfeitamente legítimo, com apoio no art. 502 do CC, o exercício da posse por parte do condomínio ao instalar na área em litígio o referido *playground*.

A autora pensa ter demonstrado sua posse porque ouviu quatro empregados seus na fase de justificação e um único na fase principal, todos asseverando que o terreno era usado como depósito de materiais. Tal prova é verdadeiramente insuficiente, seja em decorrência do estado de subordinação dos depoentes, seja porque desacompanhada de documentos, pois não é crível que empresa da envergadura da autora pudesse se utilizar de um depósito de materiais sem a menor regularidade fiscal ou administrativa. No fundo, a prova feita pela autora mais demonstra a clandestinidade de sua detenção do que a sua alegada posse.

Frise-se uma vez mais que não é qualquer detenção material da coisa que goza de proteção por parte do Direito. No clássico exemplo do ladrão, fica claro que ele, mesmo tendo o *corpus* e o *animus*, não tem posse. E não a tem apenas porque a lei assim determina, só lhe dando proteção após cessada a violência ou a clandestinidade. Daí dizerem os autores que, no rigor dos termos, a posse nunca é violenta ou clandestina. Violenta e clandestina é a detenção, e esta não faz jus aos interditos.

Diante de todo o exposto e considerando, em resumo: 1) que, aprovado o projeto de construção, toda a área do terreno está afetada definitivamente à incorporação e a transmissão da posse de todo o terreno aos condôminos é fatal; 2) que o projeto faz parte integrante dos contratos de venda dos apartamentos; 3) que a autora não fez prova suficiente de que se tenha mantido na posse da área; 4) que a alegada posse da autora não passa de mera detenção, maculada que está com os vícios do precário e da clandestinidade, não fazendo jus à proteção pelos interditos; e considerando, por fim, que a proteção possessória se faz em função da paz, e não do tumulto social, é dado provimento ao recurso para julgar improcedente a ação, condenada a autora nas custas e em honorários de 20% do valor atualizado da causa e em perdas e danos a serem apuradas em liquidação por arbitramento. As perdas e danos consistirão no potencial econômico relativo ao não uso do terreno em litígio desde a data da entrega do primeiro apartamento.

Os autos noticiam a existência, em tese, de ilícito penal (art. 65, § 1.º, I, da Lei 4.591/64), razão pela qual se determina a extração e remessa ao Ministério Público, para os fins de direito, de cópias das seguintes peças: presente acórdão, planta de fls., documentos de fls. e acórdão de fls.

Presidiu o julgamento, com voto, o Juiz Paulo Shintate e dele participou o Juiz Sousa Lima, revisor.

São Paulo, 1.º de junho de 1983.

José Osório, Relator.

Fonte: *RT* 575/147-50

APELAÇÃO N. 307.418

DIREITO DE VIZINHANÇA – Indenizatória decorrente de invasão de raízes de eucaliptos junto a muro divisório – Adoção da teoria da "préocupação" – Improcedência da ação, determinando o Magistrado, todavia, o corte até a distância de quatro metros – Sentença mantida.

Ap. 307.418 – 3.ª Câm. – Rel. José Osório – J. em 28.9.83.

ACÓRDÃO

Vistos, relatados e discutidos estes autos de Apelação n. 307.418, da comarca de ltu, em que é apelante R.C.R. e apelados N.S.M. e sua mulher:

ACORDAM, em Terceira Câmara do Primeiro Tribunal de Alçada Civil, por votação unânime, negar provimento ao recurso.

VOTO

O recurso não tem provimento.

Cuida-se de litígio entre vizinhos em zona rural decorrente de danos que teria sofrido a casa da autora por invasão de raízes de eucaliptos existentes perto da divisa entre os imóveis.

Verificado o nexo de causalidade, nos termos de prova pericial, mas verificada também a ausência de culpa dos réus que se instalaram no local antes da autora, o MM. Juiz houve por bem de afastar o pedido de indenização, carregando contra a autora as verbas da sucumbência, mas determinando, para pôr fim de vez à pendência, que fossem cortados os eucaliptos até quatro metros do muro divisório.

Com tal solução concordaram os réus mas não a autora, que insiste nas perdas e danos e não se conforma com a sucumbência.

Na verdade, a r. sentença bem decidiu a questão e deve ser confirmada, por seus fundamentos. Não houve qualquer parcela de culpa por parte dos réus e a responsabilidade deles, no caso, não é objetiva, não se podendo olvidar que a teoria da préocupação é aplicável em hipóteses como a dos autos, bem como também lhes beneficia o disposto no art. 558 do CC. Assim, a pleiteada indenização devia mesmo ser rechaçada, justificando a condenação da autora na sucumbência, máxime se se levar em conta que a ordem para o corte das árvores fundou-se também em princípios de eqüidade no louvável empenho do MM. Juiz em compor definitivamente o conflito.

Diante de todo o exposto, é negado provimento ao recurso.

Presidiu o julgamento, com voto o Juiz Paulo Shintate e dele participou o Juiz Sousa Lima (revisor).

São Paulo, 28 de setembro de 1983.

José Osório, Relator.

Fonte: *JTACSP-RT* 83-187

APELAÇÃO N. 308.732

ACÓRDÃO

Vistos, relatados e discutidos estes autos de Apelação n. 308.732, da comarca de Itapetininga, sendo apelante I.S. S/A. e apelada D.A.D.

ACORDAM, em Terceira Câmara do PrimeiroTribunal de Alçada Civil, por votação unânime, negar provimento ao recurso.

Cuida-se de embargos à execução de contrato de seguro de vida em grupo opostos por seguradora sob a alegação de que o segurado tinha conhecimento da moléstia que o vitimou, com o que teria infringido os arts. 1443 e 1.444 do CC.

A r. sentença julgou improcedentes os embargos, reconhecendo não ter havido nexo de causalidade entre a doença anterior e a morte do segurado, no que decidiu com inteiro acerto.

Com efeito, o segurado e marido da embargada foi operado de um tumor na hipófise em dezembro de 1974 pelo Dr. B, que o atendeu novamente em abril de 1975, assistindo-o também quando de sua morte em junho de 1976. A proposta de contrato assinada pelo segurado é de 5.5.75 e a embargante se apoiou no relatório do Dr. B (fls.).

Ocorre, porém, que o Dr. B, depondo como testemunha da embargante, declarou expressamente: "que o evento morte não guarda relação direta com o mal inicialmente constatado pelo depoente, posto que aquele tumor se manifestava de natureza benigna, sem sinais de recidiva, pelo que o desdobramento, que gerou a morte do paciente, não corresponde àquele quadro". Declarou ainda "que a doença constatada a 29 de abril de 1975 não levaria o paciente necessariamente à morte, não se tratando em verdade de quadro clínico irreversível".

Diante de tal depoimento, outro não podia ser o desfecho do caso, porquanto não se pode afirmar que o segurado estivesse faltando com a verdade ao assinar a proposta de seguro, sendo certo ainda que após a primeira operação o segurado trabalhava normalmente, em 1975 e início de 1976, consoante declarado pelas testemunhas de fls.

Assim, em que pese a jurisprudência citada pelas lúcidas razões de apelação, forçoso e reconhecer que, em caso de seguro de vida em grupo, julgados mais recentes têm sido muito mais severos para isentar o segurador do dever de indenizar – *RT* 546/76, *JTA* 47/37, 67/17.

Do segundo deles, rel. Alves Ferreira, constam os judiciosos argumentos:

> "Por outro lado, se a seguradora, em caso de seguro de vida em grupo, dispensa o exame médico, aceitando os esclarecimentos do próprio segurado, só mesmo uma prova de inequívoca má fé por parte deste é que poderia eximi-la da obrigação de pagar o seguro, já que o segurado, em tal espécie de seguro, se limita a aderir com a assinatura em formulário impresso, e nunca indagado, efetivamente, de suas reais condições de saúde".

E no aresto seguinte – rel. Tito Hesketh:

> "Outrossim, deve ser salientado que, como é notório, os seguros de vida em grupo, com a dispensa de prévios exames médicos, são feitos sem maiores formalidades, muitas vezes apenas colhendo-se a assinatura do segurado; e, desse modo, é até possível que, no caso presente, quando das assinaturas das propostas, nada tenha sido perguntado ao pretendente sobre o seu estado de saúde, nem lhe tenha sido chamada a atenção sobre as cláusulas constantes dos documentos, impressas, aliás, em letras miúdas".

No caso dos autos, não há qualquer indicação de que o pretendente tenha sido esclarecido efetivamente quanto à necessidade de prestar esclarecimentos sobre suas condições de saúde. A tal "declaração de saúde" constante do doc. de fls., vem redigida em letras incrivelmente minúsculas, estando também evidenciado que os demais quadros foram preenchidos pelo representante da embargante e que o pretendente apenas assinou no local assinalado com a cruz.

Evidentemente, o legislador de 1916, ao estatuir o disposto nos arts. 1.443 e 1.444, não tinha em vista captação de contrato de seguro por essa forma, que pode levar o pretendente a pagar o prêmio sem obter o seguro. Daí a necessidade, nos casos de seguro em grupo, de se exigir prova muito robusta da má fé do segurado para que a seguradora possa se eximir da obrigação de pagar a indenização.

Diante de todo o exposto, é negado provimento ao recurso e confirmada a r. sentença, inclusive por seus fundamentos.

Presidiu o julgamento o Juiz Nelson Schiavi e dele participaram os Juízes Sousa Lima (revisor) e Luciano Leite.

São Paulo, 03 de novembro de 1983.

José Osório, Relator.

Fonte: Arquivo pessoal e 1.º TAC

APELAÇÃO N. 313.696

CONDOMÍNIO – Despesas condominiais – Instituição de condomínio feita ao arrepio da lei – Art. 32 da Lei 4.591/64 e art. 3.º do Decreto-lei 271/67 – "Transformação" de loteamento em condomínio quando já em vigor a Lei 6.766/79 – Carência da ação de cobrança.

Ap. n. 313.696 – 3.ª Câm. – Rel. José Osório – J. 14.9.83 – v. u.

ACÓRDÃO

Vistos, relatados e discutidos estes autos de Apelação 313.696, da comarca de Jundiaí, sendo apelante E.I.I. S/C Ltda. e apelados A.G.M. e outros:

ACORDAM, em Terceira Câmara do Primeiro Tribunal de Alçada Civil, por votação unânime, negar provimento ao recurso.

Em ação de cobrança de despesas condominiais desenvolvida pelo rito sumaríssimo, a r. sentença de fls., cujo relatório é adotado, considerou a autora carecedora da ação e julgou extinto o processo, com fundamento no art. 267, VI, do CPC, condenada ainda a autora nas custas, despesas e honorários de 20%.

Apelou a vencida, alegando, em síntese, que o Condomínio está regularmente constituído nos termos da Lei 4.591/64 e do Decreto-lei 271/67, conforme certidão do Registro de Imóveis; que a Prefeitura expediu alvará (fls.) autorizando a implantação do condomínio e que só depois de terminadas as obras haverá a aceitação final e conseqüente dissolução do condomínio, nos termos do art. 3.º do Decreto-lei 271/67; que, posteriormente à autorização, fez novas e descabidas exigências; que os adquirentes são corresponsáveis pelas obras cujo preço está sendo cobrado, nos termos do contrato e do deliberado em assembléia; que não há qualquer vício ou defeito na convenção de condomínio; que foram cumpridas todas as exigências previstas no art. 32 da Lei 4.591/64; que as despesas de condomínio devem ser pagas também pelos condôminos ausentes ou discordantes da assembléia; motivos pelos quais deve a r. sentença ser inteiramente reformada.

O recurso foi processado regularmente, com resposta que acentua o acerto da decisão, destacando que os fatos revelam a existência de simples loteamento e não de condomínio.

É o relatório. O recurso não tem provimento.

Os autos revelam que a autora, em 1978, promoveu o loteamento "J.F.", em Várzea Paulista, alienando lotes, através de contratos de "compromisso de compra e venda" e de "proposta de promessa de cessão de venda e compra" (fls.). Posteriormente, em 1980 submeteu o empreendimento ao regime condominial, com base na Lei 4.591/64 e Decreto-lei 271/67, obtendo registro da convenção de condomínio (fls.) e da incorporação R. 2/17.045 (fls.). Em 31.8.80, é realizada assembleia que aprova execução de serviços para perfuração de poço artesiano e extensão das redes de água e de esgoto. Com a presente ação visou a autora a cobrar de diversos condôminos as despesas condominiais referentes à abertura do poço artesiano. Sua pretensão foi repelida pela r. sentença, que entendeu haver irregularidade na constituição do condomínio, concluindo que, "não havendo condomínio, não se pode falar em cobrança de despesas condominiais".

Na verdade, o MM. Juiz decidiu com inteiro acerto, uma vez que a instituição do condomínio se fez ao arrepio da lei. A convenção traz a assinatura apenas do representante da autora, a qual se autonomeou síndica e administradora do condomínio, cumulando ainda as funções do conselho consultivo, o que vem contrariar elementarmente o regime do condomínio, sendo certo ainda que a autora não arquivou no Registro de Imóveis o projeto de construção e demais documentos a que se refere o art. 32 da Lei 4.591/64, tendo alienado unidades muito antes de tal arquivamento, chegando-se à conclusão de que, diante de tais e tantas as irregularidades, não há mesmo condomínio.

Mas há ainda outros relevantes motivos que mostram que a autora não pode exigir despesas de condomínio. Ainda que se admitisse, em tese, a invocação da Lei 4.591/64 para regular uma operação de loteamento, forçoso é concluir que os preceitos a serem aplicados seriam os referentes à incorporação (fase preliminar e gestatória do condomínio) e nunca os do condomínio propriamente dito, como aqueles em que se baseou a autora para vir exigir despesas condominiais, as quais pressupõem um condomínio existente de fato e de direito.

O art. 3.º do Decreto-lei 271/67 – no qual tanto se apoia a autora e por força do qual por certo foi obtido o estranho registro – admite a aplicação "aos loteamentos da Lei 4.591/64, equiparando-se o loteador ao incorporador, os compradores de lote aos condôminos e as obras de infraestrutura à construção da edificação". No caso dos autos, as despesas pleiteadas dizem respeito a poço para a rede de água e de esgoto, obras de infraestrutura, sem dúvida, e, portanto, equiparadas à "construção". Mas a autora, na mágica transformação de seu loteamento em condomínio, nem previu qualquer contrato de construção...

Mais ainda: o invocado art. 3.º do Decreto-lei 271/67 nunca pôde ter aplicação concreta, pois dependentes de regulamentação, consoante se vê de seu § 1.º, regulamentação que nunca surgiu, dadas as diferenças estruturais entre as operações de loteamento e de incorporação, o que já era previsto por este Relator em artigo, em 1968, in *RT* 388. De tudo resulta a total improcedência da invocação do mencionado art. 3.º do Decreto-lei 271/67.

Na verdade, razão assiste aos réus-apelados que trazem à colação ensinamentos dos preclaros José Afonso da Silva, Gilberto Passos de Freitas, Diógenes Gasparini e Toshio Mukai, demonstrando a total inviabilidade de o loteador furtar-se às normas cogentes que regem o parcelamento do solo urbano sob o pretexto de submeter a operação ao regime da Lei de Condomínios.

Observe-se também que a tal transformação de loteamento em condomínio se fez em maio de 1980 (lis. 46/55), quando já em vigor a nova Lei do Parcelamento do Solo Urbano, Lei 6.766/79, que revogou expressamente o Decreto-lei 271/67, não havendo nos autos qualquer sinal de que o loteamento tenha sido adaptado ao novo regime legal. E o registro de loteamento é regido pelas normas vigentes à época em que se dá o depósito regular do memorial e da documentação a ele referentes. (Cf. acórdão do Conselho Superior da Magistratura: Ac. 298-0, 5.2.81, Rel. Adriano-Marrey, in *Registro de Imóveis*, n. 12, de Narciso Orlandi Neto, Saraiva, 1982).

Por todo o exposto, é negado provimento ao recurso e confirmada a bem lançada sentença que deu pela carência da ação.

Presidiu o julgamento, com voto, o Juiz Paulo Shintate e dele participou o Juiz Sousa Lima.

São Paulo, 14 de setembro de 1985.

José Osório, Relator.

Fonte: *JTACSP-RT* 85/28-30

❖❖❖

EMBARGOS INFRINGENTES N. 68.160-1

REIVINDICATÓRIA – Ajuizamento pela mãe que alienou imóvel para filha, sem o consentimento dos demais filhos – Alienação mediante simples recibo de promessa de venda com transmissão de posse – Autora ainda titular do direito de propriedade, não podendo ser considerada carecedora do direito de propor reivindicatória – Hipótese em que não se pode afirmar, desde logo, que a posse seja justa – Carência afastada – Julgamento do mérito determinado – Embargos rejeitados – Voto vencido.

Embargos Infringentes n. 68.160-1 – Presidente Venceslau – Embargantes: W.P.P. e outra – Embargada: M.Y.

ACÓRDÃO

ACORDAM, em Oitava Câmara Civil do Tribunal de Justiça, por maioria de votos, rejeitar os embargos.

Rejeitam-se os embargos.

Cuida-se de litígio entre mãe e filha em torno de alienação de bem imóvel sem consentimento dos demais filhos. A alienação se fez através de mero recibo do preço (fl.) com transmissão da posse. O negócio foi impugnado pelos demais interessados, com base no artigo 1.132 do Código Civil, mas não obtiveram êxito, por isso que este Egrégio Tribunal os entendeu carecedores da ação, já que a venda não teria se perfeccionado. Diante de tais circunstâncias, a "vendedora"-proprietária moveu a presente ação reivindicatória, já que o imóvel continuava na posse dos compradores. Em Primeiro Grau, foi a autora julgada carecedora da ação porque ainda não rescindida a promessa de venda consubstanciada no recibo e porque justa seria a posse dos réus. A respeitável sentença, contudo, foi reformada, para o fim de afastar a carência e determinar o julgamento do mérito, votando vencido o eminente Desembargador Villa da Costa, que confirmava a sentença, no principal.

Daí os presentes embargos, que, *data venia*, são rejeitados.

Como se viu acima, já existe pronunciamento do Tribunal no sentido de que venda não houve e de que "não teve a promessa o caráter real de molde a comportar execução específica" (fl.), reconhecendo ainda o Tribunal que a questão oriunda do recibo deve ser resolvida no campo do direito pessoal.

Diante dessa peculiaridade que o caso apresenta, a razão está com a douta Maioria, que admitiu a discussão sobre o mérito, ou seja, sobre o direito de propriedade. Caso contrário, não se sairá do impasse: não se discute o direito pessoal dos demais descendentes porque não houve venda, segundo o acórdão de fl.; e não se discute o direito pessoal da autora porque, em princípio, não deve ela procurar invalidar o ato por ela praticado.

Em suma, sendo a autora ainda titular do direito de propriedade, não pode ela ser considerada carecedora do direito de propor ação reivindicatória, dispensada a prévia resolução da promessa, a qual não poderá ter, conforme anterior pronunciamento judicial, qualquer efeito sobre o domínio.

Quanto aos alegados direitos pessoais dos embargantes, poderão ser exercidos pelas vias próprias.

Também não têm razão os embargantes quando dizem que a ação reivindicatória não cabe porque a sua posse é justa, já que provinda da própria autora.

Na verdade, não se pode dizer, desde logo, que tal posse seja justa só por aquele motivo.

Essa posse pode ter nascido justa, mas assim pode não ter permanecido, após o Tribunal haver reconhecido o abortamento do negócio jurídico originário e após a embargada haver solenemente notificado os embargantes a restituírem o imóvel.

Por todos esses motivos, os embargos são rejeitados.

O julgamento teve a participação dos Senhores Desembargadores Villa da Costa (Presidente, com voto vencido), Jorge Almeida e Arthur de Godoy, com votos vencedores.

São Paulo, 19 de agosto de 1987.

José Osório, Relator designado.

Vencido: Fonseca Tavares, com declaração de voto.

Fonte: *Lex RJTJSP* 110/360-2

APELAÇÃO CÍVEL N. 91.117-1

USUCAPIÃO - Alegação como defesa em ação reivindicatória - Hipótese em que ficou bem demonstrada a ocupação vintenária - Prescrição aquisitiva ocorrente - Reivindicatória improcedente - Recurso provido para esse fim.

PRESCRIÇÃO - Interrupção - Inocorrência - Citação efetuada na forma de mera interpelação, na pessoa de terceiro que não o prescribente - Inadmissibilidade - Hipótese que se mostra em total desacordo com os dispositivos processuais da citação pessoal - Recurso provido.

Apelação Cível n. 91.117-1 - São Paulo - Apelantes: J.B.V.M. e sua mulher - Apelados: M.M.B. e sua mulher.

ACÓRDÃO

ACORDAM, em Oitava Câmara Civil do Tribunal de Justiça, por votação unânime, negar provimento ao agravo retido, dando-o à apelação.

Conforme se viu do relatório *retro*, que é integrado ao presente acórdão, cuida-se de ação reivindicatória de terreno na Chácara Flora, em São Paulo, julgada procedente em parte, apelando os réus. Reavivam agravo retido, em que alegam cerceamento de defesa, e pedem a improcedência total da ação, uma vez que não houve individuação da área reivindicanda, além de já haver ocorrido usucapião extraordinário.

Quanto ao agravo retido, nega-se-lhe provimento, porquanto não houve qualquer cerceamento de defesa, já que o caso dispensava a pretendida inspeção local, estando o feito instruído abundantemente por quatro laudos periciais de engenharia, que bem esclareceram a situação local. Além disso, o mérito é decidido em favor dos agravantes, aplicando-se ao caso o disposto no § 2.º do artigo 249 do Código de Processo Civil.

Com efeito, a apelação merece provimento.

Não têm razão os réus no que diz respeito à falta de individuação da área reivindicanda, por isso que foram fornecidos elementos suficientes para tanto, conforme se vê da prova pericial.

Quanto ao usucapião, contudo, forçoso é reconhecer que o mesmo se verificou em relação à totalidade da área e não apenas em parte dela.

O imóvel pretendido pelos autores consiste em terreno com 2.030,70 m^2, com frente para a R. [...], antiga R. 3, na Chácara Flora, nesta Capital, fazendo fundos para o imóvel dos réus, que tem frente para a R. 1.

Os imóveis têm a mesma origem, datando o título aquisitivo dos autores de 26.11.1953 e o dos réus de 26.7.1967, precedido de compromisso de julho de 1962.

Ocorre que parte da área vendida aos autores (um triângulo com 125 m de base com 3 m de altura, perfeitamente identificado no croquis de fl., referido na respeitável sentença) já pertencia aos antecessores dos réus, J.M.H. e sua mulher, conforme se vê da escritura de fl., datada de 25.10.1925, que faz menção expressa ao tal triângulo e indica área total de 10.187,50 m², que foi a área vendida aos réus, também com referência expressa ao triângulo.

Daí a ação ter sido julgada parcialmente procedente, reconhecido o domínio dos réus sobre a área do triângulo. Quanto ao restante do imóvel dos autores, também ocupado pelos réus, entendeu o MM. Juiz que faltava título aos réus (o que é verdade) e que estes não tiveram posse por tempo suficiente para gerar usucapião extraordinário. Neste ponto é que a cuidadosa e bem lançada sentença está a merecer reparo.

Os réus fizeram prova robusta de que seus antecessores exerciam posse sobre ambos os imóveis, isto é, o imóvel de J.M.H. tinha frente para a R. 1 mas também tinha saída para a R. 3, havendo uma ponte sobre o valo, que dividia os dois terrenos. O testemunho de L.M.S.H. (fl.), filho e procurador de J.M.H. e subscritor do compromisso e das escrituras de venda para os réus, é esclarecedor, definitivamente. Diz ele ainda que a família tinha um empregado que mantinha o terreno limpo e que a "limpeza era feita inclusive no outro lado do valo, até a rua de baixo". Confirmou também tal testemunha a alegação dos réus de que recebeu posse da área toda, isto é, até a rua de baixo.

A versão dos fatos dada pelos réus e confirmada por suas testemunhas é perfeitamente plausível. J.M.H. adquiriu o extenso lote, ao qual foi acrescentado o "triângulo", na fase inicial do loteamento. Exercendo posse sobre área maior, J.M.H. não estava a importunar ninguém, pois a referida área excedente era pouco nobre, atravessada pelo valo (de 4 ou 5 m de altura), e, ao que tudo indica, nem constituía lote autônomo. Veja-se a velha planta de fl. em que o terreno depois vendido aos autores aparece não como lote mas como uma área que conduz a um brejo e a um tanque. Como muitas vezes acontece, áreas de início desprezíveis acabam sendo aproveitadas pelo loteador após o êxito do loteamento. No caso dos autos, o loteador, ao vender uma dessas sobras, parece ter esquecido que parte dela (o triângulo) já tinha sido transmitida a J.M.H. e o entendimento sensato é de que a posse então exercida atingia a área até a rua, conforme naturalmente se conclui ao observar o *croquis* mencionado na sentença (fl.). Em suma, reconhecida a posse sobre o triângulo (todo ele fora do traçado original do lote), não se pode deixar de admitir a posse da área adjacente ao triângulo. Tanto isso é verdade que a posse de J.M.H. e depois dos réus nunca foi turbada por ninguém, nem mesmo pela administração do empreendimento.

Assim sendo, quando os autores quiseram tomar posse do imóvel, em 1981, já encontraram uma situação de fato e de direito francamente consolidada em favor dos réus.

Mesmo sem contar o tempo de seus antecessores, têm os réus tempo suficiente para usucapirem o terreno.

Eles receberam a posse de seu lote, incluindo o triângulo, em julho de 1962, nos termos do compromisso de fls., e, desde então, o terreno já foi considerado como um todo, isto é, com duas frentes. É o que se conclui dos seguros depoimentos do mencionado L.M.S.H., do corretor do negócio, Senhor M.M. (fl.) e do engenheiro G.K. (fl.), todos participantes dos atos verificados em julho de 1962. Assim, não há por que não se aceitar essa data como termo inicial da posse do autor, um nome próprio.

E a citação para ação só se deu em 3.11.1982, como se vê da certidão do oficial à fl., quando já transcorridos mais de vinte anos.

A respeitável sentença admitiu que a interpelação de fls. tenha sido apta para interromper a prescrição aquisitiva.

Sem razão, contudo, uma vez que, a rigor, nem interpelação se verificou. À fl. vê-se que o Oficial de Justiça, não tendo encontrado o réu, deixou a contrafé com o filho deste, obtendo a informação de que o réu já estaria ciente. Cautelosamente, o MM. Juiz ordenou que o autor se manifestasse sobre a certidão, o qual apenas pediu que os autos lhe fossem entregues.

A ordem jurídica protege a propriedade, sem dúvida. Confere o largo prazo de vinte anos para o proprietário citar o réu da ação reivindicatória ou para interromper a prescrição, mas a ordem jurídica também garante ao possuidor, principalmente quando este está prestes a se converter em legítimo proprietário, a segurança de que a citação, ou protesto, apta a interromper a prescrição, haverá de se fazer segundo as cautelas e formalidades legais.

Daí o artigo 172 estabelecer, de modo peremptório: "A prescrição interrompe-se: 1. Pela citação pessoal feita pelo devedor, ainda que ordenada por Juiz competente (v. artigo 175), 2. Pelo protesto, nas condições do número anterior".

E essa mesma severidade aparece no referido artigo 175: "A prescrição não se interrompe com a citação nula por vício de forma, por circunducta, ou por se achar perempta a instância ou a ação (v. artigo 172, inciso I)".

(Observe-se que as remissões de um artigo a outro são do próprio legislador).

Por aí se vê que a única exceção tolerada pela Lei para as graves hipóteses como a dos autos consiste na citação feita por Juiz incompetente. Nunca em outros casos, principalmente no mais importante de todos, ou seja, quando exige citação pessoal.

Essa matéria é tranqüila no Direito Brasileiro desde muito tempo atrás. Diz Bevilacqua: "O Código quer que a citação seja pessoal e não feita a outrem, que não o próprio devedor" (Código Civil, artigo 172, obs. 2).

E Carvalho Santos:

"Nas condições do número anterior – acrescenta o Código. E com isto quer dizer que a citação seja pessoal e embora ordenada por

Juiz incompetente produz seus efeitos interruptivos. Valerá, porém, o protesto feito ao Procurador quando este tiver poderes bastantes para receber citação inicial (Carpenter . . . João Monteiro, . . .). O que é preciso frisar é que o protesto para ter a virtude de interromper a prescrição deve se referir diretamente ao fim colimado, isto é, à prescrição que visa fique interrompida" (*Código Civil Brasileiro Interpretado*, artigo 172).

A Jurisprudência também não discrepou desse entendimento:

"Exigindo o artigo 172, inciso I, do Código Civil, para que se considere interrompido o prazo prescricional, a 'citação pessoal feita ao devedor', é absolutamente indispensável que a citação se realize, que o citando tome conhecimento pessoal do chamamento a Juízo" (Acórdão deste Tribunal de Justiça, *RT*, vol. 117/559, do respeitável Desembargador Frederico Roberto).

Ainda: "De nada vale o protesto para interromper a prescrição se do mesmo não foi intimado aquele contra quem se requereu a medida" (Acórdão do Supremo Tribunal Federal, *RT*, vol. 110/393, Ministro Carvalho Mourão).

Ainda recentemente, esta mesma Câmara, em caso em que houve defeito na citação e posterior falta de diligência do autor, houve por bem de afastar o efeito interruptivo da citação e, conseqüentemente, da própria reivindicatória, deixando estabelecido que, em tais circunstâncias, "está a impor-se a solução formal". Esse aresto está na *RJTJESP*, ed. LEX, vol. 102/155 e teve como Relator o eminente Desembargador Fonseca Tavares, reconhecidamente um dos Magistrados menos formalista deste Tribunal.

Observe-se ainda que a referida interpelação, além de não ter sido feita na pessoa do prescribente, se fez de forma excessivamente tímida e genérica. Os autores apenas alegaram ser voz corrente que o réu pretendia apossar-se do imóvel, motivo por que o interpelava "para que justifique os motivos que o levaram a tomar tal atitude, bem como negar ou confirmar sua pretensão".

Aí não aparece nenhuma palavra sobre interrupção de prescrição, os autores só pedem esclarecimentos. Essa não é a linguagem de que pretende impedir a consumação do usucapião, nos termos da lei. Reveja-se, a esse propósito, a lição de Carvalho Santos, retrotranscrita.

De tudo resulta a total inviabilidade da interpelação de fls. para interromper a prescrição.

Diante do exposto, reconhecida a ocorrência de usucapião, é dado provimento ao recurso, para o fim de julgar improcedente a ação, condenados os autores nas custas, despesas e honorários de 15% do valor atualizado da causa.

O julgamento teve a participação dos Senhores Desembargadores Villa da Costa (Presidente) e Arthur de Godoy, com votos vencedores.

São Paulo, 4 de novembro de 1987.

José Osório, Relator.

Fonte: LEX - TJSP - 1987 - Volume 111 - Páginas 273-7

EMBARGOS INFRINGENTES N. 85.563-1

USUCAPIÃO - Extraordinário - Usucapiente, vizinho de lote, que o utiliza com pequenas culturas e criação de aves - Posse incontestada e ininterrupta por mais de vinte anos - *Animus domini* caracterizado - Irrelevância de ser a ocupação de caráter não residencial - Ação procedente - Embargos recebidos.

Embargos Infringentes n. 85.563-1 - Taubaté - Embargante: M.R. - Embargados: J.A.C. e sua mulher.

DECLARAÇÃO DE VOTO VENCIDO DO DES. JOSÉ OSÓRIO NA APELAÇÃO

O recurso estava a merecer provimento, a meu ver.

A autora tomou posse de um lote de terreno vizinho ao seu, cercando-o e utilizando-o com plantação e criação de galinhas, por prazo superior a vinte anos, como demonstrado em robusta prova testemunhal. Proposta a ação de usucapião extraordinário, foi ela contestada pelo proprietário, acabando por ser julgada improcedente sob consideração de não ter ficado caracterizada a posse com ânimo de dono e de ter ficado provado que os autores chegaram a colocar cerca no imóvel, que foi demolida.

Dúvida alguma existe de que os réus-apelados não tinham posse do imóvel. Adquirida a propriedade por escritura de 30.11.1961, mantiveram o imóvel em estado de abandono, perdendo a posse para a autora, que passou a usufruir dele.

Ensina Tito Fulgêncio, a propósito da perda da posse, que esta "subsiste enquanto o possuidor se comporta em face da coisa como normal e regularmente o proprietário, e, portanto, cessa, quando ele deixa de se portar como dono em face da coisa".

E prossegue o abalizado tratadista:

> "O interesse, testemunhado *no fato* pela maneira de se servir da coisa, de cuidar dela, de protegê-la e garanti-la é o indício do verdadeiro proprietário. Quem quer que não mostre esse interesse e se desligue

de algum modo da coisa perde a posse, porque, se bem que ele seja e continue proprietário, não atual e visível como tal, e a posse consiste precisamente nisto – na parte visível da propriedade – *a diligência do proprietário é uma condição indispensável da posse*" (*Da Posse e das Ações Possessórias*, 5.ª ed., pág. 191, grifos do autor).

No caso dos autos, tão evidente ficou a perda da posse por parte dos proprietários-apelados que a ação de reintegração de posse por eles movida, e processada juntamente com a de usucapião, foi julgada improcedente, conformando-se eles com tal resultado.

Os alegados atos de posse consistentes na feitura de cercas, que em seguida eram demolidas, se verdadeiros, em nada favorecem aos réus. Tais atos só vêm demonstrar o vigor da posse da autora, que, embora mais fraca economicamente, conseguiu impor a sua posse.

Resta ver se a posse da autora foi apta para gerar usucapião. O lapso de vinte anos nem é mais contestado, a rigor, porquanto a autora se fixou no local por ocasião da implantação do loteamento e a prova testemunhal é sólida. Os argumentos dos apelados entendem com a oposição feita por eles e consequente descontinuidade da posse da autora.

Os atos praticados pelos réus e referidos acima em nenhum momento interromperam aquela posse. E a oposição que os réus dizem ter feito foi tímida e inidônea para se ter a posse como contestada. Não foi movida qualquer ação possessória (salvo a recente reintegratória julgada improcedente) nem se tem notícia de algum preposto que tivesse tentado manter a posse para os réus. Houvesse real oposição à posse, o panorama probatório desta ação teria sido inteiramente diferente.

Observe-se que até mesmo uma perda passageira ou uma grave contestação judicial podem não acarretar interrupção da posse e, conseqüentemente, do lapso prescricional.

Já o grande Lafayette advertia:

"A interrupção causada pela perda da posse deixa de produzir efeito, se a posse é recuperada dentro de ano e dia por via do interdito competente, ou a qualquer tempo pela ação publiciana. Nestes casos a posse é considerada como se nunca fora interrompida" (*Direito das Coisas*, 1877, pág. 199).

Também Pontes de Miranda:

"A usucapião está interrompida se o possuidor foi esbulhado, não retomou, por justiça de mão própria, a coisa, nem obtém sentença judicial que o reintegre, reconhecendo-lhe a posse até o momento do esbulho e retirando ao esbulho qualquer eficácia. A reintegração tem eficácia *ex tunc*: é execução que restitui a posse, integralmente. Posse havia, posse foi tomada, injustamente; restitui-se a posse" (*Tratado de Direito Privado*, t. XI/146).

E, nesse mesmo sentido, julgou, há não muito tempo, este Egrégio Tribunal, afirmando que "a interrupção só ocorre se a ação de esbulho é julgada contra o possuidor" (*RJTJESP*, ed. LEX, vol. 70/187, Apelação n. 6.851-1, Relator Toledo Piza, votando ainda Aniceto Aliende e Sydney Sanches).

Na hipótese ora em julgamento, os réus-proprietários só vieram a propor ação reintegratória após o decurso do prazo legal de vinte anos e a ação ainda foi julgada improcedente. E as pequenas escaramuças que dizem ter praticado em nenhum momento abalou a posse da autora. Isto quer dizer que a posse da autora está vigorando e produzindo efeitos até hoje, ininterruptamente.

No que diz respeito ao *animus domini*, a razão também está com a autora.

O reconhecimento de tal requisito é, em regra, muito difícil, conforme atestado pela Doutrina e pela Jurisprudência. Eis o que afirmou o Ministro Orozimbo Nonato no Recurso Extraordinário n. 4.998, do Pará (*Repertório de Jurisprudência do CC*, de J. G. Rodrigues de Alckmin, inciso I, n, 823; e *Arquivo Judiciário*, vol. 65/300 e *Revista de Direito*, vol. 142/221):

> "A prova desse *animus domini*, isto é, da vontade de exercer o direito de propriedade e que não se confunde com a *opinio domini*, a convicção certa ou errada de ser proprietário é diabólica, chegando alguns práticos antigos a sugerir, ao propósito, o juramento do interessado [...].
>
> A revelação exterior desse elemento subjetivo é tão dificilmente apreensível que a 'jurisprudência alemã chegou a organizar a lista dos sintomas' que a definem. Inutilmente, entretanto, pois todos eles podem ser exercidos pelo detentor (v. Rodrigues Júnior, *A Posse*, pág. 82).
>
> A vontade, pois a que se deve atender, como ensina Ihering, é abstrata, ligada à causa da detenção".

O Professor Manuel Rodrigues Jr., citado por Orozimbo Nonato, assim expõe essa teoria da causa ou da vontade abstrata, formulada por Ihering:

> "A vontade a ter em conta é aquela que existe normalmente nos indivíduos que se encontram nas mesmas condições e que está inerente à causa por que detém. E assim a vontade normal do comprador, do ladrão, é diferente da vontade do arrendatário, do transportador. Os

primeiros têm a intenção de ser proprietários, os segundos não. Por isso só aos primeiros é concedida a posse do direito de propriedade.

Talvez que o arrendatário e o transportador tenham a mesma vontade concreta que o proprietário, mas a sua situação jurídica, a causa por que possuem, inspirada na vontade que normalmente têm os indivíduos na sua situação, impõe-lhes uma vontade diferente.

Em resumo, o *animus* determina-se pela natureza da relação jurídica em virtude da qual se detém, ou da causa por que se detém" (*A Posse*, Saraiva, 1926, págs. 82-83).

No caso dos autos, o meritíssimo Juiz, contudo, limitou-se à análise da vontade concreta, concluindo que, por se tratar de posse em área contígua, em que foram colocadas cercas de bambu e onde a autora plantou e criou galinhas, não estaria demonstrado o exercício de posse com ânimo de dono.

Ora, a autora não era locatária, usufrutuária, comodatária, preposta, ou seja, não ocupava o imóvel em razão de outorga de outrem, nem o ocupou fortuita e passageiramente. Lá permanece há mais de vinte anos, fazendo aquilo que o dono normalmente faz: usando o terreno com plantações e criações domésticas. O dono tanto costuma construir no terreno como costuma usá-lo de qualquer maneira. Na medida em que o terreno foi cercado e utilizado para fim econômico e doméstico, salta aos olhos o *animus domini* da posse, não se podendo sequer distinguir-se, exteriormente, a existência de dois imóveis: a propriedade se exteriorizava como um imóvel só e sobre todo ele a autora exercia, de fato, os poderes inerentes ao domínio.

Tal poder de fato se apresenta ainda de forma vigorosa: somente quem dispõe de poder efetivo e concreto pode, em zona suburbana, cercar o terreno e manter nele plantações e criações.

Observe-se que a ocupação da área em questão pela autora não se fez à distância mediante atos de mera limpeza de terreno vizinho. A autora se assenhoreou do terreno por completo e se utilizou dele como faz normalmente qualquer proprietário pobre. Não edificou mas fez plantações perenes. Segundo o laudo do perito, no terreno existem, *além de outras árvores*: um abacateiro, uma amoreira, duas mangueiras, três goiabeiras, dois pés de café, um mamoeiro, uma jabuticabeira e um pessegueiro (fl.). E esclarece o Perito: "mas é fácil notar que as mesmas (plantações) estão sendo cultivadas há muitos anos pois as mangueiras possuem aproximadamente seis metros de altura; a goiabeira, aproximadamente cinco metros e meio, e demais plantações todas bem desenvolvidas" (fl.).

Data venia da douta Maioria, o Perito trouxe sinais contundentes de posse longeva, com ânimo de dono.

Por fim, vê-se que o fato de os réus terem pagado impostos não os beneficia. Trata-se de sinal fraco de posse à distância, que sucumbe diante do efetivo poder de fato exercido pela autora durante longuíssimo prazo.

Por tais motivos, dava provimento ao recurso para julgar procedente a ação de usucapião.

São Paulo, 10 de agosto de 1988.

José Osório.

Fonte: LEX - TJSP - 1991 - Volume 128 - Página 137

❖❖❖

APELAÇÃO CÍVEL N. 108.939-1

PROPRIEDADE INDUSTRIAL - Marca - Proteção - Empresa gráfica integrante do pólo passivo - Ré que apenas veicula endereços, telefone e publicidade de assinantes - Ilegitimidade de parte - Exclusão da lide determinada - Sentença confirmada.

PROPRIEDADE INDUSTRIAL - Marca - Proteção - Expressão usada pela ré que designa método de serviço utilizado por ambas as empresas - Hipótese de firmas concorrentes - Uso que sugere ter havido associação entre autora e ré - Abstenção determinada - Perdas e danos, no entanto, indevidos, em face da não comprovação de prejuízo - Recurso provido para esse fim - Voto vencido.

Apelação Cível n. 108.939-1 - São Paulo - Apelantes: R. Ltda. e outra - Apeladas: H. Ltda. e outras.

ACÓRDÃO[1]

ACORDAM, em Oitava Câmara Civil do Tribunal de Justiça, por maioria de votos, dar provimento parcial ao recurso.

Com a presente ação visam as autoras a impedir que a ré H. use as marcas "Rodi-Tec" e "Rotman", pois sofrem concorrência desleal já que são elas tradicionais firmas no ramo de serviços de desentupimentos, sendo titulares de diversas marcas entre as quais "Roto-Rooter", "Rodo Rooter" e "Roto". Entendem que o uso daquelas marcas pela ré confunde os clientes, particularmente em razão de anúncios em listas telefônicas.

A ação foi julgada improcedente, sob consideração de que a expressão "rot" designa apenas o método de desentupimento utilizado por

1. Não foram opostos embargos infringentes.

ambas as empresas, método esse consistente na utilização de um cabo de aço introduzido nos encanamentos e acionado por motor que gera movimentos rotativos. Assim, não se pode impedir o uso de marcas regularmente registradas, e que se apóiam no método dos serviços, o qual é utilizado por ambas as interessadas.

As autoras apelam, insistindo em que há violação do nome comercial da "Roto-Rooter" e das marcas referidas, registradas pela segunda autora, a K.

Recursos bem processados, com respostas. O recurso tem parcial provimento.

Com relação à ré O. Gráfica S.A., nenhuma razão têm as autoras-apelantes. Esta ré apenas veicula endereços, telefones e publicidade dos assinantes, não se notando, no caso, qualquer atitude abusiva de sua parte que justificasse sua permanência no pólo passivo. Nesse ponto, portanto, a respeitável sentença não merece reparo.

O mesmo, contudo, não acontece com o ponto principal da demanda.

R. e H. são as empresas que mais disputam o mercado de serviços de desentupimentos. O consumidor sabe que são duas empresas concorrentes.

Na medida em que a H. passa a usar a marca "Rodi-Tec", sugere-se até mesmo que tenha havido associação entre as empresas. Também o uso da marca "Rotman" traz confusões, certo que a segunda autora é titular das marcas "Roto-Rooter", "Rooter" e "Rodo Rooter".

O fato de o radical "rot" indicar a ideia de "rotação" ou "rotativo", ligada ao método utilizado por ambas as empresas, não tem o alcance que foi dado pela decisão. Os clientes dessas empresas pouco se interessam pelos métodos adotados, sejam mecânicos, químicos, de rotação, de pressão, etc. A sua preocupação está com a finalidade (e com o preço) e não com os meios empregados.

Não é isso que acontece com os exemplos indicados na sentença (Concretex, Concremix, etc.). Aqui o cliente está mesmo interessado naquele tipo de proteção, mistura e entrega de concreto.

A afronta ao nome comercial da primeira autora e o interesse da H. em atingir os clientes daquela ficam patenteados com os anúncios publicados na Lista Telefônica (fls. do apenso). Aí aparecem, como se fossem outras empresas, "Rodo-Tec Desentupidora de Esgotos" e "Rotman-Higitex Desentupidora de Esgotos", com o mesmo endereço e o mesmo telefone da H., ou seja, Rua [...].

Por que simular a existência de outras empresas no mesmo local com o acréscimo dos prefixos "Rodi" e "Rot" senão para confundir com a expressão da "Roto-Rooter"?

O litígio não é novo. Já houve outra ação movida por R. e por Rodotubo Hidráulica e Reformas Ltda. contra H. e seu titular para que se abstivesse de usar as expressões "Roto" e "Rodotubo". A ação foi julgada procedente por brilhante sentença, confirmada, por seus fundamentos, pela egrégia Segunda Câmara (fls. do apenso).

Por todo o exposto, dão parcial provimento ao recurso para o fim de julgar procedente a ação contra a primeira ré, que fica proibida de usar as expressões "Rod Tec" e "Rotman" ou outras semelhantes, sob pena de multa diária no valor de 200 BTNs, a partir do trânsito em julgado da decisão. Perdas e danos não foram comprovados. Honorários de 15% do valor atualizado da causa principal e da cautelar.

O julgamento teve a participação dos Senhores Desembargadores Fonseca Tavares (Presidente, sem voto), Manoel Carlos, com voto vencedor, e Jorge Almeida, vencido, com declaração de voto.

São Paulo, 13 de dezembro de 1989.

José Osório, Relator designado.

Fonte: LEX - TJSP - 1989 - Volume 126 - Páginas 193-5

APELAÇÃO CÍVEL N. 115.074-1

PROPRIEDADE INDUSTRIAL - Privilégio - Medicamento - Ré cedente dos direitos de que era titular sobre o produto - Ilegitimidade para a fabricação de similar - Interpretação dos artigos 9.º, *c*, da Lei Federal n. 5.772, de 1971, e 20 da Lei Federal n. 6.360, de 1976 - Indenização e cautelar de busca e apreensão procedentes, bem como condenação da ré a abster-se de fabricar o medicamento - Recurso não provido.

Apelação Cível n. 115.074-1 - São Paulo - Apelante: Laboratório G. S.A. - Apelada: V. Ltda.

ACÓRDÃO

ACORDAM, em Oitava Câmara Civil do Tribunal de Justiça, por votação unânime, negar provimento ao recurso.

Ação ordinária de indenização e cautelar de busca e apreensão foram julgadas procedentes pela respeitável sentença de fls., cujo relatório é adotado, condenando a ré a abster-se de fabricar medicamentos, sob pena de multa diária, mais perdas e danos, juros, custas, honorários e correção monetária.

Apelou a ré, alegando, em síntese, que os produtos químico-farmacêuticos e medicamentos não são privilegiáveis; que a Lei n. 6.360, de 1976, assegura o direito de registro de medicamentos similares a outros já registrados no Ministério da Saúde; que os contratos entre as partes não lhe impediam a fabricação; que não cometeu qualquer ilicitude, tendo agido no exercício regular de seu direito; que não há possibilidade de confusão entre os produtos, pois um se denomina "Atroveran Virtus" e o outro "Atronax Gross", distintas também as embalagens e respectivas cores; que se comprometeu, apesar, a não fabricar produto de fórmula idêntica ou semelhante; tudo estando a exigir a total reforma da decisão.

Recurso bem processado, com resposta, destacando o acerto do julgado.

É o relatório.

VOTO

O recurso não tem provimento.

Através de quatro contratos, a ré cedeu onerosamente para a autora todos os direitos de que era titular sobre a marca, fabricação, comercialização, logotipo e certificados de registros referentes ao medicamento "Atroveran". Comprometeu-se ainda a prestar serviços de assessoria técnica, de marketing e de vendas para o maior êxito na fabricação e venda do produto.

Ocorre que a ré lançou no mercado o medicamento "Atronax", de mesma fórmula, com embalagem semelhante. Daí as presentes ações. A ré admite a similaridade, ou mesmo a identidade, da fórmula. Nega, porém, a semelhança da embalagem e a possibilidade de confusão, distintos foneticamente os nomes e a publicidade que veiculou. Insiste em que ninguém está impedido de fabricar medicamentos com fórmulas similares, porquanto tal matéria não é objeto de privilégio, nos termos do artigo 9.º, *c*, da Lei n. 5.772, de 1971, sendo certo ainda que a Lei n. 6.360, de 1976, em seu artigo 20, admite expressamente o registro no Ministério da Saúde de medicamentos similares a outros já registrados.

A questão foi bem decidida.

A ré-apelante argumenta como se ela fosse um terceiro qualquer que estivesse entrando agora no mercado com um produto semelhante. Acontece que ela transferiu, por elevadas importâncias, tudo que fosse necessário para a fabricação e comercialização daquele produto pela autora. Qualquer honesta e elementar técnica de interpretação leva à conclusão de que a ré se obrigou também a não fazer concorrência à autora com a fabricação de produto semelhante. Caso contrário, a autora – como qualquer empresário normal – não teria feito o negócio. Num dos contratos, aliás, constou expressamente que a cedente se obrigava a "fazer a presente cessão sempre firme, boa e valiosa, passando a cessionária, a partir desta data, a industrializar e a comercializar, com exclusividade, o produto ATROVERAN" (fls. da cautelar). Evidente, portanto, que a ré não podia lançar no mercado o ATRONAX, que é o mesmo produto, com outro nome.

Regras técnicas, deveres específicos e comportamentos adequados são subentendidos nos contratos, seja porque a lei os estabelece seja porque os consagra o uso. E o que se vê da lição do Professor Galvão Telles, *Manual dos Contratos em Geral*, Lisboa, 1965, pág. 360. Prossegue o mestre:

> "Assiste-se desta sorte à 'inflação do conteúdo obrigatório do contrato' – na expressão feliz de Josserand. Inflação ou enriquecimento que se legitima com o importante princípio (e bom era vê-lo mais fundamente gravado nas consciências) de que os contratos se devem cumprir de boa-fé, e bem assim com a regra de que obrigam tanto ao que é neles expresso, como às suas conseqüências usuais e legais [...]" (id. ib.).

Por todo o exposto, é negado provimento ao recurso e confirmada a respeitável sentença, inclusive por seus fundamentos.

O julgamento teve a participação dos Senhores Desembargadores Jorge Almeida (Presidente sem voto), Villa da Costa e Fonseca Tavares, com votos vencedores.

São Paulo, 7 de fevereiro de 1990.

José Osório, Relator.

Fonte: LEX - TJSP - 1990 - Volume 125 - Página 241

APELAÇÃO CÍVEL N. 123.830-1

INDENIZAÇÃO – Responsabilidade civil – Ato ilícito – Furto de acessório de veículo deixado em estacionamento – Ineficácia de cláusula de não indenizar no verso do bilhete, contraditória com o serviço oferecido – Ação procedente – Verba devida – Recurso provido para esse fim.

Apelação Cível n. 123.830-1 – São Paulo – Apelante: W.A.B. – Apelada: M.E. S/C Ltda.

ACÓRDÃO

ACORDAM, em Oitava Câmara Civil do Tribunal de Justiça, por votação unânime, dar provimento parcial ao recurso.

Ação de rito sumaríssimo, visando a obter indenização por furto de acessórios de automóvel deixado em estacionamento, foi julgada improcedente pela respeitável sentença de fls., cujo relatório é adotado, sob consideração de existir cláusula de não indenizar.

Apelou o autor, insistindo no pedido e afirmando que tal cláusula é ineficaz em contratos como o das partes; que só notou a existência de tal cláusula posteriormente; e que a jurisprudência ampara a pretensão.

Recurso bem processado, com resposta, em que se ressalta o acerto da decisão, afirmando ainda que o autor não provou que o furto se deu no estacionamento; que há contradição no comportamento do autor; que há exagero no pedido; que o autor aderiu conscientemente ao contrato e que a referida cláusula é corriqueira nos Estacionamentos e é confirmada por aviso na recepção.

É o relatório.

VOTO

O recurso está a merecer parcial provimento.

O Meritíssimo Juiz decidiu corretamente quando reconheceu que os fatos foram bem demonstrados. O bilhete de fls. prova o contrato, mantém coerência com o Boletim de Ocorrência e é confirmado pelo depoimento da testemunha do réu, que depôs com sinceridade. Afirma ela que tomou conhecimento, como supervisor do estacionamento, do furto de toca-fitas e que no interior do carro havia vestígios de roubo e que o painel estava danificado, motivo por que orientou o autor para se dirigir a uma Delegacia e trazer cópia da ocorrência para ser encaminhada ao escritório central. É o suficiente para se ter o fato como comprovado.

A respeitável sentença merece reparo, contudo, quando entendeu eficaz a causa de isenção de responsabilidade constante do verso do bilhete.

Trata-se de ato oneroso, que se forma sem a tradicional declaração de vontade, resultante de um "comportamento social típico" (K. Larenz, "Derecho Civil", apud Orlando Gomes, *Novos Temas de Direito Civil*, 1983, pág. 97), exigindo interpretação complementar.

Não é importante examinar se houve vontade de aderir à cláusula impressa no verso de um bilhete, geralmente nem lida pelo interessado ao deixar o carro num estacionamento. O que se busca com tal ato é a obtenção de um local para estacionar e a segurança para o veículo. A referida cláusula é contraditória com o próprio comércio e serviço ofertados, desnatura o contrato e deve ser repelida pela ordem jurídica.

Observe-se a situação de enorme insegurança em que fica o usuário na hipótese de desonestidade do dono do estacionamento ou de seus prepostos. Eles mesmos poderiam furtar, e o usuário, distante e depois surpreso, nada poderia reclamar por ter sido alertado de que não haveria responsabilidade por furto.

Em caso de furto do próprio veículo ou de dano em seus componentes, dúvida não há quanto à ineficácia da cláusula. As mesmas razões servem para o caso de furto de acessório, perfeitamente integrado no veículo. Veja-se que, no caso dos autos, nem se trata de objeto solto deixado dentro do carro. Era algo que mal se distingue de outra peça qualquer e que foi retirado mediante danificação do painel.

A doutrina nacional, com apoio na estrangeira, aponta no sentido da responsabilidade do dono do estacionamento (Wílson Melo da Silva, "*Da Responsabilidade Civil Automobilística*", 1980, n. 82). Seria ingenuidade e falta de percepção das novas características da vida urbana achar que a grave responsabilidade que pesa sobre o empresário que explora tal atividade pudesse ser afastada por uma unilateral anotação em bilhete ou por um aviso genérico em um cartaz qualquer.

Caso semelhante, trazido pelo apelante (fls.), foi bem decidido na Apelação Cível n. 5.340, do Tribunal de Justiça do Rio de Janeiro, Relator Desembargador Sérgio Mariano, que, com apoio em Pontes de Miranda e Aguiar Dias, considerou nula a referida cláusula de isenção de responsabilidade.

A ação, portanto, deve ser julgada procedente. Mas não totalmente porque, em relação ao relógio digital, a prova é omissa.

Diante do exposto, é dado provimento ao recurso para julgar procedente em parte a ação, excluindo-se apenas valor do objeto supramencionado. Custas pela ré, que pagará ainda honorários de 10% da condenação.

O julgamento teve a participação dos Senhores Desembargadores Jorge Almeida (Presidente sem voto), Villa da Costa e Fonseca Tavares, com votos vencedores.

São Paulo, 27 de junho de 1990.

José Osório, Relator.

Fonte: *Lex TJSP* 128/37

APELAÇÃO CÍVEL N. 123.294-1

USUCAPIÃO – Alegação como defesa em ação reivindicatória – Utilização pelo condômino de área comum em proveito próprio – Ocupação que constitui mera detenção, não configurando posse, por inidoneidade do objeto - Artigo 3.º da Lei Federal n. 4.591, de 1964 - Prescrição aquisitiva inocorrente - Reivindicatória procedente - Recurso não provido.

Apelação Cível n. 123.294-1 - São Paulo - Apelantes: W.E.A. e outros - Apelados: Conjunto Residencial D.F.M.O. e outros.

ACÓRDÃO

ACORDAM, em Oitava Câmara Civil do Tribunal de Justiça, por votação unânime, negar provimento ao recurso.

Ação de reivindicação de área de conjunto residencial ocupada por condôminos com exclusividade, foi julgada procedente pela respeitável sentença de fls., cujo relatório é adotado, apelando os réus. Alegam, em resumo, que já são proprietários da área por força de usucapião, pois já a ocupam, como garagens, por prazo suficiente.

Recurso bem processado, com resposta destacando o acerto da decisão.

É o relatório.

VOTO

O recurso não tem provimento.

A questão de fato está bem resumida na sentença: autores e réus são proprietários de apartamentos situados em prédios distintos de um mesmo conjunto residencial, correspondendo a cada unidade autônoma uma fração ideal nos espaços comuns. Em assembléia realizada em 1985, os condôminos deliberaram dividir por edifícios a área até então possuída em comunhão. Aos autores acabou faltando área para abrigo de carros em decorrência de ocupação antiga por parte dos réus. Daí a reivindicatória, bem amparada pela perícia.

A apelação dos réus se firma num único ponto: existência de prescrição aquisitiva a seu favor. Sem razão, porém.

No regime do condomínio tradicional, pode-se admitir o usucapião entre condôminos no caso de inequívoca posse própria em parte da gleba (condomínio *pro diviso*) ou na gleba toda.

No regime do condomínio por planos horizontais, a hipótese é inviável, no que diz respeito às áreas comuns. Impede-o o disposto no artigo 3.º da Lei n. 4.591, de 1964, que considera indivisíveis e inalienáveis aquelas áreas, isoladamente. Diz ainda a parte final do mencionado artigo: as áreas comuns "serão, também, insuscetíveis de utilização exclusiva por qualquer condômino". Assim, a ocupação exercida pelos réus não passou de mera detenção, não chegando a ser posse, por inidoneidade do objeto. E jamais chegaria ao usucapião por ausência de um dos requisitos essenciais, a *res habilis*.

Tal ponto de vista é francamente apoiado pela Doutrina. Eis a lição de Caio Mário:

> "O proprietário do apartamento é condômino por quota ideal do terreno e das partes comuns do edifício. E, *ut condominus*, tem o direito de usar a coisa comum, desde que não exclua os demais condôminos da mesma utilização. [...] sendo o proprietário de apartamento um comunheiro das partes do edifício não constitutivas da propriedade exclusiva de cada um, por mais que dure a ocupação exclusiva jamais se converterá em domínio daquele que dela se assenhoreou a parte comum do edifício" (*Condomínio e Incorporações*, 1977, pág. 125-6).
>
> No mesmo sentido a opinião de João Batista Lopes, que se apóia também em Arruda Alvim (*Condomínio*, 2.ª ed., 1985, págs. 85-86).

Observe-se ainda que, no caso dos autos, houve evidente e grave prejuízo aos autores, que ficaram sem local para abrigo de seus veículos.

Diante do exposto, negam provimento ao recurso e confirmam a respeitável sentença, inclusive por seus fundamentos.

O julgamento teve a participação dos Senhores Desembargadores Jorge Almeida (Presidente sem voto), Villa da Costa e Fonseca Tavares, com votos vencedores.

São Paulo, 8 de agosto de 1990.

José Osório, Relator.

Fonte: LEX - TJSP - 1991 - Volume 129 - Página 266

❖❖❖

APELAÇÃO CÍVEL N. 123.647-1

USUCAPIÃO - Área ribeirinha - Curso de água não navegável e que não contribui para a formação de outra corrente - Suscetibilidade de ser o imóvel usucapido - Ação procedente - Recurso não provido.

Apelação Cível n. 123.647-1 - Jundiaí - Apelante: Fazenda do Estado - Apelados: J.C.S. e sua mulher.

ACÓRDÃO

ACORDAM, em Oitava Câmara Civil do Tribunal de Justiça, por votação unânime, negar provimento aos recursos.

Ação de usucapião de área suburbana, fundada em posse decorrente de compromisso de compra e venda, foi julgada procedente pela respeitável sentença de fls., cujo relatório é adotado.

Apelou a Fazenda do Estado, alegando, em resumo, que parte da área é de domínio do Estado por estar à margem do Rio Jundiaí, que é navegável, com o que houve violação de lei federal e da jurisprudência do Supremo Tribunal Federal, inclusive da Súmula n. 479.

Recurso bem processado, com resposta.

O Doutor Promotor opina pelo improvimento e o Doutor Procurador de Justiça pelo provimento do recurso. É o relatório.

Tem-se por interposto o recurso oficial e a ele e ao voluntário é negado provimento.

Segundo confirmou a perícia (fls.), o Rio Jundiaí não é navegável, sendo certo que o perito se baseou em informações obtidas junto ao Departamento de Águas e Energia Elétrica – DAEE, e junto ao Departamento de Hidráulica da USP. Nem é formador do Tietê, não passando, como é público e notório, de um pequeno afluente que chega ao Tietê muito abaixo de São Paulo.

Em tais circunstâncias, cai por terra toda a argumentação da apelante.

Caso semelhante foi bem debatido, há tempos, sobre a navegabilidade do Rio Tamanduateí, também afluente do Tietê, na cidade de São Paulo. Ponderou, então, o eminente Juiz Lothário Octaviano, Relator do acórdão do Terceiro Grupo de Câmaras do Segundo Tribunal de Alçada Civil:

> "... Para que se reconheça serem reservadas as faixas de 15 m, contados a partir do ponto médio das enchentes ordinárias, mister se faz que o rio, além de público, seja navegável...
>
> Ora, só mesmo um lirismo prosaico poderia conceder, hoje, a navegabilidade do Rio Tamanduateí, nos seus trechos não canalizados, por rústicas jangadas, meio de transporte desusado em nosso meio e estranho aos nossos costumes regionais.
>
> Não é de se olvidar, neste passo, a *ratio essendi* da reserva das faixas laterais dos rios navegáveis, sem o que não se dará aos dispositivos legais ora em discussão uma interpretação consentânea com os seus fins sociais e com as exigências do bem comum (Lei de Introdução ao Código Civil, artigo 5.º).
>
> Do acórdão inserto na *RT*, vol. 379/149 e segs., colhem-se preciosos subsídios históricos a respeito da finalidade dos terrenos reservados, graças ao laborioso estudo que, sobre o assunto em pauta, fez o ilustre

Relator Desembargador Bandeira de Mello... já no período colonial, a idéia dos terrenos reservados estava intimamente associada à navegabilidade dos rios, mas entendida essa qualidade, entretanto, em razão dos seus mais amplos fins sociais, dentre os quais se pode incluir, principalmente, o econômico" (*RT*, vol. 462/159).

Pelo exposto, é negado provimento aos recursos e confirmada a respeitável sentença, inclusive por seus fundamentos.

O julgamento teve a participação dos Senhores Desembargadores Jorge Almeida (Presidente sem voto), Villa da Costa e Fonseca Tavares, com votos vencedores.

São Paulo, 22 de agosto de 1990.

José Osório, Relator.

Fonte: LEX - TJSP - 1991 - Volume 130 - Página 283

AGRAVO DE INSTRUMENTO N. 134.398-1

PROVA - Perícia - Ação de divisão - Renovação dos trabalhos - Necessidade - Perícia realizada por arbitradores não compromissados e não habilitados - Manutenção, entretanto, do mesmo agrimensor - Recurso provido para esse fim.

Agravo de Instrumento n. 134.398-1 - Estrela D'Oeste - Agravantes: G.M. e sua mulher - Agravados: J.V.S., sua mulher e outros.

ACÓRDÃO

ACORDAM, em Oitava Câmara Civil do Tribunal de Justiça, por votação unânime, dar provimento parcial ao recurso.

Em ação de divisão, insurgem-se os promovidos contra o despacho (fls. deste instrumento) que deixou de nomear agrimensor, considerando aproveitáveis os trabalhos executados em anterior ação. Alegam os agravantes que o agrimensor deu continuidade a trabalhos que foram fulminados por acórdão que rescindiu o julgado, motivo por que deve ser nomeado outro agrimensor, sob pena de posteriores nulidades.

Com resposta e sustentação, subiram os autos. Os pareceres são pelo improvimento.

É o relatório.

VOTO

O recurso tem provimento parcial.

A ação rescisória foi julgada procedente em parte porque funcionaram como peritos (hoje arbitradores) pessoas não compromissadas e não habilitadas, determinando-se, outrossim, o aproveitamento, na medida do possível, dos trabalhos regularmente realizados. Daí o despacho ora agravado haver deixado de nomear agrimensor, já que o trabalho deste não foi considerado inválido.

Na verdade, nada impede que o Meritíssimo Juiz mantenha o mesmo agrimensor, se assim desejar, inexistente argüição de impedimento ou suspeição. Mas não pode deixar de mandar repetir o trabalho, que há de ser conjunto, por agrimensor e arbitradores.

Como está dito no acórdão da rescisória, relatado pelo Desembargador Moretzsohn de Castro:

> "as funções dos antigos 'peritos' e do agrimensor são distintas e mesmo no trabalho final têm de agir em conjunto, dirigindo-lhes Câmara Leal, em seus *Comentários ao Código de Processo*, nada menos do que sete conselhos para que a divisão se faça de forma justa e adequada de acordo com a força dos títulos e a localização de cada um na área dividenda (cf. Hamílton de Moraes e Barros, *Comentários ao Código de Processo Civil*, Editora Forense, 1.ª ed., págs. 70-71)".

Diante do exposto, é dado provimento parcial ao recurso, para o fim acima, isto é, para que o trabalho seja renovado, "restabelecido o contraditório, com a presença de todos os interessados".

O julgamento teve a participação dos Senhores Desembargadores Jorge Almeida (Presidente sem voto), Villa da Costa e Fonseca Tavares, com votos vencedores.

São Paulo, 29 de agosto de 1990.

José Osório, Relator.

Fonte: LEX - TJSP - 1991 - Volume 130 - Página 335

APELAÇÃO CÍVEL N. 136.800-1

PRAZO - Contestação - Renovação - Inocorrência - Prazo ainda não iniciado, por não terem sido completadas as citações requeridas - Recurso não provido.

DEMARCATÓRIA - Requisito - Incerteza quanto a linha divisória - Inocorrência - Via inadequada - Ação demarcatória que não se confunde com reivindicatória - Carência da ação - Recurso não provido.

POSSESSÓRIA - Reintegração de posse - Impossibilidade - Posse nunca desfrutada pelo autor - Carência da ação - Recurso não provido.

Apelação Cível n. 136.800-1 - Ribeirão Preto - Apelantes: J.A. e sua mulher - Apelados: A.P.B. e outra, menores representados por sua mãe.

ACÓRDÃO

ACORDAM, em Oitava Câmara Civil do Tribunal de Justiça, por votação unânime, negar provimento aos recursos.

Em ação demarcatória cumulada com reintegração de posse, foi o processo extinto, por carência de ação, pela respeitável sentença de fls., cujo relatório é adotado, apelando os autores.

Reavivam agravo retido e insistem em que são corretas as ações propostas, motivo por que deve ser afastada a carência, prosseguindo-se como de direito; ou, pelo menos, que se aproveitem os atos judiciais praticados.

Recurso bem processado, com resposta.

Os pareceres são pelo improvimento.

É o relatório.

VOTO

O agravo retido não tem provimento. Com tal recurso, insurgem-se os autores contra o despacho de fls., entendendo ter havido concessão de novo prazo para a contestação. Sem razão, porém. As citações requeridas ainda não tinham sido completadas. Assim, o prazo para a defesa nem havia iniciado.

A apelação também não pode ser provida.

Quando adquiriram o imóvel, os autores já encontraram a atual situação de fato, divididos os dois lotes como hoje se encontram. As divisas definidas nos títulos também são conhecidas. Não era caso, portanto, de ação demarcatória.

Ensina Tito Lívio Pontes:

> "Cuidado para não tomar reivindicatória por demarcatória. Um vizinho, por exemplo, salta as suas divisas, arremete-se pelas terras adentro do seu confinante. A este último não socorre a demarcação, mas a reivindicatória, ou os interditos" (*Divisão, Demarcação e Tapume*, Editora Juriscred, 1970, pág. 32).

E prossegue o eminente monografista mineiro, citando precedente judicial:

> "Não há lugar para a demarcatória porque a questão da linha permanecerá indiscutível, pois se sabe onde estava e como estava, e por isso mesmo se descobriu a usurpação... afirmam (os autores) que a linha existe, descrevemna e evocam os títulos a que obedece, e o rumo que de direito tinha e deverá voltar a ter. Apenas alegam que os vizinhos maliciosamente a desviaram para outro ponto, aumentando as suas terras, e reduzindo as dos outros. Esta não é razão para demarcatória porque, na verdade, o que existe é contestação sobre a propriedade e posse, devendo-se remeter os litigantes para a ação apropriada, e que a lei criou como mais apta ao deslinde das dúvidas" (op. cit., págs. 32 e 33).

No mesmo sentido a Doutrina e Jurisprudência trazida pela douta Procuradoria-Geral da Justiça, particularmente os ensinamentos de Hamílton de Moraes Barros e Sérgio Sahione Fadel, nos respectivos comentários ao Código de Processo Civil.

No que diz respeito à ação possessória cumulada, também não assiste razão aos apelantes. No caso dos autos está patente que, quando da aquisição por eles, os réus já eram possuidores da pequena área ora disputada. Os autores não podem se reintegrar numa posse de que nunca desfrutaram.

Inviável igualmente aproveitar-se o que foi praticado na presente ação, porquanto a reformulação precisa atingir a própria inicial, com renovação da citação.

Diante do exposto, é negado provimento aos recursos e confirmada a respeitável sentença, por seus fundamentos, adotado ainda o parecer do Doutor José Eduardo Teixeira Penteado.

O julgamento teve a participação dos Senhores Desembargadores Régis de Oliveira e Fonseca Tavares, com votos vencedores.

São Paulo, 3 de abril de 1991.

José Osório, Presidente e Relator.

Fonte: LEX - TJSP - 1991 - Volume 130 - Página 335

AGRAVO DE INSTRUMENTO N. 141.896-1

USUCAPIÃO. Competência. Aldeamento de índio.

COMPETÊNCIA - Usucapião - Intervenção da União - Remessa dos autos à Justiça Federal - Desnecessidade - Impossibilidade física do objeto da declaração - Competência da Justiça Estadual para aferir o alegado interesse da União. Recurso provido.

Agravo de Instrumento n. 141.896-1 - São Paulo - Agravantes: O.Z. e sua mulher - Agravada: União Federal.

ACÓRDÃO

ACORDAM, em Oitava Câmara Civil do Tribunal de Justiça, por votação unânime, dar provimento ao recurso.

Em ação de usucapião de terreno urbano, insurgem-se os autores contra despacho que remeteu os autos para a Justiça Federal diante de intervenção da União, apresentando resposta e invocando interesse no feito. Dizem os agravantes que a decisão é absurda, pois se trata de terreno no domínio de particulares, não demonstrado, concretamente, qualquer interesse da União. Dizem ainda que tais intervenções, manifestadas de forma estereotipada, vêm acarretando enormes prejuízos para o cidadão que quer regularizar a situação jurídica de seu imóvel, sabido que leva anos a volta dos autos para a Justiça Estadual.

Sem resposta e com sustentação, subiram os autos.

Os pareceres são pelo improvimento.

É o relatório.

VOTO

O recurso está a merecer provimento.

A questão, embora conhecida, envolve importantes conotações sociais, exigindo maiores considerações.

O imóvel usucapiendo consiste num lote de terreno, tipo operário, com 192,00 m^2, em zona suburbana de São Paulo.

A União ofertou resposta padronizada, em duas páginas xerocopiadas, alegando que o imóvel está situado "dentro do perímetro do antigo aldeamento de índios de São Miguel e Guarulhos" e que tais terras pertencem a ela, União, nos termos do art. 20, I, da C.F./88 e art. 1.º, "h", do DL 9.760/46, motivos pelos quais a competência se desloca para a Justiça Federal, nos termos da Súm. 250 do STF. Em relação ao mérito, diz que os bens públicos não são passíveis de usucapião.

O tal aldeamento de índios abrange hoje boa parte das Zonas Leste e Norte da Grande São Paulo, ocupada por milhões de pessoas, com edificações próprias e com titularidade jurídica definida pelas várias circunscrições territoriais do Registro de Imóveis. Os negócios jurídicos imobiliários se sucedem naturalmente. A questão do aldeamento de índios só vem à tona quando surge uma ação de usucapião, com a intervenção sistemática da União, como no caso presente.

Diante de tal situação histórica, sociológica, urbana e político-social é que se há de examinar a declaração da União.

E, em termos jurídicos, tal declaração não pode produzir efeitos. Insere-se entre as chamadas declarações não-sérias.

A natureza e os eventuais efeitos de tais declarações sempre foram objeto de preocupação da Ciência do Direito. O Prof. L. Cabral de Moncada mostra que, em Roma, desde a época dos fins da República, essas declarações, que assumiam diversas feições (*ludendi causa, exemplificandi causa*, etc.) já eram estudadas e consideradas nulas. Diz o eminente mestre de Coimbra que em todas as declarações não feitas a sério "há manifestamente de comum uma vontade aparente, que é a declarada, à qual não corresponde intencionalmente vontade alguma séria de querer aquilo que se diz ou que se propõe" (*Lições de Direito Civil*, 1959, v. II, p. 264 e 265).

Qual terá sido a vontade real contida na declaração da União não se tem meios de saber. Certamente tem origem no zelo em defender seu patrimônio. Mas uma coisa é certa: a vontade declarada - ser dona do pequeno lote do operário porque ele, lote, está em antigo aldeamento de índio - choca demais a realidade e o senso comum, não podendo sequer ingressar no campo do Direito.

Entre as declarações não-sérias incluem-se, em regra, aquelas ligadas à impossibilidade física do objeto da declaração.

A matéria é tratada em pontos importantes de nosso Direito Privado. O art. 82 do CC, ao dispor sobre os pressupostos de validade do negócio jurídico, estabelece como um deles a licitude do objeto, não havendo nenhuma dúvida entre os doutrinadores de que o conceito de licitude abrange o da possibilidade, física ou jurídica. Veja-se, por todos, Caio Mário, *Instituições*, I, 1982, p. 416.

Também o art. 116 do CC prevê hipótese semelhante: "As condições fisicamente impossíveis, bem como as de não fazer coisa impossível, têm-se por inexistentes". Segundo Bevilacqua, "o Código as toma por ociosas, frívolas, extravagantes ou ineptas" (*Código Civil*, art. 116, obs. n. 1). São as declarações do tipo "si digito coelum tetigeris" (Caio Mário, op. cit., p. 489), "se submergires por três dias", "se encontrares o lobisomem", etc.

A invocação pela União do aldeamento dos índios para justificar o seu alegado direito de propriedade, com repercussão no caso dos autos, prevê hipótese de típica impossibilidade física. É de percepção imediata ser impossível à União exercer, pôr em prática, o seu alegado direito de propriedade, pois, como já foi dito, ele se choca com a realidade que se plasmou no correr dos séculos e que se apresenta hoje como objeto de propriedade por parte de milhões de pessoas.

A destruição do sistema de propriedade aí existente traduz hipótese de autêntica impossibilidade física, não só de impossibilidade jurídica, ou de impossibilidade social ou política.

Estas também são relevantíssimas, mas, para o caso dos autos, convém ficar apenas com a impossibilidade física. Isto porque se firmou a convicção de que é a Justiça Federal que deve aferir do alegado interesse da União, cumprindo à Justiça Estadual apenas remeter os autos para aquela. Tal se verifica, contudo, quando já se está no campo do Direito, quando, então, tem prioridade a questão da competência. Mas o caso dos autos diz respeito a problema anterior.

À Justiça Estadual cabe a primeira análise sobre a existência jurídica da declaração. Se esta não ganha contornos de realidade, em razão de manifesta impossibilidade (pelo menos física), é tida como não escrita, não vincula o juiz, não produz efeitos jurídicos, e deve ser desconsiderada, tudo em consonância com os textos supra-indicados e em conformidade com tradicionais princípios de Direito.

Na verdade, não cabe à Justiça Estadual pedir que a Justiça Federal se manifeste sobre algo semelhante à existência do lobisomem. São conhecidas as dificuldades por que passa a prestação dos serviços jurisdicionais, principalmente à massa da população. Não é possível protelar-se o andamento do feito, por anos, em nome de declarações juridicamente inexistentes. O temor de haver maior atraso na hipótese de prevalecer a tese da União deve ser afastado, porquanto é preciso nunca deixar de confiar na racionalidade do Direito.

Por todo o exposto, é dado provimento ao recurso.

O julgamento teve a participação dos Senhores Desembargadores Regis de Oliveira e Fonseca Tavares, com votos vencedores.

São Paulo, 3 de abril de 1991.

José Osório, Presidente e Relator.

Fonte: *RTJESP* 134/288 e *Boletim AASP* 1721

Observações: Eis uma hipótese trágica revelada pela jurisprudência brasileira. Foram dezenas (ou centenas) de milhares de casos que chegaram a Juízo. Eram ações de usucapião oriundas de loteamentos irregulares.

Como se sabe, os compromissários-compradores dos lotes não conseguiam obter a escritura definitiva, por falta de registro do contrato e do próprio loteamento. Passados vários anos e não havendo solução à vista para a regularização da aquisição da propriedade, o adquirente tentava a solução heroica da ação de usucapião. Embora complexa e dispendiosa, era a única via que se abria para o interessado. Eis que a União Federal ingressa nos autos alegando ter interesse no caso porque o lote de terreno se encontra em local outrora ocupado por aldeamento indígena, motivo por que o direito de propriedade sobre o lote é dela, União, devendo o feito ser deslocado para a Justiça Federal, única com competência para decidir sobre a procedência da alegação de interesse.

A Justiça Federal – não aparelhada para esse tipo de ação – levava vários e vários anos para afastar a pretensão da União. Tornou-se, como se dizia no jargão forense, um "cemitério de ações de usucapião".

O acórdão entendeu que havia questão anterior à da competência, qual seja a da produção de efeitos válidos de uma declaração física, jurídica e socialmente impossível.

O STJ, por vários anos e com apoio na Súmula n. 340 do STF, conhecia e provia os recursos da União. A partir de 1996, passou a não conhecer desses recursos, por fundamentos variados. Vejam-se, a título de exemplo, REsp n. 90.892-SP, rel. Min. Ruy Rosado de Aguiar, citando os precedentes REsp 89.174-SP, rel. Min. Sálvio de Figueiredo Teixeira, e REsp 89.300-SP, rel. Min. Fontes de Alencar.

O mesmo se deu com o STF, a partir de 1998: RE 212.251-3-SP, rel. Min. Ilmar Galvão; RE 219.983, rel. Min. Marco Aurélio; RE 231.005-8-SP, rel. Min. Ilmar Galvão.

Finalmente, em 25/04/2000, a Advocacia Geral da União expediu a Súmula Administrativa n. 04, informando que a União não reivindicará o domínio dos tais aldeamentos de índios e que desistirá das reivindicações em andamento.

Portanto, a questão está hoje superada. Fica o exemplo de mais um grave dano causado, por tanto tempo, pela burocracia jurídico-estatal a tantos e indefesos cidadãos. Publica-se o acórdão em razão dos argumentos de ordem geral que podem ser úteis em outros casos de declarações absurdas.

O presente acórdão e as observações *supra* foram publicados in *Direitos imobiliários da população urbana de baixa renda*, São Paulo, Ed. Sarandi, 2011.

APELAÇÃO CÍVEL N. 156.461-1/0

ACÓRDÃO

Vistos, relatados e discutidos estes autos de Apelação Cível n. 156.461-1/0, da comarca de Dois Córregos, em que são apelantes N.M.R. e outro, sendo apelados N.N., sua mulher e outros:

ACORDAM, em Oitava Câmara Civil do Tribunal de Justiça, por votação unânime, negar provimento ao recurso dos autores e dar provimento ao recurso dos réus.

Ação reivindicatória foi ajuizada por proprietários de gleba de terra, visando a recuperar de dois vizinhos área indevidamente ocupada por estes, e os réus, a sua vez, denunciaram a lide contra o alienante, que interveio no feito.

A r. sentença de fls., cujo relatório é adotado, julgou os autores carecedores da ação porque dar-lhes o pedaço de terra reclamado seria retirá-lo dos vizinhos-réus, já que os terrenos destes fazem divisa com uma avenida, e eles não teriam como recuperar o espaço perdido; por outra, os requeridos e seus sucessores já estão no terreno há mais de 20 anos, tendo-se operado o usucapião da área ocupada. Com isso, o MM. Juiz julgou prejudicada a denunciação da lide, e condenou os autores e os réus-denunciantes a 10% de honorários e custas processuais.

Apelaram autores e réus; estes, apenas no tocante à condenação nas custas e honorários na denunciação da lide, alegando que para haver tais condenações devem existir vencido e vencedor; que os honorários devem ficar a cargo dos autores, assim como as custas, pois foram julgados carecedores de ação.

Os autores, a sua vez, dizem que, em se tratando de loteamento de chácaras fora do perímetro urbano, compete à Municipalidade demarcar as vias, na conformidade do projeto que aprovou; que a Prefeitura Municipal de Dois Córregos regularizou o loteamento em questão, não sendo admissível o erro que prejudica o apelante; que usucapião dos réus não há, porque não existem provas de que eles estejam no terreno há 20 anos.

Recursos bem processados, com respostas.

É o relatório.

VOTO

O recurso dos autores não tem provimento.

Os autos revelam que, em 1966, foi realizado loteamento de chácaras, de cerca de 4.000 m^2, na periferia do Município de Dois Córregos. O projeto foi aprovado pela Prefeitura mas não pôde ser registrado. Treze anos depois, em 1979, os adquirentes ainda não podiam receber as escrituras de venda e compra, motivo por que o Sr. Prefeito baixou decreto (fls.) regularizando o loteamento. Os autores adquiriram o lote "C" em 1986 e deram pela falta de cerca de 1.300 m^2, pelo que moveram ação demarcatória, declarado extinto o processo por entender o MM. Juiz ser cabível a reivindicatória. Daí a propositura da presente ação, de que os autores foram considerados carecedores.

A perícia bem esclareceu a situação de fato, comprovando a falta de área. A causa, porém, do acontecido não é imputável aos réus. Suas glebas ("D" e "E") têm as áreas originais e estão locadas a partir da Av. S. O erro ocorreu na locação desta avenida, provavelmente quando da regularização do loteamento por parte da Prefeitura. A área que falta aos autores sobra nas glebas "F" e "H", já do outro lado da Avenida S. (fls.). A planta de fls. 105 sugere também que os autores, ou seus antecessores, desapertaram, em parte, sobre a gleba "B" vizinha, pertencente aos loteadores, denunciados no presente processo. De qualquer forma, continuou faltando área à gleba "C", dos autores.

Mesmo assim, os autores não têm razão.

Com efeito, as escrituras de aquisição por par te dos réus são de 1982 e 1986, havendo fortíssima presunção de que houve compromissos e posse anteriores, pois tais afirmações - inclusive da sentença - não foram contraditadas pelos autores. Para estes, os fatos se passaram de forma diversa. Sua aquisição é recente, de 1986. Em 1981, os loteadores deram escritura para A.M.B., que vendeu para L.G.S., que transmitiu a seus sucessores, que venderam para L., que vendeu para os autores. Quando da aquisição por parte destes, a situação real e concreta do loteamento estava alterada e consolidada.

Embora não se possa presumir o usucapião, como fez a sentença, o juiz não pode ignorar a situação de fato consolidada através dos tempos nem ignorar a boa fé daquele que se instalou no local errado mas sem nenhuma culpa de sua parte. A posse dos réus não pode, em absoluto, ser considerada injusta, ou contrária ao direito, para efeito de reivindicação.

Quando compraram o lote, os autorestiveram oportunidade de ver as chácaras ocupadas e delimitadas. Se faltou área, concretamente, devem eles se voltar contra o alienante, através de pretensão indenizatória, diante da impossibilidade de complementação (art. 1.136 do CC). O que não podem é tentar desalojar o vizinho, com posse antiga, de boa fé, com acessões no local.

O *jus reivindicandi*, embora inerente ao domínio, não é absoluto, cede em decorrência de razões sociais relevantes, converte-se em direito indenizatório. Aí está inteiramente consagrada no direito brasileiro a doutrina da "desapropriação indireta" para confirmar a tese.

Na verdade, criou-se hipótese de impossibilidade social, que inviabiliza a pretensão reivindicatória, da mesma forma que as impossibilidades física e jurídica.

A procedência da ação implicaria, em sequência, a retirada da parte da chácara dos réus, o deslocamento de via pública e retirada de área das duas chácaras seguintes. Como se a Justiça pudesse ordenar cirurgia social de tal envergadura, e sem anestesia.

Quanto ao recurso dos réus, tem ele provimento. Uma vez acionados, era dever denunciar os alienantes. Embora tenham deixado de indicar um deles (A.C.), denunciaram os antecessores da co-ré N.M.R., que foram os loteadores. Prejudicada a denunciação em razão da improcedência da ação, ficam os denunciantes isentos de custas e honorários, particularmente quando se nota que na origem de toda a confusão estava um loteamento irregular, não registrado, cujas escrituras só puderam ser outorgadas cerca de 15 anos depois.

Por todo o exposto, é negado provimento ao recurso dos autores e é dado provimento ao recurso dos réus.

O julgamento teve a participação dos Desembargadores Régis de Oliveira e Fonseca Tavares, com votos vencedores.

São Paulo, 11 de dezembro de 1991.

José Osório, Presidente e Relator.

Fonte: Arquivo pessoal

APELAÇÃO CÍVEL N. 168.938-1/0

ACÓRDÃO

Vistos, relatados e discutidos estes autos de Apelação Cível n. 168.938-1/0, da comarca de Piedade, em que são apelantes A.B. e sua mulher, sendo apelados A.V.A. e sua mulher. (Voto n. 7035)

ACORDAM, em Oitava Câmara Civil do Tribunal de Justiça, por votação unânime, negar provimento ao recurso, de conformidade com o voto do Relator, que fica fazendo parte integrante do presente julgado.

O julgamento teve a participação dos Desembargadores Régis Fernandes de Oliveira (Presidente) e Villa da Costa, com votos vencedores.

São Paulo, 12 de agosto de 1992.

José Osório, Relator.

EMENTA

Usucapião. Possibilidade mesmo tratando-se de minifúndio.

VOTO

Ação de usucapião extraordinário foi proposta por casal que se diz possuidor de gleba de terra há mais trinta anos, preenchendo os requisitos para a efetivação da prescrição aquisitiva. Contestaram a demanda marido e mulher, que se dizem interessados no desfecho da lide, por serem legítimos proprietários da nesga de terra usucapienda, alegando que a posse é exercida por outras pessoas.

A Promotora de Justiça, à fls., constatando que a área usucapienda é menor que o módulo rural estabelecido para o Município, é pela improcedência da demanda.

A r. sentença de fls., cujo relatório é adotado, julgou a ação procedente, sob consideração de que a posse contínua, o *animus domini* e o prazo de vinte anos foram demonstrados; que o problema do desmembramento do imóvel que, conforme o art. 65 da L. 4504/64, impediria o usucapião, por ser a área pretendida menor que o módulo rural do Município, afeta a hipótese dos autos, porque o desmembramento ocorreu antes do advento do Estatuto da Terra, e se deu em razão da abertura de uma estrada pela Administração Pública. Com isso condenou os vencidos nas custas, despesas e em honorários advocatícios, estes de CR$ 100.000,00 à época.

Apelam os sucumbentes, alegando, em resumo, que os apelados não provaram posse por vinte anos, pois posse efetiva é a exteriorizada, e só há sinais evidentes de tal posse a partir de 1973; que o apelante exerceu posse sobre a área através de seu antecessor, J. R., que na verdade é antecessor comum das partes; que o *animus domini* não poderia ter sido decidido com base em laudo pericial, pois o perito não mediu a área nem fez conferência *in loco*, tendo se contentado com plantas e documentos, e as respostas que apresentou aos quesitos são parciais e, por vezes, errôneas; que o desmembramento foi realizado depois do advento do Estatuto da Terra, em 14.12.64, conforme fls.; que mesmo que o desmembramento houvesse ocorrido antes do advento do Estatuto, ele não estaria abrangido pelo Dec. 62.504/68, e o objetivo da lei é evitar a transcrição de minifúndios; que uma estrada divide fisicamente certa área, mas esta continua sendo do mesmo proprietário, devendo permanecer a proibição de usucapião sobre áreas menores que o módulo rural; que os honorários advocatícios são exorbitantes, nos conformes do art. 20, par. 3.º, "a", e 4.º do CPC. Cita em seu arrazoado, além dos dispositivos e diplomas retrocitados, a L. 4.504/64 e o art. 942, II, do CPC, e pede a reforma da sentença.

O recurso foi bem processado, e conta com resposta enfatizando o acerto da sentença atacada.

O Dr. Promotor é pelo provimento, e a Douta PGJ que seu desprovimento.

É o relatório.

O recurso não tem provimento.

Os requisitos para o usucapião foram tranquilamente demonstrados nos autos, inclusive por insuspeito laudo pericial.

Além disso, os autores têm melhor título do que os contestantes. A pequena área de 1/8 alqueire é resultante da secção de área maior, de seis alqueires, por estrada municipal. A área maior pertencia a J.R.T.e, que vendeu a parte seccionada para J.M., em 14.12.64; este vendeu para A.P.R., que vendeu para G.V.P., que vendeu para os autores. Ocorre que J.R.T. vendeu a gleba toda para a C., antecessora dos contestantes, em 1977, a qual, portanto, adquiriu *a non domino* a pequena área, que já estava vendida desde 1964.

A alegação de que o usucapião é inviável porque a área é inferior ao módulo rural não tem procedência.

O usucapião sempre existiu para jurisdicizar situações de fato consolidadas no tempo. Uma das hipóteses em que o usucapião mais se recomenda é exatamente esse caso de área inferior ao módulo rural. Se não se definir juridicamente a situação, a velhíssima posse, reconhecida por todos, com título oneroso, da pequena nesga de terra, separada da gleba dos contestantes por uma estrada pública, ficaria sem amparo legal, com evidente prejuízo para a ordem social e jurídica.

Nada justifica, *data venia*, a ojeriza de parte da Doutrina e da Jurisprudência para com o minifúndio, como se ele fosse um mal gravíssimo e intolerável. Ainda mais com fundamento numa norma cujo rigor vem sendo cada vez mais atenuado pelos Tribunais. Veja-se que o STF considera anulável e não nulo o ato que desrespeitou o módulo rural, apesar da disposição categórica do art. 65 do Estatuto da Terra.

Se o minifúndio existiu e desempenhou função social por mais de 20 anos, não há por que afastá-lo da incidência do usucapião.

Na verdade, a aludida norma precisa ser aplicada com cautela pelo Judiciário, não deixando nunca o intérprete de levar em consideração as diversas circunstâncias que sempre envolvem tais questões.

Afinal, quem diz o que é minifúndio ou, por outras palavras, quem diz qual é o tamanho do módulo?

É um tecnocrata do Poder Executivo, que traça linhas rígidas de um Município para outro ou mesmo dentro de um mesmo Município. Ora, o jurista e o juiz, ao examinarem uma situação de fato estabilizada há tantos anos, não podem ficar manietados pelo cálculo aritmético do burocrata. Têm de interpretar e aplicar a lei com discernimento, com a boa razão, atentos à realidade jurídico-social, de forma a não neutralizar as virtudes do saudável e milenar instituto do usucapião, ainda presente em todas as legislações civilizadas.

Nesse sentido decidiu a E. Quinta Câmara:

> "Considerada essa linha de raciocínio, inviável colocar o art. 65 da L.F. n. 4.504, de 1964, como óbice. Trata-se de norma incluída em lei especial e, portanto, de interpretação restrita ao contexto do diploma respectivo. Prevalecem as regras gerais do Código Civil sobre o usucapião, indiferente a dimensão do imóvel rústico. O desmembramento, ainda que se admita como irregular, não afasta a posse do antecessor sobre a área usucapienda, mesmo que antes inserida em gleba maior" (Ap. 128.530-1, de Ibiúna, r. Marcus Andrade, *RJTJ* 133/148).

Por todo o exposto, é negado provimento ao recurso e confirmada a r. sentença, da lavra do Dr. Alexandre Augusto P. M. Marcondes, que decidiu muito bem a questão.

Fonte: Arquivo pessoal e TJSP

APELAÇÃO CÍVEL N. 171.439-1

NUNCIAÇÃO DE OBRA NOVA - Muro - Confusão entre os limites - Solução do conflito em favor do autor, em face da anterioridade de sua aquisição e da posse de boa-fé inteiramente consolidada - Artigo 570 do Código Civil - Ação procedente - Recurso provido.

No conflito de vizinhança, em caso de confusão de limites, resulta da interpretação do artigo 570 do Código Civil que, em falta de outros meios de prova, a solução deve favorecer o que primeiro ocupou o seu imóvel, ali fazendo edificação de boa-fé, encontrando o outro uma situação consolidada no local.

Apelação Cível n. 171.439-1 - Barretos - Apelantes: A.P. e sua mulher - Apelados: O.F.S.J. e sua mulher.

ACÓRDÃO

ACORDAM, em Oitava Câmara Civil do Tribunal de Justiça, por votação unânime, dar provimento ao recurso, de conformidade com o voto do Relator, que fica fazendo parte integrante do presente julgado.

O julgamento teve a participação dos Senhores Desembargadores Régis de Oliveira (Presidente) e Fonseca Tavares, com votos vencedores.

São Paulo, 9 de setembro de 1992.

José Osório, Relator.

VOTO

Trata-se de ação de nunciação de obra nova proposta por proprietário de terreno, visando a obstar a construção de um muro por seu vizinho, que estaria invadindo em um metro a área de sua propriedade.

Ao relatório de fls., acrescente-se que a respeitável sentença de fls. julgou improcedente a demanda, sob consideração de que falta área à quadra de n. 29, onde estão os lotes dos autores e dos réus, tendo tal falta de metragem atingido os lotes 19 e 20, de propriedade dos autores. Apelam os sucumbentes, alegando, em síntese, que adquiriram os terrenos em 1975, com metragem de 19 (frente) por 22 (fundos), e lá construíram, tendo aberto 9 (nove) janelas do lado que dá para o lote 18, respeitando o espaço de 1,5 m; que o lote 18 foi adquirido depois, não tem construção, e não pode ser privilegiado em detrimento de quem já estava lá antes, e já erigira; que lotes de esquina costumeiramente são prejudicados em questão de medida; que os apelados avançaram um metro na área de recuo dos apelantes; que os apelantes construíram calçada no local para demarcar o terreno de sua propriedade; que não há como aceitar a conclusão do Meritíssimo Juiz de que falta área ao terreno dos apelantes, devendo ser o título retificado por procedimento próprio; e que as fotografias demonstram estar o alambrado do lote 18 invadindo a área do lote 19, bastando verificar até onde vai a calçada de há muito lá construída.

Em contra-razões dizem os apelados que é acertada a decisão de Primeira Instância, não se devendo modificá-la; que o lote n. 18, de sua propriedade, tem também 11 X 22 m; que o lote dos apelantes não tem a medida original, pois foi vítima de desapropriação parcial; que restou provado, no decorrer da instrução, não ter havido a propalada invasão de área, descabendo a ação proposta, devendo ser mantida integralmente a respeitável sentença atacada.

É o relatório.

A frente da Quadra 29 para a Rua 42 do Loteamento do Bairro J.A. tem um metro a menos do que consta dos títulos. Se os lotes 19 e 20 dos autores ficarem com a medida correta (19,00 m), o lote 18, dos réus, ficará com 10,00 m, e não com 11,00 m, como seria certo. Segundo o perito (fls.), se a medição for tomada a partir de uma esquina, a pretendida edificação (alambrado) estará dentro do terreno dos autores; porém, em se medindo a partir da outra esquina, estaria no terreno dos réus.

A respeitável sentença reconheceu a falta de área e a considerou nos lotes dos autores, sem, contudo, indicar elementos convincentes. Na verdade, como ressalvado pelo perito, a falta pode estar tanto em um como em outro imóvel.

A solução do conflito entre os dois interesses legítimos é encontrada na lei, ou seja, nos critérios estabelecidos pelo artigo 570 do Código Civil, a saber: No caso de confusão, os limites, em falta de outro meio, se determinarão de conformidade com a posse [...]". Nesse mesmo sentido, também a doutrina: Caio Mário, *Instituições*, vol. IV/150, 9.ª ed.; Orlando Gomes, *Direitos Reais*, 10.ª ed., p. 187.

Assim, a solução pende para os autores, que lá chegaram em 1975, logo edificaram, inclusive a calçada, a qual está sendo danificada pela obra nova dos réus. Estes adquiriram o terreno apenas em 1984 e já encontraram o vizinho com posse de boa-fé inteiramente consolidada no local. Diante do exposto, é dado provimento ao recurso para julgar procedente a ação, invertidos os ônus da sucumbência, sem perdas e danos, que não foram demonstradas.

Fonte: LEX - TJSP - 1993 - Volume 143 - Página 113

EMBARGOS INFRINGENTES N. 132.654-1

DIREITO AUTORAL - Indenização - Colaborador de obra científica - Proteção legal não cabível quando apenas auxilia na produção do trabalho, sendo outro o titular da pesquisa - Ação improcedente - Embargos recebidos.

A proteção legal ao colaborador de obra científica, exigindo sua autorização para a utilização da mesma, tem inteiro cabimento nos casos em que participou em igualdade de condições na produção da obra e não apenas auxiliando.

Embargos Infringentes n. 132.654-1 - São Paulo - Embargante: S. Ltda. - Embargado: W.D.F.

ACÓRDÃO

ACORDAM, em Oitava Câmara Civil do Tribunal de Justiça, por maioria de votos, receber os embargos, de conformidade com o voto do Relator, que fica fazendo parte integrante do presente julgado.

O julgamento teve a participação dos Senhores Desembargadores Régis de Oliveira (Presidente) e Villa da Costa, com votos vencedores, e Fonseca Tavares e Jorge Almeida, vencidos.

São Paulo, 23 de setembro de 1992.

José Osório, Relator.

VOTO

Ação de indenização proposta por médico contra laboratório, sob alegação de que trabalho científico realizado por ele, autor, foi utilizado para comercialização de remédio foi julgada improcedente em Primeira Instância, reformada a respeitável sentença de fls. pelo venerando acórdão de fls., de conformidade com os votos vencedores dos Desembargadores Fonseca Tavares e Jorge Almeida, vencido o Desembargador Villa da Costa, que, no mérito, mantinha a sentença por seus próprios fundamentos. Embargos declaratórios foram rejeitados, cominando-se multa à ré no grau máximo.

Com apoio no venerando voto vencido foram opostos os presentes embargos, sob consideração de que o pretenso direito do autor não restou comprovado; que o autor-embargado foi mero colaborador do médico-investigador principal, não passando de auxiliar de pesquisas, e disso tinha pleno conhecimento; que recebeu da S. Ltda. seus honorários, referentes à pesquisa feita; que nenhuma das testemunhas do embargado soube dizer com precisão qual sua posição no trabalho, ao passo que o Doutor J.K. informa que o autor-embargado era seu colaborador, estando sob seu comando, apenas auxiliando na pesquisa; que o conjunto probatório demonstra que o embargado não é titular sequer do mais remoto direito autoral; que, prestador de serviços, foi bem remunerado por isso; que a penalidade imposta à embargante por ocasião do julgamento dos embargos de declaração deve ser revista, pois o venerando acórdão não declarou expressamente terem sido protelatórios os referidos embargos; que também havia necessidade de prequestionamento, não se podendo incluir tal mister no rol dos embargos meramente protelatórios; e que os documentos de fls. (apenso ao 3.º volume) devem ser desentranhados.

Recurso bem processado, com resposta em que enfatiza o acerto do venerando acórdão e se ressalta que havia a expressa proibição da reprodução do trabalho científico produzido pelo autor em conjunto com o Doutor J.K., sendo certo que o trabalho foi realizado em igualdade de condições entre os dois especialistas. Sustenta ainda o acerto da penalidade imposta à embargante e se insurge contra o desentranhamento de documentos. Cita os artigos 397 e 538, parágrafo único, do Código de Processo Civil, e 49 da Lei n. 5.988, de 1973.

É o relatório.

Os embargos são recebidos.

As principais afirmações da inicial não se sustentaram no correr do processo.

Assim é que disse o autor que elaborou, juntamente com seu colega Doutor J.K. um ensaio clínico sobre um fármaco antiinflamatório, pouco conhecido, denominado naproxen sódico; que seu trabalho foi aproveitado em propaganda comercial do produto Flanax, do qual o autor "não tinha ou teve conhecimento da fórmula".

A prova, contudo, mostrou que o pesquisador principal foi o Doutor J.K, do qual o autor foi apenas colaborador. Mais ainda: o autor conhecia indiscutivelmente o Flanax, cujo nome aparece em quase todas as páginas das extensas "Informações do Produto ao Investigador", fornecidas pela ré (fls.), e cujo primeiro item trata exatamente do "Conceito de Flanax".

Além disso, o autor recebeu a paga pelo seu trabalho, consoante se vê da correspondência e recibos de fls., todos fazendo menção ao "ensaio clínico com Flanax".

Observe-se que a proteção legal ao colaborador de obra científica, exigindo sua autorização para a utilização da mesma, tem inteiro cabimento nos casos em que os colaboradores participaram em igualdade de condições na produção da obra. Não no caso dos autos,em que o Doutor J.K. era, inegavelmente, o titular da pesquisa.

No que diz respeito à cominação de multa nos embargos declaratórios, a razão também está com a ré-embargante. Além de não se notar caráter verdadeiramente protelatório nos embargos, a má compreensão da expressão ib. (= ibidem), para se referir à Lei n. 5.988, de 1973, artigo 49, inciso I, justificava a interposição dos embargos de declaração, principalmente ao se verificar que o mencionado inciso I apresenta diversas alíneas. Por todo o exposto, os embargos são recebidos para o fim de restaurar a respeitável sentença e para o fim de afastar a cominação de multa à embargante.

Fonte: LEX - TJSP - 1993 - Volume 142 - Página 248

❖❖❖

APELAÇÃO CÍVEL N. 157.766-1/0

ACÓRDÃO

Vistos, relatados e discutidos estes autos de Apelação Cível n. 157.766-1/0, da comarca de São Paulo, em que é apelante M.D.M.V., sendo apelado R.P., Espólio representado por seu inventariante:

ACORDAM, em Oitava Câmara Civil do Tribunal de Justiça, por votação unânime, dar provimento ao recurso.

Ação declaratória de existência de usufruto sobre duas garagens foi julgada improcedente pela r. sentença de fls., cujo relatório é adotado.

Apelou a autora, alegando, em síntese, que a r. sentença deve ser reformada, pois o usufruto foi instituído sobre o apartamento, e deve estender-se também às suas garagens, pois o acessório segue o principal, nos termos do art. 716 do CC; que a vontade do proprietário era garantir à concubina confortável moradia, tendo declarado sua intenção aos amigos próximos; e que o depoimento do escrevente não tem o condão de levar a inferir que o falecido não queria instituir o usufruto das garagens em favor da apelante.

Recurso bem processado, com resposta.

Este o relatório.

O recurso tem provimento.

O falecido R.P. adquiriu um apartamento e instituiu usufruto em favor da autora, sua companheira. No mesmo dia, imediatamente após, adquiriu, de outros vendedores, duas garagens no mesmo prédio. Mas não instituiu usufruto.

A presente ação visa a declarar que o usufruto do apartamento abrange o das duas garagens.

A r. sentença julgou improcedente a ação, sob consideração de se tratar de três imóveis autônomos - apartamento e as duas garagens - por isso que são objetos de três matrículas distintas; e ainda tendo em vista que o usufruto não pode ser presumido.

A razão, contudo, está com a autora.

O edifício é residencial e as garagens - sem dúvida - destinam-se a servir aos proprietários dos apartamentos. Nem podem elas ser vendidas a quem não seja dono de apartamento (fls. dos autos).

Assim, as garagens apresentam natureza de coisa acessória, cu seja, aquela cuja existência supõe a da principal e acompanha o destino desta, nos termos dos arts. 58 e 59 do CC.

O fato de serem objeto de matrículas próprias está longe de ser decisivo. Trata-se de medida meramente registral que não afeta o regime jurídico doa bens quando reciprocamente considerados.

Segundo a lei civil, a característica de principal ou de acessória é percebida em razão da existência da coisa e de sua função comparativamente à outra coisa. Daí a denominação dada ao Cap. II do Livro II da Parte Geral do CC: "Dos Bens Reciprocamente Considerados".

Não vem ao caso examinar a natureza física do bem, se é corpóreo ou incorpóreo, móvel ou imóvel, se está ou não registrado, e de que forma o está. E também não interessa saber se o bem acessório pode ou não ser destacado (geralmente pode) e guardar autonomia.

O que cumpre verificar é o estado de relação de um com o outro.

Num prédio *residencial* é óbvio que a existência da garagem faz supor a existência do apartamento. Nesse tipo de prédio, pode existir apartamento sem garagem. Mas não pode existir garagem sem apartamento. A relação de acessoriedade é intuitiva e evidente.

No caso dos autos, instituidor e beneficiária moravam no apartamento e guardavam os carros nas garagens. Um dos carros (Mercedes Benz) foi doado à autora.

Não se concebe que o companheiro institua o usufruto sobre o apartamento, faça a doação do valioso veículo e vede o usufruto sobre a garagem.

Carvalho Santos leciona, em trechos trazidos pela apelante: "A coisa acessória está invariavelmente subordinada ao mesmo direito da coisa principal, por formar com ela um só todo, assumindo a mesma natureza" (*Código Civil Brasileiro Interpretado*, Tomo II, fls. 68, comentários ao art. 59 do CC).

E: "O usufruto estende-se aos acessórios da coisa. O gozo do usufrutuário não se limita à coisa, mas se estende a todos os seus acessórios, como uma consequência natural do direito real que o vincula a essa coisa".

> "[...] No usufruto de uma casa, por exemplo, tem o usufrutuário o direito de gozar de todos os objetos que formam parte integrante da casa, como são as portas, janelas, etc., e ainda daqueles que por disposição da lei e da vontade do proprietário são acessórios, formando com o imóvel um só todo, como sendo estátuas, espelhos, etc." (id., vol. IX, fls. 362, com artigo 716 do CC).

Finalmente, elucida o autor: "Estende-se mais ainda, abrangendo: quintal, horta, estábulos, galinheiros, garagem e quaisquer outras construções anexas destinadas no serviço dos habitantes e inquilinos" (Código Civil Brasileiro Interpretado, vol. IX, pág. 363).

Isto posto, dá-se provimento ao recurso para julgar procedente a ação na forma requerida na inicial, invertidos os ônus da sucumbência.

O julgamento teve a participação dos Desembargadores Régis de Oliveira e Villa da Costa, com votos vencedores.

São Paulo, 18 de dezembro de 1992.

José Osório, Presidente e Relator.

Fonte: Arquivo pessoal e TJSP

> **Observação:** Houve recurso para o STJ – REsp 39.676-0, ao qual foi dado provimento.

APELAÇÃO CÍVEL N. 164.954-1/4

Apelação Cível n. 164.954-1/4 – Pompéia – Apelante: M. L. H. – Apelada: Municipalidade de Pompéia. (Voto n. 6806)

VOTO

Trata-se de ação de reintegração de posse promovida pela Municipalidade de Pompéia, para reaver área ocupada por particular para apascentamento de gado bovino.

A r. sentença de fls., cujo relatório se adota, julgou procedente a demanda, condenada a requerida nas custas, despesas e honorários, estes à base de 10% (dez por cento) do valor da causa atualizado.

Subiram os autos ao 1.º TAC, que os remeteu a este Tribunal de Justiça, Primeira Secção Civil.

Apela a sucumbente, alegando, em resumo, que deve ser decretada a nulidade da sentença, por não haver atentado para a documentação de fls., comprobatória de que a recorrida havia transferido domínio e posse à COHAB, não podendo, então, propor ação possessória; que a r. sentença não conta com fundamentação suficiente, infringindo o artigo 458 do CPC; que não foi observada a Lei 4.504/64 nem o Dec. 59.566/66; que foram violados os incisos LIV e LV do art. 5.º da CF; e que, pelo exposto, deve ser declarada a autora-apelada carecedora de ação.

Recurso bem processado, com resposta enfatizando o acerto da sentença.

É o relatório.

O recurso não tem provimento.

Conforme se depreende do exame dos autos, trata-se de uma permissão de uso e, como tal, sujeita a retirada pelo Poder Público.

Da revogação (modalidade de retirada), diz Celso Antônio Bandeira de Mello, em *Elementos de Direito Administrativo*, 1.ª ed., 6.ª tiragem, pg. 76: "A revogação tem lugar quando uma autoridade, no exercício de competência administrativa, conclui que um dado ato ou relação jurídica não atendem ao interesse público e por isso resolve eliminá-los a fim de prover de maneira mais satisfatória às conveniências administrativas".

Facultado à Municipalidade, no exercício do Poder de Polícia, revogar a permissão por ato unilateral, houve por bem recorrer ao Judiciário para fazê-lo. E merece acolhida o petitório vestibular.

Também não goza de melhor sorte a alegação de carência de ação. O fato de a Prefeitura haver doado o terreno à COHAB traz em si ínsita a idéia de que a permissão já estava denunciada, não havendo justificativa alguma para a permanência da permissionária no terreno, consistindo excesso de formalismo pretender a apelante que a donatária venha integrar a lide quando as evidências são tão abundantes e decisivas.

Na verdade, a r. sentença bem decidiu a questão, pelo que é confirmada, tendo em vista seus próprios fundamentos.

Diante do exposto, negam provimento ao recurso.

São Paulo, 18 de dezembro de 1992.

José Osório.

Fonte: Arquivo pessoal e TJSP

❖❖❖

EMBARGOS INFRINGENTES N. 167.995-1

SOCIEDADE ANÔNIMA - Ações - Alienação - Ato jurídico celebrado entre marido, diretor- presidente, e mulher - Inadmissibilidade - Cônjuges casados sob o regime da comunhão universal de bens - Estratagema, ademais, demonstrado - Embargos recebidos.

É inteiramente inviável, do ponto de vista jurídico-legal, a transmissão de bens entre cônjuges casados sob o regime da comunhão universal.

Embargos Infringentes n. 167.995-1 - São José do Rio Preto - Embargantes: A.G.A. e outros - Embargados: A.A. e sua mulher e A.O.A. S.A.

ACÓRDÃO

ACORDAM, em Oitava Câmara Civil do Tribunal de Justiça do Estado de São Paulo, por maioria de votos, receber os embargos, de conformidade com o relatório e voto do Relator, que ficam fazendo parte integrante do presente julgado.

O julgamento teve a participação dos Senhores Desembargadores Villa da Costa (Presidente sem voto), Régis de Oliveira e Fonseca Tavares, com votos vencedores e Franklin Nogueira e Jorge Almeida, vencidos.

São Paulo, 4 de agosto de 1993.

José Osório, Relator.

VOTO

Ação anulatória de ato jurídico cumulada com reempossamento de diretor de sociedade anônima e perdas e danos foi promovida por acionistas minoritários sob alegação de que, sabendo que suas contas no exercício de 1989 não seriam aprovadas, o Diretor-Presidente passou para sua esposa 50,99% das ações, tornando-a acionista majoritária, o que permitiria a almejada aprovação; e de que devem ser anuladas, também, as assembléias de 30.4 e 21.9.90, onde se aprovaram as contas e se destituiu o antigo Diretor Superintendente, substituído pela filha dos réus.

A respeitável sentença de fls. julgou procedente a demanda, tendo declarado a nulidade da transferência das ações e das assembléias supra-referidas, e determinando a reintegração do Diretor Superintendente em seu cargo, sem prejuízo dos vencimentos, desde o afastamento.

O venerando acórdão de fls., cujo relatório fica adotado, atendendo ao apelo dos réus, reformou a sentença, julgando improcedente a demanda, de acordo com os votos vencedores dos Desembargadores Franklin Nogueira e Jorge

Almeida. Ficou vencido o Desembargador Fonseca Tavares, cujo voto dava parcial provimento ao recurso, entendendo juridicamente impossível a alienação das ações, e determinando a renovação da assembléia de aprovação das contas sem que as ações que estavam em nome do apelante- varão permitam o exercício do voto.

Com base no venerando voto vencido, foram opostos os presentes embargos.

Recurso bem processado, com impugnação enaltecendo o acerto da decisão majoritária. Citam o artigo 266 do Código Civil.

É o relatório.

Os embargos são recebidos.

A questão, *data venia*, não oferece maior dificuldade, inteiramente inviável, do ponto de vista jurídico-legal, a transmissão de bens entre cônjuges casados pelo regime da comunhão universal.

No caso dos autos, ainda que fosse possível superar-se esse óbice de ordem técnica, nada recomendaria a transferência das ações, que estaria servindo exclusivamente de estratagema para possibilitar a aprovação das contas de diretor de sociedade anônima tipicamente familiar.

Diante do exposto, recebem os embargos, no âmbito do venerando voto vencido, ou seja, para que se renove a assembléia, desconsiderando-se a alienação das ações do marido para a mulher.

Fonte: LEX - TJSP - 1993 - Volume 149 - Página 187

APELAÇÃO CÍVEL N. 193.262-1/3

ACÓRDÃO

Vistos relatados e discutidos estes autos de Apelação Cível n. 193.262-1/3, da Comarca de São Bento do Sapucaí, em que é apelante A.R.S.C., sendo apelada Ordem dos Economistas de São Paulo:

ACORDAM, em Oitava Câmara Civil de Férias "F", do Tribunal de Justiça do Estado de São Paulo, por votação unânime, dar provimento ao recurso, de conformidade com o relatório e voto do Relator, que ficam fazendo parte integrante do presente julgado.

O julgamento teve a participação dos Desembargadores Villa da Costa (Presidente) e Antônio Marson, com votos vencedores.

São Paulo, 23 de novembro de 1993.

VOTO

Trata-se de ação de usucapião proposta por pessoa que doou áreas de terras à Ordem dos Economistas de São Paulo, após promessa da ré de construir no local uma colônia de férias. Passados 25 anos da lavratura da escritura de doação, intentou a doadora o presente usucapião extraordinário.

A r. sentença de fls., cujo relatório é adotado, julgou improcedente a demanda, sob consideração de que carece à autora o necessário *animus domini*, não havendo fundamento legal para alicerçar a pretensão de usucapião, e sim para se tentar a revogação da doação, com fundamento no art. 1181, par. único, do CC (art. 562 do CC/2002).

Apela a sucumbente, alegando, em resumo, que os 40 (quarenta) anos de presença na área levam à inequívoca convicção de que possui *animus domini*; que pagou todos os impostos do imóvel, cadastrado no INCRA em seu nome, como se seu fosse; que faz pouco tempo que a Ordem dos Economistas tomou conhecimento do imóvel em questão; que a apelante foi vencedora em interdito proibitório; que a apelada só fez demonstrar desinteresse pela área, e ela própria sugeriu à autora-apelante a propositura da ação de usucapião; que o fato de ter havido uma doação não descaracteriza, agora, o surgimento de uma nova propriedade, a da apelante; que seria injusto e desumano favorecer a apelada, que tanto prejudicou a apelante; que a preensão não está calcada no descumprimento do encargo, mas nos direitos adquiridos sobre o imóvel usucapiendo; e que, assim, deve-se prover o recurso, deferindo-se o usucapião.

Recurso bem processado e respondido.

O Dr. Promotor e a Douta PGJ são pelo desprovimento.

É o relatório.

VOTO

O recurso tem provimento.

Em 1953, a autora e seu falecido marido doaram para a Ordem dos Economistas uma pequena área rural com o encargo de construção de uma colônia de férias. Os doadores esperavam valorização do remanescente e pretendiam fornecer tijolos de uma olaria que ali exploravam.

A donatária e ora apelada, contudo, desapareceu. Não tomou posse efetiva, nada construiu, não pagou impostos. Somente em 1990, após a propositura da presente ação, é que tentou entrar no imóvel, sendo repelida.

A perícia e a prova oral atestam a posse longeva, mansa e pacífica da autora, que nunca deixou de ocupar a área, sem contestação de quem quer que seja.

A ação foi julgada improcedente apenas porque se entendeu que faltava o *animus domini* a essa posse.

Sem razão, porém.

O senso comum, diante da realidade dos fatos, não deixa dúvida de que houve natural, compreensível e justa inversão do título da posse.

Com o manifesto abandono por parte da apelada, que, como se disse, nunca apareceu no local após a doação, a autora e seu marido continuaram a ocupação do imóvel, cultivando a área para si próprios e não para a apelada. A detenção que se seguiu à escritura de doação transformou-se em posse. A produção e venda de produtos agrícolas e o pagamento de impostos em nome próprio, bem como a total falta de oposição por parte da donatária, deixam clara a existência de posse, e de posse *animo domini*.

Não se pode precisar exatamente, isto é, não se pode informar o dia e a hora em que se deu a inversão, o que é perfeitamente compreensível nos fatos jurídicos dependentes do transcurso do tempo, como o abandono e a *posse ad usucapionem*. Mas, no caso dos autos, o tempo transcorreu tão longamente e a posse se desenvolveu de forma tão tranquila que se pode perceber com segurança que o prazo legal de usucapião foi ultrapassado com grande folga.

Com efeito, o desaparecimento imediato da apelada após a doação e sua omissão em declarar o bem para lançamento de tributo levam à convicção de que o abandono se deu nos primeiros anos. E ainda que a autora e seu marido tenham esperado por uns cinco anos o retorno da apelada, ainda sobrariam cerca de 30 anos de posse própria, com ânimo de dono, tempo mais que suficiente para gerar usucapião.

Sobre a possibilidade de inversão do título da posse em casos como o presente, veja-se o clássico Manoel Rodrigues, in *A Posse*, Coimbra, 1981, p. 232.

Entre nós, Benedito Silvério Ribeiro, no seu excelente *Tratado de Usucapião*, esclarece: "A *causa possessionis*, isto é, a causa da posse, que não podia ser mudada, segundo a legislação romana, hoje o pode ser, pois o caráter originário da posse, a par com a mudança do ânimo ou vontade, se modificará desde que ocorrente uma nova *causa possessionis*" (1.ª ed., p. 633).

Razões sociais também favorecem a autora, que cuidou do imóvel e lhe deu destinação útil. Ao passo que a apelada foi omissa por completo.

Jamais, no moderno direito brasileiro, essa omissão pode ser premiada em nome de uma conceituação meramente teórica de *animus domini*, matéria, aliás, que apresenta tais sutilezas e dificuldades que é considerada "diabólica" (Cf. Orozimbo Nonato, in *Repertório de Jurisprudência do CC*, de J. G. Rodrigues de Alckmin, inciso I, n. 823).

Por todo o exposto, é dado provimento ao recurso para julgar procedente a ação. Custas e despesas a cargo da apelada, que pagará ainda honorários de CR$ 50.000,00, com correção monetária a partir desta data.

José Osório.

Fonte: Arquivo pessoal e TJSP

❖❖❖

APELAÇÃO CÍVEL N. 205.874-1/6

ACÓRDÃO

Vistos, relatados e discutidos estes autos de Apelação Cível n. 205.874-1/6, da Comarca de Taubaté, em que são apelantes R.G. e outros, sendo apelada USP – Universidade de São Paulo:

ACORDAM, em Oitava Câmara Civil do Tribunal de Justiça do Estado de São Paulo, por votação unânime, dar provimento ao recurso, de conformidade com o relatório e voto do Relator, que fazem parte do presente acórdão.

O julgamento teve a participação dos Desembargadores Osvaldo Caron (Presidente) e Walter Theodósio, com votos vencedores.

São Paulo, 18 de maio de 1994.

José Osório, Relator.

EMENTA

Prazo de usucapião em curso. Herança vacante. USP. Viabilidade do usucapião, em certas circunstâncias.

VOTO

1 – Trata-se de ação reivindicatória com pedido de cancelamento de registro imobiliário proposta pela Universidade de São Paulo, julgada procedente pela sentença de fls., cujo relatório é adotado, considerando a MM. Juíza que não houve citação da USP na ação de usucapião; que ela se tornou dona em 1959 e que os bens públicos não são usucapíveis.

Apelam os réus alegando, preliminarmente, que o Juízo é absolutamente incompetente, não se admitindo anulação de uma sentença por decisão do mesmo grau; que a inicial é inepta, vista a impossibilidade jurídica do pedido; e que é caso de se reconhecer a carência de ação, considerando-se adequada para as finalidades pretendidas pela apelada a ação rescisória; no mérito, que eles não podem ser prejudicados pelo desconhecimento de que o imóvel era da USP; que desde 1951 seu pai exercera a posse tranqüila sobre o imóvel; que houve edital de citação, sendo procedimento regular para dar ciência da demanda a réus incertos e desconhecidos; que a transcrição levada a efeito em 1959 não teve o condão de interromper a prescrição aquisitiva iniciada em 1951; que o imóvel referido comporia o patrimônio particular da apelada, podendo ser vendido – e se assim o é, pode, também, ser usucapido; que já se vão mais de quarenta anos desde a posse, não se havendo de lhes negar a prescrição aquisitiva; e que já construíram sobre o terreno, já venderam parte dele e, persistindo a sentença, são credores pelas acessões e benfeitorias lá efetuadas, devendo a justa indenização ser calculada oportunamente.

Recurso bem processado, com resposta.

É o relatório.

2 – Os falecidos pais dos réus-apelantes ocuparam terreno vazio em Taubaté, em 1931, com depósito de ferro velho. Posteriormente edificaram duas pequenas casas e um barracão. Depois de mais de 20 anos, promoveram ação de usucapião, julgada procedente, registrado o título no Registro de Imóveis em 1976. Em 1985 a USP tenta intervir no feito, dizendo-se proprietária do terreno, desde 1959, em razão de herança vacante, mas foi repelida. Em 1991 intenta a presente ação reivindicatória, que foi julgada procedente, sob considerações de que não houve, na ação de usucapião, citação dela, USP, em cujo nome estava transcrito o imóvel; e de que os bens públicos não são usucapíveis.

A r. sentença foi proferida cuidadosamente, mas, *data venia*, não pode subsistir. É importante o preceito da imprescritibilidade dos bens públicos, mas, aplicado como foi, leva a resultado distorcido e anti-social. É caso típico de *summum jus suma injuria*.

3 – O usucapião, como toda prescrição, opera automaticamente, pelo simples fluxo do tempo. Independe de sentença, pode ser argüido em defesa. Assim, o fato de a USP não ter sido citada na ação de usucapião é indiferente para o desfecho da presente reinvindicatória, porquanto o usucapião existiu, independentemente da propositura irregular da ação.

A posse dos pais dos réus sobre o imóvel iniciou-se em 1951. Nesse tempo, o imóvel encontrava-se, sem dúvida, no domínio particular. A própria autora admite que seu título é a transcrição 28.580, em 1959, da carta de adjudicação extraída dos inventários de M.F.O. e A.J.O.N., falecidos, ao que consta, na década de 40.

4 – A tentativa da USP, em suas contra-razões, de demonstrar que se tornou dona desde a abertura da sucessão, por força do disposto no art.

1572 do CC, não procede. Esse dispositivo não se aplica ao Estado, que, a rigor, não é herdeiro.

A respeito dessa tese já houve graves debates, com posições radicais opostas, no sentido de que o Estado é herdeiro como outro qualquer (Pontes de Miranda, *Tratado de Direito Privado*, 55, p. 110 e seg., e outros citados pela apelada); e no sentido de que o Estado arrecada os bens vagos em razão de suas funções naturais (Cunha Gonçalves, ap. Carvalho Santos, *CCB Anotado*, 1937, p. 345 e s.; Ferreira Alves, *Manual do Código Civil – Direito das Sucessões*, p. 14, 36 e s.).

Modernamente, Orlando Gomes deu a sensata solução:

> "Contudo, seria levar muito longe a índole do direito do Estado o atribuir-lhe a condição de herdeiro propriamente dito. [...] O fundamento do seu direito hereditário não é de direito público, mas de direito privado, até porque um bem não pode ser *res nullius* [...]. Distinguem os escritores o fundamento político do fundamento técnico-jurídico da sucessão do Estado. A *ratio* política está no *jus imperii*, mas o meio técnico de aquisição é proporcionado pelo direito privado, conquanto sirva a tutelar um interesse patrimonial que privado não é. [...]. No direito pátrio, jamais ocorre a aquisição imediata da herança pelo Estado. A herança jacente é ponto necessário à passagem dos bens do defunto ao Estado. Este somente adquire o domínio dos bens hereditários após a declaração de vacância, admissível um ano após a conclusão do inventário" (*Sucessões*, 3.ª ed., p. 72/73).

É a tese expressa no direito positivo: art. 1.594 do CC, segundo o qual os bens passam ao domínio do Estado cinco anos após a abertura da sucessão.

5 – Dúvida não há, portanto, de que muitos anos de posse se passaram enquanto o bem estava, indiscutivelmente, sob domínio particular.

Embora se entenda a importância da imprescritibilidade dos bens públicos, não pode o juiz deixar de considerar, em casos extremos – e este é um deles – as enormes distinções existentes entre os diversos bens públicos, principalmente aqueles ligados ao uso comum do povo, às funções naturais do Estado e os dominicais. Entre estes também há distinções.

No caso dos autos, repetindo a lição de Orlando Gomes, o bem estava vindo ao patrimônio do Estado por força de preceitos de direito privado e durante o curso da atuação de outros preceitos também de direito privado, quais sejam a posse prolongada e o usucapião. Evidente a larga margem de liberdade existente para o juiz na aplicação desses preceitos ao caso concreto.

6 – A ordem jurídica atual impede que o juiz profira julgamentos anti-sociais, ainda que em benefício do Estado (art. 52 da Lei de Introdução

e os diversos preceitos constitucionais relativos à função social da propriedade, à proteção da família, etc.).

O usucapiente, falecido, e seus seis filhos, hoje com suas respectivas famílias, ocuparam e ocupam, há mais de 40 anos, o terreno urbano que estava abandonado. Deram-lhe destinação de enorme eficácia social, isto é, construíram as duas casinhas e o barracão, e ali residem até hoje.

E o que fez a USP nesses 40 anos? Nada. Nem se dignou saber onde estava o terreno e quem estaria pagando impostos e taxas. De certa forma, falta-lhe legitimidade ética e social para a pretensão reivindicatória.

Segundo ensina o eminente Prof. Inocêncio Galvão Telles, o que justifica a inclusão do Estado entre os sucessores *ab intestato* é, fundamentalmente, a função social da propriedade: "Achando-se a propriedade subordinada a interesses superiores, deve por morte do proprietário e na falta de laços familiares relevantes aproveitar ao Estado traduzindo-se em utilidade directa para todos".

Em segundo lugar, vem a "necessidade prática de assegurar a existência de um sucessor de maneira que os bens não fiquem em abandono" (*Direito das Sucessões*, Lisboa, 1973, p. 238 e 240).

No caso dos autos, quem não deixou o bem em abandono e lhe deu função social foram exclusivamente as réus-apelantes e seus pais.

7 – Ao juiz compete aplicar o direito positivo como um todo e não um preceito isolado, particularmente quando esse preceito isolado pode levar a graves distorções.

A ordem jurídica, inclusive na órbita constitucional, tem especial cuidado com a proteção da família, a qual, como se sabe, não se desenvolve, ou mesmo nem subsiste, se não tiver local para habitar.

A proteção chegou ao ponto de ser editada a Lei 8.009/90, que torna impenhorável o imóvel residencial da família, ainda com prejuízo para os legítimos credores, entre os quais a Fazenda Pública.

Essa mesma ordem jurídica não pode ser contraditória e prestigiar, neste caso concreto, a tese da imprescritibilidade dos bens públicos em favor de entidade pública que se comportou de forma omissa e desidiosa e que iria adquirir o bem gratuitamente, numa sucessão regrada pelo direito privado, em pleno curso do usucapião.

8 – Fica por fim a observação de que não houve nenhuma má fé na propositura e desenvolvimento da ação de usucapião. Citou-se pessoalmente o Estado, que é o verdadeiro sucessor, segundo a lei federal, e de onde provém o interesse da USP. O Estado afirmou não ter interesse patrimonial a defender (fls.). Citou-se por edital a pessoa que, em tese, poderia ser atingida pela demanda, ou seja, a pessoa em cujo nome estava lançado e tributo municipal. A USP só não foi citada pessoalmente por causa da inépcia do

Cartório do Registro de Imóveis, que abriu duas matrículas para o mesmo bem e que, ainda em 1985, informava, categoricamente, ao Juízo, que "não havia coincidência física entre os dois Imóveis" (fls.). A informação posterior de que a certidão original fora expedida em conformidade com o pedido dos interessados é, *data venia*, ridícula. Na verdade, os autores da ação de usucapião incidiram em erro invencível, pois lhes era impossível saber que o Imóvel estava registrado em nome da USP.

Assim, o próprio Estado, que, citado, se desinteressara do feito, deu causa, através do Cartório do Registro, à falta de citação da pessoa em cujo nome estava transcrito o imóvel. E o mesmo Estado, através da USP, vem alegar a nulidade, ocasionando a perda irreparável das duas pequenas residências familiares. É um comportamento contraditório que não pode ter o beneplácito da Justiça.

Por todo o exposto, é dado provimento ao recurso para julgar improcedente a ação, condenada a ré em custas e em honorários de Cr$ 200.000,00.

José Osório.

Fonte: Arquivo pessoal e TJSP

❖❖❖

APELAÇÃO CÍVEL N. 206.358-1

REIVINDICATÓRIA – Requisito – Posse injusta – Inocorrência – Compromisso de compra e venda não registrado – Irrelevância – Posse sem vício exercida com o conhecimento de todos – Necessidade de prévia rescisão do compromisso para a reivindicatória – Carência decretada – Recurso provido para esse fim.

Apelação Cível n. 206.358-1 – São José dos Campos – Apelantes: J.O. e sua mulher – Apelados: S.K. e outra.

ACÓRDÃO

Reivindicação contra compromissário-comprador com contrato não registrado – Necessidade de prévia rescisão do compromisso se o reivindicante tinha conhecimento do mesmo – Posse justa do compromissário.

ACORDAM, em Oitava Câmara Civil do Tribunal de Justiça do Estado de São Paulo, por votação unânime, dar provimento ao recurso, de conformidade com o relatório e voto do Relator, que fazem parte do presente acórdão.

O julgamento teve a participação dos Senhores Desembargadores Osvaldo Caron (Presidente), e Walter Theodósio, com votos vencedores.

São Paulo, 18 de maio de 1994.

José Osório, Relator.

VOTO

Ação reivindicatória proposta por compradora de imóvel contra os compromissários-compradores do mesmo foi julgada procedente pela respeitável sentença de fls., cujo relatório é adotado.

Apelam os réus, dizendo que juntaram escritura comprovando que a autora, apelada, no curso da demanda, vendeu o imóvel para a pessoa que, tempos atrás, lho vendera; que tal documento, se houvesse sido apreciado pelo Meritíssimo Juiz, levaria a outro resultado; e que, assim, deve ser anulada a sentença, determinada a baixa dos autos para nova apreciação e julgamento, ou decretada a carência da ação.

Recurso bem processado e respondido.

Nesse ínterim, foi admitido como assistente da autora o antigo vendedor e atual comprador do imóvel em questão.

A autora, contudo, pretendeu desistir da ação, o que não foi deferido pelo Meritíssimo Juiz, sob fundamentação de que esgotada a instância.

Estando os autos no Tribunal, o assistente impugna a desistência da ação formulada pela autora. É o relatório.

O recurso tem provimento, manifesta a carência de ação.

Os réus adquiriram o imóvel e pagaram o preço, conforme compromisso de compra e venda e quitação às fls. do 1.º apenso, em 1977. Foi promitente-vendedor S.A.F.A, em cujo inventário foi adjudicado o imóvel, em 1988, a A.F.A.S., que vendeu, ainda em 1988, para S.K., a autora, que vendeu em 1991 para G.A.F.A., o assistente.

A posse, desde 1977, vem sendo exercida tranqüilamente pelos réus. Essa posse jamais poderá ser considerada injusta perante a reivindicante e o assistente. Não é contrária ao direito, não padece de qualquer vício, sempre exercida com conhecimento de todos.

Enquanto não rescindido o compromisso, os réus não podem ser alijados do local. A inexistência de registro é irrelevante. O compromisso aí está apenas justificando a posse, a qual, aliás, sempre foi conhecida de todos.

O venerando acórdão de fls., proferido na ação movida pelos ora réus para anular a adjudicação do imóvel em inventário, não tem o alcance que lhe foi dado na respeitável sentença apelada. Houve apenas decreto de carência de ação, entendendo-se que os ora réus não podiam imiscuir-se no processo de inventário. Essa decisão, evidentemente, não desconstituiu o compromisso.

Este Relator já escreveu:

> "Muitas injustiças têm sido cometidas em nome de um raciocínio simplista segundo o qual o compromisso não registrado não pode preponderar sobre o título dominial do novo adquirente. Se este estava efetivamente de boa-fé, ignorando a existência de compromisso honesto e da posse justa do compromissário, o raciocínio tem toda pertinência, pois é esta boa-fé que há de preponderar sobre a do compromissário desidioso. Não, porém, em outras circunstâncias, quando, por exemplo, o reivindicante sabia daqueles fatos, sabia que o compromitente não podia reivindicar sem antes rescindir o compromisso.
>
> Afinal, o registro existe para dar ciência e proteger direitos de terceiro. Se este já tem conhecimento da existência de um compromisso em plena vigência, o objetivo do registro já foi alcançado, o registro tornou-se despiciendo.
>
> Assim já decidiu o Tribunal de Justiça de São Paulo, ressaltando: 'Não é porque a autora adquiriu o domínio que ela pode reivindicar o imóvel contra quem está em vias de adquiri-lo legitimamente, se este fato era conhecido da reivindicante. Tal comportamento afronta princípios éticos e jurídicos elementares e não pode obter amparo da ordem jurídica, que condena, de forma peremptória, a argüição da própria malícia [...]. A pretensão da autora apóia-se exclusivamente na concepção romanista da propriedade, como se o proprietário pudesse reivindicar independentemente de seu comportamento no caso concreto e sem levar em conta os demais princípios éticos, jurídicos e sociais que envolvem o negócio' – Apelação n. 97.592-1" (José Osório de Azevedo Júnior, *Compromisso de Compra e Venda*, 3.ª ed., Malheiros Editores, págs. 103-104).

Por todo o exposto, é dado provimento ao recurso para julgar a autora carecedora da ação, invertidos os ônus da sucumbência, pagando também ao assistente honorários em igual importância.

Fonte: LEX – TJSP – 1994 – Volume 159 – Página 160

APELAÇÃO CÍVEL N. 213.725-1/0

ACÓRDÃO

Vistos, relatados e discutidos estes autos de Apelação Cível n. 213.725-1/0, da Comarca de São Paulo, em que são apelantes P.T.G. e sua mulher, sendo apelada Construtora P. Ltda.:

ACORDAM, em Oitava Câmara Civil do Tribunal de Justiça do Estado de São Paulo, por votação unânime, dar provimento ao recurso, de conformidade com o relatório e voto do Relator, que ficam fazendo parte do acórdão.

O julgamento teve a participação dos Desembargadores Osvaldo Caron (Presidente) e Walter Theodósio, com votos vencedores.

São Paulo, 21 de setembro de 1994.

José Osório, Relator.

VOTO

Ação de usucapião extraordinário foi julgada improcedente pela r. sentença de fls., cujo relatório é adotado, tendo considerado a MM. Juíza que não ocorreu o lapso temporal necessário, eis que a posse foi interrompida por citação em ação reivindicatória julgada procedente; e que os autores não provaram a partir de que ano passaram a exercer a posse com *animus domini*.

Apelam os sucumbentes alegando, em resumo, que estão na posse desde 24.10.67, e a adquiriram de anterior possuidor, que estava no imóvel desde 15.3.63; que o anterior possuidor só tinha compromisso de compra e venda e iniciou sua posse com *animus domini*; que deve ser aceita a *acessio possessionis* e considerado que desde o início os apelantes exerceram a posse com *animus domini*; que a prova nos autos é robusta e favorável a eles, apelantes, tendo a Sra. Perita notado que existe no local imóvel construído há mais de vinte anos; que a posse ora em questão sempre foi tranqüila; que as testemunhas ouvidas comprovam a presença dos apelantes no imóvel, desde que lá entraram, com *animus domini*; que as benfeitorias realizadas no local são prova clara do *animus* com que os recorrentes ocuparam o local; que a ação reivindicatória não pode obstar a ação de usucapião, mesmo porque foi proposta em 1985, ou seja, após ter decorrido o prazo de vinte anos de *posse ad usucapionem*; que a penhora também não teve o condão de interromper o lapso prescricional, pois os apelantes não figuram no pólo passivo da demanda onde ela se deu; e que, desta forma, considerando-se ainda a boa-fé dos apelantes, é de se reformar a sentença, julgando-se procedente a demanda.

Nas contra-razões, diz a apelada que a questão do usucapião já fora amplamente discutida na ação reivindicatória por ela proposta, onde restou decidido que os apelantes não ocupavam o imóvel com *animus domini*; que até à citação na reivindicatória os apelantes não tinham vinte anos de posse; que a *acessio temporis* não pode mais ser discutida, eis que matéria já coberta pela coisa julgada; que o falecimento de C.L.O.M., compromissário vendedor do imóvel ora em questão, também suspende a prescrição aquisitiva; que o contrato entre C.L.O.M. e os apelantes foi feito para pagamento em prestações que iriam até 1977 ou 1978, não podendo, antes disso, correr o prazo para o usucapião; que os apelantes sequer pagaram o preço pactuado na forma do contrato; e que, assim, é de se manter a sentença.

O Dr. Promotor e a Douta PGJ são pelo provimento do recurso.

É o relatório.

O recurso tem provimento.

A questão da existência de coisa julgada, por ter sido decidida a ação reivindicatória entre as mesmas partes, já está superada no presente feito.

Essa preliminar levantada pela ré-apelada foi expressamente afastada no saneador, irrecorrido (fls.). A r. sentença, contudo, voltou ao tema, embora ociosamente, afirmando mais uma vez a improcedência daquela preliminar, porquanto os motivos e a verdade dos fatos não transitam em julgado, nos termos do art. 469, I e II, do CPC. Observe-se que o prosseguimento consciente e deliberado da ação de reivindicação, mesmo após a propositura da presente ação, deixou claro que a decisão sobre usucapião que haveria de preponderar seria proferida nesta ação, e não naquela.

Quanto ao mérito, a razão também está com os autores, que demonstraram, abundantemente, que exerceram sobre o imóvel posse *ad usucapionem* por tempo suficiente para a aquisição, tanto na forma ordinária como na extraordinária.

Trata-se de conjunto habitacional. O imóvel foi adquirido ainda em construção, em 1967. O alienante era C.L.O.M., incorporador do empreendimento, o qual havia adquirido extensa área de B.A., em 1963, por compromisso de compra e venda. O título dos autores é um "Termo de Reserva Com Pagamento de Sinal", em tudo semelhante a uma promessa de cessão, a qual só não se formalizou em razão do fracasso do empreendimento. Boa parte do preço foi paga. A outra nem foi cobrada. A construção foi completada pelos autores.

A contestante da presente ação, ora apelada, não é o promitente cedente, que se desinteressou do contrato, que é confirmado pela manifestação de seu espólio, que, citado, também disse não ter nenhum interesse na presente ação (fls.). A contestante apelada é arrematante em execução promovida por um credor, execução essa da qual não participaram os ora autores.

Em casos de oferta pública, de cunho nitidamente social, os instrumentos preliminares produzem, praticamente, os efeitos dos definitivos. Veja-se o art. 27, 1.º, da Lei de Loteamentos, sobre a eficácia da "reserva de lote".

Nada permite, portanto, minimizar o título dos autores.

Este relator já escreveu:

> "O fundamental, em matéria de justo título, é a existência de uma razão, de uma causa, que dê substrato jurídico e torne explicável a posse *animo domini* do adquirente. No caso do compromisso, o compromissário pagou para adquirir o imóvel e só ficou na dependência de um segundo contrato por haver saldo de preço, ou porque assim conveio às partes, [...]. O importante é acentuar que o compromissário, diferentemente do inquilino, do depositário, etc., paga para ter a coisa defintivamente para si próprio" (*Compromisso de Compra e Venda*, 3.ª ed., Malheiros Ed., p. 77).

Não se pode equiparar a posse decorrente de um contrato de locação com aquela do compromissário comprador. A natureza do compromisso de compra e venda é – também e principalmente – de um contrato de aquisição. O compromissário o celebra para adquirir o imóvel. Impossível negar a existência aí do *animus domini*. Principalmente quando essa negativa se baseia em argumentos meramente abstratos, isto é, sem levar em conta aquilo que as partes realizaram do ponto de vista negocial, econômica e concretamente. Na verdade, qualquer pessoa entende que o compromisso é um tipo de compra e venda, e a posse dele decorrente não pode ser assemelhada à de um contrato de locação ou de depósito. É posse semelhante à do comprador que ainda não pagou o preço, ou não registrou o título.

Negar a existência do *animus domini* ao compromissário é negar o próprio negócio jurídico.

E negar posse *ad usucapionem* por inexistência do que muitos entendem por *animus domini*, é deixar o compromissário inferiorizado, juridicamente, até ao ladrão.

Veja-se a que absurdo leva a tese esposada pela r. sentença: se os autores tivessem invadido o imóvel com uso de violência e esta logo cessasse, a ação de usucapião teria de ser julgada procedente, pois a posse deles é mais que vintenária. Como negar a procedência a quem recebeu e exerceu posse. Pelo mesmo prazo, da forma mais justa, correta e legítima?

Ainda mais em nome de um mero conceito até hoje controvertido e enigmático, como é o de *animus domini* (José de Oliveira Ascenção, *Direitos Reais*, Lisboa, 1971, p. 246).

Diga-se, entretanto, em favor da nobre prolatora da decisão apelada, que a respectiva tese já encontrou guarida em muita jurisprudência, que hoje em dia já não pode se sustentar pois leva, em regra, a resultados francamente anti-sociais.

Voltando aos prazos: tendo ingressado no imóvel, com título, e somando a passe do antecessor, desde 1963, é fácil ver que até mesmo o usucapião extraordinário já havia se consumado quando da propositura da ação reivindicatória, em 1985.

A penhora do imóvel em processo de execução não afetou o fluência do prazo prescricional, porquanto se tratou de *res inter alios*, já que os ora autores não foram parte naquela ação.

O falecimento do promitente cedente, C.L.O.M., que tinha filha menor, também não influiu no presente caso, pois somente a menor poderia alegar o fato a seu favor. E o espólio de seu pai, como já foi dito, no se interessou pela presente ação, o que torna também irrelevante a circunstância de o pagamento do preço não haver se completado.

Por todo o exposto, é dado provimento ao recurso para julgar procedente a ação, condenada a apelada nas custas e em honorários de R$ 200,00 (duzentos reais).

José Osório.

Fonte: Arquivo pessoal e TJSP

❖❖❖

AGRAVO DE INSTRUMENTO N. 215.555-1

PROVA – Perícia – Usucapião – Desnecessidade – Descrição precisa do imóvel na inicial – Recurso não provido.

É desnecessária a perícia quando há descrição precisa do imóvel usucapiendo na inicial, com planta e memorial descritivo assinados por engenheiro.

Agravo de Instrumento n. 215.555-1 – Santos – Agravante: Ministério Público – Agravada: R.M.S.

ACÓRDÃO

Ação de usucapião – Perícia – Dispensabilidade em certos casos – Quesitos genéricos ou "chapa" de quesitos – Descabimento.

ACORDAM, em Oitava Câmara do Tribunal de Justiça do Estado de São Paulo, por votação unânime, negar provimento ao recurso, de conformidade com o relatório e voto do Relator, que ficam fazendo parte do acórdão.

O julgamento teve a participação dos Senhores Desembargadores Osvaldo Caron (Presidente) e Walter Theodósio, com votos vencedores.

São Paulo, 21 de setembro de 1994.

José Osório, Relator.

VOTO

Trata-se de agravo de instrumento contra despacho (fls.) que, em ação de usucapião indeferiu quesitos formulados pelo Ministério Público.

Alega o Doutor Procurador, em síntese, que requereu perícia na área, vez que o memorial descritivo que acompanha a inicial é impreciso; que o Juiz despachou, determinando ao ora agravante que informasse se tinha indagações à perita; que tal despacho pareceu à curadoria deferimento de quesitos; que perito oficial deve ser nomeado e prestar compromisso, como consta da lei, e o indeferimento dos quesitos afronta ao princípio do devido processo legal; e que, assim, é de se prover o agravo.

Recurso bem processado, sem resposta. O despacho foi sustentado.

A douta Procuradoria-Geral de Justiça é pelo provimento. É o relatório.

O recurso não tem provimento.

O despacho de fls., anterior ao agravado, revela a salutar preocupação do Meritíssimo Juiz em simplificar o processamento da ação e evitar maiores ônus à parte, determinando pequena correção no memorial descritivo constante dos autos, assinado por profissional habilitada, ou seja, por arquiteta. Essa preocupação está em franca consonância com o atual rumo da legislação e da jurisprudência em matéria de usucapião.

Eis o que anota o eminente Jurista e Magistrado Benedito Silvério Ribeiro:

> "No entanto, mesmo fora essas situações, vem o Tribunal de Justiça de São Paulo firmando o ponto de vista de que pode ser afastada a perícia, havendo descrição precisa do imóvel usucapiendo na inicial, com planta e memorial descritivo assinados por engenheiro (*RJTJESP*, ed. LEX, vols. 73/67, 78/260, 90/64, 108/362, 109/278; e ainda Agravos de Instrumento n. 105.880, 110.310 e 120.878), devendo ser realizada no caso de sobrevir dúvida sobre o trabalho ofertado ou sobre a localização fática da área dentro dos parâmetros inseridos no memorial ou planta" (*Tratado de Usucapião*, vol. 2/1.233).

Desta mesma Câmara, vejam-se: *RJTJESP*, ed. LEX, vols. 110/335, Relator Arthur de Godoy; e 113/389, Relator Villa da Costa, com indicação de vários precedentes.

O despacho agravado (fls.) deixa definitivamente esclarecido que ainda não havia sido deferida a perícia. Daí a conclusão de considerar prejudicados os quesitos que o agravante formulou.

Também tem razão o Meritíssimo Juiz ao criticar os quesitos apresentados pelo agravante, correspondentes à "chapa" utilizada na Vara de Registros Públicos de São Paulo.

Não se quer negar valor à experiência acumulada e refletida na tal "chapa". Mas ela não pode ser aplicada mecanicamente, pois é genérica, sequer distinguindo as hipóteses de usucapião urbano e rural. Vários quesitos não têm qualquer pertinência com os fatos indicados na inicial e já objeto da justificação. O uso indiscriminado da "chapa" pode ter – como está tendo no presente caso – efeito negativo, burocratizante, sugerindo complexidade inexistente e acarretando onerosidade dispensável, pelo menos por ora.

Por todo o exposto, nega-se provimento ao recurso.

Fonte: LEX - TJSP - 1994 - Volume 163 - Página 102

❖❖❖

APELAÇÃO N. 212.726-1

AÇÃO REIVINDICATÓRIA – Lotes de terreno transformados em favela dotada de equipamentos urbanos – Função social da propriedade – Direito de indenização dos proprietários – Lotes de terreno urbanos tragados por uma favela deixam de existir e não podem ser recuperados, fazendo, assim, desaparecer o direito de reivindicá-los. O abandono dos lotes urbanos caracteriza uso anti-social da propriedade, afastado que se apresenta do princípio constitucional da função social da propriedade. Permanece, todavia, o direito dos proprietários de pleitear indenização contra quem de direito.

ACÓRDÃO

Vistos, relatados e discutidos estes autos...

ACORDAM, em Oitava Câmara Civil do Tribunal de Justiça do Estado de São Paulo, por votação unânime, dar provimento ao Recurso dos réus, prejudicado o Recurso Adesivo, de conformidade com o relatório e voto do Relator, que ficam fazendo parte do acórdão.

O julgamento teve a participação dos Desembargadores Osvaldo Caron (Presidente) e Walter Theodósio, com votos vencedores.

São Paulo, 16 de dezembro de 1994.

José Osório, Relator.

1. Ação Reivindicatória referente a lotes de terreno ocupados por favela foi julgada procedente pela r. sentença de fl., cujo relatório é adotado, repelida a alegação de usucapião e condenados os réus na desocupação da área, sem direito a retenção por benfeitorias e devendo pagar indenização pela ocupação desde o ajuizamento da demanda. As verbas da sucumbência ficaram subordinadas à condição de beneficiários da assistência judiciária gratuita.

Apelam os sucumbentes pretendendo caracterizar a existência do usucapião urbano, pois incontestavelmente todos se encontram no local há mais de 05 (cinco) anos, e ocupam áreas inferiores a 200 (duzentos) metros quadrados, sendo que não têm outra propriedade imóvel. Subsidiariamente, pretendem o reconhecimento da boa-fé e conseqüentemente direito de retenção por benfeitorias e, alternativamente, ainda, o deslocamento do *dies a quo* de sua condenação da data da propositura da demanda para a data em que se efetivou a citação.

Os autores contra-arrazoam, levantando preliminar de intempestividade do Recurso e, no mérito, pugnando pela manutenção da sentença; e interpõem Recurso Adesivo, pretendendo a execução imediata das verbas de sucumbência em que foram condenados os réus.

O Recurso Adesivo também foi respondido.

O Relator determinou diligência a respeito da publicação da sentença.

É o relatório.

2. O Recurso é tempestivo. Conforme se vê de cópia do *DO* de 30.11.1992 (fl. dos autos), constaram da publicação da sentença apenas os nomes dos advogados dos autores. O Dr. Procurador da Assistência Judiciária, que defende os réus, tomou ciência da decisão somente em 20.01.1993 (fl.). Apresentado o Recurso em 26.01, é ele tempestivo.

3. A alegação da defesa de já haver ocorrido o usucapião social urbano, criado pelo artigo 183 da CF/88, não procede, porquanto, quando se instaurou a nova ordem constitucional, a ação estava proposta havia 03 (três) anos.

Ainda assim, o Recurso dos réus tem provimento.

4. Os autores são proprietários de 09 (nove) lotes de terreno no Loteamento [...], subdistrito [...], adquiridos em 1978 e 1979. O loteamento foi inscrito em 1955. A Ação Reivindicatória foi proposta em 1985.

Segundo se vê do laudo e das fotografias de fls., os 09 (nove) lotes estão inseridos em uma grande favela, a "Favela [...]", perto do Shopping [...].

Trata-se de favela consolidada, com ocupação iniciada há cerca de 20 (vinte) anos. Está dotada, pelo Poder Público, de pelo menos 03 (três) equipamentos urbanos: água, iluminação pública e luz domiciliar. As fotos de fls.

mostram algumas obras de alvenaria, os postes de iluminação, um pobre ateliê de costureira, etc., tudo a revelar uma vida urbana estável, no seu desconforto.

5. O objeto da Ação Reivindicatória é, como se sabe, uma coisa corpórea, existente e bem definida. Veja-se, por todos, Lacerda de Almeida: "Coisas corpóreas em sua individualidade, móveis ou imóveis, no todo ou em uma quota-parte, constituem o objeto mais freqüente do domínio, e é no caráter que apresentam de concretas que podem ser reivindicadas [...]" (*Direito das Coisas*, Rio de Janeiro, 1908, p. 308).

No caso dos autos, a coisa reivindicada não é concreta, nem mesmo existente. É uma ficção.

Os lotes de terreno reivindicados e o próprio loteamento não passam, há muito tempo, de mera abstração jurídica. A realidade urbana é outra. A favela já tem vida própria; está, repita-se, dotada de equipamentos urbanos. Lá vivem muitas centenas, ou milhares, de pessoas. Só nos locais onde existiam os 09 (nove) lotes reivindicados residem 30 (trinta) famílias. Lá existe uma outra realidade urbana, com vida própria, com os direitos civis sendo exercitados com naturalidade. O comércio está presente, serviços são prestados, barracos são vendidos, comprados, alugados, tudo a mostrar que o primitivo loteamento hoje só tem vida no papel.

A diligente perita, em hercúleo trabalho, levou cerca de 04 (quatro) anos para conseguir localizar as duas ruas em que estiveram os lotes. Segundo a perita: "A Planta Oficial do Município confronta com a inexistência da implantação da Rua [...], a qual foi indicada em tracejado" (fl.).

Na verdade, o loteamento, no local, não chegou a ser efetivamente implantado e ocupado. Ele data de 1955. Onze anos depois, a planta aerofotogramétrica demonstra que os 09 (nove) lotes estavam cobertos por "vegetação arbustiva", a qual também obstruía a rua [...] (fl.). Inexistia qualquer equipamento urbano.

Mais 06 (seis) anos e a planta seguinte (1973) indica a existência de muitas árvores, duas das quais no leito da rua. Seis barracos já estão presentes. Essa prova casa-se com o depoimento sereno do Padre M.B.:

> "Foi pároco no local até 1973, quando já havia o início da favela [...].
>
> Ausentou-se do local até 1979. Quando para lá retornou, encontrou a favela consolidada" (fl.).

Por aí se vê que, quando da aquisição, em 1978/1979, os lotes já compunham a favela.

6. Loteamento e lotes urbanos são fatos e realidades urbanísticas. Só existem, efetivamente, dentro do contexto urbanístico. Se são tragados por uma favela consolidada, por força de uma certa erosão social, deixam de existir como loteamento e como lotes.

A realidade concreta prepondera sobre a "pseudo-realidade jurídico-cartorária". Esta não pode subsistir, em razão da perda do objeto do direito de propriedade. Se um cataclismo, se uma erosão física, provocada pela natureza, pelo homem ou por ambos, faz perecer o imóvel, perde-se o direito de propriedade.

É o que se vê do artigo 589 do Código Civil, com remissão aos artigos 77 e 78.

Segundo o artigo 77, perece o direito perecendo o seu objeto. E nos termos do artigo 78, I e III, entende-se que pereceu o objeto do direito quando perde as qualidades essenciais, ou o valor econômico; e quando fica em lugar de onde não pode ser retirado.

No caso dos autos, os lotes já não apresentam suas qualidades essenciais, pouco ou nada valem no comércio; e não podem ser recuperados, como adiante se verá.

7. É verdade que a coisa, o terreno, ainda existe fisicamente.

Para o direito, contudo, a existência física da coisa não é o fator decisivo, consoante se verifica dos mencionados incisos I e III do artigo 78 do CC. O fundamental é que a coisa seja funcionalmente dirigida a uma finalidade viável, jurídica e economicamente.

Pense-se no que ocorre com a denominada desapropriação indireta. Se o imóvel, rural ou urbano, foi ocupado ilicitamente pela Administração Pública, pode o particular defender-se logo com ações possessórias ou dominiais. Se tarda e ali é construída uma estrada, uma rua, um edifício público, o esbulhado não conseguirá reaver o terreno, o qual, entretanto, continua a ter existência física. Ao particular, só cabe ação indenizatória.

Isto acontece porque o objeto do direito transmudou-se. Já não existe mais, jurídica, econômica e socialmente, aquele fragmento de terra do fundo rústico ou urbano. Existe uma outra coisa, ou seja, uma estrada ou uma rua, etc. Razões econômicas e sociais impedem a recuperação física do antigo imóvel.

Por outras palavras, o *jus reivindicandi* (artigo 524, parte final, do CC) foi suprimido pelas circunstâncias acima apontadas.

Essa é a Doutrina e a Jurisprudência consagradas há meio século no Direito brasileiro.

8. No caso dos autos, a retomada física é também inviável.

O desalojamento forçado de 30 (trinta) famílias, cerca de 100 (cem) pessoas, todas inseridas na comunidade urbana muito maior da extensa favela, já consolidada, implica uma operação cirúrgica de natureza ético-social, sem anestesia, inteiramente incompatível com a vida e a natureza do Direito.

É uma operação socialmente impossível.

E o que é socialmente impossível é juridicamente impossível.

Ensina L. Recaséns Siches, com apoio explícito em Miguel Reale, que o Direito, Como obra humana que é, apresenta sempre três dimensões, a saber:

> "A) Dimensión de hecho, la cual comprende los hechos humanos sociales en los que el Derecho se gesta y se produce; así como las conductas humanas reales en las quales el Derecho se cumple y lleva a cabo.
>
> B) Dimensión normativa [...].
>
> C) Dimensión de valor, estimativa, o axiológica, consistente en que sus normas, mediante las cuales se trata de satisfacer una serie de necesidades humanas, esto intentan hacerlo con las exigencias de unos valores, de la justicia y de los demás valores que esta implica, entre los que figuran la autonomía de la persona, la seguridad, el bien común y otros.
>
> [...] pero debemos precatarnos de que las tres (dimensiones) se hallan reciprocamente unidas de un modo inescindible, vinculadas por triples nexos de esencial implicación mutua" (*Introducción al Estudio del Derecho*, México, 1970, p. 45).

Por aí se vê que a dimensão simplesmente normativa do Direito é inseparável do conteúdo ético-social do mesmo, deixando a certeza de que a solução que se revela impossível do ponto de vista social é igualmente impossível do ponto de vista jurídico.

9. O atual direito positivo brasileiro não comporta o pretendido alcance do poder de reivindicar atribuído ao proprietário pelo artigo 524 do CC.

A leitura de todos os textos do CC só pode se fazer à luz dos preceitos constitucionais vigentes. Não se concebe um direito de propriedade que tenha vida em confronto com a Constituição Federal, ou que se desenvolva paralelamente a ela.

As regras legais, como se sabe, se arrumam de forma piramidal.

Ao mesmo tempo em que manteve propriedade privada, a CF a submeteu ao princípio da função social (artigos 5.º, XXII e XXIII; 170, II e III; 182, 2.º; 184; 186; etc.).

Esse princípio não significa apenas uma limitação a mais ao direito de propriedade, como, por exemplo, as restrições administrativas, que atuam por força externa àquele direito, em decorrência do poder de polícia da Administração.

O princípio da função social atua no conteúdo do direito. Entre os poderes inerentes ao domínio, previstos no artigo 524 do CC (usar, fruir, dispor e reivindicar), o princípio da função social introduz um outro interesse (social) que pode não coincidir com os interesses do proprietário. Veja-se, a esse propósito, José Afonso da Silva, *Direito Constitucional Positivo*, 5.ª ed., p. 249/250, com apoio em autores europeus.

Assim, o referido princípio torna o direito de propriedade, de certa forma, conflitivo consigo próprio, cabendo ao Judiciário dar-lhe a necessária e serena eficácia nos litígios graves que lhe são submetidos.

10. No caso dos autos, o direito de propriedade foi exercitado, pelos autores e por Seus antecessores, de forma anti-social. O loteamento – pelo menos no que diz respeito aos 09 (nove) lotes reivindicandos e suas imediações – ficou praticamente abandonado por mais de 20 (vinte) anos; não foram implantados equipamentos urbanos; em 1973, havia árvores até nas ruas; quando da aquisição dos lotes, em 1978/1979, a favela já estava consolidada. Em cidade de franca expansão populacional, com problemas gravíssimos de habitação, não se pode prestigiar tal comportamento de proprietários.

O *jus reivindicandi* fica neutralizado pelo princípio constitucional da função social da propriedade. Permanece a eventual pretensão indenizatória em favor dos proprietários, contra quem de direito.

Diante do exposto, é dado provimento ao Recurso dos réus para julgar improcedente a ação, invertidos os ônus da sucumbência, e prejudicado o Recurso dos autores.

Fonte: *RT* 723/204

Observação: Houve recurso para o STJ, que o conheceu, como se vê do Recurso Especial n. 75.659-SP (1995/0049519-8)

2. A desapropriação judicial privada por posse-trabalho e o caso da Favela Pullman. Semelhanças e diferenças. Concretizando a função social da propriedade e da posse. *Revista de Direito Privado*, vol. 54/2013, p. 129, abril/2013. *Revista dos Tribunais online*, p. 129-160.

APELAÇÃO CÍVEL N. 238.691-1/7

ACÓRDÃO

Vistos, relatados e discutidos estes autos de Apelação Civel n. 238.691-1/7, da Comarca de Guarujá, em que são apelantes H.A., sua mulher, E.P.A. e outros. sendo apelados R.K.M. e seu marido P.M.:

ACORDAM, em Oitava Câmara civil do Tribunal de Justiça do Estado de São Paulo, por votação unânime, negar provimento ao recurso, de conformidade com o relatório e o voto do Relator, que ficam fazendo parte do acórdão.

O julgamento teve a participação dos Desembargadores Walter Theodósio (Presidente) e Osvaldo Caron, com votos vencedores.

São Paulo, 9 de agosto de 1995.

José Osório, Relator.

VOTO

Usucapião - Interesse hipotético de menores. Fluência do prazo - Recurso improvido.

O interesse hipotético ou longínquo de menores não impede a fluência do prazo de usucapião.

Ação de usucapião havia sido julgada procedente, numa primeira oportunidade, pela r. sentença de fls., tendo sido julgada a lide antecipadamente. Apelaram, contudo, herdeiros do proprietário do imóvel, e o v. acórdão de fls. determinou a baixa dos autos para dar-lhes oportunidade para contestar.

Agora, tornam os autos e a ação foi julgada procedente pela r. sentença de fls., cujo relatório é adotado, tendo o MM. Juiz refutado o argumento dos contestantes de que havia duas menores, sucessoras dos proprietários do terreno, quando os autores o ocuparam, decidindo que nenhuma delas demonstrou que durante a sua menoridade tivesse qualquer direito de posse ou domínio sobre a área.

Apelam os sucumbentes, alegando, em resumo, que a posse se deu em 1943 sobre área de marinha, em nome dos pais da autora, e não em nome dela; que havia três pequenas casas na área de marinha, e não no terreno dos apelantes; que, se posse houvesse sobre o terreno em questão, esta não poderia ter sido requerida em nome da autora, mas sim no de todos os herdeiros juntos; que eventual posse deu-se sobre área menor que a descrita na inicial; que as testemunhas dos apelantes foram claras, confirmando tal dado; que deve ser aplicado o art. 169 do C.C.B., pois as contestantes J. e L. eram menores quando os autores ajuizaram a demanda, e contra as menores não corre o prazo prescricional; e que, assim, é de se reformar a sentença, julgando-se improcedente a demanda.

Recurso bem processado, com resposta.

A Dra. Promotora e a Douta PGJ são pelo desprovimento.

É o relatório.

O recurso não tem provimento

O laudo pericial está muito bem fundamentado. Analisou a cadeia de aquisições, definiu e descreveu a área usucapienda (fls.), analisou a situação possessória, concluindo de forma categórica pela ocorrência do usucapião. Refere-se a recibos de IPTU, certidões do Serviço do Patrimônio da União e à existência de três casinhas no local, demolidas por ordem dos autores.

De outro lado, não há sinal de posse nem qualquer tipo de reação por parte dos réus.

O fato de a ação ter sido proposta apenas por uma das filhas de C. K. não aproveita aos apelantes. O interesse, no caso, é dos demais sucessores e não dos apelantes, havendo forte presunção de concordância por parte deles, que parmaneceram silentes por tão longos anos.

O argumento central dos apelantes diz respeito à existência de menores durante certo lapso de tempo, em que J. e L. eram menores, não podendo correr contra elas o prazo prescricional, nos termos dos arts. 553 e 169, I, do Código Civil.

Esses dispositivos, contudo, não podem ser aplicados de forma mecânica e automática, sob pena de neutralizar em excesso o importante instituto do usucapião e trazer forte insegurança nas relações jurídicas.

É preciso que o eventual direito do menor, a ser atingido pelo usucapião, tenha um mínimo de consistência efetiva.

G., pai de L. e J., já não tinha - quando de seu falecimento, em 1952, - o menor interesse, muito menos posse, na parte do terreno não incluída na venda feita por seus sogros para C., mãe da autora.

Tanto isso é real que o inventário de G. é inteiramente omisso quanto à referida propriedade.

Nesse sentido já decidiu este Tribunal, em acórdão mencionado por Benedito Silvério Ribeiro (*Tratado de Usucapião*, 1992, p. 67):

> "No caso em foco, as terras não se achavam transcritas em nome de menores ou de seus antecessores [...]. O fato de pretenderem tais pseudomenores, ou seus antecessores, o domínio ou qualquer direito possessório sobre tais terras, não autoriza a suspensão ou interrupção da prescrição a favor de seus legítimos possuidores, que são os ora apelados" - *RT* 396/177, r. Jonas Vilhena.

Daí concluir o abalizado tratadista:

> "É de se ponderar que não basta a existência de menores para que se suspenda o curso da prescrição. Somente ocorre a suspensão da prescrição aquisitiva se a propriedade usucapienda passa a pertencer a um absolutamente incapaz, nos termos do art. 169, I, do Código Civil.
>
> Há hipóteses de existência de menores, mas que tinham pais que fizeram o negócio jurídico, portanto nada tendo que ver com caso de suspensão de prescrição. Somente quando titulares de direitos que tenham vindo por inventário, compra, doação ou outro meio aquisitivo, é que se poderá falar em suspensão do prazo prescricional" - (id., ib.).

L. e J. nasceram em 25.9.45 e 24.2.50, estando hoje com cerca de 50 e 45 anos, respectivamente. Somente reagiram à pretensão dos autores em maio de 1988 (fls.), quando contestaram esta velha ação. O prazo vintenário já estava consumado, contra elas, com folga, mesmo se contado após o término da incapacidade absoluta, que para Jandira cessou em 24.2.66, sendo certo que quando o pai faleceu ela contava dois anos de idade; e sendo certo ainda que a posse já corria contra o pai desde 1943 (época em que os pais da autora chegaram ao local) até o falecimento, em 1952.

Nem se diga que o prazo tenha sido interrompido em 1977, quando foi proposta a presente ação. Esta não foi proposta diretamente contra os apelantes e sim contra aqueles em cujos nomes estava registrado o imóvel, ou seja, H.P.P., que faleceu solteiro, e o casal de M. e R.A., avós dos apelantes, não havendo nenhuma razão lógica para interpretar-se em desfavor do prescribente. A propositura da ação somente fortalece a situação possessória dos autores.

Quanto aos apelantes H.A. e sua mulher, que contestaram a ação em novembro de 1987, o prazo já estava vencido há mais de 20 anos. Não podem eles - todos maiores e capazes - ser beneficiados pelo preceito do art. 169, I, quando nem mesmo os incapazes o foram. Além disso, no inventário de R.A., pai de H., também nada constou a propósito do bem usucapiendo.

Por todo o exposto, é negado provimento ao recurso e confirmada a r. sentença, por seus fundamentos e por aqueles constantes dos pareceres das Dras. Joiese F. Teoto Buffulin e Maria Tereza Tilé Ferreira, no que couberem.

Fonte: Arquivo pessoal e TJSP

EMBARGOS INFRINGENTES N. 228.254-1

USUCAPIÃO - Urbano - Tempo anterior à vigência da atual Constituição da República - Consideração - Função social da propriedade - Embargos rejeitados - Votos vencedor e vencido.

A ordem jurídica atual impede que o Juízo profira julgamentos anti-sociais, ainda que em benefício do Estado.

Embargos Infringentes n. 228.254-1 - São Bernardo do Campo - Embargante: Universidade de São Paulo - USP - Embargada: S.S.

ACÓRDÃO

Usucapião - Prazo - Soma da posse anterior à Constituição da República de 1988 - Embargos rejeitados.

ACORDAM, em Oitava Câmara Civil do Tribunal de Justiça do Estado de São Paulo, por maioria de votos, rejeitar os embargos.

Ação de usucapião proposta com base no artigo 183 da Constituição da República foi extinta sem julgamento de mérito pela respeitável sentença de fls.

Subiram os autos com apelo da autora, e o venerando acórdão de fls., cujo relatório é adotado, de conformidade com os venerandos votos vencedores dos Desembargadores Massami Uyeda e Fonseca Tavares, deu provimento ao recurso, afastando a carência e determinando o retorno dos autos à Primeira Instância para julgamento de mérito.

Ficou vencido o Desembargador Raphael Salvador, para quem o prazo de cinco anos só pode ser contado a partir do advento da Constituição da República, razão pela qual mantinha a sentença.

Com apoio no venerando voto vencido foram opostos pela Universidade de São Paulo os presentes embargos infringentes.

Alega a embargante, em síntese, que a herança dos bens deixados pelo ex-proprietário do imóvel usucapiendo foi declarada vacante, razão pela qual o imóvel foi adjudicado a ela, Universidade de São Paulo (USP); que é incabível admitir-se a soma da posse anterior ao advento da Constituição da República, surpreendendo-se o titular do domínio, pois este estaria impossibilitado de interromper a prescrição aquisitiva, ferindo-se, assim, a garantia constitucional à propriedade; que não está sendo respeitado o artigo 5.º, inciso XXXVI, da Constituição da República; que a melhor doutrina sustenta a tese ora defendida; que é deste teor, também, a mais abalizada jurisprudência; e que, assim, é de se acolher o presente recurso, reformando-se o acórdão atacado e fazendo prevalecer o venerando voto vencido.

Recurso bem processado, com resposta. É o relatório.

A peculiaridade do presente caso impõe a rejeição dos embargos.

A ordem jurídica atual impede que o Juiz profira julgamentos anti-sociais, ainda que em benefício do Estado (artigo 5.º da Lei de Introdução e os diversos preceitos constitucionais relativos à função social da propriedade, da proteção à família, etc.).

A usucapiente ocupa desde 1984 o pequeno imóvel urbano. Deu-lhe destinação de forte eficácia social, isto é, utilizou-se dele como moradia, pagou tributos, etc., e ali reside até hoje com seus familiares.

E o que fez a USP em todos esses anos? Nada. Nem se dignou saber onde estava o imóvel e quem estaria pagando impostos e taxas.

Segundo ensina o eminente Professor Inocêncio Galvão Telles, o que justifica a inclusão do Estado entre os sucessores *ab intestato*, é, fundamentalmente, a função social da propriedade: "achando-se a propriedade subordinada a interesses superiores deve por morte do proprietário e na falta de laços familiares relevantes aproveitar ao Estado traduzindo-se em utilidade directa para todos". Em segundo lugar, vem a "necessidade prática de assegurar a existência de um sucessor de maneira que os bens não fiquem em abandono" (*Direito das Sucessões*, Lisboa, 1973, págs. 238 e 240).

No caso dos autos, quem não deixou o bem em abandono e lhe deu função social foi exclusivamente a autora.

Ao Juiz compete aplicar o Direito positivo como um todo e não como um preceito isolado, particularmente quando esse preceito isolado pode levar a graves distorções.

A ordem jurídica, inclusive na órbita constitucional, tem especial cuidado com a proteção da família, a qual, como se sabe, não se desenvolve, ou mesmo nem subsiste, se não tiver local para habitar.

A proteção chegou ao ponto de ser editada a Lei n. 8.009, de 1990, que torna impenhorável o imóvel residencial da família, ainda com prejuízo para os legítimos credores, entre os quais a Fazenda Pública.

Essa mesma ordem jurídica não pode fazer prevalecer, neste caso concreto, a tese que interpreta a Constituição de forma anti-social, isto é, de forma a restringir o alcance do importante preceito que reduziu o prazo de usucapião.

Diante do exposto, os embargos são rejeitados.

Participaram do julgamento os Senhores Desembargadores Raphael Salvador (Presidente, vencido, com declaração), Osvaldo Caron (Revisor), com declaração e Fonseca Tavares, vencedores e Walter Theodósio, vencido.

São Paulo, 7 de agosto de 1996.

José Osório, Relator.

Fonte: LEX - TJSP - 1997 - Volume 189 - Página 256

AGRAVO DE INSTRUMENTO N. 35.622-4

REGISTRO DE IMÓVEIS - Protesto contra alienação de bens - Averbação - Possibilidade - Falta de previsão legal expressa que não impede o acolhimento da pretensão - Anotação a se inserir como averbação e não como registro - Recurso provido - Voto vencido.

Agravo de Instrumento n. 35.622-4 - Pirassununga - Agravantes: J.S.J. e outro - Agravada: T. Transportes Ltda.

ACÓRDÃO

AGRAVO - *Protesto - Averbação do ato junto à matrícula - Possibilidade - Inexistência de distinta forma de defesa cautelar de interesse jurídico, que impõe seja admitida tal averbação - Anotação a não se inserir como registro - Recurso provido.*

ACORDAM, em Quarta Câmara de Direito Privado do Tribunal de Justiça do Estado de São Paulo, por maioria de votos, dar provimento ao recurso de conformidade com o relatório e voto do Relator, que ficam fazendo parte do acórdão.

O julgamento teve a participação dos Senhores Desembargadores Cunha Cintra (Presidente sem voto), Olavo Silveira, com voto vencedor, e José Osório, vencido com declaração em separado.

São Paulo, 3 de abril de 1997.

Fonseca Tavares, Relator.

DECLARAÇÃO DE VOTO VENCIDO DO DES. JOSÉ OSÓRIO

Neguei provimento ao recurso porquanto, a meu ver, nada justificava a averbação do protesto contra alienação de bens.

A Lei de Registros Públicos não prevê a hipótese e as Normas da Corregedoria a impede.

Essa norma surgiu após reiteradas e maduras decisões a esse respeito - Apelações n. 059-0, Relator Adriano Marrey, 276.495, Relator Andrade Junqueira, *in Registro de Imóveis - Decisões do Conselho Superior da Magistratura*, organizado por Narciso Orlandi Neto, Editora Saraiva. 1982.

A doutrina é no mesmo sentido: Walter Ceneviva, *Lei dos Registros Públicos Comentada*, 10.ª ed., págs. 316 e 370.

Afrânio de Carvalho fala até no "caráter emulativo ou extorsionário" que comumente aparece nesse tipo de protesto – *Registro de Imóveis*, Editora Forense, 1976, pág. 269.

A averbação do protesto não é essencial para a proteção do credor. O protesto consta do Distribuidor e é cautela elementar em qualquer aquisição de imóvel a exigência de certidão desse Cartório indicativa das ações existentes contra o alienante.

No caso dos autos, não há qualquer circunstância peculiar que pudesse recomendar a providência.

Muito pelo contrário. O compromisso de compra e venda que se quer proteger não indica sinal de bom direito. Suas firmas são reconhecidas muito depois da data do contrato, na época em que se agravou a situação econômica da alienante, sendo certo ainda que os valores são elevados e não foram pagos por cheque.

Por todos esses motivos, neguei provimento ao recurso.

Fonte: LEX – TJSP – 1997 – Volume 227 – Páginas 227-9

APELAÇÃO CÍVEL N. 23.679-4

CONDOMÍNIO – Garagem – Vaga – Reintegração de posse e perdas e danos – Ajuizamento por adquirente do imóvel contra ocupante por autorização temporária – Admissibilidade – Autor detentor do domínio e posse – Preponderância sobre a mera detenção daquele – Ação procedente – Recurso provido.

Apelação Cível n. 23.679-4 – São Paulo – Apelantes: N.N.L.O. e sua mulher – Apelados: G.E.K. e sua mulher.

ACÓRDÃO

Condomínio – Vaga em garagem – Ação de reintegração de posse julgada improcedente – Autorização de ocupação durante certo período – Permanência do ocupante – Posse que se converte em mera detenção, sem proteção possessória – Adquirente a quem se transmitiu domínio e posse – Recurso provido.

ACORDAM, em Quarta Câmara de Direito Privado do Tribunal de Justiça do Estado de São Paulo, por votação unânime, dar provimento ao recurso, de conformidade com o relatório e voto do Relator, que ficam fazendo parte do acórdão.

O julgamento teve a participação dos Senhores Desembargadores Cunha Cintra (Presidente) e Barbosa Pereira, com votos vencedores.

São Paulo, 17 de abril de 1997.

José Osório, Relator.

VOTO

Ação de reintegração de posse de vaga de garagem em condomínio ajuizada pelos adquirentes da vaga contra os possuidores foi julgada improcedente pela respeitável sentença de fls., cujo relatório se adota, revogada a liminar anteriormente concedida, por ter entendido o Meritíssimo Juiz que os autores não demonstraram a posse anterior.

Apelam os autores alegando, em resumo, que, mediante licitação pública, adquiriram uma vaga de garagem, descrita na inicial, que foi devidamente registrada, transmitidos a eles a posse e o domínio; que, embora conste da matrícula do imóvel tratar-se de uma vaga indeterminada, por decisão da Assembléia do Condomínio (fls.), foi ela identificada como sendo a de n. 34; que ao n. 34 correspondem duas vagas de garagem, que estavam atreladas ao apartamento n. 121, de propriedade de outro condômino (executado pela Nossa Caixa, donde surgiram as licitações de venda); que os réus adquiriram, também por licitação pública, a outra vaga de mesmo número, também como unidade autônoma, bem como adquiriram o próprio apartamento n. 121, da mesma forma como unidade autônoma, registrados sob matrículas diferentes; que os réus obtiveram autorização dos antigos proprietários do apartamento e das garagens, para uso das vagas, enquanto pendessem de decisão judicial; que, quando da aquisição da vaga pelos autores, a condição suspensiva já havia ocorrido, cessando a antiga autorização de uso; que, após adquirirem por escritura pública posse e domínio do imóvel, se surpreenderam com o fato de este encontrar-se cercado por correntes, por ato do varão-réu; que a liminar foi acertadamente concedida; que a Súmula n. 487 do Supremo Tribunal Federal autoriza o deferimento da posse ao proprietário, se com base na propriedade for disputada; que o artigo 505, 2.ª parte, do Código Civil, diz que não se deve julgar a posse em favor de quem evidentemente não é proprietário; que o poder de fato sobre o bem está devidamente demonstrado; que, ao contrário do que afirmado na sentença, a jurisprudência entende possível a conversão da reintegração em imissão de posse, se aquela tiver sido proposta pelo adquirente; que, por todos esses motivos, deve ser julgada procedente a ação.

Recurso bem processado, com resposta, sustentando que a anterioridade da posse é dos réus, como afirmado pelos próprios autores, o que por si só inviabiliza a procedência da possessória; que a jurisprudência juntada pelos apelantes não se aplica ao caso, não podendo ser convertida a ação em imissão de posse, conforme vários precedentes que cita.

Pelo acórdão de fls., o Egrégio Primeiro Tribunal de Alçada Civil não conheceu do recurso, e remeteu os autos a este Tribunal.

É o relatório.

O recurso tem provimento.

A Nossa Caixa tornou-se dona de três vagas de garagem do Edifício C. em razão de arrematação em execuções contra o anterior proprietário do apartamento n. 121. As vagas foram postas em licitação e duas delas vendidas ao réu e uma ao autor (Matrícula n. 12.624).

O réu, entretanto, ocupava as três vagas, nos termos de autorização por parte do antigo proprietário, e se negou a entregar a posse da vaga adquirida pelo autor. Daí a propositura da presente ação de reintegração de posse em que foi deferida medida liminar, posteriormente cassada ao ser julgada improcedente a ação.

Os fundamentos da decisão se prendem à inexistência de posse anterior por parte do autor e à impossibilidade de converter-se a ação reintegratória em ação de imissão de posse.

O digno Magistrado, contudo, não decidiu com o acerto habitual ao privilegiar a posse do réu.

Essa posse tem origem na autorização dada pelo antigo proprietário, em 1989, da qual consta o seguinte: "esta autorização tem validade enquanto durar o litígio judicial que envolve as citadas vagas, não vigorando mais após a decisão da Justiça sobre o assunto" – fls.

O texto é claro: a partir do fim do litígio então existente (com a Nossa Caixa), a autorização não vigora, não tem validade.

A posse do réu, portanto, existia como tal, justa e de boa-fé, enquanto durou a autorização. A partir de então, tornou-se precária, em razão da não devolução da coisa a quem de direito. Sendo precária, é injusta; e, conhecido o vício, essa posse é também de má-fé – artigos 489 e 490 do Código Civil.

A posse viciada apenas goza de proteção após cessada a violência, a clandestinidade e a precariedade, sendo certo que muitos autores entendem que a precariedade nunca cessa. De qualquer forma, a verdade é que não induzem posse os atos de mera permissão, os violentos e os clandestinos, consoante dispõe o artigo 497 do Código Civil.

A rigor, a alegada posse do réu não passa de simples ocupação, ou, em termos técnicos, de mera detenção; em princípio, não dá direito aos interditos; só permite a defesa imediata e só pode ser oposta ao terceiro invasor comum.

A posse do autor não pode deixar de preponderar.

Lembre-se de que o réu, ao receber as garagens, já conhecia o direito do concedente, ou seja, já sabia que a posse tinha de voltar ao concedente ou ser deferida ao vencedor do litígio.

Quando o litígio terminou, a situação possessória ficou a seguinte: detenção por parte do réu e posse à distância por parte de Caixa.

Essa posse foi transmitida ao autor expressamente quando da aquisição, o que justifica sua posição de possuidor para propor a presente ação reintegratória.

Muitas vezes a posse à distância sucumbe diante da posse corporal. Mas é preciso que esta seja posse autêntica e não simples detenção, como acontece no caso dos autos.

Observa-se que, com o passar do tempo, a alegada posse do réu não só deixou de escoimar o vício da precariedade como ainda maculou-se de outro vício, o da violência, que foi oposta ao sucessor daquele que concedeu o uso aprazado das garagens ao réu.

Nem existem razões sociais ou éticas que favorecem o réu. Todas apontam em favor do autor, que adquiriu posse e domínio e não pôde exercer concretamente sua posse em razão do comportamento injurídico do réu.

O fato de a Caixa haver dito no edital que o imóvel poderia estar ocupado e que a desocupação ficava a cargo do adquirente não tem o alcance pretendido pelo réu. Essa cautela não implica em reconhecimento de posse (em termos técnicos) por parte do réu. A posse que a Caixa recebeu na arrematação ela – repita-se – transmitiu regularmente ao autor.

A propósito da conversão da ação de reintegração em ação de imissão de posse, também não tem razão o réu. A melhor solução, *data venia* de opiniões em contrário, está com os precedentes citados nas razões (*RT*, vol. 522/73, Relator Luís de Macedo, e *RT* , vol. 487/72, Relator Barbosa Pereira Filho). Está evidente nos autos que o que o autor deseja é obter a posse da garagem a que tem direito. E esse direito não pode ser negado por força de sutilezas processuais relativas à denominação das ações.

Diante do exposto, é dado provimento ao recurso para julgar procedente a ação e reintegrar o autor na posse da garagem, condenando o réu ainda nas perdas e danos consistentes na ocupação indevida da garagem, conforme se apurar em liquidação. Invertem-se os ônus da sucumbência.

Fonte: LEX – TJSP – 1997 – Volume 197 – Página 30

EMBARGOS INFRINGENTES N. 281.851-1

REIVINDICATÓRIA – Requisito – Posse injusta do réu – Inocorrência – Posse exercida por força de compromisso de compra e venda – Necessidade da prévia rescisão do contrato – Irrelevância de não ser este registrado – Ação improcedente – Embargos rejeitados.

REIVINDICATÓRIA – Usucapião alegado como defesa – Admissibilidade – Réu detentor de contrato de compromisso de compra e venda – Ajuizamento, ademais, por terceiro adquirente de má-fé – Ação improcedente – Embargos rejeitados.

Embargos Infringentes n. 281.851-1 – Lins – Embargantes: C.M.O. e sua mulher – Embargados: A.L.Z. e sua mulher.

ACÓRDÃO

Reivindicatória – Usucapião alegado em defesa – Posse fundada em compromisso de compra e venda – Menor com dezoito anos entre os compromitentes – Prescrição aquisitiva ocorrida – Venda posterior a terceiros – Má-fé dos vendedores – Compradores cientes da posse – Ação improcedente – Embargos rejeitados.

ACORDAM, em Quarta Câmara de Direito Privado do Tribunal de Justiça do Estado de São Paulo, por maioria de votos, rejeitar os embargos, contra o voto do Terceiro Juiz, de conformidade com o relatório e voto do Relator, que ficam fazendo parte do acórdão.

O julgamento teve a participação dos Senhores Desembargadores Cunha Cintra (Presidente vencido), Barbosa Pereira, Fonseca Tavares e Olavo Silveira.

São Paulo, 30 de outubro de 1997.

José Osório, Relator.

VOTO

Ação reivindicatória ajuizada por adquirentes de imóvel contra ocupantes de fração do mesmo, foi julgada parcialmente procedente pela respeitável sentença de fls., cujo relatório é adotado, acolhida a exceção de usucapião com relação à parte da área reivindicada.

Apelaram os autores, alegando não estarem preenchidos os requisitos do usucapião. O venerando acórdão de fls., pelos votos dos Desembargadores Fonseca Tavares e Olavo Silveira, negou provimento ao recurso, confirmando a respeitável sentença.

Ficou vencido o Desembargador Cunha Cintra, que entendeu não estar cumprido o prazo prescricional, em razão da presença de interesses de menores neste lapso.

Objetivando o prevalecimento dos argumentos do respeitável voto vencido, os autores opõem os presentes embargos infringentes, alegando, em síntese, que a prescrição aquisitiva não corre contra incapazes, conforme artigo 169, inciso I, do Código Civil; que não se completou o período prescricional mesmo considerado entre presentes; que o compromisso de compra e venda não pode prevalecer sobre a escritura de compra e venda; que, assim, deve ser julgada procedente a ação.

Recurso bem processado e impugnado.

É o relatório.

Rejeitam-se os embargos.

A improcedência da ação é manifesta.

A origem das transmissões é a mesma para autores e réus.

J., viúvo, e seus filhos se comprometeram a vender o imóvel para os réus em 1981, que se imitiram na posse. Quando um dos filhos, J.A., faleceu, em 1991, seus herdeiros, todos menores, não receberam posse alguma relativamente à parte reivindicanda, pois nem o falecido a tinha. Era dever desses herdeiros simplesmente cumprir o compromisso assinado por seu pai. A posse dos réus prosseguiu normalmente, com justo título e boa-fé. Esses menores não podem pretender neutralizar os efeitos da posse dos autores pois eles próprios – os menores – tinham o dever de respeitar essa posse, fruto de uma obrigação contratual, que se transmitiu em razão da morte de J.A..

O mesmo J. e seus sucessores vendem, em 1994, para os ora autores, uma área abrangida, em parte, pelo compromisso anterior. Os adquirentes movem, então, a presente reivindicatória.

J. e seus herdeiros não podiam reivindicar contra os ora réus, precisando, previamente, rescindir o compromisso.

Os sucessores a título singular, ou seja, os compradores, ora autores, também não podem reivindicar porque conhecedores da posse justa e titulada dos réus. Se J. não podia reivindicar, como entender que ele pudesse transferir esse direito?

O fato de o compromisso não estar registrado é despiciendo. O registro existe para dar conhecimento a terceiros da situação jurídica do imóvel. Esse conhecimento os autores já tinham, pois a posse dos réus era ostensiva. O terreno estava murado.

Ninguém compra imóvel ocupado legitimamente por compromissário-comprador. A não ser que o comprador esteja de má-fé.

Na verdade, é um estratagema utilizado pelo compromitente que não quer cumprir o contrato: vende para terceiro e este reivindica. A reivindicação só poderá ter êxito se o terceiro estiver de boa-fé, o que é raro quando se trata de posse corporal e ostensiva por parte do compromissário.

Nesse sentido tem julgado o Tribunal:

> "Pressupondo a reivindicatória um proprietário não possuidor que age contra um possuidor não proprietário, o seu sucesso reclama a reunião de dois elementos: o domínio do autor e a posse injusta do réu. Exercida a posse por força de contrato de promessa de compra e venda, inadmissível a reivindicatória contra o promissário-comprador sem prévia ou simultânea rescisão do contrato, haja vista que, enquanto não desfeito o negócio, injusta não pode ser considerada a posse do que se comprometeu a adquirir" (Tribunal de Justiça de São Paulo, Embargos Infringentes n. 229.954-1-9-01, julgado em 26.9.96, maioria de votos, Relator Desembargador Ernani de Paiva, *RT*, vol. 735/260).

Ainda:

> "Não é porque a autora adquiriu o domínio que ela pode reivindicar o imóvel contra quem estava em vias de adquiri-lo legitimamente, se esse fato era conhecido do reivindicante. Tal comportamento afronta princípios éticos e jurídicos elementares e não pode obter amparo da ordem jurídica que condena, de forma peremptória a argüição da própria malícia" (Tribunal de Justiça de São Paulo, Apelação n. 97.592-1, Relator José Osório, *Compromisso de Compra e Venda*, 3.ª ed., pág. 103).

No caso dos autos, a má-fé parece ser apenas dos compradores. Uma das vendedoras, S., depôs em Juízo, favoravelmente aos réus, esclarecendo explicitamente que, quando venderam, era para ser desmembrada a área compromissada há anos para os réus.

A existência de outra menor, Z., é inteiramente irrelevante, não podendo afastar o evidente usucapião ocorrido em favor dos réus.

Z. tinha dezoito anos e assinou o compromisso assistida por seu pai. Ela, hoje com trinta e quatro anos, nunca impugnou nada. Quem está se valendo da sua longínqua menoridade são os autores e ninguém mais. É verdade que ela compareceu na escritura de venda em 1994. Por certo, com o mesmo espírito indicado por S., isto é, respeitando-se o compromisso.

De que o compromisso, mesmo sem registro, vale como título para efeito do usucapião ordinário, dúvida não há:

"Usucapião ordinário. Promessa de compra e venda. Justo título. Conceito. Tendo direito à aquisição do imóvel, o promitente-comprador pode exigir do promitente-vendedor que lhe outorgue a escritura definitiva de compra e venda, bem como pode requerer ao Juiz a adjudicação do imóvel. Segundo a jurisprudência do Superior Tribunal de Justiça, não são necessários o registro e o instrumento público, seja para o fim da Súmula n. 84, seja para que se requeira a adjudicação. Podendo dispor de tal eficácia, a promessa de compra e venda, gerando direito à adjudicação, gera direito à aquisição por usucapião ordinário. Inocorrência de ofensa ao artigo 551 do Código Civil" (Recurso Especial n. 32.972, São Paulo, Relator Ministro Nilson Naves, Terceira Turma, maioria, julgado em 19.3.96, *RSTJ*, vol. 88/101).

Por todo o exposto, os embargos são rejeitados, adotando-se também os argumentos da respeitável sentença e do venerando acórdão embargado.

Fonte: LEX - TJSP - 1998 - Volume 203 - Página 253

❖❖❖

APELAÇÃO CÍVEL N. 65.231-4/4

Apelação Cível n. 65.231-4/4 – Ribeirão Preto – 1.º Apelante: J.C.B. – 2.º Apelante: T.E.C. Ltda. e outro – Apelados: Os mesmos (Voto n. 11.236)

EMENTA

Embargos de terceiro, senhor e possuidor. Procedência. Incorporação imobiliária. Substituição da incorporadora. Assunção de direitos e obrigações relativos ao empreendimento. Direito do embargado já existente por ocasião da substituição. Frustração do credor exeqüente. Provimento do recurso do embargado, prejudicado o da embargante.

VOTO

Embargos de terceiro ajuizados por empresa proprietária de apartamentos penhorados foram julgados procedentes pela r. sentença de fls., cujo relatório é adotado, liberados da penhora os imóveis descritos às fls.

Apelam ambas as partes. O exequente-embargado alega, preliminarmente, que deve ser desentranhada a manifestação sobre a contestação, por ser intempestiva; que deveria integrar a lide, como litisconsorte passivo, o vendedor dos imóveis, ou seja, o executado; que a inicial dos embargos de terceiro não veio acompanhada das custas devidas, devendo, por isso, ser cancelada a sua distribuição, nos termos do art. 257 do CPC, extinguindo-se o feito sem julgamento do mérito; que, ademais, é nula a r. sentença, uma vez que foi prolatada sem que houvesse a produção das provas requeridas, o que caracterizou cerceamento de defesa. No mérito sustenta, em síntese, que o executado e sua irmã têm um crédito de 11 apartamentos com a embargante, em função da permuta do terreno celebrada com a construtora antecessora desta; que, no seu requerimento de penhora, o embargado facultou à embargante que indicasse 3 apartamentos sobre os quais recairia a penhora; que esta quedou-se inerte, tendo a penhora se dado aleatoriamente; que é inegável que o executado tem um crédito com a embargante, que é litigante de má-fé; que, assim, se não forem acolhidas as preliminares, deve ser dado provimento ao recurso para julgar improcedentes os embargos.

A embargante recorre exclusivamente contra a fixação dos honorários advocatícios em 3 salários mínimos. Alega que a verba deve ser fixada com base no valor da causa, ou seja, R$ 118.870,83, num percentual entre 10 e 20%, conforme art. 20 do CPC, devidos pelo embargado e não pela embargante como constou da r. sentença.

Recursos bem processados, respondido apenas o do embargado.

É o relatório.

Quanto às preliminares, sem nenhuma razão o embargado. A réplica foi manifestamente tempestiva e não houve cerceamento de defesa, pois a prova era eminentemente documental, fornecendo os autos plenas condições para julgamento. Além disso, o mérito é julgado em favor do embargado, não sendo caso de decretar-se nulidade, nos termos do art. 249, § 2.º, do CPC.

Na verdade, no principal, a razão está com o embargado.

Ele adquiriu do dono do terreno um dos apartamentos que a este (dono) seria atribuído por força da incorporação. Esta fracassou. O embargado moveu ação e ganhou, estando a executar seu crédito contra o dono do terreno, não encontrando bens em nome do executado.

O executado e a incorporadora fracassada acertaram-se com a ora terceira embargante. Esta assumiu o negócio. Desfez a antiga incorporação e procedeu a uma outra, no mesmo terreno. Três apartamentos desta última incorporação é que foram penhorados.

O fundamento dos embargos de terceiro, acolhido pelo nobre magistrado, prende-se à realidade meramente formal da hipótese dos autos, ou seja, porque os apartamentos penhorados constam no registro imobiliário como propriedade da embargante, entendeu-se inviável a penhora.

Sem razão.

Ainda que nada dissessem aqueles interessados que se acertaram, ou seja, as duas incorporadoras e o executado, é evidente que o acerto não podia afetar a esfera de direitos de quem já participava do empreendimento, inclusive com o pagamento do preço e com processo judicial em andamento. Não é porque mudou a incorporadora e mudou o empreendimento que a execução possa ser frustrada.

Observa-se – para tornar mais fácil a solução deste último incidente processual – que aquele acerto foi trilateral, com a participação direta e primordial da embargante. Por isso mesmo declararam em Juízo (fls.), em linguagem sofrível mas solenemente:

> "Ocorre que a Triaxial (2.ª incorporadora, ora embargante) [...] mostrou-se interessada em assumir o projeto já aprovado e construir os edifícios. Para tanto e para que haja viabilidade de se concretizar a transação, mister se faz que o novo adquirente do imóvel assuma a responsabilidade com os direitos dos Requerentes. [...].
>
> A Requerida (1.ª incorporadora) continua sem condições de dar continuidade à construção, mesmo porque todos os contratos de vendas firmados com os adquirentes das unidades não foram cumpridos pelos condôminos, o que inviabiliza o prosseguimento do projeto.
>
> Quaisquer problemas com o passivo da Construtora X Ltda. (1.ª incorporadora), quer judiciais ou extrajudiciais, não deverão incidir nos direitos dos requerentes, ficando todos sob responsabilidade das duas empresas retromencionadas".

Por aí se vê que a embargante assumiu direitos e obrigações relativas ao empreendimento, inclusive quanto às demandas existentes. Se ela, embargante, entendeu alterar o empreendimento, por razões técnicas ou comerciais, o fez no interesse próprio, não podendo valer-se do fato em prejuízo de anterior adquirente.

Por isso mesmo é irrelevante a quitação por ela obtida do executado posteriormente, como também é irrelevante o fato de terem sido penhorados apartamentos distintos do original, pois o original nem ganhou existência física. A execução, aliás, versa direito pessoal, de crédito, e não direito real sobre um bem determinado.

Por todo o exposto, é dado provimento ao recurso do embargado para julgar improcedentes os embargos de terceiro, condenada a embargante nas custas e em honorários de 15% (quinze por cento) do valor da causa, ficando prejudicado o recurso da embargante.

Não é caso de litigância de má-fé, sendo certo que a tese da embargante chegou a encontrar sucesso em primeiro grau.

São Paulo, 04 de dezembro de 1997.

José Osório.

Fonte: Arquivo pessoal e TJSP

APELAÇÃO CÍVEL N. 37.834-4/6

Apelação Cível n. 37.834-4/6 – Mogi das Cruzes – Apelante: J.N.S. e sua mulher – Apelado: O Juízo (Voto n. 11.600)

EMENTA

Ação de usucapião especial urbano. Extinção sem julgamento de mérito. Compossuidor que já tem posse excludente dos demais. Composse cessada. Recurso provido.

VOTO

Ação de usucapião especial urbano foi extinta sem julgamento de mérito pela r. sentença de fls., cujo relatório é adotado, por entender o MM Juiz ser impossível o fracionamento do imóvel, já que os autores exercem a composse do mesmo com terceiros.

Apelam os autores, alegando, em síntese, que preenchem os requisitos do art. 183 da CF; que a extinção do processo foi precipitada, devendo ser observado o art. 284 do CPC; que, assim, deve ser julgada procedente a ação.

Recurso bem processado.

O MP, em primeiro e segundo graus, opina pelo improvimento do recurso.

É o relatório.

O recurso tem provimento.

O processo foi extinto porque, em feito anterior, também extinto, verificou-se que o casal autor era compossuidor de imóvel maior, juntamente com terceiros, e que o imóvel não podia ser fracionado, no interesse dos próprios autores.

O digno magistrado, contudo, não decidiu com o acerto habitual.

Os compossuidores não estão, por certo, condenados definitivamente ao estado de compossessão.

Ainda que tenham adquirido, juntamente com terceiros, a posse de imóvel, com área de 519,00 m^2, a verdade é que há sinais inequívocos de que esse terreno foi divido entre os três compossuidores (fls.). Por isso mesmo, o presente pedido de usucapião se restringe a uma área de 129,75 m^2.

O que fizeram foi simplesmente pôr fim à indivisão da posse, o que nada tem de anormal e é até louvável.

Eis o que diz Tito Fulgêncio, citado por Carvalho Santos, em comentário ao art. 488 do CC:

> "Se a posse está dividida de fato, se o compossuidor já possui uma parte da coisa sobre locais distintos, locais de habitação e outras hipóteses, que se aferem pelo ponto de vista econômico, já se trata de possuidor exclusivo, sujeito nas relações com os demais possuidores, condôminos ou terceiros, ao regime da posse normal e não ao da posse modalizada".[1]

E o grande Beviláqua, já esclarecendo questão futura (o início da posse): "Partilhada a coisa comum, entende-se que cada um possuia a parte que lhe tocou, desde o momento em que se estabeleceu a comunhão possessória".[2]

No mesmo sentido, o preclaro e moderno tratadista Benedito Silvério Ribeiro:

> "[...] desde que o compossuidor passe a exercer posse excludente dos demais, cessada estará a composse." [...]

Ostentando o compossuidor posse certa sobre parte certa, determinada e individualizada dentro do todo, sem oposição dos demais compossuidores, apto estará para usucapir a sua porção, ficando seu quinhão excluído da compossessão".[3]

1. *Código Civil Brasileiro Interpretado*, 1.ª ed., p. 36/37.
2. *Código Civil*, 1.ª ed., obs. 3 ao art. 488.
3. *Tratado de Usucapião*, 1992, vol. I, p. 603.

Assim sendo, foi precipitada, *data venia*, a extinção do feito como também precipitadas foram as afirmações de má fé constantes dos autos sem que os fatos fiquem mais esclarecidos.

Diante do exposto, é dado provimento ao recurso para afastar a extinção do processo, prosseguindo-se como de direito.

São Paulo, 28 de maio de 1998.

José Osório.

Fonte: Arquivo pessoal e TJSP

❖❖❖

MANDADO DE SEGURANÇA N. 62.946.0/0

Mandado de Segurança – Registro de Imóveis – Decisão do Conselho Superior da Magistratura que negou provimento a recurso em dúvida julgada procedente – Ato que não se reveste de qualquer ilegalidade – Imóvel consistente em bem público de uso comum, que, recebido pela Municipalidade, de loteamento irregular, acabou sendo desafetado por lei – Desafetação que, todavia, não foi averbada no Registro de Imóveis – Permuta feita com particular, o qual não pode pretender abrir matrícula em seu nome, em face do princípio da continuidade – Ordem denegada, indeferido o pedido de vista dos autos.

ACÓRDÃO

Vistos, relatados e discutidos estes autos de Mandado de Segurança n. 62.946.0/0, da Comarca de São Paulo, em que é impetrante Espólio de O.A., sendo impetrado o Conselho Superior da Magistratura do Estado de São Paulo.

ACORDAM, em Órgão Especial do Tribunal de Justiça do Estado de São Paulo, por maioria de votos, denegar a segurança, de conformidade com o relatório e voto do Relator, que ficam fazendo parte integrante do presente julgado.

Participaram do julgamento os Desembargadores Oetterer Guedes (Presidente, vencido), Djalma Lofrano, Luís de Macedo, Viseu Júnior, Gentil Leite, Álvaro Lazzarini (com declaração de voto), Dante Busana, José Cardinale, Denser de Sá, Mohamed Amaro, Luiz Tâmbara, Franciulli Netto, Paulo Shintate, Borelli Machado, Flávio Pinheiro e Fortes Barbosa, vencedores; Yussef Cahali, Cuba dos Santos, José Osório (com declaração de voto), Hermes Pinotti e Fonseca Tavares, vencidos.

São Paulo, 20 de outubro de 1999.

Oetterer Guedes, Presidente. Gildo dos Santos, Relator.

RELATÓRIO

1. Mandado de segurança impetrado contra o ato do Egrégio Conselho Superior da Magistratura, alegando, em síntese, o Impetrante, que: a) O.A., hoje falecido, e sua mulher A.A.B.A., mediante escritura pública, adquiriram, por permuta, do Município de Leme, neste Estado, um imóvel consistente em uma área de terras, sem benfeitorias, naquela cidade, com a área total de 1.487,14 m^2, cuja descrição e confrontação constam da petição inicial; b) a Prefeitura de Leme foi autorizada, pela Lei Complementar Municipal n. 151, de 16.6.1995, a desafetar o imóvel, passando-o de bem de uso público para a categoria de bem dominical, conforme escritura pública de re-ratificação que, com o decreto de desafetação do bem, autoriza o Oficial do Registro de Imóveis "a abrir matrícula do imóvel em nome do Poder Público para acolher, *incontinenti,* o registro em nome do casal"; c) o Oficial do Serviço Registral suscitou dúvida ao Juiz Corregedor Permanente da Comarca de Leme, "por falta de assentamento cartorário anterior em nome da Municipalidade, à vista do princípio da continuidade do registro"; d) em nenhum momento foi questionado que o titular do domínio do imóvel e seu legítimo possuidor era o referido Município, certo que este adquiriu o bem "em decorrência de loteamento aprovado no ano de 1961", alterado mediante aprovação regular em 31.8.1979; e) o Ministério Público chegou a sustentar que se deveria proceder à regularização desse antigo loteamento, "o que é praticamente impossível, porque o local se constitui atualmente em um dos mais populosos bairros da cidade e todos os contribuintes ali sediados já possuem escrituras públicas de seus imóveis, devidamente registradas, que foram outorgadas, na época, como sendo 'destacadas de maior porção', uma vez que o loteamento mencionado não chegou a ser registrado em Cartório, apesar de aprovado pela Municipalidade"; f) naquele processo de dúvida, foi negado o registro à escritura do Impetrante, que, inconformado, interpôs apelação ao Egrégio Conselho Impetrado, que negou provimento a esse recurso, consoante v. acórdão proferido na Apelação Cível n. 48.173-0/0, daí a presente impetração; g) o Impetrado, consoante seus reiterados pronunciamentos constantes dos anais da jurisprudência, mencionados pelo Impetrante, "proclama que, em se tratando de modo originário de aquisição de propriedade, para o registro do título do Poder Público decorrente não há que se indagar nem se invocar o princípio da continuidade, bastando apenas que o imóvel esteja suficientemente especializado para que se considerem atendidos todos os pressupostos registrais"; h) assim, nos termos da Lei n. 6.015/73 (artigo 228), a abertura da matrícula daquele imóvel deve ser efetuada no primeiro registro que decorre, exatamente, da sua desafetação de bem de uso comum para dominical, certo que a referida Lei Complementar, para atender ao princípio da especialização, individuou o imóvel, com todas as suas características.

Pretende a ordem para que garantir a abertura de matrícula do imóvel, como também o registro de sua aquisição na referida matrícula, dispensando-se a observância do princípio da continuidade (fls.).

2. Vieram as Informações do eminente Desembargador Presidente (fls.), com cópia do v. acórdão proferido pelo Conselho Superior da Magistratura, de que foi Relator o eminente Corregedor-Geral da Justiça (fls.).

3. A douta Procuradoria-Geral de Justiça é pela não concessão da ordem (fls.).

VOTO

4. Os bens públicos, quanto à destinação, são classificados em três categorias: a) os de uso comum do povo (mares, rios, praias, ruas, praças, estradas); b) os de uso especial, como os edifícios e mesmo terrenos utilizados no serviço público em geral; c) os dominicais que constituem o patrimônio disponível, também chamados de bens patrimoniais disponíveis (C. Civil, artigo 66, incisos I a III).

5. Sabe-se, por outro lado, que "os bens públicos, quaisquer que sejam, podem ser alienados, desde que a Administração satisfaça certas condições prévias para sua transferência ao domínio privado ou a outra entidade pública. O que a lei civil quer dizer é que os bens públicos são inalienáveis enquanto destinados ao uso comum do povo ou a fins administrativos especiais, isto é, enquanto tiverem afetação pública, ou seja, destinação pública específica" (Hely Lopes Meirelles, *Direito Administrativo Brasileiro*, 19.ª ed., atualizada por Eurico de Andrade Azevedo, Délcio Balestero Aleixo e José Emmanuel Burle Filho, Malheiros Editores, pág. 445).

6. Por outro ângulo, no que mais diretamente interessa à presente segurança, segundo a lição desse primeiro mestre, "os bens imóveis de uso especial e os dominiais adquiridos por qualquer forma pelo Poder Público ficam sujeitos a registro no registro imobiliário competente", pois somente os bens de uso comum do povo é que estão dispensados de registro, mas, apenas, enquanto mantiverem essa destinação (obra e edição citadas, pág. 455).

7. Na espécie, o bem imóvel foi recebido pelo Impetrante em decorrência de permuta que realizou com a Prefeitura de Leme, mediante autorização legislativa, que permitiu a desafetação do bem, tornando-o disponível.

Apesar disso, não era suficiente a simples desafetação para que o Impetrante conseguisse abertura de matrícula ou registro do bem em seu nome.

A respeito, convém salientar acertada passagem do Parecer da ilustre Procuradora de Justiça oficiante, Dr. Maria Tereza Tilé Ferreira, para quem, "a lei que desafetou o imóvel não pode ser título de transferência apta a ter ingresso na tábua predial".

De fato, foi isso que tornou impossível o registro do título, porque, do contrário, haveria ofensa ao princípio da continuidade.

Consta, é certo, que o imóvel objeto da pretensão do Impetrante integrava, antes, o denominado loteamento J.C., que, embora aprovado pela Prefeitura, não foi registrado no Cartório de Registro de Imóveis, não possuindo, como está comprovado, transcrição ou matrícula na Serventia Registral de Leme (fl.).

Nessa conformidade, não era lícito ao Registro de Imóveis de Leme abrir matrícula a requerimento do Impetrante, e, nela, fazer registrar o imóvel recebido em permuta, pois isso atentaria contra o referido princípio da continuidade.

Por isso, também, o Egrégio Conselho Superior da Magistratura, aqui Impetrado, não podia senão concluir, como o fez, por negar provimento à apelação interposta pelo Impetrante, uma vez que a referida Municipalidade não consta como titular do domínio no fólio real, como salienta parte da ementa do v. acórdão hostilizado (fl.).

A propósito, vale lembrar de MIGUEL MARIA DE SERPA LOPES, citado naquele aresto, para quem, com autoridade na matéria, após prévia desafetação e autorização legislativa, há a necessidade, para a consumação da transferência patrimonial, da inscrição no fólio real, no que se equipara a Municipalidade aos particulares (cf. fl.).

VOTO COMPLEMENTAR

8. Ao pedir adiamento, em 21.9.1999, na Sessão em que se iniciou o julgamento deste *mandamus*, o eminente Desembargador José Osório fez algumas pertinentes considerações, que levaram à nova reflexão sobre o tema, em razão do que, com a devida vênia, salientam:

a) o loteamento, no qual se inseria a área referida na inicial, era irregular, não estando registrado no Cartório de Registro de Imóveis, como já anotado. Estaria registrada, apenas, uma área maior em nome de terceiro, não o loteamento, conforme se vê da recente certidão apresentada pela douta Procuradoria-Geral de Justiça;

b) do mesmo modo, a área objeto da pretensão do Impetrante também não estava e não está transcrita, matriculada ou registrada em nome de quem quer que seja;

c) isso não impedia que o bem tivesse ingressado no patrimônio público municipal de Leme, porque, com a vigência do Decreto-lei n. 58/37, dava-se a integração das áreas, hoje ditas institucionais dos loteamentos, com a sua efetiva utilização pública, ao dispor, mencionado Decreto-lei, que referidas áreas ficariam "inalienáveis", nos termos do seu artigo 3.º;

d) depois, o Decreto-lei n. 271/67 (artigo 4.º), que dispunha sobre a inscrição do loteamento, e, hoje, a Lei n. 6.766/79 (artigo 22), que trata do registro do loteamento, estabelecia aquele e estabelece esta última que tais áreas de uso comum do povo "passam a integrar o domínio do Município";

e) referidas áreas independem, pois, de registro. E, ainda que o loteamento seja irregular, clandestino, isto é, sem qualquer registro imobiliário, aquelas áreas são afetadas, pela própria situação de fato, isto é, pela sua própria destinação pública.

9. A propósito, o E. Superior Tribunal de Justiça já assentou, em trecho de uma das ementas do acórdão do Recurso Especial n. 27.602-SP, sendo Relator o eminente Ministro Athos Gusmão Carneiro, que "a moderna doutrina considera que não é apenas o título de aquisição civil, nem a transcrição imobiliária, que conferem ao imóvel o caráter de bem público, mas, sim, sua destinação, mesmo se através de loteamento irregular, implantado de fato, à revelia da Municipalidade. Consumados o arruamento e a urbanização, as áreas livres são tidas como de domínio público' (*DJU* 04.10.1993).

Salientam que, já em julgamento de 10/9/1986, o eminente Desembargador José Cardinale, como Relator da Apelação n. 103.152-2, de Estrela D'Oeste, assentou que, "oferecendo o loteador terreno de loteamento irregular à Municipalidade, com a simples aceitação manifestada pela Administração opera-se a transmissão do domínio, dispensada, mesmo, a inscrição no Registro de Imóveis para tornar inalienável por qualquer título o imóvel em questão" (*RT* 613/95).

Assim, a primeira conclusão é a de que o bem era público de uso comum do povo, e poderia, portanto, ser desafetado, como ocorreu.

Daí, porém, não se conclua que a Lei Municipal que desafetou o bem, só por si, seja apta a que o Impetrante consiga abertura da matrícula que pretende ao apresentar a sua escritura de permuta ao Cartório de Registro de Imóveis.

Necessário seria que tivesse sido averbada a desafetação do bem, e isto não ocorreu. A Prefeitura não o fez.

No particular, o item 176.2 do Provimento n. 2/83, da Corregedoria-Geral da Justiça de São Paulo, que tem o seguinte teor: "É vedado o registro de qualquer título de alienação ou oneração da propriedade das áreas assim adquiridas pelo Município, sem que, previamente, seja averbada, após regular processo legislativo, a sua desafetação..."

Por isso, Diógenes Gasparini, em brilhante Parecer n. 14.938, que exarou, em 17.6.1991, no Processo n. 907/91, na Fundação Prefeito Faria Lima - CEPAM - Centro de Estudos e Pesquisas, diz, em certo trecho, que: "A desafetação de um dado bem público altera a sua qualificação jurídica. Com efeito, o bem deixa de integrar, por exemplo, a espécie dos de uso comum do povo e passa a pertencer à dos dominicais, sendo necessária, portanto, a averbação dessa ocorrência (artigo 246 da Lei Federal n. 6.015/73, que dispõe sobre os registros públicos, e item 176.2. do Provimento n. 2/83, da CCGJSP", a que acabam de aludir.

E arremata esse ponto assim:

> "Desafetada de sua destinação e promovida a competente averbação, se qualquer outra consagração não for atribuída, a área passa a integrar a categoria dos bens dominicais. Daí por diante pode o Executivo municipal usar essa área no que melhor atender aos interesses públicos, e, se for o caso, poderá até aliená-la (venda, doação ou permuta), observado, por certo, em ambas as hipóteses, o que a respeito dispuser a legislação pertinente (LOM e lei autorizadora)".

Esse mesmo jurista, ao tratar do contrato de troca ou permuta, de bem público por bem de particular, como ocorreu no presente caso, diz que:

> "... cabe esclarecer que ambos ou todos os que são objeto da permuta deverão ser certos e determinados, conhecendo-se as respectivas dimensões, áreas, perímetros e confrontações e os dados relativos às correspondentes aquisições (título aquisitivo e registro), quando o contrato versar a troca de imóveis por imóveis" (*Direito Administrativo*, 4.ª ed., 1995, Editora Saraiva, pág. 487).

9. Nessa conformidade, nenhum ato ilegal praticou o Conselho Impetrado, que violasse qualquer direito do Impetrante, menos ainda líquido e certo.

10. Diante do exposto, denegam a ordem.

DECLARAÇÃO DE VOTO VENCIDO DO DES. JOSÉ OSÓRIO

1. *Data venia*, concedo a ordem.

Observe-se desde logo que eventual complexidade jurídica do tema não constitui obstáculo à impetração de mandado de segurança.

Hely Lopes Meirelles, em conhecida passagem, afirma:

> "Quanto à complexidade dos fatos e à dificuldade da interpretação das normas legais que contêm o direito a ser reconhecido ao impetrante, não constituem óbice ao cabimento do mandado de segurança, nem impedem o seu julgamento de mérito. Isto porque, embora emaranhados os fatos, se existente o direito, poderá surgir líquido e certo a ensejar a proteção reclamada. Bem por isso, já decidiu o Tribunal de Justiça de São Paulo que as questões de direito,

por mais intrincadas e difíceis, podem ser resolvidas em mandado de segurança" (Mandado de Segurança [...], 12.ª ed., 1988, pág. 14).

2. No caso dos autos, embora haja alguma dificuldade, os fatos estão esclarecidos e comprovados.

Houve um loteamento urbano no Município de Leme, no início da década de sessenta. O loteamento não foi clandestino mas meramente irregular, ou seja, foi aprovado pela Administração, mas não foi levado ao Registro de Imóveis. O loteamento foi implantado fisicamente e o local converteu-se em bairro populoso.

Mesmo inexistindo o registro, os adquirentes de lotes receberam suas escrituras, conforme era permitido na época, por força de orientação do Conselho Superior da Magistratura. Com efeito, diante da efetiva urbanização do local e dos lançamentos de tributos municipais sobre cada lote separadamente, era evidente que a Administração - que já havia aprovado o projeto - aprovou também a execução física do mesmo. Como também estava provado que o loteador era dono do imóvel, as aquisições dos lotes foram registradas como partes da área maior a ele pertencente.

Na época, era costume registrar-se a aquisição definitiva do lote sem que houvesse loteamento inscrito. Assim foram registradas centenas de milhares de aquisições no Estado de São Paulo. Algumas dessas foram as do Jardim Capitólio, de Leme.

Essa questão está ventilada em artigo de doutrina na *RT* 388/31, de fevereiro de 1968. ("Considerações sobre a nova lei de loteamentos - Decreto-lei n. 271, de 28 de fevereiro de 1967". Aí foi dito: "E, assim, veio a jurisprudência em socorro dos adquirentes, que, havendo comprado lotes de loteamento não inscrito, encontravam dificuldades em obter a propriedade do mesmo, por impossibilidade de ser lavrada a escritura definitiva de compra e venda (*RT* 310/517). E tal foi a pressão social que os próprios oficiais dos registros de imóveis contornaram o problema e passaram a admitir o registro do compromisso e da conseqüente escritura de venda e compra no caso de loteamentos não inscritos na forma determinada pelo Decreto-lei n. 58. E qualquer outra solução, por mais legal que fosse, acabaria por se tornar odiosa (*summum jus summa injuria*), prejudicando aquele que a própria lei visou defender. Com efeito, seria incompreensível que o compromissário-comprador não pudesse vir a adquirir o domínio do mesmo porque não foi obedecida a Lei n. 58.")

3. As áreas livres, ruas e praças do Jardim Capitólio evidentemente não foram objeto de registro pois não havia necessidade jurídica nem econômica de tal providência.

"O domínio patrimonial do Estado sobre seus bens é direito de propriedade, mas direito de propriedade pública, sujeito a um regime administrativo especial", segundo ensina Hely L. Meirelles (*Direito Administrativo Brasileiro*, 21.ª ed., pág. 433). Entre as muitas peculiaridades desse regime está a forma automática de aquisição das áreas livres dos loteamentos e conseqüente desnecessidade de registro imobiliário específico para as ruas e praças.

A questão está hoje regulada pelo artigo 22 da Lei n. 6.766/79, que praticamente manteve a regra do artigo 4.º da lei anterior, DL n. 271/67.

Antes de tais dispositivos legais, já se entendia que a aquisição se fazia de forma semelhante, dispensadas as comuns mas estranhas escrituras de doação por parte do loteador. Mais ainda: mesmo sem haver registro do loteamento, operava-se a transmissão da propriedade para o Município. Eis o que ensina Celso Antônio Bandeira de Mello: "Antes dos aludidos diplomas, quando da vigência do Decreto-lei n. 58, de 10.12.37, a integração de tais áreas no patrimônio público dava-se, segundo entendemos, com a efetiva utilização pública das vias e praças" (*Curso de Direito Administrativo*, Malheiros Ed., 9.ª ed., pág. 565, nota 5).

Era esse o regime vigente na época do loteamento que ora se tem em vista.

4. Hoje em dia, entende-se de forma semelhante: com ou sem registro do loteamento, as áreas livres integram-se no domínio público com a aprovação do projeto pela Administração e conseqüente implantação física do mesmo.

Velho precedente do STF ainda é citado com muita freqüência:

> "Loteamento. Aprovado o arruamento, para urbanização de terrenos particulares, as áreas destinadas às vias e logradouros públicos passam automaticamente para o domínio do Município, independentemente de título aquisitivo e transcrição, visto que o efeito jurídico do arruamento é, exatamente, de transformar o domínio particular em domínio público, para uso comum do povo. [...]" – *RTJ* 79/991 (Esse acórdão transcreve e louva substanciosa sentença do então juiz José Luiz Dias Filho, confirmada por acórdão relatado pelo Des. Coelho de Paula.)

Nesse mesmo sentido é firme a jurisprudência do E. STJ: "As áreas livres de uso comum incorporam-se ao domínio do Município com a simples aprovação do loteamento, não sendo exigível para tanto o registro no cartório imobiliário" – Ação Rescisória 3874, r. Min. Barros Monteiro, j. 29.11.95 – fls. destes autos.

> "A moderna doutrina considera que não é apenas o título de aquisição civil, nem a transcrição imobiliária que conferem ao

> imóvel o caráter de bem público, mas sim sua destinação, mesmo se através de loteamento irregular, implantado de fato, à revelia da Municipalidade. Consumados o arruamento e a urbanização, as áreas livres são tidas como de domínio público, e, portanto, cabível tornou-se a demanda vindicatória contra quem em área livre edificou clandestinamente" - REsp n. 27.602-4, r. Min. Athos Carneiro de Gusmão, *DJU* de 4.10.93.
>
> "As áreas livres de uso comum do povo decorrentes da urbanização de áreas particulares incorporam-se ao domínio do Município com a simples aprovação do loteamento, sendo desnecessário para tanto o registro no cartório imobiliário" - REsp 8.401-SP, j. 05.05.98, *RT* 755/189.

No caso dos autos, dúvida não há de que as vias e praças já constam há anos das plantas e do sistema viário oficial. Esse sistema, aliás, sempre foi reconhecido pelo Registro de Imóveis, que registrou tranqüilamente os títulos aquisitivos dos lotes, sempre fazendo menção à rua ou praça para a qual o lote faz frente.

5. O E. Órgão impetrado deixou claro que não ignora a doutrina e a jurisprudência supracitadas, reconhecendo expressamente a propriedade do Município sobre a área permutada como também reconhece a regularidade da desafetação da área. Apenas entende que, para alienar o bem, haverá o Município de, previamente, promover registro no cartório imobiliário, devendo comportar-se, então, como um simples particular respeitando o princípio da continuidade. Não explica, porém, qual o registro que precisa ser feito. Do título aquisitivo, como sugere a Dúvida, não pode ser, porque não existe título (instrumento) e o loteamento nem foi inscrito. Registro da desafetação não pode ser, por falta de previsão legal.

Em suma, o impetrado admitiu o direito de propriedade do Município, mas negou-lhe seu principal atributo, ou seja, o poder de dispor, enquanto não se submetesse ao registro da área desafetada, sem dizer como isto seria possível.

6. A exigência, *data venia*, não se justifica, como também não se justifica a invocação do princípio da continuidade.

Se a aquisição se deu de forma originária - e isso ninguém nega; e se o Município está na plenitude de seus direitos de proprietário, ele pode dispor de seu bem, desde que atenda às normas de direito administrativo para a alienação, que só prevêem a desafetação da área, desafetação essa que foi regularmente promovida.

O princípio da continuidade só vai operar a partir da aquisição originária para diante, isto é, do ato entre o Município e o permutante-impetrante, o falecido O.A.

Se é público e notório que o Município é dono originária e plenamente, sem nenhuma limitação dos poderes inerentes ao domínio, não é razoável que o sistema registral venha introduzir uma grave restrição não prevista em lei, qual seja a exigência do registro impossível da propriedade ou da desafetação.

Ora, se nem o loteamento e nem a afetação foram objeto de registro – porque a aquisição por parte do Município se deu de forma automática, segundo as regras do direito administrativo –, com maior razão não se deve exigir o registro da desafetação, registro esse não previsto em lei e que, s.m.j., é de inocuidade total, pois não retira nem acrescenta direito de ninguém.

Dispensável, assim, qualquer homenagem maior ao princípio da continuidade.

Esse princípio vai operar – repita-se – após a transmissão do direito de propriedade (originário) do Município para o impetrante. Nunca a partir do Município para ele mesmo, que já era dono antes e continuou sendo dono depois da desafetação.

7. A dificuldade do caso presente decorre do choque entre o sistema da propriedade dos bens públicos e o sistema registral da propriedade privada.

Como o loteamento não foi registrado, o oficial não soube como agir e exigiu que o Município provasse o seu domínio, além de invocar o princípio da continuidade – item 4 da Dúvida – fls., no que foi apoiado pelo E. Órgão impetrado.

A escritura levada a registro é claríssima: a área foi desafetada pela Lei Complementar Municipal n. 151/95 e os permutantes solicitam abertura de matrícula.

O negócio jurídico consumou-se. O Município recebeu a área que era do impetrante e realizou obras públicas. As situações de fato e de direito são irreversíveis.

Na verdade, à falta de registro do loteamento, impõem-se soluções semelhantes às que aconteciam no passado com os adquirentes de lotes de loteamentos não inscritos; e como se deve fazer no presente com o Município.

Afinal, que adianta reconhecer-lhe a propriedade, mas ao mesmo tempo impedir a disposição do bem e exigir um registro inócuo e não previsto em lei?

8. Não convence a afirmação do oficial de sentido de que cabe ao Município provar a existência de seu domínio, pois – como já foi dito – nesse mesmo cartório já foram registradas as numerosíssimas aquisições de lotes. Em suma, o cartório sabe, por seus registros, da existência do J.C. e sabe que as respectivas áreas passaram a integrar o patrimônio público. Se é verdade que o Cartório está diante de uma dificuldade prática (menor),

não é menos verdade que a negativa de registro deixou o impetrante em dificuldade muitíssimo mais grave.

A falha do sistema registral, nos casos de loteamento de fato, não pode levar à aniquilação do *jus disponendi* de que é titular o Município e muito menos impedir que o impetrante adquira o direito de propriedade sobre o bem permutado.

A missão da Jurisprudência é exatamente suprir as lacunas do sistema e dar solução às hipóteses não previstas.

Não se podem deixar, com a maior vênia, as regras jurídicas no Limbo, lançando as partes num Purgatório para pagar penas por pecados não cometidos.

Inexistindo risco de dano para quem quer que seja e estando patente, a meu ver, que está ocorrendo violação de direito líquido e certo do impetrante, a segurança é concedida, pelo meu voto.

Uma última observação. O caso presente não guarda qualquer semelhança com as ações diretas de inconstitucionalidade que temos julgado, referentes à aplicação do artigo 180, VII, da C.E., que veda a desafetação de áreas institucionais dos loteamentos. Aqui, a lei municipal não foi impugnada e produziu normalmente os seus efeitos e os fatos estão consumados.

José Osório.

Fonte: Arquivo pessoal e TJSP

Observações:

Em sessão plenária do TJSP, julgava-se mandado de segurança impetrado contra decisão da cúpula do Judiciário de São Paulo, isto é, contra o Conselho Superior da Magistratura, constituído pelo Presidente, Vice-Presidente do Tribunal e pelo Corregedor-Geral da Justiça. O impetrante insurgia-se contra decisão que negou provimento à sua apelação em processo de dúvida levantada pelo titular do Cartório do Registro de Imóveis da Comarca de Leme considerando inviável o registro de escritura de permuta de imóvel urbano.

Em casos semelhantes, ou seja, de impetração de segurança contra decisão do CSM, a denegação da ordem era a regra normalmente seguida pelo Plenário. Raríssimamente concedia-se a ordem.

Ocorre que a sustentação oral, pronunciada pelo Dr. Cláudio Faccioli, chamou-me a atenção ao referir-se a uma situação de impasse jurídico porquanto reconhecia-se o direito de propriedade do impetrante sobre o imóvel e ao mesmo tempo negava-lhe o direito de registrar o título aquisitivo.

Daí o pedido de vista e consequente voto de concessão da ordem. Terminada a sessão, fui cumprimentado pelo sustentador, que ficou muito feliz com o meu voto. Disse-lhe: o senhor trabalhou muito bem, mas não há razão para otimismo...

O Presidente da Sessão, Des. Oetterer Guedes, e mais os Des.Yussef Cahali, Cuba dos Santos, Hermes Pinotti e Fonseca Tavares também acolheram a impetração; os outros dezesseis julgadores a afastaram.

Já aposentado, tive conhecimento do desfecho do caso, graças à proverbial fidalguia do Des. Gildo dos Santos, que, ao mandar cumprir o acórdão do STJ, enviou-me cópia do mesmo.

Deixa-se de publicar acórdão proferido em embargos de declaração, bem como do fundado e extenso voto vencedor do Des. Álvaro Lazzarini, em razão da limitação material desta edição.

Houve Recurso Especial para STJ, que foi provido, como segue.

❖❖❖

APELAÇÃO CÍVEL N. 106.846-4

CONDOMÍNIO – Representação processual – Comissão nomeada em situação emergencial – Eleição regular – Validade da representação – Preliminar rejeitada.

CONDOMÍNIO – Coisa comum – Cobertura de edifício – Obras realizadas por condômino – Invasão de área comum – Hipótese, ademais, de obra clandestina – Demolição determinada, por conta e risco do réu – Pagamento, ademais, das perdas e danos causados à propriedade comum – Nunciação de obra nova procedente – Recurso provido.

CONDOMÍNIO – Coisa comum – Uso exclusivo por condômino – Realização indevida de obras – Indenização correspondente ao valor da área comum, passando para o réu a posse e uso exclusivo – Inadmissibilidade – Hipótese de violação de norma de ordem pública – Demolição determinada e indenização por perdas e danos – Nunciação de obra nova procedente – Recurso provido.

Apelação Cível n. 106.846-4 – Americana – Apelantes e reciprocamente Apelados: Edifício G.B. e W.A.S. (Voto n. 13.446)

ACÓRDÃO

Nunciação de Obra Nova. Edifício de apartamentos. Solário. Obras realizadas pelo proprietário do último andar. Área comum. Normas de ordem pública que não podem ser alteradas pela vontade das partes. Sentença de procedência parcial. Apelo de ambas as partes. Provimento ao recurso do condomínio-autor. Determinadas demolição e indenização. Prejudicado o recurso do réu.

ACORDAM, em Quarta Câmara de Férias de "Julho/2000" de Direito Privado do Tribunal de Justiça do Estado de São Paulo, por votação unânime, negar provimento ao agravo retido, dar provimento ao recurso do autor e julgaram prejudicado o do réu, de conformidade com o relatório e voto do Relator, que ficam fazendo parte integrante do acórdão.

Participaram do julgamento os Desembargadores Olavo Silveira (Presidente, sem voto), Cunha Cintra e J. G. Jacobina Rabello.

São Paulo, 27 de julho de 2000.

José Osório, Relator.

VOTO

Trata-se de ação de nunciação de obra nova proposta por Edifício G.B. contra condômino, objetivando a suspensão e posterior demolição de obras que pelo réu vinham sendo realizadas no 14.º pavimento do edifício e em seu solário, e indenização por perdas e danos causados à coisa comum.

Concedeu-se o embargo liminar da obra e, ao final, a ação foi julgada procedente em parte pela r. sentença de fls., cujo relatório fica adotado, determinando o MM. Juiz que o réu pagasse a indenização correspondente ao valor da parte comum do solário, por ele ocupado, passando essa para sua posse e uso exclusivo.

Apelo de ambas as partes.

O condomínio-autor alega, em síntese, que o laudo pericial evidencia a clandestinidade das obras nos apartamentos do réu; que estas sequer estão licenciadas e autorizadas, razão pela qual são ilícitas; que nem em assembléia de condomínio foram as obras aprovadas; que, quando da vistoria, o experto constatou que a reforma estava em andamento e, em tais condições, nos termos do art. 576 do CC, eis que obedecido o prazo lá previsto, pode-se exigir a demolição; que, ainda segundo o laudo oficial, foram suprimidas áreas comuns do condomínio e incorporadas aos apartamentos do requerido; que as áreas construídas na cobertura extrapolam em quase 64% a área de construção do andar-tipo, quando não poderiam ultrapassar os 20%; que até a fachada do edifício foi modificada, na região da cobertura; que foram afrontados os arts. 554 e 580 a 586 do CC, bem como os arts. 96 a 99 do Código de Águas; que a boa-fé, por parte do réu, que o MM. Juiz vislumbrou em sua sentença, não existe; que os referidos apartamentos jamais foram habitados, passando de proprietário para proprietário, que realizam obras sem respeito ao projeto original e à convenção de condomínio; que a r. sentença lesa a todos os proprietários dos demais apartamentos; e que, tendo sido a obra embargada dentro do prazo de ano e dia, deve ser provido o presente recurso, julgando-se totalmente procedente a ação.

À sua vez, o requerido reaviva o agravo retido de fls., mediante o qual irresignou-se com a rejeição de preliminares de ilegitimidade ativa e falta de interesse processual do autor, por falta de regular representação. Alega, em resumo, quanto à primeira preliminar, que o Edifício G.B. não poderia promover a presente demanda, mas sim o Condomínio Edifício G.B.; que, por outra, os condôminos prejudicados é que deveriam ter movido esta ação, nos termos do art. 934, II, do CPC; quanto à segunda preliminar, diz que o instrumento de mandato foi conferido por A.S. e J.B.Z., que não exercem as funções de síndico; que há irregularidade invencível na ata da assembléia geral, dado que os condôminos não elegeram um síndico, em substituição ao demissionário, e resolveram formar uma comissão administrativa, composta por cinco condôminos; que tal comissão só possui legitimidade para atos de administração, e não para representar o condomínio em juízo; preliminarmente, ainda, assevera que a r. sentença deve ser anulada, por violação aos arts. 128, 293 e 460 do CPC; que os limites da lide e a causa de pedir são definidos na petição inicial, e o magistrado deve decidir dentro de tais limites; que se está diante de uma ação de nunciação de obra nova, promovida com fundamento no art. 934, I e II, do CPC; que se discutiram o embargo da obra, que o autor diz ser irregular, a demolição de determinados itens, a reconstrução conforme o projeto original, a fixação de multa diária, nos termos do art. 936, II, do CPC, e a indenização de perdas e danos; que em momento algum se tratou do domínio sobre o imóvel ou parte dele, e muito menos sobre a área do solário; que o condomínio não é proprietário de nada; que os proprietários são os condôminos, mas não fazem parte da demanda, nem há prova de que possuam título de domínio sobre qualquer unidade do edifício; que o MM. Juiz abandonou os limites da lide quando afirmou que se discute se o solário faz parte da área comum do edifício ou não; que sua conclusão também é equivocada, quando diz que a alegação do contestante, de que as obras estariam concluídas, não acarreta qualquer conseqüência ao nunciante; que se converteu uma ação de embargo de obra nova em outra, diversa, convertendo-se a pretensão demolitória em perdas e danos; que foi imposta ao condomínio a perda de seu direito de utilizar parte do solário, impondo ao autor obrigação de indenizar tal perda; que não se pode indenizar ao condomínio por algo que não lhe pertence; e que, assim, a r. sentença é nula, devendo outra ser proferida, nos limites da lide. No mérito, aduz ter-se alegado que o réu empreendeu, em verdade, novas construções no 14.º pavimento e no solário, e com isso estaria a prejudicar ao condomínio e aos condôminos; que, concluída a instrução, verificou-se que não há qualquer obra clandestina no edifício; que ele, réu, adquiriu o imóvel já em obras, limitou-se a dar-lhes continuidade; que, no que toca à piscina, estava apenas trocando uma antiga, de fibra de vidro, que causava vazamentos, por uma nova, de alvenaria; que não há invasão de área comum, pois a prova documental e diversos depoimentos deixam claro que o solário lhe pertence, e isso não destoa do que diz a matrícula do imóvel; que a unificação dos apartamentos 141, 142 e 143 foi empreendida pelo seu antecessor; que o proprietário anterior de cada um desses apartamentos possuía o domínio sobre o seu imóvel e sobre uma parte do solário;

que não se justifica a confusão feita pelo MM. Juiz; que a r. sentença só pecou em sua parte final e na parte dispositiva propriamente dita, quando alterou os limites da lide; que, no mais, a r. sentença concluiu com acerto; que todas as obras foram iniciadas pelo anterior proprietário do imóvel e foram realizadas com o conhecimento e consentimento dos condôminos; que elas não são clandestinas nem causam prejuízo a quem quer que seja, e a da piscina até evita prejuízos; que as obras, como deixa claro o laudo, não atingem a caixa d'água nem a casa de máquinas, razão pela qual os serviços de manutenção de caixa d'água, antena coletiva, elevador e outros equipamentos de uso comum não ficaram prejudicados; que, de toda a argumentação expendida, e de todo o conjunto probatório, resulta que o réu agiu dentro da mais estrita boa-fé; e que, assim, caso não acolhidas as preliminares, deve-se julgar improcedente a ação.

Recursos bem processados, ambos respondidos. É o relatório.

O agravo retido não tem provimento, manifesta a legitimidade de parte do autor. Trata-se de mera questão de palavras referir-se a Edifício G.B. ou a Condomínio Edifício G.B..

A representação também está correta. Numa situação emergencial, o condomínio nomeou comissão de cinco membros para, com a assinatura de dois deles, representarem o condomínio, para todos os efeitos. Improcede a alegação de que a comissão só teria poderes administrativos, deixando de lado o que é mais importante, ou seja, a representação em Juízo.

A comissão foi eleita regularmente, e é ela que tem a representação do condomínio.

As apelações são examinadas conjuntamente, concluindo-se, sem sombra de dúvida, que a razão está com o autor.

As obras impugnadas pelo autor estavam sendo realizadas no ático ou solário do edifício. Nos termos do art. 30 da L. 4.591/64, o teto constitui área comum a todos os proprietários, sendo insuscetível de utilização exclusiva por qualquer condômino. Trata-se de norma de ordem pública, que não pode ser alterada pela vontade das partes.

É verdade que no caso dos autos o réu, titular dos apartamentos 141, 142 e 143, tinha direito ao uso de parte do solário, e por defeito de especificação do condomínio e conseqüentemente das matrículas, não se sabe ao certo que parte é essa. Mas inexiste qualquer dúvida de que as obras excederam a parte cujo uso foi destinado a estes apartamentos, isto porque a perícia indicou que as obras atingiram quase 64% da área de um andar-tipo, quando o máximo tolerado é de 20% (fls.).

Os autos também não deixam dúvida quanto à irregularidade da obra, que não foi aprovada pela Prefeitura, nem pela assembléia de condôminos, nem pelo corpo de Bombeiros, nem foi prevista no projeto original. Trata-se, sem dúvida, de obra clandestina.

A clandestinidade de uma obra ou de uma posse decorre da falta de autorização de quem tem o dever ou o direito de fiscalizá-la. Se assim não fosse, nunca existiria posse clandestina de um imóvel, que por sua própria natureza nunca está escondido. Por isso mesmo, não se pode falar em boa-fé por parte do réu.

Se é verdade que ele adquiriu de boa-fé, e que essas obras já estavam em andamento, não há dúvida de que foi dado prosseguimento a tais obras mesmo depois de haver resistência por parte do autor, e mesmo depois de o réu ter todas as condições de saber que as obras eram irregulares.

O Direito Brasileiro adotou a regra segundo a qual "mala fides superveniens nocet", ou seja, a má-fé posterior prejudica o ato. O réu não só prosseguiu nas obras, como criou obstáculos para o funcionamento normal do condomínio, que precisou valer-se da Justiça para executar obras necessárias (fls.).

Realmente, é impossível deixar o ático na sua quase totalidade no uso exclusivo de um só condômino, sob pena de se bater de frente com princípio fundamental do direito condominial.

Doutrina e Jurisprudência são unânimes em prestigiar o entendimento segundo o qual as áreas comuns não podem ser apropriadas por ação unilateral do condômino. Essas áreas são inalienáveis, indivisíveis, imprescritíveis - isto é, não podem ser nem mesmo usucapidas - e não podem ser transformadas em valores pecuniários, a título de perdas e danos.

Leia-se, por todos, João Batista Lopes, in *Condomínio*:[1]

> Fls. 63: "O direito de gozo sobre as partes comuns está sujeito ao princípio de igualdade ou reciprocidade, de modo que ao condômino não será lícito tolher o exercício do direito dos demais co-proprietários".
>
> Fls. 89: "No domínio da propriedade horizontal [...], restrita é a liberdade dos particulares, porque o legislador, atento à importância socioeconômica do instituto, cuidou de submetê-lo a rígida disciplina para atender ao princípio da ordem pública, *ad instar* do que ocorre no campo da locação imobiliária.
>
> Diante disso, são nulas as cláusulas da convenção que contrariarem disposições da lei condominial, cujo caráter cogente tem sido proclamado pela doutrina nacional e estrangeira.
>
> Assim, por exemplo. as cláusulas restritivas de direitos dos condôminos, como as que impedem o direito de voto, limitam o direito de propriedade ou conferem exclusividade de uso das partes comuns" (

1. *Revista dos Tribunais*, 5.ª edição, 1996.

Fls. 92: "Não há consenso, na doutrina, acerca da possibilidade de o condômino, com o assentimento dos demais, utilizar-se, em caráter exclusivo, de coisas ou partes comuns do edifício [...]"

Fls. 93: "Para Caio Mário da Silva Pereira a lei não deixa margem a dúvidas, já que as partes comuns (teto, paredes externas, fundações, áreas internas de uso comum etc.) constituem condomínio perpétuo de todos e, portanto, insuscetíveis de utilização exclusiva por qualquer deles".

Nascimento Franco e Nisske Gondo, que têm posição diversa, anotada por João Batista Lopes ainda à fls. 93 da obra que vimos citando, entendem que o tópico final do art. 3.º da L. 4.591 não contém disposição de ordem pública. Em assim sendo, poderão os condôminos resolver em contrário, desde que o façam unanimemente.

Assim, mesmo quem tem posição mais liberal – diga-se, não aceita por João Batista Lopes –, exige, para sua adoção, a unanimidade, por parte dos condôminos. Unanimidade, entretanto, no presente caso, é o que não há.

Diante do exposto, dá-se provimento ao recurso do autor, para julgar procedente a ação, determinando-se a demolição das obras referidas na inicial, por conta e risco do réu, aproveitando-se o que for possível, a juízo do autor e sem onerar o réu além do necessário para reposição das coisas no *statu quo ante.*

O réu pagará ainda perdas e danos consistentes nos consertos da propriedade comum. Outras perdas e danos não foram comprovadas.

Custas e honorários de 20% sobre o valor da causa, que não é elevado. Com a inversão do julgamento, fica prejudicada a apelação do réu.

Fonte: LEX - TJSP - 2000 - Volume 235 - Página 17

❖❖❖

APELAÇÃO CÍVEL N. 110.444-4

REIVINDICATÓRIA – Imóvel – Posse injusta – Inocorrência – Compromisso de compra e venda celebrado com quem não tinha poderes para vender – Alegação inverossímil – Presunção, ademais, de aquiescência do autor, em face do tempo decorrido para reagir – Carência da ação – Recurso provido para esse fim.

Apelação Cível n. 110.444-4 – São Paulo – Apelante: A.L.A. – Apelada: R.T.P. Ltda. (Voto n. 13.760)

ACÓRDÃO

Ação reivindicatória procedente, improcedente reconvenção. Recurso da ré. Posse justa por parte desta. Inércia da proprietária. Presunção de autorização para a tomada de posse. Carência de ação. Reconvenção improcedente. Recurso provido em parte.

ACORDAM, em Quarta Câmara de Direito Privado do Tribunal de Justiça do Estado de São Paulo, proferir a seguinte decisão: "deram provimento, em parte, ao recurso, v.u.", de conformidade com o relatório e voto do Relator, que integram este acórdão.

O julgamento teve a participação dos Desembargadores Cunha Cintra (Presidente) e J. G. Jacobina Rabello.

São Paulo, 8 de fevereiro de 2001.

José Osório, Relator.

VOTO

Ação reivindicatória promovida por R.T.P. Ltda. contra A.L.A. foi julgada procedente pela r. sentença de fls., cujo relatório é adotado.

Considerou o MM. Juiz que o CC, art. 524, assegura ao proprietário o direito de usar, gozar e dispor de seus bens, além de reavê-los do poder de quem injustamente os possua; que a autora, R.T.P. Ltda., preenche todos os requisitos para a admissibilidade da presente demanda; que o domínio está comprovado pela certidão do registro imobiliário (fls.), e não há dúvida quanto à identificação do bem, nem sobre o fato de que ele se encontra em poder da requerida, A.L.A.; que esta, requerida, alegou ter comprado da autora por intermédio de imobiliária com poderes para vender, mas o compromisso de compra e venda juntado aos autos não produz efeitos em relação à autora; que não há procuração para a mencionada imobiliária, passada pela R.T.P. Ltda., razão pela qual a requerida comprou de quem não tinha poderes para vender; que, assim, a posse desta não é justa, restando-lhe exercer seu direito à evicção, pela via própria.

Apela a sucumbente, alegando, em síntese, que no depoimento pessoal do representante da apelada (fls.) este admite que tinha apartamentos à venda e que aceitou intermediação da Imobiliária I.; que o representante da I declarou a venda de quatro unidades no mesmo edifício do apartamento aqui mencionado; que o MM. Juiz não deu qualquer importância ao fato de que a apelante paga IPTU do imóvel desde 1993; que, antes de tal data, provavelmente, a apelada pagava tal imposto; que não há falar-se em invasão do imóvel; que a apelada tardou a tomar providências quanto ao imóvel vendido porque sabia que já não lhe pertencia; que a apelada deveria ter fiscalizado os corretores que vendiam imóveis dela; que é de se fazer cumprir o Código do Consumidor (L. 8.078/90), arts. 34 e 35, bem como o CC, arts. 159, 1.518 e 1.521; e que, assim, é de se reformar a r. sentença, julgando-se improcedente a ação.

Recurso bem processado, com resposta em que a autora alega, em síntese, que a apelante contratou com terceiros que sequer possuíam proposta de opção de venda, ou procuração para, em nome da apelada, negociar; que a autora reconheceu, expressamente, que no ramo imobiliário existem muitas falcatruas, razão pela qual deveria haver-se precavido contra elas; que deveria ter exigido, da imobiliária, toda a documentação necessária; que, se não agiu assim, assumiu o risco de comprar mal e pagar mal; que a apelante comprou de quem não era dono nem mandatário da apelada; que os arts. 34 do CDC e 199 do CC não se aplicam ao presente caso; e que, assim, a r. sentença deve ser mantida, por seus próprios fundamentos.

É o relatório.

No principal, a razão está com a ré.

A autora adquiriu, em 1990, prédio com 12 apartamentos e os pôs à venda. A ré adquiriu o de n. 21 e tomou posse em 1993. Quatro anos depois, em 1997, a autora propõe a presente reivindicatória sob a singela alegação de que é proprietária do apartamento e de que "ficou sabendo que a Requerida passou a ocupar o referido imóvel, posse essa injusta, vez que não há qualquer relação entre as partes a autorizar tal ocupação" – fls.

A ré deu boa explicação para sua posse: adquiriu por compromisso de compra e venda em que a autora estava representada por uma empresa imobiliária – a I., que intermediou a venda de alguns apartamentos.

A alegação da autora de que ignorava o compromisso de compra e venda e a posse da ré é inverossímil.

Se é verdade que a ré não conseguiu exibir procuração da autora autorizando a Imobiliária I. a vender o imóvel, é também verdade que está manifesto que a ré recebeu a posse de quem tinha poderes, ainda que verbais, para transmiti-la em nome da ré.

Veja-se que a autora só diz que a posse da ré é injusta e não explica como se deu a ocupação, ou seja, se foi violenta, clandestina ou precária.

Tivesse a posse da ré qualquer desses vícios, o quadro probatório seria outro.

A autora é forte no comércio imobiliário e não iria tolerar qualquer invasão. A reação seria de natureza policial e o processo de cunho possessório.

Durante cerca de quatro anos, a ré pagou todos os tributos e todas as despesas de condomínio referentes ao apartamento, que estava situado no prédio em que a autora mantinha interesses, exercendo posse ostensiva, mansa e pacífica, justa e de boa-fé.

O argumento da r. sentença, segundo o qual o sentido da expressão "posse justa" é mais amplo, quando se trata de reivindicação, não é aplicável ao caso.

Tal se dá quando a origem da posse não está no próprio proprietário, que a transmitiu ao novo possuidor por algum título, ainda não desconstituído.

No caso dos autos, ainda não se sabe se a Imobiliária I tinha ou não poderes para transmitir a posse, havendo muitos sinais favoráveis à ré.

A testemunha V. (fls.) informa que adquiriu o apartamento n. 22 através da Imobiliária I.. O ex-sócio da Imobiliária I. informa que quatro apartamentos teriam sido vendidos por essa empresa (fls.). E o próprio representante da autora reconhece que pelo menos um (1) apartamento foi intermediado pela Imobiliária I., fls.

Em caso manifestamente sujeito ao CDC (os 12 apartamentos foram objeto de oferta pública), não é possível ignorar-se – pelo menos para efeito de uma ação reivindicatória – que a transmissão da posse tenha ocorrido com o pleno conhecimento e aquiescência da autora, que levou quatro anos para reagir.

O fato de o compromisso não estar registrado não aproveita à autora. O registro existe para dar conhecimento do ato, e a autora sempre soube da existência da ocupação e do compromisso de compra e venda.

Já anotou este relator:

> "Assim decidiu o TJSP, ressaltando: 'Não é porque a autora adquiriu o domínio que ela pode reivindicar o imóvel contra quem estava em vias de adquiri-lo legitimamente, se esse fato era conhecido do reivindicante. Tal comportamento afronta princípios éticos e jurídicos elementares e não pode obter amparo da ordem jurídica, que condena, de forma peremptória, a argüição da própria malícia. [...] A pretensão da autora apóia-se exclusivamente na concepção romana do direito de propriedade, como se o proprietário pudesse reivindicar independentemente de seu comportamento no caso concreto e sem levar em conta os demais princípios éticos, jurídicos e sociais que envolvem o negócio'."[2]

E o E. STJ já decidiu:

2. Ap. 97.592-1, rel. José Osório, confirmado o julgamento em grau de embargos infringentes, rel. Fonseca Tavares. In *Compromisso de Compra e Venda*, de José Osório de Azevedo Jr., 4.ª edição, Ed. Malheiros.

> "Exercida a posse por força de contrato de promessa de venda e compra, inadmissível é a reivindicatória contra o compromissário-comprador sem a prévia ou concomitante rescisão do contrato. Enquanto não desfeito o negócio jurídico, não pode ser tido como injusta a posse daquele que se comprometeu a adquirir. Precedentes.
>
> REsp não conhecido.
>
> REsp n. 145.204-0-BA, rel. Min. Barros Monteiro, v.u., *DJ* 20.10.98, *Bol. STJ* 19/31".

Em suma, não se pode dizer que a posse da ré seja injusta perante a autora, motivo por que julga-se a autora carecedora da ação, por falta de requisito essencial para a reivindicatória.

Nem por isso a reconvenção pode ser julgada procedente, pois a reconvinte também é carecedora da ação reconvencional.

Se para a transmissão da posse admite-se mandato verbal ou mero ato de preposição, ou ainda a análise do comportamento do compromitente-vendedor, o mesmo não se dá com a transmissão das graves obrigações decorrentes do compromisso de compra e venda, tudo estando a exigir maior debate sobre o contrato, seja por parte da autora, em ação de anulação de contrato, seja por parte da ré, em ação de adjudicação compulsória.

Diante do exposto, dá-se parcial provimento ao recurso, para julgar ambas as partes carecedoras das respectivas ações. Custas por metade, sem honorários.

Fonte: LEX - TJSP - 2001 - Volume 243 - Página 165

AÇÃO RESCISÓRIA N. 166.887-4/3-00

ACÓRDÃO

Ação rescisória. Incorporação imobiliária. Compromissário-comprador de unidade adimplente. Falta de entrega da obra. Ação de rescisão de contrato, com perdas e danos. Ação parcialmente procedente. Apelo dos réus provido para julgar improcedente a ação.

Ação rescisória proposta pelo compromissário. Procedência. Responsabilidade do incorporador ainda que a maioria dos condôminos haja deliberado sustar pagamentos. Contrato bilateral entre o compromissário e o incorporador. Inexistência de relação contratual entre os diversos compromissários. Violação de literal disposição de preceitos da Lei de Incorporações e do CDC.

Ação rescisória procedente.

Vistos, relatados e discutidos estes autos de Ação Rescisória n. 166.887-4/3-00, da Comarca de São Paulo, em que é autor M. P. J. M. M., sendo réus C. A. H. e outros: (Votos n. 14.295, 9.577, 12.681 e 731)

ACORDAM, em Segundo Grupo de Câmaras de Direito Privado do Tribunal de Justiça do Estado de São Paulo, por maioria de votos, julgar procedente a ação, de conformidade com o relatório e voto do Relator designado, que ficam fazendo parte integrante do presente julgado.

Participaram do julgamento os Desembargadores Olavo Silveira (Presidente), Octávio Helene e Testa Marchi, vencedores; Ernani de Paiva (Relator sorteado), Luzia Galvão Lopes, Munhoz Soares e Sebastião Carlos Garcia, vencidos, com declarações de voto.

São Paulo, 20 de dezembro de 2001.

José Osório, Relator designado.

VOTO

Adota-se o relatório de fls., a saber:

"Pretende o autor a desconstituição de V. Acórdão da Egrégia Sexta Câmara de Direito Privado que deu pela improcedência de ação de rescisão contratual.

Sustenta o demandante que teria o julgado afrontado literal disposição de lei, pois a falta de conclusão da obra contratada implica na responsabilidade civil do construtor, na forma prevista no artigo 43 da Lei n. 4.591/64.

Os réus ofereceram contestação em que defenderam a tese da execução da obra a cargo exclusivo da massa condominial.

Lançado o saneador, aduziram as partes razões finais.

Manifestou-se a ilustrada Procuradoria-Geral de Justiça pelo julgamento de improcedência da rescisória. É o relatório."

Julga-se procedente a ação, pois houve violação literal do art. 43, II, da Lei 4.591/64 bem como dos arts. 51 e 53 do Código do Consumidor.

Dispõe o primeiro preceito:

> "Art. 43 – Quando o incorporador contratar a entrega da unidade a prazo e preço certos, determinados ou determináveis, mesmo quando pessoas físicas, ser-lhe-ão impostas as seguintes normas: [...]
>
> II – responder civilmente pela execução da incorporação, devendo indenizar os adquirentes ou compromissários, dos prejuízos que a estes advierem do fato de não se concluir a edificação etc."

Como bem assinalado e desenvolvido no voto do Des. Sebastião Carlos Garcia, no caso dos autos houve pagamento integral do preço – cls. 12.ª do contrato, fls.

Só por isso já se vê a improcedência da alegação dos réus segundo a qual não podem ser responsabilizados pela paralisação das obras em vista de deliberação tomada pela Assembléia dos Condôminos, inaplicável, então, o preceito acima, que não se refere aos casos de construção pelo preço de custo.

Entretanto, e independentemente do fato de ter o autor quitação do preço, não se pode aceitar o argumento fragílimo, *data venia*, de que o incorporador fica isento de responsabilidade se, no regime da construção a preço de custo, os demais aderentes deixarem de contribuir para a construção.

Exatamente para evitar os freqüentes e fatais impasses do empreendimento, é que surgiu a Lei de Incorporações, criando a figura do incorporador.

Impossível, na sistemática de tal lei, existir uma incorporação imobiliária sem a presença do incorporador, que é o empresário responsável pelo empreendimento.

No caso dos autos, funcionaram como incorporadores os donos do terreno e a construtora, réus na presente ação.

Além das responsabilidades próprias de compromitentes-vendedores e de construtora, existem as responsabilidades típicas do incorporador. Este não é simples mandatário nem corretor; e não se exonera de responsabilidade porque o contrato de construção tenha sido celebrado sob a forma de administração.

A falta de pagamento por parte de alguns aderentes ao negócio só isentam o construtor-incorporador perante os inadimplentes, e não perante o contratante que cumpriu suas obrigações.

O compromisso de compra e venda que se estabelece entre o incorporador e o adquirente é bilateral, qualquer que seja a modalidade adotada. É o que ensina Caio Mário da Silva Pereira.[1]

---

1. *Condomínio e incorporações*, 4. ed., 1981, p. 320.

Isto quer dizer que, em caso de falta de entrega da obra, o adquirente pode voltar-se contra o incorporador. Este não se isenta de responsabilidade - repita-se -, alegando que outros adquirentes deixaram de cumprir com suas obrigações, porquanto não há relação jurídica (embora possa haver interesses comuns) entre os diversos adquirentes, pois o contrato é bi e não plurilateral.

Ao assinar um contrato por preço de custo, o adquirente assume apenas o risco de ter de pagar um preço maior do que supunha. Mas não assumiu risco de ficar desamparado, porque terceiros deixaram de pagar.

3 - A temática do preço de custo prende-se - como diz o nome - ao elemento preço do negócio jurídico individual, e não à responsabilidade pelos riscos de todo o empreendimento. Para tanto, é que existe a figura do incorporador.

Ao aderir a uma incorporação sob qualquer regime, o adquirente precisa acautelar-se e buscar informações sobre a idoneidade moral e econômica do incorporador. Evidentemente, não precisa, nem pode, tirar informações dos demais adquirentes, que são desconhecidos e podem até não existir.

Por isso mesmo, a tese do v. acórdão também bate de frente com princípios e as regras do Código de Defesa do Consumidor (arts. 51 e 53).

Que garantia pode ter o consumidor se o êxito do empreendimento fica na dependência de desconhecidos?

O já citado Prof. Caio Mário ressalta que: "O incorporador é algo mais do que um corretor e algo mais do que um mandatário. É ele quem promove a constituição do condomínio, quem harmoniza os interesses, encaminha as pessoas e as coisas para a consecução do resultado, que é o edifício todo inteiro. [...]."

Parodiando Miranda Valverde, a propósito do incorporador de sociedade anônima, afirma: "A sua responsabilidade está também em jogo. É conveniente, portanto, deixar sobre os seus ombros todo o peso da construção por ele arquitetada".[2]

Ainda:

> "O atraso na entrega da unidade autônoma e das partes comuns, cuja data deve estar prevista no contrato de incorporação (como de fato está) constitui quebra de cláusula contratual e fundamenta ação rescisória de compromisso de compra e venda com a devolução pelo incorporador das quantias até então recebidas, etc. [...]. A prorrogação da data de entrega da unidade ocorrerá

2. Ob. cit., p. 224 e 245.

pela comprovação de caso fortuito ou de força, na forma prevista no art. 1.058 do CC, que deverá ser comunicada ao adquirente por escrito".[3]

4 – Se hoje ninguém duvida – consoante se vê de tranqüila jurisprudência – que o incorporador responde solidariamente, perante o adquirente e seus sucessores, pela culpa da construtora, não se pode isentá-lo de responsabilidade pela culpa dos outros participantes do empreendimento por ele mesmo admitidos.

Por isso mesmo já decidiu este Tribunal:

Pouco importa que, perante o incorporador, outros possam ser chamados à responsabilidade; o que importa é que perante os adquirentes, num primeiro passo e de modo imediato, surge a figura do incorporador. É com este que o adquirente da unidade estabelece um vínculo contratual, confiando no incorporador e na sua capacidade de levar a obra prometida até final e boa solução. – *RT* 597/80, r. Franciulli Netto.

Por tais motivos, julga-se procedente a ação rescisória, rescindindo-se o v. acórdão de fls., restabelecida a r. sentença em todos os seus termos. Arcarão ainda os réus, em conjunto, com as verbas de sucumbência desta ação, ou seja, custas e honorários de advogado, fixados em R$ 1.000,00 (um mil reais), podendo ainda levantar o depósito de fls.

Fonte: LEX - TJSP - 2002 - Volume 257 - Página 350

RECURSO ORDINÁRIO EM MANDADO DE SEGURANÇA N. 12.958-SP (2001/0026083-7)

Relator: Ministro Carlos Alberto Menezes Direito

EMENTA

Recurso ordinário. Mandado de segurança. Registro de imóveis. Matrícula. Bem público. Desafetação. Permuta.

1. O imóvel foi adquirido pelo Poder Público de forma originária, por afetação decorrente da implantação de loteamento aprovado. Após, houve a desafetação do bem em regular processo legislativo, tornando-o bem dominical, passível de alienação.

3. Ob. cit., p. 247.

2. Da escritura pública de permuta constou expressamente que as partes contratantes autorizam o Oficial do Registro de Imóveis "a promover abertura de matrícula do imóvel dado em permuta a O.A. e sua mulher, como de origem no loteamento mencionado". Assim, a abertura de matrícula do imóvel em nome do Município de Leme/SP e o posterior registro da permuta celebrada entre o referido Município e O.A. e sua mulher atende ao disposto no artigo 228 da Lei n. 6.015/73, não se ferindo o princípio da continuidade, além de evitar a restrição ao negócio regularmente celebrado, obedecidos os preceitos legais pertinentes. A escritura de permuta, portanto, não contém qualquer vício que impeça o registro da transação, revelando-se claro o direito do impetrante a obter junto ao Cartório do Registro de Imóveis a matrícula do imóvel em questão e o conseqüente registro da permuta.

3. Recurso ordinário conhecido e provido.

ACÓRDÃO

Vistos, relatados e discutidos os autos em que são partes as acima indicadas, acordam os Ministros da Terceira Turma do Superior Tribunal de Justiça, por unanimidade, conhecer do recurso ordinário e lhe dar provimento. Os Srs. Ministros Nancy Andrighi, Castro Filho e Ari Pargendler votaram com o Sr. Ministro Relator. Presidiu o julgamento o Sr. Ministro Carlos Alberto Menezes Direito. Ausente, ocasionalmente, o Sr. Ministro Antônio de Pádua Ribeiro.

Brasília (DF), 10 de dezembro de 2002. (data do julgamento)

Ministro Carlos Alberto Menezes Direito, Relator.

RELATÓRIO

O Exmo. Sr. Ministro Carlos Alberto Menezes Direito:

O espólio de O.A. interpõe o presente recurso ordinário inconformado com o Acórdão denegatório de fls., do Órgão Especial do Tribunal de Justiça do Estado de São Paulo, assim ementado:

> "MANDADO DE SEGURANÇA – Registro de Imóveis – Decisão do Conselho Superior da Magistratura que negou provimento a recurso em dúvida julgada procedente – Ato que não se reveste de qualquer ilegalidade – Imóvel consistente em bem público de uso comum, que, recebido pela Municipalidade de loteamento irregular, acabou sendo desafetado por lei – Desafetação que, todavia, não foi averbada no Registro de Imóveis – Permuta feita com particular o qual não pode pretender abrir matrícula em seu nome, em face do

princípio da continuidade – Ordem denegada, indeferido o pedido de vista dos autos" (fls.).

Houve embargos de declaração, rejeitados às fls.

Sustenta o recorrente que o imóvel permutado passou a integrar o patrimônio público municipal por destinação, não havendo dúvida nos autos, portanto, que o Município detinha a propriedade do bem por ele dado em permuta. Afirma que para dispor do bem o Poder Público promoveu a desafetação do mesmo, Lei Complementar n. 151/95, tornando-o em condições de ser alienado.

Alega que na própria escritura de transmissão feita pela municipalidade, consignou-se que "as partes autorizam, desde já, o Oficial da Serventia Registral de Imóveis desta Comarca a promover a abertura de matrícula do imóvel dado em permuta a Orlando Anteghini e sua mulher, como de origem no loteamento mencionado" (fls.).

Argumenta, assim, que, ao contrário do entendimento do Acórdão recorrido, no caso "não se poderia falar no princípio da continuidade quando o Poder Público alienante adquiriu a propriedade na *forma originária* de parcelamento de solo" (fls.).

Aduz que o *writ* merece ser concedido "para garantir, na matrícula a ser aberta em nome do Município, o lançamento de um primeiro registro (R.1.) em favor do Impetrante-Recorrente" (fls.).

Opina a Dra. Delza Curvello Rocha, ilustrada Subprocuradora-Geral da República, pelo desprovimento do recurso.

É o relatório.

VOTO

O Exmo. Sr. Ministro Carlos Alberto Menezes Direito:

Trata-se de mandado de segurança impetrado pelo Espólio de O.A. contra decisão do Conselho Superior de Magistratura do Estado de São Paulo, que, nos autos de procedimento administrativo de suscitação de dúvida, formulado pelo Oficial da Serventia do Registro de Imóveis da Comarca de Leme, recusou o registro do imóvel do impetrante, estando a referida decisão assim ementada: "Registro de Imóveis – Dúvida julgada procedente – Pretendido registro de escritura pública de permuta – Negócio jurídico celebrado pela Municipalidade, que não consta como titular do domínio no fólio real – Direito de dispor sobre a coisa obstaculizado – Registro inviável – Recurso desprovido" (fls.).

O imóvel em questão foi adquirido pelo impetrante através de escritura pública de permuta firmada com o Município de Leme/SP, na qual o Município autorizou o Oficial de Registro a abrir a matrícula do imóvel especificado em nome do Poder Público (fls.) e em seguida efetuar o registro em nome do impetrante e sua esposa. O bem público foi alienado ao particular, ora recorrente, após regular desafetação e autorização legislativa, Lei Complementar n. 151/95.

Segundo consta dos autos, o imóvel em questão seria bem público, de uso comum, localizado em loteamento irregular denominado J.C., que teria sido aprovado em 14/08/61 (fls.). Com a desafetação do imóvel, tornando-o bem dominical, possível se tornou a alienação do mesmo ao particular, como de fato ocorreu.

O Tribunal *a quo* denegou a segurança, considerando que haveria necessidade de anterior matrícula em nome do Município para que se pudesse efetivar o registro em favor do impetrante. Entendeu o Acórdão denegatório, proferido pelo Órgão Especial do Tribunal de Justiça do Estado de São Paulo, em decisão por maioria, que a desafetação do imóvel com a citada lei complementar não se revela suficiente para ensejar a matrícula do bem no nome do Município e o posterior registro ao impetrante.

Necessário se faz, para exame da questão, apreciar a origem do bem em discussão. Verifica-se às fls. destes autos, em certidão emitida pelo 1.º Cartório de Registro de Imóveis de Leme/SP, que o imóvel em tela tem origem na Fazenda Capitólio, regularmente registrada em nome de outrem, constando da certidão que a citada fazenda 'foi de propriedade de M.H.L.C. e A.M.L.C., com as áreas de terras de 32 (trinta e dois) alqueires e 16 (dezesseis) alqueires, de onde se originaram os imóveis que compõem uma parte da cidade de Leme, inclusive áreas ocupadas pela Via Anhanguera e inúmeras outras, sem controle de disponibilidade e loteamento não registrados" (fls.).

O loteamento no qual está inserida a área cujo registro é pleiteado era irregular, porque estava registrada apenas a área maior em nome de terceiro, como referido acima. A área pleiteada, com a implementação do loteamento, aprovado pelo Município, ficou destinada ao uso comum do povo, não sendo transcrita, matriculada ou registrada em nome de quem quer que seja. Conforme consta do próprio Acórdão recorrido, o ingresso da área no patrimônio público do Município ocorreu sem qualquer impedimento legal. Anote-se:

> "[...] Com a vigência do Decreto-lei n. 58/37, dava-se a integração das áreas, hoje ditas institucionais dos loteamentos, com a sua efetiva utilização pública, ao dispor, mencionado Decreto-lei, que referidas áreas ficariam 'inalienáveis', nos termos do seu art. 3.º.
>
> Depois, o Decreto-lei 271/67 (art. 4.º), que dispunha sobre a inscrição do loteamento, e, hoje, a Lei 6.766/79 (art. 22), que trata do registro do loteamento, estabelecia aquele e estabelece esta última que tais áreas de uso comum do povo 'passam a integrar o domínio do Município'.

Referidas áreas independem, pois, de registro. E, ainda que o loteamento seja irregular, clandestino, isto é, sem qualquer registro imobiliário, aquelas áreas são afetadas, pela própria situação de fato, isto é, pela sua própria destinação pública" (fls.).

Como já demonstrado, o bem era público e podia ser desafetado, o que ocorreu após regular processo legislativo, Lei Complementar n. 151/95. Com a desafetação do bem, possível se tornou a alienação do mesmo pelo Poder Público ao particular, não se verificando dos autos vício na escritura de permuta firmada entre o Município de Leme/SP e o falecido O. A. e cônjuge.

Por outro lado, também verifica-se do Acórdão, após afirmar não haver dúvidas quanto ao domínio da Municipalidade sobre as áreas livres, ruas e praças do Jardim Capitólio, desde que foi implantado e aprovado o loteamento pela Prefeitura, que foi promovida "mutação urbana, com lançamento de tributos municipais sobre cada lote compromissado e registrado no Registro de Imóveis da cidade de Leme, de forma que as áreas destinadas às vias e logradouros públicos passam automaticamente para o domínio do Município independentemente de título aquisitivo e transcrição" (fls.).

Os adquirentes de lotes no referido condomínio receberam suas escrituras,

> "conforme era permitido na época, por força de orientação do Conselho Superior da Magistratura. Com efeito, diante da efetiva urbanização do local e dos lançamentos de tributos municipais sobre cada lote separadamente, era evidente que a Administração – que já havia aprovado o projeto – aprovou também a execução física do mesmo. Como também estava provado que o loteador era dono do imóvel, as aquisições dos lotes foram registradas como partes da área maior a ele pertencente" (fls.).

Do voto vencido proferido no Acórdão, também consta a informação de que "era costume registrarse a aquisição definitiva do lote sem que houvesse loteamento inscrito. Assim foram registradas centenas de milhares de aquisições no Estado de São Paulo. Algumas dessas foram as do J.C., de Leme" (fls.).

O Tribunal negou a segurança e o conseqüente registro do imóvel, entendendo que a ausência de anterior matrícula específica do bem em nome do Município feria o princípio da continuidade. Afirmou o Tribunal, necessário "seria que tivesse sido averbada a desafetação do bem, e isto não ocorreu" (fls.). Entendeu o Acórdão, assim, que a transmissão do domínio somente poderia ocorrer com abertura da matrícula originária do bem, a ser obtida mediante ação própria.

Compulsando detidamente os autos, verifico que não houve controvérsia quanto ao direito de propriedade do Município sobre a área que foi permutada, devidamente especificada. Como bem disposto no voto vencido, da lavra do eminente Desembargador José Osório, "o impetrado admitiu o direito de propriedade do Município mas negou-lhe seu principal atributo, ou seja, o poder de dispor, enquanto não se submetesse ao registro da área desafetada, sem dizer como isto seria possível" (fls.).

Nessa hipótese, reitero que o Município regularmente detinha a propriedade do bem e com a desafetação do mesmo, possível e legal se tornou a alienação ao particular. Os lotes adquiridos pelos particulares no condomínio obtiveram o registro no cartório imobiliário. Sobre o bem de uso comum destinado ao Município por afetação, em razão do loteamento, também não se verifica empecilho ao registro, o que somente não ocorreu antes por ausência de interesse. Vejamos os seguintes trechos do voto vencido proferido no Acórdão recorrido:

> "[...] Se a aquisição se deu de forma originária – e isso ninguém nega; e se o Município está na plenitude de seus direitos de proprietário, ele pode dispor de seu bem, desde que atenda às normas de direito administrativo para a alienação, que só prevêem a desafetação da área, desafetação essa que foi regularmente promovida.
>
> O princípio da continuidade só vai operar a partir da aquisição originária para diante, isto é, do ato entre o Município e o permutante-impetrante, o falecido O.A.
>
> Se é público e notório que o Município é dono originária e plenamente, sem nenhuma limitação dos poderes inerentes ao domínio, não é razoável que o sistema registral venha introduzir uma grave restrição não prevista em lei, qual seja a exigência do registro impossível da propriedade ou da desafetação.
>
> Ora, se nem o loteamento e nem a afetação foi objeto de registro – porque a aquisição por parte do Município se deu de forma automática, segundo as regras do direito administrativo –, com maior razão não se deve exigir o registro da desafetação, registro esse não previsto em lei e que, s.m.j., é de inocuidade total, pois não retira nem acrescenta direito de ninguém.
>
> Dispensável, assim, qualquer homenagem maior ao princípio da continuidade.
>
> Esse princípio vai operar – repita-se – após a transmissão do direito de propriedade (originário) do Município para o impetrante. Nunca

a partir do Município para ele mesmo, que já era dono antes e continuou sendo dono depois da desafetação.

[...]

Como o loteamento não foi registrado, o oficial não soube como agir e exigiu que o Município provasse o seu domínio, além de invocar o princípio da continuidade - item 4 da Dúvida - fls., no que foi apoiado pelo E. Órgão impetrado.

A escritura levada a registro é claríssima: a área foi desafetada pela Lei Complementar Municipal n. 151/95 e os permutantes solicitam abertura de matrícula.

O negócio jurídico consumou-se. O Município recebeu a área que era do impetrante e realizou obras públicas. As situações de fato e de direito são irreversíveis.

Na verdade, à falta de registro do loteamento, impõem-se soluções semelhantes às que aconteciam no passado com os adquirentes de lotes de loteamentos não inscritos; e como se deve fazer no presente com o Município.

Afinal, que adianta reconhecer-lhe a propriedade mas ao mesmo tempo impedir a disposição do bem e exigir um registro inócuo e não previsto em lei?

Não convence a afirmação do oficial de sentido de cabe ao Município provar a existência de seu domínio, pois - como já foi dito - nesse mesmo cartório já foram registradas as numerosíssimas aquisições de lotes. Em suma, o cartório sabe, por seus registros, da existência do J.C. e sabe que as respectivas áreas passaram a integrar o patrimônio público. Se é verdade que o Cartório está diante de uma dificuldade prática (menor), não é menos verdade que a negativa de registro deixou o impetrante em dificuldade muitíssimo mais grave.

A falha do sistema registral, nos casos de loteamento de fato, não pode levar à aniquilação do *jus disponendi* de que é titular o Município e muito menos impedir que o impetrante adquira o direito de propriedade sobre o bem permutado.

A missão da Jurisprudência é exatamente suprir as lacunas do sistema e dar solução às hipóteses não previstas" (fls.).

O *mandamus* foi impetrado "para o fim de se garantir ao Impetrante a abertura de matrícula do imóvel por ele adquirido, através das escrituras públicas de início mencionadas (Cartório de Notas de Leme, Livro 177, pg. 242/244 e Livro 185, pg. 241/242), como também o registro de sua aquisição, na matrícula a ser aberta, determinando-se para tal fim, que o Oficial da Serventia Registral da Comarca de Leme proceda àquela abertura de matrícula e ao respectivo registro em nome do Impetrante, à vista da apresentação da Lei Complementar do Município de Leme n. 151/95, que especificou o imóvel, e das escrituras públicas de permuta e re-ratificação lavradas no mencionado Cartório no Livro e folhas supra-declinadas, dispensando-se seja observado o princípio da continuidade, ou seja, a exigência da parte final do art. 228, da Lei de Registros Públicos, garantindo-se desta forma, o direito constitucional e legal, líquido e certo, do Impetrante, qual seja o seu direito de propriedade mediante registro formal de seu título aquisitivo" (fls.).

Concluindo, podemos verificar que o imóvel foi adquirido pelo Poder Público de forma originária, por afetação decorrente da implantação do loteamento aprovado. Após, houve a desafetação do bem em regular processo legislativo, tornando-o bem dominical, passível de alienação. Da escritura pública de permuta constou expressamente que as partes contratantes autorizam o Oficial do Registro de Imóveis "a promover abertura de matrícula do imóvel dado em permuta a O.A. e sua mulher, como de origem no loteamento mencionado" (fls.). Assim, a abertura de matrícula do imóvel em nome do Município de Leme/SP e o posterior registro da permuta celebrada entre o referido Município e O.A. e sua mulher atende ao disposto no artigo 228 da Lei n. 6.015/73, não se ferindo o princípio da continuidade, além de evitar restrição ao negócio regularmente celebrado, já que obedecidos os preceitos legais pertinentes. A escritura de permuta, portanto, não contém qualquer vício que impeça o registro da transação, revelando-se claro o direito do impetrante em obter junto ao Cartório do Registro de Imóveis a matrícula do imóvel em questão e o conseqüente registro da permuta.

Do exposto, conheço do recurso ordinário e lhe dou provimento para conceder a segurança, determinando ao Oficial do Cartório de Registro de Imóveis que proceda à abertura de matrícula do imóvel em questão em nome do Município de Leme/SP e o subseqüente registro da permuta celebrada por escritura pública entre o referido Município e O.A. e sua mulher.

Julgado: 10/12/2002

Relator Exmo. Sr. Ministro Carlos Alberto Menezes Direito.

A Turma, por unanimidade, conheceu do recurso ordinário e deu-lhe provimento.

Os Srs. Ministros Nancy Andrighi, Castro Filho e Ari Pargendler votaram com o Sr. Ministro Relator.

RECURSO ESPECIAL N. 75.659-SP

Relator: Ministro Aldir Passarinho Junior - Recorrente: A.B. e outros - Recorrido: O.P.P. e outros

EMENTA

Civil e processual. Ação reivindicatória. Terrenos de loteamento situados em área favelizada. Perecimento do direito de propriedade. Abandono. CC, arts. 524, 589, 77 e 78. Matéria de fato. Reexame. Impossibilidade. Súmula n. 7-STJ.

I. O direito de propriedade assegurado no art. 524 do Código Civil anterior não é absoluto, ocorrendo a sua perda em face do abandono de terrenos de loteamento que não chegou a ser concretamente implantado, e que foi paulatinamente favelizado ao longo do tempo, com a desfiguração das frações e arruamento originariamente previstos, consolidada, no local, uma nova realidade social e urbanística, consubstanciando a hipótese prevista nos arts. 589 c/c 77 e 78, da mesma lei substantiva.

II. "A pretensão de simples reexame de prova não enseja recurso especial" - Súmula n. 7-STJ.

III. Recuso especial não conhecido.

ACÓRDÃO

Vistos e relatados estes autos, em qur são partes as acima indicadas, decide a Quarta Turma do Superior Tribunal de Justiça, à unanimidade, não conhecer do recurso, na forma do relatório e notas taquigráficas constantes dos autos, que ficam fazendo parte integrante do presente julgado.

Participaram do julgamento os Srs. Ministros Jorge Scartezzini, Barros Monteiro, César Asfor Rocha e Fernando Gonçalves.

Custas, como de lei.

Brasília (DF), 21 de junho de 2005 (Data do Julgamento)

Ministro Aldir Passarinho Junior, Relator

RELATÓRIO

Exmo. Sr. Ministro Aldir Passarinho Junior:

Inicio pela adoção do relatório de fls., *verbis*:

"I - Ação Reivindicatória referente a lotes de terreno ocupados por favela foi julgada procedente pela r. sentença de fl., cujo relatório é adotado, repelida a alegação de usucapião e condenados os réus na desocupação da área, sem direito a retenção por benfeitorias e devendo pagar indenização pela ocupação desde o ajuizamento da demanda. As verbas da sucumbência ficaram subordinadas à condição de beneficiários da assistência judiciária gratuita.

Apelam os sucumbentes pretendendo caracterizar a existência do usucapião urbano, pois incontestavelmente todos se encontram no local há mais de 05 (cinco) anos, e ocupam áreas inferiores a 200 (duzentos) metros quadrados, sendo que não têm outra propriedade imóvel. Subsidiariamente, pretendem o reconhecimento da boa-fé e conseqüentemente direito de retenção por benfeitorias e, alternativamente, ainda, o deslocamento do *dies a quo* de sua condenação da data da propositura da demanda para a data em que se efetivou a citação.

Os autores contra-arrazoam, levantando preliminar de intempestividade do Recurso e, no mérito, pugnando pela manutenção da sentença; e interpõem Recurso Adesivo, pretendendo a execução imediata das verbas de sucumbência em que foram condenados os réus.

O Recurso Adesivo também foi respondido.

O Relator determinou diligência a respeito da publicação da sentença.

O Tribunal de Justiça de São Paulo deu provimento à apelação dos réus, para julgar improcedente a ação, invertidos os ônus sucumbenciais (fls.).

Opostos embargos declaratórios às fls., foram eles rejeitados (fls.).

Inconformados, os autores, A.B. e outros, interpõem, pela letras "a" e "c" do autorizador constitucional, recurso especial alegando, em síntese, que promoveram a ação reivindicatória com base no art. 524 do Código Civil anterior, c/c o art. 274 do CPC, postulando o reconhecimento de seu direito de propriedade sobre vários lotes de terreno e que fosse deferida, sobre eles, a sua posse. Dizem que os lotes foram invadidos pelos réus, ali construindo benfeitorias consistentes em barracos; que alguns dos réus se defenderam alegando prescrição aquisitiva, por se acharem na área há mais de vinte anos e outros alegaram posse mansa e pacífica há mais de quinze; ainda outros afirmam estar no lugar há oito anos, imaginando que o terreno era da municipalidade.

Aduzem que o acórdão é nulo, por violação do art. 20 do CPC, porque, embora negando a reivindicatória dos autores e, também, a defesa dos réus sobre prescrição aquisitiva, deu provimento à apelação destes por fundamentos diversos, qual seja o perecimento do direito de propriedade e a prevalência da função social da terra, temas não suscitados nos autos.

Salientam que também houve contrariedade ao art. 460 da lei adjetiva civil, pois foi proferida decisão diversa da postulada, além de infringir os arts. 502, 512 e 515, pois apreciou matéria não devolvida ao seu conhecimento.

Quanto ao mérito, sustentam os recorrentes que foi negada vigência ao art. 524 do Código Civil anterior, que assegura aos titulares do domínio o pleno exercício das faculdades a ele inerentes, acentuando que a decisão importa em verdadeira expropriação de bens particulares".

VOTO

EXMO. SR. MINISTRO ALDIR PASSARINHO JUNIOR (Relator): Trata-se de ação reivindicatória movida por A.B. e outros, objetivando o reconhecimento de sua titularidade e obtenção da posse de nove lotes de terreno situado em Santo Amaro, Estado de São Paulo, ocupado por diversas famílias que sobre eles construíram barracos, favelizando a área.

Julgada procedente a ação em 1.º grau, a decisão foi reformada em apelação dos réus provida pelo Tribunal de Justiça, em acórdão de relatoria do eminente desembargador José Osório, assim fundamentado (fls.):

"3. A alegação da defesa de já haver ocorrido o usucapião social urbano, criado pelo artigo 183 da CF/88, não procede, porquanto, quando se instaurou a nova ordem constitucional, a ação estava proposta havia 03 (três) anos.

Ainda assim, o Recurso dos réus tem provimento.

4. Os autores são proprietários de 09 (nove) lotes de terreno no Loteamento V.A., subdistrito de Santo Amaro, adquiridos em 1978 e 1979. O loteamento foi inscrito em 1955. A Ação Reivindicatória foi proposta em 1985.

Segundo se vê do laudo e das fotografias de fls., os 09 (nove) lotes estão inseridos em uma grande favela, a 'Favela [...]', perto do Shopping [...]

Trata-se de favela consolidada, com ocupação iniciada há cerca de 20 (vinte) anos. Está dotada, pelo Poder Público, de pelo menos 03 (três) equipamentos urbanos: água, iluminação pública e luz domiciliar. As fotos de fls. mostram algumas obras de alvenaria, os postes de iluminação, um pobre ateliê de costureira, etc., tudo a revelar uma vida urbana estável, no seu desconforto.

5. O objeto da Ação Reivindicatória é, como se sabe, uma coisa corpórea, existente e bem definida. Veja-se, por todos, Lacerda de Almeida:

'Coisas corpóreas em sua individualidade, móveis ou imóveis, no todo ou em uma quota-parte, constituem o objeto mais freqüente do domínio, e é no caráter que apresentam de concretas que podem ser reivindicadas [...]' (*Direito das Coisas*, Rio de Janeiro, 1908, p. 308).

No caso dos autos, a coisa reivindicada não é concreta, nem mesmo existente. É uma ficção.

Os lotes de terreno reivindicados e o próprio loteamento não passam, há muito tempo, de mera abstração jurídica. A realidade urbana é outra. A favela já tem vida própria, está, repita-se, dotada de equipamentos urbanos. Lá vivem muitas centenas, ou milhares, de pessoas. Só nos locais onde existiam os 09 (nove) lotes reivindicados residem 30 (trinta) famílias. Lá existe uma outra realidade urbana, com vida própria, com os direitos civis sendo exercitados com naturalidade. O comércio está presente, serviços são prestados, barracos são vendidos, comprados, alugados, tudo a mostrar que o primitivo loteamento hoje só tem vida no papel.

A diligente perita, em hercúleo trabalho, levou cerca de 04 (quatro) anos para conseguir localizar as duas ruas em que estiveram os lotes. Segundo a perita:

'A Planta Oficial do Município confronta com a inexistência da implantação da Rua [...], a qual foi indicada em tracejado' (fl.).

Na verdade, o loteamento, no local, não chegou a ser efetivamente implantado e ocupado. Ele data de 1955. Onze anos depois, a planta aerofotogramétrica demonstra que os 09 (nove) lotes estavam cobertos por 'vegetação arbustiva', a qual também obstruía a rua [...] (fl.). Inexistia qualquer equipamento urbano.

Mais 06 (seis) anos e a planta seguinte (1973) indica a existência de muitas árvores,duas das quais no leito da rua. Seis barracos já estão presentes. Essa prova casa-se com o depoimento sereno do Padre M.B.:

'Foi pároco no local até 1973, quando já havia o início da favela do [...].

Ausentou-se do local até 1979. Quando para lá retornou, encontrou a favela consolidada' (fl.).

Por aí se vê que, quando da aquisição, em 1978/1979, os lotes já compunham a favela.

6. Loteamento e lotes urbanos são fatos e realidades urbanísticas. Só existem, efetivamente, dentro do contexto urbanístico. Se são tragados por uma favela consolidada, por força de uma certa erosão social, deixam de existir como loteamento e como lotes.

A realidade concreta prepondera sobre a 'pseudo-realidade jurídico-cartorária'. Esta não pode subsistir, em razão da perda do objeto do direito de propriedade. Se um cataclismo, se uma erosão física, provocada pela natureza, pelo homem ou por ambos, faz perecer o imóvel, perde-se o direito de propriedade.

É o que se vê do artigo 589 do Código Civil, com remissão aos artigos 77 e 78.

Segundo o artigo 77, perece o direito perecendo o seu objeto. E nos termos do artigo 78, I e III, entende-se que pereceu o objeto do direito quando perde as qualidades essenciais, ou o valor econômico; e quando fica em lugar de onde não pode ser retirado.

No caso dos autos, os lotes já não apresentam suas qualidades essenciais, pouco ou nada valem no comércio; e não podem ser recuperados, como adiante se verá.

7. É verdade que a coisa, o terreno, ainda existe fisicamente.

Para o direito, contudo, a existência física da coisa não é o fator decisivo, consoante se verifica dos mencionados incisos I e III do artigo 78 do CC. O fundamental é que a coisa seja funcionalmente dirigida a uma finalidade viável, jurídica e economicamente.

Pense-se no que ocorre com a denominada desapropriação indireta. Se o imóvel, rural ou urbano, foi ocupado ilicitamente pela Administração Pública, pode o particular defender-se logo com ações possessórias ou dominiais. Se tarda e ali é construída uma estrada, uma rua, um edifício público, o esbulhado não conseguirá reaver o terreno, o qual, entretanto, continua a ter existência física. Ao particular, só cabe ação indenizatória.

Isto acontece porque o objeto do direito transmudou-se. Já não existe mais, jurídica, econômica e socialmente, aquele fragmento de terra do fundo rústico ou urbano. Existe uma outra coisa, ou seja, uma estrada ou uma rua, etc. Razões econômicas e sociais impedem a recuperação física do antigo imóvel.

Por outras palavras, o *jus reivindicandi* (artigo 524, parte final, do CC) foi suprimido pelas circunstâncias acima apontadas. Essa é a Doutrina e a Jurisprudência consagradas há meio século no Direito brasileiro.

8. No caso dos autos, a retomada física é também inviável.

O desalojamento forçado de 30 (trinta) famílias, cerca de 100 (cem) pessoas, todas inseridas na comunidade urbana muito maior da extensa favela, já consolidada, implica uma operação cirúrgica de natureza ético-social, sem anestesia, inteiramente incompatível com a vida e a natureza do Direito.

É uma operação socialmente impossível.

E o que é socialmente impossível é juridicamente impossível.

Ensina L. Recaséns Siches, com apoio explícito em Miguel Reale, que o Direito, como obra humana que é, apresenta sempre três dimensões, a saber:

'A) Dimensión de hecho, la cual comprende los hechos humanos sociales en los que el Derecho se gesta y se produce; así como las conductas humanas reales en las quales el Derecho se cumple y lleva a cabo.

B) Dimensión normativa [...]

C) Dimensión de valor, estimativa, o axiológica, consistente en que sus normas, mediante las cuales se trata de satisfacer una serie de necesidades humanas, esto intentan hacerlo con las exigencias de unos valores, de la justicia y de los demás valores que esta implica, entre los que figuran la autonomía de la persona, la seguridad, el bien común y otros.

[...] pero debemos precatarnos de que las tres (dimensiones) se hallan reciprocamente unidas de un modo inescindible, vinculadas por triples nexos de esencial implicación mutua' (*Introducción al Estudio del Derecho*, México, 1970, p. 45).

Por aí se vê que a dimensão simplesmente normativa do Direito é inseparável do conteúdo ético-social do mesmo, deixando a certeza de que a solução que se revela impossível do ponto de vista social é igualmente impossível do ponto de vista jurídico.

9. O atual direito positivo brasileiro não comporta o pretendido alcance do poder de reivindicar atribuído ao proprietário pelo artigo 524 do CC.

A leitura de todos os textos do CC só pode se fazer à luz dos preceitos constitucionais vigentes. Não se concebe um direito de propriedade que tenha vida em confronto com a Constituição Federal, ou que se desenvolva paralelamente a ela.

As regras legais, como se sabe, se arrumam de forma piramidal.

Ao mesmo tempo em que manteve propriedade privada, a CF a submeteu ao princípio da função social (artigos 5.º, XXII e XXIII; 170, II e III; 182, 2.º; 184; 186; etc.).

Esse princípio não significa apenas uma limitação a mais ao direito de propriedade, como, por exemplo, as restrições administrativas, que atuam por força externa àquele direito, em decorrência do poder de polícia da Administração.

O princípio da função social atua no conteúdo do direito. Entre os poderes inerentes ao domínio, previstos no artigo 524 do CC (usar, fruir, dispor e reivindicar), o princípio da função social introduz um outro interesse (social) que pode não coincidir com os interesses do proprietário. Veja-se, a esse propósito, José Afonso da Silva, *Direito Constitucional Positivo*, 5.ª ed., p. 249/0, com apoio em autores europeus.

Assim, o referido princípio torna o direito de propriedade, de certa forma, conflitivo consigo próprio, cabendo ao Judiciário dar-lhe a necessária e serena eficácia nos litígios graves que lhe são submetidos.

10. No caso dos autos, o direito de propriedade foi exercitado, pelos autores e por seus antecessores, de forma anti-social. O loteamento – pelo menos no que diz respeito aos 09 (nove) lotes reivindicandos e suas imediações – ficou praticamente abandonado por mais de 20 (vinte) anos; não foram implantados equipamentos urbanos; em 1973, havia árvores até nas ruas; quando da aquisição dos lotes, em 1978/1979, a favela já estava consolidada. Em cidade de franca expansão populacional, com problemas gravíssimos de habitação, não se pode prestigiar tal comportamento de proprietários.

O *jus reivindicandi* fica neutralizado pelo princípio constitucional da função social da propriedade. Permanece a eventual pretensão indenizatória em favor dos proprietários, contra quem de direito.

Diante do exposto, é dado provimento ao Recurso dos réus para julgar improcedente a ação, invertidos os ônus da sucumbência, e prejudicado o Recurso dos autores.

O recurso especial aviado pelas letras 'a' e 'c' do permissivo constitucional, aponta, além de dissídio jurisprudencial, contrariedade aos arts. 2.º, 460, 502, 512 e 515, do CPC e 524 do Código Civil revogado.

Foi interposto, por igual, recurso extraordinário, atacando a fundamentação de ordem constitucional do aresto objurgado (fls.).

O direito de propriedade é assegurado pela Constituição Federal, em seu art. 5.º, inciso XXII, e à época vigorando a Carta Política anterior, a mesma regra existia em seu art. 153, § 22.

Corolário dessas normas, se encontra, no Código Civil revogado o art. 524, que reza:

'Art. 524. A lei assegura ao proprietário o direito de usar, gozar e dispor de seus bens, e de reavê-los do poder de quem quer injustamente os possua.'

Ocorre, porém, que também há a considerar, como corretamente acentuou o aresto recorrido, o art. 589 da mesma lei substantiva civil, c/c os arts. 77 e 78, I e III, que dispõem:

'Art. 589 – Além das causas de extinção consideradas neste Código, também se perde a propriedade imóvel: [...]

III – Pelo abandono. [...]

§ 2.º O imóvel abandonado arrecadar-se-á como bem vago e passará ao domínio do Estado, do Território, ou do Distrito Federal, se se achar nas respectivas circunscrições:

a) 10 (dez) anos depois, quando se tratar de imóvel localizado em zona urbana; [...]

Art. 77. Perece o direito, perecendo o seu objeto.

Art. 78. Entende-se que pereceu o objeto do direito:

I – Quando perde as qualidades essenciais, ou o valor econômico. [...]

III – Quando fica em lugar de onde não pode serretirado'.

Os elementos fáticos trazidos à colação e explicitados no julgado ora *sub judice*, demonstram, à saciedade, que houve o abandono dos lotes e que estes, na prática, pereceram.

De efeito, consta que o loteamento, de 1955, jamais chegou a ser efetivado. Dez anos depois era um completo matagal, sem qualquer equipamento urbano, portanto inteiramente indefinidos no plano concreto, os lotes dos autores. Iniciou-se, pouco tempo após, a ocupação e favelização do local, solidificada ao longo do tempo, montada uma outra estrutura urbana indiferente ao plano original, como sói acontece com a ocupação indisciplinada do solo por invasões, obtendo, inclusive a chancela do Poder Público, que lá instalou luz, água, calçamento, e demais infra-estrutura.

Aliás, chama a atenção a circunstância de que até uma das ruas também fora desfigurada, jamais teve papel de via pública (cf. fl.).

Assim, quando do ajuizamento da ação reivindicatória, impossível reconhecer, realmente, que os lotes ainda existiam em sua configuração original, resultado do abandono, aliás desde a criação do loteamento. Nesse prisma, perdida a identidade do bem, o seu valor econômico, a sua confusão com outro fracionamento imposto pela favelização, a impossibilidade de sua reinstalação como bem jurídico no contexto atual, tem-se, indubitavelmente, que o caso é mesmo de perecimento do direito de propriedade.

É certo que o art. 589, parágrafo 2.º, prevê a 'arrecadação do bem vago', mas esse procedimento formal cede à realidade fática. Na prática, e o que interessa ao deslinde da questão, importa verificar se desapareceu ou não e, na espécie, a resposta é afirmativa, no que tange à propriedade dos autores-recorrentes.

De outro lado, o substrato da prova não tem como ser revisto pelo STJ, ao teor da Súmula n. 7, e, como visto, ele se revelou essencial ao embasamento da decisão impugnada, que, em meu entender, bem aplicou à hipótese os arts. 589, 77, e 78 do Código Civil anterior, excepcionando a incidência da regra geral, do art. 524, que, por tais razões não se pode tê-lo por violado.

Ante o exposto, não conheço do recurso especial.

É como voto".

Observações:

Este voto teve ampla repercussão doutrinária.

Publicado na RT 723/204-208, foi acompanhado de honroso comentário do Prof. Alcides Tomasetti Jr., às p. 208-223.

Na presente edição, transcreveu-se também o voto do Min. Aldir Passarinho ao deixar de conhecer do REsp 75.659, com o que a decisão ganhou o prestígio de um Tribunal Superior.

O acórdão do TJSP foi também publicado no *Boletim AASP* n. 1897/137. Recebeu também transcrições e observações do Prof. Arruda Alvim (*Comentários ao Código Civil Brasileiro*, vol. XI, tomo I, p. 366 e s.).

Destaque igualmente para os trabalhos do Prof. Flávio Tartuce[1] e do Prof. Marcos Alberto Rocha Gonçalves, *A posse como direito autônomo*.

Homenagem aos participantes do julgamento – Des. Oswaldo Carone, revisor, e Walter Theodosio, que demonstrarm grande satisfação com o voto do Relator. Se divergissem, o futuro acórdão seria incerto...

2

CONTRATOS E TÍTULOS DE CRÉDITO

APELAÇÃO N. 284.945

CAMBIAL – Nota promissória – Emissão *pro soluto* – Pagamento do compromisso de compra e venda – Não rescisão do contrato – Pagamento devido – Procedência mantida.

LITIGANTE DE MA-FÉ – Cobrança de cambial – Pagamento retardado – Instrução do processo, que demandou vários anos – Empenho na comprovação do que era dispensável – Perdas e danos devidos e consistentes na atualização do valor da cambial, a partir de seu vencimento – Apelação provida em parte, para esse fim.

ACÓRDÃO

Vistos, relatados e discutidos estes autos de Apelação n. 284.945, da comarca de São Paulo, apelante A.A.M e apelado F.B.:

ACORDAM, em Terceira Câmara do Primeiro Tribunal de Alçada Civil, por votação unânime, dar provimento parcial ao recurso, como constará do acórdão.

1. O ponto central da controvérsia diz respeito a se saber se os títulos exeqüendos foram emitidos *pro soluto* ou *pro solvendo*.

O executado-apelante insiste em que, havendo eles se originado do compromisso de fls., que tem por objeto duas glebas em Guaianazes, e não lhe tendo sido possível tomar posse das glebas, além de haver o exeqüente lhe exibido uma área e lhe vendido outra, o preço não pode ser cobrado.

Já o exeqüente-apelado asseverou sempre que os títulos são líquidos, certos e nunca se conformou com o debate em torno dos negócios subjacentes.

2. A razão está com o apelado.

O exame do comportamento das partes após o negócio e o exame do próprio contrato revelam que as notas promissórias foram emitidas *pro soluto*.

No mesmo dia em que foi formalizado o contrato (30.11.1969) e emitidos os títulos, o apelante ordenava ao apelado que outorgasse escrituras diretamente a terceiros, pois já havia passado adiante parte substancial das glebas e já havia recebido integralmente o preço (fls.). Esses terceiros eram Da. M.B.P.G.M. e R. – Locadora de Máquinas e Equipamentos S/A. E realmente, três dias depois, a 3.12.1969, o apelado outorgava escrituras definitivas a essas pessoas (fls.).

Ora, tal comportamento só é admissível no caso de serem os títulos *pro soluto*. Os títulos *pro solvendo* são utilizados fundamentalmente para permitir a rescisão do contrato em caso de falta de pagamento do preço. Se o promitente-vendedor já outorgou escritura definitiva a outrem, por indicação do compromissário, não poderá ele rescindir o compromisso. Não há dúvida, os títulos são *pro soluto*, e no caso, não há outra via para o promitente do que a cobrança dos mesmos.

Observe-se ainda que o contrato de fls. omite a cláusula clássica dos compromissos a prazo, com ou sem promissórias *pro solvendo*, que prevê a rescisão do contrato se as prestações não forem pagas nos prazos, etc.

Se o apelante não se saiu bem em seus negócios com Da. M.B.P. G.M. e com a R. – Locadora de Máquinas e Equipamentos S/A. e outros, é assunto que não pode ser discutido nesta ação. Ainda mais, como muito bem acentuou o MM. Juiz, se for levado em conta que, passados tantos anos, o apelante não tomou nenhuma providência para anular ou rescindir o contrato, que continuou, evidentemente, a produzir efeitos entre as partes.

3. Também decidiu bem a sentença quando houve o apelante como litigante de má-fé. Acresce-se ao que consta da sentença o fato evidente de haver o apelante se utilizado do processo para retardar o pagamento. Só a fase pericial consumiu cinco anos e mais 4 foram gastos para ouvir as partes e duas testemunhas. Se é verdade que o atraso em cada episódio não possa ser atribuído exclusivamente ao apelante, não é menos verdade que tudo decorreu do seu empenho em discutir e comprovar o que era dispensável.

4. A sentença, entretanto, merece reparo ao determinar que as perdas e danos sejam arbitradas a partir de nova avaliação das glebas para daí deduzir a importância do principal corrigida monetariamente.

Trata-se de execução de títulos *pro soluto*, sendo o apelado, portanto, credor do *quantum* pedido. As perdas e danos devem consistir na atualização desse *quantum* mais os juros moratórios, tudo a partir do vencimento dos títulos. Assim tem decidido este Tribunal, cf. Apelação n. 284.316, da Primeira Câmara, Relator Oliveira Lima.

Diante do exposto, é dado provimento parcial ao recurso apenas para definir as perdas e danos na forma acima, mantida a verba honorária e a condenação nas custas.

Presidiu o julgamento, com voto, o Juiz Paulo Shintate e dele participou o Juiz Fonseca Tavares.

São Paulo, 7 de outubro de 1981.

José Osório, Relator.

Fonte: *JTA Lex* 71/38-9

❖❖❖

HABEAS CORPUS N. 295.229

PRISÃO CIVIL – Depositário – Paciente que não era o executado e que não tivera ciência de que automaticamente se tornara depositário – Intimação por mandado, para depósito em Juízo, do qual não constavam as conseqüências e os riscos a que se sujeitaria, para o caso de desobediência – Concessão da ordem de *habeas corpus*, para cassar a decretação da prisão.

MANDADO – Requisitos – Especificações que deve conter, inclusive as relativas às conseqüências e aos riscos, para o caso de desobediência – Concessão da ordem de *habeas corpus*, para cassação da decretação da prisão.

ACÓRDÃO

Vistos, relatados e discutidos estes autos de Habeas Corpus n. 295.229, da comarca de São Paulo, sendo paciente J.D.T., impetrante O.Y.F. e impetrado MM. Juiz de Direito da 11.ª Vara Cível da Capital:

ACORDAM, em Terceira Câmara do Primeiro Tribunal de Alçada Civil, por votação unânime, conceder a ordem.

A pretensão, *data venia*, merece agasalho.

Consoante se viu do relatório *retro*, o paciente deixou de atender determinação judicial de depositar o débito em Juízo, efetuando o pagamento a terceiro e, posteriormente, deixando de atender à nova determinação de depósito.

O MM. Juiz e a douta Procuradoria entendem que o paciente é depositário, nos termos do artigo 672 do Código de Processo Civil, porquanto, embora não apreendido o título, houve confissão por parte do devedor. Mas, no caso dos autos, verifica-se que o paciente só pode ser considerado depositário formalmente e assim mesmo através de ilações e inferências a que ele, como leigo, não pode estar sujeito.

Vê-se do despacho (fls.), do mandado (fls.) e da certidão do oficial de justiça (fls.), que o paciente foi intimado, em 6.2.1981, para "depositar em JUÍZO a importância de Cr$ 1.000.000,00, referente à última parcela a ser paga ao Sr. S.G. e a vencer-se em 13.2.1981, em decorrência da aquisição do imóvel da Rua C., ns. 121, 125 e 129". A intimação seguinte, já após o pagamento a terceiro, se fez através de ciência ao seu advogado por publicação do *Diário da Justiça* (fls.) para que o paciente efetuasse o depósito "sob as penas da lei, já que tornou-se depositário infiel" (artigo 672, § 1.º, do Código de Processo Civil).

Assim é que somente depois de haver descumprido a ordem judicial é que o paciente pode ter tido notícia de que ele era depositário, com as conseqüências daí decorrentes.

Na intimação pessoal e por mandado, nenhuma palavra sobre depositário, penalidade ou prisão que pudesse alertar o intimado sobre os riscos que estaria a correr em caso de desobediência da determinação.

Pelo sistema do Código há sempre necessidade de ser a parte esclarecida dos atos que lhe estão sendo comunicados, evitando-se, sempre que possível, a linguagem cifrada que só os iniciados em Direito entendem. Nem é por outro motivo que os artigos 225, 285 e 287 contêm disposições minuciosas que devem constar do mandado, inclusive sobre penalidade, se houver. Não se trata de meras formalidades, e sim de precauções importantes para a salvaguarda do direito das partes.

Ora, não tendo tido o paciente ciência efetiva de que havia se tornado depositário automaticamente, pelo simples fato de receber uma intimação para pagar em Juízo, sem nenhuma outra explicação sobre as conseqüências do descumprimento da ordem, não pode ele, de repente, ser tratado como "auxiliar da justiça", "depositário judicial" e ficar sujeito a tão graves penalidades.

Nem se diga que, por força do artigo 3.º da Lei de Introdução, ele não pode se escusar alegando a ignorância da lei que o transmudou em depositário. Esse dispositivo legal nada tem a ver com situações como a dos autos, pois o que ele visa é determinar que a lei é obrigatória para todos, e não, como é evidente, estabelecer presunção absoluta de que todos os cidadãos conhecem todos os artigos de todas as leis. Como ensina Trabucchi, o erro de direito escusa "quando se discute sobre a formação de um ato de vontade ou sobre a existência da boa-fé", pois nesses casos se considera o fato em si da existência ou não do conhecimento (cf. Eduardo Espínola e E. E. Filho, *A Lei de Introdução ao Código Civil Brasileiro*, vol. I/101).

Em suma, por não haver nenhuma indicação de que o paciente tivesse conhecimento de que era depositário, não é possível tratá-lo como tal, já que nenhum devedor pode ser mandado para a prisão por meras inferências e ilações.

Observe-se ainda que a jurisprudência do Supremo Tribunal Federal, que permite a decretação da prisão no curso da ação, quando se trata de depositário judicial, não tem aplicação ao caso presente em que o paciente não era o executado nem tinha ciência de sua posição de depositário.

Que sejam tomadas contra ele as enérgicas medidas de ordem patrimonial previstas pela lei processual, que ele bem as merece. Mas a prisão não pode ser decretada.

Diante do exposto, é concedida a ordem de *habeas corpus* para cassar a decretação da prisão do paciente, comunicando-se.

Presidiu o julgamento, com voto, o Juiz Paulo Shintate e dele participou o Juiz Fonseca Tavares.

São Paulo, 16 de dezembro de 1981.

José Osório, Relator.

Fonte: *JTA Lex* 72/196-7

❖❖❖

APELAÇÃO N. 288.855

EXECUÇÃO – Financiamento de imóvel – Inadimplência – Adjudicação ao credor – Pretendida cobrança autônoma de notas promissórias vinculadas ao negócio – Inadmissibilidade – Afronta ao art. 7.º da Lei 5.741/71.

Na compra e venda de imóvel, em que a obrigação do vendedor é entregá-lo e a do comprador pagar o preço, o negócio é um só. A dívida, portanto, também é uma só, sendo certo que a bipartição em quirografária e hipotecária é afrontosa à norma de ordem pública do art. 7.º da Lei 5.741/71, segundo a qual, adjudicado o imóvel ao credor, fica exonerado o devedor de pagar o restante da dívida.

N. 288.855 – Capital – Apelante: C. S/A de Crédito Imobiliário – Apelados: M.A.C.R. e sua mulher.

ACÓRDÃO

Vistos, relatados e discutidos estes autos de Apelação n. 288.855, da comarca de São Paulo, sendo apelante C. – S/A de Crédito Imobiliário e apelados M.A.C.R. e sua mulher: Acordam, em 3.ª Câmara do 1.º Tribunal de Alçada Civil, por votação unânime, em negar provimento ao recurso.

VOTO

O recurso não deve ser provido.

Os autos mostram que os apelados adquiriram imóvel mediante financiamento por parte da apelante pelo Sistema Financeiro da Habitação.

Inadimplentes os compradores, foi executada a dívida hipotecária e adjudicado o imóvel à apelante.

Pelo presente processo, pretende esta a execução de promissórias que haviam sido emitidas pelos apelados e representativas de outra parte da dívida, sob a alegação de que duas eram as dívidas: uma quirografária e representada por esses títulos *pro soluto*; e outra, hipotecária – que já foi executada.

A interpretação dada pelo MM. Juiz é a única honesta que o caso comporta.

O negócio foi um só, isto é, compra e venda de imóvel, em que a obrigação do vendedor é entregar o imóvel e a do comprador pagar o preço. A dívida, portanto, também é uma só, sendo certo que a bipartição pretendida pela apelante em dívida quirografária e dívida hipotecária é afrontosa à norma de ordem pública do art. 7.º da Lei 5.741, de 10.12.71, segundo a qual, adjudicado o imóvel ao credor, fica exonerado o devedor de pagar o restante da dívida.

Sem procedência a invocação de velhos e rançosos institutos do Direito Cambiário se a utilização deles vem criar obstáculos à normal aplicação, do ponto de vista jurídico e ético, da mencionada Lei especial de n. 5.741, que tem cunho nitidamente social.

Assim, é negado provimento ao recurso, confirmando-se a sentença, por seus próprios e jurídicos fundamentos.

Presidiu o julgamento, com voto, o Juiz Paulo Shintate e dele participou o Juiz Fonseca Tavares.

São Paulo, 24 de fevereiro de 1982.

José Osório, Relator.

Fonte: *RT* 559/130

❖❖❖

APELAÇÃO N. 298.711

EXECUÇÃO POR TÍTULO EXTRAJUDICIAL – Embargos do devedor – Pagamento parcial – Título da dívida em poder do credor – Presunção de não pagamento que cede à prova feita – Exclusão, na condenação, da importância do comprovado pagamento parcial – Recurso provido em parte – Voto vencido.

ACÓRDÃO

Vistos, relatados e discutidos estes autos de Apelação n. 298.711, da comarca de São Carlos, em que são apelantes M.M.K.. e outros e apelado J.M.:

ACORDAM, em Terceira Câmara do Primeiro Tribunal de Alçada Civil, por maioria de votos, dar provimento parcial ao recurso.

O recurso merece provimento parcial.

Os embargantes e ora apelantes insistem em que o título está pago, pois o avalista X teria entregue ao apelado Cr$ 180.000,00 em dinheiro e Cr$ 90.000,00 em cheques, perfazendo o total da dívida.

A respeitável sentença julgou a prova insuficiente, pois não é crível que se pague sem exigir a devolução do título ou a assinatura de recibo, particularmente em relação àquele embargante, que é sócio de uma imobiliária.

Ocorre, entretanto, que os embargantes juntaram cópias dos cheques e, convertido o julgamento em diligência, veio a informação do Banco de que aqueles cheques haviam sido depositados em conta de J.C.M., filho do embargado. A partir de então, competia a este dar explicações plausíveis para esses depósitos, sendo certo que não vieram para os autos rigorosamente nenhuma prova nem informação sobre qualquer negócio existente entre o embargante X o filho do embargado.

Após intimação para falar sobre a informação do Banco, apresentou o embargado a petição e documento de fls., que nada esclarecem quanto ao ponto principal, ou seja, a origem dos depósitos.

Assim, é de se ter como suficientemente comprovado o pagamento da importância representada pelos cheques, num total de Cr$ 90.000,00, pois, em operações como a realizada pelas partes, é comum a sonegação do título ou de recibos, nos casos de pagamentos parciais.

Quanto ao pagamento de Cr$ 180.000,00 em dinheiro, a mera prova testemunhal só pode ser rejeitada, principalmente se se considerar que as testemunhas nem estavam a par do negócio.

Diante do exposto, é dado provimento parcial ao recurso para o fim de excluir da execução a importância de Cr$ 90.000,00, prosseguindo-se o feito pelo restante. Custas em proporção. Honorários de 20% para os advogados de cada uma das partes, calculados sobre a parcela exitosa, mantida no mais a respeitável sentença.

Presidiu o julgamento, com voto vencido, o Juiz Paulo Shintate e dele participou o Juiz Fonseca Tavares.

São Paulo, 1.º de dezembro de 1982.

José Osório, Relator.

Paulo Shintate, vencido, com declaração de voto em separado.

Fonte: *JTA Lex* 80/105-6

APELAÇÃO N. 298.171

COMPRA E VENDA - Mercadoria paga e em poder do comprador - Queda - que a inutilizou - ainda no interior da loja vendedora, quando empacotada pelo próprio freguês - Congestionamento na caixa e falta de empregados empacotadores - Dúvida quanto a ter a peça caído ao chão por ação do próprio comprador ou por ter sofrido choque de outro cliente - Coisa ainda na esfera de poder do vendedor, por sujeito o comprador às normas internas do estabelecimento - Conclusão do contrato e entrega da peça de cristal não decisivas para a transmissão também dos riscos - Ação declaratória de inexistência de relação jurídica, com antecedente sustação de protesto - Procedência - Recurso não provido - Votos vencedor e vencido.

ACÓRDÃO

Vistos, relatados e discutidos estes autos de Apelação n. 298.171, da comarca de São Paulo, em que é apelante S.E. Comércio, Indústria e Importação e apelado P.M.T.:

ACORDAM, em Terceira Câmara do Primeiro Tribunal de Alçada Civil, negar provimento ao recurso contra o voto do 2.º Juiz.

Ação declaratória de inexistência de relação jurídica precedida de sustação de protesto e desenvolvida pelo rito sumaríssimo foi julgada procedente pela respeitável sentença de fls., cujo relatório é adotado, condenado o réu nas custas e em honorários de 20%.

Apelo do vencido, alegando carência de ação porque o contrato de compra e venda já estaria perfeito e acabado, e pedindo ainda a improcedência da ação, pois teria sido o próprio autor o responsável pela quebra do objeto comprado.

O recurso foi processado regularmente, com resposta.

É o relatório.

VOTO

O recurso não merece provimento.

O autor adquiriu uma peça de cristal no Magazine do 1.º andar da loja do réu na Rua [...] e em seguida fez diversas compras comuns de supermercado. Após fazer o pagamento das compras comuns e proceder ao empacotamento, houve o acidente que ocasionou a quebra da peça de cristal. Havia congestionamento na caixa e faltavam empacotadores, motivo por que o próprio autor foi obrigado a executar o empacotamento, ocasião em que aquela peça caiu no chão, não se sabendo se por ação do próprio autor ou se por ter sofrido choque de outro freguês.

A respeitável sentença julgou procedente a ação por entender ter havido omissão por parte do réu, que deixou de colocar empacotadores, obrigando o comprador a praticar atos que competem ao vendedor e aumentando os riscos da operação.

E decidiu corretamente.

Não se trata de aplicar rigidamente, como quer o réu, a regra do artigo 1.127 do Código Civil, por força do qual os riscos correm por conta do comprador após a tradição. A compra e venda que os autos mostram há que ser examinada em função das circunstâncias em que foi realizada, isto é, num Supermercado em que o sistema de venda, pagamento, empacotamento e entrega apresenta peculiaridades.

Com efeito, a tradição é uma operação jurídica que pode apresentar complexidades não vislumbradas com a simples leitura do mencionado artigo 1.127.

No caso dos autos, não resta dúvida que a coisa ficou na posse do comprador após o pagamento e entrega da mesma na loja interna do estabelecimento do vendedor. Mas há hipóteses, como lembra a Doutrina, em que "l"acquirente non consegue un possesso pieno della cosa, ma un possesso, si potrebbe dire, attenuato, di efficacia minore..." (Ruggero Luzzatto, *La Compravendita*, Torino, 1961, pág. 287).

É o que se verificou no caso em tela, em que a coisa ficou no poder do comprador mas ele próprio (e a coisa com ele) permaneceu na esfera de poder do vendedor, pois, indo às outras compras, continuou submetido a todas as regras internas do estabelecimento vendedor, como as de disciplina, de circulação, de segurança, de sistema de compra, etc. Não é demais também lembrar que o vendedor é uma só empresa e uma única pessoa jurídica, embora dotada de várias seções de vendas.

O fato de já estar concluído o contrato de compra e venda da peça de cristal e já transmitida a propriedade da mesma não é decisivo para determinar também, sempre, a transmissão dos riscos. A propósito do Direito Alemão, cujo sistema nesse ponto é igual ao nosso (ENNECCERUS, *Tratado – Derecho de Obligaciones*, vol. II/33), assinala importantes exceções ao princípio do artigo 446, a que corresponde o nosso 1.127. Entre essas exceções se sobressai a hipótese em que o vendedor assume o encargo de entregar a mercadoria em outro local, embora a mesma já tenha sido recebida no ato pelo comprador. Da mesma forma que responde o vendedor pela "cuidadosa elección de las personas a quienes se confía la ejecución del envio y del regular embalaje de las mercancías".

Ora, no caso comum dos Supermercados em São Paulo, a embalagem e transporte das mercadorias é feita, salvo dispensa do comprador, por pessoas subordinadas – empregadas ou não, mas sem dúvida prepostos do vendedor. São estes subordinados que levam as mercadorias em carrinhos de propriedade do próprio vendedor. Assim, a transferência dos riscos ocorre, em regra, com a efetiva entrega física da coisa no veículo do comprador, salvo quando o comprador dispensa tal entrega. No entanto, a tradição – no seu sentido fundamental de transferência da propriedade e de ato de execução do contrato de compra e venda já havia se dado, na caixa, quando do pagamento e recebimento da mercadoria. A responsabilidade pelos riscos, contudo, continua a cargo do vendedor durante as operações de transporte, quando esse transporte é assumido normalmente pelo vendedor (cf. Larenz, *Derecho de Obligaciones*, Madrid, 1959, vol. II/113-114).

Não aproveita ao vendedor-apelante a circunstância de já ter sido consumada a venda da peça de cristal. O fato é que houve várias vendas num único estabelecimento vendedor. Aliás, é para isso mesmo, isto é, para que haja as variadíssimas vendas, que o apelante explora essa forma de comércio, que propicia enorme movimento, exige quantidade relativamente pequena de funcionários e, evidentemente, aumenta os riscos das operações de escolha, pagamento, embalagem e transporte dentro e fora da loja, tudo se passando num habitual clima de atropelo.

Impõe-se, assim, que se aplique ao caso a sempre atual parêmia *cuis commoda eius et incommoda.*

Conclui-se, portanto, que, tendo havido várias vendas no único e renomado estabelecimento do apelante, há que se ter como cessada a responsabilidade do vendedor pelos riscos apenas ao término das operações de entrega da última compra e não da primeira.

Observe-se, por fim, que a solução adotada se harmoniza com os ensinamentos de Cunha Gonçalves (*Da Compra e Venda no Direito Comercial Brasileiro*, São Paulo, 1934, págs. 333, 342 e 344) no que se refere ao acondicionamento, local e responsável pela entrega das mercadorias e transmissão dos riscos.

Por esses motivos, é negado provimento ao recurso e confirmada a respeitável sentença.

Presidiu o julgamento, com voto vencido, o Juiz Paulo Shintate e dele participou o Juiz Fonseca Tavares.

São Paulo, 1.º de dezembro de 1982.

José Osório, Relator.

Fonseca Tavares, vencedor, com declaração de voto em separado.

Paulo Shintate, vencido, com declaração de voto em separado.

Fonte: *JTA Lex* 81/49-50

APELAÇÃO N. 302.347

ACÓRDÃO

Vistos, relatados e discutidos estes autos de Apelação n. 302 347, da comarca de Santos, em que é apelante I.S. S/A, e apelados L.C., empresa marítima neste ato representada por E.S.A E V. S/A.:

ACORDAM, em Terceira Câmara do Primeiro Tribunal de Alçada Civil, por votação unânime, dar provimento parcial ao recurso, para os fins que constarão do acórdão.

Ação de indenização por danos decorrentes de contrato de transporte marítimo de carga, movida por seguradora sub-rogada nos direitos do destinatário, foi julgada improcedente pela r. sentença de fls., cujo relatório é adotado, condenando a autora nas custas e em honorários de Cr$ 20.000,00 para cada um dos patronos das rés.

Apelo da vencida, pretendendo a reforma integral da sentença para julgar a ação procedente, pois ficou comprovada a quebra da mercadoria, havendo a sentença infringido os artigos 1.º do Decreto 19.473/30 e 616 do Código Comercial. Insurge-se ainda a apelante contra o vulto da verba honorária. Recurso regularmente processado e respondido pela primeira apelada.

É o relatório.

O recurso merece provimento apenas parcial.

A autora-apelante pretende se ressarcir do que pagou para sua segurada em razão de falta de 5.750 kg, de um total de 240.000 kg, de fosfato diamônico granulado, transportado pelo navio M.S., que deu entrada em Santos em 20.7.80.

A r. sentença julgou improcedente a ação por entender tolerável a quebra inferior a 5% quando se trata de mercadoria transportada a granel e que esteja sujeita a diminuição de peso ou volume.

E decidiu com acerto, lastreada que está na farta jurisprudência constante dos autos.

Não procede, *data venia*, a alegação de negativa de vigência dos artigos 1.º do Dec. 19.473/30 e 616 do Código Comercial, uma vez que o dispositivo legal que tem pertinência no caso é só o art. 617 do CCo, que trata dos gêneros que, por sua natureza, são suscetíveis de aumento ou de diminuição, independentemente de seu acondicionamento. Esta última disposição legal constitui norma especial em relação àquelas invocadas pela apelante e é, portanto, a que deve incidir. Por outras palavras, quando se trata dos gêneros acima referidos, a diminuição corre por conta do dono, ainda que o capitão não tenha tomado a providência prevista no artigo 616.

Tem razão, entretanto, a apelante quando se insurge contra a condenação em honorários que vai a mais de 60% do valor da causa, o qual não é de valor tão reduzido a ponto de justificar a aplicação do parágrafo 4.º do artigo 20 do Código de Processo Civil. Assim, ficam os honorários fixados em 20% do valor atualizado da causa, repartindo-se os mesmos entre os patronos de ambas as rés.

Diante do exposto, é dado provimento parcial ao recurso para o fim de reduzir a verba honorária, confirmando-se no mais a r. sentença, adotados os seus fundamentos e os das contra-razões.

Presidiu o julgamento, com voto, o Juiz Paulo Shintate e dele participou o Juiz Nelson Schiavi.

São Paulo, 9 de dezembro de 1982.

José Osório, Relator.

Fonte: Arquivo pessoal e 1.º TAC

APELAÇÃO N. 298.027

ACÓRDÃO

Vistos, relatados e discutidos estes autos de Apelação n. 298.027, da comarca de São Paulo, em que é apelante X Seguradora S/A, e apelada M.I.N.A.:

ACORDAM, em Terceira Câmara do Primeiro Tribunal de Alçada Civil, por maioria de votos, negar provimento ao recurso.

O recurso não merece provimento.

O inconformismo da apelante com a r. sentença se baseia no fato de que, ao assinar o cartão proposta de fls., em 3.10.78, o segurado e marido da autora fez declaração falsa, pois assinalou o quadro "não" do item 4, informando que não sofria de moléstia que o obrigara a se afastar das atividades normais e que o obrigara a se internar nos últimos três anos. Entretanto, meses antes, em junho de 78, esteve ele internado no Hospital São Camilo, com "cirrose hepática mais ascite", vindo a falecer 11 meses após a assinatura da proposta.

Ocorre que a testemunha da apelante – o médico que atendeu ao segurado – deixou claro que essa doença, embora grave, permite sobrevivência de cerca de 50% dos pacientes, sendo certo que ele, médico, não comunicou ao segurado a gravidade da moléstia (fls.). Cumpre notar ainda que, após o internamento de junho de 1978, o segurado voltou a exercer suas atividades normais de comerciante.

Assim, não é possível, diante da prova existente nos autos, concluir pela má fé do segurado ao assinar ao cartão proposta de fls.

Frise-se ainda que, tratando-se de seguro de vida em grupo, a Jurisprudência é severa para exigir prova de má fé do segurado. Assim decidiu este Tribunal (*JTA* 47/47, Rel. Alves Ferreira):

> "Por outro lado, se a Seguradora, em caso de seguro de vida em grupo, dispensa o exame médico, aceitando os esclarecimentos do próprio segurado, só mesmo uma prova de inequívoca má fé por parte deste é que poderia eximi-la da obrigação de pagar o seguro, já que o segurado, em tal espécie de seguro, se limita a aderir com a assinatura de formulário impresso, e nunca indagado, efetivamente, de suas reais condições de saúde".

Em caso praticamente idêntico ao dos autos (*JTA* 67/17, Rel. Tito Hesketh), a Egrégia 1.ª Câmara também rejeitou a pretensão da Seguradora, deixando estabelecido:

> "Outrossim, deve ser salientado que, como é notório, os seguros de vida em grupo, com a dispensa de prévios exames médicos, são feitos sem maiores formalidades, muitas vezes apenas colhendo-se a assinatura de adesão do segurado; e, desse modo, é até possível que, no caso presente, quando da assinatura das propostas, nada tenha sido perguntado ao pretendente sobre o seu estado de saúde, nem lhe tenha sido chamada a atenção para as cláusulas constantes dos documentos, impressas, aliás, em letras miúdas".

Quanto à correção monetária, é ela devida, agora inclusive por força de lei, e o *dies a quo* foi bem fixado no dia em que foi apresentada a documentação, pois a apelante levou mais de um mês para fazer novas exigências, já a demonstrar a intenção de não pagar o seguro, o que se confirmou com a contestação.

Diante do exposto, é negado provimento ao recurso e confirmada a r. sentença.

Presidiu o julgamento, com voto vencido, o Juiz Paulo Shintate e dele participou o Juiz Nelson Schiavi.

São Paulo, 15 de dezembro de 1982.

José Osório, Relator.

Paulo Shintate, Vencido com declaração de voto em separado.

Fonte: Arquivo pessoal e 1.º TAC

APELAÇÃO N. 297.138

ACÓRDÃO

Vistos, relatados e discutidos estes autos de Apelação n. 297.138, da comarca de São Paulo, sendo apelantes e reciprocamente apelados Banco C. e E.M.:

ACORDAM, em Terceira Câmara do Primeiro Tribunal de Alçada Civil, dar provimento parcial ao recurso adesivo do embargante contra o voto do relator sorteado que dava provimento integral ao recurso principal, prejudicado o adesivo; e contra o voto do revisor que negava provimento ao recurso principal e dava provimento ao recurso adesivo.

1. "Banco C. S/A." recorre da sentença que teve por procedentes embargos interpostos por E.M., que tem por comprovada sua liberação como avalista do título, em que figura como devedora "S/A. D.N.". Além de não haver diligenciado sua substituição o próprio embargante, não atendida a condição suspensiva, claro ficara do ofício expedido que somente nesse caso poderia ser tido como liberado. A verba honorária seria excessiva, fixada em 10% de Cr$ 52.375.820,56. Adere ao recurso o embargante para obter a elevação da honorária e cominação decorrente de litigância de má fé. "Banco C." entende inviável o recurso adesivo por não ter ficado o recorrente vencido.

2. Lamentavelmente a credora efetuou a comunicação relativa ao pedido de liberação do avalista, em termos sumamente ambíguos. Haveria maior precisão em se designar a comunicação como "oracular":

"Autorizou a substituição do seu aval... ficando, desse modo, elidido".

"Informamos que o expediente encontra-se nesta Assessoria Jurídica... para formalização de aditivo à Cédula de Crédito Industrial, aguardando apenas que a emitente indique o nome de seu novo Diretor, que deverá prestar o aval em substituição", fl.

Normal seria que não ficasse o título desprovido de aval, forma de se atribuir maior segurança ao crédito, ao adimplemento da obrigação. O pressuposto normal seria que o avalista estaria desvinculado do título apenas quando substituído e, realmente, como bem o observou o magnífico voto do Juiz José Osório, em nada poderia vincular a credora a circunstância de haver sido aprovada em ata a liberação pretendida, até, *interna corporis* que é, sujeito à prévia comunicação, como que simples *cogitatio* se se estivesse diante de ato de pessoa física. Apenas após a declaração enunciada para o próprio devedor, poderia ser tido o ato como voluntário, a produzir efeitos no mundo jurídico, como declaração de vontade portadora de eficácia. Comunicada a vontade, obteria a declaração a necessária eficácia.

E lamentavelmente as entidades econômicas que deveriam se prestar apenas a serviços públicos, encontram-se muitas e muitas vezes à mercê de injunções políticas ou de grupos de pressão. Talvez a isso apenas possa ser atribuída a liberação anotada em atas, liberação que poderia vir a ser tida como altamente danosa aos interesses da entidade. Tudo faz crer que, preocupada a Assessoria Jurídica com a conduta aparentemente assaz temerária de seus diretores, haja procurado doirar a pílula e fazer com que a garantia fosse entendida como mantida, não obstante o longo lapso de tempo decorrido entre ofício e propositura da execução, aquela de abril de 1979, e esta de outubro de 1980, mais de ano e meio após.

Se caracterizada a comunicação que haveria de produzir efeitos jurídicos, por gritante ambiguidade, porque para Caldas Aulete "elidir" é "fazer elisão de", "eliminar", "suprimir" e "elisão" é "supressão", "eliminação", não se podendo ter por condição para que algo fosse elidido a afirmação "fica desse modo elidido", como simples autorização para substituir, caracterizada, portanto, assim, não apenas por ambiguidade mas pela própria enunciação oracular, na interpretação ter-se-á que aferir o que fora decidido em reuniões de diretorias, atos antecedentes da comunicação e que a geraram, a causaram, geraram a comunicação de forma ambígua.

Ocorreu realmente, ainda que temerariamente, segundo se observa do extrato das atas, a dispensa do aval na forma solicitada.

Se o art. 85 do Código Civil determina que nas declarações de vontade se atenda mais à intenção que ao sentido literal e se a intenção, no caso, não seria aquela da Assessoria Jurídica, mas sim a da Diretoria, embora o art. 1.090 determine que os contratos benéficos sejam interpretados restritivamente, ainda assim as velhas regras de Pothier viriam à tona contra a credora, uma vez que, permitindo à declaração de vontade um duplo sentido, ou dois entendimentos, haveria de prevalecer o que possa produzir algum efeito imediato, mais fácil dizer, no caso, claramente, ser esperada a presença do avalista para indicar o substituo, ou aguardada a presença da emitente para que o novo diretor assuma em substituição a obrigação, para só depois ter-se por liberado o avalista primitivo, e não enuncia ambiguamente a pretendida condição, mesmo porque, ainda segundo Pothier, em caso de dúvida a cláusula interpreta-se contra o estipulante, ou na regra 13, "interpreta-se a cláusula contra aquele contratante, em razão de cuja má fé ou culpa, a obscuridade, ambiguidade ou outro vício se origina" (veja-se Caio Mário da Silva Pereira, *Instituições*, "Fontes das Obrigações", parágrafo 189).

Além disso, mister teria sido que a apelante demonstrasse ser inviável deixar-se título desprovido de aval, em virtude de ordens internas corporificadas em resoluções ou outros atos, que não poderiam ter sido desobedecidos pela diretoria, sob pena de responsabilidade, motivo pelo qual a Assessoria teria que intervir e modificar a ordem recebida, modificação ratificada expressamente pela própria Diretoria.

Não demonstrado que isso tivesse ocorrido, ambíguo o teor da comunicação, para esclarecer o seu conteúdo é que se lança mão do que fora consignado em atas.

No que tange ao recurso adesivo, julga-se ter legitimidade o apelado para o interpor, vinculada a matéria versada àquela que diz respeito à procedência dos embargos, relativamente a acessórios desse juízo principal, ao valor de uma das verbas acessórias, a uma cominação que poderia ter decorrido do decreto da improcedência.

Mas nega-se provimento a esse recurso, por não se poder elevar a honorária que apenas poderia pecar, como peca, por seu valor excessivo e exorbitante.

De forma alguma se poderia cogitar também de litigância de má fé. Há interesses estatais vinculados a entidade bancária de que possui o próprio Estado grande número de ações. Dir-se-ia que, bem ao contrário, o recurso após a execução tida como improcedente, seria, de certa forma, imperioso, sob o ponto de vista ético, tal como a própria execução.

4. Quanto à última parte do apelo que pleiteia a redução dessa verba, atendendo à circunstância de ser a entidade de economia mista voltada à prestação de serviços de caráter público, junto ao Estado de São Paulo, a manter certa analogia com a própria Fazenda Pública, tem-se por aplicável, por analogia, o art. 20, parágrafo 4.º, do CPC, e reduz-se a honorária para 5% do valor da execução, com o que se tem ainda por muito dignamente remunerado o procurador do embargante.

Dá-se provimento parcial ao recurso do "Banco C." para reduzir a honorária para 5%, conhece-se e nega-se o provimento ao recurso adesivo.

Presidiu o julgamento, com voto vencido, o Juiz Paulo Shintate.

São Paulo, 29 de dezembro de 1982.

Fonseca Tavares, Relator Designado.

Paulo Shintate, Vencido com declaração de voto em separado.

José Osório, Vencido com declaração de voto em separado.

DECLARAÇÃO DE VOTO VENCIDO

Divergi da douta maioria pelo seguinte:

O embargante avalizou a cédula industrial de fls. e, faltando ainda duas prestações a serem pagas, solicitou a exoneração de seu aval. Recebeu como resposta a carta de fls., assinada pelos funcionários do embargado, responsáveis pela assessoria jurídica e de contratos, através da qual o embargado comunicava que sua diretoria havia autorizado a "substituição" do aval, que ficava "desse modo, elidido. A carta informava ainda que o embargado aguardava apenas a indicação pela emitente do nome do novo diretor, que deveria prestar o aval, para então providenciar o aditivo à cédula.

A carta, portanto, deixa claro que a comunicação foi de que a diretoria havia autorizado a substituição e não a dispensa do mesmo.

Ocorre que vieram para os autos, a requerimento do embargante, cópias das deliberações da diretoria de 19 a 27 de março de 1979, através das quais se vê que os administradores do embargado decidiram, em reunião de diretoria, dispensar o aval e determinar à assessoria jurídica "as providências necessárias à regularização do assunto" (fls.). As referidas deliberações são também bastante claras no sentido de atender ao pedido do embargante.

Cumpre ver, contudo, a natureza jurídica e quais os efeitos produzidos por essas deliberações, pois há evidente conflito entre a declaração pelos diretores em reunião interna e aquilo que foi comunicado ao embargante.

A deliberação da diretoria constitui, sem sombra de incerteza, uma declaração receptícia, ou endereçada, de vontade e, como tal, só tem eficácia a partir do momento em que chega ao conhecimento da pessoa a que é destinada (F. S.antoro Passarelli, *Teoria Geral do Direito Civil*, Coimbra, 1967, páginas 110/111). Antes do recebimento pelo destinatário, a emissão de vontade é juridicamente inócua (Orlando Gomes, *Introdução ao Direito Civil*, Rio, 1971, pág. 255), não obriga o declarante, que pode livremente modificar ou confirmar a declaração ou mesmo se retratar dela.

Examinado o caso sob outro ângulo, vê-se que o pedido de dispensa do aval constituiu uma proposta feita pelo embargante, e a decisão de diretoria uma aceitação da proposta. Ocorre que, antes que a aceitação pura e simples fosse comunicada ao proponente, o aceitante modificou as condições da aceitação fazendo esta chegar ao proponente, como autêntica nova proposta, nos precisos termos dos arts. 1.083 e 1.085 do CC. Convém lembrar ainda que tanto a proposta como a aceitação são também declarações receptícias.

O que teria levado o embargado a modificar a aceitação, comunicando a deliberação de diretoria de forma tão diversa, os autos não revelam. Mas revelam de forma nítida que houve alteração da vontade declarada em reunião da diretoria, tanto que o conteúdo da comunicação de fls. foi mantido, e a dívida avalizada foi objeto de execução judicial.

Cumpre salientar que as decisões de diretoria, como estas que estão sendo examinadas, não se equiparam a atos normativos ou a atos-regras, como uma lei, uma deliberação de condôminos ou de acionistas, que podem gerar direitos e obrigações para discordantes e ausentes, independentemente de comunicação efetiva do deliberado. As deliberações de diretoria são atos internos da corporação e sujeitas a todo tipo de alterações até serem concretizadas e produzirem efeitos perante terceiros. Nem é por acaso que um número infinito de deliberações de diretores são modificadas, ou abortadas, em função de diligências e ponderações, certas ou erradas, das pessoas incumbidas de as pôr (sic) em prática. Não se trata, no caso, de saber quem tem maior poder de representar a sociedade nem de saber, neste processo, se houve exorbitância de funções por parte da Assessoria Jurídica. O que interessa é o efeito externo da declaração, e este só pode ser alcançado pela comunicação de fls. e jamais pelas deliberações de fls. A posição jurídica do embargado assemelha-se à da pessoa física que emitiu declaração de vontade através de uma carta de sua própria redação. Mas não a enviou ao destinatário. E acabou enviando uma outra carta com outros dizeres e assinada por prepostos. À evidência que somente esta última está produzindo efeitos perante o destinatário.

A propósito do art. 28 do CC Alemão, que trata exatamente das resoluções de diretoria das pessoas jurídicas, ensina K. Larenz (*Derecho Civil - Parte General*, Madrid, 1978, pág. 203) que essas resoluções concernem

> "somente à formação da vontade da Diretoria enquanto órgão que atua unitariamente em relação ao exterior e, com isso, da sociedade representada pela referida diretoria. Por isto, a tomada de deliberação tem somente importância internamente e não tem um efeito imediato frente a terceiros. Para produzir este, a Diretoria há de emitir as declarações pertinentes dirigidas aos terceiros representando a sociedade".

Daí não ter razão o embargante-apelado quando insiste em que tal dispensa do aval se consumou "através de ato jurídico vinculativo e perfeito" (fls.). De fato, a diretoria deliberou internamente dispensar o aval. Mas não dispensou. Tanto não dispensou que comunicou a concordância só com a substituição e jamais retificou esta comunicação.

Em resumo, recebendo o embargante a comunicação de fls., que é a única declaração com eficácia externa, cumpria-lhe providenciar ou aguardar que a emitente do título indicasse novo avalista. Enquanto tal não se verificasse, continuava, como de fato continuou, vinculado à dívida. Houve, *data venia*, precipitação de sua parte ao se considerar liberado do aval pelo só fato de a liberação ter sido autorizada em reunião de diretoria do embargado. Pois, em nenhum momento, o credor disse para o devedor-avalista que este estava liberado.

Quanto à exigência de substituição do avalista, o texto do documento de fls. não deixa dúvida. Quanto a quem competia providenciar a substituição, a matéria é de menor relevância. A missiva diz que o embargado aguardava a indicação do nome do novo diretor que deveria prestar o aval. Portanto, enquanto tal não se desse, permanecia em vigor o aval do embargante, fosse qual fosse o encarregado de providenciar a substituição, devendo ser salientado que o maior interessado na substituição era o próprio embargante. Por esses motivos, dava provimento ao recurso do embargado, para julgar improcedentes os embargos, invertidos os ônus da sucumbência, prejudicado o recurso adesivo.

José Osório.

Fonte: Arquivo pessoal e 1.º TAC

APELAÇÃO N. 305.778

ACÓRDÃO

Vistos, relatados e discutidos estes autos de Apelação n. 305.778, da Comarca de São Paulo, em que é apelante A.C. e apelados Financiadora M. e Comércio de Veículos O. Ltda.:

ACORDAM, em Terceira Câmara do Primeiro Tribunal de Alçada Civil, por maioria de votos, dar provimento ao recurso.

O autor-apelante adquiriu um VW Brasília de Comércio de Veículos O. Ltda., pagando cerca de 20% à vendedora e financiando 80% junto à Financiadora M. O carro era furtado e foi apreendido pela Polícia. A Financiadora insistiu na cobrança dos títulos, daí gerando o presente litígio, com sustação de protesto e anulatória do contrato de alienação fiduciária cumulada com perdas e danos contra a vendedora. A r. sentença julgou procedente a ação contra a vendedora, determinando a devolução da parcela do preço e de outras verbas recebidas. Mas, em relação à Financiadora, for o autor julgado carecedor da ação, reconhecida que foi a autonomia dos contratos de compra e venda e da alienação fiduciária.

Recorreu apenas o comprador, insistindo na anulação do contrato.

E o seu recurso merece provimento.

O caso precisa ser examinado diante de sua realidade negocial. O autor-apelante, como acontece comumente, se interessou por adquirir um carro com pagamento a prazo, pelo que procurou uma revendedora especializada. E o negócio se fez, pagando uma entrada de Cr$ 25.000,00 e financiando Cr$ 80.000,00, além de pagar uma taxa de transferência e Cr$ 3.500,00 para ficha cadastral (fls.). O financiamento se fez com a Financiadora M., uma das financeiras com que a vendedora costumava operar.

Ainda que tenha havido dois contratos – um de compra e venda e outro de alienação fiduciária –, forçoso é reconhecer que o negócio se apresenta como uma única realidade econômica, que não pode, é evidente, ser desprezada pela Justiça, como se esta só devesse trabalhar em torno das realidades meramente formais dos instrumentos jurídicos escolhidos pelas partes.

Pode acontecer de haver dois contratos efetivamente distintos, quando, por exemplo, o pretendente adquire o carro e ele mesmo toma as providências, no seu próprio interesse, para financiar o saldo da dívida.

Não é o que se verificou no caso dos autos, em que até mesmo foi paga à vendedora uma taxa de ficha cadastral. Se os negócios jurídicos fossem dissociados, nem existiria essa tal ficha e o correspondente encargo, pois a vendedora recebeu o preço à vista, não havendo qualquer interesse, exclusivamente dela, em levantar o cadastro do comprador. O interesse, nesse ponto, é da financiadora e, no entanto, a taxa foi cobrada pela vendedora, tão íntimas eram as relações entre ambas no negócio. Na realidade, a proposta de contratar, feita pela vendedora, foi de vender um carro a prestações, e a proposta foi aceita exatamente nessas circunstâncias.

Como já afirmou o Eg. Tribunal de Justiça, "quem pretende adquirir, mediante financiamento, um automóvel, é natural que se dirija a uma loja especializada em tal comércio e não titubeie em assinar papéis apresentados como condições para o aperfeiçoamento do negócio idealizado". Daí o 2.º Tribunal de Alçada Civil haver liberado o devedor de pagar o saldo finaciado após o distrato da compra por ser o carro furtado (Apelação 24.224-SP, rel. Ney Almada, confirmando sentença do Juiz Fonseca Tavares). Trata-se de caso praticamente idêntico ao presente, pois a única diferença está em que naquele o contrato de venda se desfez amigavelmente e neste, por decisão judicial, com a qual se conformou a vendedora.

Doutrina do maior respeito aponta o fenômeno da "união de contratos", que ocorre quando os ajustes "mantêm-se diferenciados, conservam sua individualidade", mas, sendo "dependentes um do outro, acarretará importantes consequências jurídicas (cf. R. Galvão Telles, com apoio em Enneccerus, *Manual dos contratos em geral*, Lisboa, 1965, pág. 395). Diz ainda o grande mestre da Universidade de Lisboa, a propósito da união de contratos com dependência:

> "As partes querem a pluralidade de contratos como um *todo*, como um *conjunto econômico*, estabelecendo entre eles uma *dependência* [...]. Saber se as partes quiseram ou não o vínculo de dependência, há de apurar-se segundo as regras de interpretação dos contratos. [...] No silêncio dos contraentes, a sua intenção determinar-se-á nos termos gerais, e designadamente em atenção às relações econômicas existentes entre as várias prestações. O vínculo de dependência significa que a validade e vigência de um contrato depende da validade e vigência do outro ou outros. Um contrato só será válido se os demais o forem; e, desaparecidos estes, aquele desaparecerá também" (Op. cit., pág. 396).

No caso da nossa alienação fiduciária e especificamente no caso dos autos, a dependência do contrato de financiamento em relação ao de compra e venda ficou evidenciada, pois aquele se fez com uma Financiadora que era parceira ordinária da vendedora e as prestações nada mais foram do que parcelas do preço. Acreditar que o pretendente adquire o bem e o transmite à Financiadora, através de dois negócios distintos, é, *data venia*, acreditar em fantasias jurídicas. A realidade não é assim. O comprador nem vê o dinheiro, e a tradição só se verifica após o vendedor receber o preço das mãos da Financiadora.

Cumpre salientar ainda que, na hipótese dos autos, o vício que impediu a formação do negócio jurídico não estava na forma nem nas partes, mas no próprio objeto, objeto esse que era rigorosamente o mesmo tanto na compra e venda como na garantia.

Diante do exposto, é dado provimento ao recurso para o fim de julgar procedente a ação também contra a financiadora e declarar a nulidade do contrato de financiamento, invertidos os ônus de sucumbência e tornando definitiva a sustação dos protestos.

Presidiu o julgamento, com voto vencido, o Juiz Paulo Shintate e dele participou o Juiz Fonseca Tavares.

São Paulo, 29 de dezembro de 1982.

José Osório, Relator.

Paulo Shintate, Vencido com declaração de voto em separado.

Fonte: Arquivo pessoal e 1.º TAC

❖❖❖

APELAÇÃO N. 311.435

CAMBIAL – Duplicata – Prestação de serviços (veiculação de anúncios) – Alegação de ausência de relação jurídica que desse ensejo à mesma – Hipótese em que a autora concordara tacitamente com o negócio jurídico – Hipótese, ainda, de inadimplência relativa – Existente simples mora em publicar publicidade não tornada inútil, por inoportunidade, viável era a satisfação da obrigação, de forma ainda útil ao credor – Declaratória improcedente – Recurso provido para esse fim.

ACÓRDÃO

Vistos, relatados e discutidos estes autos de Apelação n. 311.435, da Comarca de São Paulo, em que é apelante T. Editora Ltda. e apelada Indústrias H. S/A:

ACORDAM, em Terceira Câmara do Primeiro Tribunal de Alçada Civil, por votação unânime, dar provimento ao recurso, para os fins que constarão do acórdão.

Ação declaratória de inexistência de relação jurídica e sustação de protesto foi julgada procedente pela r. sentença de fls., cujo relatório é adotado, condenada a ré nas custas e em honorários de 10% do valor da causa.

Apelou a ré, pedindo a reforma integral da sentença, pois a duplicata emitida correspondia a anúncio regularmente veiculado, não podendo a autora furtar-se ao reconhecimento da dívida.

O recurso foi processado regularmente, com resposta que procura demonstrar o acerto da decisão.

É o relatório.

VOTO

O recurso, *data venia*, merece provimento.

A apelante, como editora da *Revista E.*, fez a publicação dos anúncios de fls. (v. 433, janeiro e fevereiro de 1982) e fls. (v. 434, março e abril de 1982). A autora-apelada pagou o primeiro e negou-se a pagar o segundo sob a alegação de não haver autorizado a publicação.

A r. sentença deu razão à autora uma vez que a ré recebera autorização, através da Agência I.P., em 18 de janeiro de 1981, para publicar a matéria nos números de novembro e dezembro de 1981 (que estaria atrasado) e janeiro e fevereiro de 1982 (fls. do apenso). Entendeu o MM. Juiz que a autorização (fls.) não permitia a publicação em outros números que não aqueles especificados e que a autora andara mal em aceitar o pedido em janeiro quando já não podia publicar no volume de dezembro, devendo, portanto, arcar com as consequências da publicação errônea.

Não decidiu, contudo, S. Exa. com o costumeiro acerto.

Primeiramente é de se ter presente que a autorização foi emitida pela Agência, não constando do documento nenhuma aquiescência expressa por parte da ré. Gera a autorização, assim, apenas uma presunção relativa em favor da autora, no sentido de ter sido aceita sem qualquer modificação, presunção essa sujeita a prova em contrário. Por outras palavras, podia a ré demonstrar, como acabou demonstrando, que a publicação poderia ser feita nos números seguintes da revista. Aliás, presunção também existia em favor da ré, pois é razoável admitir-se que um pedido formulado em 18 de janeiro para publicação em número de novembro e dezembro deve ser interpretado como condicionado à viabilidade da publicação no volume atrasado.

Além disso, e principalmente, a ré fez prova de que em ocasião anterior já fizera publicações em números diferentes daqueles autorizados, não tendo havido qualquer reclamação por parte da autora (fls. do apenso).

E, no caso dos autos, chama a atenção o fato de, paga a fatura referente à primeira publicação (no segundo número autorizado, ou seja, janeiro e fevereiro/82), não tenha havido qualquer contra-ordem por parte da autora para que não fosse providenciada a segunda publicação. Silenciando e beneficiando-se com a segunda publicação, não pode a autora deixar de pagá-la, sob pena de ofensa ao princípio da boa fé, a reger a execução dos contratos, como ainda ao princípio que veda o enriquecimento sem causa.

Observe-se ainda que o exame dos anúncios revela a utilidade dos mesmos tanto em um como em outro número da revista, pois não traz ele qualquer aviso ou convocação que o tornasse imprestável com a protelação.

Vê-se, assim, que, ainda houvesse prova de haver a ré se comprometido a divulgar o anúncio no número de novembro e dezembro, estar-se-ia no campo da mora e não no do inadimplemento absoluto. Lícito era, então, ao devedor cumprir a obrigação com atraso, mas de forma ainda útil ao credor, ressarcindo a este os prejuízos que comprovadamente a mora houvesse ocasionado.

De tudo resulta a certeza de que a negativa em pagar teve por causa dificuldades burocráticas e administrativas entre a autora e sua matriz, no Japão, a qual estabelece períodos rígidos para aprovação de despesas. Esse fato não pode, evidentemente, justificar a falta de pagamento de um serviço executado de boa fé, que não fugiu ao sistema anterior existente entre as partes e que beneficiou o credor.

Por esses motivos, é dado provimento ao recurso, para julgar improcedente a ação, invertidos os ônus da sucumbência.

Presidiu o julgamento, com voto, o Juiz Paulo Shintate e dele participou o Juiz Sousa Lima.

São Paulo, 27 de abril de 1983.

José Osório, Relator.

Fonte: *JTACSP Saraiva* 82/113-4

APELAÇÃO N. 303.336

ACÓRDÃO

Vistos, relatados e discutidos estes autos de Apelação n. 303.336, da comarca de Ribeirão Preto, sendo apelantes C. – Companhia de seguros e outros e apelados N.C.F. e outros:

ACORDAM, em Terceira Câmara do Primeiro Tribunal de Alçada Civil, por maioria de votos, negar provimento ao recurso.

O recurso não tem provimento.

Trata-se de cobrança de indenização por seguro de vida em grupo que não foi paga por concluírem os seguradores que o segurado omitira a existência do câncer de tireoide que acabou por levá-lo à morte. A proposta de contrato e o primeiro pagamento se fizeram em 15.1.80. Nessa mesma data estava sendo pedido exame de laboratório que dois dias depois foi entregue ao Dr. W.K., médico do segurado (fls.) que comunicou a existência do carcinoma aos familiares de seu cliente, que veio a falecer em 29.4.80.

Ocorre que o Dr. W.K., que depôs como testemunha dos embargantes apelantes, esclareceu que começou a atender o paciente em 27.12.79 e que os exames anteriormente feitos nada revelavam quanto à presença de uma doença maligna. Disse ainda que o tumor que o paciente ostentava em 27.12.79 era muito pequeno e não sugeria a presença de câncer, o qual, entretanto, se revelou muito agressivo e evoluiu rapidamente. E esclareceu também que a apalpação não indicava igualmente a presença da doença maligna.

Diante de tal depoimento, não se pode concluir pela má fé do segurado. E quanto aos efeitos do mero erro nas declarações, observa-se que as citações doutrinárias constantes das lúcidas razões de apelação se referem, sem dúvida, ao contrato comum de seguro de vida e não ao de seguro em grupo.

Em relação a este, a jurisprudência tem sido muito mais severa para isentar o segurador do dever de indenizar, consoante se verifica dos julgados de que dão notícia os autos, particularmente aquele em que se apoiou a r. sentença - *RT* 546/76.

Este mesmo Tribunal (*JTA* 47/47, rel. Alves Ferreira) já deixou decidido:

> "Por outro lado, se a seguradora, em caso de seguro de vida em grupo, dispensa o exame médico, aceitando os esclarecimentos do próprio segurado, só mesmo uma prova de inequívoca má fé por parte deste é que poderia eximi-la da obrigação de pagar o seguro, já que o segurado, em tal espécie de seguro, se limita a aderir com a assinatura de formulário impresso, e nunca indagado, efetivamente, de suas reais condições de saúde".

Também in *JTA* 67/17, rel. Tito Hesketh, encontram-se estas ponderações:

> "Outrossim, deve ser salientado que, como é notório, os seguros de vida em grupo, com a dispensa de prévios exames médicos, são feitos sem maiores formalidades, muitas vezes apenas colhendo-se a assinatura do segurado; e, desse modo, é até possível que, no caso presente, quando da assinatura das propostas, nada tenha sido perguntado ao

pretendente sobre o seu estado de saúde, nem lhe tenha sido chamada a atenção sobre as cláusulas constantes dos documentos, impressas, aliás, em letras miúdas".

No caso destes autos, fica a convicção de que nada foi esclarecido ao pretendente ao assinar a proposta de fls., quanto às conseqüências de suas afirmações. A "Declaração de Saúde e Atividade" (fls., à esquerda) traz a importante recomendação, exatamente para evitar dificuldades futuras: "Esta declaração somente deverá ser preenchida de próprio punho e assinada pelo proponente". No entanto, todos os itens foram preenchidos à máquina. Impossível, assim, afirmar-se que o segurado tenha sido indagado de suas reais condições de saúde.

Diante do exposto, viu-se que a r. sentença bem decidiu a questão e deve ser confirmada, inclusive por seus fundamentos.

Presidiu o julgamento, com voto, o Juiz Paulo Shintate e dele participou o Juiz Sousa Lima (revisor vencido).

São Paulo, 1.º de junho de 1983.

José Osório, Relator.

Paulo Shintate, Vencedor c/ declaração de voto em separado.

Sousa Lima, Vencido c/ declaração de voto em separado.

Fonte: 1.º TAC

❖❖❖

APELAÇÃO N. 311.131

ACÓRDÃO

Vistos, relatados e discutidos estes autos de Apelação n. 311.131, da comarca de São Paulo, em que é apelante E.W.E. Ltda. e apelado E.R.

ACORDAM, em Terceira Câmara do Primeiro Tribunal de Alçada Civil, por votação unânime, dar provimento em parte ao recurso.

O agravo retido de fls. não é conhecido por falta de ratificação.

Consoante se viu do relatório *retro*, que é integrado ao presente acórdão, trata-se de duas ações ordinárias julgadas conjuntamente, sendo procedente a anulatória de contrato e cambiais e improcedente a de rescisão. Dizem elas respeito à aquisição pelo apelado de nove cotas do Shopping A, nos termos do contrato de promessa de cessão de direitos de fls., no valor de Cr$ 5.380,00. Cumprido tal contrato pelo apelado e não obtida a escritura definitiva, foi assinado outro e idêntico contrato, versando as mesmas 9 cotas, mas no valor de Cr$ 142.000,00, com emissão de 48 promissórias.

Após pagar 10 promissórias, e alegando vícios do consentimento ao assinar o segundo contrato, o apelado suspendeu os pagamentos e propôs ação anulatória.

A apelante, por sua vez, propôs ação para rescisão do contrato por falta de pagamento, com perda das importâncias pagas.

A razão está com o apelado, e a r. sentença bem decidiu a questão, salvo em pequena parte, como adiante se verá.

O primeiro contrato é datado de 31.01.73 e foi integralmente cumprido pelo apelado, consoante se vê do documento de fls., de 15.03.76, através do qual a apelante dá quitação e se compromete a assinar o instrumento definitivo no prazo de 90 dias. Passam-se dois anos e, ao invés de assinarem o contrato definitivo, as partes assinam novo e oneroso contrato preliminar (fls.), com o mesmo objeto do anterior.

É evidente a existência de vício de vontade na assinatura do segundo contrato. Se o primeiro estava inteiramente cumprido, não havia motivo para que qualquer pessoa normal assinasse o segundo, a não ser estando enganada.

Embora não se possa falar, no caso, em coação em sentido técnico, o fato é que o erro e o dolo civil estavam presentes no ato da assinatura do segundo contrato. Duas testemunhas, também lesadas pela apelante, confirmam as pressões e estratagemas usados pela apelante na obtenção do segundo contrato. E a terceira testemunha – advogado do Shopping Center – afirma ter sido procurado por diversas pessoas que se sentiam lesadas pela apelante.

Além disso, a existência de uma avalanche de processos cíveis, bem como de graves processos criminais, está a gerar fortíssima presunção em favor da versão dada aos fatos pelo apelado.

Diante de tal presunção, cumpria à apelante fazer a contraprova, demonstrando a regularidade de suas operações. Entretanto, não ouviu uma única testemunha e pôs o empenho de seu ilustre patrono a convencer que não praticara estelionato.

O erro em que caiu o apelado foi substancial porque versou sobre ponto básico da declaração: soubesse o apelado que o primeiro contrato não podia ser rescindido por iniciativa da apelante, certamente não assinaria o segundo. E o erro foi também escusável. Com efeito, os contratos preliminares apresentam dificuldades que escapam ao leigo, o qual, muitas vezes, pensa que está no campo das relações pré-contratuais e se sente na dependência da outra parte para obter o cumprimento específico do contrato ou perdas e danos.

Daí ser comum o contratante inescrupuloso criar embaraços e fazer novas exigências para assinar o contrato definitivo.

Foi o que aconteceu no caso presente, em que, diante do documento de fls., cumpria à apelada adimplir o primeiro contrato e não exigir o segundo.

Tenha-se presente ainda que a existência de tão grande número de lesados confirma a escusabilidade do erro em que incidiu o apelado.

Dizem os Doutos que o erro provocado configura dolo. Embora ambos os institutos provoquem a anulabilidade do ato, a distinção é importante, no caso, para efeito de responsabilização por perdas e danos.

Foram as negaças e injusta recusa da apelada em cumprir o contrato que levaram o apelante a assinar a declaração de vontade que o prejudicou e aproveitou ao autor do dolo.

Se esse modo de agir da apelante, que, ao que consta, era habitual, configura estelionato, é matéria a ser tratada em outra esfera do Direito. O que se pode dizer aqui é que os atos da apelante caracterizam o que os civilistas denominam de dolo (como vício da vontade) e que o vulgo chama de "picaretagem".

A devolução de importâncias foi bem determinada porque, anulado o segundo contrato, voltam as partes ao *statu quo ante*, com o que se faz necessária a devolução das importâncias pagas em decorrência desse segundo contrato, ou seja, o valor das promissórias de fls.

A revalidação do segundo contrato não foi atingida por qualquer prazo prescricional. É ela também decorrência natural da anulação do segundo contrato.

O MM. Juiz, ao contrário do que diz a apelante, não se antecipou à Justiça Penal e apenas reconheceu existência de dolo civil. Observe-se aqui que a remessa de peças deve ser feita ao Ministério Público e não à Polícia, nos termos do art. 40 do Código de Processo Penal.

Os depoimentos das testemunhas não compromissadas são aceitáveis porque coerentes com o conjunto probatório. Além disso, mesmo prescindindo de tais depoimentos, o desfecho da causa seria o mesmo.

O pedido dc indenização correspondente ao valor da desapropriação atribuído proporcionalmente às cotas também é procedente, estando suficientemente comprovado pelo depoimento do advogado do Shopping Center (fls.), que afirmou já ter realizado o primeiro rateio.

Somente em um ponto tem razão a apelante: inviável o pedido de compensação de valores constante da resposta da segunda ação (fls.). Isto porque, julgada improcedente a ação, não há com que se compensar o crédito do apelado.

Além disso, esse crédito, que é ilíquido, faz parte do pedido na primeira ação e já foi concedido.

Diante de todo o exposto, é dado provimento parcial ao recurso apenas para o fim de excluir da condenação a mencionada compensação, confirmando-se, no mais, a r. sentença, inclusive por seus fundamentos, com a observação de que a remessa de peças deve ser feita ao Ministério Público e não à Polícia.

Presidiu o julgamento o Juiz Nelson Schiavi e dele participaram os Juízes Sousa Lima (revisor) e Luciano Leite.

São Paulo, 07 de dezembro de 1983.

José Osório, Relator.

Fonte: 1.º TACSP

AGRAVO DE INSTRUMENTO N. 320.595

EMBARGOS DE TERCEIRO – Penhora – Incidência sobre bem adquirido pelo embargante – Aquisição posterior à penhora – Recurso provido para afastar o deferimento liminar dos embargos e dar prosseguimento à execução.

PENHORA – Incidência sobre bem posteriormente alienado – Alienação inteiramente ineficaz em relação ao exeqüente, sendo irrelevante a boa ou má fé do adquirente – Recurso provido para afastar o deferimento liminar dos embargos de terceiro, prosseguindo-se a execução.

AI 320.595 – 3.ª Câm. – Rel. José Osório – J. 22.2.84 – v. u.

ACÓRDÃO

Vistos, relatados e discutidos estes autos de Agravo de Instrumento 320.595, da comarca de São Bernardo do Campo, em que é agravante L.G.C., agravado F.J.P. e interessado J.P.:

ACORDAM, em Terceira Câmara do Primeiro Tribunal de Alçada Civil, por votação unânime, dar provimento ao recurso.

O agravante não se conformou com despacho que, em execução por ele proposta contra J.P., houve por bem de deferir liminarmente embargos de terceiro e suspender o processo principal. Alega o agravante que o agravado adquiriu a linha telefônica muito depois de estar ela penhorada.

O recurso foi processado regularmente, com resposta que destaca a boa fé do adquirente, que desconhecia a penhora.

É o relatório.

VOTO

O recurso, *data venia*, merece provimento.

Os autos mostram que na execução movida pelo agravante contra José Pereira foi penhorada a linha telefônica 448-9145, em 4.11.81 (fls.), e que o agravado adquiriu tal linha em 25.2.82 (fls.).

Trata-se, portanto – segundo já está comprovado nos autos –, de venda de bem penhorado, operação inteiramente ineficaz em relação ao exeqüente e em relação à qual não há que se cogitar da boa ou má fé do adquirente.

O eminente Juiz Nelson Altemani, em trabalho de Doutrina in *RJTJ* 40/19, assim se manifesta:

> "Não se confunde a fraude de execução, ainda, com a venda de coisas penhoradas, arrestadas ou seqüestradas, muito embora sejam muito semelhantes os efeitos das situações mencionadas. A venda de bem penhorado [...] é absolutamente ineficaz, independentemente de prova das condições previstas no art. 593, I e II. Conforme acentua Liebman: 'O efeito da penhora é meramente processual e consiste em imprimir a responsabilidade na coisa apreendida de forma tal que a coisa continua sujeita à execução, quaisquer que sejam os atos realizados pelo executado a seu respeito; em outras palavras: a alienação total ou parcial do bem (ou a constituição de direito real de garantia sobre o mesmo) não pode ser oposta ao exeqüente e não pode impedir o prosseguimento da execução, permanecendo a sujeição daquele bem ao poder executório do órgão público, qualquer que seja o direito adquirido por terceiro sobre o mesmo'".

Assim é que, ainda estando de boa fé o agravado, não pode ele se opor ao prosseguimento da execução, pois sua aquisição é manifestamente posterior à penhora.

Diante do exposto, é dado provimento ao recurso para afastar o deferimento liminar dos embargos de terceiro, prosseguindo-se na execução, como de direito.

Presidiu o julgamento o Juiz Nelson Schiavi e dele participaram os Juízes Sousa Lima e Luciano Leite.

São Paulo, 22 de fevereiro de 1984.

José Osório, Relator.

Fonte: *JTACSP-RT* 88/19-20

APELAÇÃO N. 318.099

CAMBIAL – Letra de câmbio – Emissão para haver comissão imobiliária – Negócio não consumado – Anulatória procedente – Sentença mantida.

Ap. 318.099 – 3.ª Câm. – Rel. José Osório – J. 14.3.84 – v. u.

ACÓRDÃO

Vistos, relatados e discutidos estes autos de Apelação 318.099, da comarca de São José dos Campos, em que é apelante G. Promoção, Empreendimentos e Participações S/C Ltda. e apelado L.A.R.:

ACORDAM, em Terceira Câmara do Primeiro Tribunal de Alçada Civil, por votação unânime, negar provimento ao recurso.

Consoante se viu do relatório *retro*, que é integrado ao presente acórdão, cuida-se de ação anulatória de letra de câmbio e declaratória de inexistência de débito, precedido de cautelar de sustação de protesto, julgada procedente, apelando a ré.

O recurso não tem provimento.

A ré sacou letra de câmbio para haver comissão a que se considerava com direito por ter aproximado as partes em negócio imobiliário. Alega que o negócio não se consumou porque o comprador, que já lhe autorizara a apresentar proposta de compra ao vendedor, desistiu unilateralmente do negócio.

A razão está com o autor.

O contrato de mediação se fez entre a ré e o vendedor, conforme este mesmo declarou em juízo. Contra o autor exibe a ré apenas o doc. de fls. – "autorização para proposta de compra de imóvel" – e é baseado nessa peça que a ré extraiu a grave afirmativa constante das contestações da cautelar e da ação principal, segundo a qual o autor teria assumido a obrigação de pagar a comissão devida a ela (fls. da cautelar e fl. dos autos principais).

Nada mais forçado do que extrair tal conseqüência daquele documento. Por ele, e através de cláusula impressa, o autor apenas autorizava "os vendedores a pagar a devida corretagem à G.". Não assumiu ele nenhum compromisso de pagar corretagem à G. e não pode ficar sujeito ao processo violento de saque de letra de câmbio. Se alguma responsabilidade dele se vislumbra, em tese, estaria no âmbito da responsabilidade pré-contratual, de difícil e incerta demonstração.

Em caso semelhante decidiu o E. Tribunal de Justiça, fazendo remissão a outros julgados:

"Por último. lembre-se que os corretores abusam muitas vezes da boa fé dos candidatos à compra, e, sem que estes atentem para a cláusula impressa que os pode comprometer, conseguem sua assinatura, acenando para o fato de que qualquer comissão onerará apenas o vendedor do imóvel, não havendo, assim, risco em fazer a proposta" (*RJTJ* 76/61, rel. Hélio Arruda).

No caso dos autos, o compromisso que o autor teria assumido – repita-se – foi quando muito com os vendedores. Mais explícito e leal fosse o documento impresso, por certo que os fatos se passariam de outra forma.

A r. Sentença não é parcial nem contraditória nem julgou *ultra petita*. Apenas acrescentou na fundamentação um argumento não ventilado pelo autor.

Trata-se de decisão irretocável, que é confirmada, por seus fundamentos, pelo que é negado provimento ao recurso.

Presidiu o julgamento o Juiz Nelson Schiavi e dele participaram os Juízes Sousa Lima (revisor) e Luciano Leite.

São Paulo, 14 de março de 1984.

José Osório, Relator.

Fonte: *JTACSP-RT* 83/64-5

APELAÇÃO N. 319.949

ACÓRDÃO

Vistos, relatados e discutidos estes autos de Apelação n. 319.949, da comarca de Batatais, sendo apelantes e apelados E.G.J. e Banco C.

ACORDAM, em Terceira Câmara do Primeiro Tribunal de Alçada Civil, por maioria de votos, dar provimento à apelação, prejudicado o recurso adesivo.

Cuida-se de embargos à execução que foram julgados improcedentes pela r. sentença de fls., apelando ambas as partes. O embargante levanta preliminares e pede a procedência dos embargos e o embargado se insurge apenas contra a forma da correção monetária.

O caso pode ser assim resumido: as partes firmaram quatro contratos, o principal dos quais é de abertura de crédito em conta corrente com garantia pignoratícia; os outros são duas notas de crédito rural e uma cédula rural pignoratícia. Não tendo sido pago o primeiro, o credor deu por vencidos os demais e promoveu a presente execução, que foi embargada sob o fundamento principal de ter sido o primeiro contrato garantido por penhor mercantil de 1.300 sacas de café que desapareceram da firma depositária, sem culpa do embargante. A questão fundamental do presente caso está, assim, em saber quais as consequências jurídicas decorrentes do desaparecimento da garantia pignoratícia.

A matéria preliminar argüida pelo embargante-apelante não procede. Não houve o alegado cerceamento de defesa, pois os fatos estavam bem esclarecidos e a prova documental era perfeitamente suficiente para o deslinde do caso, justificando o julgamento antecipado.

Não cabe a alegação de falta de interesse de agir por parte do embargado. Não é porque movera antes a ação real de depósito que estivesse ele inibido de mover a ação pessoal de cobrança, pois são duas ações diversas, com objetivos diversos e contra pessoas diversas.

Em relação ao mérito, vê-se que o embargante deu em garantia pignoratícia 1.300 sacas de café que estavam depositadas nos armazéns da firma Café G. Ltda. Na data do contrato, 20.6.80, essa firma assinou o compromisso de depositário (fls.) e assinou recibo de depósito dos bens apenhados (fls.). Esse café desapareceu, o que fez com que o embargado movesse contra os depositários – a sociedade e seus titulares – a competente ação de depósito, que foi julgada procedente, sem, contudo, satisfazer concretamente o interesse do credor. Voltou-se este, então, contra o embargante.

Sem razão, porém.

O contrato existente nos autos é de penhor mercantil, semelhante ao civil ordinário (Pontes, *Tratado*, XXI, pág. 73, e XX, pág. 432). Também no penhor mercantil exige-se a transferência da posse do objeto para o credor.

Foi o que ocorreu no presente caso. O café não saiu dos armazéns dos G., que continuaram com a posse direta do mesmo. Mas a posse indireta, que tinha o embargante, foi, sem a menor sombra de dúvida, transferida para o Banco, ora embargado. Sem essa transferência sequer teria existido o contrato, e o Banco nem aceitaria a garantia, nem emprestaria o dinheiro.

O contrato de fls. e o compromisso de depositário (fls.) deixam claro que todo o poder jurídico (salvo o domínio) sobre a coisa ficou com o Banco. Pela fls. do contrato, vê-se que o devedor tinha de entregar o café ao Banco. Segundo o compromisso de depositário, a guarda se fez "em nome e à ordem do Banco"; o café não podia ser retirado "sem ordem expressa do Banco", que podia exigir a entrega da mercadoria a "*outro depositário*" ou "*ao próprio Banco*", o qual podia ainda examinar o armazém e até mesmo a escrita dos depositários. Por aí se vê, portanto, que o Banco ficou com poder jurídico e físico sobre a coisa. Ao devedor só restou o domínio nu, isto é, o domínio despido de seus atributos.

Segundo a lei civil (art. 774) e comercial (art. 276), o credor pignoratício assume obrigações de depositário. Pode ele encarregar outrem dos encargos do depósito. Mas, como ensina Pontes de Miranda a esse propósito, "à culpa própria (do credor pignoratício) *equivale a das pessoas a quem o titular outorga posse imediata, ou serviço da posse*" – *Tratado*, XX, pág. 444.

Assim, se o Banco recebeu a posse indireta e todo o poder jurídico e mesmo físico sobre a coisa, e julgou de seu interesse mantê-la depositada, é evidente que é ele, Banco, que há de correr os riscos com a perda da coisa decorrente de culpa do depositário. A partir do perfecionamento do contrato de penhor, verificado com a entrega da posse indireta da coisa, que incluiu também a entrega do poder de disposição dela, podia o Banco ficar ele próprio como depositário, podia mantê-la no depósito em que estava, como poderia ainda transferi-la para outro depósito, a seu exclusivo critério, mas tudo, evidentemente, sob sua responsabilidade perante o devedor.

Não é pelo simples fato de ter sido o depositário escolhido de "comum acordo", como diz o contrato, que a responsabilidade tenha sido transferida para (ou tenha permanecido com) o devedor, pois, nesse tipo de contrato de penhor, depositário é o credor e, se surge um depositário profissional, este vem fazer as vezes do credor e não do devedor. A tal escolha de "comum acordo" perde toda relevância, diante da reserva contratual segundo a qual o Banco podia designar, unilateralmente, outro depositário. Dessa forma, o dever de vigilância tinha que ser exercido pelo Banco, que estava habilitado a examinar até a escrita do depositário, e tinha poder, prestígio e funcionários capacitados para exercer amplamente a vigilância. O devedor, como proprietário da garantia, tinha também legitimidade para fiscalizar o depositário. Mas não era de seu dever fazê-lo nem estava, na realidade, habilitado para tanto, despido que se encontrava dos poderes inerentes ao domínio. Nem foi por outros motivos que quem propôs a competente ação de depósito foi o Banco.

Cuidasse o Banco adequadamente da garantia pignoratícia, a dívida estaria paga. Fizesse o Banco contrato de seguro adequado, não haveria prejuízo para ninguém. Mas o contrato de seguro feito pelo Banco, com dinheiro do devedor, não cobria essa hipótese de o depositário (que, em regra, é o próprio credor pignoratício) sumir com a mercadoria.

Não tem razão também o Banco quando, na impugnação aos embargos e nas contra-razões, procura fazer distinção entre o penhor civil e o mercantil para concluir que neste caso, por ter a posse se dado indiretamente por mãos de terceiro, não teria aplicação o art. 774 (deveres do credor-depositário), segundo ensinamento de Pontes de Miranda. O que o mestre diz na passagem citada é o seguinte: "Se houve constituto possessório, cujo cabimento depende, no penhor, de exceção que a lei abra à exigência da chamada tradição efetiva, o art. 774, II, não cabe" (*Tratado*, XX, pág. 444). Frise-se, de início, que o não cabimento, segundo o abalizado autor, se restringe ao inciso II do art. 774, e, o que é fundamental, a hipótese de não cabimento está condicionada à existência de constituto possessório. Ora, este só se verifica nos casos de penhor agrícola ou pecuário (art. 769 do CC) ou dos outros penhores especiais, em que o devedor, que possuía em nome próprio, passa a possuir em nome do credor pignoratício por força da cláusula *constituti*.

O caso dos autos, entretanto, versa típica hipótese de penhor ordinário e tradicional em que a posse foi pura e simplesmente transferida do devedor para o credor. Nem foi por outro motivo – insista-se – que a ação de depósito foi promovida pelo Banco contra aquele que tinha a mera posse direta do bem.

Nem se diga que uma das dívidas seria ilíquida, a ponto de impedir a compensação pretendida pelo devedor. Trata-se de obrigação de restituir 1.300 sacas do café de valor previsto no contrato e, como sempre, superior à dívida garantida. E a perda foi total, não havendo sequer necessidade de se pesquisar qual tenha sido o percentual dela.

Diante de todo o exposto, vê-se que os embargos são procedentes. Inclusive no que diz respeito aos demais títulos executivos, que tiveram seus vencimentos antecipados por força do indevido reconhecimento de inadimplemento do contrato de abertura de crédito com garantia pignoratícia.

Assim, é dado provimento ao recurso principal para julgar procedentes os embargos, condenado o embargado nas custas e em honorários de 12% do valor da execução.

Presidiu o julgamento, com voto vencido, o Juiz Nelson Schiavi e dele participou o Juiz Sousa Lima.

São Paulo, 09 de maio de 1984.

José Osório, Relator Designado.

Fonte: 1.º TACSP

APELAÇÃO N. 325.938

ACÓRDÃO

Vistos, relatados e discutidos estes autos de Apelação n. 325.938, da comarca de São Manuel, sendo apelantes e apelados Banco T. e S.B.

ACORDAM, em Terceira Câmara do Primeiro Tribunal de Alçada Civil, por votação unânime, dar provimento em parte ao recurso do autor e não acolher o do réu.

Consoante se viu do relatório *retro*, que é adotado, cuida-se de ação de depósito, julgada improcedente, apelando ambas as partes: o autor, pedindo a reforma integral da sentença; e o réu, visando ao aumento da verba honorária.

1 – Os fatos estão bem esclarecidos. O autor, através de sua agência de São Manuel, emprestou para D.H. Cr$ 34.000.000,00, nos termos de contrato de abertura de crédito, datada de 14.5.80, com garantia pignoratícia de 9.440 sacas de café beneficiado. O café continuou onde estava, isto é, em parte de armazém do próprio devedor, em Areiópolis, parte essa cedida pelo devedor ao Banco por contrato de comodato desde 1971. Ao mesmo tempo em que foi assinado o contrato de abertura de crédito com penhor mercantil, foram também assinados o compromisso de depositário e o termo de depósito de fls., pelos quais o réu S.B. declara haver recebido o café de D.H. e a favor do Banco, obrigando-se como depositário. Durante a vigência dos contratos, foram feitas diversas vistorias pelo réu e pelo fiscal do Banco, nada encontrando de anormal. Mas D.H. não pagou o empréstimo e, em 29.12.80, o fiscal observou irregularidade. Chamou o réu que a também constatou, pelo que enviaram ambos ao Banco a carta de fls., pela qual se vê que só restavam 27 sacos: D.H. havia substituído 9.413 sacas de café por igual quantidade de sacos de palha. O réu deu queixa à Polícia contra D.H., e o autor moveu contra este ação de execução, penhorando o armazém e a residência dele. Cerca de um ano após a propositura da execução, o Banco propõe a presente ação de depósito, alegando que o réu infringiu suas obrigações de depositário, motivo por que deve ser compelido a devolver as 9.440 sacas de café, ou seu equivalente em dinheiro, sob pena de prisão.

A r. sentença julgou improcedente a ação, reconhecendo, em síntese, que não houve culpa por parte do réu e que o crime praticado por D.H. constituiu motivo de força maior a tornar impossível o cumprimento da obrigação, nos termos do art. 1.277 do Código Civil.

Nas razões e contra-razões, as partes desenvolveram extensa e proficientemente seus argumentos, o que está a exigir que a questão também seja examinada em maior extensão.

2 – A dificuldade maior que o caso dos autos apresenta está em saber se a realidade jurídico-formal dos instrumentos corresponde efetivamente à realidade substancial dos fatos e dos negócios jurídicos que são submetidos a exame. Diante de tal tarefa nunca é demais lembrar as palavras famosas do Juiz Holmes: "Tenemos que pensar cosas, no palabras, o por lo menos tenemos que traducir constantemente nuestras palabras a los hechos que ellas representan, se queremos atenermos a la realidad y a la verdad" (apud Karl Olivecrona, *Lenguage jurídico y realidad*, trad. esp. Buenos Aires, 1968, p. 16).

Na verdade a r. sentença bem decidiu a questão e merece subsistir, pois soube captar no bojo dos autos a realidade vívida e, assim, pôde dar adequada solução ao caso.

3 – Diga-se, de início, que as preliminares de ilegitimidade de parte, ativa e passiva, e de impossibilidade jurídica do pedido – nas quais ainda insistem as contra-razões – foram bem afastadas.

Com efeito, as transmissões simbólica e automática da posse ocorrem com muita freqüência e não há impedimento de ordem legal ou doutrinária para deixar de aceitá-las. Assim a posse do café podia ser transmitida – mesmo sem sair daquele armazém – do devedor pignoratício para o credor e deste para o depositário.

É verdade que no penhor comum, seja ele civil ou mercantil, o credor recebe a posse da coisa e, nos termos dos artigos 774 do CC e 276 do Código Comercial, fica obrigado como depositário. Mas ele pode encarregar outrem da guarda da coisa. É o que ensina J. X. Carvalho de Mendonça:

> "A escolha de terceiro, eleito pelas partes contratantes para guardar no interesse delas objeto empenhado, tem sido geralmente aceita em vantagem do devedor e do credor, para vencer a dificuldade de se achar esta coisa em lugar distante daquele em que se deve constituir o penhor, evitando transporte dispendiosos (sic), de ser difícil a guarda pelo próprio credor, ou de precisar de cuidados que este não pode dispensar. O credor exerceria a posse por meio do terceiro que assumiria o caráter de depositário" (*Tratado de Direito Comercial Brasileiro*, vol. VI, Parte II, 1.279).

Assim sendo, dúvida inexiste de que as partes são legítimas para a presente ação de depósito. Se o contrato de depósito é inteiramente regular e apto a produzir todos os seus efeitos, é matéria de mérito que entende com a procedência ou não do pedido.

4 – O ponto central da sentença e, consequentemente, do recurso do autor, diz respeito à existência ou não de culpa a ser atribuída ao réu, ou, por outras palavras – já que as conseqüências práticas são as mesmas –, se ocorreu hipótese de caso fortuito ou de força maior a excluir a responsabilidade do réu pela impossibilidade de restituir a mercadoria.

Com efeito, o art. 1.277 do CC é claro ao estatuir que o depositário não responde pelos casos fortuitos nem de força maior, tendo, porém, o dever de prová-los.

No caso dos autos, está arquiprovado que o devedor do Banco, D.H., sumiu com o café, restando ver se esse fato pode constituir caso fortuito, ou seja, se pode ser havido como "fato necessário cujos efeitos não era possível evitar, ou impedir", nos precisos termos do art. 1.058, parágrafo único, do CC.

Mestre Agostinho Alvim, com a proverbial objetividade, estuda a questão:

> "A análise da definição do Código consistirá, principalmente, no estudo da necessariedade do fato, cujos efeitos não era possível evitar ou impedir. Há, na prática, muito equívoco acerca do que se deva entender por 'fato necessário'. A geada, o roubo a mão-armada, o atraso de trens são 'fatos necessários'? Nem sempre. A necessariedade do fato há de ser estudada em função da impossibilidade do cumprimento da obrigação, *e não abstratamente*".

Após dar alguns exemplos, o jurista chama a atenção para as dificuldades que surgem "ao se tratar de saber qual é, precisamente, a obrigação do devedor" (*Da Inexecução das Obrigações*, n. 207).

O exame dos autos mostra que o réu, embora tenha assinado o "compromisso de depositário" e se obrigado como tal, não assumiu a obrigação de ele, réu, guardar a coisa. Esta ficou em parte de armazém de propriedade do devedor D.H. e da qual o Banco autor *tinha posse direta há 10 anos*, por força de contrato de comodato. Essa parte do armazém era separada da outra, usada exclusivamente por D.H., apenas por uma simbólica tela de arame, de pouco mais de metro e meio de altura. Em suma, o rico depósito ficou ao alcance da mão de D.H., em local sempre usado por ele e pelo Banco, nunca pelo réu.

O réu reside em Município vizinho, qualifica-se como agricultor e como funcionário público aposentado, tinha, na época dos fatos, cerca de 76 anos de idade, nunca tinha sido depositário, embora já tivesse prestado serviços de avaliador ao Banco. Não era empresário do ramo e nada há nos autos que indique dispusesse de meios materiais e pessoais para guardar 9.440 sacos de café beneficiado. Na verdade, de todos os requisitos que eram de ser exigidos do depositário, o réu só tinha uma reputação ilibada, em relação à qual nem mesmo o autor põe objeções.

Diante dessas circunstâncias materiais e pessoais, forçoso é reconhecer que o Banco não atribuiu, nem o réu assumiu, obrigação de guardar as 9.440 sacas de café. O réu assumiu, quando muito, obrigação de vigiar D.H. à distância. E essa obrigação foi cumprida, conforme deixou expresso a testemunha comum, R.S., fiscal do Banco.

Segundo essa testemunha, as vistorias eram feitas com freqüência mensal, ou mais amiúde, às vezes em companhia do réu, outras vezes sozinho (o que revela que não era só o réu que tinha a chave do cadeado que prendia a tela à parede). Outra forma de cumprimento da obrigação era inviável, pois não seria razoável esperar que o réu permanecesse ou pusesse guardas de plantão à entrada de armazém que estava na posse direta do próprio Banco.

5 - Também por outro aspecto vê-se que a ação não podia ter êxito.

Entre os casos que exoneram o devedor da responsabilidade pelo incumprimento da obrigação estão aqueles em que há fato *imputável ao credor* - (cf. J. M. Antunes Varela, *Direito das Obrigações*, II, pág. 71/72). Diz o renomado professor da Universidade de Coimbra: "Todos esses fatos (de terceiro, do credor, do próprio devedor) têm em comum com os casos fortuitos ou de força maior a circunstância de tornarem impossível a prestação 'sem culpa do devedor'. Em todos eles se trata, por conseguinte, de 'impossibilidade' da prestação por fato 'não imputável ao devedor'".

Na hipótese dos autos, o dever de guarda da coisa e de vigilância sobre D.H. ficaram, na realidade, como já se disse, a cargo do Banco, que tem setor próprio para fiscalização (a que pertencia a testemunha R.S.). Mas as providências concretas tomadas para o recebimento do café por parte do Banco foram tão ingênuas e ineficazes que tornaram impossível o desempenho da missão a que o réu generosamente acedeu.

6 - Com efeito, os atos que podem ser imputados ao Banco autor vêm desde o início das operações.

O contrato de real relevância e que não pode deixar de ser enfocado é o de empréstimo, no elevado valor de Cr$ 34.000.000,00, em maio de 1980, com garantia de penhor mercantil de 9.440 sacas de café beneficiado.

Considerando a evidente onerosidade do contrato de penhor, para o devedor, que fica despojado da posse e do poder de disposição da coisa, a ordem jurídica (arts. 774, X, do CC, e 276 do Código Comercial) estabelece que o credor fica obrigado como depositário. Para esse tipo de contrato, bastam, como se sabe, duas pessoas. No caso dos autos, entretanto, surgiu um terceiro figurante, o réu , que assume graciosamente (:) os pesados encargos de depositário. Já vimos que, em princípio, isso é possível, para que melhor sejam atingidos os objetivos do contrato, como ensinou Carvalho de Mendonça. Mas, no caso dos autos, por que surgiu o réu no presente negócio?

7 - Ora, penhor e depósito não são contratos abstratos. Há que buscar as respectivas causas.

Vem a propósito a lição de Orlando Gomes:

> "O recrudescimento do interesse pelo problema da 'causa' explica-se diante das novas direções do pensamento jurídico e da tendência moralizadora que se observa no direito contemporâneo. Generaliza-se a preocupação de submeter a controle as manifestações da 'autonomia privada', no sentido de conformá-la às novas exigências sociais" (*Introdução ao Direito Civil*, 1971, pág. 361).

Emilio Betti, na *Teoria Geral do Negócio Jurídico*, tomo 1, inicia o Cap. III, sobre a função do negócio jurídico, enfrentando o problema da causa:

> "O elemento novo que a autonomia privada procura introduzir na situação preexistente exige uma justificação objetiva. Para se compreender essa justificação, é preciso passar da consideração estática do negócio à consideração dinâmica da autonomia privada, que nele encontra o instrumento adequado aos seus fins. E nessa investigação é necessário utilizar, especialmente no ambiente da sociedade moderna, um grau de sensibilidade social, de que o velho individualismo dos juristas não tinha a menor idéia. Só assim, examinada a estrutura – forma e conteúdo (o como e o quê) – do negócio, pode resultar frutuoso estudar-lhe a função (o porquê). Essa função, que em terminologia técnica, legitimada pela tradição, se denomina a 'causa', ou seja, a razão do negócio, liga-se, logicamente, ao seu conteúdo, sem, no entanto, se identificar com ele. Etc." (ob. cit. Trad. de Fernando de Miranda, Coimbra Editora Ltda., 1969, págs. 329 e segs.).

> E ainda diz mais o eminente civilista da Universidade de Roma:

> "Causa, bem entendido, não em sentido fenomenológico, mas teleológico e deontológico, atinente à exigência de sociabilidade que preside à função ordenadora do direito. Tal como os direitos subjetivos, também os poderes de autonomia, efetivamente, não devem ser exercidos em oposição com a função social a que são destinados: o instrumento da autonomia privada, colocado à disposição dos indivíduos, não deve ser desviado do seu destino (pág. 334).
>
> [...]
>
> E dado que a função social da autonomia privada se espelha no tipo de negócio abstratamente considerado, ao passo que a celebração do negócio concreto é sempre determinado por um interesse individual, vemos desenhar-se uma antinomia entre este e o interesse objectivo atrás referido, com a possibilidade de um, interferindo com o outro, neutralizar e paralisar, no campo específico, a realização da função social típica, desviando o negócio de seu verdadeiro destino, para o fazer servir a um escopo anti-social. Isto cria a necessidade de uma fiscalização do interesse individual determinante" (pág. 338/9).

8 – Na hipótese de que tratam os presentes autos, dúvida já não existe quanto ao desvio da finalidade prevista pelo ordenamento jurídico para um determinado negócio jurídico, qual seja o contrato de depósito de fls.

Revelou-se ele inteiramente distorcido, porque através dele o credor pignoratício se despojava das árduas responsabilidades de depositário, tranferindo-as desnecessariamente a outrem que, aliás, não tinha meios para exercê-las.

Numa operação jurídico-econômica inteiramente concebida, celebrada e administrada pelo autor, na qual naturalmente deviam participar, como já foi dito, apenas duas pessoas, surgiu uma terceira, como um "casal de três" em que tudo de gravoso é lançado sobre o novo personagem, o depositário-fantoche.

Com efeito, o contrato acabou por se revelar, além de distorcido, também perverso. Por força dele, um homem de bem, com mais de 75 anos, ficou na iminência de ser levado à prisão e de ir à ruína, pois o valor da dívida já ultrapassa a casa do bilhão de cruzeiros, importância bastante superior, segundo se infere dos autos, ao patrimônio do réu.

9 – Também não se pode perder de vista o regime jurídico dos negócios gratuitos.

Porque o contrato de fls. é gratuito, pois só prevê vantagens para um lado e não consta dos autos que tenham sido previstas remunerações de qualquer espécie para o réu, nem mesmo por parte do devedor D.H. Diga-se de passagem que, ainda que houvesse natural gratificação dessa ordem, não ficava afastada a gratuidade do negócio jurídico estabelecido entre autor e réu. Veja-se, a esse propósito, a observação do citado Emilio Betti, que mostra que o caráter de gratuidade tem que ser buscado na causa e não nos motivos do negócio jurídico (Ob. cit., Tomo II, pág. 217).

O fato é que o réu, segundo consta dos autos, nada recebeu, nem ficou com direito de exigir qualquer importância por sua participação no vultoso negócio jurídico. Ao que parece, mais praticou um ato de gentileza para com as duas partes do que um ato negocial propriamente dito. Mas ainda que seu ato tenha esta característica, dúvida não há de que está submetido ao regime dos contratos benéficos e unilaterais, tratados no artigo 1.057 do CC, a saber: "Nos contratos unilaterais, responde por simples culpa o contraente, a quem o contrato aproveita, e só por dolo, aquele a quem não favoreça".

É verdade que autores há que afirmam que tal disposição não se aplica ao contrato de depósito e outros de obrigação de resultado. Mas tais autores têm diante de si o autêntico contrato de depósito (art. 1.265), em que uma coisa é efetivamente recebida para ser guardada, e não um contrato distorcido como o dos autos.

Se, como já foi dito, nem mesmo culpa pode ser atribuída ao réu, muito menos dolo, deixando ainda mais distante a possibilidade de procedência da ação.

A r. sentença só merece reparo quando considerou o autor litigante de má fé. A questão ofereceu sérias dificuldades de ordem jurídica, o que, por si só, está a afastar aquela condenação, sem embargo de poder o réu, querendo, haver por ação própria os danos eventualmente sofridos.

Diante de todo o exposto, é negado provimento ao recurso do réu e dado provimento parcial ao recurso do autor, apenas para o fim de afastar o decreto de litigância de má fé, confirmada, no mais, a r. sentença,inclusive por seus bem lançados fundamentos.

Presidiu o julgamento, o Juiz Nelson Schiavi e dele participaram os Juízes Sousa Lima (revisor) e Luciano Leite.

São Paulo, 8 de agosto de 1984.

José Osório, Relator.

Fonte: 1.º TACSP

❖❖❖

APELAÇÃO N. 332.908

ACÓRDÃO

Vistos, relatados e discutidos estes autos de Apelação n. 332.908, da comarca de São Paulo, sendo apelantes e apelados D.A. Cia Ltda. e B. Administradora de Consórcios Ltda.

ACORDAM, em Terceira Câmara do Primeiro Tribunal de Alçada Civil, por votação unânime, negar provimento aos recursos.

Consoante se viu do relatório *retro*, que é integrado ao presente acórdão, cuida-se de embargos de terceiro em ação de depósito julgados procedentes, apelando ambas as partes. A embargada, levantando incidente de falsidade e pedindo a improcedência dos embargos; e a embargante, pedindo a inclusão de perdas e danos na condenação.

O recurso da embargada não tem provimento.

Em ação de busca e apreensão, convertida em ação de depósito, movida contra E.M.O. e julgada procedente, foi apreendido o veículo que estava em poder da embargante, que o havia adquirido da I. Veículos e Peças. Esta, por sua vez, o adquirira de J.N.B., que o comprara do referido E.M.O., aderente a consórcio e devedor da embargada, com garantia de alienação fiduciária. Ocorre que o documento de fls. mostra que E.M.O. obteve quitação da embargada, pelo que o Detran expediu certificado de propriedade (fls.) em favor de J.N.B., constando a inexistência de ônus. Isto fez com que as transmissões seguintes também se fizesem dessa forma, isto é, livres de ônus.

A argüição de incidente de falsidade é indeferida. O termo de quitação de fls. veio para os autos em 22.5.84 e o despacho para que as partes se pronunciassem sobre o mesmo foi publicado em 29.5 (fls.), nada alegando a embargada. Diante da relevância da documentação e das manifestações da embargante e da I. Veículos e Peças, o MM. Juiz deu nova oportunidade para a embargada dizer sobre os fatos e ela se omitiu mais uma vez.

Assim sendo, não há como deixar de se reconhecer que a matéria, em relação à terceira-embargante, tornou-se preclusa, tendo em vista os termos do art. 390 do CPC.

Ainda por outro motivo é de ser indeferida a argüição de falsidade. Ainda que falso o documento, a decretação de sua invalidade, nestas alturas dos acontecimentos, não produzirá efeitos em relação à embargante.

Esta, na pior das hipóteses, adquiriu o bem do proprietário aparente e, em determinadas e especiais circunstâncias, tal aquisição é válida.

Com efeito, em certas hipóteses – e a dos autos é uma delas – o princípio "nemo plus ad alium juris transferre potest quam ipse habet" sofre grave restrição, em nome dos princípios da boa fé e da paz social. A aquisição por parte da embargante se fez a título oneroso e o transmitente se apresentava com todas as características do verdadeiro proprietário. A garantia que a embargada diz ainda existir não pode ser oposta ao terceiro de boa fé, pois não constava do certificado de propriedade expedido pelo órgão competente. Quanto a esse ponto, a jurisprudência é tranquila: unif. de Jurisp. 11.564 do 2.º TAC, in *RT* 584/161.

Assim, mesmo que viesse a ser considerado falso o documento, vê-se que o erro em que teria incidido a embargante teria sido, além de erro comum, um erro invencível, pois lhe era impossível saber que pesava ônus sobre o veículo.

Vem a propósito lição do grande Orlando Gomes:

> "A outra situação em que também se manifesta freqüentemente a propriedade aparente é a de quem tem o título de aquisição transcrito em seu nome, sem ser o proprietário real. Confiado no registro, terceiro adquire do falso proprietário o bem transcrito, verificando depois que lhe não pertencia. Era ele proprietário aparente. Aplicam-se a essa alienação os princípios da teoria da aparência. Se concorrem os requisitos, será válida, posto que tenha sido *a non domino*" (*Direitos Reais*, 7.ª Ed., p. 244).

Quanto à alegação da embargada de que houve erro na numeração do chassi no novo certificado emitido pelo Detran, vê-se que o erro foi insignificante e perfeitamente superável pelos demais dados, que são coincidentes.

Em relação ao recurso da embargante, também não merece provimento. A embargada não agiu, pelo que consta dos autos, com qualquer parcela de má fé, não se justificando sua condenação em perdas e danos.

Diante de todo o exposto, é negado provimento a ambos os recursos e confirmada a r. sentença, inclusive por seus fundamentos.

Presidiu o julgamento o Juiz Nelson Schiavi e dele participaram os Juízes Sousa Lima (revisor) e Luciano Leite.

São Paulo, 21 de novembro de 1984.

José Osório, Relator.

Fonte: 1.º TACSP

APELAÇÃO N. 334.808

RESPONSABILIDADE CIVIL – Conhecimento de transporte – Mercadoria armazenada e não retirada – Taxa de armazenamento – Recurso provido para que o valor seja liquidado por arbitramento.

Ap. 334.808 – 3.ª Câm. – Rel. Juiz José Osório – J. 26.12.84 – v. u.

ACÓRDÃO

Vistos, relatados e discutidos estes autos de Apelação 334.808, da comarca de Marília, sendo apelante I.E. Ltda. e apelada T. S/A:

ACORDAM, em Terceira Câmara do Primeiro Tribunal de Alçada Civil, por votação unânime, dar provimento em parte ao recurso.

Ao relatório de fls. é acrescentado que o acórdão afastou a extinção do processo determinando o julgamento pelo mérito, o que foi feito pela r. sentença de fls. julgando procedente a ação de cobrança e condenando a ré no principal e verbas acessórias.

Apelou a vencida, argüindo nulidade da sentença por falta de tentativa de conciliação e, no mérito, pedindo a reforma integral da sentença uma vez que a condenação se refere a uma taxa diária de armazenagem de 5% do valor da mercadoria, taxa essa fixada unilateralmente pela autora.

O recurso foi processado regularmente, com resposta, que destaca o acerto da decisão.

É o relatório.

VOTO

Não há nulidade a ser decretada, pois a falta de proposta de conciliação é matéria preclusa, nada tendo sido alegado posteriormente pelos interessados.

No mérito, porém, o recurso está a merecer provimento parcial.

Dúvida não há de que a ré deve pagar para a autora despesas de armazenagem da mercadoria que foi transportada e não foi recebida pela destinatária. Ocorre que a autora fixou o valor de tais despesas em 5%, ao dia, do valor da mercadoria.

A r. sentença julgou procedente a ação sob a consideração de que a ré havia reconhecido a existência de tal avença no conhecimento de transporte, além de ter permanecido silente diante de duas notificações promovidas pela autora para que a ré retirasse a mercadoria, sob pena de pagar a taxa diária.

A ré apelante, contudo, esclareceu que não admitiu a existência da taxa, que não foi prevista em nenhum momento, tendo sido fixada unilateralmente pela autora.

E isto foi, de fato, o que se verificou, pelo que consta dos autos.

A taxa não faz parte do contrato e, no caso, aparece, como simples proposta, nos termos do art. 1.079 do CC, a qual, enquanto não aceita, só obriga o proponente, evidentemente.

Nem se diga que se deu aceitação tácita, como previsto no art. 1.084, já que a ré teria silenciado diante das notificações. Beviláqua bem demonstra que a dispensa de aceitação expressa só se dá em casos excepcionais, previstos na lei, isto é, em que o costume é de não aceitar expressamente e em que o policitante dispensou a aceitação. E conclui o grande mestre:

> "Fora dessas circunstâncias não se poderá inferir aceitação do silêncio desacompanhado de atos que a pressuponham, ainda que a proposta venha acompanhada de cláusulas cominatórias: considera-se aceito o objeto remetido, se não for devolvido dentro de certo lapso de tempo. Tal expediente não tem base jurídica. O policitante não pode violentar a vontade daquele a quem propõe a conclusão de um contrato. Contrato é acordo de vontades" (*Código Civil*, n. 2 ao art. 1.084).

Diante do exposto, e reconhecido à autora o direito às despesas de armazenagem, e notando-se ainda exagero na fixação unilateral da taxa, outra solução não há do que liquidar-se, por arbitramento, o valor de tais despesas.

Diante do exposto, é dado provimento parcial ao recurso para que o valor das despesas de armazenagem seja encontrado da forma *supra*, valor esse que, evidentemente, não poderá ultrapassar aquele pedido na inicial com as devidas atualizações, mantidas as verbas de sucumbência.

Presidiu o julgamento o Juiz Nelson Schiavi e dele participaram os Juízes Sousa Lima e Luciano Leite.

São Paulo, 26 de dezembro de 1984.

José Osório, Relator.

Fonte: *JTACSP-RT* 94/70-1

❖❖❖

APELAÇÃO CÍVEL N. 108.252-2

LOTEAMENTO – Execução e manutenção de guias e sarjetas – Reembolso dos custos pelos compradores, pretendido pela loteadora – Inadmissibilidade – Hipótese de obras elementares do loteamento – Incompatibilidade da cláusula contratual com o rigorismo exigido pela Lei Federal n. 6.766, de 1979 – Ação procedente – Recurso não provido.

Apelação Cível n. 108.252-2 – Jundiaí – Apelantes: DEURB e NT SA. Apelados: S.P. e outros.

ACÓRDÃO

ACORDAM, em Décima Oitava Câmara Civil do Tribunal de Justiça do Estado de São Paulo, por votação unânime, negar provimento aos recursos.

Ação declaratória de inexigibilidade de cláusula de contratos de aquisição de lotes de terreno desenvolvida pelo rito sumaríssimo, foi julgada procedente pela respeitável sentença de fls., cujo relatório é adotado, condenadas as rés em custas e honorários.

Apelaram ambas as rés. A DEURB afirma que a questão diz respeito a reembolso dos custos com execução e manutenção de guias e sarjetas do loteamento, nada tendo a ver com o aspecto tributário da taxa, referido na sentença; que o reembolso pretendido encontra claro e legítimo apoio no contrato; que não houve qualquer abuso na cobrança e que tudo se fez em benefício dos compradores; que estes tinham conhecimento do contrato-padrão e que agora estão obtendo um enriquecimento sem causa; e que está havendo grave infração ao princípio do *pacta sunt servanda*.

A NT repete alguns argumentos da DEURB e alega que a hipótese é tipicamente de direito privado, havendo contrato juridicamente perfeito e autorizador da cobrança; que as obras com guias e sarjetas não estavam incluídas no preço nem constavam das exigências da Prefeitura; que os autores conheciam o contrato-padrão, o qual obedeceu aos requisitos do artigo 25 da Lei n. 6.766, de 1979; que as taxas cobradas pela Prefeitura não se relacionam com guias e sarjetas; e que a atitude dos autores vai dar prejuízo a outros 500 compradores.

Os recursos foram regularmente processados, com resposta, que destaca o acerto da decisão.

É o relatório.

VOTO

Os recursos não têm provimento.

Com a presente ação os autores, como compradores de lotes do Loteamento P.S.F., em Itupeva, se insurgem contra a cobrança de uma "taxa de manutenção e benfeitoria", que constitui, na realidade, tentativa de reembolso, pela loteadora dos custos com execução e manutenção de guias e sarjetas.

A questão não se coloca no mero campo do Direito Privado e sob o influxo do princípio do *pacta sunt servanda*, ao qual tanto se apegam as rés-apelantes. A matéria de loteamento é de Direito Urbanístico e mesmo nas relações entre os particulares existem inúmeras regras de forte conteúdo de normatividade pública, que não podem ser contrariadas pelas partes.

Com o registro do projeto de loteamento, as vias e praças passaram a integrar automaticamente o domínio público municipal (artigo 22 da Lei n. 6.766, de 1979). No caso dos autos, a Prefeitura até já efetuou os lançamentos do IPTU e Taxas Municipais incidentes sobre os lotes. Só esses fatos mostram a inviabilidade da cobrança, por parte da loteadora, das despesas por ela feitas com construção e manutenção de guias e sarjetas. Nesse sentido, muita razão assiste ao MM. Juiz ao fazer paralelismo com a cobrança de taxas municipais: se nem mesmo o Município poderia cobrar taxas (ou despesas, o nome realmente não vem ao caso) de guias e sarjetas, com maior razão não poderia fazê-lo a loteadora.

A tal previsão contratual não favorece as rés. É verdade que a cláusula 8.ª especifica as obras a que a loteadora se obrigou, junto à Prefeitura e aos adquirentes, entre as quais não se encontram as de guias e sarjetas. E é também verdade que a cláusula 9.ª permite à loteadora executar "outras benfeitorias" e cobrar dos compradores os respectivos custos. Mas daí não se segue que a cobrança seja legítima.

A disposição da cláusula 9.ª é francamente genérica e incompatível com o rigorismo e precisão exigidos pela Lei (artigo 26) nesse tipo de contrato, sob forma de oferta pública. Com efeito, é inconcebível que a lei exigisse tantos pormenores expressos no contrato quanto ao preço (forma e local do pagamento, valor do sinal, limite de multa, taxa dos juros, etc.) e deixasse em aberto a possibilidade de o loteador se reembolsar de despesas com obras elementares do loteamento, como é o caso das guias e sarjetas. Seria dar um cheque em branco ao loteador.

É de se lembrar que a problemática do loteamento difere muito da incorporação imobiliária. Nesta permite-se o custeio de obras. Mas com a maior cautela: as obras e respectivos orçamentos são especificados, o andamento das obras é comunicado, etc. etc. (artigos 32, *h* e § 10, 35, § 6.º, 39, 43, I/VI, 48 e seguintes da Lei n. 4.791, de 1964, etc.). Na Lei de Loteamentos nada disso se vê, exatamente porque não há que se falar em reembolso de despesas.

Pode-se imaginar, em tese, algum tipo de loteamento fechado e fora da zona urbana em que reembolso de custos pudesse ser estipulado com precisão. Todavia, em hipótese como a dos autos, de oferta pública e de previsão contratual genérica, o reembolso é inteiramente inviável, haja ou não abuso por parte do loteador.

Na verdade, a respeitável sentença muito bem decidiu a questão e é confirmada por seu sólidos fundamentos, pelo que é negado provimento a ambos os recursos.

O julgamento teve a participação dos Srs. Desembargadores Theodoro Guimarães (Presidente, sem voto), Benini Cabral e Roberto Rodrigues, com votos vencedores.

São Paulo, 8 de setembro de 1986.

José Osório, Relator.

Fonte: *Lex RJTJSP* 104/180

APELAÇÃO CÍVEL N. 112.988-2

COMPROMISSO DE COMPRA E VENDA – Rescisão – Mora – Ocorrência – Notificações aquiescidas pelo devedor – Fato que transformou a dívida *quérable* em *portable* – Sentença confirmada.

COMPROMISSO DE COMPRA E VENDA – Rescisão – Mora – Prestações pagas – Restituição devida com correção monetária – Abatimento, no entanto, do valor atualizado relativo à ocupação do imóvel – Recurso provido para esse fim.

Apelação Cível n. 112.988-2 – São Paulo – Apelantes e reciprocamente apelados: O. – Construções Modulares Ltda. e F.F.C. e sua mulher.

ACÓRDÃO

ACORDAM, em Décima Oitava Câmara Civil do Tribunal de Justiça do Estado de São Paulo, por votação unânime, dar provimento parcial ao recurso principal, prejudicado o adesivo.

A respeitável sentença de fl., cujo relatório é adotado, julgou procedente ação de rescisão de compromisso de venda e compra ao mesmo tempo em que julgou improcedente ação de consignação em pagamento, declarando rescindido o contrato, com perda das importâncias pagas, e determinada a reintegração da compromitente na posse do imóvel, arcando os compromissários com custas e honorários de vinte por cento da soma dos valores dados a ambas as ações.

Apelaram os compromissários e, preliminarmente, alegam nulidade da sentença, por ausência de pressuposto de constituição e de desenvolvimento válido do processo, porquanto a notificação teria sido promovida por procurador sem poderes. No mérito, afirmam que a dívida era *quérable*, o que afasta a culpa e, conseqüentemente, a mora; que manifestaram empenho em pagar, tanto que depositaram o débito em conta da credora e moveram a consignatória; que a prestação não se tornou inútil à credora e que é o Juiz quem deve reconhecer ou não a utilidade para o credor; que a decisão é injusta ao determinar a rescisão com perda das importâncias pagas, pois já estava pago mais de noventa por cento do preço; motivos pelos quais deve a primeira ação ser julgada extinta ou improcedente, e procedente a segunda.

Adesivamente apelou a compromitente, pedindo perdas e danos consistentes na ocupação indevida do imóvel desde a constituição em mora.

Os recursos foram regularmente processados e respondidos, argüindo a compromitente haver litigância de máfé por parte dos compromissários.

É o relatório.

VOTO

O recurso principal está a merecer parcial provimento.

Não há nulidade a ser decretada, pois o nobre patrono da compromitente tinha, com toda evidência, poderes para notificar, certo que a representação já era conhecida dos compromissários, que já haviam atendido a outra notificação.

A mora e conseqüente inadimplemento absoluto por parte dos compromissários ficaram plenamente caracterizados, porquanto a notificação lhes foi entregue em 20 e 22.8.1985 e as tentativas de depósito só se deram vários meses depois, isto é, em dezembro e janeiro seguintes.

A alegação de que não houve mora nem culpa, por ser *quérable* a dívida, não procede. É que a dívida já havia se transformado em *portable*, por força de notificações, com plena aquiescência por parte dos devedores (fls.). É verdade que, excepcionalmente, é possível admitir-se a purgação da mora até a contestação, pois é o Juiz e não o credor quem vai dizer, diante do caso concreto, se a prestação apresenta ou não utilidade. No caso dos autos, contudo, os devedores não fazem jus à exceção, pois, embora tenham pago parte substancial do débito, o atraso foi por demais prolongado e já estavam caracterizados como devedores francamente relapsos, já tendo feito pagamentos até com cheques sem fundos.

Os compromissários, contudo, têm razão quando alegam a injustiça da decisão ao determinar a perda das importâncias pagas, cerca de noventa por cento do preço do apartamento. O contrato não prevê cláusula de decaimento, estipulando apenas genericamente a reparação das perdas e danos (cláusula XXI, fl.). Além disso, a matéria é de interpretação restritiva e o espírito e mesmo a letra da Lei n. 4.591, de 1964, que rege as relações das partes, impedem a aplicação de tão drástica penalidade.

Assim, deverá a compromitente devolver as prestações recebidas, com correção monetária desde o mês dos respectivos pagamentos, pois, caso contrário, estaria devolvendo menos do que o recebido. As importâncias referentes a juros e multas não devem ser restituídas, posto que se referem a penalidades ligadas à mora, constituindo matéria já superada. Do total atualizado das prestações pagas abater-se-á o valor atualizado da ocupação do imóvel pelos compromissários, valor esse a ser encontrado em liquidação, por arbitramento.

Com a solução adotada, fica prejudicado o recurso adesivo, esclarecendo-se ainda que não se nota comportamento abusivo dos compromissários, a ponto de justificar pena de litigância de má-fé.

Diante do exposto, é dado parcial provimento ao recurso principal, para o fim acima, prejudicado o adesivo.

O julgamento teve a participação dos Senhores Desembargadores Theodoro Guimarães (Presidente, sem voto), Benini Cabral e Roberto Rodrigues, com votos vencedores.

São Paulo, 1.º de dezembro de 1986.

José Osório, Relator.

Fonte: *Lex RJTJSP* 106/66-7

❖ ❖ ❖

EMBARGOS INFRINGENTES N. 89.825-2

SENTENÇA – Decisão *extra petita* – Inocorrência – Ação de dissolução de sociedade e apuração de haveres – Sentença que, em face do comportamento do autor, contraditório e avesso ao tráfego jurídico, examinou as posições e as relações jurídicas das partes, dando a merecida proteção legal – Hipótese de aplicação do princípio *nemo auditor propriam turpitudinem allegans* – Embargos rejeitados.

Embargos Infringentes n. 89.825-2 – São Paulo – Embargantes: U.C.P. S.A. e outra – Embargado: Cooperativa A.

ACÓRDÃO

ACORDAM, em Décima Oitava Câmara Civil do Tribunal de Justiça do Estado de São Paulo, por maioria de votos, indeferir o adiamento do julgamento e rejeitar os embargos.

1. Ação de dissolução de sociedade e apuração de haveres foi julgada procedente pela respeitável sentença de fls., declarando a dissolução parcial da sociedade-ré e determinando que a apuração dos valores das autoras se faça mediante levantamento físico de todos os bens sociais.

O venerando acórdão de fl., cujo relatório se adota, declarado à fl., pelos votos majoritários dos Desembargadores Theodoro Guimarães e Roberto Rodrigues, houve por bem de reformar a decisão, determinando que o desligamento das autoras se dê na forma prevista no estatuto social. Votou vencido o eminente Desembargador Cuba dos Santos, que confirmava a sentença.

Inconformadas, as autoras opõem os presentes embargos infringentes, alegando, em síntese, que o acórdão é nulo porque errou na determinação do objeto do julgamento, eis que o tema central da controvérsia é saber se a ré é uma sociedade cooperativa ou é uma sociedade irregular, ponto esse de que se afastou o acórdão, decidindo *extra petita*; que a irregularidade da ré foi invocada pelas autoras como razão da pretensão de sua dissolução e liquidação parcial, integrando, portanto, a *causa petendi* e devendo ser objeto de decisão com força de coisa julgada; que, determinando que o desligamento das sócias se faça na forma do estatuto, o julgado violou a norma do artigo 153, § 2.º, da Constituição da República, porquanto sobrepôs a regra estatutária à do artigo 335, inciso V, do Código Comercial; que é direito dos sócios invocar a irregularidade da sociedade, direito esse que o contrato não pode eliminar, sob pena de afronta ao § 4.º do artigo 153 da Constituição de República, e ao artigo 673 do Código de Processo Civil de 1939, ainda vigente, tudo em conformidade com a Doutrina, que cita; e que o acórdão atendeu, de forma anômala, pedido da ré, inexistente reconvenção, ao admitir o desligamento das sócias na forma prevista no estatuto. Afirmam ainda as embargantes haver infringência dos artigos 2.º, 128 e 460 do Código de Processo Civil; e que a razão está com o douto voto vencido, motivos pelos quais os embargos devem ser acolhidos.

O recurso mereceu a impugnação de fls., destacando o acerto da decisão.

É o relatório.

2. Preliminarmente, indeferem o pedido de adiamento do julgamento. Com efeito, o pedido não indica qualquer motivo que pudesse justificar o adiamento, como por exemplo, doença, compromisso anterior impeditivo, ou necessidade de sustentação oral.

Os embargos são rejeitados.

Não há qualquer nulidade no acórdão embargado. A inicial afirma, a partir de constatação evidente, ser impossível a permanência das autoras como sócias da ré. Daí sua pretensão de ver decretada a dissolução parcial da ré, apurando-se os haveres das autoras em função do patrimônio físico da ré e não em função do que dispõe o estatuto social. Isto porque a ré seria uma simples sociedade mercantil irregular, e não uma sociedade cooperativa.

O venerando acórdão embargado – a partir do fato óbvio e reconhecido por todos, isto é, o desligamento das sócias-autoras – determinou que esse desligamento se faça como manda o estatuto, despiciendas as considerações sobre ser a ré sociedade irregular ou sociedade cooperativa. Imbuído de louvável sensibilidade ética, o venerando acórdão aplicou ao caso a parêmia *nemo anditur propriam turpitudinem allegans*, uma vez que as autoras foram sócias-cooperadas da ré, seu sócio controlador foi presidente da ré por longo período, e muito se beneficiaram dela. Pouco importa, diz o acórdão, com sabedoria, analisar-se aqui se a ré é sociedade regular ou irregular, pois a verdade é que funcionou, produziu efeitos e satisfez, por anos seguidos, o escopo mercantil das autoras.

Assim, ao contrário do que dizem as autoras-embargantes, o tema central da controvérsia não é a discussão sobre a natureza da sociedade-ré. Não se trata apenas de estabelecer um conceito e daí se extraírem conseqüências lógico-formais, à moda da velha jurisprudência dos conceitos.

Cuida-se, isto sim, de se proceder ao exame do comportamento das partes, suas posições e relações jurídicas e dar a proteção legal, se merecida.

No caso dos autos, o venerando acórdão, realizado o referido exame, observou a existência de obstáculo a tornar desnecessária ou mesmo a impedir a análise da questão secundária ou lateral, ou seja, a matéria relativa à natureza da sociedade ré.

3. A regra *nemo auditur* tem perfeita aplicação a casos, como o dos autos, em que se pretende negar validade a um contrato social na plenitude da produção de efeitos e por todos reconhecidos como normal e regular, concernente que é a uma das maiores empresas do país e servindo para a prática de milhares de negócios jurídicos, nunca impugnados, a esse propósito. Jamais se poderia cogitar, portanto, de qualquer nulidade projetando ineficácia aos atos praticados à sombra daquele estatuto. Não havendo lei de forte conteúdo de normatividade pública, nem violação patente de requisito formal intransponível, nem ofensa a interesse público e coletivo evidentes, não há óbice à aplicação da conhecida e salutar regra ética e jurídica.

Georges Lutzesco, reconhecida autoridade em matéria de nulidades, afirma a recepção da aludida regra no direito moderno, o que faz com apoio em H. Capitant (*De la Cause des Obligations*, 3.ª ed., pág. 247), e G. Ripert (*La Règle Morale dans les Obligations*, pág. 197), concluindo:

> "Como quiera que sea, definitivamente ha sido admitido que la regla *nemo auditur* destruye tanto la demanda de ejecución como la acción de nulidad cuando estas se apoyan en un acto inmoral. La practica jurisprudencial se ha decidido por esta idea, y también la tradición le ha concedido su completo apoyo" *(Teoría e Práctica de las Nulidades*, trad. mexicana, 1975, pág. 287).

4. Observe-se o comportamento contraditório das autoras, através de seu titular: foram sócias-cooperadas da ré por longos anos. Também por muito tempo seu titular foi presidente da ré. Ao deixar a presidência, ele próprio e as autoras confessaram dívidas enormes (fls.), a demonstrar a utilização da sociedade cooperativa em benefício próprio. Durante o exercício da presidência, defendeu ardorosamente a natureza cooperativa da sociedade. Vejam-se, a esse propósito, as ponderações dirigidas a autoridades gradas (sic), como Ministros de Estado e Presidente do Banco Central – fls. Naquela mesma ocasião, pede demissão de sócio cooperado e, em seguida, volta atrás. E mais tarde entra em Juízo com a presente ação (além de outras), alegando que a ré não era cooperativa.

Os comportamentos contraditórios (*venire contra factum proprium*) têm sido estudados em profundidade pela Doutrina contemporânea, encontrando franco apoio na Jurisprudência européia, como dá (sic) notícia António Manuel da Rocha e Menezes Cordeiro (*A Boa Fé no Direito Civil*, Coimbra, 1984, págs. 742 e seguintes).

Com efeito, a contraditória atuação do indivíduo que se volta contra seu comportamento anterior, às vezes até mesmo sem má-fé, perturba de tal forma o tráfico jurídico que, na medida em que provocou situação de justa confiança no parceiro, passa a ser considerado indigno de proteção legal.

Menezes Cordeiro indica os fundamentos adotados por diversos autores, a saber:

> "Como explica Withacker, 'O princípio do *venire contra factum proprium* radica fundo na justiça pessoal a cujo elemento mais intrínseco pertence a veracidade'. Sociologicamente, o comportamento contraditório configura-se como um atentado 'contra expectativas fundamentais de continuidade da auto-representação que respeitam também a identidade do parceiro e a sua relação bilateral', nas palavras de Teubner. Em suma: a proibição de *venire contra factum*

> *proprium* traduz a vocação ética, psicológica e social da regra *pacta sunt servanda* para a juspositividade [...] (op. cit., pág. 750).
>
> Withacker, no seu conhecido escrito sobre o precisar do § 242, BGB, afirma que o 'princípio do ventre é uma aplicação das proposições da confiança no tráfico jurídico e não uma proibição específica de dolo e de mentira'. Weber, na sua extensa digressão sobre a boa-fé, anuncia, a propósito do *vcfp*, a regra de que 'ninguém pode exercer um direito ou tomar uma posição jurídica com conseqüências, em contradição como o comportamento anterior, quando este justifique a conclusão de que não o iria fazer e ele, nessa ocasião, tenha despertado na outra parte uma determinada confiança' ".

Merz assegura que "no Direito atual é de afirmar o atentado contra a boa-fé, sobretudo quando o comportamento anterior tenha provocado confiança digna de proteção legal".

Siebert/Knopp asseveram que, a propósito do *vcfp*, "verifica-se a violação da boa-fé, com consideração pelos costumes do tráfego, sobretudo quando a outra parte pode confiar numa determinada situação jurídica ou material proveniente do comportamento anterior do titular do direito e actuou na base disso".

Erman/Sirp escrevem que

> "quando o titular através das suas declarações ou pelo seu comportamento, consciente ou inconsciente, tenha provocado que a outra parte pudesse confiar em si e, também, que o tenha feito, então não deve ser esta desiludida. Atentaria contra a boa-fé e minaria a confiança do tráfego jurídico que o titular se permitisse incorrer em contradição com suas declarações ou comportamentos anteriores" (op. cit., pág. 755).
>
> E conclui o eminente professor da Universidade de Lisboa:
>
> "A proibição do *venire contra factum proprium* representa um modo de exprimir a reprovação por exercícios inadmissíveis de direitos e posições jurídicas. Perante comportamentos contraditórios, a ordem jurídica não visa a manutenção do *status* gerado pela primeira actuação, que o Direito não reconheceu, mas antes a proteção que teve por boa, com justificação, a actuação em causa. O *factum proprium* impõe-se não como expressão da regra *pacta sunt servanda*, mas por exprimir, na sua continuidade, um factor acautelado pela concretização da boa-fé" (op. cit., págs. 769-770).

As informações doutrinárias *supra* vêm acompanhadas por inúmeros julgados, um dos quais particularmente pertinente ao caso dos autos: veda-se até a argüição de nulidade formal (grave), quando "o autor, por longo tempo desfrute, com vantagens, do contrato que venha, depois, impugnar [...]" (op. cit., pág. 781, n. 505).

5. Como se disse atrás, as autoras desfrutaram enormemente da sociedade-ré, além de afirmarem *coram populo* a regularidade da situação jurídica desta e de ajustarem as graves composições de fls., com as respectivas confissões de dívida. Com isso, geraram na contraparte a confiança e mesmo a certeza de que a referida situação jurídica jamais seria impugnada.

Com a presente impugnação, revelaram as autoras comportamento de tal forma contraditório e avesso ao tráfico jurídico que as torna indignas de proteção legal, a esse propósito.

Observe-se que o direito brasileiro, e, ao que se saiba, também os dos demais povos, só admite a alegação da própria torpeza em casos de nulidades gravíssimas, de pleno direito. Basta não ser muito grave a argüição de invalidade ou não ser relevante o interesse público em jogo, para se aplicar a velha e salutar regra em que se baseou o venerando acórdão embargado. Assim, para se dar um exemplo comum, o menor absolutamente incapaz pode, admitindo a própria torpeza, anular o ato por ele praticado. Já o relativamente incapaz não o pode, como se vê do artigo 155 do Código Civil.

No caso dos autos, o alegado defeito relativo à natureza jurídica da sociedade-ré não é percebido *ictu oculi*, nem a impediu de atuar no cenário econômico e jurídico do país, por muitos anos, não se tendo notícia de nenhum ato jurídico seu que tenha sido contaminado pelo tal defeito.

Em suma, não se tratando de nulidade absoluta, não pode aquele que tanto se aproveitou do ato argüir-lhe a invalidade.

6. Também não têm razão as autoras-embargantes quando alegam violação dos artigos 2.º, 128, 460 e 471 do Código de Processo Civil e ainda do artigo 153, § 3.º, da Constituição da República, porquanto o venerando acórdão teria extravasado o âmbito do pedido e decidido matéria precluída.

O primeiro acórdão (fl.), do qual foi interposto recurso extraordinário, não conhecido pelo Supremo Tribunal Federal, cingiu-se a aspectos processuais da questão, ao afastar a carência de ação.

Com efeito, a primeira sentença deu pela carência, diante do dilema a que se propôs o Meritíssimo Juiz: fosse a ré sociedade cooperativa, o pedido seria impossível; fosse ela sociedade irregular, haveria ilegitimidade passiva.

O venerando acórdão não aceitou o dilema e afastou a carência sob consideração de que, reconhecida, até prova em contrário, a natureza da ré como sociedade cooperativa (fl.), ainda assim poderiam os sócios, em princípio, pedir a dissolução parcial da sociedade, motivo por que o pedido não era juridicamente impossível, impondo-se, então, o exame do mérito.

Esse é também o sentido do pronunciamento do Supremo Tribunal Federal, que simplesmente não conheceu do recurso extraordinário, admitindo que a demanda se complicou e que era necessária a abordagem do mérito. Daí haver assinalado a necessidade de reexame em profundidade dos fatos da causa e das provas produzidas, conforme se vê dos votos dos eminentes Ministros Djaci Falcão e Cordeiro Guerra, sendo certo ainda que tais votos incluíam no mérito a questão da natureza jurídica da sociedade.

Tudo foi dito, porém, para fundamentar o não conhecimento do recurso e não para, como querem as embargantes, limitar o exame do mérito à questão da natureza da sociedade-ré.

Ora, um exame de mérito jamais pode se circunscrever a uma análise cerebrina e desencarnada de uma questão jurídico-formal, máxime em uma ação como a presente, denominada pelas próprias autoras, como "ação de dissolução de sociedade e apuração de haveres".

Daí estar dito, no início deste voto, que o cerne da questão não é a construção de um conceito sobre a sociedade cooperativa, apenas a partir de um artigo de lei ou de um estatuto e dele extrair conseqüências que ofendem a realidade.

Cumpre, repita-se, examinar as autênticas posições e as relações jurídicas que se estabeleceram concretamente entre as partes, em função de suas atividades e de suas operações no mundo jurídico e econômico. Ou, como bem disse o Ministro Cordeiro Guerra, examinar os fatos da causa.

Pois bem: o venerando acórdão embargado, analisando, sob esse prisma, o mérito do litígio, deparou com o comportamento contraditório das autoras que, primeiro, usufruem da sociedade e apregoam sua natureza cooperativa; e, depois, invocam, por conveniência, outra natureza.

Diante disso, o acórdão não precisou ir além para julgar improcedente a ação, encontrada matéria relevante afeiçoada a uma *exceptio* substancial.

Em tais circunstâncias, não se pode dizer tenha o venerando acórdão embargado infringido os mencionados dispositivos do Código de Processo Civil e da Constituição da República.

7. Não houve igualmente violação do artigo 335, inciso V, do Código Comercial, porque tal norma não é de ordem pública, e o julgado levou em conta o estatuto, que dispôs de forma diferente e está produzindo normalmente seus efeitos, sob o amparo da Lei n. 5.764, de 1971, que ins-

tituiu o regime jurídico das sociedades cooperativas, não se notando, direta ou indiretamente, qualquer infringência do referido dispositivo legal bem como do artigo 153, § 4.º, da Constituição da República.

8. Observe-se que, ao contrário do que dizem as embargantes, o Tribunal não deixou de levar em conta o tema da natureza jurídica da ré-embargada. Não o examinou em detalhe porque adotou o princípio *nemo auditur* por verificar-se de pronto, que não se tratava de hipótese de nulidade absoluta. Daí haver o acórdão embargado reconhecido, obviamente, a natureza cooperativa da ré, por isso que reconheceu validade ao seu estatuto e determinou a apuração dos haveres na forma ali estabelecida.

O reconhecimento de tal natureza se faz, evidentemente, apenas para os efeitos que interessam no momento, isto é, para o fim de mostrar às autoras que a apuração de seus haveres não pode ser feita de forma pleiteada, só podendo se realizar nos termos do estatuto.

Nada impede, contudo, que em outra oportunidade seja argüida a irregularidade do estatuto da ré, para outros efeitos e por quem de direito.

9. O caso dos autos revela a ocorrência de fatos inusitados. As autoras e seu sócio titular, que foi presidente da ré por largo período, confessaram-se devedores de importâncias imensas, deixando a empresa em situação de risco, com as naturais conseqüências de ordem social, o que levou o Poder Público a socorrê-la, inclusive com o repasse de empréstimo externo na ordem de US$ 100.000.000,00 (cem milhões de dólares).

(Para ilustrar o valor da dívida confessada – cerca de 20.600.000 OTNs –, basta lembrar que tal importância, admitido modesto rendimento, seria suficiente para remunerar os cento e vinte e seis Desembargadores desta Casa, indefinidamente, para sempre).

A hipótese sugere uma administração ruinosa da sociedade cooperativa, em proveito do diretor e de suas empresas, o que pode implicar violação de dispositivos penais, motivos pelos quais se determina a remessa das peças abaixo indicadas para o Ministério Público, para propositura, se for o caso, da competente ação penal.

Por todo o exposto, os embargos são rejeitados.

Peças a serem remetidas ao Ministério Público:

- confissões de dívida de fls.;
- protocolos de fls.;
- documento de fl.;
- sentença de fls.;
- acórdão de fls.;
- o presente acórdão.

O julgamento teve a participação dos Senhores Desembargadores Theodoro Guimarães e Brenno Marcondes, com votos vencedores e Cuba dos Santos, com voto vencido.

São Paulo, 5 de outubro de 1987.

Benini Cabral, Presidente, com declaração de voto. José Osório, Relator.

Fonte: LEX - TJSP - 1993 - Volume 140 - Página 132

Observações:

O acórdão traz longas citações a propósito do princípio *venire contra factum proprium*. Não é hábito do relator se valer de citações longas. No caso, tal se deu porque optou por divulgar a aplicação do aludido princípio, muito estudado no direito civil moderno e pouco conhecido da jurisprudência brasileira na ocasião em que foi proferido o voto – 1987.

O acórdão ora transcrito, como também o acórdão embargado, o voto vencedor declarado pelo Des. Benini Cabral e o voto vencido do Des. Cuba dos Santos acham-se publicados na *RJTJESP* v. 114, p. 400.

APELAÇÃO CÍVEL N. 165.360-1

SOCIEDADE ANÔNIMA - Capital social - Aumento - Deliberação majoritária do Conselho de Administração da sociedade homologada em Assembléia - Anulação - Atuação que resultou na diminuição injustificada da participação dos acionistas minoritários - Ofensa ao artigo 170, § 1.º, da Lei Federal n. 6.404, de 1976 - Unilateralidade e arbítrio da maioria, ademais, evidenciados - Ação procedente - Recurso provido.

O interesse particular dos acionistas majoritários em fazer melhor negócio, subscrevendo ações por preço baixo, não pode caracterizar justificativa para a diluição da participação dos minoritários no capital social.

Apelação Cível n. 165.360-1 - São Paulo - Apelantes: G.M. e outra - Apelada: N.L. Hotéis e Turismo S.A.

ACÓRDÃO

ACORDAM, em Oitava Câmara Civil do Tribunal de Justiça, por votação unânime, dar provimento ao recurso, de conformidade com o voto do Relator, que fica fazendo parte integrante do presente julgado.

O julgamento teve a participação dos Senhores Desembargadores Régis de Oliveira (Presidente, com voto declarado) e Villa da Costa, com votos vencedores.

São Paulo, 24 de junho de 1992.

José Osório, Relator.

RELATÓRIO

Ação ordinária movida por acionistas visando à declaração de nulidade de deliberações societárias foi julgada improcedente pela respeitável sentença de fls., cujo relatório é adotado, sob consideração de que a Assembléia apenas homologou precedente decisão do Conselho de Administração, que aumentava o capital subscrito; de que na Assembléia de 9.5.88 foi aprovado por unanimidade de votos o aumento do capital social; e de que, não detendo os autores um décimo das ações com direito a voto, não podem impor a instalação do Conselho Fiscal.

Apelam os autores, alegando, em resumo, que houve infração do artigo 170 e § 1.º da Lei n. 6.404, de 1976, não podendo prevalecer o ato da Assembléia que homologou deliberação majoritária do Conselho de Administração da sociedade, aumentando-lhe o capital por meio de subscrição de ações emitidas por seu valor nominal de Cz$ 1,00, quando seu valor patrimonial era de Cz$ 6,8489; que tal deliberação é nula; que a sentença infringiu o artigo 121 da Lei n. 6.404, de 1976; que a Assembléia é nula, conforme a melhor interpretação do susocitado artigo 170, § 1.º; que houve grande prejuízo para os apelantes na subscrição ao par; que houve infração, também, da previsão estatutária. Reportam-se os apelantes ao parecer do Doutor Modesto Carvalhosa, juntado aos autos, no qual o eminente Jurista conclui que os autores-apelantes procederam corretamente ao pleitearem a invalidação da Assembléia de homologação do aumento de capital; que o preço de emissão das ações estabelecido pelos administradores não correspondia ao seu efetivo valor econômico no momento da fixação, razão pela qual o aumento do capital social em questão não pode prevalecer, devendo ser declarado inválido e ineficaz; que o pedido dos autores quanto à instalação do Conselho Fiscal deve ser atendido, pois ao se iniciarem os trabalhos da Assembléia Geral eles eram detentores de 13,30% do capital votante; e que o aumento de capital foi totalmente nulo, por infringência de dispositivo legal expresso, pelo que foi ineficaz desde o momento de sua realização.

Em contra-razões a ré alega, preliminarmente, que o parecer juntado pelos apelantes deve ser tido como apelação, e não são viáveis duas apelações, devendo uma delas ser desentranhada dos autos; no mérito, apresentando subdivisão em seu contra-arrazoado, diz, em resposta ao parecer do Professor Modesto Carvalhosa, a que chama "apelação 1", que, como bem frisou a respeitável sentença, a assembléia tão-somente homologou decisão anterior do Conselho, não exigindo a lei manifestação assemblear para aprovação de ato de outra competência legal; que foi cumprido o artigo 107 da Lei das Sociedades Anônimas; que o artigo 142, inciso VII, garante a competência do Conselho de Administração, não cabendo manifestação da Assembléia de Acionistas para aprovação de atos daquele órgão; que também está de acordo com o Parecer Normativo CST n. 28/84, artigos 106 e cap. II, 107, 166, 168, 170 e 186, todos da Lei n. 6.404, de 1976; que não se pode partir do pressuposto de que todo aumento de capital é manobra opressiva da maioria contra os minoritários, pois no caso em tela ele foi absolutamente necessário a título de empreendimento; que várias interferências governamentais, um exemplo é o Decreto-lei n. 1.302, de 1973, alteraram a realidade de mercado de ações, não bastando o balanço para aferir-lhes o valor; que os apelantes aceitaram o preço de Cz$ 1,00 e agora insurgem-se, mas também não provaram efetivo prejuízo; que a ré-apelada trouxe provas de que o valor do papel na bolsa é inferior ao preço nominal; que o artigo 170, § 1.º, da Lei das Sociedades Anônimas, não é norma de ordem pública; que foi cumprido o artigo 171 do mesmo diploma legal; que os apelantes não têm, de fato, 10% do capital social, não podendo requerer instalações do Conselho Fiscal; no que toca à chamada "apelação 2", a apelada se lhe refere como sendo reportagem do parecer, e diz que se fia em apelação cível que não se sabe se referente, ou não, a caso idêntico ao dos autos, não podendo ser invocada, pois.

É o relatório.

VOTO

O recurso tem provimento.

Por deliberação de seu Conselho de Administração, de 19.12.88, a sociedade-ré houve por bem aumentar o capital subscrito com colocação de 213.652.487 ações ordinárias, ao preço de Cz$ 1,00 cada uma. O aumento se efetivou por Assembléia Geral Extraordinária de 15.5.89, que decidiu também aumentar o capital autorizado da sociedade.

Os autores pedem a anulação desses aumentos e da deliberação que lhes vedou a indicação de um membro para o Conselho Fiscal, por entender que os aumentos foram ilegais e lesivos a seus interesses.

Têm razão os autores.

A questão central está em saber se era permitido à maioria impor a subscrição do aumento pelo valor nominal da ação, ou seja, ao preço de Cz$ 1,00 por ação.

Segundo o § 1.º do artigo 170 da Lei n. 6.404, de 1976: "O preço deve ser fixado tendo em vista a cotação das ações no mercado, o valor de patrimônio líquido e as perspectivas de rentabilidade da companhia, sem diluição injustificada da participação dos antigos acionistas, ainda que tenham direito de preferência para subscrevê-las".

Por aí se vê que a lei não aponta um critério único para a determinação do preço. Apenas indica o conjunto, ou as diversas hipóteses a serem consideradas. É o entendimento consagrado pela doutrina, consoante se vê dos ensinamentos de autores citados por ambas as partes: Modesto Carvalhosa, subscritor do parecer de fls. e E. Lacerda Teixeira e J. A. Tavares

Guerreiro, citados nas contra-razões. Veja-se ainda Fran Martins, *Comentários à Lei das Sociedades Anônimas*, 1978, vol. 2/491.

Mas, ainda que a lei não defina um só critério, um ponto está claro na letra e no espírito da regra: seu objetivo primordial é impedir a diluição injustificada da participação dos antigos acionistas.

No caso dos autos, a diferença entre o valor nominal da ação, ou seja, o valor de subscrição, e o valor de patrimônio líquido, é muito significativa, de 1 para 6,8. Precisava que a ré indicasse razões plausíveis para a adoção do critério do valor nominal. Ficou longe de fazê-lo.

A invocada tradição dos negócios sociais, já que os aumentos anteriores foram realizados de igual forma, não tem suporte jurídico. Os autores aceitaram aumentos anteriores, pelo valor nominal da ação, porque os consideraram, naquela ocasião, adequados a seus interesses. Não ocorreu, então, arbítrio por parte da maioria, já que houve aquiescência pela minoria. Nem por isso criaram os autores regras para comportamento futuro. Revelando-se lesivo aos seus interesses em novos aumentos, o critério do valor nominal podia evidentemente ser impugnado.

O mencionado § 1.º do artigo 170 contém mais de um preceito. Ao indicar critérios vários para a determinação do preço, não é norma de ordem pública, pois os interessados permanecem com ampla liberdade de atuação. O conteúdo de normatividade pública aparece no preceito que impede a "diluição injustificada da participação dos antigos acionistas". De tal prerrogativa o acionista, de antemão, nem expressamente pode renunciar. Muito menos poderia fazê-lo tacitamente, por um simples comportamento anterior. O comportamento contraditório que faz com que a parte não seja ouvida em Juízo é só aquele sem boa-fé, ou sem motivação jurídica. Em suma, nos casos anteriores, a aquiescência, a manifestação favorável de vontade por todos os interessados, deu plena validade ao ato. No caso presente, houve apenas unilateralidade e arbítrio na atuação da maioria...

Diz a ré que o valor de patrimônio não pode ser adotado pela simples razão de afugentar subscritores. Tem ela plena razão, em regra e em tese. Não no caso concreto.

A companhia precisava aumentar o capital em Cz$ 213.652.487,00, sendo-lhe indiferente que esse valor fosse distribuído em número maior ou menor de ações, como também lhe era indiferente a origem do dinheiro, se de terceiros, se dos próprios acionistas.

A maioria decidiu que o aumento seria subscrito "pelos atuais acionistas", ao preço Cz$ 1,00 por ação (fls.), ficando evidenciado o nenhum cabimento da tese da provocação do desinteresse dos eventuais subscritores, pois tudo se passava no círculo interno dos acionistas.

A decisão da maioria ao optar pelo valor nominal, quase sete vezes menor do que o de patrimônio, só teve em vista o interesse dos próprios acionistas majoritários, pois a oposição dos autores já fora manifestada.

Ora, o interesse particular de acionistas majoritários em fazer melhor negócio, subscrevendo ações por preço baixo, não pode, jamais, caracterizar justificativa para a diluição da participação dos minoritários no capital social.

Daí a total falta de razão da ré ao dizer que a lei foi cumprida pois a diluição se teria verificado justificadamente.

O prejuízo sofrido pelos autores é patente, seja do ponto de vista econômico, como jurídico e negocial. O patrimônio da companhia continuou o mesmo e a participação dos autores diminuiu, ficando aquém dos 10% (dez por cento) necessários para indicação de membro do Conselho Fiscal.

O fato de terem os autores pedido a anulação da deliberação da Assembléia homologatória do aumento e não da decisão do Conselho de Administração não tem maior relevância e não os prejudica. Seja porque foi a Assembléia que constatou e efetivou o aumento, seja porque o decreto de nulidade da deliberação assemblear reflete-se na do Conselho, pois a matéria é a mesma e seria excesso de formalismo exigir ação especial para anular decisão que já se tornou inócua.

O debate em torno da natureza da invalidade dos atos, se nulos ou anuláveis, não tem maior significado. Ficando, entretanto, ressaltado o caráter evidente de anulabilidade das decisões, que seriam convalidadas pelo simples passar do tempo não fossem impugnadas no prazo legal pelos interessados.

Por todo o exposto, é dado provimento ao recurso, para julgar procedente a ação, na forma do pedido, invertidos os ônus da sucumbência.

Fonte: *Lex TJSP* 140/132

❖ ❖ ❖

APELAÇÃO CÍVEL N. 183.230-1/0

ACÓRDÃO

Vistos, relatados e discutidos estes autos de Apelação Cível n. 183.230-1/0, da Comarca de CAMPINAS, em que é apelante A. S/A, sendo apelada SOCIEDADE S. S/A:

ACORDAM, em Oitava Câmara Civil do Tribunal de Justiça do Estado de São Paulo, por maioria de votos, negar provimento ao recurso, de conformidade com o relatório e voto do Relator, que ficam fazendo parte integrante do presente julgado.

O julgamento teve a participação dos Desembargadores Villa da Costa (Presidente, com voto vencedor) e Régis de Oliveira, vencido.

São Paulo, 19 de maio de 1993.

José Osório, Relator.

VOTO

Ação de revogação de doação com encargo foi julgada extinta pela r. sentença de fls., cujo relatório se adota, reconhecendo o MM. Juiz a existência da prescrição, de acordo com o art. 178, § 6.º, c.c. 1181, par. único, ambos do CC.

Apelo da autora, alegando, em síntese, que restou provado não ter a ré-apelada cumprido o encargo; que, de acordo com o previsto na cláusula 23.ª, a doação já estava automaticamente revogada, sendo a presente demanda meramente formal; que, tendo-se em conta o doc. de fls. e depoimentos, a ação foi proposta dentro do prazo previsto pelo art. 178, § 6.º, do CC; que, em verdade, deve ser aplicado o art. 177 do mesmo diploma legal, caso contrário estar-se-ia a admitir o ilícito locupletamento da ré; e que, por isso, deve ser reformada a sentença, julgando-se procedente a ação e invertida a sucumbência.

Recurso bem processado e respondido, alegando a apelada, em resumo, que o doc. de fls. jamais chegou ao seu destinatário ou à Presidência da apelada, além de ter sido produzido intempestivamente, ou seja, não veio com a inicial, mas veio tardiamente, após a fase processual adequada; que a transcrição da cláusula da escritura de doação não é fiel ao texto original, pois a pretendida revogação automática não dispensa a sujeição ao contraditório; que a doação envolveu conjunto de obrigações das quais se desincumbiu a apelada, conforme esclarecimento do perito a fls.; que quanto ao lapso prescricional reconhecido na sentença nada há a se reformar, bem aplicados o art. 178, § 6.º, e 1181 do CC.

É o relatório.

Nega-se provimento ao recurso, porquanto a ocorrência de prescrição foi corretamente decretada.

A escritura de doação previu prazo de 4 (quatro) anos para execução do encargo, prazo esse vencido em 1961. Proposta a ação em 1987, estava irremediavelmente prescrita, incidindo no caso o preceito genérico do art. 178, 6.º, I, do Código Civil, que prevê prazo de um ano para a revogação, nada justificando as invocações do longo prazo do art. 177 ou das hipóteses de revogação por ingratidão do donatário.

As lições do saudoso Agostinho Alvim bem resolvem a questão:

> "Pensam alguns civilistas que o art. 176, 6.º, item I, refere-se à revogação por ingratidão e não ao caso de descumprimento do encargo.

> [...]
>
> Mas o certo é que o texto diz respeito aos dois casos.
>
> Com efeito, o art. 178, 6.º, n. I, contém uma reemissão aos arts. 1.181 a 1.187, que abrangem a doação com encargo. E isto é suficiente para que a hipótese do encargo se entenda compreendida naquele dispositivo.
>
> O argumento tirado do art. 1.184 é nenhum.
>
> Não há dúvida de que, ao repetir o preceito sobre prescrição, esse texto só de ingratidão se ocupa.
>
> Mas, além de desnecessário o texto, porque a regra já estava firmada no art. 178, 6.º, n. I, o certo é que aquele artigo 1.184 faz remissão a este último, que das duas hipóteses se ocupa" (*Da Doação*, 3.ª edição, p. 263).

A alegação de que a doação já estava desfeita de pleno direito, em conformidade com cláusula contratual expressa, em razão da inexecução do encargo, não tem qualquer procedência. Tal cláusula é flagrantemente írrita, pois subverte gravemente o regime jurídico da doação ao lançar sobre este a problemática do pacto comissário, que já é malvisto até na compra e venda. Como se sabe, a doação apresenta caracteres muito peculiares, a começar pela natureza personalíssima do direito de o doador revogar a liberalidade, inteiramente incompatível com a tal revogação automática.

No caso dos autos ainda há aspectos de direito público que não podem ser desconsiderados, evidente que a doação se inseriu em contexto de atos administrativos superiores.

Também não se pode dizer que o documento de fls. tenha tido o condão de interromper a prescrição. Trata-se de mero ato unilateral, como acentuado pelo MM. Juiz, emanado da própria autora, que não conseguiu comprovar suficientemente a entrega do mesmo à ré. Além disso, o documento – que teria prorrogado o prazo para o cumprimento do encargo por mais quatro anos – é datado de 1982. A interpretação natural é que se tratava de mais quatro anos seguintes aos anteriores, previstos no contrato e vencidos em 1981, o que lançaria o termo final para 1985. Ainda assim estaria prescrita a ação, a qual só foi proposta em 1987.

Igualmente improcede o argumento relativo a eventual enriquecimento ilícito. Se houve enriquecimento, teve ele causa lícita no contrato, na prescrição e na inércia da autora.

Por todo o exposto, é negado provimento ao recurso e confirmada a r. sentença, inclusive por seus fundamentos.

José Osório.

Fonte: Arquivo pessoal e TJSP

APELAÇÃO CÍVEL N. 2.400-4/5

ACÓRDÃO

Vistos, relatados e discutidos estes autos de Apelação Civel n. 2.400-4/5, da Comarca de São Paulo, em que é apelante J.B., sendo apelado L.R.O. (Voto n. 10.901)

ACORDAM, em Quarta Câmara de Direito Privado do Tribunal de Justiça do Estado de São Paulo, por votação unânime, negar provimento ao recurso, de conformidade com o relatório e o voto do Relator, que ficam fazendo parte integrante do presente julgado.

O julgamento teve a participação dos Desembargadores Cunha Cintra (Presidente) e Barbosa Pereira, com votos vencedores.

São Paulo, 26 de junho de 1993.

José Osório, Relator.

VOTO

Contrato de corretagem. Prova insuficiente. Ação improcedente. Recurso improvido. Simples informação, ainda que frutífera, não configura contrato de corretagem.

Ação de cobrança de comissão de corretagem por venda de um imóvel do réu foi julgada improcedente pela r. sentença de fls., cujo relatório é adotado, por não restar provada a intermediação do autor na venda do imóvel.

Apela o autor, alegando, em síntese, que suas testemunhas confirmaram sua intermediação no negócio, especialmente o Sr. C. (fls.); que restaram preenchidos os 3 requisitos caracterizadores do direito à comissão; que foi autorizado a mediar, pois era o corretor de plantão no edifício, e praticou atos de intermediação sem oposição; que a aproximação das partes também está comprovada pelo mesmo depoimento citado; que o negócio foi concluído (fls.), enfim, graças à sua interferência, devendo ser remunerado seu trabalho; que, assim, deve ser julgada procedente a ação, condenado o réu a pagar ao autor o valor avençado.

Recurso bem processado, com resposta.

É o relatório.

VOTO

O recurso não tem provimento.

O autor não fez nem mesmo um começo de prova por escrito em seu favor.

Ouviu apenas duas testemunhas.

A primeira delas foi a compradora do imóvel, a qual afirmou que só obteve do autor o telefone do réu, vendedor, mas que tudo foi tratado diretamente com este.

A outra testemunha é o representante legal da incorporadora e depôs favoravelmente ao autor.

Esse depoimento não é acompanhado de nada de concreto e deve ser visto com cautela diante do natural empenho do depoente em proteger o corretor de plantão no edifício.

O autor pouco ou nada conhece das condições do negócio. Não levou nem trouxe qualquer proposta. Só foi tentar cobrar mais de um ano após a celebração do negócio.

O autor, pelo que se vê dos autos, apenas deu uma informação sobre o número do telefone, informação essa que frutificou.

Isto não caracteriza um contrato de corretagem, que acarreta deveres e ônus muito mais relevantes. Qualquer contrato – por menos formal que seja – exige, como um dos seus elementos constitutivos, o consentimento, ou seja, o acordo de vontades para gerar direitos e obrigações.

Às vezes admite-se alguma indenização pela informação útil, ou seja, pela informação que possibilitou ao informado uma vantagem econômica.

Mas tal se dá apenas no campo da responsabilidade civil extracontratual e está muito longe de um autêntico contrato de corretagem.

Por tais motivos, é negado provimento ao recurso.

José Osório.

Fonte: Arquivo pessoal e TJSP

❖❖❖

APELAÇÃO CÍVEL N. 191.544-1

VENDA DE ASCENDENTE A DESCENDENTE – Anulação – Falta de consentimento dos demais descendentes – Irrelevância, ante a inexistência de simulação quanto ao preço e eventuais favorecimentos ao comprador – Venda, ademais, realizada em razão de estar o vendedor endividado – Aplicabilidade do artigo 1.164, inciso II, do Código Civil – Recurso provido.

A venda de ascendente a descendente não é ato nulo de pleno direito. Cumpre, portanto, ao autor demonstrar os motivos para a decretação de nulidade.

Apelação Cível n. 191.544-1 – Campinas – Apelantes: W.G.O. e outros – Apelada: V.C.G.

ACÓRDÃO

Venda de Ascendente a Descendente – Ato apenas anulável – Validade quando se trata de negócio normal.

ACORDAM, em Oitava Câmara Civil do Tribunal de Justiça do Estado de São Paulo, por votação unânime, dar provimento ao recurso, de conformidade com o relatório e voto do Relator, que ficam fazendo parte integrante do presente julgado.

O julgamento teve a participação dos Senhores Desembargadores Fonseca Tavares (Presidente) e Antônio Marson, com votos vencedores.

São Paulo, 25 de agosto de 1993.

José Osório, Relator.

Trata-se de ação movida contra irmão, cunhada e a inventariante do espólio de seu pai, também irmã da autora, visando a anular venda de ascendente a descendente. Julgada procedente a ação, foi a sentença anulada em grau de embargos infringentes, por cerceamento de defesa.

Após prova oral, nova sentença (fls.) deu pela procedência da demanda, considerando o Meritíssimo Juiz que os irmãos não concordaram com o negócio realizado, e decretou a nulidade da escritura, cancelando o registro.

Apelo às fls., com preliminar de cerceamento de defesa: dizem os apelantes que não puderam ficar frente a frente com a autora, seus depoimentos não foram tomados e seus documentos não foram apreciados; que há erros de publicações e conseqüentes falhas de intimação que impediram os apelantes de comparecerem à audiência; que a mãe dos autores, presente em audiência, provaria o conhecimento de todos os filhos a respeito da avença; que a sentença é nula e devem ser anulados todos os atos a partir de fls.; no mérito, que inexistiu a propalada assinatura de documento em branco pelos irmãos; que as testemunhas estavam conluiadas; que deve ser rigorosamente observado o documento aqui juntado às fls., que comprova haverem os irmãos anuído com a venda; que o pai vendeu o imóvel a W.G.O. porque estava endividado, e o testemunho de fls. prova isto; que a prova é flébil, devendo ser completada; e que, assim, devem-se acolher os argumentos expendidos em preliminar ou, no mérito, julgar-se improcedente a demanda.

Em contra-razões sustenta a apelada o acerto da sentença; e alega que pelos documentos juntados às fls. confirmam os apelantes que lhes foi dado conhecimento completo do andamento do processo, pois nas publicações mencionadas consta o nome de Advogada sua; que o fato de estar a Doutora R. com sua inscrição cancelada na OAB desde julho/90 não foi noticiado em tempo hábil no feito; que os apelantes tinham conhecimento dos atos processuais, mas estes não lhes eram favoráveis, razão pela qual deixaram seguir o feito e só se manifestaram quando lhes conveio; que, no restante, as argumentações do apelo são vulneráveis, inseguras e insólitas; que não houve qualquer ardil no tocante à ouvida das testemunhas, estas escolhidas dentre as presentes no dia da audiência; que A. nunca concordou com a venda; e que, ante os elementos dos autos, é de se negar provimento ao recurso, confirmando-se a sentença em seus fundamentos.

É o relatório.

VOTO

Afasta-se a preliminar de nulidade porque a ação é julgada favoravelmente aos apelantes (artigo 249, § 2.º, do Código de Processo Civil).

Com efeito, a razão está com os réus-apelantes.

O documento de fls. mostra que, com exceção da autora e de A., que depôs às fls., todos os outros irmãos tiveram ciência da venda do imóvel dos pais para o filho W.G.O., réu nesta ação. A. diz que só soube da venda posteriormente, quando viu o documento de fls., e que não concorda com ela. Mas, na realidade, concordou, porquanto não procurou, concreta e judicialmente, anular a venda.

A irmã A.A. assinou a anuência, mas diz que teria assinado um papel em branco (fls.). O mesmo disse o irmão M. (fls.), admitindo este, contudo, que o pai vendera o imóvel para o filho porque estava endividado.

Apenas com essa prova, a ação jamais poderia ser julgada procedente.

O Meritíssimo Juiz fez preponderarem, de forma expressa (fls.), esses depoimentos sobre uma declaração escrita, com firma reconhecida.

Os depoentes nem prestaram compromisso e têm manifesto interesse no resultado da causa. O valor desses depoimentos é praticamente nenhum, na parte que procura beneficiar à autora e aos próprios depoentes.

Ao que se depreende dos autos, o negócio entre pai e filho foi normal, nada havendo de simulado quanto ao preço e eventuais favorecimentos ao comprador. Já não há mais dúvida de que o pai estava endividado. Daí a venda.

Já ficou decidido, em consonância com a melhor Doutrina, que o ato não é nulo de pleno direito.

Cumpria à autora mostrar os motivos para o decreto de nulidade e nada disso foi feito.

Observe-se que não é razoável manter-se o direito moderno apegado a interpretações formalistas, segundo as quais por falta de anuência imotivada e não explicada venha a anular-se um negócio autêntico. Lembre-se de outra sábia lição de Agostinho Alvim:

"Admitido que o fundamento remoto da anulabilidade do ato, ou seja, o motivo que informou a lei, é a simulação, pergunta-se: é possível, intentada a ação anulatória do ato, defender-se o réu com a alegação, e prova a seu cargo, de que não houve simulação, visto corresponder o preço, realmente pago, ao valor da coisa?"

Pela afirmativa responde Serpa Lopes, *Curso de Direito Civil*, III, parte primeira, n. 271.

Já nos pareceu que não; mas hoje respondemos também pela afirmativa, por força de um argumento que julgamos irrecusável, extraído do artigo 1.164, inciso II, do Código Civil.

Com efeito, no caso de permuta, entre ascendentes e descendentes, valerá ela, ou deixará de valer, conforme os valores tiverem ou não sido iguais.

Ora, se é a própria lei que ao disciplinar a troca satisfaz-se com a equivalência de valores, verificada *a posteriori*, a resposta à indagação que formulamos terá que ser afirmativa, pois não é razoável supor que o legislador varie de critério, ao se ocupar de casos idênticos, uma vez que a hipótese de troca, para os efeitos visados, em nada diversifica da venda.

Feita a prova da igualdade de valores, ou seja, de ter sido pago o justo preço, o motivo da nulidade terá desaparecido (*Da Compra e Venda e da Troca*, pág. 70, n. 68).

Pelo exposto, dão provimento ao recurso para julgar improcedente a ação, condenada a autora em custas e honorários de CR$ 10.000,00 (dez mil cruzeiros reais).

Fonte: LEX - TJSP - 1993 - Volume 150 - Página 152

❖❖❖

EMBARGOS INFRINGENTES N. 137.293-1

INDENIZAÇÃO - Ações - Liquidação antecipada de contratos a futuro IBOVESPA por intervenção da BM&F - Prejuízo aos investidores - Ocorrência - Atuação arbitrária e precipitada da Bolsa - Ressarcimento devido - Embargos acolhidos.

Embargos Infringentes n. 137.293-1 - São Paulo - Embargantes: B. Administração e Investimentos Ltda. e outros - Embargada: Bolsa Mercantil & de Futuros.

ACÓRDÃO

ACORDAM, em Oitava Câmara Civil do Tribunal de Justiça do Estado de São Paulo, por maioria de votos, acolher os embargos de conformidade com o relatório e voto do Relator, que ficam fazendo parte integrante do presente julgado.

O julgamento teve a participação dos Senhores Desembargadores Villa da Costa (Presidente) e Antônio Marson (com declaração), com votos vencedores, e Fonseca Tavares e Jorge Almeida, vencidos.

São Paulo, 20 de outubro de 1993.

José Osório, Relator.

VOTO

Ação proposta por *hedgers* contra a Bolsa Mercantil e de Futuros - BM&F, visando a indenizar-se de prejuízo que sustentam ter sofrido em vista de decisão da ré, que as fez liquidar parte de suas posições, foi julgada improcedente pela respeitável sentença de fls. Considerou então o Meritíssimo Juiz que o lucro ou o prejuízo é inerente ao negócio de risco e às regras estabelecidas; que a excepcionalidade justificou as medidas tomadas na época; que a posição de comprado a futuro, ou a inversa - de vendido a futuro, não modifica a equação, pois o fechamento compulsório e a limitação do índice de oscilação foram tomados abstratamente, perdendo uns e ganhando outros; e que, assim, não havia indenização alguma a ser prestada, tendo agido a BM&F dentro dos limites de seu poder disciplinar, sem cometer qualquer ato culposo.

O venerando acórdão de fls., cujo relatório se adota, confirmou a sentença, de conformidade com os votos vencedores dos Desembargadores Fonseca Tavares e Jorge Almeida.

Ficou vencido o Desembargador Régis de Oliveira, que entende deva-se reconhecer algum poder de polícia à Bolsa, mas que no caso houve desvio de finalidade, pois esta não atuou a bem do interesse geral, senão protegendo interesses de associados. Seu voto dava provimento ao recurso, julgando procedente a demanda.

Com apoio no venerando voto vencido foram opostos os presentes embargos infringentes, considerando as autoras-embargantes, em resumo, que venderam a futuro contratos IBOVESPA para se protegerem de eventual queda nas cotações do mercado à vista; que em virtude de omissão da própria embargada, entre outros, alguns investidores concentraram poderes enormes no mercado, e a cotação das ações sofreu grande queda; que, como os reais devedores se tornaram inadimplentes, a Bolsa subverteu as normas que ela própria editara e compeliu os vendidos a futuro a liquidarem em parte de suas posições, o que causou prejuízo às embargantes. Sustentam que sua atividade sempre foi lícita; que não esperavam a queda das ações no mercado à vista; que não eram inadimplentes em mercado algum; que não estavam dispostas a incorrer em todo o tipo de risco; que havia participante do mercado inadimplente; que a Bolsa não estava apta para o que fez, e a liquidação antecipada daqueles contratos IBOVESPA causou-lhes prejuízo, devendo a embargada ressarcir os prejuízos causados. Enaltecem o acerto do venerando voto vencido e esperam o acolhimento dos embargos, com julgamento de procedência da ação.

Recurso bem processado, com resposta em que a BM&F lembra ser associação sem fins lucrativos, ao contrário de seus investidores e corretores, que têm claro propósito de lucros; que tem por finalidade precípua oferecer aos seus investidores proteção contra o risco da variação de preço de determinadas mercadorias. Explica sinteticamente o mecanismo interno da BM&F, ressaltando a presença do risco, e sustentando ainda uma vez que o objetivo dos contratos foi minimizar eventuais prejuízos, e não afastá-los por completo. Diz que os fatos que levaram à demanda em questão advieram da eclosão do caso Naji Nahas, e os Conselheiros da BM&F tomam suas deliberações sempre com a finalidade de satisfazer os interesses globais da coletividade, e nunca visando a interesses pessoais; que são necessárias decisões ágeis e profícuas em momentos de crise, e tal se deu; que foi determinada apenas uma redução de 15% nas posições detidas pelas embargantes, pelo que se manteve a higidez do sistema, e os investidores não perderam: apenas ganharam menos; que a embargada agiu estritamente dentro da lei, tendo respeitado aos artigos 107 da Emenda Constitucional n. 1, de 1969, e 37, § 6.º, da atual Constituição; e os artigos 159, 160, inciso I, e 1.058, do Código Civil; que não é certo as embargantes pretenderem lucros maiores do que já auferiram; e que à época do acontecido os embargantes não realizaram qualquer protesto adequado, dando quitação, de conformidade com o artigo 965 do Código Civil, motivos pelos quais espera a rejeição dos embargos.

É o relatório.

Os embargos são recebidos.

A questão está em saber se a intervenção no mercado promovida pela ré através do Ofício Circular n. 55, de 1989, encontra justificativa perante as autoras, que se viram obrigadas a liquidar antecipada e prejudicialmente seus contratos de venda a futuro de IBOVESPA.

A ré afirma seu poder e seu dever de intervenção em vista das condições anormais do mercado, quando do episódio Nagi Nahas, particularmente em vista da Deliberação CVM n. 80, decretando o recesso das Bolsas de Valores no dia 12.6.89.

A razão está com as autoras.

Não se discute a existência do poder-dever de intervenção no mercado por parte da ré. Tem esta, pela própria natureza de sua atuação, o poder discricionário para regulamentar atividades e intervir nelas, se for o caso.

A discrição, contudo e como é sabido, não se confunde com o arbítrio, com a irresponsabilidade e a indenidade. Não há discrição, em favor de quem quer que seja, para a prática de ato precipitado e insensato que cause prejuízo a outrem.

As autoras acautelaram-se através de operações de *hedging* quanto à posição de vendedor de contratos IBOVESPA. Estavam elas, autoras, absolutamente adimplentes em relação a todos os seus contratos, que deveriam ser liquidados no momento próprio. Foram liquidados antecipadamente por força (é este o termo adequado) da intervenção da ré.

A entender o poder discricionário como quer a ré, era preciso que o investidor mais cauteloso buscasse alguma operação à semelhança do *hedging*, para se garantir não apenas dos azares do mercado, mas também da atuação arbitrária da própria Bolsa.

Veja-se que o tumulto verificou-se nas Bolsas de Valores, no ambiente do objeto mediato, indireto, dos contratos das autoras. Isto é, o tumulto poderia atingir o índice BOVESPA, índice este que era o objeto dos contratos. As Bolsas de Valores podiam estar preocupadas. A preocupação da ré, que estava evidentemente mais distante do tumulto, por isso que apenas admitia a negociação em torno dos índices daquelas Bolsas, não podia chegar ao ponto de fulminar contratos legítimos, corretos, em plena vigência. Ainda mais quando se nota que o recesso determinado das Bolsas de Valores determinado pela CVM foi de um só dia.

Ocorresse o tumulto no mercado de outra *commodity*, em razão de fenômeno natural, como geada, granizo, etc., por certo a ré não iria impor a liquidação dos contratos dos *hedgers*, que se garantem contra fenômenos imprevistos, de qualquer natureza.

Na verdade, as autoras, como *hedgers*, cautelosas, inteiramente adimplentes, não podiam ser atropeladas pela ré em nome do que se passava na BOVESPA, em recesso por um dia.

A causa direta, eficiente, do prejuízo suportado pelas autoras – conforme se vê dos documentos juntos à inicial – não foi a sorte ou o azar; foi o ato arbitrário e desnecessário praticado pela ré, a qual, assim, tem o dever de indenizar.

Por tais motivos e adotados os fundamentos do venerando voto vencido, bem como as conclusões do lúcido parecer do Doutor Nelson Eizirik, os embargos são recebidos, julgando-se procedente a ação e invertidos os ônus da sucumbência.

Fonte: LEX – TJSP – 1994 – Volume 153 – Página 206

Observações:

Para maior desenvolvimento, veja-se o voto vencedor declarado do Des. Antônio Marson nos Embargos Infringentes n. 137.293-1-SP, *JTJ* 153/209-215.

Veja-se também acórdão do STJ no REsp n. 63.570-SP, rel. Min. Ruy Rosado de Aguiar, *in Revista do STJ*, ano 10 (102): 271-388, fevereiro 1998.

EMBARGOS INFRINGENTES N. 201.224-1

INDENIZAÇÃO – Responsabilidade contratual – Conjunto residencial – Contrato com associação de segurança, sem fins lucrativos – Furto de veículo – Subtração que se deu na propriedade exclusiva do autor, longe do portão onde fica a vigilância – Culpa contratual não demonstrada concretamente – Embargos recebidos para admitir a culpa recíproca.

No ambiente da culpa não pode vigorar o princípio *in Lege Aquilia et levissima culpa venit*, que é restrito à responsabilidade por ato ilícito extracontratual.

Embargos Infringentes n. 201.224-1 – Indaiatuba – Embargante: Sociedade de Amigos de Bairro I, sucessora de Associação I. – Embargado: I.G.B.

ACÓRDÃO

ACORDAM, em Oitava Câmara Civil do Tribunal de Justiça do Estado de São Paulo, por maioria de votos, receber os embargos, de conformidade com o relatório e voto do Relator, que fazem parte do presente acórdão.

O julgamento teve a participação dos Senhores Desembargadores Osvaldo Caron (Presidente sem voto), Walter Theodósio, Felipe Ferreira, Villa da Costa, com votos vencedores, e Fonseca Tavares, vencido.

São Paulo, 21 de setembro de 1994.

José Osório, Relator.

VOTO

Ação de indenização proposta por morador de conjunto residencial que travou contrato com associação de segurança particular e teve sua motocicleta furtada em sua casa foi julgada procedente pela respeitável sentença de fls.

Com apelo da ré subiram os autos, e o venerando acórdão de fls., de conformidade com os votos vencedores dos Desembargadores Antônio Marson e Fonseca Tavares, negou provimento ao recurso, entendendo que, contratada a segurança da casa com a empresa, esta deve indenizar, porquanto houve falha dos prepostos da ré-apelante.

Ficou vencido parcialmente o Desembargador Villa da Costa, sob entendimento de que a segurança era notoriamente frágil, abundando nos autos provas de que ninguém desconhecia tal fragilidade, não sendo ilícito ao autor desconhecê-la; e de que, estando a motocicleta sob domínio exclusivo do autor-apelado, a culpa não foi só da apelante, mas recíproca.

Com apoio no venerando voto vencido, interpõe a ré os presentes embargos infringentes, alegando, em resumo, que há de se considerar a existência da culpa recíproca, que exclui seu dever de indenização; que a vigilância era notoriamente precária; que o autor descumpriu o seu dever de guarda; que não era local de propriedade condominial o do furto, mas propriedade exclusiva do embargado; e que, assim, é de se reformar o venerando acórdão.

Recurso bem processado, com impugnação.

É o relatório.

Os embargos são recebidos.

A ré-embargante é uma associação sem fins lucrativos, destinada a prestar serviços aos moradores do conjunto residencial, inclusive os de segurança.

O furto da moto se deu em decorrência de arrombamento do alambrado, junto à casa do autor, longe do portão de entrada, onde ficam os porteiros.

Condenou-se a ré em razão de presunção de *culpa in vigilando*.

Prova de culpa efetiva não houve.

A culpa a ser perquirida é a contratual, já que existe contrato entre as partes.

No ambiente da culpa contratual não pode vigorar o princípio *in Lege Aquilia et levissima culpa venit*, que, como se sabe, é restrito à responsabilidade por ato ilícito extracontratual.

Na responsabilidade contratual, leva-se em conta a culpa ordinária, não a levíssima. E deve ser aferida in concreto (Augusto C. Morello, *Indenización del Daño Contractual*, 2.ª ed., Buenos Ayres, 1974, pág. 36), pois a pessoa sabe com quem está contratando e conhece as qualidades e limites da contraparte.

No caso dos autos, a Associação é formada pelos proprietários do conjunto, os quais, entre eles o autor, pagavam, na ocasião (dezembro de

1991), Cr$ 20.500,00 (fls.), cerca de vinte reais por mês. Com esse pagamento, não podem os associados esperar segurança total de todos os seus valiosos veículos, entre eles a moto Honda 450 do autor.

O contrato entre as partes é comutativo, não se podendo exigir de qualquer das partes prestações jurídica e economicamente desiquilibradas.

Note-se ainda que era o autor quem detinha, em sua casa, a guarda física da coisa, a qual não dispunha, ao que consta, de qualquer dispositivo de segurança.

Diante do exposto, os embargos são recebidos, nos limites do venerando voto vencido, isto é, para admitir culpa recíproca, reduzindo-se a indenização à metade. Sem honorários.

Fonte: LEX - TJSP - 1995 - Volume 167 - Página 228

APELAÇÃO CÍVEL N. 222.524-1

CONTRATO - Publicidade - Anulação - Assinatura por empregado sem poderes e de área totalmente distinta - Inaplicabilidade da teoria da aparência - Captação enganosa da publicidade - Recurso provido.

A teoria da aparência surgiu para amparar a pessoa de boa-fé que se vê frustrada em seus direitos pela aplicação rígida de normas legais e contratuais. Não havendo certeza da existência de boa-fé, essa doutrina não pode ser adotada.

Apelação Cível n. 222.524-1 - São Paulo - Apelante: Metalúrgica F. Ltda. - Apelada: Editora L. Ltda.

ACÓRDÃO

Responsabilidade Civil - Anulação de contrato - Assinatura de gerente sem poderes - Inaplicabilidade da teoria da aparência - Recurso provido.

ACORDAM, em Oitava Câmara Civil do Tribunal de Justiça do Estado de São Paulo, por votação unânime, dar provimento ao apelo, prejudicado o agravo, de conformidade com o relatório e voto do Relator, que ficam fazendo parte do acórdão.

Participaram do julgamento os Senhores Desembargadores Walter Theodósio (Presidente) e Osvaldo Caron (Revisor).

São Paulo, 10 de abril de 1995.

José Osório, Relator.

VOTO

Trata-se de ação de anulação de contrato cumulada com perdas e danos proposta por empresa metalúrgica sob alegação de que foi vítima de uma editora, que teria se servido de ardis e induzido funcionário seu a assinar contrato de adesão.

A respeitável sentença de fls., cujo relatório é adotado, julgou improcedente a demanda, sob consideração de que o funcionário da autora que assinou o contrato é gerente industrial e não podia desconhecer a cláusula 23.ª do mesmo, pela qual se declara legal e formalmente habilitado para a assinatura do instrumento, inclusive responsabilizando-se economicamente. Além disso, o preposto da autora não teria dito a verdade em seu depoimento, como ficou demonstrado com o advento do laudo grafológico, demonstrando que ele preencheu os espaços destinados a valor e número de prestações.

Apela a sucumbente, alegando, em síntese, que foi vítima de engodo; que seu funcionário J.S. é apenas encarregado da produção, inconcebível imaginar-se tivesse ele autorização para assinar contratos de publicidade; que tais contratos só podem ser assinados por gerentes administrativos ou financeiros; que a prova dos autos é clara, e pouco importa o resultado da perícia grafológica no caso em questão; que a apelada age de má-fé, e tem centenas de processos contra ela, como bem se demonstrou; que houve dolo substancial, tornando nulo o contrato; e que, demonstradas as alegações iniciais, é de se reformar a respeitável sentença julgando-se procedente a demanda.

Recurso bem processado, com resposta em que preliminarmente se reaviva agravo retido onde se discute a data da incidência da correção monetária sobre os salários do perito; do mérito, a ré quer a manutenção da sentença, eis que dada de acordo com a prova produzida nos autos. Diz que o contrato em questão foi subscrito por gerente industrial, pessoa com posição de comando comprovada dentro da empresa; que é decorrência de seu cargo a possibilidade de firmar certos contratos; que a prova dos autos fulmina inexoravelmente as alegações de emprego de ardil para forçar a assinatura do contrato; e que, à exceção da questão preliminarmente discutida, é de se manter a sentença.

É o relatório.

Dá-se provimento ao recurso.

Quem se obrigou pela autora não tinha poderes para tanto. Trata-se de sociedade de pessoas, com quatro sócios, todos gerentes. O contrato de publicidade, contudo, foi assinado por um empregado.

Embora ocupando o pomposo cargo de "gerente de produção", é pessoa simples, com escolaridade que não foi além do quarto ano primário.

A respeitável sentença fundou-se na teoria da aparência. Mas o caso dos autos não a comporta. Essa louvável doutrina surgiu para amparar a pessoa de boa-fé que se via frustrada em seus direitos pela aplicação rígida de normas legais e contratuais. Não havendo certeza da existência de boa-fé, essa doutrina não pode ser adotada.

Na hipótese dos autos, o contrato era de publicidade e o tal gerente era um empregado de área inteiramente distinta. Fosse o contrato ligado à atividade do empregado, poderia a ré ter razão.

Além disso, a forma de agir da ré ao captar publicidade não a recomenda. A atitude enganadora aparece com muita freqüência.

Não é por acaso que os autos revelam a existência de 400 (quatrocentos) processos contra a ré em cerca de 4 (quatro) anos.

Não pode ela invocar a teoria da aparência. Aqui a solução é formal.

O fato de não ser verdade que o empregado-gerente não havia preenchido claros do contrato de adesão não tem o relevo que lhe deu a respeitável sentença.

Os autênticos poderes de gerência são reservados a quem o estatuto social indica para a proteção da sociedade contra terceiros e também contra a atuação ingênua ou má dos próprios prepostos.

Diante do exposto, é dado provimento ao recurso para julgar procedente a ação e anular o contrato, invertidos os ônus da sucumbência. Perdas e danos não foram comprovadas.

Fonte: LEX - TJSP - 1995 - Volume 170 - Página 62

APELAÇÃO CÍVEL N. 242.913-1

MEIO AMBIENTE - Poluição - Bombeamento de água para a Represa Billings - Ação civil pública, visando sua suspensão - Procedência, para esse fim - Artigo 46 do Ato das Disposições Constitucionais Transitórias da Constituição do Estado - Sentença confirmada.

MEIO AMBIENTE - Poluição - Bombeamento de água para a Represa Billings - Ilegalidade reconhecida pelo Judiciário - Cumprimento do artigo 46 do Ato das Disposições Constitucionais Transitórias da Constituição do Estado - Área privativa do Executivo não violada - Sentença confirmada.

Apelação Cível n. 242.913-1 - São Paulo - Recorrente: Juízo *Ex Officio* - Apelantes: Municipalidade de Cubatão e outros - Apelados: C. S.A. Indústrias Químicas e outros.

ACÓRDÃO

Ação Civil Pública - Represa Billings - Artigo 46 e parágrafo único, das Disposições Transitórias da Constituição Estadual.

Ação procedente em parte - Recurso de ofício e apelos da Fazenda do Estado, da Prefeitura de Cubatão e da Companhia Energética de São Paulo (CESP) - Recursos improvidos.

"Demonstrado o descumprimento do artigo 46 das Disposições Transitórias da Constituição Estadual, impõe-se a procedência parcial da ação, com as cautelas determinadas na sentença."

ACORDAM, em Oitava Câmara Civil do Tribunal de Justiça do Estado de São Paulo, por votação unânime, negar provimento à apelação, de conformidade com o relatório e voto do Relator, que ficam fazendo parte do acórdão.

O julgamento teve a participação dos Senhores Desembargadores Walter Theodósio (Presidente) e Osvaldo Caron, com votos vencedores.

São Paulo, 20 de setembro de 1995.

José Osório, Relator.

VOTO

1. Trata-se de ação civil pública promovida pelo Ministério Público contra a Fazenda do Estado e a Eletropaulo, visando à suspensão do bombeamento de águas da Represa Billings para o abastecimento necessário ao controle da intrusão salina ou queda de nível da Bacia do Rio Cubatão, fazendo-se cessar o bombeamento artificial das águas poluídas dos Rios Pinheiros e Tietê no manancial Billings, de acordo com o artigo e parágrafo único do Ato das Disposições Constitucionais Transitórias da Constituição Estadual.

Ingressaram como assistentes das rés, na ação, a Prefeitura do Município de Cubatão e outras empresas que igualmente se beneficiavam do sistema da Billings.

A respeitável sentença de fls., cujo relatório é adotado, julgou parcialmente procedente a demanda, tendo declarado a ilegalidade do turbinamento das águas da Represa Billings para o abastecimento da Bacia do Cubatão, determinando que os réus se abstenham do bombeamento artificial das águas dos Rios Pinheiros e Tietê para a represa, para tal finalidade, quando deplecionado o reservatório.

Com recurso de ofício e apelo da Fazenda do Estado, da Prefeitura de Cubatão e da Eletropaulo, subiram os autos.

A Fazenda alega, em resumo, que requereu prazo para análise dos autos fora de Cartório, dado o volume da documentação a ser apreciada; tal pedido foi deferido, mas por razão inexplicável sua petição não foi juntada aos autos, e o Cartório certificou decurso de prazo para manifestação, vindo isso também asseverado na sentença; que houve cerceamento de defesa, com evidente prejuízo para a Fazenda do Estado; que o Meritíssimo Juiz, em várias oportunidades, invoca dados de outro processo que tramita pelo mesmo Juízo, sem ter determinado a instrução do presente com cópias dos laudos invocados, para manifestação das partes interessadas; que o Meritíssimo Juiz alega ter havido desvio de finalidade na determinação administrativa de retomada de bombeamento, e que tal decisão foi fundada em motivos inexistentes; que, com o julgamento antecipado da lide, restaram claros os prejuízos acarretados, havendo que se declarar nula a sentença, determinando-se a instrução probatória. Cita os seguintes dispositivos legais: Constituição da República, artigo 5.º, incisos LV, XXXV, LIV; Código de Processo Civil, artigos 331, 332, 333, inciso II. No mérito, diz que o Meritíssimo Juiz invadiu matéria de estrita competência administrativa; que o artigo 46 do Ato das Disposições Constitucionais Transitórias da Constituição Estadual determina que os Poderes Públicos deveriam tomar medidas eficazes para impedir o bombeamento de águas servidas para a Billings, sem ter sido estipulado qualquer prazo para a efetiva cessação do bombeamento ou para a obtenção de resultados; que a regra é meramente programática, não comportando vedação de qualquer natureza; que o projeto de despoluição do Tietê é uma das medidas tomadas pelo Governo; que há, também, a Resolução Conjunta SMA/SES n. 3, de 1992, e a retomada do bombeamento não foi ilegal; que mais de uma vez o Meritíssimo Juiz invadiu área onde as deliberações caberiam à discricionariedade do Administrador; que houve várias outras medidas tomadas pelos Poderes Públicos, tendentes a resolver o problema; que, quanto à sucumbência, há de se considerar que a ação não foi julgada totalmente procedente, sendo de se aplicar o artigo 21 do Código de Processo Civil; e que, assim, é de se prover o recurso.

A Prefeitura de Cubatão alega, preliminarmente, que a sentença é *ultra petita*, pois o requerimento inicial era de suspensão do bombeamento das águas da Billings, e o Meritíssimo Juiz julgou o bombeamento ilegal. Após discorrer sobre a ilegalidade decretada e a origem histórica do reservatório Billings, comentando ainda as conseqüências da paralisação do turbinamento para o Município, sustenta ser inconcebível uma decisão judicial que determina o sucateamento de uma hidroelétrica que compõe todo um sistema de geração de energia, promovendo o desemprego em massa e prejudicando toda uma região; que se está apenas a transferir a deposição de esgotos, e isso não é exercício de saneamento; e que, assim, é de se reformar a sentença.

A Eletropaulo, após adotar os argumentos de apelação da Fazenda, insiste em que o Meritíssimo Juiz invadiu área privativa do Administrador, onde este poderia agir discricionariamente, não sendo de se admitir isso; e quer a reforma da sentença, julgando-se improcedente a demanda.

Recursos bem processados, com resposta do Doutor Promotor. A douta Procuradoria-Geral de Justiça é pelo desprovimento.

É o relatório.

2. Os recursos são examinados conjuntamente e a eles é negado provimento.

A respeitável sentença não padece de nulidade.

Embora tenha havido descumprimento do despacho que deferiu petição da digna Procuradora do Estado para exame dos autos fora do Cartório sobre documentação apresentada pela Companhia Estadual de Tecnologia de Saneamento Básico e Defesa do Meio Ambiente (CETESB) e pelo Ministério Público, não houve prejuízo concreto a ponto de justificar o decreto de nulidade. A documentação refere-se quase que exclusivamente a relatórios da CETESB, órgão submetido à Secretaria de Estado, com fácil acesso por parte dos representantes da Fazenda.

As referências feitas pela sentença a tais documentos foram secundárias, ou seja, para mostrar que esses dados vieram corroborar anteriores decisões e pronunciamentos do Meritíssimo Juiz, longamente transcritos na sentença.

Na verdade, o presente litígio foi objeto de comprovação e debate exaustivos quando da concessão da liminar e da impetração de mandados de segurança, constando dos autos pareceres técnicos suficientes para o esclarecimento do Juízo. O que depois se verificou serviu para demonstrar o acerto de toda a atuação do Magistrado, Doutor Luís Paulo Aliende Ribeiro, porquanto as maiores interessadas, ou seja, as grandes empresas servidas pela Usina Henry Borden, que participavam do feito, adaptaram-se rápida e eficazmente à nova situação, sequer recorrendo da decisão final.

Observe-se também que as bem-lançadas razões da Fazenda pouco abordaram, em relação ao mérito, os aludidos documentos provenientes da CETESB, o que vem corroborar a dispensabilidade deles para o desfecho do caso.

Os motivos acima expostos também valem para justificar o julgamento antecipado, pois já existiam elementos técnicos suficientes para o convencimento do Julgador, aplicável à hipótese dos autos o artigo 427 do Código de Processo Civil.

A sentença também não é *extra* ou *ultra petita*. A inicial pediu a suspensão definitiva do bombeamento das águas do Rio Pinheiros para a Billings porque esse bombeamento seria ilegal. O decreto de ilegalidade está, portanto, coerente com o pedido.

A referência a provas existentes em outro feito também não macula a decisão, seja porque as provas constantes dos presentes autos são abundantes, seja porque aquelas são do pleno conhecimento da Fazenda.

Em suma, seria excesso de formalismo anular a sentença em razão das alegadas irregularidades.

3. Em relação ao mérito, também não têm razão as apelantes.

A questão relativa à poluição da Represa Billings vem preocupando administradores e administrados há dezenas de anos, a ponto de o constituinte estadual fazer inserir no Ato das Disposições Transitórias o preceito do artigo 46, fixando prazo de três anos para que a Administração tomasse medidas eficazes a fim de impedir o bombeamento de águas servidas para a represa. O bombeamento já existia e ninguém duvida de que o constituinte se referia às águas do Rio Pinheiros. Por isso, simplesmente impôs um prazo para que o bombeamento cessasse. Manifesta a concretude e a eficácia imediata do preceito.

Exatamente porque o comando legal não deixou dúvida ao administrador, veio à luz, na véspera do vencimento do prazo, a Resolução SMA-SES-3/92, de 4.10.92, suspendendo o referido bombeamento, por tempo indeterminado (artigo 1.º), prevista a retomada do mesmo apenas em casos excepcionais (artigo 2.º), entre os quais (alínea *e*) a ocorrência de intrusão salina na Bacia do Rio Cubatão, de molde a comprometer o funcionamento das indústrias lá instaladas.

Com fundamento nessa hipótese excepcional, não se interrompeu o bombeamento de água para a Usina Henry Borden, na Baixada Litorânea, o que acarretou forte esvaziamento da Billings.

O laudo do perito nomeado na fase inicial do processo deixa clara a enorme desproporção entre o que entra naturalmente na represa, na estação de estiagem, ou seja, 6-8 metros cúbicos, e o que sai para a Henry Borden – 50 metros cúbicos (fls.), com evidentes prejuízos para a saúde da represa. Caso venha receber, estando com o nível baixo, as águas poluídas do Rio Pinheiros, o dano é enormemente exacerbado, pois está então reduzida a capacidade de diluição dos dejetos.

Daí o acerto da respeitável sentença em impedir o turbinamento das águas da Billings para a Bacia do Rio Cubatão em quantidade superior ao que ela recebe naturalmente; ao mesmo tempo em que proibiu o bombeamento artificial das águas do Rio Pinheiros estando deplecionado o reservatório.

O passar do tempo revelou que o Meritíssimo Juiz esteve coberto de razão em suas decisões. As indústrias interessadas adaptaram-se à nova situação, sendo certo que a C., a Cia. B.E. e a C.O. nem mesmo recorreram da respeitável sentença.

Afasta-se também a crítica de que teria havido invasão por parte do Judiciário da esfera exclusiva de atribuições do Executivo. O Judiciário apenas fez cumprir o preceito claro do artigo 46 das Disposições Transitórias da Constituição Estadual.

Por todo o exposto, é negado provimento a todos os recursos e confirmada a respeitável sentença, por seus sólidos fundamentos, adotados também os argumentos do parecer da Doutora Maria do Carmo Ponchon da Silva.

Fonte: LEX - TJSP - 1996 - Volume 178 - Página 128

AGRAVO DE INSTRUMENTO N. 275.130-1

TRANSAÇÃO - Cláusula penal - Artigo 9.º do Decreto Federal n. 22.626, de 1933 - Incidência exclusiva sobre os contratos de mútuo - Validade do acordo firmado com base no artigo 920 do Código Civil - Redução da multa afastada - Recurso provido.

Agravo de Instrumento n. 275.130-1 - São Paulo - Agravante: R.C.L.S., menor representada por sua mãe - Agravada: Empresa V.N. Ltda.

ACÓRDÃO

Responsabilidade Civil - Liquidação - Transação - Cláusula penal de 30% - Redução para 10% conforme Decreto n. 22.626, de 1933 - Impossibilidade - Recurso provido para afastar a redução.

ACORDAM, em Quarta Câmara de Direito Privado do Tribunal de Justiça do Estado de São Paulo, por votação unânime, dar provimento ao recurso, de conformidade com o relatório e voto do Relator, que ficam fazendo parte do acórdão.

O julgamento teve a participação dos Senhores Desembargadores Cunha Cintra (Presidente) e Fonseca Tavares, com votos vencedores.

São Paulo, 8 de fevereiro de 1996.

José Osório, Relator.

VOTO

Em liquidação de sentença, insurge-se a autora da demanda contra despacho (fls.) pelo qual o Meritíssimo Juiz não fez cumprir acordo travado entre as partes sobre o percentual da multa avençada, sob consideração de que o Decreto n. 22.626, de 1933, artigo 9.º, limitou em 10% (dez por cento) o valor da cláusula penal.

Alega a agravante, em síntese, que o artigo 920 do Código Civil, serviu de esteio para o acordo firmado entre as partes, e não foi revogado;

que o decreto não pode sobrepor-se à lei; e que, assim, é de se reformar o despacho, fazendo-se valer o acordo entre as partes travado, incidindo multa de 30% (trinta por cento) sobre o total apurado.

Recurso bem processado, sem reposta.

O Doutor Promotor é pelo provimento do recurso.

O despacho foi sustentado.

A douta Procuradoria-Geral de Justiça é igualmente pelo provimento.

É o relatório.

O recurso tem provimento.

O Decreto n. 22.626, de 1933, chamado de Lei da Usura, aplica-se exclusivamente aos contratos de mútuo.

É o entendimento muito antigo da doutrina e da jurisprudência. Veja-se o que diz Washington de Barros Monteiro: "Observe-se, todavia, que o citado diploma regulou apenas os contratos de mútuo e não outras obrigações disciplinadas pelo Direito comum" (*Direito das Obrigações*, 1.ª parte, 1972, pág. 223).

Poder-se-ia hoje afirmar que o referido texto devesse também aplicar-se a outros contratos com finalidade social, a maioria dos quais, aliás, já contém dispositivo semelhante.

Não seria, contudo, a hipótese dos autos, em que o caráter social aponta no rumo oposto ao que foi decidido.

Diante do exposto, é dado provimento ao recurso para afastar a redução e manter a multa de 30% (trinta por cento).

Fonte: LEX – TJSP – 1996 – Volume 181 – Página 203

❖❖❖

APELAÇÃO CÍVEL N. 257.816-1

CONTRATO – Compra e venda – Anulação – Veículo furtado – Apreensão policial, em favor de seguradora, após quase sete anos – Longa cadeia de transmissões durante esse período – Aquisições de boa-fé – Soma das posses, para fins de usucapião – Cabimento – Artigo 618, *caput*, e artigos 496 e 552 c.c. o parágrafo único do artigo 619, todos do Código Civil – Arbitrariedade da apreensão – Ação improcedente – Recurso provido.

Apelação Cível n. 257.816-1 – São Paulo – Apelante: V.M.F.V. – Apelados: W.J.D. e outra.

ACÓRDÃO

Compra e Venda - Ação anulatória - Veículo furtado - Apreensão pela Polícia em favor de seguradora - Devolução do preço pelo vendedor - Ação contra o antecessor - Procedência - Aquisições de boa-fé - Usucapião ocorrido - Apreensão arbitrária - Recurso provido.

ACORDAM, em Quarta Câmara de Direito Privado do Tribunal de Justiça do Estado de São Paulo, por votação unânime, dar provimento ao recursos, de conformidade com o relatório e voto do Relator, que ficam fazendo parte do acórdão.

O julgamento teve a participação dos Senhores Desembargadores Cunha Cintra (Presidente) e Barbosa Pereira (declaração em separado), com votos vencedores.

São Paulo, 8 de agosto de 1996.

José Osório, Relator.

VOTO

Ação de anulação de contrato de compra e venda de veículo, cumulada com cobrança de valor, foi julgada procedente pela respeitável sentença de fls., cujo relatório é adotado.

Apela a ré-sucumbente alegando, em síntese, que quando contestou requereu o chamamento ao processo da pessoa que lhe vendeu o veículo e da proprietária - a F. financiadora; que houve cerceamento de defesa; que tem direito a ver as mencionadas pessoas ingressando no feito e assumindo suas responsabilidades; e que assim, é de se julgar procedente o recurso, anulando-se o processo a partir do momento em que foi prejudicada, deferindo-se o seu pedido.

Recurso bem processado, com resposta, sustentando o acerto da sentença. É o relatório.

1. Dá-se provimento ao recurso.

Os autos mostram que V.M.F.V., a ré, adquiriu o carro em janeiro de 1991 e o vendeu para os autores W.J.D. e M. treze meses depois, em fevereiro de 1992. Estes venderam para F. em setembro de 1993. A apreensão se deu dois meses depois, em novembro de 1993, pela Polícia, a pedido de seguradora sub-rogada.

Os autores devolveram o dinheiro para F. e se voltam contra a ré.

Esta, ao mesmo tempo em que pede a improcedência da ação, pediu também o chamamento ao processo dos transmitentes anteriores.

O Meritíssimo Juiz entendeu que o caso era de denunciação da lide, negou-a e julgou procedente a ação.

Em sua petição de recurso, a ré pede o reestudo da causa e a reforma da sentença. Nas razões, alega cerceamento de defesa e pede a anulação da sentença e conseqüente denunciação da lide, além de invocar os suplementos jurídicos dos iminentes (sic) Desembargadores.

2. Esta espécie de caso é grave e repete-se com freqüência, atingindo milhares de pessoas, que nem sempre conseguem deduzir seus direitos com eficiência.

A Justiça não pode se ater a questiúnculas técnico-processuais e deixar de atender a quem tem razão. Nunca foi tão atual o princípio *da mihi factum dabo tibi jus.*

3. Exceto o ladrão, todos os demais participantes do drama são pessoas de bem e estão de boa-fé. Há que se ver qual delas tem o interesse que deve prevalecer.

Autores e ré não perceberam que as respectivas aquisições já estavam juridicamente escoimadas, por usucapião, de eventual vício de origem.

A ré vendeu para os autores o carro que era autenticamente dela.

Quem sofreu o furto foi a F. Leasing, em 23.4.87. Recebeu indenização da U. Seguros do Brasil, a qual contratou a L. para localizar o veículo. Esta o localizou e a apreensão policial se deu quase sete anos depois.

A ré, repita-se, comprou o carro em janeiro de 1991 de J.A.B., que estava com o carro há seis meses e que o adquirira de seu vizinho D.O.M., que já era dono aparente há mais de dois anos.

Todos com posse de boa-fé, além de titulada por contratos de compra e venda.

Essas posses podem ser unidas, nos termos dos artigos 496 e 552, c.c. o parágrafo único do artigo 619 do Código Civil.

O prazo do usucapião ordinário é de três anos - artigo 618, *caput.*

A ré teve um ano de posse pessoal mais dois anos e meio que recebeu de seus antecessores imediatos, ultrapassando com folga o prazo legal do usucapião.

Este instituto, como se sabe, opera automaticamente, isto é, pelo simples decurso do tempo, independentemente de decisão judicial. A sentença proferida na ação de usucapião tem natureza apenas declaratória, reconhecidamente.

4. A presente ação é de anulação de contrato de compra e venda porque a ré não seria dona do objeto vendido. A ação é de manifesta improcedência porque a ré já era, então, dona autêntica do carro.

A inicial e a respeitável sentença baseiam-se, como é tão freqüente, no princípio lógico *nemo plus juris* etc., segundo o qual ninguém pode transferir mais direitos do que tem e, assim, destroem a longa cadeia de transmissões jurídicas que se estabeleceu durante quase sete anos.

Mas o Direito, obviamente, vai além da Lógica. Tenta superar o rigorismo desta última com a incidência, em certas hipóteses, de outros princípios igualmente relevantes como *error communis facit jus* e o velho usucapião. Veja-se, ao propósito, Orlando Gomes, *Direitos Reais*, capítulo sobre a propriedade aparente.

No caso dos autos, não há compra e venda a ser anulada. O ato anulável que se nota é a arbitrária apreensão do carro seis anos e meio depois do furto, como se o Direito pudesse ignorar tudo que se passou no longo período.

O interesse, respeitável sem dúvida, porém menor, é o da seguradora sub-rogada.

A vítima do furto foi indenizada por força de contrato de seguro. Pagando a indenização, a seguradora não sofreu propriamente dano decorrente de ato ilícito. Simplesmente cumpriu um contrato do qual recebeu a respectiva contraprestação.

Nem se sabe se a vítima do furto colaborou com culpa para o evento e, no entanto, está ressarcida. A seguradora tem que se voltar contra o causador do dano, isto é, contra o ladrão ou, quando muito, contra quem ainda não se tornou dono do objeto furtado. Não pode a seguradora criar uma outra vítima depois de tanto tempo passado.

Na análise dos interesses em jogo, seja do ponto de vista ético, social ou jurídico, verifica-se que o interesse dos adquirentes de boa-fé preponderam, de longe, sobre o da seguradora.

Por todo o exposto, é dado provimento ao recurso e julgar improcedente a ação. Honorários de 10% do valor da causa.

Fonte: LEX – TJSP – 1997 – Volume 194 – Página 33

❖❖❖

AGRAVO DE INSTRUMENTO N. 260.913-2

INDENIZAÇÃO – Responsabilidade civil – Alegação de tratar-se de ação oriunda da própria torpeza – Artigo 104 do Código Civil – Inocorrência – Pretensão fundada em contrato posterior aos fatos considerados irregulares – Comportamento contraditório superado – Interesse de agir reconhecido – Recurso não provido.

CONTRATO – Execução – Obrigação de natureza "quando puder" – Admissibilidade – Exigibilidade do cumprimento quando verificado esse fato – Recurso não provido.

Agravo de Instrumento n. 260.913-2 – São Paulo – Agravante: Cooperativa C. Ltda. – Agravada: U.A. S/A.

ACÓRDÃO

Interesse processual – Comportamento contraditório – Artigo 104 do Código Civil – Pedido juridicamente impossível – Obrigação "quando puder" – Validade em certas hipóteses – Hipóteses não demonstradas – Matérias que se confundem com o mérito – Recurso improvido.

ACORDAM, em Quarta Câmara de Direito Privado do Tribunal de Justiça do Estado de São Paulo, por votação unânime, negar provimento ao recurso, de conformidade com o relatório e voto do Relator, que ficam fazendo parte do acórdão.

O julgamento teve a participação dos Senhores Desembargadores Cunha Cintra (Presidente) e Barbosa Pereira, com votos vencedores.

São Paulo, 8 de agosto de 1996.

José Osório, Relator.

VOTO

Trata-se de agravo de instrumento contra despacho (fls.) que, em ação de indenização promovida por ex-associada contra Cooperativa C. Ltda., o Meritíssimo Juiz refutou preliminares de carência de ação e impossibilidade jurídica do pedido suscitadas pela ré.

Alega a Cooperativa C. Ltda., em síntese, que a autora não tem interesse de agir. Também participou dos atos que ataca, não podendo, agora, voltar-se contra eles. A ação é oriunda da própria torpeza, e o artigo 104 do Código Civil deve ser aplicado. Subsidiariamente fala do *venire contra factum proprium*; que a autora, ao deixar a Cooperativa C. Ltda., travou acordo com esta, mediante instrumento particular para a demissão de associada, onde se lhe garantiu exatamente o que pretende aqui; que outro motivo de carência seria o pedido de percentual das ações da União, pois isso implicaria o pretender-se uma liquidação parcial da sociedade por quem não é mais sócio; a última preliminar é de impossibilidade jurídica do pedido e a Coopersucar diz que, mesmo nas sociedades comerciais, somente ao sócio, enquanto tal, cabe pedir a dissolução ou invocar a irregularidade dos atos sociais. Quanto às cooperativas, nem mesmo o associado pode pedir dissolução.

Menciona, ainda, os seguintes dispositivos legais: Código Civil, artigos 159, 1.056, 178, inciso V; Lei n. 5.764, de 1971, artigos 21 e inciso II, 29, 63, 43; Código Comercial, artigo 335, inciso V; Estatutos, artigos 12,

21, 35 e 37. Sustenta, por fim, que, se não fosse a incidência do artigo 43 da Lei n. 5.764, de 1971, sobre os negócios entabulados entre as partes, o artigo 178, inciso V, do Código Civil ditaria a existência de prescrição, pois as deliberações que aprovaram a instituição da conta "Receitas a Ratear" e a aquisição da Cia. U. se deram, respectivamente, há doze e dezoito anos. Reitera, nas razões de agravo, argumento já expendido na contestação: em momento algum se negou à agravada seu direito às receitas a ratear. Espera o provimento de seu recurso, com o acolhimento das preliminares suscitadas.

Recurso bem processado, com resposta e sustentação.

No Tribunal, aos autos, os doutos Procuradores da agravada juntaram memoriais. É o relatório.

O recurso não tem provimento.

Manifesto o interesse processual da autora.

A pretensão deduzida na inicial está amparada, em tese, em cláusula de ajuste posterior aos fatos que considerou irregulares. Assim, inaplicável – pelo menos em primeira análise – o princípio do *venire contra factum proprium* porquanto eventual comportamento contraditório ficou superado pelo contrato firmado quando a autora deixou a Cooperativa.

O que a autora deseja com a ação é a execução desse contrato, consoante se vê da inicial, inclusive com a invocação expressa da responsabilidade contratual, consagrada no artigo 1.056 do Código Civil.

A obrigação assumida na claúsula n. 8 do contrato é de natureza *cum potuerit* ("quando puder").

Essa expressão é grosseiramente injurídica se utilizada com a finalidade de justificar o descumprimento de obrigação ordinariamente assumida.

Mas a obrigação pode ser contraída sob aquela condição. Não se trata de termo e sim de condição (não potestativa), já que o credor admitiu a ocorrência de um fato futuro e incerto ("o devedor vir a ter possibilidade de pagar"). Verificando-se esse fato, o credor poderá exigir a prestação, desde que prove essa circunstância. É o que pretende a autora.

Veja-se, ao propósito, Inocêncio Galvão Telles, *Manual de Direito das Obrigações*, 3.ª ed., Coimbra, 1965, pág. 139.

A invocação do artigo 104 do Código Civil, segundo o qual as partes não poderiam discutir o ato fraudulento, não tem pertinência ao caso.

Primeiramente porque, repita-se, eventual vício do ato ficou superado pelo acordo posterior.

E também porque a autora se referiu de passagem a simples irregularidades de que tinha participado e não a vícios estruturais do negócio jurídico, sendo certo que a hipótese prevista no mencionado artigo 104 é de ato gravemente fraudulento: a simulação aí prevista "equivale ao dolo" no dizer de Bevilaqua (Código Civil, obs. n. l ao artigo 104); ou "equiparável ao dolo", para Carvalho Santos (*CCB Interpretado*, artigo 104, n. 2).

Quanto ao pedido de ações de companhias, constitui mera alternativa a ser examinada na ocasião oportuna.

Toda matéria do recurso, aliás, entrosa-se com o mérito e com ele poderá, eventualmente, ser reapreciada.

Diante do exposto, é negado provimento ao recurso, confirmando-se o respeitável despacho, inclusive por seus lúcidos fundamentos.

Fonte: LEX - TJSP - 1996 - Volume 187 - Página 123

APELAÇÃO CÍVEL N. 259.508-1

CONTRATO - Compra e venda - Escritura - Falsidade da assinatura alegada - Laudo grafotécnico falho - Erro que o contamina por inteiro - Anulatória improcedente - Recurso provido.

ANULATÓRIA - Compra e venda - Usucapião alegado como defesa - Cabimento - Interpretação, ademais, da Súmula n. 237 do Supremo Tribunal Federal - Recurso provido.

Eventual nulidade de escritura de compra e venda fica afastada por força de usucapião, que não pode deixar de ser invocado no curso da ação com aquele objetivo.

ANULATÓRIA - Compra e venda - Usucapião alegado como defesa - Posse dos réus comprovada, preocupando-se os autores apenas com a nulidade da escritura - Usucapião reconhecido, julgando-se improcedente a anulatória - Recurso provido.

Apelação Cível n. 259.508-1 - Santos - Apelantes: A.V. e outros - Apelados: Espólios de A.A.C. e sua mulher, representados por sua inventariante, B.C.G. e outro.

ACÓRDÃO

Anulatória de escritura de venda e compra de imóvel - Embargos de terceiro - Procedência da ação e improcedência dos embargos - Prova insuficiente de nulidade - Laudo grafotécnico falho - Usucapião alegado em defesa - Viabilidade em ação anulatória - Usucapião reconhecido - Provimento do recurso.

ACORDAM, em Quarta Câmara de Direito Privado do Tribunal de Justiça do Estado de São Paulo, por votação unânime, dar provimento ao recurso, de conformidade com o relatório e voto do Relator, que ficam fazendo parte do acórdão.

O julgamento teve a participação dos Senhores Desembargadores Cunha Cintra (Presidente) e Barbosa Pereira, com votos vencedores.

São Paulo, 8 de agosto de 1996.

José Osório, Relator.

VOTO

1. Anulatória de escritura de compra e venda e cancelamento de registro foi julgada procedente pela respeitável sentença de fls., cujo relatório se adota, e, por conseqüência, julgados improcedentes os embargos de terceiro entre as mesmas partes, envolvendo o mesmo bem. Entendeu o Meritíssimo Juiz, em suma, que não ocorreu a prescrição, pois o que se visa é o reconhecimento da inexistência do ato; que a prova produzida indica serem falsas as assinaturas apostas na escritura; que a prova conforta a conclusão da perícia; que não pode ser acolhida a exceção de usucapião, uma vez que os autores não pedem a retomada do imóvel.

Apelam os réus, alegando, em resumo, que a respeitável sentença não observou divergência na perícia grafotécnica das assinaturas do contrato; que o compromisso foi firmado por procurador que dispunha de poderes para vender parte do imóvel; que o fato de a escritura não fazer referência ao compromisso que a antecedeu nada significa; que a ação está prescrita, porque a escritura data de 11.12.62, de acordo com o artigo 177 do Código Civil; que a ação tem caráter estritamente pessoal, pois objetiva única e exclusivamente a anulação do compromisso particular; que a inicial deve ser indeferida, nos termos do artigo 295, incisos IV e V, do Código de Processo Civil, por estar comprovada a prescrição e porque o tipo de procedimento escolhido pelo requerido não corresponde à natureza da causa; que o recorrente exerceu efetivamente posse no imóvel, pagando em seu nome os impostos e taxas sobre ele incidentes, desde 1965; que a posse sempre foi mansa, pacífica, contínua e com ânimo de dono; que além da prescrição extintiva da ação, simultaneamente ocorre a prescrição aquisitiva por usucapião; que o usucapião pode ser alegado como defesa; que a presente ação se mostra totalmente inútil.

Recurso bem processado, com resposta aduzindo que não se pode falar em prescrição de ato inexistente, e que no mérito não prosperam as alegações do apelante.

É o relatório.

2. Dá-se provimento ao recurso, porquanto o nobre e competente Magistrado não decidiu com o acerto habitual.

A matéria relativa à prescrição, seja extintiva ou aquisitiva, entrosa-se com o mérito.

Para dar pela procedência de uma ação anulatória de compra e venda proposta vinte e três anos depois do ato, que ainda havia sido precedido de compromisso de compra e venda, é preciso prova muito mais robusta do que conseguiram os autores.

Com efeito, a escritura é de 1962 e a ação foi proposta em 1985. O pedido é de anulação da escritura porque falsas as assinaturas dos vendedores A. e M.; bem como do compromisso porque também falsa a assinatura do filho e procurador, MN.

O laudo da Doutora Perita, também assinado pelo assistente técnico dos autores, concluiu pela falsidade das assinaturas.

Mas esse laudo não pode subsistir.

Os autores apresentaram apenas três quesitos (fls.) todos voltados para a assinatura apenas de A., que "sofria da doença de caráter irreversível (Parkinson)".

A moléstia foi elemento de muita importância (fls.) para a conclusão sobre a falsidade da assinatura de A.

Em caráter "subsidiário", o laudo também analisa as assinaturas de M. e MN., não objeto de quesito, e conclui também pela falsidade.

Ocorre que quem sofria de Parkinson era M. e não A.

Tratando-se de doença que atinge de forma contundente o ato de escrever, o erro contamina o laudo por inteiro, tirando-lhe a credibilidade: a assinatura de A. foi examinada como se ele fosse parkinsoniano e ele era sadio; e a de M., como se ela fosse sadia e ela era parkinsoniana.

Esse erro foi detectado pelo assistente técnico dos réus. Ainda assim, não foi pedido à Perita qualquer esclarecimento.

O laudo do assistente dos réus está bem fundamentado e concluiu no sentido oposto, isto é, de que as assinaturas são verdadeiras.

Em tal quadro probatório, a ação de nulidade não podia vingar.

3. Também por outro motivo a ação improcede.

Os réus argüiram em defesa a ocorrência de usucapião e essa argüição é viável e procedente.

Ao contrário do que pareceu ao digno Magistrado, nada impede que o usucapião seja alegado em ação anulatória.

O usucapião, além de sua finalidade primordial de modo de aquisição da propriedade, apresenta também a virtude de escoimar a aquisição de eventuais vícios, por graves que sejam.

Por isso mesmo, diz Orlando Gomes, que: "não raro o verdadeiro proprietário se socorre da usucapião para acabar qualquer incerteza de seu direito. Nesses casos, a usucapião limita-se a confirmar direito de propriedade preexistente [...]" (*Direitos Reais*, 7.ª ed., pág. 167).

Eventual nulidade do título fica afastada por força do usucapião, que não pode deixar de ser invocado no curso da ação com aquele objetivo. Daí também a razão de se exigir, nas transações imobiliárias, a prova de filiação pelo tempo máximo previsto para o usucapião.

O eminente Jurista e Magistrado Benedito Silveira Ribeiro não deixa dúvida sobre a questão:

> "Em síntese, pode-se defender o possuidor, alicerçado em usucapião, em uma série de ações que lhe sejam endereçadas, como no caso de reivindicação, divisão, discriminação, anulação, adjudicação compulsória, demolição, indenização etc. (*Tratado de Usucapião*, vol. 2/1.293, 1992).
>
> No amplo campo das ações declaratórias, visando nulidade de negócios jurídicos, admite-se a argüição de usucapião em defesa. [...].
>
> Todavia, conquanto insanável a nulidade, não se afasta a incidência de prescrição aquisitiva extraordinária, que constitui a única forma de perda dominial pelo não-uso da propriedade, sabido que esta se perde somente se outro a adquire.
>
> São vários os julgados tribunalícios apreciando o problema referente à alegação de usucapião em defesa nas ações de nulidade. Cf. *RT*, vols. 306/510, 327/639 e 622/182; *RTJ*, vol. 117/1.126 (op. cit., pág. 1.315).

Por fim, a Súmula n. 237 do Supremo Tribunal Federal afirma apenas que o usucapião pode ser argüido em defesa, sem restringir a argüição a um determinado tipo de ação.

4. O usucapião verificou-se.

A carta de fls., datada de 1962, faz referência expressa à aquisição e já revela as diligências para a regularização tributária do imóvel. Os impostos passaram a ser pagos pelo adquirente.

Os sinais de posse devem ser ponderados dentro de um determinado contexto, isto é, dentro da dinâmica do embate possessório. Os recibos de pagamento de tributos são sinal de posse. Podem eventualmente sucumbir diante da posse corporal, ou de outros sinais de poder de fato sobre a coisa.

Para o caso dos autos, ninguém alega posse a não ser os réus. Testemunha dos autores (fls.) afirma que desde 1960 os réus estavam em Santos e que de lá não saíram. As demais testemunhas dos autores nada esclarecem. A prova foi feita para demonstrar que os autores não deixaram Santos, não tendo voltado a Baraqueçaba e, portanto, não poderiam ter assinado a escritura.

Já as testemunhas dos réus atestam a aquisição e a posse do adquirente de maneira categórica. Depôs o engenheiro que mediu o terreno depois da compra; e também depôs um sobrinho dos autores, que permaneceu no local, é vizinho do adquirente, e atestou a posse deste e a mudança definitiva para Santos dos autores (fls. dos embargos de terceiro).

Em suma, a posse por parte dos réus está provada e os autores só se preocuparam em provar a nulidade da escritura.

Por todo o exposto, é dado provimento ao recurso para julgar improcedente a ação anulatória e procedentes os embargos de terceiro, invertidos os ônus da sucumbência.

Fonte: LEX - TJSP - 1997 - Volume 189 - Página 34

APELAÇÃO CÍVEL N. 275.040-2

TELEFONE - Contas - Ligações internacionais - Disque erótico - Família que não fala língua estrangeira - Irrelevância - Mensagem transmitida em português - Ligações que partiram do telefone do autor - Prova suficiente - Anulatória improcedente - Recurso parcialmente provido.

TELEFONE - Contas - Ligações internacionais - Disque erótico - Duplo lançamento - Cancelamento do primeiro - Recurso parcialmente provido para esse fim.

Apelação Cível n. 275.040-2 - Americana - Apelante: Y.A.F. - Apelada: G - Telecomunicações S.A.

ACÓRDÃO

Contas de Valor Excessivo - "Disque erótico" - Prova suficiente - Ação anulatória improcedente - Duplo lançamento - Resposta omissa - Recurso parcialmente provido.

ACORDAM, em Quarta Câmara de Direito Privado do Tribunal de Justiça do Estado de São Paulo, por votação unânime, dar parcial provimento ao recurso, de conformidade com o relatório e voto do Relator, que ficam fazendo parte do acórdão.

O julgamento teve a participação dos Senhores Desembargadores Olavo Silveira (Presidente sem voto), Barbosa Pereira e Fonseca Tavares, com votos vencedores.

São Paulo, 13 de fevereiro de 1997.

José Osório, Relator.

VOTO

Ações anulatórias de débito e cautelares que as acompanham, visando ao cancelamento da cobrança de várias ligações internacionais lançadas na conta de telefone da autora, foram conjuntamente julgadas improcedentes pela respeitável sentença de fls. , cujo relatório se adota.

Apela a autora, alegando, em resumo, que o julgamento conjunto impossibilitou a análise adequada de cada um dos processos; que eles têm questões diferenciadas; que, por isso, deve ser anulada a respeitável sentença. No mérito, aduz que houve duplicidade de lançamento, comprovado às fls., sem contestação da apelada; que deve ser reformada a respeitável sentença à luz do Código de Defesa do Consumidor, conforme postulado em cada ação.

Recurso bem processado, com resposta.

O Egrégio Primeiro Tribunal de Alçada Civil remeteu os autos a este Tribunal. A apelada juntou documentos (fls.).

É o relatório.

No principal, a apelante não tem razão.

As principais argüições da autora-apelante, no sentido de que as ligações eram para o Canadá e de que tanto ela como o marido e o filho de dezoito anos não falam inglês ou francês, sucumbem diante da prova feita pela ré: tratava-se do "disque erótico" e as mensagens eram transmitidas em português; além disso, não há por que duvidar de que os registros estejam errados quando indicam que as ligações partiram do telefone da apelante.

Em tais circunstâncias, inverteu-se o ônus da prova, cumprindo à autora destruir a forte presunção que pesa contra o assinante.

Tem ela razão, contudo, quando se insurge contra a cobrança dupla das ligações feitas em 28.4.93, que aparecem nas contas de junho e de novembro (fls. dos Processos ns. 1.149/93 e 678/93).

Esse ponto mereceu destaque na apelação (fls.) e foi inteiramente ignorado pelas contra-razões.

Pode até acontecer de o segundo lançamento ter sido em substituição ao anterior. Mas não tendo sido esclarecido esse ponto pela ré-apelada, a solução está em dar provimento parcial ao recurso, apenas para afastar o primeiro lançamento, mantidas as verbas sucumbenciais.

Assim fica julgado.

Fonte: LEX – TJSP – 1997 – Volume 193 – Página 195

APELAÇÃO CÍVEL N. 280.718-1

CONTRATO - Concessão de uso - Jazigo - Rescisão - Fundamento - Falta de pagamento de taxas periódicas de manutenção e administração - Inadmissibilidade - Direito real oneroso quitado - Perda do direito de uso somente possível após cobrança por ação própria - Recurso não provido - Votos vencedor e vencido.

Apelação Cível n. 280.718-1 - São Paulo - Apelante: Comunidade Religiosa J. - Apelado: M.V.F.

ACÓRDÃO

Ação de rescisão de contrato de concessão de uso de jazigo - Direito real oneroso quitado - Descabimento de rescisão por falta de pagamento de taxas de manutenção e administração - Recurso não provido.

ACORDAM, em Quarta Câmara de Direito Privado do Tribunal de Justiça do Estado de São Paulo, por maioria de votos, negar provimento ao recurso, de conformidade com o relatório e voto do Relator, que ficam fazendo parte do acórdão.

O julgamento teve a participação dos Senhores Desembargadores Cunha Cintra (Presidente sem voto), José Osório, com voto vencedor e declaração em separado, e Olavo Silveira, vencido, com declaração em separado.

São Paulo, 8 de maio de 1997.

Aguilar Cortez, Relator.

VOTO

Contra sentença que julgou improcedente ação de rescisão de contrato de concessão onerosa de jazigo por falta de pagamento das taxas anuais de manutenção e administração da necrópole apelou a autora negando tratar-se de uso perpétuo à vista das cláusulas 4.ª, *c*, 6.ª, 10.ª e 11.ª do contrato c.c. artigo 37 de seus estatutos; disse que a rescisão é expressamente prevista e que ficou provada a inadimplência, mesmo após regular notificação; alegou que a decisão vulnera o princípio da autonomia da vontade das partes, que não existe pacto eterno e que não se trata de dois contratos, um principal de concessão perpétua e outro acessório de manutenção; observou que o contrato é comparável ao de locação e que não existe condomínio. Foram apresentadas contra-razões defendendo a sentença.

É o relatório.

A concessão de uso regulada pelo Direito Administrativo não cria direito real sobre o bem em favor do concessionário (cf. Apelação Cível n. 126.314-1, São Carlos, Sexta Câmara, Tribunal de Justiça de São Paulo, Relator Ernani de Paiva, 6.9.90) e autoriza a rescisão pela não renovação ou abandono. É que tal tipo de concessão refere-se a bem de domínio público.

No caso concreto a concessão onerosa de jazigo prevista nos estatutos da Comunidade Religiosa J. (fls.) é outorgada com cláusula de inalienabilidade e inegociabilidade (artigo 31 e cláusula 12 do contrato de fls.), admitida apenas a sucessão por morte (artigo 36 e cláusula 13 do contrato). Conferiu-se, assim, ao concessionário, por tempo indeterminado, mediante o pagamento do preço inicial da concessão (cláusula 5.ª do contrato, v. fls.), direito real de uso (v. artigo 7.º do Decreto-lei n. 271, de 1967), cuja cláusula resolutória não pode estar vinculada ao pagamento de qualquer valor que não se refira à própria concessão. Assim, pago o preço integral da concessão de uso, não há como rescindir o contrato pelo não pagamento de "taxas" periódicas de administração e manutenção. Somente com a cobrança destas por ação própria poderá o direito de uso vir a ser alienado em execução.

Ante o exposto, nega-se provimento ao recurso.

DECLARAÇÃO DE VOTO VENCEDOR DO DES. JOSÉ OSÓRIO

Nego provimento ao recurso, acompanhando o voto do Relator.

Os contratos são coligados. Há um contrato chamado de "concessão onerosa de jazigo" cujo modelo é apresentado pela autora-apelante (fls.) e que corresponde a um dos contratos assinados pelo réu-apelado (fls.). Esses instrumentos não indicam o preço, mas dizem que o preço foi pago. Há um "pedido" e notas promissórias *pro soluto*. Há um "contrato de construção e colocação de gavetas" (fls.), expressamente incorporado a um "contrato de promessa de cessão (não exibido) e ao já referido contrato de concessão onerosa de jazigo".

O exame dos contratos bem como de sua duração por cerca de vinte anos não deixa dúvida de que se trata de um ato de alienação já consumado: transferiu-se, de forma definitiva, um dos poderes inerentes ao domínio do imóvel: o uso do imóvel, como jazigo, pelo adquirente. Pelo contrato, esse direito é inalienável *inter vivos*, mas transferível *causa mortis*. O preço já foi inteiramente pago e recebido. As taxas anuais de 1977, 1987 e 1989 foram pagas. Não foram pagas as de 1978/1986, a de 1988 e as de 1990/1994.

A cobrança de taxas de conservação e administração não desnatura – muito pelo contrário, confirma – a natureza alienativa do ato. Repita-se: o preço (em termos técnicos) já foi pago. Não existe aluguel, renda, etc. e sim simples taxa por serviços prestados de administração e conservação.

Em tais circunstâncias, inviável a pretensão resolutória do conjunto dos contratos pela simples falta de pagamento de taxas, voltando ao alienante a titularidade plena do domínio acrescido da construção.

Cabe ao administrador cobrar seu crédito e penhorar bens do devedor, entre os quais se inclui obviamente o mencionado direito de uso do jazigo. É da tradição do nosso Direito que o credor não pode se apoderar do bem que garante seu crédito.

O caráter transitório (ou perpetuamente rescindível) que a autora quer dar ao contrato é incompatível também com o objeto e a causa do mesmo.

O uso de jazigo, como decorrência natural da morte, é considerado perpétuo, como regra. Compra-se um jazigo visando, obviamente, uma estabilidade, pelo menos para os restos mortais.

A peculiaridade desse negócio jurídico exige que a ordem jurídica lhe ofereça segurança. Não comporta a rescisão abrupta e muito menos o simples despejo dos ossos.

Por isso mesmo a doutrina tradicional sempre enxergou aí uma manifestação de um direito de superfície, o qual entende com o próprio direito de propriedade pela intensidade da proteção concedida ao superficiário.

Assim ensina o mestre L. Cunha Gonçalves:

> "Em todos os cemitérios públicos (no caso, é particular mas por autorização do Poder Público), as Câmaras Municipais concedem a particulares o direito de construir jazigos ou monumentos funerários. E qual é a natureza jurídica do respectivo contrato? É a constituição do direito de superfície; porque o solo continua a pertencer ao Município (no caso, à autora), sem embargo de se pagar imposto [...]; mas o jazigo ou o monumento é propriedade de quem o mandou erigir; e, embora se diga que é uma propriedade *sui generis*, sujeita a uma certa precariedade pelo lado do Município (no caso da autora), é certo que o jazigo se transmite aos herdeiros de seu dono, etc." – *Tratado de Direito Civil*, vol. XI/301, n. 1.674, Coimbra, 1936.

Nesse campo há, em regra, entrelaçamento do direito privado com o público, o que exige maior cautela no decidir, não se podendo perder de vista que a autora, embora agindo como particular, está prestando um serviço público.

O fato é que o réu adquiriu onerosa e definitivamente o bem. Contrato consumado não se rescinde. Muito menos pode a autora ficar automaticamente com o bem em razão da falta de pagamento de um crédito surgido muito tempo depois de consumado o negócio.

Seria como a ex-incorporadora ficar com o apartamento vendido porque o condômino não pagou as despesas de condomínio. É comum, aliás, fazer-se paralelo entre o condomínio de edifícios e o direito de superfície.

Para aqueles (entre os quais não se encontra este Relator) que entendem que a nossa ordem jurídica não comporta manifestações do direito de superfície, basta aplicar, por analogia, a *ratio legis* dos preceitos pertinentes das leis de condomínios, de loteamentos, bem como de defesa do consumidor, esta de prosápia constitucional. Tudo isso também afasta a pretenção resolutória.

Por esses motivos, nego provimento ao recurso.

Fonte: LEX - TJSP - 1998 - Volume 209 - Página 24

EMBARGOS INFRINGENTES N. 1.171-4/3

ACÓRDÃO

Vistos, relatados e discutidos estes autos de Embargos Infringentes n. 001.171-4/3-01, da Comarca de São Paulo, em que é embargante N. Companhia de Seguros, sendo embargada B.C. Serviços Médicos S/C LTDA.:

ACORDAM, em Quarta Câmara de Direito Privado do Tribunal de Justiça do Estado de São Paulo, por votação unânime, rejeitar os embargos, de conformidade com o relatório e voto do Relator, que ficam fazendo parte do acórdão.

O julgamento teve a participação dos Desembargadores Cunha Cintra (Presidente), Barbosa Silveira (com declaração de voto vencedor), Fonseca Tavares e Olavo Silveira.

São Paulo, 6 de novembro de 1997.

José Osório, Relator.

VOTO

Contrato de seguro. Recebimento da primeira parcela do prêmio. Recusa da proposta. Ação da segurada. Sentença de carência. Apelação provida para afastar a carência. Voto vencido. Embargos infringentes. Violação do C.D.C. Declaração receptícia de vontade. Embargos rejeitados.

Ação indenizatória de prejuízos causados por furto ajuizada contra a seguradora foi extinta sem julgamento do mérito, pela r. sentença de fls., em razão do reconhecimento da carência da ação, por entender o MM.

Juiz que a autora é carecedora da ação, uma vez que não se aperfeiçoou o contrato de seguro entre as partes.

O v. acórdão de fls., pelos votos dos Desembargadores Fonseca Tavares e Olavo Silveira, deu parcial provimento ao recurso da autora para que tenha prosseguimento a demanda.

Ficou vencido o Des. Cunha Cintra que mantinha o decreto de carência da ação.

Com apoio no r. voto vencido, a ré opõe os presentes embargos infringentes, alegando, em síntese, que é incontroverso nos autos que ela tenha direito a recusar a proposta de seguro; que sua recusa tenha sido feita no prazo previsto pelo art. 1.º da Circular SUSEP n. 47/80 e que tenha devolvido a autora o valor da primeira parcela do prêmio, que o recebeu sem ressalvas; que, dessa forma, o contrato de seguro não se consumou, não existindo qualquer vínculo obrigacional entre as partes, ausente o interesse da agir para a ação; que, além disso, se a autora quisesse discutir o aperfeiçoamento do contrato, deveria ter consignado a totalidade do prêmio; que o que a autora deseja é usufruir de garantia de contrato de seguro, sem nenhuma contraprestação; que, por esses motivos, deve prevalecer o r. voto vencido, confirmada a sentença de primeiro grau.

Recurso bem processado, com impugnação.

É o relatório.

Rejeitam-se os embargos.

A douta maioria decidiu com acerto ao afastar a carência, permitindo a produção de prova e julgamento pelo mérito.

Aos argumentos constantes do v. acórdão, acrescentem-se os que seguem.

A alegação da ré-embargante de que a recusa da proposta se deu com apoio e no prazo previsto em Circular 47/80 da SUSEP, art. 1.º, § 2.º, já não encontra amparo de direito.

Essa circular é de 1980, muito antes do Código de Defesa do Consumidor – Lei 8.078/90 – e com ele incompatível. A proposta é de 2.5.94.

O novo e revolucionário diploma submeteu expressamente a seus comandos a atividade securitária (art. 3.º, § 2.º), e o preceito da circular se opõe, entre outros dispositivos, ao art. 51, XIII, que considera abusiva a cláusula que permite ao fornecedor modificar unilateralmente o conteúdo do contrato. Recusar proposta, como fez a ré, implica recusar uma proposta já anteriormente aceita, já perfeccionado o contrato com o recebimento e desconto do cheque.

Além disso, a recusa se deu depois de vencido o (ilegal) prazo.

A proposta é de 2.5.94 e o telegrama foi expedido às 17:05 hs. do 15.º dia, 17.5, para a corretora e não para a segurada. É o que se vê de fls.

Há presunção fortíssima de que a segurada só tenha recebido o telegrama no primeiro dia útil seguinte, fora do prazo, portanto. Diante da prova feita pela autora, cumpria à ré esclarecer, de modo inequívoco, em que dia o telegrama chegou à segurada. Entretanto, a ré apenas confirmou que enviou telex para a corretora no dia 17.

Declarações desse tipo - recusa, denúncia, revogação, etc. - são declarações receptícias de vontade, só produzem efeito depois de recebidas, operando *ex nunc*.

Por todo o exposto, os embargos são rejeitados.

José Osório.

Fonte: Arquivo pessoal e 1.º TACSP

APELAÇÃO CÍVEL N. 38.024-4/7

Rescisão por parte do compromissário inadimplente. Ação improcedente. Inadimplemento antecipado do contrato. Fato imputável ao devedor. Interesse legítimo para discutir alcance de perdas e danos. Retenção de importâncias pagas. Inércia das compromitentes. Justiça pelas próprias mãos. Rescisão admitida pelas compromitentes. Artigo 1.163 do CC. Observância do princípio da força obrigatória do contrato. Perdas e danos extraordinários não comprovados. Incidência do artigo 53 do CDC. Impossibilidade de perda total. Devolução parcial (80%) ordenada.

ACÓRDÃO

Vistos, relatados e discutidos estes autos de AC 38.024-4/7, da Comarca de São Paulo, em que são apelantes J.J.A.R. e sua mulher, sendo apeladas ... e outra: Acordam, em 4.ª Câmara de Direito Privado do TJSP, por votação unânime, dar provimento ao recurso, de conformidade com o relatório e voto do Relator, que ficam fazendo parte do acórdão.

O julgamento teve a participação dos Des. Olavo Silveira (Presidente, sem voto), Barbosa Pereira e Cunha Cintra.

São Paulo, 18 de junho de 1998.

José Osório, Relator.

RELATÓRIO

Ação de rescisão de compromisso de compra e venda ajuizada pelos adquirentes foi julgada improcedente pela r. sentença de fls., cujo relatório é adotado por entender o MM. Juiz que os autores não demonstraram a impossibilidade de cumprir o contrato. Apelam os autores, alegando, em síntese, que é difícil provar a falta de condições econômicas para o pagamento das prestações, ainda mais quando se trata de profissionais liberais; que há no contrato cláusula resolutiva expressa para o caso de inadimplemento por parte dos compradores, sem previsão de alternatividade em benefício destes; que, assim, à luz do CDC é nula tal disposição; que há farta jurisprudência a seu favor; que, por isso, deve ser julgada procedente a ação, determinada a devolução de parte das quantias pagas.

Recurso bem processado, com resposta sustentando, em resumo, que é absurda a pretensão dos autores, fundada exclusivamente no arrependimento em relação ao negócio; que não houve qualquer prova de que os autores não pudessem cumprir o contrato válido; que não se pode falar em teoria da imprevisão no caso dos autos; que o CDC não pode servir de pretexto para que os autores, sem motivo, arrependam-se em detrimento da parte contrária; que, por esses motivos, deve ser negado provimento ao recurso, confirmada a r. sentença. É o relatório.

VOTO

1 - A ação foi muito bem proposta e é procedente.

O autor comprometeu-se a adquirir, na planta, apartamento por R$ 247.600,00. Pagou durante 20 meses, desembolsando cerca de 25% do preço (fls.). Percebendo que não poderia continuar cumprindo o contrato, e não obtendo distrato amigável, declarou expressamente que não ia pagar e pediu a declaração judicial da rescisão e a devolução das importâncias pagas, abatido o valor das perdas e danos que as rés comprovassem.

A ação foi julgada improcedente porquanto fora o autor quem deu causa ao inadimplemento, não podendo, então, fugir às conseqüências da força obrigatória do contrato. O nobre magistrado, contudo, não decidiu com o acerto habitual.

2 - Não há dúvida de que o inadimplemento se deu em razão de fato imputável ao devedor-comprador.

Inaplica-se ao caso a teoria da imprevisão, pois o autor, quando da celebração do contrato, tinha meios para prever a evolução dos fatos, sendo certo que nada de verdadeiramente anormal alterou as condições iniciais do negócio.

Também não aproveita, por inteiro, ao autor a alegação de impossibilidade econômica no cumprimento da prestação.

Segundo a teoria tradicional vigorante, a dificuldade ou mesmo a impossibilidade econômica, pessoal, do devedor, não constitui força maior e não o exonera do dever de prestar.

Entretanto, no campo das relações de consumo, em que o comprador está mais sujeito às variadas seduções das técnicas de venda, já se nota atenuação da regra supra: os próprios vendedores e fornecedores têm sido tolerantes com a inadimplência dos consumidores em épocas de dificuldades econômicas, de desemprego, etc. Assim é que, nesse ambiente, tais circunstâncias não podem deixar de ser consideradas e vão produzir algum efeito, como se verá adiante.

No caso dos autos, contudo, é certo que o autor não comprovou a impossibilidade da prestação, em termos técnico-jurídicos. Caso contrário, seria viável, em tese, o afastamento de sua responsabilidade, nos termos do artigo 865, 1.ª parte, do CC.

Assim, fica-se com a afirmação inicial de que o inadimplemento ocorreu por fato imputável ao devedor.

Mas a imputação é de mera culpa ao contratar. Não há qualquer sinal de dolo por parte dos autores. Resulta claro dos autos que a negativa de pagamento se deu em razão de empecilhos econômicos e não com finalidades escusas de causar dano ao vendedor, ou por mera malícia de não pagar porque não quer, mesmo tendo meios para tanto, sem risco de ruína.

De qualquer forma, a culpa é suficiente para deixar o devedor em situação de responsabilidade. Mas responsabilidade atenuada, sempre que possível, pois resulta claro de todo o sistema do CDC – e particularmente de seu artigo 53 – que um de seus objetivos é evitar que uma aquisição pouco amadurecida possa levar o adquirente ao desastre econômico.

3 – Outra observação: no presente caso, não se põe o problema da mora, pois o autor estava em dia quando da propositura da ação. Declarando expressa e solenemente que não ia mais pagar, o autor entrou diretamente no estado de inadimplência, sem passar pela mora. Isto terá conseqüências, como adiante se verá.

Essa hipótese sempre foi considerada perfeitamente possível, como já anotava Lacerda de Almeida, no começo do século, referindo-se à recusa expressa e formal do devedor.

O caso dos autos caracteriza situação de inadimplemento antecipado do contrato, figura também utilizada com tranqüilidade em outros sistemas jurídicos.

O competente monografista Fortunato Azulay, com apoio em Serpa Lopes, afirma: "Parece evidente, num confronto preliminar entre a doutrina do repúdio antecipado do contrato, como causa e motivo determinante de sua resolução, e os dispositivos legais que regem a inexecução contratual no direito brasileiro, que não há nenhum impedimento de sua aplicação entre nós".

4 – O contrato, em sua essência, já está rescindido, está morto, só falta que o juiz lhe assine o atestado de óbito, ou seja, só falta a declaração judicial da rescisão, declaração (não decreto) essa pedida pelo autor.

A rescisão dá-se por duas razões: a primeira foi a declaração formal do autor de descumprimento do contrato.

A outra razão provém do comportamento das rés. O contrato prevê cláusula resolutiva expressa por falta de pagamento (fls.), ou seja, o contrato previu o pacto comissário, tratado no CC, a saber:

> "Artigo 1.163. Ajustado que se desfaça a venda, não se pagando o preço até certo dia, poderá o vendedor, não pago, desfazer o contrato, ou pedir o preço.
>
> Parágrafo único. Se, em 10 dias, de vencido o prazo, o vendedor, em tal caso, não reclamar o preço, ficará de pleno direito desfeita a venda."

Assim, com o inadimplemento por parte do autor, abriram-se duas alternativas para as rés: a) exigir o cumprimento do contrato, com o pagamento do preço, mais perdas e danos; e b) dar por desfeita a venda, com perdas e danos.

As rés em nenhum momento pediram o preço, nem mesmo em reconvenção. (E não o pediram certamente porque sabiam – e continuam sabendo – que o autor não tem condições econômicas para pagar.)

É evidente que elas preferiram a segunda hipótese e deram o contrato por rescindido. Por isso mesmo é que – como, consequência da rescisão – retiveram, a título de perdas e danos, as parcelas do preço que receberam.

5 – Ao contrário do que disse o digno magistrado, o princípio da obrigatoriedade dos contratos está sendo respeitado.

Com o inadimplemento antecipado e confesso por parte do autor, e conseqüente abertura das duas alternativas supra-referidas para as rés-vendedoras e com a escolha da solução rescisória, o autor-comprador não se isentou de responsabilidades. Continuou ele submetido aos efeitos do contrato, em estado de responsabilidade, e vai pagar por isso.

6 – Estamos diante de um contrato bilateral, As partes são simultaneamente credor e devedor. As rés-vendedoras eram credoras do preço e devedoras da coisa. O autor, vice-versa.

Com o inadimplemento e conseqüente rescisão do contrato, novas relações de crédito e débito ficaram caracterizadas. As rés são credoras das perdas e danos a que o autor deu causa e, por isso, julgam-se no direito de reter – a seu próprio juízo – a totalidade das parcelas do preço recebidas.

O autor entende excessivamente essas perdas e danos e julga-se credor de parte daquelas parcelas. Não se lhe pode negar o direito de discutir o valor das perdas e danos.

E o meio natural para tanto é facultar-lhe o exercício da presente ação. Nem pode ser de outra forma, pois o princípio basilar da ordem jurídica é que a todo direito corresponde uma ação, que o assegura – artigo 75 do CC.

7 – As rés encontram-se em situação confortável. Consideram rescindido o contrato, mas não pedem a declaração judicial da rescisão pelo fato evidente de que teriam de enfrentar a discussão do alcance das perdas e danos e o conseqüente dever de restituir parte do preço recebido, nos termos do artigo 53 do CDC. Assim, elas fazem "justiça com as próprias mãos", e ficam com o dinheiro em seu poder, outorgando-se um direito de retenção não só não previsto como defeso em lei.

Com tais vantagens, evidente que as rés permanecerão inertes indefinidamente, pois ao autor já não é facultado exigir a coisa; e elas detêm a parte paga do preço.

Em tais circunstâncias, repita-se, não se pode negar ao autor o direito de ver declarada judicialmente a rescisão, já ocorrida na realidade, e de discutir o valor das perdas e danos. Se assim não se fizer, o devedor estará manietado, impossibilitado de discutir o *quantum* das perdas e danos a seu cargo.

Aí está, aliás, um dos objetivos primordiais da doutrina do inadimplemento antecipado do contrato, ou seja, nas palavras do citado monografista Fortunato Azulay: "minimizar as perdas e danos", pois "não são raros, na prática forense, os casos de culpa ou dolo do contraente quando da execução dos contratos".

Convém também lembrar que não deve causar espanto o inadimplemento antecipado do contrato porquanto tal costuma ocorrer em inúmeras hipóteses, como na concordata, na autofalência, na insolvência civil e em todos os casos em que o devedor declara expressamente que não vai pagar, facilitando a posição do credor, que não precisa, então, aguardar o vencimento do prazo para exigir a prestação.

8 – Não procede a interpretação que as rés dão ao artigo 53 do CDC segundo a qual o direito à devolução de prestações só ocorre quando é o credor quem pede a rescisão do contrato.

Essa interpretação é meramente literal e estreita, levando ao absurdo de impedir que o consumidor possa pleitear aquilo que a mesma lei lhe concedeu.

O direito à devolução decorre, em tese, sempre que haja rescisão do contrato. O objetivo do preceito é óbvio: evitar que o devedor sofra perdas e danos excessivos nos casos em que deu causa à rescisão.

Por mero raciocínio lógico, conclui-se que não pode o credor neutralizar esse direito a pretexto de não haver requerido, formalmente, a rescisão do contrato já morto, na realidade, ou pelo menos, ferido de morte juridicamente.

É claro que o devedor inadimplente não pode pedir a rescisão do contrato para se beneficiar dela, como, por exemplo, pedir as perdas e danos que ele mesmo ocasionou. Não é o caso dos autos. Aqui o devedor pediu mera declaração da rescisão (preexistente, portanto) para cumprir formalidade jurídica, ou seja, para obter o pronunciamento judicial da rescisão porquanto, no sistema brasileiro, entende-se que a resolução formal desse tipo de contrato exige tal pronunciamento.

Mas o objetivo real, jurídico-econômico, perseguido pelo devedor prende-se - como já foi dito - ao alcance das perdas e danos, as quais ele admite dever mas não no valor unilateralmente imposto e retido pelo credor.

9 - O fato jurídico gerador do direito do autor não foi a rescisão do contrato por ele provocada. Foi, sim, o abuso, a exorbitância das rés quando retiveram o valor total das parcelas pagas.

A rigor, o autor nem precisava pedir a rescisão formal do contrato, pois as rés mesmas já o deram por rescindido (artigo 1.163, parág. único, do CC). Bastava o autor pedir logo a devolução da parte excessiva com a qual estariam se locupletando as rés, adimplentes na primeira fase do contrato, mas exorbitantes na segunda.

De qualquer forma, o pedido de declaração judicial da rescisão não pode prejudicar o pedido condenatório, único relevante, de redução das perdas e danos.

10 - É irrelevante o fato de as rés não haverem notificado o autor nos termos do DL 745/69, com o que teriam elas demonstrado que não desejavam a rescisão.

O preceito desse decreto existe a benefício do devedor e não pode ser interpretado a seu desfavor.

Além disso, essa notificação é, no caso, de inocuidade total, pois ela existe para possibilitar a purgação da mora pelo devedor e o estado de mora não ocorreu, já que o devedor entrou diretamente na inadimplência absoluta, deixando claro que não desejava os benefícios da purgação da mora.

11 - Quanto ao valor das perdas e danos e conseqüente direito de retenção de prestações pagas por parte das rés, a razão também está com o autor.

O pedido foi claro: devolução das importâncias pagas, abatido o valor das perdas e danos causados por ele, autor, e devidamente comprovados.

As rés, a esse propósito, nada comprovaram. Entenderam desnecessária a produção de outras provas e pediram o julgamento antecipado do feito.

Há, sem dúvida, um prejuízo, facilmente perceptível, consistente nos gastos administrativos ligados ao empreendimento. Mas também não se pode esquecer de que a porção construída do apartamento ficou para as rés.

A propósito do tema este relator já se pronunciou, informando que a jurisprudência tem calculado grosso modo o valor da retenção.

> "Essa questão da proibição, por parte do CDC, da perda total das prestações, vem agitando os Tribunais, não sendo fácil ao intérprete extrair regras amplas. Pode-se, contudo, afirmar as que seguem:
>
> a) As circunstâncias de fato são sempre levadas em consideração, o que faz variar o percentual da devolução, a saber: devolução de 80% – REsp. 60.065-0-SP, r. Min. Rosado de Aguiar, *Bol. AASP* 1949; devolução de 90% – REsp. 58.912-6-MG, r. etc.; devolução de 100%, TJSP, Ap. 257.723-2 – r. Debatin Cardoso, v.u., j. 26.10.95, *JTJ* 176/46 [...].
>
> b) Entre as circunstâncias de fato relevantes estão o tempo e a forma com que o adquirente ocupou o imóvel, conforme precedentes [...]".

No presente caso, não houve utilização do imóvel, o que leva a não reduzir muito o *quantum* da devolução.

Tudo bem ponderado e levando em conta que algum prejuízo o autor acarretou, chega-se ao percentual de, 80%, com o que se harmonizam os princípios gerais do direito contratual com os das relações de consumo.

Diante do exposto, dá-se provimento ao recurso para julgar procedente a ação, declarando a rescisão do contrato e condenando as rés na devolução de 80% das importâncias recebidas. Custas pelas rés, que pagarão ainda honorários de 15% da condenação.

Fonte: TJSP

Observação:

Na ocasião do julgamento, a jurisprudência dominante era no sentido contrário, porquanto não deixava de ser estranho que o contratante inadimplente viesse a juízo para pleitear indenização.

O acórdão encontrou boa receptividade e contribuiu, inclusive no STJ, para a mudança da orientação.

3

RESPONSABILIDADE CIVIL – DANO MORAL

APELAÇÃO N. 291.655

LITIGANTE DE MÁ-FÉ – Alteração da verdade – Prejuízos por ela ocasionados – Perdas e danos consistentes em correção monetária da condenação – Momento a partir do qual se efetuará a atualização – Provimento do recurso adesivo.

ACÓRDÃO

Vistos, relatados e discutidos estes autos de Apelação n. 291.655, da comarca de São Paulo, sendo apelantes e reciprocamente apelados A.M. e M.F.S.N.:

ACORDAM, em Terceira Câmara do Primeiro Tribunal de Alçada Civil, por votação unânime, negar provimento ao recurso principal e prover o recurso adesivo.

1. O caso diz respeito a embargos à execução de sentença em ação ordinária de reparação de dano. A ação foi proposta em 1960, por ter a autora sido vítima de atropelamento por ônibus da Viação S., perdendo duas pernas. A sentença condenou a Viação S., em 6.10.1962, sendo confirmada por acórdão de 31.12.1964. Ocorre que a sociedade foi dissolvida em 30.9.1963, registrando-se a dissolução no mês seguinte, ocasião em que pendia de recurso a sentença condenatória. A execução se fez de forma extraordinariamente lenta e dificultosa diante da dificuldade em se localizarem os sócios da empresa dissolvida, contra os quais passou a correr a execução. Finalmente, foi citado o ora apelante que ofereceu embargos, que foram rejeitados pela respeitável sentença de fls. Daí o apelo, versando a ilegitimidade de parte, prescrição de cotas periódicas e correção monetária.

Quanto aos dois primeiros pontos, nenhum reparo merece a brilhante sentença do Juiz Roque Komatsu, a qual, adotando a teoria da desconsideração da pessoa jurídica, decidiu com grande acerto.

Com relação à correção monetária, a respeitável sentença apenas declarou que não era caso de ser abordada em sede de impugnação de embargos, e o recurso, escudado no artigo 153, § 2.º, da Constituição Federal, e em jurisprudência que cita, entende que não é mesmo caso de se tratar de correção monetária, no que não tem razão, como se verá adiante.

2. Já o recurso adesivo merece provimento, pois não se pode deixar de ser havido o embargante como litigante de má-fé.

Assim não entendeu a respeitável sentença porque a tese defendida pelo embargante sobre a ilegitimidade de parte é defensável.

Contudo, a causa da declaração de litigante de má-fé não se encontra nesse ponto mas em todo o comportamento do embargante e de seus sócios durante o processado.

Veja-se que, após sentença condenatória, extinguem a sociedade, declarando expressamente que "a sociedade ora dissolvida não deixa ativo nem passivo" (fls.), o que não representava a verdade, pois estava em curso esta grave demanda. E o prejuízo acarretado por essa declaração falsa ao outro litigante salta aos olhos, pois se viu impedido de executar o julgado.

Assim, independentemente de faltas menores, como opor resistência ao andamento do processo (fls. auto de desobediência) e provocar incidentes infundados, tem-se que a dissolução da sociedade, com alteração da verdade, é suficiente para caracterizar o litigante de má-fé, conforme determinado pelo artigo 17, II, do Código de Processo Civil.

Deve, portanto, o embargante responder por perdas e danos perante a embargada, consistentes estas na atualização monetária da condenacão – a partir da data em que foi registrado o instrumento do distrato – 11.10.1963 – fls..

Assim decidindo, não há qualquer afronta ao mencionado artigo 153, § 2.º, da Constituição Federal, pois não há o direito adquirido de praticar ilícito, nem se pode invocar a coisa julgada para o mesmo fim. A correção monetária, no caso, é indenização devida à outra parte por haver o embargante se havido com má-fé durante o processo e, com isso, ocasionado prejuízo ao outro litigante.

Quanto à condenação em honorários, também merece provimento o recurso adesivo, pois, por força da sucumbência, deve o embargante arcar com honorários, que são fixados em 20% do valor da condenação.

3. Assim sendo, é negado provimento ao recurso principal e dado provimento ao recurso adesivo, confirmando-se, no mais, a brilhante sentença de fls.

Fica ressalvado ao embargante o direito de regresso, proporcionalmente, aos demais sócios que participaram da irregular dissolução da sociedade.

Presidiu o julgamento o Juiz Paulo Shintate, com voto, e dele participou o Juiz Nelson Schiavi.

São Paulo, 2 de dezembro de 1981.

José Osório, Relator.

Fonte: *JTA Lex* 72/157-8

❖❖❖

APELAÇÃO N. 301.719

ACÓRDÃO

Vistos, relatados e discutidos estes autos de Apelação n. 301.719, da comarca de Araraquara, sendo apelantes M.C.S.G., por si e representando seus filhos, e apelados Transportadora S. Ltda., S.C. S/A e L.R.

ACORDAM, em Terceira Câmara do Primeiro Tribunal de Alçada Civil, dar provimento ao recurso, para os fins que constarão do acórdão contra o voto do 2.º Juiz.

Ação de indenização por acidente de veículo desenvolvida pelo rito sumaríssimo foi julgada improcedente pela r. sentença de fls., cujo relatório se adota, isentos os autores de custas e honorários.

Apelo dos vencidos, pedindo a reforma integral da sentença, pois teria ficado demonstrada a procedência da ação, com direito de regresso contra a denunciada à lide.

O recurso foi processado regularmente, com respostas.

O Dr. Promotor Público é pelo improvimento do recurso e a Douta Procuradoria é pelo provimento, para o fim de condenar a ré, com direito de regresso contra a denunciada, ou então para o fim de condenar apenas a denunciada.

É o relatório.

O recurso, *data venia*, merece provimento.

A questão fática já está inteiramente esclarecida. O marido e pai dos autores morreu em decorrência de acidente na Estrada Araraquara-Matão, quando seu Volks se chocou com a pesada carreta Scania da ré Transportadora S. Ltda., que vinha em direção oposta, atravessou o canteiro e passou para a outra pista. Ocorre que o acidente se deu porque o caminhão F/400 da denunciada e dirigido pelo co-denunciado, ao tentar ultrapassar a carreta, abalroou, por imprudência e imperícia de seu motorista, o cavalo-mecânico da carreta, fazendo com que esta se desgovernasse inteiramente e se projetasse para a outra pista. O co-denunciado já foi condenado no crime e a denunciada já foi condenada no cível, em ação para haver danos materiais sofridos pela denunciante, em razão do mesmo acidente, sendo certo que ambas as decisões já transitaram em julgado (fls.).

Assim, dúvida alguma existe quanto a ausência de culpa por parte da ré-denunciante e quanto à culpabilidade dos denunciados, os quais integraram a lide e tiveram ampla possibilidade de defesa.

A r. sentença, contudo, julgou improcedente a ação contra a ré, ficando prejudicada a denunciação da lide.

Verifica-se, porém, que, se não é justo nem razoável condenar quem não deu causa ao acidente, razoável e justo também não é deixar de condenar os verdadeiros causadores e responsáveis pelo dano, quando estes participaram do feito e tiveram ampla oportunidade de defesa. Com efeito, não se pode obrigar os dependentes da vítima a mais uma agrura, qual seja a de enfrentarem os percalços de outro processo que nada mais vai ser do que a reprise deste, apenas com a ausência de um personagem, tudo para homenagear a forma rígida com que o CPC regulou o instituto da denunciação da lide. O que releva é se apegar ao espírito e finalidade do instituto, que visa, como acentuado pelos doutos, à economia processual, evitando outra demanda.

Na realidade, a hipótese dos autos configura caso que se tem chamado de "denunciação de fato" ou "quase-denunciação da lide", consoante se vê da Ap. 286.008, da 5.ª Câm., rel. Oetterer Guedes, que faz menção a trabalho doutrinário do Des. Yussef Cahali (*JTA* 75/134). Diz o mencionado acórdão:

> "É que a figura típica da denunciação à lide, tal como preconizada no art. 70, III, da Lei do Processo, foi-se degenerando, passando a ser utilizada também por aqueles que, não se considerando de fato responsáveis pela indenização pretendida na inicial (caso dos autos), simplesmente dão notícia ao autor de quem seria o legitimado passivo para a lide. E esta notícia traduz uma denunciação de fato. Ora, a hipótese não é nova e evidencia, sem dúvida, uma espécie de substituição de fato proposta por uma das partes".

A vítima percebia o correspondente a Cr$ 34.601,00, consoante se vê do doc. de fls., que, ao contrário do que diz a denunciada, é hábil para indicar os ganhos, principalmente levando-se em conta que tal documento apenas foi impugnado, nada sendo trazido aos autos que o infirmasse concretamente. A indenização deve ser fixada em pensão mensal de 2/3 daquela importância, atualizada à base de ORTN, a partir de novembro de

1979, e será devida até que a vítima completasse 65 anos ou enquanto viver a mulher e forem menores os filhos.

Custas pelos vencidos e honorários de 12% sobre as prestações de um ano das vincendas. Na execução observar-se-á o disposto no art. 602 do CPC.

Diante do exposto, é dado provimento ao recurso, para o fim de julgar procedente a ação contra os denunciados, condenando-os solidariamente nas verbas acima.

Presidiu o julgamento, com voto vencido, o Juiz Paulo Shintate, e dele participou o Juiz Fonseca Tavares.

São Paulo, 09 de fevereiro de 1983.

José Osório, Relator.

Paulo Shintate, Vencido com declaração de voto em separado.

Fonte: 1.º TAC SP

❖❖❖

APELAÇÃO N. 307.192

INDENIZAÇÃO – Responsabilidade civil – Acidente de trânsito – Dote e pensão mensal – Cumulatividade – Possibilidade – Fixação das verbas – Critérios – Ação procedente.

CORREÇÃO MONETÁRIA – Omissão de pedido, na inicial – Irrelevância – Aplicação – Rejeição da preliminar relativa ao vício de decisão *extra petita*.

VALOR DA CAUSA – Fixação – Estimativa correspondente ao pedido – Adequação do valor da causa ao valor do pedido – Não provimento do agravo retido.

ACÓRDÃO

Vistos, relatados e discutidos estes autos de Apelação n. 307.192, da comarca de São Paulo, sendo apelante Empresa A. de Ônibus e apelada C.M.:

ACORDAM, em Terceira Câmara do Primeiro Tribunal de Alçada Civil, por votação unânime, negar provimento ao agravo retido, por igual votação rejeitar a preliminar de nulidade, e dar provimento parcial ao recurso.

Ação de reparação de danos pessoais por acidente de veiculo foi julgada procedente pela r. sentença de fls., cujo relatório é adotado, condenando a ré a pagar à autora, a título de dote, Cr$ 1.000.000,00 e a efetuar depósito de Cr$ 7.874.434,80, devendo os juros ser levantados mensalmente pela autora, a título de pensão e ressarcimento da perna mecânica e bota ortopédica, incidindo correção monetária sobre as mencionadas verbas desde o ajuizamento da ação, condenada ainda a ré nas custas, despesas e honorários de 10% sobre a condenação.

Apelou a vencida, alegando nulidade da sentença por ter decidido *extra petita* e, no mérito, pedindo a reforma da sentença para modificar o valor da pensão para, no máximo, um salário mínimo; para alterar o valor do depósito ou permitir concessão de caução e pagamento qüinqüenal das despesas de prótese; para excluir ou reduzir o dote; para afastar a correção monetária e para que os honorários sejam fixados sobre a soma das parcelas vencidas e doze das vincendas. Pede ainda a apreciação de agravo retido.

O recurso foi processado regularmente, com resposta.

É o relatório.

VOTO

O agravo retido não merece provimento. O valor atribuído à causa corresponde ao pedido formulado pela autora. Se o pedido não está correto, é assunto a ser examinado no curso da ação e não no incidente de fixação do valor, incidente esse que visa apenas adequar o valor da causa ao valor do pedido.

Quanto ao recurso principal, merece ele parcial provimento.

Nulidade não há na respeitável sentença. O fato de ser concedida correção monetária, apesar de omissa a inicial, não torna o julgamento *extra petita*, pois não só se está no campo das dívidas de valor, como ainda a correção monetária deriva de preceito de direito positivo.

Quanto ao mérito, vê-se que a respeitável sentença atendeu ao pedido inicial de condenação da ré no depósito de importância correspondente ao valor de uma prestação mensal multiplicado pelo número de meses da vida provável da vítima e somado ao valor dos aparelhos previstos durante a vida provável.

Tal critério não pode ser aceito por aleatório e infringente das normas legais e jurisprudenciais que regem a matéria.

A ré apelante já não se insurge contra a sua responsabilidade em indenizar. Insurge-se contra o valor da indenização e a forma de indenizar.

A incapacidade total e permanente da ré, que teve uma perna amputada e outra inutilizada, existindo ainda graves seqüelas, foi objeto de comprovação por laudo pericial insuspeito.

A pensão de 4 salários mínimos determinada pela respeitável sentença deve ser mantida. Embora a ré apelante tenha razão quando diz que não se fez prova suficiente de que a autora percebesse tanto com suas atividades de empregada doméstica e de costureira, o certo é que, em razão do acidente, a autora tem necessidade de pensão naquele valor, sendo certo que o perito deixou expresso (fls.) que ela precisa de auxílio permanente de outra pessoa. Recebendo apenas o salário mínimo proposto pela ré, a autora, que escapou com vida do acidente, não terá condições de sobrevivência com pequena indenização, tendo em vista seu complicado estado de saúde e tendo em vista que recebe, ao que consta, pensão previdenciária insignificante.

O dote também é devido e foi bem fixado. A jurisprudência dominante é no sentido da cumulatividade do dote com a pensão, ou, por outras palavras, que a indenização prevista no artigo 1.539 do Código Civil não exclui aquela do artigo 1.538, § 2.º (cf. *Revista dos Tribunais*, vol. 485/231, Relator Thompson Flores; Recurso Extraordinário n. 80.158-GB, Relator Aliomar Baleeiro, in *Diário da Justiça da União*, 18.4.1975; *Revista Trimestral de Jurisprudência*, vol. 56/98, Relator Antonio Neder, acórdãos esses citados por Yussef S. Cahali in *Dano e Indenização*, págs. 74 e seg.; ainda *Revista Trimestral de Jurisprudência*, vol. 97/463, Relator Rafael Mayer).

Não procede a argüição da ré apelante de que a autora dificilmente viria a se casar por já contar 45 anos. O entendimento dominante, lastreado em ensinamento de Pontes de Miranda, é o de que só fica excluída do dote a mulher juridicamente impossibilitada de casar. Yussef S. Cahali (op. cit., pág. 83) e Tereza Ancona Lopes de Magalhães (*O Dano Estético*, pág. 102) dão notícia de caso em que se concedeu dote a mulher viúva de 59 anos que teve uma perna amputada.

A fixação do dote em Cr$ 1.000.000,00 também é aceitável, segundo as posses do ofensor, a gravidade do defeito e também o grau de culpa do agente. Como ensina o já citado Y. S. Cahali, no direito moderno "acentua-se a tendência no sentido de considerar-se não só o "prejuízo em si", como também outros elementos informadores, na fixação do *quantum* objeto da justa indenização" (pág. 136), entre os quais a gravidade da culpa do réu (pág. 146).

No caso dos autos, verifica-se que a ré é empresa que desempenha serviço público de transporte coletivo urbano e entregou um ônibus à condução de motorista que, embriagado, avançou sinal fechado, atingiu um carro e o lançou sobre o passeio, matando seis pessoas e ferindo outras, entre as quais a autora. Os aleijões que resultaram para esta são muito graves. Segundo o perito, a autora teve a perna esquerda amputada no terço médio da coxa, com coto de amputação drenado secreção purulenta e fétida, devido a grave complicação infecciosa, de difícil ou quase impossível remissão (osteomielite da extremidade do osso); e a perna direita ficou deformada e inutilizada, tendo sido amputadas quatro falanges dos dedos do pé, não oferecendo condições de apoio, o que obriga a autora a se locomover com duas muletas e assim mesmo por poucos instantes (fls.). Diante de tal quadro e levando em conta a gravidade da culpa com que agiu a ré, não há por que atenuar seu dever de indenizar, como ocorre tão freqüentemente. Observe-se que o grau de culpa da ré não está sendo considerado para o fim de agravar a indenização e tão-somente para o fim de não reduzi-la. Pois é evidente que não é esse dote e a pensão de 4 salários mínimos que vai efetivamente reparar os danos materiais e estéticos causados pela ré à autora.

As despesas com aparelhos ortopédicos são devidas e incluem a substituição dos mesmos, quando necessária.

A percentagem de honorários deve incidir sobre o valor do dote das prestações vencidas e doze das vincendas e da verba para a perna mecânica e bota ortopédica.

Em execução observar-se-á o disposto no artigo 602 do Código de Processo Civil, cabendo ao Juiz da execução decidir sobre conveniência de depósito ou caução para garantir o pagamento das prestações vincendas, tendo em vista a conciliar a segurança da credora e a comodidade da devedora.

Diante do exposto, é dado provimento parcial ao recurso para determinar que a indenização consistirá em: a) pensão mensal no valor de 4 salários mínimos vigentes por ocasião do efetivo pagamento e devida desde o evento; b) dote no valor de Cr$ 1.000.000,00, corrigidos monetariamente, a partir do ajuizamento da ação; c) verba para aparelhos ortopédicos indicados na inicial e obrigação de substituí-los quando se desgastarem ou se tornarem impróprios; d) custas e despesas, bem como honorários, conforme indicado acima.

Presidiu o julgamento, com voto, o Juiz Paulo Shintate, e dele participou o Juiz Fonseca Tavares.

São Paulo, 9 de fevereiro de 1983.

José Osório, Relator.

Fonte: *JTA Lex* 81/113-5

APELAÇÃO N. 305.712

ACÓRDÃO

Vistos, relatados e discutidos estes autos de Apelação n. 305.712, da Comarca de Campinas, em que são apelantes e reciprocamente apelados A. S/A – Engenharia e Construções e P. Seguros:

ACORDAM, em Terceira Câmara do Primeiro Tribunal de Alçada Civil, per votação unânime, negar provimento aos recursos.

Ação de indenização movida por Seguradora decorrente de danos de construção foi julgada procedente pela r. sentença de fls., cujo relatório é adotado, condenando a litisconsorte passiva A. S/A a pagar à autora Cr$ 80.163,57, mais juros, custas, correção monetária e honorários de 20% sobre o total. Em relação ao co-réu J.L.A.A., foi a autora considerada carecedora da ação e condenada nas custas e honorários de 10% do valor dado à causa.

Apelou a autora insurgindo-se contra o decreto de carência de ação em relação ao co-réu J.L., que é o representante legal da ré e foi o responsável pela construção.

E apelou também a ré, alegando prescrição, atribuindo ao adquirente do imóvel e segurado da autora a responsabilidade pelos danos ocorridos, e entende que houve legítima redução do prazo previsto pelo art. 1.245 do Código Civil.

Os recursos foram processados regularmente, sem resposta por parte da autora.

É o relatório.

VOTO

Os recursos não merecem provimento.

O co-réu J. L. foi bem excluído da lide pois, como a própria autora reconhece, é ele o representante legal da ré, que foi quem assinou o contrato de construção e assumiu os riscos econômicos da obra. Aliás, o excluído nem foi parte na cautelar, tendo até funcionado aí como assistente técnico da ré.

A alegada prescrição não se verificou.

O prazo do art. 1.245 é reconhecidamente de garantia e não de prescrição, como bem acentuado pela r. sentença, com apoio em Washington de Barros Monteiro. Hely Meirelles diz expressamente que

> "o prazo qüinqüenal dessa responsabilidade é de garantia e não de prescrição, como erroneamente têm entendido alguns julgados. Desde que a falta de solidez ou de segurança da obra *apresente-se dentro de cinco anos* de seu recebimento, a ação contra o construtor e demais participantes do empreendimento subsiste pelo prazo prescricional comum de 20 anos, a contar do dia em que surgiu o defeito" (*Direito de Construir*, 3.ª ed., pág. 255).

No caso dos autos, a casa foi entregue provisoriamente ao adquirente em 02.07.59 (fls.), expedindo-se "habite-se" em 04.07.72 (fls.), sendo certo que em 1973 os defeitos já haviam surgido e eram remediados pela própria ré, como está comprovado pelo laudo do perito (fls.), como também pelo próprio co-réu, então assistente técnico da ré (fls.).

Assim, não há que falar-se em prescrição.

Quanto à causa dos defeitos, o perito não teve dúvida em atribuí-la fundamentalmente à má compactação do aterro sobre o qual se fez a construção. Ao mesmo tempo, isentou o adquirente de responsabilidade (fls.).

Finalmente, frise-se também não proceder o argumento final da ré-apelante segundo o qual o prazo do art. 1.245 pode ser alterado pelas partes. O já citado Hely Meirelles, nosso maior especialista na matéria, ensina:

> "essa responsabilidade é *legal* e, mais do que isso, é de *ordem pública*, pois que interessa a toda coletividade. Daí não ser possível ao construtor dela se eximir, ou reduzir o seu prazo ou a sua amplitude. Resulta da lei, independentemente de cláusula que a consigne, e não admite modificações pela vontade das partes" (op. loc. cit.).

Diante do todo o exposto, vê-se que a r. sentença bem decidiu a questão e deve ser confirmada, negando-se provimento aos recursos.

Presidiu o julgamento, com voto, o Juiz Paulo Shintate e dele participou o Juiz Fonseca Tavares.

São Paulo, 02 de março de 1983.

José Osório, Relator.

Fonte: Arquivo pessoal e 1.º TACSP

❖❖❖

APELAÇÃO N. 306.782

ILEGITIMIDADE *AD CAUSAM* – Indenizatória ajuizada contra proprietário de apartamento superior – Art. 1.529 do CC – Agravo retido improvido, reconhecida a legitimidade.

RESPONSABILIDADE CIVIL – Incêndio de toldo causado por cigarro lançado por prestador de serviços em apartamento superior – Hipótese em que o apartamento do réu é o último do prédio – Configuração da culpa objetiva do proprietário – Indenizatória procedente.

Ap. 306.782 – 3.ª Câm. – Rel. José Osório – J. em 23.3.83.

ACÓRDÃO

Vistos, relatados e discutidos estes autos de Apelação n. 306.782, da comarca de São Paulo, sendo apelantes e apelados G.A.F. e R.R.:

ACORDAM, em Terceira Câmara do Primeiro Tribunal de Alçada Civil, negar provimento ao agravo retido, negar provimento ao recurso do autor e dar provimento parcial ao recurso do réu, tudo por votação unânime.

Ação de indenização foi julgada procedente em parte pela r. sentença de fls., cujo relatório é adotado, condenando o réu a pagar ao autor Cr$ 22.400,00, correção monetária a partir de 25.8.81, juros e honorários de 10%. Custas em proporção e ainda honorários de 10% sobre Cr$ 120.400,00, a cargo do autor, já que houve sucumbimento recíproco.

Apelaram ambas as partes. O autor, pleiteando a procedência total da ação para haver o valor da reforma dos toldos (fls.), ou o valor fixado pela sentença, que é o valor original, corrigindo-se, porém, esse valor desde a data da aquisição; insurge-se ainda contra o sucumbimento recíproco, pois o pedido foi alternativo e, assim, seu acolhimento não foi parcial.

Apelou também o réu, ratificando agravo retido e, no mérito, pedindo a reforma integral da sentença, pois não deu causa ao acidente, não agiu com qualquer parcela de culpa, e nem mesmo foi provada a culpa do terceiro que estava no apartamento. Insurge-se ainda contra o valor da condenação.

Os recursos foram processados regularmente, com resposta por parte do réu.

É o relatório.

O autor pleiteia indenização por dano no toldo de seu apartamento, dano esse que teria sido causado por toco de cigarro atirado por pessoa que executava serviços no apartamento superior, de propriedade do réu. Como eram dois os toldos e como já não existem lonas originais, a indenização devia abranger a reforma de ambos os toldos, no valor de Cr$ 142.800,00, ou o que fosse arbitrado.

A r. sentença entendeu provado o dano e não comprovada a inexistência de lonas originais, motivo por que não aceitou o orçamento de fls., entendendo razoável acatar-se o valor original dos toldos, com correção monetária a partir do evento.

O agravo retido não tem provimento, pois o réu é manifestamente parte legítima para responder à ação, nos termos do art. 1.529 do CC, segundo o qual aquele que habitar uma casa, ou parte dela, responde pelo dano proveniente das coisas que dela caírem ou foram lançadas em lugar indevido.

Quanto às apelações, a do réu merece provimento parcial.

Tem-se por comprovado, pelo que dos autos consta e particularmente pelo depoimento do zelador, que foi quem apagou o fogo (fls.), que o causador direto do dano foi a pessoa de nome J., empregado de Decorações C., que executava serviços no apartamento do réu. Apesar da insistência deste em negar a hipótese, de outro local não podia ter vindo o tal toco de cigarro, pois o apartamento do réu é o último e a casa de máquinas e o *solarium* não eram ocupados por ninguém na ocasião.

Assim sendo, verifica-se que a responsabilidade do réu é objetiva, não havendo por que perquirir-se eventual culpa de sua parte. A opinião do Prof. Alvino Lima, em que se estriba o réu e segundo a qual, tratando-se de ato de terceiro não-dependente do habitante da casa, há necessidade de se comprovar a culpa do morador, é opinião isolada. A maioria, ao que se saiba, não faz tal distinção, a saber: Aguiar Dias, *Da Responsabilidade Civil*, II, n. 177; Agostinho Alvim, *Da lnexecução das Obrigações*, n. 199, citando Beviláqua e Pontes de Miranda; Martinho Garcez Neto, *Prática da Responsabilidade Civil*, 3.ª ed., p. 152; Orlando Gomes, *Direitos Reais*, 7.ª ed., p. 252; Silvio Rodrigues, *Responsabilidade Civil*, 1975, n. 47.

Poderia o réu ter razão se o fumante houvesse entrado em sua casa contra sua vontade; mas ele lá estava a executar serviços encomendados, ficando em posição muito semelhante ao serviçal comum.

Tem razão, porém, o réu quando se insurge contra o valor da condenação, pois a r. sentença, embora reconhecendo que o dano se verificou na lona de um único toldo, ordenou o pagamento do valor de aquisição dos dois toldos completos, inclusive ferragens, com alguma correção monetária. Além disso, há demanda em que se discute a regularidade da utilização dos toldos. Na verdade, os autos não fornecem elementos para a fixação do valor real do dano. Assim, dever-se-á encontrar esse valor em liquidação por arbitramento em que se levará em conta, além dos elementos usuais, o fato de o dano ter-se verificado na lona de um só toldo e a possibilidade de aproveitamento desse toldo pelo autor, naquele ou em outro local.

Quanto ao recurso do autor, não merece provimento. Embora a inicial tenha admitido o valor que fosse arbitrado, o fato é que todo o empenho se fez, e continuou sendo feito no presente recurso, no sentido de se obter o valor da reforma dos dois toldos. Na verdade, foi concedido muito menos do que o pleiteado, sendo certo ainda que, em casos de pedido alternativo, o valor da causa corresponde ao de maior valor (art. 259, III, do CPC). Assim, as custas e honorários serão suportados proporcionalmente pelas partes tendo em vista o maior pedido feito pelo autor e o valor que for encontrado pelo árbitro.

Diante do exposto, é dado provimento parcial ao recurso do réu e negado provimento ao recurso do autor, tudo para os efeitos e esclarecimentos acima.

Presidiu o julgamento, com voto, o Juiz Paulo Shintate e dele participou o Juiz Sousa Lima.

São Paulo, 23 de março de 1983.

José Osório, Relator.

Fonte: *JTACSP-RT* 83/92-4

APELAÇÃO N. 309.807

RESPONSABILIDADE CIVIL - Transporte rodoviário - Mercadoria furtada no trajeto contratado - Inocorrência de caso fortuito, uma vez comprovada a negligência da transportadora (abandono do veículo em lugar impróprio) - Indenização devida - Recurso provido para esse fim.

Ap. 309.807 - 3.ª Câm. - Rel. José Osório- J. em 13.4.83.

ACÓRDÃO

Vistos, relatados e discutidos estes autos de Apelação n. 309.807, da comarca de Presidente Prudente, em que é apelante Comércio de Cereais M. Ltda. e apelados E.A.Z. e H.Z.:

ACORDAM, em Terceira Câmara do Primeiro Tribunal de Alçada Civil, por votação unânime, dar provimento parcial ao recurso.

Ação de indenização por danos relativos a contrato de transporte rodoviário de carga foi julgada improcedente pela r. sentença de fls., cujo relatório é adotado, condenada a autora nas custas e em honorários de 15% do valor da causa.

Apelo da vencida, pedindo a reforma integral da sentença uma vez que cumpria aos réus entregar a carga em seu destino, sendo certo ainda que teria havido culpa por parte do transportador ao deixar o veículo carregado e sem vigilância.

O recurso foi processado regularmente, com resposta que procura demonstrar o acerto da decisão.

É o relatório.

VOTO

O recurso merece provimento parcial.

A autora, segundo os próprios dizeres da inicial, celebrou contrato com o co-réu E.A.Z. para o transporte de 170 sacas de feijão desde Cacoal-RO até São Paulo. O veículo, com a carga, foi furtado na cidade de Presidente Prudente, quando estacionado em frente à casa do motorista.

Movida a ação contra o transportador e seu pai, H.Z., em cujo nome constava a propriedade do caminhão, houve por bem o MM. Juiz, em fundada e cuidadosa sentença, de julgar improcedente a ação, uma vez que teria ocorrido caso fortuito, de forma a liberar o devedor do cumprimento da obrigação.

Não decidiu, contudo, S. Exa. com o costumeiro acerto.

É entendimento uniforme que o transportador assume obrigação de resultado, qual seja a de entregar a mercadoria no local do destino, assumindo também, elementarmente, o dever de guarda e custódia das mercadorias transportadas. As excludentes de responsabilidade se circunscrevem a defeitos das mercadorias ou a força maior, ou seja, o modernamente chamado caso fortuito externo (cf. Agostinho Alvim, *Da Inexecução*, n. 208).

No caso dos autos, ocorreu mero furto e não roubo ou assalto à mão armada, que efetivamente tornassem impossível o cumprimento da obrigação.

Mais ainda para a ocorrência do furto, concorreu eficazmente o transportador com notável negligência. Deixou o caminhão carregado por todo um fim de semana diante do terreno de sua casa, que é construída nos fundos, e se situa em avenida da periferia de Presidente Prudente. O razoável seria deixar o veículo em local que tivesse alguma vigilância noturna específica, como acontece com a quase totalidade dos postos de pouso de caminhão. Se o transportador preferiu, por sua comodidade, deixar o caminhão perto de sua casa, sem vigilância maior, por certo que não pode fugir ao dever de indenizar.

A prova feita pelos réus no sentido de demonstrar que são pessoas corretas e cumpridoras de suas obrigações é inócua. O já citado Agostinho Alvim alerta: "não é suficiente a prova de que o devedor é pessoa habitualmente cuidadosa e observadora de seus deveres; será necessário provar que no caso concreto esses cuidados existiram, tendo o devedor feito tudo para cumprir a obrigação" (ob. cit., 4.ª ed., p. 334). Na hipótese dos autos, a prova testemunhal dos bons antecedentes e de que o transportador usava um sistema de travas nos pedais para evitar furto ficou longe de caracterizar até mesmo o mero caso fortuito. Na verdade, nas condições em que se deu, o furto consistiu num fato que não era imprevisível nem inevitável.

Assim, a ação não pode deixar de ser julgada procedente contra E.A.Z.. A impugnação quanto ao valor do pedido não procede, diante da nota fiscal de fls., que fixou o preço da carga transportada.

Quanto ao co-réu H.Z., tem-se que o mesmo é parte ilegítima para responder pela indenização. Não foi ele parte no contrato de transporte, trabalha na lavoura, não explora nem participa de negócios de transporte.

E em nenhum momento a autora fez a prometida prova de que o filho era preposto ou sócio do pai.

Cumpre ressaltar que, em sede de responsabilidade contratual, o só fato de alguém ser dono da coisa não o torna parte no contrato ou responsável pelo inadimplemento, como é óbvio.

Além disso, a prova demonstrou que H.Z. não era mesmo dono do caminhão, tendo sido o mesmo comprado em seu nome apenas por motivos ligados ao financiamento.

Em suma, se H.Z. não é dono do caminhão nem sócio de E.A.Z., não deve mesmo responder por nada. Se é dono e se está no campo contratual, também não responde porque não foi parte no contrato. E se está no campo extracontratual, também não responde porque não há nexo de causalidade entre o fato de ser dono do caminhão e o dano propriamente dito, ou seja, a perda da carga.

Por todo o exposto, é dado provimento parcial ao recurso para o fim de julgar a ação procedente contra E.A.Z., condenado o mesmo no principal de Cr$ 1.020.000,00, mais juros desde a citação, correção monetária desde a data do fato, 10.10.81, custas e honorários que são fixados moderadamente em 10% do valor da condenação. E é mantida a improcedência da ação contra H.Z., condenada a autora em honorários de 10% sobre o valor dado à causa.

Presidiu o julgamento, com voto, o Juiz Paulo Shintate e dele participou o Juiz Sousa Lima.

São Paulo, 13 de abril de 1983.

José Osório, Relator.

Fonte: *JTACSP-RT* 3/111-3

❖❖❖

APELAÇÃO N. 301.335

RESPONSABILIDADE CIVIL – Acidente aéreo – Colisão em aeroporto – Lucros cessantes – Inexistência – Gastos com passagem e táxis aéreos – Valor inferior ao que teria gasto com a utilização do avião sinistrado – Teoria da diferença – Ação improcedente.

ACÓRDÃO

Vistos, relatados e discutidos estes autos de Apelação n. 301.335, da Comarca de São Paulo, em que é apelante P. – Administração, Indústria e

Comércio S/A e apelados Viação Aérea S.; Companhia de Seguros do Estado de São Paulo – Cosesp e Instituto de Resseguros do Brasil:

ACORDAM, em Terceira Câmara do Primeiro Tribunal de Alçada Civil, por votação unânime, julgar renunciado o agravo retido e negar provimento à apelação.

O agravo retido (fls.) não é conhecido por falta de ratificação, nos termos do art. 522, § 1.º, do CPC.

A apelação não tem provimento.

O acidente se deu em 30 de abril de 1973, no pátio do aeroporto de Congonhas, quando o Electra PTDZK, de propriedade da autora, foi abalroado pelo Samurai PP-SMJ da ré, o qual se desprendeu de um reboque e atingiu o Electra. A ré reconheceu sua responsabilidade e providenciou a reparação, que se fez nas oficinas da Varig, única oficina habilitada e autorizada a reparar aeronaves daquela marca e tipo, terminando os serviços em 10 de janeiro de 1974 (fls.).

Consoante se viu do relatório *retro*, com a presente ação pretende a autora-apelante se ressarcir das despesas que teve com passagens e táxis aéreos, no importe de Cr$ 419.383,00 (valor de abril de 1975), e referentes a período que vai desde o acidente até 28 de fevereiro de 1975.

As despesas referentes ao período que vai de 10 de janeiro de 1974 a 28 de fevereiro de 1975 são afastadas por não haver nexo de causalidade entre o ato ilícito e o alegado prejuízo, segundo se vê das informações da Varig e da conclusão dos peritos.

Quanto ao mais, verifica-se que o ponto central do litígio não diz respeito à perquirição da culpa nem ao estabelecimento do nexo causal, mas sim entende com o terceiro pressuposto do dever de indenizar, qual seja com a composição do dano propriamente dito.

O caso dos autos apresenta a notável peculiaridade consistente no fato de o avião sinistrado (o Electra) ser de grandes proporções, exigindo manutenção muito dispendiosa. Esse fato fez com que a autora gastasse em passagens e em táxis aéreos importância muito inferior àquela que gastaria com a utilização do grande avião.

Segundo o art. 1.059 do CC, o dano indenizável consiste naquilo que o credor "efetivamente perdeu". Ora, os danos materiais sofridos pelo veículo já foram reparados em espécie, há muito tempo, nem estão sendo pleiteados nesta ação. E os danos resultantes da paralisação do mesmo foram folgadamente ultrapassados com a economia feita com a utilização de aviões de carreira e com táxis aéreos. Na realidade, portanto, não há o que indenizar.

Esse modo de ver ajusta-se perfeitamente à doutrina adotada por nosso direito para a composição do dano indenizável, ou seja, a chamada teoria da diferença. Segundo essa, a indenização deve ser tal que coloque o lesado na situação que teria se não tivesse ocorrido o dano, o que pode levar a situações, como a dos autos, em que, embora tenha havido ato ilícito, não haja o que indenizar.

O Prof. Fernando Pessoa Jorge (*Ensaio sobre os pressupostos da responsabilidade civil*, Lisboa, 1972, p. 413) ensina que, mesmo

> "colocando-nos dentro dos limites dos 'prejuízos causados', a indenização de 'todos' determinaria ainda um enriquecimento do lesado 'quando a lesão, além de danos, lhe trouxe algumas vantagens'. Neste caso, a reparação integral tornar-se-ia injusta. [...] Para obviar esses inconvenientes, a lei não mede a obrigação apenas pelos prejuízos causados: 'adota diversos critérios para calcular a indenização'. O critério geral, que se aplica em princípio, é o da 'teoria da diferença'".

E em outra passagem: "Na determinação da diferença entre a situação hipotética e a real, devem tomar-se em conta as 'vantagens resultantes da lesão', cujo valor será deduzido ao dos prejuízos: é a *compensatio lucri cum damno*" (op. cit., p. 416).

Quanto à adoção da teoria da diferença pelo nosso Direito, cf. Agostinho Alvim, *Da inexecução*, p. 216, que cita ainda Espínola e Lacerda de Almeida.

Quanto ao cabimento da *compensatio lucri cum damno*, veja-se Martinho Garcez Neto, *Prática da Responsabilidade Civil*, 3. ed., p. 87, que esclarece, com apoio em EnneccerusLehmann, que a compensação tem lugar quando o dano e a vantagem estejam de tal forma identificados que constituem uma unidade.

No caso dos autos o dano e a vantagem provieram rigorosamente da mesma causa (a paralisação da aeronave) e, se não for levada em consideração a vantagem advinda à autora, estaria ela a se enriquecer injustamente em importância que iria hoje a vários milhões de cruzeiros.

Daí haver o MM. Juiz argutamente observado não terem sobrado outros danos à autora além dos que ela própria chama de "aborrecimentos, contratempos, desconfortos, atrasos etc.", danos esses que não são conversíveis em moeda.

Assinale-se, por fim, o engano em que incidiu a autora ao se apoiar na teoria da equivalência das condições, seja em relação ao estabelecimento do nexo causal, seja quanto à delimitação do âmbito da indenização, o que acabou por fazer com que o pedido fosse manifestamente exagerado e improcedente.

Quanto aos honorários dos denunciados à lide, também não assiste razão à autora-apelante. Embora a denunciação tenha sido requerida pela ré, o fato é que a denunciação foi decorrente da propositura de ação que teve julgamento desfavorável à autora, sendo aquela verba decorrência natural de aplicação do princípio da sucumbência.

Diante de todo o exposto, é negado provimento ao recurso.

Presidiu o julgamento, com voto, o Juiz Paulo Shintate e dele participou o Juiz Sousa Lima (Revisor).

São Paulo, 27 de abril de 1983.

José Osório, Relator.

Fonte: *JTACSP Saraiva* 82/116-8

APELAÇÃO N. 310.183

ACÓRDÃO

Vistos, relatados e discutidos estes autos de Apelação n. 310.183, da Comarca de São Paulo, em que são apelantes M. S/A e BR. S/A e apelados B. S/A e R. Transportes Ltda.:

ACORDAM, em Terceira Câmara do Primeiro Tribunal de Alçada Civil, por votação unânime, não conhecer do agravo retido de fls., negar provimento ao agravo retido de fls., negar provimento ao recurso principal e não conhecer do recurso adesivo.

1 – Consoante se viu do relatório *retro*, trata-se de ação anulatória de duplicatas julgada improcedente ao mesmo tempo em que foi julgada procedente reconvenção proposta pela ré, excluída da lide a denunciada. A autora-apelante considera que as duplicatas não podiam ser sacadas porque a mercadoria não ingressou em seu patrimônio, porquanto, despachadas pela ré, no Rio de Janeiro, foram desviadas por prepostos da Transportadora em concurso com preposto da própria autora-apelante.

2 – O agravo retido de fls. não é conhecido por falta de ratificação nas contra-razões.

O agravo retido de fls. não tem provimento. O despacho agravado acolheu contradita de testemunhas sob o fundamento de que estas eram empregadas da parte e, assim, suspeitas. Embora, em tese, se possa admitir que o vínculo empregatício não gere necessariamente suspeição, o fato é que o valor de tais depoimentos ia ser bastante reduzido em função exatamente da relação de emprego, evidente o interesse da testemunha em depor em favor de sua empregadora no litígio contra outra empresa, não havendo outros fatores (interesse de classe ou de colegas , por exemplo) que pudessem neutralizar a natural parcialidade com que iam depor as testemunhas. Além disso, os fatos estavam esclarecidos e há nos autos abundante prova documental e pericial a evidenciar a dispensa da prova testemunhal.

3 – A exclusão da lide da transportadora foi bem determinada. Em que pese a possibilidade de se poder admitir o estabelecimento de relação jurídica entre o denunciado e o adversário do denunciante, como demonstrado nas razões do recurso, o fato é que a hipótese dos autos não comportava mesmo a denunciação da lide. Não é qualquer hipótese de direito de regresso que acarreta a denunciação, consoante se vê de aresto colacionado por Theotonio Negrão – *RT* 492/159, rel. Ennio de Barros (nota 10 ao art. 70 do CPC). Nesse sentido está decidindo este Tribunal – *JTA* 73/136, rel. Toledo Cesar, com declaração de voto vencedor do juiz Nelson Hanada, acentuando que: "A denunciação da lide é ação de garantia. Não se deve, através dela, introduzir novo e diferente litígio no processo".

Com efeito, no caso dos autos, o litígio se passa entre a autora, que quer anular títulos, e a ré, que quer cobrá-los. O litígio entre qualquer delas e a denunciada é novo, diferente e muito mais complexo do que o original, pois implica na demonstração da responsabilidade contratual da transportadora perante uma das partes e na extracontratual perante outra. Tema de tal complexidade impede seja examinado no âmbito da denunciação, que visa à economia processual sem levar a embaraços a discussão do litígio original.

4 – A r. sentença, quanto ao mérito, também decidiu acertadamente, tendo examinado a prova com extremo cuidado além de se fundamentar em profundos argumentos.

Na verdade, o contrato de compra e venda já estava perfeito e acabado, além de executado pela ré-vendedora ao entregar a mercadoria à transportadora, uma vez que a vendedora não assumira a obrigação de fazer a entrega em São Paulo, no estabelecimento da compradora. Embora tenha a vendedora escolhido a transportadora, não se provou tivesse aquela agido com culpa ou faltado às instruções da compradora. A mesma empresa de transportes já se desincumbira a contento em diversas remessas anteriores e não se pode imputar falta à ré na escolha.

A propósito de regime legal semelhante ao nosso, ensinam Enneccerus-Lehmann que os riscos se transferem para o comprador logo que o vendedor toma as medidas necessárias para a remessa, ou seja, quando entrega a coisa para o expedidor ou ao transportador. Ressalvam que o vendedor responde por culpa no que diz respeito à remessa, como por exemplo, quando se afasta das instruções recebidas, deixando, porém, os eminentes autores esclarecido:

> "Esto es, responde de la cuidadosa elección de las personas a quienes se confía la ejecución del envío y del regular embalaje de las mercancías, pero no de la culpa cometida por la persona o la institución

elegida en el transporte, pués la remisión misma corre por cuenta y riesgo del comprador y no pertenece a los deberes contractuales del vendedor" (Derecho de Obligaciones, II, pág. 34, nota 7).

Observe-se também que dúvida não há de que a tradição tenha ocorrido no momento da entrega à transportadora, consoante ensinamentos doutrinários constantes da sentença bem como daqueles de Agostinho Alvim e de Cunha Gonçalves, citados nas contra-razões. Daí não ter procedência a argumentação da autora-apelante de que a mercadoria não entrou em seu patrimônio, não sendo nunca demais insistir em que, para o desvio da mercadoria, concorreu eficazmente preposto da autora.

5 – Quanto ao recurso adesivo, não se conhece dele. Por meio de tal recurso pretende a ré endossar o recurso principal e não a este se contrapor, por isso que se insurge contra a exclusão da denunciada. Tal objetivo não pode ser atingido através do recurso adesivo, como bem demonstrado nas contra-razões da denunciada.

6 – Diante de todo o exposto, não conhecem o agravo da denunciada; negam provimento ao agravo da autora; não conhecem o recurso adesivo e negam provimento ao recurso principal, confirmada, também por seus fundamentos, a magnífica sentença.

Presidiu o julgamento o Juiz Nelson Schiavi e dele participaram os Juízes Sousa Lima (revisor) e Luciano Leite.

São Paulo, 03 de novembro de 1983.

José Osório, Relator.

Fonte: Arquivo pessoal e 1.º TACSP

APELAÇÃO N. 321.744

RESPONSABILIDADE CIVIL – Transporte aéreo – Mercadoria extraviada – Falha na etiquetagem – Responsabilidade da transportadora reconhecida – Indenizatória procedente – Sentença mantida.

Ap. 321.744 – 3.ª Câm. – Rel. José Osório – J. 14.3.84 – v. u.

ACÓRDÃO

Vistos, relatados e discutidos estes autos de Apelação 321.744, da comarca de São Paulo, sendo apelante Viação A. e apelada V. Máquinas e Equipamentos.

ACORDAM, em Terceira Câmara do Primeiro Tribunal de Alçada Civil, por votação unânime, negar provimento ao recurso.

Ação de indenização relativa a extravio de carga aérea, desenvolvida pelo rito sumaríssimo, foi julgada procedente pela r. sentença de fls., cujo relatório é adotado, condenada a ré no pagamento de US$ 8.695,50, convertida em cruzeiro na data do pagamento, deduzindo Cr$ 1.656.468,00, já depositados, com sua correção e juros, condenada ainda a ré nos juros moratórios, custas e honorários de 20% sobre o valor da ação.

Apelou a vencida, alegando decadência do direito da autora e, em relação ao valor da condenação, afirmando que sua responsabilidade é limitada a 250 francos por quilograma, segundo a Convenção de Varsóvia.

O recurso foi processado regularmente, com resposta que ressalta o acerto da decisão.

É o relatório.

O recurso não tem provimento.

A autora despachou, através da ré, material de exposição - maquetes de plásticos e painéis com fotografias de equipamentos para fabricação de papel e celulose, no valor acima referido, para exposição a ser realizada em Lomas de Teccamachalco, no México. Transportado o material de volta para São Paulo, não chegou o mesmo a ser entregue à autora, retornando ao México, por defeito de etiquetagem, sendo lá definitivamente apreendido pelas autoridades aduaneiras mexicanas.

O prazo decadencial não se consumou porquanto teve seu início em 3.12.81, data em que a ré enviou a carta de fls., dando notícia do confisco pela aduana do México. Antes disso, aguardava-se solução, a pedido da própria ré que se comprometia a voltar ao assunto (fls.). Não se pode, portanto, admitir-se (sic) inércia por parte da autora, pois até 3.12.81, ainda não se sabia se a carga estava ou não perdida. Assim, mesmo admitindo-se que o prazo seja de dois anos, como quer a ré, este não se escoou, pois a ação foi proposta em 1.2.83.

Quanto à limitação da responsabilidade, também não assiste razão à apelante. A r. sentença baseou-se em precedente do STF (*RTJ* 47/681), demonstrando não caber, em caso semelhante, a alegada limitação.

Cumpre salientar ainda que a limitação que beneficia as companhias de transporte aéreo decorre da conveniência em diminuir as conseqüências econômicas dos riscos inerentes a esse tipo de transporte.

Ora, o prejuízo ocasionado pela ré à autora nada tem a ver com os riscos do transporte aéreo propriamente dito. O dano originou-se de culpa grosseira, facilmente equiparável ao dolo civil, e decorrente de erro burocrático que fez com que a carga retornasse indevidamente ao México, e ainda sem documentação adequada, o que acarretaria fatalmente, como acarretou, a perda total dos bens transportados. Princípios elementares de Direito impedem, no caso, a limitação da responsabilidade.

Diante do exposto, é negado provimento ao recurso e confirmada a r. sentença, inclusive por seus fundamentos.

Presidiu o julgamento o Juiz Nelson Schiavi e dele participaram os Juízes Sousa Lima e Luciano Leite.

São Paulo, 14 de março de 1984.

José Osório, Relator.

Fonte: *JTACSP-RT* 88/36-7

❖❖❖

EMBARGOS INFRINGENTES N. 72.493-1

ACÓRDÃO

Vistos, relatados e discutidos estes autos de Embargos Infringentes n. 72.493-1, da comarca de São Paulo, em que é embargante E. S.A., sendo embargada Companhia S. de Seguros:

ACORDAM, em Oitava Câmara Civil do Tribunal de Justiça, por maioria de votos, rejeitar os embargos infringentes.

1. Na base de fato da lide está o furto de um automóvel em estacionamento mantido por *shopping center*. E sobre ela se assentou a pretensão de receber, da empresa que explora esse estabelecimento, o valor correspondente ao veículo furtado, a título de indenização.

A ação ficou julgada improcedente em primeiro grau. Mas esta Egrégia Oitava Câmara Civil do Tribunal de Justiça do Estado de São Paulo, pelos votos majoritários dos eminentes Desembargadores Fonseca Tavares e Jorge Almeida, entendeu de prover a apelação interposta, para, agora, acolher a pretensão reparatória. Tendo dissentido o ilustre Desembargador Villa da Costa, que, ao contrário, mantinha o decreto de improcedência da ação, estabelecido no juízo singular.

Com apoio no douto pronunciamento minoritário, a demandada manifestou os embargos infringentes, pedindo o prevalecimento da solução ali proposta.

2. Não é bem como uma mera cortesia propiciada aos seus fregueses que os estabelecimentos comerciais reservam área adjacente para o estacionamento de automóveis.

Mais que isso, a comodidade é estabelecida como atrativo para a afluência de consumidores, servindo para facilitar a aproximação e a guarda de veículos. No próprio interesse do comércio empreendido, assim, que se incrementa pelo estímulo do conforto oferecido ao público, em metrópole de grandes e dificultosas extensões viárias, onde se faz marcante a importância do automóvel como meio de transporte individual.

Nesse quadro, então, o estacionamento de veículos consiste em serviço a mais, como vantagem ministrada por casa ou núcleo comercial, para sobrepor-se aos demais, na concorrência pela conquista da preferência dos consumidores. E o próprio êxito dos *shopping centers*, como uma nova e moderna concepção de comércio, tem sido explicado não só pela concentração de opções de compra e pela abrigada situação das vias de acesso às lojas, mas também pela existência de amplos espaços de guarda de veículos para uso do público.

Se, assim, o estacionamento consiste em um serviço prestado no interesse do próprio incremento do comércio, disso decorre, para a empresa que o mantém, o dever jurídico de vigilância e guarda dos veículos ali conservados. Com a correlata responsabilidade pela reparação, em caso de furto, quando menos em atenção ao princípio que se define pela atribuição dos sacrifícios a quem recolhe os benefícios de uma determinada atividade ou empreendimento.

Pouco importa que o pátio seja franqueado ao acesso de veículos, sem controle de entrada ou saída, pois o seu espaço, de todo modo, é um prolongamento do estabelecimento comercial, não uma via pública. Sendo indiferente, por igual, a existência de avisos indicativos da disposição de não assumir a responsabilidade por furtos ocorridos no período de estabelecimento, afixados pela empresa comercial, que isso é absolutamente irrelevante para escusá-la, como prestadora do serviço, do dever de preservar o veículo no local, até ser retomado por seu dono.

Em favor da seguradora, de resto, opera-se a sub-rogação no direito do prejudicado. E isso está a justificar, em suma, que fiquem rejeitados os interpostos embargos infringentes, com a subsistência da solução decisória acolhida por maioria de votos, na sede da apelação.

O julgamento teve a participação dos Desembargadores Fonseca Tavares e Jorge Almeida, com votos vencedores, e Villa da Costa, vencido.

São Paulo, 9 de março de 1988.

Arthur de Godoy, Presidente e Relator.

José Osório, Revisor vencido, cf. declaração de voto em separado.

DECLARAÇÃO DE VOTO VENCIDO

1. Cuida-se de ação regressiva movida por seguradora em decorrência de haver pago seguro por furto de automóvel verificado em estacionamento de Supermercado. A ação foi dirigida contra o Supermercado, que teria falhado na guarda do veículo, e foi julgada improcedente em primeira

instância, reformada a sentença, por maioria de votos, em apelação, embargando agora a ré.

2. A meu ver, o julgado bem decidiu quando afirma a responsabilidade, em princípio, do Supermercado pelo furto de automóvel deixado por cliente no pátio do estacionamento. Cuida-se de culpa presumida, ou, melhor dizendo, de responsabilidade objetiva, eis que o dever de indenizar exsurge independentemente de culpa efetiva. Com efeito, a vida moderna tem exigido da Doutrina o alargamento contínuo do campo da responsabilidade civil, reconhecendo-a não só nos casos de culpa mas também em função de outros fatores, como nas obrigações de resultado, nas hipóteses de risco criado, de risco administrativo, etc. No caso, o v. acórdão embargado bem acentuou que a oferta de estacionamento está intimamente ligada à atividade e aos fins da empresa, devendo esta responder pelo furto do veículo: *ubi emolumentum ibi onus.*

3. O caso dos autos, entretanto, apresenta peculiaridade que o torna muito mais complexo e leva à solução oposta. Assim é que, a meu ver, os embargos devem ser acolhidos, julgando-se improcedente a ação.

Não se trata de um caso comum de reparação de danos, e sim de uma ação regressiva movida por seguradora que pagou a indenização por furto. Houve o dano e já houve a reparação, estando a vítima ressarcida, por força de contrato oneroso e aleatório. O problema maior da responsabilidade civil já foi superado.

Cuida-se agora de saber se a seguradora pode exigir reparação contra a ré, dona e exploradora do estacionamento.

A ação se apoia na Súmula 188 do STF, que diz o seguinte: "O segurador tem ação regressiva contra o causador do dano, pelo que efetivamente pagou, até ao limite previsto no contrato de seguro". Por aí se vê que tal súmula não tem o alcance pretendido e que lhe foi dado pelo v. acórdão: a ação regressiva deve ser dirigida contra o causador do dano, no caso, o ladrão. Este, sim, agiu com culpa e dolo e pode ser réu na ação de regresso. Não a ora ré-embargante, que responde apenas, no caso dos autos, por outros fundamentos. Dizer que causador do dano foi o dono do gratuito e imenso estacionamento é dar extensão impossível ao disposto na súmula, com resultado, *data venia*, claramente iníquo.

4. Voltemos ao item 2 *retro*. A responsabilidade da ré decorre, objetivamente, do proveito que ela retira da exploração do estacionamento e de todo seu enorme complexo comercial. Tivesse ela agido com culpa efetiva, como, por exemplo, no caso de furto perpetrado por um seu funcionário, aí incidiria a súmula.

O que turva o debate é a menção à chamada culpa presumida. Assim dizendo, parece que se está no campo da responsabilidade subjetiva, ou seja, responsabilidade pela culpa, quando já se afastou desse campo, com pleno ingresso na esfera da responsabilidade objetiva, sem culpa. Pois quando se diz culpa presumida, o que se está dizendo, quase sempre, é ausência de culpa real e permanência do dever de indenizar.

No caso dos autos, culpa real e efetiva não pode ser atribuída à ré, como está afirmado na sentença e no voto vencido. O estacionamento é amplíssimo, gratuito, livre: qualquer pessoa, inclusive moradores e trabalhadores das vizinhanças, pode dele se utilizar sem obrigação de ingressar nas lojas; não existe *ticket* e as chaves dos carros ficam com os motoristas, numa prova inequívoca de que a ré não assume obrigação de guardar veículos, não se podendo cogitar de contrato de qualquer natureza, seja o de *parking*, ou *contrat de garage* e muito menos o de depósito. Assim, a ocorrência do furto não pode ser fruto de um ato culposo da ré.

5. E para a ação regressiva da seguradora é elementar a existência de culpa real, efetiva e ordinária (não de culpa presumida e levíssima).

Esta é a única forma de se evitarem graves distorções do sistema, que tanto têm beneficiado os negócios de seguro, em detrimento da ordem jurídica e social, como adiante se verá.

Observe-se novamente a Súmula 188. Ela, com muita precisão técnica, faz referência à "ação regressiva" e não à "sub-rogação". Como é sabido, o direito de regresso e a sub-rogação são institutos diversos. Na sub-rogação pessoal, que é a que interessa no momento, o crédito sempre permanece, o direito é o mesmo, alterando-se apenas a titularidade. Na transmissão de crédito através de sub-rogação, existem as vantagens e inconvenientes de uma aquisição derivada do direito. Já o regresso surge "como fonte de um novo direito, tendente a corrigir, no plano substancial das relações internas, a situação injusta em que se encontra o respectivo titular". É o que ensina mestre Antunes Varela, *Direito das Obrigações*, II, págs. 348/9.

Assim, a posição do novo credor, por efeito de sub-rogação, é a mesma do primitivo, e os direitos transmitidos permanecem idênticos. No caso do direito de regresso, não. O direito é novo e pode ser, como normalmente acontece, menos amplo do que o anterior. Dessa forma, ao pagar a vítima do furto, dando cumprimento ao contrato de seguro por força do qual recebera o prêmio, extinguiu-se o crédito do segurado, findaram-se as relações jurídicas. Com o pagamento, e por força da Súmula 188 e do recibo de fls., nasceram outras (novas) relações, entre a seguradora e aquele que causou o dano, ou seja, aquele que turbou efetivamente a ordem jurídica, aquele que faltou concretamente com o comportamento devido.

6. Nem se diga que o texto do recibo de fls. tem o condão de criar uma sub-rogação pessoal. Existisse aí uma autêntica sub-rogação pessoal, equivaleria ela a uma cessão de crédito, nos termos do art. 987 do CC, o que levaria à conclusão de que a seguradora pudesse cobrar *todo* o crédito. Isto não acontece, pois a súmula, além de se referir corretamente à "ação

regressiva", limita o direito do novo credor: a seguradora só pode cobrar o que "efetivamente cobrou, até o limite do contrato de seguro".

De tudo resulta que se está frente a um direito de regresso e não de uma verdadeira sub-rogação.

Forçoso é reconhecer que a Súmula 188 dá como referência os arts. 988 e 989 do CC e que os Tribunais fazem menção indistintamente à sub-rogação e à ação regressiva. Tal se deu, entretanto, como bem explica Serpa Lopes (*Curso de Direito Civil*, IV, 2.ª ed., p. 395) à falta de disposição expressa para o caso.

7. O fato é que, qualquer que seja o nome que se dê ao instituto adotado ou criado pela Súmula 188, é inegável que o direito subjetivo de que se investe o segurador não é o mesmo, não tem a mesma amplidão, do que o da vítima: esta podia cobrar tanto do causador do dano que agira com culpa (até levíssima), como daquele que respondia objetivamente, isto é, sem culpa; ao passo que o segurador tem direito de regresso somente – como já foi dito atrás – contra o causador do dano que tenha agido com culpa, e culpa efetiva, real, palpável, ordinária, ou seja, aquela oriunda de um ato que mereça efetivamente a condenação da sociedade.

O exame da gênese com Súmula 188, com o levantamento de inúmeros casos, mostra que a culpa do causador do dano sempre foi requisito do direito de regresso.

Veja-se o que diz o único acórdão relacionado pela Súmula 188, com indicação de repertório, ou seja, o RE n. 40.747, *RTJ* 12/118: "De feito, não se pode, do fato puro e simples do acidente, sem prévia apuração de responsabilidades, presumir culpa, a poder da qual se pleiteia o reembolso de pagamento feito pela seguradora".

Nessa mesma linha, já decidiu este Tribunal: "Para que a ação de repetição do segurador, que pagou ao segurado, se legitime, é essencial a prova de culpa do transportador" (*RT* 533/83).

Esse acórdão, relatado pelo eminente juiz Oswaldo Caron, com apoio em ensinamento expresso de Waldemar Ferreira, mostra que, também nos casos de responsabilidade objetiva (a do transportador), exige-se que o segurador demonstre a culpa do causador do dano.

Ainda: "A seguradora que pagou indenização ao segurado tem ação regressiva contra o causador do dano, devendo, porém, provar a culpa deste" (*RT* 466/99, rel. Penido Bournier, votando ainda Sydney Sanches e Alves Braga).

E é de se citar também acórdão relatado pelo Des. Jorge Almeida, quando no 1.º TAC, em caso semelhante, apenas com a diferença de se tratar de roubo e não de furto (*RT* 561/138 em.).

8. O que se nota é que não há nenhuma razão de ordem jurídica ou social para ampliar o que as seguradoras conseguiram com a jurisprudência que se cristalizou na Súmula 188. O Dr. Reginaldo Nunes, em trabalho in *RT* 390/411, mostra que há um aspecto positivo e outro negativo no sistema da súmula. O positivo está em que o autor do dano (aquele que abalou a ordem jurídica) não deve ficar impune, ainda que a vítima já tenha sido indenizada através do seguro. O aspecto negativo está no desvirtuamento do contrato de seguro, que perde sua natureza aleatória, beneficiando exageradamente o segurador, que já recebeu o prêmio e vai buscar uma indenização por um dano que não sofreu. Pois, na realidade, o segurador, ao pagar uma indenização, está apenas tendo uma despesa natural ao seu comércio; ele não está sofrendo nenhum dano por ato ilícito.

Ora, se se admitir hoje a ação regressiva contra quem não foi o causador do dano mas que pagou em nome da responsabilidade objetiva, desaparecerá o aspecto positivo da súmula, restando unicamente o negativo, com exagero de vantagens para o segurador.

Nem é por outro motivo que Lopes da Costa (ap. *RT* 440/207) já alertava para o perigo dos negócios de seguros se converterem em "negócios da China".

E que diria hoje o grande mestre quando o segurador está a agir contra quem não é o culpado pelo dano? Mais ainda: quando o segurador ainda fica com o veículo furtado, quando este é reencontrado?

9. Assim é que, para que o segurador possa agir regressivamente contra o causador do dano, é mister que prove a culpa deste, e culpa real, palpável, que mereça juízo de condenação. Nunca a culpa presumida ou a culpa insignificante.

O Direito, na ânsia de amparar a vítima, sempre procurou ampliar as hipóteses da culpa, no campo da responsabilidade extracontratual. A menor falha que tenha ocasionado dano já acarreta o dever de indenizar: *In Lege Aquilia, et levissima culpa venit.*

Tal, entretanto, não ocorre no campo da responsabilidade oriunda do contrato, na qual a culpa levíssima é geralmente desprezada (Cf. I. Galvão Telles, *Direito das Obrigações*, Coimbra, 1980, págs. 303 e seguintes). Ora, não é justo que o segurador, cujos direitos e obrigações derivam do contrato de seguro, no qual, sem dúvida, se despreza a culpa levíssima, veja-se, por um passe de mágica, favorecido pelas conseqüências de uma culpa levíssima.

10. Finalmente, é de salientar a incongruência lógica e histórica que está ocorrendo com a ampliação da Súmula 188.

É sabido que o sistema de culpa presumida (que desaguou e se confundiu com a responsabilidade objetiva) surgiu, nos tempos modernos, para possibilitar maior eficácia no ressarcimento das vítimas. Pensou-se, então, que o velho sistema da culpa ficaria superado. Logo se viu que não, pois quem pagasse sem ter culpa poderia agir regressivamente contra o verdadeiro culpado. Ora, permitir que quem, por qualquer motivo, reparou o dano, possa se voltar contra aquele que apenas respondia objetivamente, leva a um círculo vicioso, deixando de fora aquele que efetivamente alterou a ordem jurídica, no caso dos autos, o ladrão do automóvel.

Por todo o exposto, recebo os embargos, *data venia.*

José Osório.

Fonte: Arquivo pessoal e TJSP

APELAÇÃO CÍVEL N. 120.980-1

PRESCRIÇÃO - Indenização - Verba decorrente de construção - Litígio entre ascendentes e descendentes - Direitos relacionados com a casa edificada negados ao autor - Contagem do prazo a partir do momento em que se lavrou a discórdia, e não do primeiro lançamento do imposto predial - Artigo 168 do Código Civil - Prescrição afastada - Recurso provido para esse fim.

Apelação Cível n. 120.980-1 - São Paulo - Apelante: M.E.K.- Apelados: M.C.K., por si e representados seus filhos menores.

ACÓRDÃO

ACORDAM, em Oitava Câmara Civil do Tribunal de Justiça, por votação unânime, dar provimento parcial ao recurso.

Ação de indenização por acessões foi julgada pela respeitável sentença de fls., cujo relatório é adotado, com decreto de prescrição, extinguindo-se o processo, com julgamento de mérito, condenada a autora em custas e honorários de 20% do valor atualizado da causa.

Apelou a vencida, alegando, em síntese, que a prescrição não foi argüida em momento oportuno; que o lapso prescricional só começa a correr quando verificada a lesão do direito; que a decisão é nula, por falta de fundamentação; e que a verba honorária é muito elevada, tudo estando a exigir a reforma da sentença, com a procedência da ação.

Recurso bem processado, com resposta, acentuando que a prescrição pode ser argüida a qualquer tempo; que o prazo começa a correr desde que terminada a construção; que o mesmo não foi interrompido; e que, em relação ao mérito, dúvida não há de que a construção foi feita pelo falecido marido e pai dos réus.

A Doutora Promotora opina pelo improvimento e o Doutor Procurador de Justiça pelo provimento do recurso.

É o relatório.

O recurso tem provimento.

A autora é sogra e avó dos réus. O litígio, em sua fase atual, diz respeito a direito de indenização pela construção da casa em que a autora reside há cerca de 30 anos. O terreno pertenceu, por compromisso de compra e venda, ao falecido marido e pai dos réus, M.K., filho da autora. Diz a autora que a casa foi construída por seu marido, H.K., chefe da família, com oito filhos, e chefe da empresa, da qual M.K. era empregado, não dispondo, na ocasião, de condições econômicas para construir. Sempre residiu na casa com seu marido e filhos. M.K. ali também morou por cerca de três anos, com sua mulher, ora ré. Depois da morte de M.K., os réus vêm tentando desalojar a autora do imóvel, até agora sem êxito. Vários lances do litígio estão bem retratados no acórdão da Oitava Câmara do Segundo Tribunal de Alçada Civil às fls.

A respeitável sentença julgou prescrita a presente ação de indenização considerando que o prazo começou a correr a partir de 1962, época do primeiro lançamento do imposto predial.

Esse ponto de vista não se justifica, em que pese ao parecer de fls. Naquela época a casa abrigava toda a família, que desfrutava em comum daquele bem. Não havia nenhum motivo para o pai e a mãe de família cogitarem do direito de indenização pela construção no terreno do qual o filho era compromissário-comprador. A mesma *ratio legis* que aparece no preceito do artigo 168 do Código Civil está presente na hipótese dos autos: o prazo de prescrição só começou a correr a partir do momento em que se lavrou a discórdia, e a autora se viu surpreendida com a negação, por parte de sua nora, dos direitos relacionados com a casa. Isto só se deu por volta de 1983, após o falecimento do filho M.K., quando a nora propôs a ação noticiada às fls.

Diante do exposto, é dado provimento parcial ao recurso para afastar a prescrição e para que seja proferido julgamento de mérito.

O julgamento teve a participação dos Senhores Desembargadores Jorge Almeida (Presidente sem voto), Manoel Carlos e Villa da Costa, com votos vencedores, com declaração de voto.

São Paulo, 16 de maio de 1990.

José Osório, Relator.

Fonte: LEX – TJSP – 1990 – Volume 13 – Página 238

APELAÇÃO CÍVEL N. 130.958-1

PROVA – Perícia – Assinatura falsificada – Existência nos autos de laudo do Instituto de Criminalística – Indeferimento do pedido – Cerceamento de defesa inocorrente – Preliminar rejeitada.

INDENIZAÇÃO – Responsabilidade civil – Ato ilícito – Estabelecimento bancário – Pagamento efetuado a quem apresentou guia de levantamento com assinatura falsificada – Preponderância da teoria do risco – Dever de indenizar, em face da inocorrência de força maior ou de culpa exclusiva ou concorrente da vítima – Recurso não provido.

INDENIZAÇÃO – Responsabilidade civil – CEESP – Pagamento efetuado a quem apresentou guia de levantamento com assinatura falsificada – Entidade controlada pelo Estado, estando a exercer autêntica função pública – Responsabilidade objetiva ou do risco – Artigo 107 da Constituição da República de 1969 – Verba devida – Recurso não provido.

Apelação Cível n. 130.958-1 – São Paulo – Apelante: Banco Z – Apelada: M.Z. S.A.

ACÓRDÃO

ACORDAM, em Oitava Câmara Civil do Tribunal de Justiça, por votação unânime, negar provimento ao recurso.

Ação de reparação de danos desenvolvida pelo rito sumaríssimo, visando ao recebimento de depósito bancário pago a terceiro, foi julgada procedente pela respeitável sentença de fls., cujo relatório é adotado, apelando a ré.

Alega, em resumo, que houve cerceamento de defesa com a negativa em produzir-se prova pericial a fim de demonstrar que a falsificação não foi grosseira; e que não se houve com qualquer parcela de culpa, impossível notar-se a falsificação das assinaturas do Juiz e do Escrivão na guia de levantamento; e que, no caso, é de se adotar a teoria da culpa e não do risco, consoante doutrina e jurisprudência, que cita.

Com resposta, subiram os autos.

É o relatório.

VOTO

O recurso não tem provimento.

Não houve o alegado cerceamento de defesa porquanto existente nos autos laudo do Instituto de Criminalística (fls.), confirmando indubitavelmente a falsificação.

Em que pese as opiniões em contrário, a ré só afastaria o dever de indenizar se provasse força maior ou culpa exclusiva (ou concorrente) da vítima, hipóteses que nem se põem no caso presente. A autora apenas depositou em Juízo o *quantum* que depois não pôde levantar porque a ré pagou a outrem, que apresentou guia com assinatura falsificada. Em matéria de depósito, de qualquer natureza, sabido é que prepondera a doutrina do risco. A respeitável sentença recorrida indica precedentes, inclusive desta mesma Câmara (*RJTJESP*, Ed. LEX, vol. 110/350), além de se apoiar na Súmula n. 28 do Supremo Tribunal Federal.

Observe-se ainda que a ré-apelante, além de ser entidade financeira controlada pelo Estado, estava a exercer, na hipótese dos autos, autêntica função pública, fazendo as vezes de depositária judicial. Aplicável, evidentemente, a regra do artigo 107 da Constituição da República, de 1969, consagradora da responsabilidade objetiva ou do risco, cf. Yussef Said Cahali, *Responsabilidade Civil do Estado*, 1982, págs. 67 e segs.

Diante do exposto, negam provimento ao recurso e confirmam a respeitável sentença, inclusive por seus fundamentos.

O julgamento teve a participação dos Senhores Desembargadores Jorge Almeida (Presidente sem voto), Régis de Oliveira e Fonseca Tavares, com votos vencedores.

São Paulo, 21 de novembro de 1990.

José Osório, Relator.

Fonte: LEX - TJSP - 1991 - Volume 132 - Página 216

❖❖❖

EMBARGOS INFRINGENTES N. 134.349-1

INDENIZAÇÃO - Responsabilidade civil - Dano moral - Moléstia grave diagnosticada erroneamente, com recomendação de imediata cirurgia, trazendo à autora angústia intensa - Negligência e imprudência inocorrentes e ausência de prova quanto à imperícia - Ação improcedente - Embargos rejeitados - Voto vencido.

A ação de indenização por dano moral sofrido pela paciente em razão de errôneo diagnóstico de moléstia grave, causando-lhe angústia, não se funda na responsabilidade objetiva ou em presunção absoluta de culpa; no caso, reclama-se a demonstração de imprudência, negligência ou imperícia do médico.

Embargos Infringentes n. 134.349-1 - São Paulo - Embargante: C.R.V.S.- Embargados: I.G.A. e outro.

ACÓRDÃO

ACORDAM, em Oitava Câmara Civil do Tribunal de Justiça, por maioria de votos, rejeitar os embargos, de conformidade com o voto do Relator, que fica fazendo parte integrante do presente julgado.

O julgamento teve a participação dos Senhores Desembargadores Régis de Oliveira (Presidente com voto vencido e declarado), Villa da Costa e Fonseca Tavares, com votos vencedores, e Jorge Almeida, vencido.

São Paulo, 12 de agosto de 1992.

José Osório, Relator.

VOTO

Ação visando à reparação de dano moral foi promovida por paciente contra Laboratório e a G.C., tendo em vista erro de diagnóstico que indicou a existência de carcinoma epidermóide microinvasivo, recomendada cirurgia de urgência para extração de parte do útero e, depois, dele todo. A respeitável sentença julgou improcedente a demanda, e o venerando acórdão de fls. negou provimento ao apelo, de acordo com os votos vencedores dos Desembargadores Villa da Costa e Fonseca Tavares, vencido o Desembargador Jorge Almeida.

Com apoio no venerando voto vencido, foram opostos os presente embargos, sob consideração de que na contestação de fls. o Laboratório afirma que o carcinoma microinvasivo pode levar o paciente à morte, se não atendido a tempo; que há provas incontestáveis de que a autora não possui nem mesmo possuiu o diagnosticado carcinoma (fls.); que a cirurgia marcada não era pequena, mas de grande porte e, conforme assertiva do Doutor R.L., às fls., havia o risco de a paciente, ora embargante, não poder mais engravidar; que o venerando acórdão embargado contrariou a lógica, pois: 1) o câncer não regride, nem tampouco desaparece espontaneamente, apenas faz alastrar-se no correr dos anos; 2) a autora ainda está viva, e não possui sinal algum do carcinoma, este jamais retratado em sucessivos e regulares exames, razão pela qual está incorreto o diagnóstico positivo, caracterizada a culpa de quem o exarou; que os embargados não tiveram a cautela de, pelo menos, proceder ao reexame (e não à revisão das lâminas), o que constitui falha configurativa de culpa; que o próprio Desembargador Fonseca Tavares reconheceu que o aprofundamento do diagnóstico bastaria à constatação de inexistência da moléstia; que a repetição do exame seria de rigor até no caso de positivação, pois a patologista Doutora V.N.A. (fls.) reconheceu que seria possível com a retirada do material para biopsia extirpar o ponto de lesão; e que, demonstrada a culpa dos embargados, prevista que está a reparabilidade do dano moral no artigo 5.º, inciso V, da Constituição da República, e caracterizada a hipótese do artigo 159 do Código Civil Brasileiro, deve ser provido o presente recurso e reformado o venerando acórdão atacado para que se proclame a total procedência da ação, invertendo-se os ônus da sucumbência.

Recurso bem processado, com resposta, enfatizando o acerto do acórdão embargado.

É o relatório.

Há interessantes ponderações no venerando voto vencido e nas razões, mas os embargos são rejeitados.

O exame do caso mostra que houve dano à embargante, isto é, o diagnóstico da grave doença e a recomendação de imediata cirurgia trouxeram-lhe angústia intensa; e esse dano, em regra, é indenizável. Nota-se também nexo de causalidade entre o diagnóstico e o dano. Mas a autora-embargante não demonstrou culpa por parte dos réus.

O raciocínio fundamental dos embargos, a esse propósito, consiste no seguinte: "se o diagnóstico positivo está incorreto, conclui-se que houve culpa (negligência ou imperícia) de quem o exarou" (fls.).

Mas esse raciocínio não procede.

A hipótese não é de responsabilidade objetiva nem de presunções absolutas de culpa, como quer a embargante. Tem-se que buscar a culpa autêntica, subjetiva, ou seja, é preciso verificar se pode ser atribuído às rés juízo reprovável por terem agido com negligência, imprudência ou imperícia, isto é, por não terem tido o comportamento adequado para o caso.

De negligência ou imprudência, nem se pode cogitar. Foram feitos com presteza os exames necessários, e recomendada a cirurgia que os exames sugeriam.

Quanto à imperícia, a prova inexiste nos autos, inviável, como já se disse, a pretendida presunção automática de culpa.

Com efeito, o fato de o exame de laboratório ter-se revelado errôneo não leva necessariamente à conclusão de que houve culpa. O primeiro exame positivo foi confirmado (fls.) e o próprio médico que notou o erro (fls.) referiu-se à existência, na primeira lâmina, "de grande processo inflamatório que provavelmente foi a causa da interpretação como microcarcinoma".

E para saber se houve aí erro imputável às rés nada existe nos autos. Nada foi demonstrado a propósito de qual devesse ter sido o adequado comportamento das rés. Trata-se de questão altamente especializada, exigindo-se perícia para pronunciamento seguro da Justiça. Inexistindo tal providência técnica, tem-se que admitir como razoável, e portanto não culposo, o comportamento dos profissionais que recomendaram a cirurgia, a qual, aliás, não era radical e irreversível, pois o útero, ou parte dele, poderia ou não ser extirpado, dependendo das circunstâncias (fls.).

Lembre-se de que a possível doença era muito grave, compreensível a recomendação de rápida cirurgia, como é de se lembrar também que é fácil acusar o erro depois dos fatos acontecidos. O comportamento a ser examinado é aquele do momento da decisão.

Tenha-se presente ainda que o Juiz não deixa de considerar a relação de gravidade entre os valores em choque. De um lado estava, dependendo do comportamento dos profissionais, o risco de vida da embargante; de outro, o risco de amedrontá-la ou angustiá-la.

A opção que se fez, pelo que dos autos consta, foi normal e adequada, preponderando o valor maior, sendo de frisar também a inexistência de qualquer interesse econômico na cirurgia, que estava coberta por seguro-saúde.

De tudo resulta que a pretensão indenizatória não procede, pelo que os embargos são rejeitados, adotando-se ainda os argumentos do venerando acórdão e do voto vencedor declarado.

Fonte: LEX - TJSP - 1993 - Volume 140 - Página 182

APELAÇÃO CÍVEL N. 158.524-1/8

ACÓRDÃO

Vistos, relatados e discutidos estes autos de Apelação Cível n. 158.524-1/8, da Comarca de São Paulo, em que são apelantes e reciprocamente apelados Z.F.T.F. e C.S.L.:

ACORDAM, em Oitava Câmara Civil do Tribunal de Justiça do Estado de São Paulo, por votação unânime, negar provimento aos recursos, de conformidade com o relatório e voto do Relator, que ficam fazendo parte integrante do presente julgado.

O julgamento teve a participação dos Desembargadores Fonseca Tavares (Presidente) e Antonio Marson, com votos vencedores.

São Paulo, 24 de novembro de 1992.

José Osório, Relator.

VOTO

Ação de indenização proposta por paciente submetida a cesariana, contra cirurgião obstetra e maternidade, foi julgada improcedente pela r. sentença de fls., cujo relatório é adotado, condenada a autora nos honorárias advocatícios, com isenção até que se prove possibilidade do pagamento.

Apelo da autora e do co-réu médico.

Pretende este, com base no art. 52, LXXIV, da CF, obter a condenação da Fazenda do Estado nos honorários advocatícios, alegando que esta poderá, depois, se ressarcir.

A autora pretende a improcedência da demanda, sob alegação de que a hipótese em questão é típica de erro médico, mas os profissionais da mesma área se protegem uns aos outros; de que foram menoscabadas provas importantes, como os documentos de fls.; de que o laudo do IMESC, de fls., merece atenção; de que o currículo do médico co-réu em nada altera o pedido; de que houve, realmente, negligência; e de que a análise dos elementos citados nas razões de apelação levara à conclusão de que o médico apelado agiu com culpa.

Ambos os recursos bem processados e respondidos, com preliminar levantada pelo co-réu.

É o relatório.

Improcede a preliminar porquanto a petição de recurso não é inepta, já que indica os motivos do inconformismo.

Conhecido o recurso da autora, a ele é negado provimento, pois a ação revelou-se de manifesta improcedência.

A autora estava grávida de gêmeos, apresentou tendência a diabetes e pressão alta. Sofreu operação cesariana em pleno oitavo mês de gestação (e não no sexto mês, como afirma a inicial). A operação chegou a bom termo: os gêmeos nasceram saudáveis, só tiveram icterícia.

Posteriormente, a autora apresentou problemas intestinais, acabando por ser submetida a cirurgia, 4 (quatro) meses após o parto.

A autora vê relação de causa e efeito entre o parto e a cirurgia intestinal.

A prova, contudo, é flagrantemente favorável aos réus.

A questão é técnica e como tal deve ser resolvida.

Os momentos dolorosos vividos pela autora não podem ser atribuídos a qualquer ato culposo do médico. A perícia e a prova testemunhal revelam sinceridade e demonstram comportamento adequado e diligente por parte do profissional.

Diz o perito que: "Ficou clara a desconexão entre ambos [os fatos]. Se tivesse ocorrido uma perfuração de alça intestinal intra-operatória, deveríamos ter tido um quadro gravíssimo e de instalação abrupta (Peritonite) e não 4 (quatro) meses após" (fls.).

E conclui: "Nosso entendimento é pela ausência de relação entre as duas situações cirúrgicas".

A acusação de espírito de classe ao perito e testemunhas é vazia e desfundamentada.

O apego da autora ao laudo do IMESC também não procede. A referida peça (fls.) nem pode ser considerada laudo, para efeito da presente demanda, a qual visa a estabelecer o nexo de causalidade entre os dois fatos. Diz o subscritor que cabe ao CRM dizer se houve erro médico e, "havendo nexo causal, estimamos um percentual indenizatório de 25% (vinte e cinco por cento)". Isto é, se vier a ser demonstrado o nexo causal. E esse nexo jamais foi demonstrado. Aliás, a própria autora admitiu a imprestabilidade do laudo (fls.).

O recurso do co-réu médico também não tem provimento, pois a Fazenda nem foi parte no feito, não podendo portanto, sofrer qualquer condenação.

Na verdade, o processo foi bem instruído e muito bem julgado, motivo par que é negado provimento aos recursos e confirmada a r. sentença, por seus sólidos fundamentos.

José Osório.

Fonte: Arquivo pessoal e TJSP

APELAÇÃO CÍVEL N. 178.879-1/9

ACÓRDÃO

Vistos relatados e discutidos estes autos de Apelação Cível n. 178.879-1/9, da Comarca de Presidente Prudente, em que é apelante Auto-posto T. LTDA., sendo apelada M.R.A.:

ACORDAM, em Oitava Câmara Cível do Tribunal de Justiça, negar provimento ao agravo retido, e dar provimento à apelação, por maioria de votos, de conformidade com o voto do Relator designado,, vencido o relator sorteado.

O julgamento teve a participação dos Desembargadores Fonseca Tavares (Presidente, vencido na apelação) e Jorge Almeida, com voto vencedor.

São Paulo, 02 de dezembro de 1992.

José Osório, Relator designado.

Fonseca Tavares, Vencido na Apelação.

VOTO

Responsabilidade Civil. Ato de cortesia, ainda que interessada. Depósito inexistente. Responsabilidade por dolo e não por culpa. Recurso provido para julgar a ação improcedente.

Conforme se vê do relatório de fls., que é adotado, trata-se de ação indenizatória por furto de caminhão deixado à noite em posto de abastecimento.

A r. sentença julgou procedente a ação, admitindo a responsabilidade do Posto, que recebeu a guarda do veículo e entregou as chaves a um terceiro desconhecido.

Daí o apelo da ré.

O agravo retido, interposto pela autora às fls. e retificado às fls., não tem provimento, pois o MM. Juiz bem fundamentou o indeferimento da contradita. A testemunha foi gerente do posto e já não mantinha relação de emprego com a ré, não tendo interesse econômico no resultado da demanda. Além disso, seu depoimento é irrelevante para a decisão da causa.

A apelação tem provimento.

Os fatos assim se passaram: O caminhão da autora foi deixado no Posto da ré para pernoite, como habitualmente ocorria há cerca de dois anos. Certa noite, um indivíduo, intitulando-se dono do veículo, pediu as chaves ao vigia, o qual lhe entregou a tabuleta, ou caixa, onde elas estavam, e desapareceu com o caminhão. A autora tinha contrato de seguro e recebeu indenização de Cr$ 3.000.000,00, mas como o veículo valia Cr$ 4.500.000,00, ingressou com a presente ação para se ressarcir do prejuízo correspondente à parte não coberta pelo seguro. A r. sentença viu, no caso, um contrato de depósito e o conseqüente dever de indenizar. Mas não pode subsistir, *data venia*.

As relações jurídicas que se estabeleceram informalmente entre as partes são de natureza gratuita e assim devem ser consideradas.

Quanto à gratuidade do ato, dúvida não há. Durante o longo período de dois anos, a autora aproveitou-se do estacionamento por mera cortesia da ré. Pode-se dizer que a cortesia era interessada, evidente o intuito de agradar o cliente. Mas nota-se nitidamente na hipótese dos autos que a existência do interesse não desnatura a gratuidade do ato.

Trata-se de Posto pequeno, com área total de cerca de 400 m^2 e um único lavador, só podendo permitir estacionamento para meia dúzia de clientes, assim mesmo em horário em que não haja expediente. Em suma, a permissão de estacionamento noturno de alguns poucos veículos não constitui elemento importante para a atividade comercial da ré.

Daí não ter qualquer aplicação ao caso a louvável Jurisprudência que reconhece o dever de indenizar nos casos de furto de veículos nos pátios de supermercados e *shopping centers*. Nestes casos, o fornecimento de estacionamento é indispensável para o êxito da atividade, que apresenta as características sofisticadas de um capitalismo avançado e vigoroso, permitindo maiores lucros e acarretando, em contrapartida, maiores responsabilidades.

A aplicação concreta das normas jurídicas, por mais belas que sejam – como acontece com essas que apontam para ampliação do dever de indenizar –, há que se fazer com discernimento, e não mecanicamente, em particular nas sociedades heterogêneas como a nossa.

No caso dos autos, tudo se passava em ambiente de atraso e de absoluta precariedade. O vigia nem era empregado da ré e sim da firma "G.N.P.P.", contratada a baixo custo para vigiar as "instalações" do Posto durante a noite (fls.). A estória da caixa ou tabuleta de chaves bem revela o primarismo da atividade.

Tudo isso era do pleno conhecimento da autora, que aquiescia prazerosamente ao sistema, dele levando vantagem por longo tempo.

Nesse ambiente, não há por que desconsiderar os efeitos jurídicos da cláusula de não indenizar, ostensivamente exposta na placa (fls.), também do conhecimento da autora.

Na verdade, as relações jurídicas entre as partes não eram mesmo negociais, mais se aproximando de uma ação entre amigos, com algum interesse recíproco, tão comum nas cidades do Interior, do que de um autêntico negócio jurídico. Nada justifica o comportamento da autora, que inopinadamente invoca severas responsabilidades por parte da ré na guarda da coisa, inteiramente incompatíveis com a comutatividade natural das obrigações existentes entre as partes.

Lembre-se de que a autora, para poder se garantir de parte do prejuízo, foi obrigada a pagar pesadas importâncias à Seguradora. E agora quer cobrar a outra parcela contra pessoa para quem nunca pagou nada...

E há riscos concretos de outras e graves distorções. A velha Súmula n. 188 do STF, que está há muito tempo, *data venia*, a exigir revisão, ou atenuação, permite ao segurador ação regressiva contra o causador do dano. Reconhecida a culpa da ré, como fez a r. sentença, a Seguradora vai por certo, como de hábito, partir contra o Posto para reaver o que pagou, sendo provável que se chegue à teratológica conclusão: a Seguradora, que recebeu o prêmio em contrato oneroso e aleatório recupera-se de tudo que teve de dispender; a autora fica inteiramente satisfeita, embora tenha pagado apenas parte da garantia; tudo às custas da ré, que nada recebeu de ninguém, simplesmente porque praticou um ato de cortesia levemente interessada (!).

Em tais circunstâncias, é de se aplicar ao caso a *ratio* do preceito do art. 1.057 do CC, segundo o qual nos atos unilaterais (leia-se "gratuitos") responde apenas por dolo, e não por mera culpa, o contraente a quem o contrato não favorece. Ou seja, para o sucesso da demanda, a autora precisava comprovar dolo autêntico por parte da ré. E dolo nem chegou a ser imputado.

A propósito da tese ora vencedora, veja-se fundado acórdão do E. 1.º TAC – *RT* 628/159, r. Carlos Gonçalves, que faz remissão a conhecido voto do Des. Nogueira Garcez (*RJTJ* 89/180), conforme lembrado nas contra-razões.

Por todo o exposto, é dado provimento ao recurso para julgar improcedente a ação, condenada a autora nas custas e em honorários de 15% do valor atualizado da causa.

José Osório.

Fonte: Arquivo pessoal e TJSP

Observações:

Deixa-se de publicar o voto vencido do Des. Fonseca Tavares em razão das limitações desta edição.

Houve embargos infringentes que foram rejeitados.

Recuso Especial não foi conhecido, com a seguinte ementa:

Civil – Responsabilidade

I – Causa decidida à luz do art. 1.057 do Código Civil, no plano da responsabilidade contratual. Inexistência de ofensa ao art. 159 do Código Civil. Se o acórdão não reconheceu ter o preposto agido com dolo ou culpa grave, não há divisar, na hipótese, afronta ao art. 1.521, III. Dissídio não caracterizado.

II – Recurso especial não conhecido.

APELAÇÃO CÍVEL N. 178.374-1

RECURSO – Prazo – Tempestividade – Contagem a partir da data da apresentação da petição no protocolo integrado, simples prolongamento do cartório – Preliminar rejeitada.

Apresentada a petição no protocolo integrado, desta data e não do despacho do Juiz conta-se o prazo, uma vez que a criação do referido protocolo ocorreu para facilitar o trabalho dos Advogados.

INDENIZAÇÃO – Responsabilidade civil – Dano ambiental – Dificuldade de estimativa do montante do prejuízo – Liquidação por arbitramento e não por artigos – Recurso não provido.

Comprovado o dano ambiental, o valor da indenização não precisa ser rigorosamente exato, bastando a liquidação por arbitramento para encontrá-lo.

Apelação Cível n. 178.374-1 – Santos – Apelante: Petróleo Brasileiro S.A. – PETROBRÁS – Apelado: Ministério Público.

ACÓRDÃO

Dano ambiental – Dificuldade de apuração do valor econômico da indenização – Liquidação por arbitramento, ao invés de por artigos.

Protocolo integrado – Recurso que se considera interposto quando da apresentação da petição no protocolo integrado, simples prolongamento do cartório.

ACORDAM, em Oitava Câmara Civil do Tribunal de Justiça, por votação unânime, negar provimento ao recurso, de conformidade com o voto do Relator, que fica fazendo parte integrante do presente julgado.

O julgamento teve a participação dos Senhores Desembargadores Fonseca Tavares (Presidente) e Régis de Oliveira, com votos vencedores.

São Paulo, 3 de fevereiro de 1993.

José Osório, Relator.

VOTO

1. Trata-se de ação civil pública ajuizada pela Curadoria do Meio Ambiente da Baixada Santista contra a PETROBRÁS, tendo em vista vazamento de óleo de um petroleiro.

A respeitável sentença de fls., cujo relatório se adota, julgou procedente a demanda, condenando a ré em indenização no que for apurado em liquidação, a ser revertida em favor do Fundo Estadual de Reparação de Interesses Difusos Lesados; nos salários periciais e em custas e despesas processuais.

Apela a sucumbente, alegando, preliminarmente, nulidade da sentença pela falta de apreciação dos embargos declaratórios, sem a devida fundamentação; que havia dúvidas sobre a competência da Justiça estadual e sobre o cerceamento de defesa; que não se poderia postergar para uma liquidação por artigos a apreciação de fatos que de plano já deveriam estar indicados para se sujeitarem ao princípio da ampla defesa, pois se poderia chegar ao cúmulo de a referida liquidação concluir que não houve dano, e de se concluir, então, que a ação deveria ter sido julgada improcedente, quando foi tida por procedente; que a perícia feita na ação de vistoria não elide a realização de prova pericial, pois tem caráter apenas de prova documental; que só o dano presente é indenizável, fazendo-se necessária a prova pericial a fim de se demonstrar o dano efetivo; que se obteve, na vistoria, o retrato do estado de degradação do Estuário de Santos, em função de anos e anos de agressões, mas isso tudo sem concorrência da PETROBRÁS; no mérito quer a improcedência da ação, por impossibilidade de se apurar exclusivamente o dano causado pelo vazamento de óleo do petroleiro em questão, ou, no máximo, a procedência parcial, condenada a apelante no ressarcimento apenas em relação ao prejuízo que causou, tudo, porém, após realização de perícia. Cita expressamente os seguintes dispositivos legais: Código de Processo Civil, artigo 496, inciso IV; Constituição da República, artigo 93, inciso IX, artigo 21, incisos VI e VII, artigo 20, incisos V e VI, e artigo 5.º, inciso IV.

Recurso bem processado, com resposta em que se levanta preliminar de intempestividade de apelo; no mérito se pugna pela manutenção da sentença.

A douta Procuradoria-Geral de Justiça é pelo acolhimento da preliminar e, no mérito, pela manutenção da decisão atacada.

É o relatório.

2. O recurso é tempestivo.

A publicação da sentença se deu em 28.1.92, e foram opostos embargos de declaração em 30.1, consumidos, portanto, 2 (dois) dias do prazo. A decisão que rejeitou os embargos foi publicada em 21.2, sexta-feira, recomeçando-se em 24.2, segunda-feira, a contagem dos 13 (treze) dias faltantes, com vencimento em 7.3, sábado, prorrogado para 9.3, segunda-feira, data em que foi protocolado o recurso na Secretaria do Tribunal de Justiça, em São Paulo.

Não há razão para se levar em conta as datas em que os embargos e o apelo chegaram ao Fórum de Santos.

A criação do protocolo integrado no Estado de São Paulo ocorreu para facilitar a vida dos Advogados, aprimorando os procedimentos cartorários.

Essa louvável providência não se pode converter em armadilha para o profissional, induzindo-o a perder prazos.

Convém lembrar que, ao se instituírem os primeiros protocolos centrais, insinuou-se jurisprudência retrógrada no sentido de se contar apenas a data do despacho do Juiz, e não a data da apresentação da petição no protocolo como simples prolongamento do cartório.

É o mesmo raciocínio que se faz agora em relação ao protocolo unificado. Nesse sentido vem decidindo reiteradamente este Tribunal (*RJTJESP*, ed. LEX, vol. 131/379, Relator Silva Ferreira).

Também nesse rumo pronunciou-se o Plenário do Segundo Tribunal de Alçada Civil, unanimemente (*RT*, vol. 681/154, cuja ementa parece dizer o contrário).

Igualmente o Egrégio Superior Tribunal de Justiça, no Recurso Especial n. 20.845-6-SP, Relator Nilson Naves, julgado de 30.6.92, *Boletim AASP*, n. 1.767, pág. 418.

3. A falta de fundamentação do despacho que rejeitou os embargos de declaração acabou por não trazer prejuízo à apelante, que pôde desenvolver - ainda mais longamente - toda a matéria ventilada nos embargos. E as dúvidas levantadas foram superiormente rebatidas nas contra-razões (fls.), cujos argumentos, nessa matéria, são adotados.

Também não houve cerceamento de defesa por indeferimento de nova perícia. A apelante, com insistência inusitada, apega-se à necessidade de nova perícia, que, a seu ver, seria a primeira, porquanto aquela realizada na cautelar não produziria plenos efeitos na ação principal. A tese não se sustenta, e põe por terra o velho sistema da vistoria *ad perpetuam rei memoriam*. No caso dos autos, quando da produção antecipada de prova, já foi rechaçada pretensão a nova perícia, conforme se vê do acórdão proferido no agravo de instrumento em apenso.

4. O argumento central da ré-apelante, desenvolvido tanto na matéria preliminar quanto na de mérito, consiste nas afirmações de que somente o dano presentemente verificado e verificável, decorrente diretamente do ato imputado à ré, não pode ser objeto de indenização; e de que o estuário de Santos está degradado há dezenas de anos, absurdo responsabilizar a ré por toda aquela degradação, principalmente quando não há prova de que e em quanto o vazamento contribuiu para deteriorar o ambiente.

Vê-se logo que não é verdade tenham a inicial e a sentença responsabilizado a ré por todos os males que afligem o estuário. Basta ler aquelas peças.

Observa-se também que, ao final das razões (fls.), a ré acaba por admitir que "não está buscando na poluição do estuário de Santos ou na solidariedade causal com seus poluidores, uma exclusão ou mitigação, respectivamente, de sua responsabilidade objetiva".

Superados, portanto, os argumentos das razões que certamente levariam àquelas conclusões, resta o já referido ponto central da demanda, ou seja, o dano presente e diretamente causado pelo vazamento.

O fato, isto é, o vazamento de 160 metros cúbicos de óleo, é incontroverso.

O volume não é grande, a ponto de caracterizar uma catástrofe ecológica, mas é suficientemente expressivo para, *ictu oculi*, sugerir ocorrência de dano ambiental. Tanto é assim que a própria ré cuidou de providenciar barreiras de contenção que, segundo a perita, foram instaladas juntamente com as outras da CETESB, para evitar maior dispersão do óleo pelo estuário (fls. do apenso).

O fato de as praias de Santos não terem sido atingidas encontrou explicação técnica convincente, tendo em vista o horário do acidente e das marés, o que fez com que a maior parte do óleo ficasse restrita à parte interna do estuário de Santos (fls.). Diz também a perita:

> "As comunidades atingidas mais diretamente pelo óleo do N/T Araxá foram aquelas que ocupavam a faixa entremarés e as associadas ao ecossistema manguezal – delimitadas pela área até onde se fizeram sentir os efeitos das manchas daquele produto. Os efeitos indiretos estão relacionados às comunidades atingidas pela emulsão óleo + água ou pelos produtos de degradação do óleo, que muitas vezes atuam além da zona cuja contaminação é visível.
>
> Dentro da faixa entremarés encontramos os manguezais que mais uma vez foram impactados e, nessa oportunidade pelo tensor óleo, como atesta documentação fotográfica da área Saboó (figs. 9, 10 e 11).
>
> Na ilha dos Bagres, na altura da bóia 5 de balizamento de canal, constatou-se impacto do óleo sobre a faixa entremarés, atingindo a fauna e a flora locais até uma altura média que variou de 76,5 a 81,8 cm nos dois pontos por nós amostrados".

Por aí se vê que não há a menor dúvida quanto à comprovação de que o vazamento deu causa a um dano ambiental.

Para fugir ao dever de indenizar, a ré se utiliza dos velhos argumentos da responsabilidade civil tradicional, principalmente no que diz respeito à apuração concreta do dano indenizável.

Tem ela razão em apenas pequena parte, quando verbera a sentença por esta haver previsto liquidação por artigos para apurar o valor da indenização. Trata-se de pequeno equívoco que em nada desmerece a decisão, merecedora só de elogios. O valor deve ser encontrado em liquidação por arbitramento, como sempre acontece nos casos de dificuldade ou impossibilidade de traduzir-se em dinheiro, com precisão, o valor do prejuízo.

O que é inaceitável é o sofisma da ré segundo o qual o Meritíssimo Juiz não teria encontrado o valor porque não teria havido dano. Dano houve, como se viu atrás, e para encontrar-lhe o valor – que não precisa ser rigorosamente exato – basta o arbitramento.

Por aí se vê que, mesmo em termos de responsabilidade civil tradicional, é falha a retórica da ré. Como ensinava o Professor Agostinho Alvim, em trecho endossado por Aguiar Dias,

> "A dificuldade da estimativa não será objeção. O arbitramento é, em geral, incerto, e por vezes hipotético. Nem por isso deixa de ser

uma prova reconhecida pela lei (Código Civil, artigo 136, inciso VIII) e que todos os dias serve de base a decisões" (Aguiar Dias, *Da Responsabilidade Civil*, 7.ª ed., vol. I/9).

E este mesmo autor alertava que a indivisibilidade do dano e conseqüente dificuldade de fixar o montante do prejuízo atribuível a cada um dos agentes não pode beneficiar a estes, pois seria injurídico que a incerteza favorecesse o causador do dano em detrimento da vítima (obra citada, vol. 2/511, apud Paulo Affonso Leme Machado, *Direito Ambiental Brasileiro*, 2.ª ed., pág. 201).

E em se tratando de dano ambiental mais fácil é superar-se a dificuldade, pois maior aí o poder de discrição do Juiz, como afirmam aqueles Juristas.

Veja-se, entre outros, o que ensina Wanda Viana Direito:

> "De tudo o que foi dito a respeito do assunto em pauta deduz-se que se faz necessária – para aumentar o número de casos em que a reparação do dano ambiental efetivamente ocorre, em qualquer de suas modalidades, como é determinado pelo legislador pátrio, inclusive pelo legislador constituinte de 1988 – a criação legal de situações de inversão do ônus da prova e a ampliação do âmbito de discricionariedade do julgador, para que este possa, com o auxílio da prova pericial, do bom senso e de seu prudente arbítrio, suprir deficiências técnicas e científicas que, inegavelmente, ainda existem no campo da comprovação do dano ambiental, na delimitação de sua extensão e na aferição do nexo causal entre determinado fato ocorrido e o dano verificado, a fim de se reduzirem, ao mínimo possível, as situações em que este último não seja reparado em toda a sua extensão e em seus diversos efeitos" (*Revista de Direito Administrativo*, vol. 185/62).

A apuração do dano através de arbitramento não é obstada pelo fato de haver a respeitável sentença determinado a liquidação por artigos. Seja porque contra isso insurgiu-se a apelante, seja porque tal determinação não é definitiva.

É o que mostra Amílcar de Castro, ao comentar os artigos 608 e 609 do Código de Processo Civil:

> "E se na hora que se passa, o que se tem por certo é que o Juiz não se mantém de todo inativo na produção e determinação de provas, a conclusão não pode deixar de ser esta que, por eqüidade, pode e deve o Juiz converter o julgamento em diligência, a fim de que se proceda a arbitramento; e só na hipótese de falhar este arbitramento de ofício ordenado, é que deverá julgar a liquidação improcedente, ressalvan-

do ao exeqüente o direito de proceder a nova liquidação. Aliás, o Juiz, na liquidação de sentença, não está adstrito ao arbitramento, podendo modificá-lo mediante reclamação da parte interessada, e disso também resulta probabilidade de nunca ficar a sentença sem execução" (*Comentários ao Código de Processo Civil*, Editora Revista dos Tribunais, 1974).

Por todos esses motivos, é negado provimento ao recurso, ficando a observação de que a liquidação se fará por arbitramento, que levará em conta a quantidade de óleo derramada, eventuais reincidências, medidas tomadas para diminuir o dano, capacidade econômica da ré, além de outras circunstâncias a serem aferidas pelo sensato critério do Juiz da execução.

Fonte: LEX – TJSP – 1993 – Volume 141 – Página 162

❖❖❖

APELAÇÃO CÍVEL N. 187.307-1

ACÓRDÃO

Vistos, relatados e discutidos estes autos de Apelação Cível n. 187.307-1, da Comarca de Guarujá, em que é apelante A.V.S., sendo apelada a Fazenda do Estado:

ACORDAM, em Oitava Câmara Civil do Tribunal de Justiça do Estado de São Paulo, por maioria de votos, dar provimento parcial ao recurso, de conformidade com o voto do Relator, que fica fazendo parte integrante do presente julgado.

O julgamento teve a participação dos Desembargadores Villa da Costa (Presidente, sem voto), Régis de Oliveira, com voto vencedor, e Jorge Almeida, vencido em parte.

São Paulo, 05 de maio de 1993.

José Osório, Relator.

VOTO

Presidiário assassinado em prisão por outro detento. Dever de indenizar por parte da Administração caso não comprove ausência de nexo causal entre sua atuação e a morte. Prova não realizada. Dano material afastado, admitida indenização moderada à mãe da vítima, por dano moral.

O recurso tem parcial provimento.

A autora fez a prova que lhe competia, isto é, comprovou que seu filho foi morto enquanto estava preso na cadeia pública de Guarujá. A morte se deu ao amanhecer, no sanitário, por estrangulamento com fio de náilon. O homicida foi outro preso, que confessou friamente a autoria. Dias antes, a vítima já se sentia ameaçada, tendo solicitado transferência para a chamada "cela-segura", destinada exatamente aos detentos que corriam risco de vida ou de agressões graves.

A Administração atendeu o pedido da vítima. Mas a tal cela nada tinha de segura, como os fatos logo vieram a demonstrar.

Cumpria à ré afastar sua responsabilidade provando alguma excludente, como força maior ou culpa da vítima, circunstâncias que poderiam afetar o nexo de causalidade entre o dano e atuação da Administração. Como se sabe, a teoria da responsabilidade objetiva da Administração, embora dispense a prova da culpa, não se confunde com a teoria do risco integral, segundo a qual o dever de indenizar existe sempre. Veja-se, por todos, Hely Lopes Meirelles, *Direito Administrativo Brasileiro*, 1.ª ed., p. 530/1.

Mas a Administração nada comprovou em relação a qualquer excludente

Sua principal testemunha, policial da carceragem, disse expressamente que "Antonio (a vítima) tinha um comportamento dentro dos padrões nunca tendo dado trabalho ao depoente" (fls.). Disse ainda que não sabe informar sobre eventual rixa entre o assassino e a vítima bem como se houve, no caso concreto, "acerto de contas".

As outras testemunhas da ré (fls.) pouco sabiam dos fatos e nada esclareceram.

Diante de tal quadro probatório, a ação não pode deixar de ser julgada procedente, ainda que em parte.

O dever de indenizar, no campo da responsabilidade objetiva, só pode ser afastado – repita-se – se o réu comprovar ausência de nexo de causalidade, ou ocorrência das excludentes.

Jamais aquele relevante dever pode sucumbir diante de meras presunções genéricas sobre o comportamento dos detentos nos presídios.

Não se quer dizer com isso que as presunções não encontrem apoio na triste realidade. Mas na hora de julgar o caso concreto da morte de um determinado detento, cujo bom comportamento na prisão foi atestado por testemunha da Administração, é preciso desconsiderar a presunção, sob pena de aviltamento do importante instituto que será transformado em mera conclusão preconceituosa e, portanto, injurídica.

A procedência da ação, contudo, não pode ser plena.

A autora não sofreu dano patrimonial com a morte do filho. Ele esteve preso por 6 anos, saiu para prisão albergue, voltou para a cadeia e foi morto 10 dias depois. Durante todo esse tempo, em nada contribuiu para o sustento da mãe, que era auxiliada por outros filhos. Testemunha da autora, aliás, afirma que ela não dependia economicamente do falecido.

Assim, a autora não faz jus a qualquer tipo de pensão a título de reparação do dano patrimonial.

Mas o dano moral está presente. Qualquer mãe não deixa de sofrer moralmente com o assassinato imotivado e brutal do filho, ainda que ocorrido em prisão. O filho, afinal, foi preso para cumprir pena de cerceamento da liberdade e não para ser morto.

A circunstância de se tratar de filho-problema, morto em presídio, deve ser levada em conta para se fixar moderadamente a indenização e não para afastar o dever de indenizar.

Assim sendo, dá-se provimento parcial ao recurso, para julgar procedente em parte a ação, condenada a ré em indenização por dano moral, cujo valor é fixado em Cr$ 40.000.000,00 ( ), com correção monetária a partir desta data, pagando-se à ré de uma só vez. Embora vitoriosa, a autora sucumbiu em parte, pelo que os honorários são fixados no percentual mínimo (10% - dez por cento do valor da condenação).

Fonte: Arquivo pessoal e TJSP

❖❖❖

APELAÇÃO CÍVEL N. 189.124-1

INDENIZAÇÃO - Responsabilidade civil - Direito de imagem - Publicação de fotografia em revista especializada - Cessão verbal e gratuita - Ato jurídico simples e não negócio jurídico - Verba não devida -Ação improcedente - Recurso não provido.

"Nos atos jurídicos simples não se encontra presente aquela idéia central de auto-regulamentação privada de interesses. A consciência do agente não prevê, pelo menos, os mais importantes efeitos do ato".

INDENIZAÇÃO - Responsabilidade civil - Direito de imagem - Cessão verbal e gratuita para utilização de fotografia em revista especializada - Divulgação, também, em veículo geral de publicidade - Verba devida - Ação procedente - Recurso provido para esse fim.

Apelação Cível n. 189.124-1 - São Paulo - Apelante: R.Z. - Apelada: P.B. Ltda.

ACÓRDÃO

Direito à imagem - Cessão verbal e gratuita para utilização de fotografias em propaganda - Ato jurídico simples e não negócio jurídico - Validade restrita.

ACORDAM, em Oitava Câmara Civil do Tribunal de Justiça do Estado de São Paulo, por votação unânime, dar provimento parcial ao recurso, de conformidade com o voto do Relator, que fica fazendo parte integrante do presente julgado.

O julgamento teve a participação dos Senhores Desembargadores Villa da Costa (Presidente) e Régis de Oliveira, com votos vencedores.

São Paulo, 2 de junho de 1993.

José Osório, Relator.

VOTO

Ação de indenização por uso de imagem foi julgada improcedente pela respeitável sentença de fls., cujo relatório é adotado, considerando o Meritíssimo Juiz que tal indenização só é devida quando o uso é feito sem o consentimento da pessoa fotografada, coisa que não se deu nos autos, pois o autor da demanda tanto consentiu nas fotografias quanto na sua exploração publicitária.

Apela o sucumbente, pretendendo a reforma da sentença, com o julgamento de procedência da demanda, ou ao menos a redução da honorária, fixada pela sentença em 20% (vinte por cento) do valor atualizado da causa.

Recurso bem processado, com resposta em que lembra a apelada que o autor-apelante apenas prestou favor a amigo; que ele mesmo confessou que nada contratou com a apelada, mas somente tratou do assunto com o pai do representante legal desta, não tendo este poderes para se comprometer em nome de terceiros; e que a prova dos autos a outra solução não conduz, sendo imperativa a manutenção da sentença como prolatada.

É o relatório.

O recurso merece parcial provimento.

Os autos mostram que as fotos foram tiradas em meados de 1987, quando o autor era apresentador do programa de televisão "X", de responsabilidade de F.G., a quem estava subordinado. F. era pai de S., titular da ré, empresa recém-fundada.

É razoável a versão da ré no sentido de que o autor não exigiu remuneração pelas fotografias, em razão das relações de amizade então existentes entre as partes. É o que se depreende do contexto probatório, particularmente do comportamento do réu após os fatos. As fotografias foram publicadas em revista especializada e em folhetos de propaganda em 1987 e em 1988, sem que o autor nada exigisse de remuneração. Não fosse gratuita sua participação, por certo teria ele, que é modelo profissional e atua na área de Comunicação, celebrado contrato formal, por escrito; ou, pelo menos, teria exigido logo sua remuneração.

Entretanto, somente veio a fazê-lo mais de 3 (três), anos depois, em dezembro de 1991, logo após a publicação das fotos na revista *J.*

O que se entende, portanto, é que houve mesmo a alegada autorização verbal gratuita.

Mas essa autorização não tem o alcance pretendido pela ré. Quando se deu a publicação na revista *J*, o autor já não trabalhava com o pai do titular da ré havia muito tempo, e já não tinha qualquer motivo que justificasse a continuação da sua concordância com o uso publicitário gratuito das fotografias.

O direito à imagem é um direito personalíssimo que permite utilização patrimonial pelo próprio titular ou por terceiro, mediante cessão gratuita ou onerosa do direito à utilização (não do próprio direito à imagem). Mas a cessão gratuita fica sempre sob suspeita, pois, como se sabe, o Direito tem cautela especial ao regrar os atos de liberalidade, como se vê, por exemplo, das hipóteses que toleram o arrependimento; que proíbem os contratos preliminares; que admitem a revogação; que impõem a interpretação restritiva, etc. E tal cautela mais se justifica quando está em jogo um direito personalíssimo.

Apresentando características tão peculiares, é preciso que a matéria seja tratada de forma a não se perder de vista o interesse daquele que confiou na autorização verbal e gratuita, bem como o interesse daquele que pode ter agido precipitadamente em ato (informal) de liberalidade.

Na realidade, tudo não passou de uma simples ação entre amigos, ou, em termos técnicos-jurídicos, de um ato jurídico simples, e não de um verdadeiro negócio jurídico, fruto de uma razão meditada, com fim imediato de estabelecer relações jurídicas profundas e consistentes.

Nos atos jurídicos simples, não negociais, "não se encontra presente aquela idéia central de auto-regulamentação privada de interesses", no dizer de J. Dias Marques (*Noções Elementares de Direito Civil*, Lisboa, 1973, pág. 49). Em tais atos, como diz outro autor de nomeada, "a Consciência do agente não prevê, pelo menos, os mais importantes efeitos do ato" (l. Cabral de Moncada, *Lições de Direito Civil*, Coimbra, 1959, vol. II/161-162).

É precisamente o que ocorreu na aquiescência informal e gratuita por parte do autor para a utilização das fotos.

Devem-se extrair, portanto, apenas os efeitos jurídicos compatíveis com essa ação entre amigos. Por isso, a ré nada deve ao autor em razão da utilização das fotografias na revista técnica e nos primeiros tempos em que ela, ré, iniciava suas operações e procurava se firmar no mercado, período esse que se estima em dois anos, a partir da data das fotos. A partir desse período, e divulgadas as fotos em veículos gerais de publicidade, já indo longe o tempo em que o autor era amigo e subalterno do pai do titular da ré, não se pode negar o direito do autor de ser remunerado pelo uso das fotos que retratam sua imagem.

Diante do exposto, é dado provimento parcial ao recurso, para o fim de julgar a ação procedente em parte, condenada a ré no pagamento de indenização pelo uso das fotos a partir do período supramencionado, apurando-se o valor em liquidação por arbitramento, em que se levará em conta, entre outros fatores, a intensidade da utilização e o prestígio profissional não muito significativo do autor, tudo submetido ao razoável critério do Juízo da execução.

Custas por metade. Sem honorários.

Fonte: LEX - TJSP - 1993 - Volume 147 - Página 118

APELAÇÃO CÍVEL N. 182.306-1/0

ACÓRDÃO

Vistos, relatados e discutidos estes autos de Apelação Cível n. 182.306-1/0, da Comarca de São Paulo, em que são apelantes N.P.F., por si e representando seus filhos menores, sucessora de A.B.F., sendo apelada T.T.C. S/C Ltda.:

ACORDAM, em Oitava Câmara Civil do Tribunal de Justiça do Estado de São Paulo, por maioria de votos, dar provimento ao recurso e ao agravo retido, de conformidade com o relatório e voto do Relator, que ficam fazendo parte integrante do presente julgado.

O julgamento teve a participação dos Desembargadores Villa da Costa (presidente, com voto vencido) e Régis de Oliveira, com voto vencedor.

São Paulo, 18 de agosto de 1993.

José Osório, Relator.

VOTO

1 - Ação de indenização proposta por paciente lesado na fase de testes para aplicação do líquido de contraste em exame por tomografia computadorizada foi julgada improcedente pela r. sentença de fls., cujo relatório fica adotado, sob consideração de que o evento era totalmente imprevisível, e as medidas acautelatórias e as paliativas foram absolutamente adequadas para o caso, de conformidade com a literatura médica hodierna.

Apela o sucumbente, alegando, em resumo, que o erro médico é matéria de difícil comprovação, e o paciente, na hora do fato, ficou paralisado e incapaz de preservar os detalhes que lhe seriam favoráveis no ato probatório; que um homem de aproximadamente trinta anos, de boa compleição física, saiu de casa, tomou um ônibus e foi fazer um exame médico, onde lhe aplicaram uma injeção que o deixou paralítico de maneira irreversível, e que a injeção que se lhe aplicou continha excesso de iodo; que o depoimento da enfermeira é contraditório com o restante do conjunto probatório; que se o paciente é supersensível ao medicamento, na hora em que a enfermeira pingou-o no olho a reação ter-se-ia deflagrado; que a aplicação direta na veia não foi precedida de qualquer outro teste, caracterizada a negligência; e que, por isso, deve ser reformada a sentença, com o julgamento de procedência da demanda.

Recurso bem processado, com resposta afirmando que o erro médico não é matéria de difícil comprovação: quando ele existe, comprova-se-o facilmente; que no caso em tela está demonstrado à saciedade que não houve erro médico, coisa reconhecida pela sentença; que, se culpa houvesse, o autor tê-la-ia provado na fase probatória, que se estendeu por mais de 7 (sete) anos; que, quanto ao teste ocular, já o laudo do assistente técnico a ele se referiu, sem o reprovar; que tal teste, na hipótese em exame, foi inócuo; que o evento ocorrido é bastante raro e imprevisível, e ocorreu ainda na fase de testes; que a apelada procedeu com todas as cautelas recomendadas no meio médico, e o Sr. Perito atestou isso; e que, diante disso, não há como se conferir à ré apelada, por intermédio de seus profissionais, qualquer grau de culpa, improcedendo a ação, mantida a sentença.

O Dr. Promotor é pelo provimento, e a Douta PGJ pelo desprovimento do apelo.

Agravo retido por parte da ré, contra despacho de fls. impedindo rebate à fala do Dr. Promotor.

É o relatório.

2 - O agravo retido não é conhecido. O despacho agravado é de mero expediente, inexistente previsão legal para o pretendido rebate e inexistente prejuízo para a ré, que poderá, por memorial, contraditar os pareceres do Ministério Público.

Em agosto de 1982, A.B.F., com 29 anos, casado, pai de dois filhos, em condições aparentemente normais de saúde, que lhe permitiam trabalhar e se locomover, submeteu-se a exame de tomografia. Sofreu choque anafilático, com parada cardíaca. As seqüelas foram gravíssimas. Ficou tetraplégico, em cadeira de rodas, mudo, com forte involução do Estado mental. Inteiramente dependente, inclusive para as atividades vitais.

O processo, mal iniciado pela mulher e filhos, desenvolveu-se lentamente, com vários incidentes, inclusive com a interdição da vítima, que acabou por falecer em 1992, dez anos depois de iniciado o feito. Os sucessores foram habilitados.

A competência é mesmo desta Câmara, que já julgou o agravo de instrumento em apenso.

A ação indenizatória foi julgada improcedente, por cuidadosa e bem elaborada sentença, entendendo o MM. Juiz que o autor não conseguiu comprovar qualquer espécie de culpa por parte da ré no doloroso acontecimento.

3 – Daí o presente recurso, a que se dá provimento.

O autor fez a prova que lhe competia. Dúvida não há de que ele entrou andando, em condições comuns, na Clínica da ré, para fazer o exame de tomografia, em decorrência de sintomas de pressão arterial craniana. Sofreu o choque anafilático durante o exame, enquanto recebia a injeção do líquido para contraste, à base de iodo. O dano, as lesões, ficaram comprovadas, como já se viu acima.

Nesse quadro, a teoria das presunções favorece ao autor. Impossível ao autor provar mais do que provou. Sua situação de leigo e de doente, dependência total e sob os cuidados dos funcionários da ré, impossibilita qualquer outra prova.

Diante da gravidade e da surpresa do evento, ocorrido na Clínica, inteiramente desproporcional com o que se poderia esperar de um exame especializado, inverteu-se o ônus da prova.

Cumpria à ré, então, dar explicações plausíveis sobre o acontecido e afastar a presunção de culpa que a afetava.

Não se está admitindo, nessa delicada matéria de erro médico, presunção *juris et de jure* em desfavor da ré. Muito menos se esta adotando a doutrina da responsabilidade objetiva. Apenas se está invertendo o ônus da prova, por força da incidência evidente de uma simples presunção *juris tantum.*

É, aliás, o que tem ocorrido há cerca de um século, desde os primeiros passos da evolução da teoria da culpa.

Veja-se, entre tantos outros, o ensinamento de Wilson Melo da Silva:

> "Para melhoria da situação da vítima, por bem houveram os D.D. e, com eles, a jurisprudência, que acabou por lhes acatar os ensinamentos, de ampliar o número de presunções, comuns, de culpa.
>
> Ao invés de ter de demonstrar, o lesado, de conformidade com os cânones consagrados da teoria clássica, além da relação de causa e efeito entre o ato e o dano, a imputabilidade, subjetiva, do evento atribuível ao autor dele, bastava que ficasse apenas na simples relação de causa e efeito entre o ato do agente e a lesão de que se queixasse.

A culpa psicológica, subjetiva, do agente seria, então, presumida" (*Responsabilidade sem culpa*, 1974, p. 84).

3 – Cumpre, portanto, mergulhar na prova dos autos.

Segundo a inicial, o dano ocorreu por "uma fatalidade, pura obra do destino", porquanto foram tomadas as providências adequadas antes, durante e depois dos fatos. Foi feito interrogatório do paciente, iniciou-se o exame propriamente dito: tomografia sem contraste, e, se necessário, tomografia com contraste de iodo. Como pode haver alergia a esta substância, o paciente é submetido a "uma fase de teste, consistente em se aplicar uma diminuta dose da droga e aguardar de três a cinco minutos por alguma reação" (fls.). A cautela foi adotada mas a aplicação de 1 cm^3 (1% da dose prevista) desencadeou o choque anafilático.

As providências seguintes foram tomadas com presteza, dentro e fora da clínica, mas o dano estava consumado.

O laudo pericial refere-se ao prontuário, mencionando que foram injetados 20 ml de contrastes (o dobro, portanto, do que disse a inicial). Conclui favoravelmente à ré: o choque é muito raro e imprevisível, mesmo com a aplicação de dose mínima; diz ainda que "não há testes específicos para verificar a predisposição do examinando", e que a única possibilidade é a injeção de quantidade pequena do contraste (fls.). Esse laudo é de 22.9.86.

O assistente técnico da ré confirma, cinco anos depois, o laudo pericial; mas traz novidade: o assistente técnico foi informado pela auxiliar de enfermagem, M.G.S., a primeira pessoa a atender a vítima, de que, antes da injeção da dose mínima do contraste, foi aplicada uma gota do mesmo em um dos olhos, como parte do teste ocular (fls.).

M.G.S. foi a única testemunha ouvida no processo e diz ter colocado uma "gotinha" do contraste no olho do paciente e só depois fez o teste da injeção com dose mínima.

A existência de teste ocular, portanto, só aparece nos autos cinco anos depois de iniciado o processo e de forma contraditória com o que disseram defesa e perícia.

A conclusão que se tira é de que não houve qualquer teste ocular anterior à injeção da pequena quantidade de contraste.

Como já foi dito antes, a prova da fatalidade, isto é, da excludente do dever de indenizar, cabia à ré. E o que ela produziu foi francamente insatisfatório.

O perito examinou o caso em tese e confirmou a raridade do evento. Mas disse que nem se podia fazer teste ocular, antes da injeção. Não se conhecem as fichas de atendimento, nem o prontuário; nada veio para os autos, tudo ficou na dependência de dados fornecidos verbalmente pelo médico da ré e de uma simples auxiliar de enfermagem, que, de repente, começam a falar em teste ocular, referindo-se à tal "gotinha".

São prepostos da ré, além de envolvidos pessoal e diretamente no episódio, porquanto poderiam ter ficado até mesmo expostos a investigações policiais, tal a dimensão do dano.

Em suma, um laudo em tese, com apoio em informações de médico preposto e o depoimento de uma auxiliar de enfermagem, também preposta, constitui elemento probatório insuficiente.

É muito pouco para caracterizar uma "fatalidade" de tão grandes conseqüências.

7 – Segundo os doutos, a análise do comportamento do agente deve ser realizada *in concreto* e não *in abstracto*, como fez o perito. Trata-se de saber se foram tomadas todas as precauções exigidas naquele caso específico, e isso o perito nem teve elementos para fazer.

Observe-se que se está no campo do contrato e não da responsabilidade civil em geral. E de um contrato referente a prestação de serviços altamente especializados, sendo de exigir-se maior severidade na comprovação do fortuito.

Eventuais "predisposições mórbidas", na terminologia do direito francês, devem ser desprezadas. É natural que alguém que procure uma Clínica Médica tenha problemas de doença, coma ocorria com a vítima, que estava a sofrer pressão intercraniana, além de ter dado notícia de alcoolismo.

Segundo Phillippe Le Tourneau, em tradução livre,

> "A jurisprudência dominante recusa levar em conta as predisposições da vítima; elas não rompem a causalidade; a reparação é integral. Esta solução, que choca alguns, é lógica à medida que somente ela permite a reparação do dano por inteiro. Este deve ser apreciado *in concreto*: pouco importa a fragilidade física da vítima, ela deve ser indenizada do prejuízo sofrido desde que o acidente revelou um estado latente ou agravou um estado fisiológico anterior" (*La Responsabilité Civile*, 2 ed., p. 204, n. 563).

Esse mesmo autor mostra, em outro ponto de sua obra, que as clínicas devem assegurar a proteção do doente ate mesmo contra ele próprio, ressaltando: "*A fortiori*, elas não podem acarretar novas danos ao doente" (op. cit., p. 405, n. 1.176)

8 – Foi exatamente o que aconteceu no caso dos autos.

Por todo o exposto, e adotados também os argumentos do parecer do Dr. Carlos Eduardo Fonseca da Matta, que abriu perspectivas para este julgamento, é dado provimento ao recurso para julgar procedente em parte a ação, condenada a ré nas seguintes verbas:

a) salários não percebidos durante a sobrevida da vítima.

b) pensão no valor de 75% (setenta e cinco por cento) do salário então percebido pela vítima, metade para a mulher e metade para os filhos, até que estes atinjam a maioridade, com direito de acrescer para a mulher, enquanto viver ou enquanto se mantiver viúva, sem concubinato.

c) correção monetária salarial.

d) juros de mora de 6% (seis por cento) ao ano, desde a citação, inaplicável a hipótese o art. 962 do CC.

e) formação de capital previsto na lei processual.

f) despesas processuais e honorários de advogado de 10% (dez por cento) sobre as parcelas vencidas e 12 das vincendas.

Outros danos não foram pedidos nem demonstrados.

Louve-se o empenho e a competência demonstrados pelos dignos patronos da ré no curso do processo.

José Osório.

Fonte: TJSP

APELAÇÃO CÍVEL N. 193.457-1

INDENIZAÇÃO – Responsabilidade civil – Dano moral – Banco – Devolução de cheque de correntista por suposta falta de fundos – Culpa do cliente – Preenchimento incorreto do formulário de depósito, acarretando atraso do crédito na sua conta corrente – Inobservância pelo caixa recebedor, ademais, que não elide a aludida culpa – Ação improcedente – Recurso não provido.

INDENIZAÇÃO – Responsabilidade civil – Dano moral – Ausência de prova – Improcedência da ação, ademais, em face do exame da personalidade e das condições subjetivas do autor – Recurso não provido.

INDENIZAÇÃO – Responsabilidade civil – Dano moral – Litigância de má-fé – Comportamento do autor que constituiu mau uso do processo – Recurso não provido.

Apelação Cível n. 193.457-1 – São Paulo – Apelante: A.C.B.S. – Apelado: Banco A.

ACÓRDÃO

ACORDAM, em Oitava Câmara Civil do Tribunal de Justiça do Estado de São Paulo, por votação unânime, negar provimento ao recurso, de conformidade com o relatório e voto do Relator, que ficam fazendo parte integrante do presente julgado.

O julgamento teve a participação dos Senhores Desembargadores Villa da Costa (Presidente) e Antônio Marson, com votos vencedores.

São Paulo, 15 de setembro de 1993.

José Osório, Relator.

VOTO

Trata-se de ação de indenização por danos morais promovida por correntista contra banco, tendo em vista devolução de cheque seu por suposta falta de fundos, sob alegação de que depositara o dinheiro em sua conta, mas por culpa da instituição financeira não foi creditado.

A respeitável sentença de fls., cujo relatório é adotado, julgou improcedente a demanda, considerando o Meritíssimo Juiz que era obrigação do depositante preencher corretamente o formulário de depósito, principalmente porque há expressa menção à demora do crédito na hipótese de preenchimento incorreto; e que o fato de o caixa recebedor não ter observado o rigoroso preenchimento do documento não elide a culpa do autor.

Apela o autor, alegando que a inicial foi instruída com prova do ilícito danoso; que na réplica o apelante demonstrou a culpa exclusiva do banco; que o fato de o número de conta não ter constado do formulário de depósito não pode levar ao atraso do crédito; que o apelante juntou um formulário idêntico aos autos, onde um depósito foi feito de maneira idêntica, sem o número da conta corrente, mas o crédito foi depositado no mesmo dia; que, ante a automação que existe hoje em dia, basta digitar o nome do correntista que o número de sua conta aparecerá no vídeo; que pela declaração de fls. o próprio apelado confessa a má execução de seus serviços; que, mesmo que o apelante tivesse concorrido com culpa, não seria motivo de improcedência da ação, devendo considerar-se a culpa recíproca e se determinar a indenização; e que, ante a prova produzida, é de se reformar a sentença, julgando-se inteiramente procedente a demanda.

Recurso bem processado, com resposta destacando o acerto da sentença (fls.).

É o relatório.

O recurso não tem provimento, porquanto a ação é de manifesta improcedência.

A pretensão é de indenização por dano moral em decorrência de devolução de cheque sem fundos, quando havia depósito em dinheiro ainda não creditado na conta corrente do autor.

A prova, entretanto, demonstrou, de forma a não deixar dúvida, que o depósito foi feito em outra agência e que houve omissão por parte do cliente no preenchimento do formulário de depósito, ao deixar de indicar o número da conta. Por isso, o crédito não se fez instantaneamente e sim no dia útil seguinte. A causa direta e eficiente do atraso, que, como se viu, não foi exagerado, deve ser imputada ao cliente e não ao Banco.

Além disso, o autor só provou os fatos da devolução do cheque e da existência do depósito. Não conseguiu provar que houve dano moral. Para tanto, apenas juntou carta ameaçadora do credor, o Advogado Doutor J.P.S., a quem devia honorários.

É muito pouco. O Banco logo admitiu a existência do depósito, não houve comunicação do fato ao Banco Central, inexistente qualquer sinal de algum tipo de abalo ou transtorno nas atividades comerciais ou nas relações sociais do autor. A esse propósito o autor não exibiu documentos nem ouviu qualquer testemunha.

Mais ainda: o Doutor J.P.S.tem escritório à Rua [...], mesmo endereço do Advogado do autor, Doutor J.C.B. Incompreensível que uma pessoa ameaçada de processo-crime por um Advogado procurasse o colega dele de escritório para caso correlato.

Para deferimento de indenização por dano moral é muito importante o exame da personalidade e das condições subjetivas da vítima. O autor também não passa nesse exame: a relação de fls. mostra a existência de dez cheques sem fundos emitidos por ele.

Na verdade, o que se vê dos autos é que, verificada a devolução do cheque, o autor apressou-se em forçar os fatos e em ingressar em Juízo com pretensão de valor enorme. Tal comportamento constitui mau uso do processo e caracteriza litigância de má-fé.

Por todo o exposto, nega-se provimento ao recurso e considera-se o autor litigante de má-fé, devendo o mesmo indenizar a ré dos prejuízos a que deu causa, conforme se apurar em liquidação por arbitramento, nos termos do § 2.º do artigo 18 do Código de Processo Civil.

Fonte: LEX – TJSP – 1993 – Volume 150 – Página 81

APELAÇÃO N. 200.709-1

ACÓRDÃO

Vistos, relatados e discutidos estes autos de Apelação Civil n. 200.709-1/6, da Comarca de Taubaté, em que é apelante O.F.J., sendo apelado A.M.A.:

ACORDAM, em Oitava Câmara Civil do Tribunal de Justiça do Estado de São Paulo, por votação unânime, dar provimento ao recurso, de conformidade com o relatório e voto do Relator, que ficam fazendo parte integrante do presente julgado.

O julgamento teve a participação dos Desembargadores Fonseca Tavares (Presidente) e Antonio Marson, com votos vencedores

São Paulo, 27 de outubro de 1993.

José Osório, Relator.

VOTO

Responsabilidade civil. Furto de moto em oficina mecânica humilde. Contrato comutativo de prestação serviço. Prova de culpa não realizada. Inexistência de dever de indenizar.

O recurso tem provimento.

O presente litígio é assemelhado àqueles objeto do Juizado de Pequenas Causas – Lei 7.244/84 –, devendo o juiz, segundo estabelece o art. 5.º, adotar, em cada caso, a decisão que reputar mais justa e equânime, atendendo aos fins sociais da lei.

O autor deixou sua moto para conserto na oficina do réu. De madrugada, ladrões conseguiram uma abertura na porta e furtaram a moto e grande número de ferramentas. Trata-se de oficina humilde, pelo que se vê das ferramentas. O réu é um simples mecânico. O contrato existente entre as partes é de prestação de serviços. A obrigação de guarda da coisa é decorrente desse contrato. O réu não explora a atividade de estacionamento; nem tem espaço para tanto.

Qualquer que seja o contrato, dúvida não há quanto à sua natureza comutativa, em que as prestações de cada uma das partes são presumivelmente equivalentes.

O réu foi condenado a pagar o valor da moto, valor esse inteiramente desproporcional e incompatível com a comutatividade do contrato.

Não se está no campo da responsabilidade extracontratual, por ato ilícito propriamente dito. Ele também foi vítima do delito. O ilícito por ele praticado é de natureza contratual.

Somente no campo da responsabilidade civil extracontratual admite-se indenização ampla em decorrência de culpa mínima: *in lege aquilia et levissima culpa venit.* No ambiente do contrato, exige-se a culpa ordinária (Augusto M. Morello, *Indenización del daño contractual*, 2.ª ed., Buenos Aires, 1974, p. 36).

Dir-se-á que o réu teria assumido obrigação de resultado. Ou que existe responsabilidade objetiva por força do Código de Defesa do Consumidor. Ainda que assim fosse, houve fato de terceiro que ele, réu, não pôde evitar. O réu fez prova da ocorrência do furto qualificado, o que, nas circunstâncias, caracteriza causa de exclusão de responsabilidade, qualquer que seja a natureza de sua responsabilidade.

Nos dias atuais, a insegurança, quanto às pessoas e aos bens, é fato corriqueiro. O preço para se obter segurança, com seguros e dispositivos sofisticados, é muito elevado. Evidente que o réu não podia fornecer a segurança que o autor (que nada dispendeu a esse título) depois veio a lhe exigir.

Voltando à responsabilidade contratual: aqui a culpa é aferida *in concreto*, isto é, leva-se em conta o comportamento que se espera daquele determinado contratante e não o comportamento do contratante médio, do tipo *bonus pater familias*. O autor não podia esperar segurança plena deixando a moto na oficina humilde.

Nos dias de hoje, não pode ser presumida a culpa do dono da pequena oficina simplesmente porque não conseguiu evitar um furto qualificado em alta madrugada.

Com efeito, não é possível onerar tão gravemente um simples prestador de serviço em nome de princípios jurídicos meramente doutrinários.

Em suma, o réu comprovou o furto. E o autor não comprovou que o réu tivesse contribuído com qualquer parcela de culpa para a ocorrência do furto.

Em tais circunstâncias, a ação não pode vingar, motivo por que é dado provimento ao recurso para julgar improcedente a ação, invertidos os ônus da sucumbência.

Fonte: Arquivo pessoal e TJSP

Observação: Recurso Especial (REsp 46679, Min. Waldemar Zweiter)

Com transcrição de grande parte do acórdão recorrido.

❖❖❖

EMBARGOS INFRINGENTES N. 209.026-1

INDENIZAÇÃO – Responsabilidade civil – Furto de veículo – Estacionamento de banco – Dever de guarda – Contrato de depósito ainda que não escrito – Prova suficientes – Embargos recebidos – Voto vencido.

A jurisprudência paulista é francamente dominante no sentido de reconhecer o dever de indenizar por parte de *shopping centers*, supermercados e agências bancárias, pelos furtos de veículos em seus estacionamentos.

Embargos Infringentes n. 209.026-1 - São Paulo - Embargante: J. C. Ltda. Embargado: BANESPA.

ACÓRDÃO

ACORDAM, em Oitava Câmara Civil do Tribunal de Justiça do Estado de São Paulo, por maioria de votos, receber os embargos, de conformidade com o relatório e voto do Relator, que fazem parte do presente acórdão.

O julgamento teve a participação dos Senhores Desembargadores Osvaldo Caron (Presidente), Fonseca Tavares e Walter Theodósio, com votos vencedores e Villa da Costa, com voto vencido e declarado.

São Paulo, 3 de agosto de 1994.

José Osório, Relator.

VOTO

Ação de indenização por furto de motocicleta em estacionamento de banco foi julgada procedente em Primeira Instância pela respeitável sentença de fls.

Apelou o réu, e sobreveio o venerando acórdão de fls., cujo relatório é adotado, que de conformidade com os venerandos votos vencedores dos Desembargadores Villa da Costa e Jorge Almeida, reformou a sentença, dando pela improcedência da demanda, sob fundamentação de que não houve comprovação inabalável de que o furto se haja dado nas dependências do estacionamento do réu, e de que, ainda que houvesse se dado, este não efetuara com o cliente contrato de depósito, oferecendo gratuitamente a área de estacionamento, não podendo ser responsabilizado por isso.

Ficou vencido o Desembargador Fonseca Tavares, cujo voto era para negar provimento ao apelo.

Com apoio no venerando voto vencido foram opostos os presentes embargos, sob consideração de que a jurisprudência predominante é favorável à autora-embargante, e a respeitável sentença decidira muito bem a questão, devendo ser mantida.

Impugnou o recurso o BANESPA, dizendo que a ação deveria ser dirigida contra o Estado, detentor do Poder de Polícia, responsável pela guarda e proteção da comunidade; que não há prova alguma de que o furto tenha, efetivamente, ocorrido no estacionamento de sua agência; e que não houve entre o banco e a embargante contrato de depósito, não havendo dever de indenização.

É o relatório.

Os embargos são recebidos.

Em que pesem as opiniões contrárias, a jurisprudência deste Tribunal é francamente dominante no sentido de reconhecer o dever de indenizar por parte de *Shopping Centers*, Supermercados e Agências Bancárias pelos furtos de veículos nos seus estacionamentos.

Vejam-se, entre tantos outros, os seguintes precedentes: *RJTJESP*, ed. LEX, vols. 123/154 – furto de veículo em *Shopping Center* – Relator Luís de Macedo; 125/180 – furto de veículo em Supermercado – Relator: Cezar Peluso; 126/163 – furto de veículo em *Shopping Cente*r – Relator Márcio Bonilha; 18/139 – furto de veículo em Restaurante – Relator Rebouças de Carvalho; 131/171, furto de veículo em Agência Bancária – Relator Flávio Pinheiro (refere-se a *RT*, vol. 610/77), e 131/172 – furto de veículo em Supermercado – Relator Leite Cintra.

Com efeito, essa a melhor orientação.

Na Apelação n. 123.108-1, e nos Embargos Infringentes n. 180.207-1, desta mesma Câmara, ficou assentado:

A apelante não pode se beneficiar do fato de fornecer de forma precária a segurança ao cliente, fornecimento esse que é absolutamente necessário para o normal exercício da atividade comercial. Essa atividade é realizada em moldes modernos, ajustada às exigências de um capitalismo avançado, que permite substanciais ganhos ao comerciante e que ao mesmo tempo não pode deixar de lhe impor maiores responsabilidades.

A prova que se fez do furto é suficiente. Foi lavrada a ocorrência policial e foi juntado comprovante de depósito na agência do réu no dia do evento.

Não há qualquer sinal de que a dona da motocicleta tenha tramado golpe em torno do furto do veículo. A própria testemunha do réu dá veracidade aos fatos ao afirmar o compreensível estado de nervosismo do preposto da autora ao saber do furto.

Não procede a afirmação do réu-impugnante de que a responsabilidade deveria ser do Estado, porquanto no estágio atual do direito brasileiro a infração a um dever genérico não acarreta obrigação de indenizar.

O fato se deu nas dependências do estacionamento do réu, sendo sua a responsabilidade, pelo que a ação foi bem endereçada.

Diante do exposto, recebem os embargos.

Fonte: LEX – TJSP – 1995 – Volume 167 – Página 230

AGRAVO DE INSTRUMENTO N. 217.926

ALIMENTOS - Execução - Suspensão - Negatória de paternidade - Exclusão por exame do DNA - Pendência de recurso - Irrelevância - Recurso não provido.

Excluída a paternidade com base em exame pericial pelo sistema DNA, é natural a suspensão de execução alimentícia.

ACÓRDÃO

ACORDAM, em Oitava Câmara Civil do Tribunal de Justiça do Estado de São Paulo, por votação unânime, negar provimento ao recurso, de conformidade com o relatório e voto do Relator, que ficam fazendo parte do acórdão.

O julgamento teve a participação dos Senhores Desembargadores Osvaldo Caron (Presidente) e Walter Theodósio, com votos vencedores.

São Paulo, 30 de novembro de 1994.

José Osório, Relator.

VOTO

Trata-se de agravo de instrumento contra a respeitável decisão de fls., pela qual o Meritíssimo Juiz, atendendo a agravo anterior, de indigitado pai contra quem já se iniciara a execução de alimentos, houve por bem suspendê-la, tendo em vista sentença declaratória de negação de paternidade do executado em relação à exeqüente.

Diante da retratação, alega a exeqüente, em resumo, que a sentença não transitou em julgado, pois há recurso pendente de julgamento; que se está a lhe causar danos irreparáveis, sendo imperioso modificar-se a decisão atacada.

O Doutor Promotor de Justiça já se houvera manifestado favoravelmente ao executado, antes da retratação.

Não houve resposta.

A douta Procuradoria-Geral da República é pelo desprovimento.

É o relatório.

Nega-se provimento ao recurso.

A ação negatória de paternidade já foi julgada procedente em Primeiro Grau, excluída a paternidade com base em exame pericial pelo sistema DNA.

Ainda que seja com fundamento no poder cautelar do Juiz, não é caso de o agravado continuar pagando alimentos. A tudo se soma o comportamento pouco recomendável da ré na tentativa de protelar o andamento do feito.

Diante do exposto, é negado provimento ao recurso.

Fonte: LEX - TJSP - 1995 - Volume 168 - Página 203

APELAÇÃO CÍVEL N. 264.509-1/3

ACÓRDÃO

Vistos, relatados e discutidos estes autos de Apelação Cível n. 264.509-1/3, da Comarca de São Paulo, em que é apelante Editora C. S/A, sendo apelado C.P.H.C.:

ACORDAM, em Oitava Câmara Civil do Tribunal de Justiça do Estado de São Paulo, por votação unânime, dar parcial provimento ao recurso, de conformidade com o relatório e voto do Relator, que ficam fazendo parte do acórdão.

O julgamento teve a participação dos Desembargadores Walter Theodósio (Presidente) e Osvaldo Caron, com votos vencedores.

São Paulo, 9 de agosto de 1995.

José Osório, Relator.

VOTO

Responsabilidade Civil - Uso indevido de imagem de modelo - A indenização não pode alçar-se a valores incompatíveis com os ganhos de um modelo profissional - Recurso parcialmente provido.

Em liquidação de sentença, por arbitramento, para se encontrar o valor de dano causado a modelo fotográfico em razão do uso indevido de sua imagem por revista nacional, deliberou o MM. Juiz, pela r. sentença de fls., declarar líquida a condenação no valor de CR$ 9.026.000,00 corrigido monetariamente desde novembro de 1993.

Apela a ré, alegando, preliminarmente, nulidade da sentença, por falta de fundamentação no tocante ao valor indenizatório fixado; no mérito, pretende a sua reforma, pois o valor encontrado é excessivo; diz que o autor aceitou, na sua réplica, valor deveras menor que o arbitrado; que nem modelos de renome, notoriamente reconhecidas da mídia, recebem valor tão alto; e que, assim, é de se declarar a suscitada nulidade ou, então, baixar-se o valor indenizatório pira *quantum* condizente com a realidade, havendo nos autos elementos para tanto.

Recurso bem processado, com resposta sustentando o acerto da sentença.

É o relatório.

O recurso tem parcial provimento.

A r. sentença não padece de nulidade porquanto está fundamentada, havendo o MM. Juiz indicado os motivos que o conduziram ao valor encontrado. Se os fundamentos da decisão não se sustentam, é caso de reforma mas não de nulidade.

Em relação ao mérito, a apelante tem razão, em grande parte, perfeitamente compreensível o seu inconformismo com o valor arbitrado.

Com efeito, a Dra. perita chegou ao valor de cerca de 11.000 (onze mil dólares) e houve exacerbação por parte do MM. Juiz, elevando a indenização em 4 (quatro) vezes, para cerca de 45.000 (quarenta e cinco mil dólares).

Mesmo o valor indicado pela Dra. perita afasta-se por demais da realidade dos autos. Partiu-se da tiragem da revista e faturamento da empresa, chegando a valores incompatíveis com o que ganha um modelo profissional, mesmo com bom currículo, como o autor. Foram apenas 2 (duas) fotografias usadas indevidamente, fora do contrato. A própria Dra. perita informa (fls.) que um modelo profissional, de acordo com a tabela da classe, recebe cerca de 201 dólares por mês, ou 316 por 6 meses consecutivos de veiculação de uma obra. O assistente técnico do autor revela que modelos muito conhecidos recebem de 1.000 a 2.000 dólares (fls.).

Tanto a causa não comporta valores elevados que, na réplica, o autor disse aceitar menos de 300 dólares. E a valor dado à causa não chegou a 2.000 dólares.

Mesmo levando em conta o aspecto punitivo que o caso encerra, conforme ensina o Prof. Antonio Chaves, a indenização não pode ir além de R$ 1.000,00 (Hum mil reais).

Assim, é dado parcial provimento ao recurso para fixar a indenização nesse valor.

José Osório.

Fonte: Arquivo pessoal e TJSP

EMBARGOS INFRINGENTES N. 260.105-1

JAZIDA - Exploração clandestina - Perdas e danos - Ajuizamento por condômino do imóvel - Questão relativa a reparação através de dinheiro e não a direito de propriedade - Ação de natureza pessoal, fundada no artigo 159 do Código Civil - Indenização limitada ao valor correspondente à parte ideal do autor - Embargos recebidos.

Embargos Infringentes n. 260.105-1 - Atibaia - Embargantes: E.G. e outra - Embargado: J.A.C.

ACÓRDÃO

Condomínio - Indenização por utilização de jazida por terceiro - Ação procedente - Valor correspondente à parte ideal do condômino-autor - Embargos recebidos.

ACORDAM, em Oitava Câmara Civil do Tribunal de Justiça do Estado de São Paulo, por maioria de votos, receber os embargos, de conformidade com o relatório e voto do Relator, que ficam fazendo parte integrante do presente julgado.

Participaram do julgamento os Senhores Desembargadores Raphael Salvador (Presidente e Revisor) e Fonseca Tavares, com votos vencedores, Antonio Villen e Walter Theodósio, vencidos.

São Paulo, 10 de abril de 1996.

José Osório, Relator.

VOTO

Ação de indenização promovida por proprietário de terras contra dono de mineradora que teria indevidamente extraído granito de sítio do autor foi julgada procedente em Primeira Instância pela respeitável sentença de fls., condenado o réu no pagamento do valor do granito extraído, encontrado pelo Senhor Perito, e em honorários de 15% (quinze por cento) do valor da condenação. Litisdenunciação por ele formulada foi julgada improcedente.

Apelou o sucumbente, e o venerando acórdão de fls., de conformidade com os votos vencedores dos Desembargadores Antonio Villen e Walter Theodósio, deu provimento parcial ao recurso, reduzindo a indenização, sob entendimento de que esta deve limitar-se à participação assegurada ao autor, pela Constituição da República e pela legislação especial, na jazida, que é propriedade da União. A indenização não pode corresponder ao valor do granito extraído, como determinado na sentença, pois este não pertence ao autor. Despesas e custas foram distribuídas em partes iguais, honorários compensados.

Ficou vencido o Desembargador Fonseca Tavares, cujo voto dava provimento parcial em maior extensão ao recurso do réu. É que o autor é condômino da propriedade onde se deram os fatos, tendo unicamente uma parte ideal do imóvel, não podendo ressarcir-se do prejuízo patrimonial total, para distribuí-lo entre os outros condôminos. Fixou honorários em 15% (quinze por cento) do valor de tal condenação.

Com apoio no venerando voto vencido, opôs embargos infringentes E.G. e, após transcrever a decisão do Desembargador Fonseca Tavares, diz que o autor é condômino do imóvel, com mais 7 (sete) irmãos, fazendo jus a apenas 1/8 da indenização fixada no acórdão; que o venerando voto vencido é a decisão aplicável ao caso, até por questão de justiça e segurança jurídica; e que, assim, devem-se acolher os presentes embargos.

Recurso bem processado, sem impugnação. É o relatório.

Os embargos são recebidos.

O âmbito da divergência é limitado porquanto o venerando voto vencido também deu provimento à apelação, mas em maior extensão, ou seja, reduzindo a indenização a que o autor tem direito ao valor correspondente à sua parte ideal no imóvel.

A douta maioria entendeu que o condômino pode exigir a indenização plena já que ele pode até reivindicar o imóvel todo, nos termos do artigo 623, inciso II, do Código Civil.

Contudo, a razão, a meu ver, está com o venerando voto vencido.

Aos argumentos lá constantes, acrescente-se o que segue.

O condômino pode reivindicar contra terceiro em razão da natureza de seu direito de propriedade e em razão lógica derivada da natureza das coisas. Se a coisa está indivisa, a parte ideal não poderia ser trazida ao poder de fato do condômino sem que a totalidade do bem fosse objeto da reivindicação.

Mas no caso dos autos não é o direito de propriedade que está em jogo. A ação proposta é tipicamente pessoal, indenizatória, com fundamento no artigo 159 do Código Civil. O que se busca é reparação, através de dinheiro, do dano sofrido pelo uso indevido da coisa. A coisa está na propriedade e posse dos condôminos.

O dinheiro é o bem mais divisível que existe.

A hipótese dos autos é a mesma da obrigação indivisível, prevista nos artigos 890 e 895 do Código Civil.

A obrigação indivisível é exigida por inteiro pelo credor apenas de parte por causa da natureza das coisas. Se essa mesma obrigação (entrega de um cavalo, por exemplo) se torna divisível (o valor do cavalo), o credor de parte só pode exigir sua parte. É o que estabelece o artigo 895 do Código Civil, segundo o qual "perde a qualidade de indivisível a obrigação que se resolver em perdas e danos".

Repita-se: o que o autor quer é exatamente perdas e danos.

Não há motivo para atribuir-se ao condômino perdas e danos em valor superior à sua parte ideal.

Diante do exposto, recebem-se os embargos, nos termos do venerando voto vencido, cujos argumentos também são adotados.

Fonte: LEX - TJSP - 1996 - Volume 180 - Página 211

AGRAVO DE INSTRUMENTO N. 6.127-4

INDENIZAÇÃO - Responsabilidade civil - Construtora - Acidente do trabalho - Morte de empregado - Chamamento ao processo da subempreiteira - Indeferimento - Faculdade do autor em trazer ao processo outros eventuais responsáveis - Interpretação do artigo 77, inciso III, do Código de Processo Civil - Recurso não provido.

A solidariedade passiva existe em benefício do credor e não pode ser interpretada de forma a prejudicá-lo.

INDENIZAÇÃO - Responsabilidade civil - Construtora - Culpa aquiliana - Chamamento ao processo da subempreiteira - Inviabilidade - Relação entre ambas decorrentes de contrato - Recurso não provido.

INTERVENÇÃO DE TERCEIROS - Denunciação da lide - Inadmissibilidade - Introdução de elemento novo na discussão objeto da ação principal - Recurso não provido.

INDENIZAÇÃO - Responsabilidade civil - Incidente de falsidade - Instauração - Indeferimento - Matéria diversa do pretendido com a ação - Falsidade, no entanto, que pode ser pesquisada oportunamente, caso revele-se necessário e pertinente ao julgamento - Recurso não provido.

Agravo de Instrumento n. 6.127-4 - São Paulo - Agravante: X Ltda. - Agravada: C.A.S., por si e representando sua filha menor.

ACÓRDÃO

Chamamento ao Processo de Subempreiteira - Indeferimento - Ação em que se imputa culpa própria à construtora - Despacho mantido - Denunciação da lide - Incidente de falsidade.

ACORDAM, em Quarta Câmara de Direito Privado do Tribunal de Justiça do Estado de São Paulo, por votação unânime, negar provimento ao recurso, de conformidade com o relatório e voto do Relator, que ficam fazendo parte do acórdão.

O julgamento teve a participação dos Senhores Desembargadores Cunha Cintra (Presidente) e Barbosa Pereira, com votos vencedores.

São Paulo, 23 de maio de 1996.

José Osório, Relator.

VOTO

Em ação de indenização promovida por viúva e filha menor contra a empresa que empregava seu finado marido e pai, morto em trabalho, insurge-se a ré contra o despacho de fls., que rejeitou preliminares suas.

Alega a agravante, em síntese, que era imperioso o chamamento ao processo das empresas M.O. e M.M. esquadrias metálicas e G. Esquadrias Ltda., que diz serem as verdadeiras responsáveis, já que ela, agravante, contratou a M.O., que era quem instalava as esquadrias de alumínio e deveria estar supervisionando a obra; que a M.O. contratou a G. para o serviço, razão pela qual ambas devem compor o pólo passivo da demanda; que deve ser aceita a denunciação da lide a G.M.S., ex-funcionário da VLS, empreiteira de obras e responsável pela instalação do balancim, e a F.L.O., ex-funcionário da X, engenheiro residente na obra onde o óbito ocorreu; que ambos foram denunciados pelo Ministério Público em processo criminal; que deve ser instaurado incidente de falsidade das anotações na carteira de trabalho do finado, pois ele nunca foi registrado na X, e as anotações lá constantes foram feitas apenas para regularizar-lhe a situação junto ao INSS. No tocante ao mérito, diz que sempre agiu regularmente e estipulou, com as empresas que contratou, que deveriam ser dadas todas as condições de segurança aos empregados.

Pelo despacho de fls. negou-se o pretendido efeito suspensivo ao recurso e se determinou que se manifestassem as agravadas.

Recurso bem processado, sem resposta.

É o relatório.

Nega-se provimento ao recurso.

O despacho agravado deixa claro que, pelo contrato (fls. dos autos principais) entre a construtora, ora ré-agravada, e a G., empregadora da vítima, cabia à construtora a instalação de andaimes e balancins. Essa afirmação do despacho não é negada pela agravante.

Segundo se vê da inicial (fls.), a causa do acidente e culpa a ele referente dizem respeito exatamente a esse ponto, entendendo as autoras que a demanda devia ser dirigida contra a construtora. Em suma, atribuíram à ré culpa própria.

Não é pelo fato de poderem as autoras demandar contra outros eventuais responsáveis que estejam compelidas a trazê-los ao processo.

A solidariedade passiva existe em benefício do credor e não pode ser interpretada de forma a prejudicá-lo.

Esse o sentido que se dá ao disposto no artigo 77, inciso III, do Código de Processo Civil, e que levou a jurisprudência a impedir o chamamento dos devedores solidários cambiais.

Observe-se, ainda, que a ação versa matéria de culpa aquiliana, ao passo que as relações entre a construtora e a subempreiteira são decorrentes de contrato. Não é razoável permitir sejam discutidas estas relações na mesma ação, cujo objeto é circunscrito à análise da culpa aquiliana da construtora.

Os mesmos argumentos servem, ainda, para mostrar a improcedência do pedido de denunciação da lide, pois se vai introduzir elemento novo na discussão objeto da ação principal.

Também não se justifica o pedido de instauração de incidente de falsidade. Matéria que está muito longe do que se pretende com a ação. De qualquer forma, alegada falsidade poderá ser pesquisada mais tarde, se necessário e se se revelar pertinente ao julgamento, após os fatos ficarem mais esclarecidos pela prova oral. Na verdade, vê-se que o respeitável despacho, da lavra do Doutor Marco Fábio Morsello, decidiu corretamente e está extensa e profundamente fundamentado, motivo por que merece subsistir por inteiro.

Fonte: LEX - TJSP - 1996 - Volume 182 - Página 183

❖❖❖

APELAÇÃO CÍVEL N. 551-4/9

INDENIZAÇÃO - Responsabilidade civil - Incêndio em edifício - Ação da seguradora sub-rogada, visando ao ressarcimento dos valores pagos ao segurado - Perícia - Presunção e não dados concretos caracterizadores da negligência do réu - Inadmissibilidade - Hipótese de responsabilidade pela culpa e não de responsabilidade objetiva - Ação improcedente - Recurso não provido.

Não se estando no campo da responsabilidade objetiva, mas no da responsabilidade pela culpa, esta tem que ser demonstrada de forma concreta e inequívoca, ainda mais quando se trata de ação proposta não pela vítima e sim por força de simples sub-rogação operada em favor de seguradora.

Apelação Cível n. 551-4 - São Paulo - Apelante: P. Seguros - Apeladas: Centrais Elétricas de São Paulo (CESP) e Companhia de Seguros do Estado de São Paulo (COSESP).

ACÓRDÃO

Responsabilidade Civil – Incêndio de prédio – Ação de seguradora sub-rogada – Necessidade de prova inequívoca de culpa – Ação improcedente – Recurso improvido.

ACORDAM, em Quarta Câmara de Direito Privado do Tribunal de Justiça do Estado de São Paulo, por votação unânime, negar provimento ao recurso, de conformidade com o relatório e voto do Relator, que ficam fazendo parte do acórdão.

O julgamento teve a participação dos Senhores Desembargadores Fonseca Tavares (Presidente sem voto), Barbosa Pereira e Aguilar Cortez, com votos vencedores.

São Paulo, 5 de junho de 1997.

José Osório, Relator.

VOTO

Ação indenizatória movida por companhia de seguros contra a CESP, visando o ressarcimento de valores pagos à segurada em função de incêndio em edifício de propriedade da ré, foi julgada improcedente pela r. sentença de fls., cujo relatório é adotado, entendendo a MM. Juíza que a autora não demonstrou a culpa da ré no evento.

Apela a autora alegando, em síntese, que a r. sentença não pode prevalecer; que, ao contrário do que foi afirmado, o laudo do perito engenheiro de fls., esclarecido às fls., demonstrou amplamente a negligência de ré quanto aos reatores das luminárias que causaram o incêndio; que a ré nada fez para diminuir o risco de acidentes; que não cuidou de evitar o evento, nem de debelá-lo ou delimitá-lo de forma rápida e eficaz; que tinha conhecimento do incêndio ocorrido uma mês antes no mesmo prédio, pelos mesmos motivos, ficando patente sua responsabilidade no evento; que, ainda, a condenação da autora nos honorários do assistente técnico da ré deve ser afastada; que, por esses motivos, deve ser reformada a r. sentença e julgada procedente a ação.

Recurso bem processado, com resposta da ré e da denunciada COSESP.

É o relatório.

O recurso não tem provimento.

Na sucinta inicial a autora atribui culpa e conseqüente responsabilidade à CESP pelo incêndio ocorrido em razão de falhas no sistema de alarme.

Na apelação, esse argumento é abandonado e são apontadas outras causas.

A perícia concluiu que o incêndio iniciou-se no 5.º pavimento, onde funcionavam os escritórios, e foi causado pelo superaquecimento de um reator de lâmpada de descarga, instalado em luminária embutida no forro, ocasionando ignição do mesmo; o fogo propagou-se rapidamente porque o forro era de "eucatex", inexistindo fôrmas de madeira na laje, e a queda se deu sobre os materiais combustíveis existentes no escritório.

O fato de o perito haver notado ainda que o combate ao incêndio deveria ter sido mais rápido, bem como que já havia ocorrido no mês anterior um começo de incêndio em outro andar, está longe de ter as conseqüências desejadas pela apelante.

O perito foi cauteloso e disse não entrar em matéria jurídica, mas acabou entrando ao afirmar: "cremos que a melhor caracterização é de negligência [...]".

O perito não deve "crer", pois estará, então, revelando sua subjetividade.

Não se está no campo da responsabilidade objetiva mas no da responsabilidade pela culpa.

No caso, a culpa tem que ser demonstrada de forma concreta e inequívoca. Ainda mais quando se trata de ação proposta não pela vítima e sim por força de simples subrogação operada em favor de seguradora.

A teoria da responsabilidade civil desenvolveu-se no sentido de se presumir culpa a fim de facilitar o ressarcimento da vítima, pois, caso contrário, esta ficaria, em muitos casos, sem qualquer indenização. Assim, como se sabe, caminhou-se, doutrinariamente, da culpa ao risco.

Na verdade, há duas formas de responsabilidade objetiva: uma, explícita, prevista pela lei; outra, implícita, através de presunções que acabam "objetivando" e, portanto, destruindo a culpa, que, por natureza, tem de ser subjetiva.

Em suma, a responsabilidade pode ser autenticamente objetiva. Mas a culpa, não. Se esta se "objetiva", ela deixa de gerar uma responsabilidade subjetiva. Isto só é tolerável quando a ordem jurídica – por motivos estritos de justiça e de eqüidade – deseja favorecer a vítima e, então, impõe o dever de indenizar, qualquer que seja o fundamento técnico utilizado (adoção pura e simples da responsabilidade objetiva ou adoção do sistema de puras presunções de culpa).

Ora, o perito, ao entrar no campo jurídico, disse acreditar que houve negligência exclusivamente por força de presunções, e não por dados concretos caracterizadores da negligência. Como houve o incêndio – e sempre existe uma causa –, presumiu-se a culpa, sem demonstrá-la concretamente.

Em suma, não era proibido usar eucatex; os materiais de escritório eram comuns; os reatores não eram de marca condenada nem eram velhos demais; nem se disse que era necessário e possível trocar todos os reatores no tempo adequado, sendo de lembrar-se de que o início de incêndio em outro andar ocorreu apenas no mês anterior.

Depois dos fatos acontecidos, é fácil indicar um responsável. Mas para atribuir culpa a alguém é preciso provar que, antes ou durante os fatos danosos, houve um comportamento que já poderia ser tido, então, como condenável.

Por isso mesmo, a E. 8.ª Câmara, com sólidos argumentos, não encontrou culpa por parte da CESP (fls., Ap. 213.681, r. Walter Teodósio).

Observa-se ainda que, no caso dos autos, a vítima já foi ressarcida, não havendo nenhum motivo maior de justiça ou eqüidade para liberalizar a análise da prova, pois a seguradora não foi vítima em nenhum momento; apenas pagou em razão de sua atividade comercial típica. Ela só poderia ser considerada vítima em caso de dolo ou culpa muito grave, grosseira, por parte do causador do dano.

Por todo o exposto, nega-se provimento ao recurso e confirma-se a r. sentença, inclusive por seus fundamentos.

José Osório.

Fonte: LEX - TJSP - 1998 - Volume 208 - Página 109

APELAÇÃO CÍVEL N. 32.567-4

SENTENÇA – Nulidade – Inocorrência – Fundamentação suscinta – Suficiência – Preliminar rejeitada.

INDENIZAÇÃO – Responsabilidade civil – Dano moral – Editora de livro – Improcedência da ação em relação a ela – Inadmissibilidade – Grave negligência do autor da obra literária que repercute no seu comportamento – Verba devida por ambos os réus, publicando-se a sentença, resumidamente, em jornal de grande circulação – Recurso provido para esse fim – Votos vencedor e vencido.

LITIGANTE DE MÁ-FÉ – Não caracterização – Embargos de declaração de cunho infringente – Caráter protelatório, no entanto, não configurado – Multa afastada – Recursos providos para esse fim.

Apelação Cível n. 32.567-4 – São Paulo – Apelantes: J.L.G.M. e R.Z.F. – Apelados: Os mesmos e Editora Z Ltda. (Voto n. 11.511)

ACÓRDÃO

Dano moral. Publicação em livro de fato inverídico. Dano moral caracterizado. Procedência da ação contra o autor do livro. Improcedência contra a editora. Nulidade da sentença. Inocorrência. Negligência grosseira por parte do autor da obra. Negligência também da editora. Atos próprios desta. Valor da indenização bem fixado. Multa em embargos de declaração. Descabimento, no caso. Provimento em parte do recurso do autor da ação e improvimento do recurso do co-réu vencido.

ACORDAM, em Quarta Câmara de Direito Privado do Tribunal de Justiça do Estado de São Paulo, por unanimidade, em rejeitar a preliminar, negando provimento ao recurso de J.L.G.M. e, por maioria de votos, em dar parcial provimento ao recurso do autor, de conformidade com o relatório e o voto do Relator, que ficam fazendo parte integrante do presente julgado.

O julgamento teve a participação dos Desembargadores Barbosa Pereira (vencido, com declaração de voto em separado), Cunha Cintra (declaração de voto em separado) e Olavo Silveira (Presidente sem voto).

São Paulo, 30 de abril de 1998.

José Osório, Relator.

VOTO

Ação de indenização por danos morais movida contra editora e contra o escritor de livro foi julgada pela r. sentença de fls., cujo relatório é adotado, sendo improcedente com relação à primeira e procedente quanto ao segundo, condenado este ao pagamento de R$ 30.000,00 a título de danos morais, e a arcar com as despesas de publicação da sentença em jornal de grande circulação na cidade de Recife.

Apelam tanto o autor da ação quanto o co-réu vencido. Este alega, em síntese, que a r. sentença não disse com clareza no que consistiu sua atitude negligente e temerária; que restou reconhecida a importância de sua obra para o estudo dos acontecimentos da época; que o livro é uma obra historioriográfica de cunho jornalístico; que o próprio autor relaciona na inicial as numerosas vezes em que seu nome foi associado ao atentado em Guararapes, sem que se tenha notícia de nenhuma ação semelhante à presente; que, ademais, as testemunhas do autor simplesmente atestaram sua moral e boa conduta, mas, na verdade, não estavam presentes naquela localidade à época dos fatos; que o fato de o autor não pertencer à Ação Popular não o isenta de qualquer responsabilidade de cunho histórico sobre a autoria do atentado; que, além disso, o apelante é escritor, historiador, e sua condenação em publicar a r. sentença redundaria em descrédito perante a opinião pública; que mais ofensivo à honra do autor teria sido a afirmação de que este participou do Governo Militar, e não que lutou contra ele; que, por esses motivos, deve ser julgada improcedente a ação.

O autor aduz, preliminarmente, nulidade da r. sentença, uma vez não foi fundamentada a exclusão da responsabilidade da editora e divulgadora do livro, o que contraria os arts. 131 e 458, II, do CPC; que deve ser cancelada a multa imposta quando da interposição dos embargos de declaração. No mérito, alega, em síntese, que a editora, a quem pertence com exclusividade o direito de utilização econômica da obra literária, não pode ficar excluída da responsabilidade dos dados contidos na obra publicada; que a editora foi, no mínimo, negligente e imprudente, uma vez que não consultou a única fonte legítima acerca do episódio de Guararapes, qual seja, o processo penal sobre o fato; que a editora, antes da edição do livro, teve acesso aos precários documentos coligidos pelo escritor e, mesmo assim, divulgou a calúnia, de forma irresponsável e leviana; que é, por isso, indiscutível a responsabilidade solidária da editora C.L. pelos danos causados ao autor; que, além disso, a quantia arbitrada pelo Juízo é insuficiente em relação à extensão do agravo sofrido; que, por todos esses motivos, deve ser dado provimento ao recurso, anulada a r. sentença, ou reformada para que seja julgada procedente a ação em relação à editora, majorada a verba.

Os recursos foram bem processados e respondidos. A co-ré C.L., sustenta, em resumo, que a r. sentença foi devidamente motivada, não sendo nula; que não agiu com dolo ou culpa, não podendo ser invocados os arts. 159 e 160, I, do CC, uma vez que as informações são de responsabilidade exclusiva do autor da obra; que deve ser observado o art. 49, § 3.º, *a*, da Lei n. 5.250/67; que exerceu relativo controle sobre os documentos citados pelo autor do livro, em observância ao inciso XIV do art. 5.º da CR; que o livro possui enorme quantidade de dados biográficos, sendo prescindível para o editor o confronto com outras fontes; que qualquer controle maior inviabilizaria o exercício da atividade do editor e impossibilitaria a publicação de qualquer livro; que, ademais, a publicação de livros constitui exercício regular de um direito reconhecido pelo art. 57 da Lei n. 5.988/73; que não se pode presumir a solidariedade (art. 896 do CC), que o autor do livro é um só, também não se aplicando o art. 1.518 do CC, nem tampouco o art. 1.521 também do CC; que, além disso, o montante indenizatório fixado é excessivo; que, por todos esses motivos, deve ser mantida a r. sentença, ou reformada em favor de co-réu L.M.

É o relatório.

1. Os recursos são examinados conjuntamente.

A r. sentença não padece de qualquer nulidade porquanto o MM. Juiz, embora suscintamente, disse por que a ação era improcedente contra a editora. Além disso, a decisão de mérito vai favorecer ao argüinte da nulidade, aplicável ao caso o preceito do art. 249, § 2.º, do CPC.

2. J.L.G.M., através de seu livro [...], editado pela co-ré Editora Z Ltda., atribuiu ao autor da ação, R.Z.F., responsabilidade por atentado terro-

rista contra a vida do Presidente Costa e Silva, verificado no Aeroporto de Guararapes-PE, em 1966, no qual morreram 4 pessoas e 14 ficaram feridas.

Ocorre que Z. sequer foi indiciado e muito menos denunciado no processo então aberto, nem pertencia ao grupo revolucionário cujos elementos provocaram o atentado. A certidão de fls., da Justiça Militar de Pernambuco, não deixa qualquer dúvida a esse respeito.

Os réus, aliás, não negam a não participação de Z. no evento, apenas dizem que tiveram fortes razões para atribuírem responsabilidade a ele, pois era esse o entendimento que então vigorava. Essas razões, entretanto, não foram demonstradas e não convencem.

O que se verifica é a negligência grosseira com que se houve o réu J.L.G.M. O mínimo que se exige do autor de uma obra acusatória, que se pretende jornalística e histórica, é que consulte as fontes oficiais, dentre as quais a de maior relevo, ou seja, os autos do processo judicial.

Igualmente grave foi a omissão em ouvir a pessoa do acusado, que poderia dar sua versão dos fatos e indicar fontes importantes para o jornalista-historiador.

O acusado é pessoa conhecida (tanto que mereceu destaque no livro), é engenheiro de empresa estatal, tem endereço certo. É de elementar cautela de qualquer órgão divulgador a audiência "da outra parte".

Nada disso se fez e R.Z.F. foi mostrado como responsável pelo gravíssimo atentado.

Nem se diga que se trata de erro escusável pelo fato de R.Z.F. ter pertencido a grupo, ou grupos revolucionários. O que caracteriza esses grupos é a opção pela luta armada. Essa opção não conduz necessariamente à adoção de atos terroristas contra alvos civis, com mortes de terceiros inocentes.

Nestes extensos 6 volumes não se vê notícia séria de envolvimento de R.Z.F. em atos desse tipo. Daí por que ser perfeitamente justificável seu inconformismo e sua reação contra a publicação do livro.

Quanto à procedência da ação contra J.L.G.M., a r. sentença não merece nenhum reparo, merecendo confirmação, também por seus fundamentos.

3. De tal forma grave foi a negligência do autor da obra, que tal circunstância repercute inexoravelmente no comportamento da editora.

Por certo que não se exige das editoras pesquisas detalhadas sobre a veracidade dos fatos relatados em livro a ser publicado. Contudo, tratando-se de fatos acusatórios infamantes contra pessoas vivas, inseridas na vida social e política, é preciso pelo menos a leitura criteriosa do texto e o exame do método adotado pelo seu autor. Se o método era de tal forma superficial a ponto de omitir entrevista com o acusado e a ponto de omitir indicação da principal fonte oficial, a editora tinha condições de perceber, sem qualquer pesquisa aprofundada, a fragilidade do texto e a gravidade das acusações.

A leviandade com que agiu a editora constitui negligência culposa e é causa do dever de indenizar, nos termos do art. 159 do CC.

Observa-se que a editora, ela própria, deu destaque ao episódio do atentado de Guararapes. Na contracapa do livro e nas divulgações do livro para a imprensa, chama-se expressamente a atenção do leitor sobre o atentado no Aeroporto de Guararapes, fatos esses não negados pelos réus. Ora, quem escreve a contracapa e faz divulgação da obra é a editora, por sua conta e risco. Assim agindo, a editora endossou, por certo, o conteúdo do texto, que era inverídico e ofensivo à honra do acusado.

4. O valor da condenação – R$ 30.000,00 – foi bem fixado. Não pode ser menor, como querem os réus, pois a falta foi grave gerou forte gravame no autor, pessoa integrada e bem conceituada na sociedade. Trata-se de obra de caráter histórico, cujas afirmações tendem à permanência, atingindo a honra da vítima em profundidade.

O valor também não deve ser maior, como deseja o autor. A importância encontrada está longe de ser simbólica, representa, no quadro brasileiro, valor ponderável, suficiente para reparar o agravo sofrido sem ser fonte de enriquecimento.

O pedido de publicação da sentença nos jornais indicados na inicial não tem razão de ser, pois a inicial não indica qualquer jornal. Mas é razoável que a publicação se faça, resumidamente, mas em destaque, também em jornal de grande circulação da cidade de São Paulo, domicílio do autor.

Tem razão o autor quando se insurge contra a aplicação de multa pela interposição dos embargos de declaração de fls. Embora descabidos, porque de caráter infringente, não são protelatórios, inexistente qualquer interesse do autor da demanda em protelar o desfecho do caso.

Os incisos legais invocados pela editora não são pertinentes. O art. 39, § 3.º, *a*, da Lei n. 5.250/67, refere-se ao impresso comum e não ao livro; o art. 57 da Lei n. 5.988/73 é genérico e em nada favorece a co-ré. Também não há que se falar em solidariedade ou ato de terceiro, pois a editora está sendo responsabilizada por ato próprio.

Diante de todo o exposto, é dado provimento parcial ao recurso do autor, julgando-se procedente a ação contra ambos os réus, na forma acima; e é negado provimento ao recurso do co-réu vencido.

Fonte: LEX – TJSP – 2000 – Volume 226 – Página 144

APELAÇÃO CÍVEL N. 82.628-4

INDENIZAÇÃO - Responsabilidade civil - Banco - Dano moral - Pessoa jurídica - Ofensa à sua honra objetiva - Abalo de crédito - Direito à proteção legal - Sentença confirmada.

INDENIZAÇÃO - Responsabilidade civil - Banco - Dano moral - Pessoa jurídica - Protesto de duplicata sem causa - Inscrição no Serviço de Proteção ao Crédito - Hipótese de endosso caução - Responsabilidade solidária da cedente e da instituição bancária - Protesto anterior - Irrelevância - Sentença confirmada.

JUROS MORATÓRIOS - Indenização - Verba fixada somente quando da prolação da sentença - Incidência a partir desta e não desde a citação - Recurso provido para esse fim.

Apelação Cível n. 82.628-4 - São Paulo - Apelante: Banco Geral do Comércio S.A. - Apelada: O. Ótica e Cine Foto Ltda. (Voto n. 11.574)

ACÓRDÃO

Dano Moral - Protesto de duplicata sem causa - Inscrição no Serviço de Proteção ao Crédito - Endosso-caução - Responsabilidade da cedente e do Banco - Ação procedente em parte - Protesto anterior - Irrelevância - Juros devidos desde a sentença, e não desde a citação - Apelo do Banco - Recurso parcialmente provido.

ACORDAM, em Quarta Câmara de Direito Privado do Tribunal de Justiça do Estado de São Paulo, por votação unânime, dar provimento, em parte, ao recurso, de conformidade com o relatório e voto do Relator, que ficam fazendo parte do acórdão.

O julgamento teve a participação dos Senhores Desembargadores Olavo Silveira (Presidente sem voto), Barbosa Pereira e Cunha Cintra.

São Paulo, 21 de maio de 1998.

José Osório, Relator.

VOTO

Ação de indenização por danos morais por abalo de crédito, ajuizada contra a sacadora de duplicatas em nome da autora e contra os Bancos que as protestaram, foi julgada improcedente em relação ao Banco Mercantil do Brasil S.A., e procedente em parte em relação à Indústria de Óculos V. e ao Banco Geral do Comércio, sendo este solidário ao pagamento de metade da indenização de R$ 15.000,00.

Apela somente o Banco Geral do Comércio, alegando, em síntese, que são incabíveis os juros de 6% ao ano, desde a citação, porque não foram pedidos e porque fixada a verba só na sentença; que a condenação é descabida, uma vez que a pessoa jurídica não é passível de sofrer dano moral; que a instituição financeira não tem condições nem a obrigação de proceder a uma análise da origem de duplicatas; que a co-ré V. declarou ser de sua exclusiva responsabilidade (fls.) o encaminhamento do título a protesto; que foi a autora quem agiu com culpa, uma vez que se manteve inerte ante a iminência do protesto; que, ademais, a autora já possuía título anteriormente protestado, já estando abalado, portanto, seu crédito; que as declarações de empresas de que não forneceriam financiamento à autora, em função da existência do protesto, devem ser vistas com reservas; que o Banco não agiu com culpa, e não houve qualquer ato ilícito de sua parte, uma vez que o protesto era devido; que, por esses motivos, deve ser excluída a responsabilidade do apelante, sendo julgada improcedente a ação em relação a ele.

Recurso bem processado, com resposta.

O Egrégio Primeiro Tribunal de Alçada Civil, pelo acórdão de fls., remeteu os autos a este Tribunal.

É o relatório.

O recurso tem parcial provimento.

A responsabilidade do Banco-apelante está francamente caracterizada.

Já não há dúvida de que a pessoa jurídica pode ser vítima de dano moral. Veja-se, entre tantos outros, o precedente:

> "Ao adquirir personalidade, a pessoa jurídica faz jus à proteção legal e estatal à sua honra objetiva, considerada assim a reputação que goza em sua área de atuação. O dano moral puro é aquele em que a ofensa que lhe deu causa não traz reflexos patrimoniais, independendo, sua reparação, da existência de prejuízos econômicos oriundos do ataque irrogado" (Tribunal de Justiça do Distrito Federal, Terceira Câmara; Apelação Cível n. 41.293/96-DF, Relatora Desembargadora Nancy Andrighi; julgado em 4.11.96, maioria de votos, *Boletim AASP*, n. 2.000).

Ainda: Tribunal de Justiça de São Paulo, Apelação n. 142.932-1, Relator Urbano Ruiz, julgado em 21.5.91, *RT*, vol. 675/100.

No caso dos autos, trata-se de endosso-caução, e o apelante agiu em função de interesse próprio, isto é, protestou em razão do interesse que tinha no pagamento do título.

Mais ainda: foi avisado por carta (fls.) de que a autora nada devia e ainda assim levou a duplicata a protesto, agindo, portanto, com negligência e imprudência.

A existência de anterior protesto, ocorrido há trinta dias, não afasta a responsabilidade do apelante. A autora não é devedora contumaz, com muitos títulos protestados. Existia apenas um e recente. O novo e indevido protesto só veio aumentar sua aflição.

Porém, com relação ao termo inicial dos juros, assiste razão ao apelante.

A verba indenizatória só foi fixada quando da prolação da sentença condenatória, não se podendo falar em juros antes desta data.

No mais, a respeitável sentença está muito bem fundamentada e merece subsistir, também por suas próprias razões, motivo por que é dado parcial provimento ao recurso.

Fonte: LEX - TJSP - 1999 - Volume 215 - Página 79

APELAÇÃO CÍVEL N. 41.580-4/0

ACÓRDÃO

Vistos, relatados e discutidos estes autos de Apelação Cível n. 41.580-4/0, da Comarca de Cubatão.

ACORDAM, em Quarta Câmara de Direito Privado do Tribunal de Justiça do Estado de São Paulo, por votação unânime, dar provimento ao recurso, de conformidade com o relatório e voto do Relator, que ficam fazendo parte do acórdão.

O julgamento teve a participação dos Desembargadores Cunha Cintra (Presidente) e Barbosa Pereira (com declaração em separado).

São Paulo, 06 de agosto de 1998.

José Osório, Relator.

VOTO

Dano moral. Advogada que se refere a perito em termos inadequados. Ação reparatória procedente. Contexto da demanda. Imunidade judiciária. Responsabilidade disciplinar ocorrente. Responsabilidade civil inocorrente. Recurso provido.

Ação de indenização por danos morais julgada procedente pela r. sentença de fls., cujo relatório se adota, que condenou a ré a pagar ao autor a quantia de trinta (30) salários mínimos, mais as verbas decorrentes da sucumbência.

Apela a ré, alegando, em síntese, que é nula a r. sentença, por não lhe ter sido dada oportunidade de manifestar-se sobre documentos juntados pelo autor; que o STF não suspendeu integralmente o § 2.º do art. 7.º da Lei 8.906/94, o qual trata da imunidade profissional do advogado, por isso o advogado possui imunidade para se manifestar, estando suscetível apenas às sanções disciplinares perante o órgão de classe, pelos excessos cometidos, excessos esses não caracterizados no caso; que o autor não produziu qualquer prova do dano moral alegado; que as expressões tidas como desonrosas não possuem tal conotação; que, por ser Procuradora do Município, não pode ser individual e pessoalmente responsabilizada por atos praticados no processo; que, no caso de ser mantida a r. sentença, deve ser minorada a quantia indenizatória; que, sendo negado provimento ao presente recurso, vem, desde já, invocar o prequestionamento da matéria suscitada para o fim de interposição de recursos especial e extraordinário; que, por todo o exposto, espera que seja provido o recurso.

Recurso bem processado, com resposta, alegando,em resumo, que a tese central defendida pela ré é a mesma já discutida na réplica e contestação, a qual já foi repudiada pela r. sentença; que o MM. Juiz *a quo* não foi induzido em erro; que não se vislumbra qualquer cerceamento de defesa ou nulidade observáveis no art. 398 do CPC; que a r. sentença contém todos os requisitos do art. 485 do CPC; que a r. sentença foi clara e precisa; que, atendidas as condições da ação, não há que se falar em cerceamento de defesa; que o *quantum debeatur* mostra-se condizente com a ofensa moral produzida; que, por todo o exposto, deve ser mantida a r. sentença.

É o relatório.

Não há nulidade a ser decretada. Textos de lei e de cópias de precedentes não são considerados documentos para efeito do disposto no art. 398 do CPC (cf. Theotonio Negrão, 27.ª ed., n. 4 ao art. 398).

Quanto ao mérito, assiste razão à ré-apelante.

Alguns dos termos utilizados pela ré, como advogada da Prefeitura de Cubatão, ao se referir ao perito judicial, foram exagerados: "inidôneo, total má-fé, enlameando a confiança, imoral, antiético".

Mas também há exagero em ver aí responsabilidade civil da advogada, condenando-a a reparar o dano moral sentido pelo autor.

O contexto é o do debate dentro do processo, em que se toleram certos arroubos do advogado.

Por isso mesmo a lei prevê que o controle disciplinar seja feito pelo órgão de classe, cabendo ao juiz exigir das partes o necessário decoro no uso de expressões verbais ou escritas.

No caso, as expressões não são grosseiras em si mesmas, tanto que permaneceram nos autos. Pelo que se vê da prova, tanto o juiz como o promotor e o advogado contrário não se chocaram com os termos utilizados pela ré. Só o perito que se agastou.

Ressalte-se que a lei prevê igualmente a imunidade do advogado – art. 7.º, § 2.º, da Lei 8.906/94 –, a fim de não inibi-lo em sua atuação profissional, tudo para a melhor defesa dos direitos da parte. Ao contrário do que pareceu ao digno magistrado, o preceito acima está em vigor, salvo apenas a expressão "desacato", indiferente ao presente caso.

A pessoa que for muito sensível, incapaz de suportar certas insinuações ou mesmo ataques, não deve atuar em processos, porque neles as críticas candentes e as acusações são freqüentes.

Não é todo sofrimento moral que pode ou deve ser reparado pecuniariamente. É preciso que a dor tenha maior expressão, que a reparação seja socialmente recomendável e que não conduza a distorções do nobre instituto.

É o que aconteceria se se alargar o campo da reparação para um mero incidente processual.

O processo – em sua tensa normalidade – deve ser encarado como causa de extinção de conflitos e não como fonte geradora deles.

Consoante foi dito por este relator na Apelação Cível n. 735-4/9, da Comarca de Bananal, toda a matéria de dano moral precisa ser vista com equilíbrio e sensatez, sob pena de proliferação indefinida das demandas, invertendo-se as posições de autor e de réu, e gerando-se novas demandas entre os figurantes do processo, como juiz, advogados, peritos, testemunhas, etc.

No campo do dano moral, também é importante analisar o grau e a motivação da culpa bem como o comportamento anterior da vítima. Na hipótese dos autos, a ré não se conformava com o fato de o perito judicial não haver esclarecido que era funcionário de uma das partes, com o que – segundo a ora ré – teria havido infração do disposto nos arts. 135, III, e 138, III, do CPC.

Em suma, a ré não agiu com *animus injuriandi*, apenas foi muito enfática na defesa da causa.

E a dor moral sofrida pelo autor, embora respeitável humanamente, não tem dimensão suficiente para justificar a pretendida condenação da ré.

Diante do exposto, dá-se provimento ao recurso para julgar improcedente a ação, condenado o autor nas custas e em honorários de 15% do valor da causa, que não é elevado.

São Paulo, 06 de agosto de 1998.

José Osório.

Fonte: TJSP

APELAÇÃO CÍVEL N. 75.499.4/4

Apelação Cível n. 75.499.4/4 – São Paulo – Apelante: M. G. – Apelado: o Juízo (Voto N.12.212)

ACÓRDÃO

Indenização por dano moral. Pedido genérico em valor a ser arbitrado pelo Juízo. Petição inicial indeferida. Processo extinto. Desnecessidade de determinação do quantum. *Apelação provida.*

Ação de indenização por danos morais foi julgada extinta, sem julgamento do mérito, pela r. sentença de fls., que indeferiu a petição inicial, com fundamento no art. 267, I, do Código de Processo Civil.

Apela o autor, alegando, em síntese, que pleiteou com fundamento no art. 1.553 do Código Civil o arbitramento do valor da indenização pela MM. Juíza; que a MM. Juíza determinou, antes da citação dos réus, que a inicial fosse emendada a fim de que o autor formulasse pedido certo quanto à indenização buscada; que houve pedido de reconsideração por parte do autor não atendido pela MM. Juíza; que o *quantum* objeto da indenização deve ser arbitrado pelo Magistrado; que, diante do exposto, espera que seu recurso seja provido, anulando-se a r. sentença.

Em despacho exarado à fl., a MM. Juíza manteve a r. sentença.

A MM. Juíza informou à fl. que considerava prejudicada a r. decisão proferida no Agravo de Instrumento n. 35.264.4/0, em virtude da prolação da sentença de fls.

É o relatório.

O recurso merece provimento.

Aliás, esta e. Câmara já teve oportunidade de se manifestar a respeito, quando do julgamento do AI n. 35.264.4/0, relatado por este mesmo Relator.

Vale, aqui, o que ali ficou constando:

> "O pedido se fez corretamente, isto é, pediu-se indenização por dano moral, em valor a ser arbitrado pelo Juízo.
>
> Poderia, em princípio, o autor indicar o valor pretendido da indenização, mas essa indicação seria inócua pois é o razoável arbítrio do juiz que vai definir o valor".

Há que se considerar que a r. sentença restou prejudicada pelo julgamento do agravo de instrumento, e não o contrário, como asseverou a meritíssima Juíza.

Isto já deveria ter sido reconhecido quando da prolação da sentença. Entretanto, considera-se mais prático prover-se o presente recurso.

Do exposto, dá-se provimento à apelação.

São Paulo, 29 de abril de 1999.

José Osório.

Fonte: TJSP

APELAÇÃO CÍVEL N. 71.502-4/0

ACÓRDÃO

Vistos, relatados e discutidos estes autos de Apelação Cível n. 71.502-4/0, da Comarca de Osasco, em que são apelantes M.M.A.Z. e outros, B. S/A e outros, sendo apelado Ministério Público:

ACORDAM, em Quarta Câmara de Direito Privado do Tribunal de Justiça do Estado de São Paulo, por votação unânime, dar provimento, em parte, ao recurso, de conformidade com o relatório e o voto do Relator, que ficam fazendo parte integrante do presente julgado.

O julgamento teve a participação dos Desembargadores Cunha Cintra (Presidente) e J. G. Jacobina Rabello, ambos com declaração de voto em separado.

São Paulo, 24 de junho de 1999.

José Osório, Relator.

VOTO

I – Responsabilidade civil. Explosão em shopping center. Relação de consumo. Dever de indenizar independentemente de culpa. Ação procedente.

II – Ação civil pública. Direitos individuais. Catástrofe. Relevância de direitos sociais em jogo. Legitimidade do Ministério Público. Constitucionalidade do art. 21 da Lei 7.347/85.

III – Denunciações da lide. Inconveniência e proibição. Cerceamento de defesa inocorrente.

IV – Fato de terceiro. Excludente não verificada.

V – Desconsideração da pessoa jurídica. Previsão legal. CDC, art. 28, § 5.º. Responsabilidade subsidiária e não solidária. Recurso provido somente nesta última parte.

Ação civil pública promovida pelo Ministério Público do Estado de São Paulo, visando à reparação de danos causados por explosão em *shopping center*, foi julgada procedente pela r. sentença de fls., cujo relatório é adotado, condenados os réus à reparação de todos os danos morais e patrimoniais sofridos pelas vítimas em decorrência do acidente, ressarcindo-as, e aos respectivos cônjuges, sucessores e dependentes, de todos os prejuízos sofridos, com montante a ser apurado em liquidação de sentença, condenados, ainda, ao pagamento das custas e despesas processuais e honorários advocatícios, a serem apurados também no juízo da liquidação.

Os réus opuseram embargos declaratórios, que foram conhecidos mas julgados improcedentes pelas r. decisões de fls., e em seguida apelaram.

Apelaram os réus M.M.A.Z. e outros (fls.), alegando, em síntese, que a r. sentença não apontou quais os ilícitos praticados pelos réus pessoas físicas, ou qual a fraude constatada, de sorte a justificar a desconsideração da personalidade jurídica; que os princípios e efeitos da responsabilidade objetiva não se aplicam aos apelantes pessoas físicas; que só se desconsidera a personalidade jurídica em hipóteses específicas, e que tal não se deu no caso; que devem ser estritamente observados, neste aspecto, o art. 20 do CC, o art. 158 da L. 6.404/76 e o art. 596 do CPC; que o art. 28 do CDC não é de aplicação obrigatória, nem tampouco seu § 5.º; que o disposto nos arts. 12 a 14 do CDC não se aplica a eles, apelantes; que a sentença é nula, por violação aos arts. 93, IX, da CF, e 131 e 458, do CPC. Que há nulidade, ainda, por cerceamento do direito de defesa, tendo sido violados os arts. 5.º, LIV e LV, da CF, e 330 e 331 do CPC. Neste aspecto, reiteram que, suprimido o devido processo legal, foi-lhes tolhido o direito de defesa, pois a prova da culpa era imprescindível para a descaracterização da personalidade jurídica; que reiteram as preliminares argüidas na contestação, não afastadas devidamente pela sentença; que, diante do exposto, esperam a reforma da sentença, acolhidas as preliminares, declarando-se extinto o feito, sem julgamento de mérito, em relação aos apelantes pessoas físicas, ou, subsidiariamente, a sua reforma para acolher a denunciação da lide nos termos requeridos na contestação, ou, ainda, a anulação da sentença, determinando-se a realização de instrução probatória. No mérito, pedem o provimento do recurso, para se julgar improcedente a ação com relação a eles, apelantes.

B. S/A e outros, também réus, apelam (fls.), alegando, preambularmente, que a atribuição de efeito suspensivo a seu recurso é de rigor, sob pena de sofrerem prejuízos irreparáveis; preliminarmente, que o Ministério Público é parte ativa ilegítima para a presente demanda, analisando-se a questão sob quatro prismas: 1) a Constituição lhe atribui a função de promover ação civil pública para a defesa de direitos difusos e coletivos, e não individuais disponíveis; 2) a interpretação que pretende ampliar sua legitimação é inconstitucional; 3) mesmo admitida a possibilidade de defesa de direitos individuais, estes devem ser indisponíveis, devendo estar presente o impacto de massa; 4) a não incidência do CDC à hipótese desautoriza completamente a tutela ministerial, revelando inclusive a ausência do interesse de agir; que são partes passivas ilegítimas para a demanda, pois o vício que deu origem ao vazamento de gás é de construção, e o próprio artigo 1.245 do CC constituiria óbice instransponível ao pleito; que a B. S/A contratou com a W.G. empreitada de material, sendo esta responsável completa pela segurança da obra; que outras empresas responsáveis pelo dano são a B. – Gerenciamento e Planejamento S/C Ltda e U. S/A, já mencionadas na contestação; que não há falar-se em responsabilidade objetiva, in casu; que as denunciações da lide formuladas em contestação (à seguradora, à construtora, à fiscalizadora e à fornecedora de GLP) não deveriam ter sido indeferidas; que o fato de a lide não se albergar nos domínios do CDC leva à conseqüência inexorável da ausência do interesse de agir do MP, denunciando a ilegitimidade ativa, exigindo a extinção do feito sem julgamento de mérito; que falta motivação à sentença, descumprida norma constitucional específica, levando-a à inevitável nulidade; que a petição inicial é inepta, pois não afirmou a existência de nenhum ato concreto, praticado por quem quer que seja, consistente em fraude, abuso ou violação que pudesse acarretar a pretendida desconsideração, nem afirmou que as sociedades teriam sido utilizadas por algum dos réus, pessoas físicas, para forrá-los de responsabilidade, nem tampouco apontou a existência de prejuízo às vítimas; que o pedido de desconsideração da personalidade jurídica só foi feito subsidiariamente, sendo a sentença *extra petita*; que dezenas de ações judiciais de cunho indenizatório estão em tramitação pelas varas cíveis da comarca de Osasco, o que demonstra claramente a impropriedade da presente demanda, a individualidade e determinação subjetiva do interesse das vítimas e a ilegitimidade ativa do Ministério Público; no mérito, alegam, em resumo, que o Código do Consumidor não se aplica à espécie; que, sendo tal código lei de ordem pública e excepcional, deve ser interpretado restritivamente; que não basta uma pessoa qualquer estar dentro de um *shopping center* para ser enquadrada na definição de consumidor; que os apelantes não são prestadores de serviços e a r. sentença interpretou mal a lei – negou-a, em verdade; que as vítimas não ostentam a qualidade de consumidores, nos termos do art. 2.º da L. 8.078/91; que o conceito de consumidor já foi exaustivamente analisado na contestação, mas a r. sentença não o assimilou devidamente; que sequer a figura de um fornecedor há, na hipótese, qual conceituado no art. 3.º do CDC, e os *shoppings* não são fornecedores, pois não se dirigem ao consumidor final – são, em verdade, organizações; que as verdadeiras relações de consumo são travadas entre lojistas e consumidores; que é rematado absurdo confundir, *e.g.*, a B. S/A com fornecedora de bens por interpostos lojistas;

que seu negócio é auferir renda de alugueres dos lojistas ou locatários que se instalam no empreendimento; que, além disso, inexiste, por parte da administradora, prestação de serviços, inexistindo, também, remuneração, seja ela direta ou indireta; que o fato da explosão é estranho a qualquer relação de consumo; que tal explosão se deu por causa de vazamento de gás ocorrido em tubulação inacessível tanto para os apelantes quanto para as vítimas; que não se podem qualificar as vítimas como *bystanders*, mormente pelo anteriormente argumentado; que, com o julgamento antecipado da lide, houve claro cerceamento de defesa, e os apelantes poderiam ter demonstrado a culpa exclusiva de terceiros; que, por tal razão, a sentença é nula; que o cerceamento de defesa ocorreu, ainda, com relação ao caso fortuito, pois a r. sentença reconheceu que a força do gás depositado sob a laje era indomável e o evento inevitável; que, se o MM Juiz considerou que o ônus da prova era dos agora apelantes, no mínimo deveria tê-los deixado produzir provas; que é improcedente a desconsideração da personalidade jurídica das empresas apelantes, com a conseqüente responsabilização solidária dos apelantes-conselheiros; que a r. sentença não atribuiu o ato ilícito especificamente a qualquer dos três membros do conselho de administração, nem identificou qualquer fraude ou intenção de lesar por parte dos mesmos, ou seja, faltaram requisitos essenciais para a aplicação da teoria da desconsideração da personalidade jurídica; que foi negada vigência a regras da responsabilidade limitada, informadoras da lei das sociedades anônimas e da lei das sociedades de responsabilidade limitada; que os conselheiros jamais foram informados de fatos relacionados com indicação de claro vazamento de gás nas dependências do *shopping*; que não mantinham vínculo hierárquico algum com os empregados da sociedade administradora do edifício, cuja inaptidão tivesse concorrido para o evento; que não mantiveram nenhum contato com os prepostos das firmas construtora e gerenciadora da obra de construção do *shopping*; que não mantinham controle sobre os atos dos prepostos da sociedade administradora nas dependências físicas do *shopping center*; que não se pode aceitar a responsabilização solidária entre os réus conselheiros e as rés pessoas jurídicas, tal como o fez a sentença, pois que tal procedimento está em flagrante conflito com os princípios da demanda e da adstrição; que, do exposto, aguardam o acolhimento das preliminares, com os consectários respectivos ou, no mérito, o provimento dos pedidos realizados, reformando-se a r. decisão monocrática.

Mencionam expressamente os seguintes dispositivos legais: CF, arts. 1.º, II; 2.º; 5.º, *caput* e inc. II, XXXII; LIV e LV; 6.º; 92, IX; 93, IX; 127, *caput*, e 129, § 1.º e inc. I, II, e III a IX; 195, I; *CC*, art. 13; 20; 51; 104; 159; 896; 1.245; *CPC*, arts. 2.º; 3.º; 6.º; 70, III; 81; 82, III; 130; 131; 262; 267, I e VI; 295, par., I; 330, *caput* e inc. I; 331; 332; 458, II; 459, 1.ª parte; 460; 515, § 1.º; L. 8078/90, arts. 1.º; 2.º e par. único; 3.º e §§ 1.º e 2.º; 3.º, § 2.º; 4.º, I; 5.º, I; 6.º, III e VIII; 8.º; 10; 12, *caput* e § 1.º; 13, par. único; 14, *caput* e §§ 1.º e 3.º, II; 17; 28 e §§ 1.º, 2.º e 5.º; 55 a 60; 61 a 80; 81; 82, IV; 83;

87; 88; 95; 97; 117 (que seria inconstitucional, segundo os apelantes, e a r. sentença omitiu-se quanto a este ponto); *L. 7.347/85*, art. 21; *L. 8.625/93*, arts. 25, IV, *a*; *L. 8.245/91*, art. 54; *L. das Sociedades Anônimas*, art. 158, § 1.º, 1.ª parte; *Dec. 3.708/19* (Sociedade por Quotas de Responsabilidade Limitada), arts. 9 e 10.

Recursos bem processados, recebidos apenas no efeito devolutivo.

Os recursos foram contra-arrazoados, procurando o apelado refutar, longamente, os argumentos dos apelantes, e insistindo na confirmação da r. sentença.

A Douta Procuradoria-Geral de Justiça é pelo desprovimento dos recursos.

É o relatório.

1.1 – Os recursos são examinados conjuntamente.

Trata-se do grave acidente ocorrido no *Shopping A*, em 11.06.96, consistente em explosão por acúmulo de gás em espaço livre entre o piso e o solo, acarretando a danificação de mais de 40 lojas e locais de circulação, resultando em 40 mortos e mais de 300 feridos.

Ao contrário do que dizem os apelantes, a questão está submetida aos regime do Código de Defesa do Consumidor, manifesta a relação de consumo subjacente.

Nos termos dos arts. 2.º e 3.º e seu § 2.º, desse diploma legal (L. 8.078/90),

> "consumidor é toda pessoa física ou jurídica que adquire ou utiliza produto ou serviço como destinatário final";
>
> "fornecedor é toda pessoa física ou jurídica [...] que desenvolve atividades de produção, montagem, criação, construção, transformação, importação, exportação, distribuição ou comercialização de produtos ou prestação de serviços";
>
> e
>
> "serviço é qualquer atividade fornecida no mercado de consumo, mediante remuneração, inclusive as de natureza bancária, financeira, de crédito e securitária, salvo as decorrentes de relações de caráter trabalhista".

Por aí se nota a amplitude dos conceitos e o empenho do legislador em abranger largamente todos os participantes do processo de consumo.

1.2 – Passados tantos anos da implantação dos primeiros *shopping centers*, não é difícil perceber a natureza e a forma de atuação das empresas que os exploram.

Pelo menos para o efeito de saber se elas estão ou não submetidas às normas cogentes do CDC, afastando-se desde logo sutis distinções acadêmicas, a maioria delas lucubradas anteriormente à entrada em vigor do Código e quando a própria atividade dos *shoppings* era pouco conhecida.

Hoje já não se tem qualquer dúvida de que o *shopping* fornece lazer aos seus freqüentadores, que circulam livremente por suas vias e praças, sejam ou não adquirentes de produtos fornecidos pelas lojas, individualmente. O *shopping* faz propaganda e promoções em nome e em benefício próprio, tudo para que haja grande número de freqüentadores a circular por vias e praças internas, de forma a dar animação e aumentar a potencialidade das vendas das diversas lojas, de cujas receitas participa diretamente o *shopping*, conforme se vê dos contratos de locação.

Convém lembrar que o acidente se deu em hora de almoço, às 12:15h, em época de muito movimento, às vésperas do "dia dos namorados", nas imediações da "praça de alimentação", local destinado a bares, restaurantes e lanchonetes, e naturalmente procurado por freqüentadores de *shopping*, funcionários e fregueses de lojas, bem como por vizinhos.

1.3 – O fato de não haver uma remuneração direta ao *shopping* por parte do freqüentador em nada desnatura a relação de consumo que se estabelece entre eles.

Esse tema (da onerosidade de alguns serviços prestados pelos *shoppings*) já pode ser tido como definitivamente resolvido no direito brasileiro. Mesmo antes da vigência do CDC, firmou-se jurisprudência no sentido de que as empresas, particularmente as de supermercado e as de *shopping center*, devem indenizar as vítimas de furto de veículo em seus estacionamentos, haja ou não remuneração pela estadia.

Essa orientação consolidou-se na súmula n. 130 do STJ, a saber: "A empresa responde, perante o cliente, pela reparação do dano ou furto de veículo ocorrido em seu estabelecimento".

O exame dos acórdãos referidos pela súmula revela o uso de expressões como "ainda que gratuito"; "serviço prestado no interesse do próprio incremento do comércio"; "ainda que não cobre por esse serviço destinado a atrair clientela"; "atrair clientes"; tudo a deixar clara a existência de uma "remuneração indireta" em favor da empresa.[1]

1. Eis um exemplo: "*Responsabilidade. Furto de veículo. Shopping Center. A gratuidade do estacionamento não arreda a obrigação de indenizar, consoante a firme orientação do STJ, tanto mais quando assentado nas instâncias ordinárias, em face de circunstâncias apanháveis no domínio dos fatos, que havia aparência de*

Em suma, a atração de clientes e o fornecimento de vantagens não é considerado ato gratuito ou de liberalidade. O dano sofrido pelo cliente vai ser reparado segundo os princípios rígidos do ato oneroso e não do ato de liberalidade.

Essa mesma razão de decidir encontra-se presente no caso dos autos em que os danos - além de muito mais graves - ocorreram na parte central e nobre, no coração do *shopping*.

A doutrina também não discrepa ao entender que o alcance do termo "remuneração" referido no § 2.º do art. 3.º alcança o ganho indireto auferido pelo fornecedor:

> "Deve-se entender a expressão *mediante remuneração* não apenas como representativa da remuneração direta, isto é, o pagamento diretamente efetuado pelo consumidor ao fornecedor. Compreende também a remuneração do fornecedor o benefício comercial indireto advindo de prestações aparentemente gratuitas [...]. É também o caso do estacionamento gratuito fornecido comumente por supermercados e *shopping centers* que já recebeu tratamento jurisprudencial no sentido de não se tratar de serviço gratuito [...].[2]

1.4 - A proteção do CDC abrange não só os consumidores como também todas as vítimas do evento. Nos precisos termos do art. 17, todas as vítimas estão equiparadas aos consumidores no que diz respeito à responsabilidade pelo fato do serviço.

Os termos são claros, o intuito é de alargar o campo da responsabilidade, nada justificando pretendidas interpretações restritivas.

---

segurança". - Resp. 36.333-0-SP, r. Min. Eduardo Ribeiro, j. em 13.09.93, *RSTJ* 72/387.

Eis outro julgado já posterior à sumula 130: "A súmula 130 desta Corte encerrou qualquer controvérsia jurisprudencial sobre a responsabilidade da empresa, perante o cliente, pela reparação do dano ou furto de veículos ocorridos em seu estacionamento". - REsp. 53070, r. Min. Carlos Alberto Menezes Direito. Ainda:

"Responsabilidade civil. Estacionamento. Furto de veiculo. A recente sumula 130 consagra a jurisprudência estabelecida sobre a responsabilidade civil da empresa, perante o cliente, pelo furto de veículo ocorrido em seu estacionamento. Essa responsabilidade não decorre de contrato de deposito, mas da relação contratual de fato que se estabelece com a simples utilização da área destinada pela empresa ao estacionamento dos veículos de quem vai a procura dos seus bens ou serviços." - REsp. 57712. *DJU* 29-05-95, p. 15524.

2. ARRUDA ALVIM et alii, Código do Consumidor Comentado, Ed. RT, 2.ª ed., p. 37, nota 20.

Como ensina o já citado Arruda Alvim: "Responsabilizam-se independentemente da apuração de culpa todos os fornecedores de serviço, quer imediatos como mediatos, solidariamente, pelos danos causados aos consumidores em função de defeito na prestação do serviço [...].[3]

O serviço ofertado de lazer, de distração, com conforto e segurança, foi prestado da forma mais desastrosa possível, ou seja, com mortes e ferimentos.

1.5 – Entre o *shopping* e os freqüentadores estava estabelecida autêntica relação jurídica de consumo. Como sujeito ativo, o freqüentador, credor do serviço ofertado. Como sujeito passivo, o *shopping*, devedor da prestação de serviço. O objeto dessa relação é a própria prestação do serviço. O fato jurídico deflagrador da relação é o ingresso do freqüentador no ambiente em que os serviços eram ofertados. E o quarto elemento da relação é a garantia, consistente no amparo que a ordem jurídica dá à relação.

Com a ocorrência da explosão, brotaram novas e numerosíssimas relações jurídicas, agora típicas relações de débito e crédito, de natureza patrimonial, ligadas ao dever de indenizar, com fundamento, entre outros, nas disposições do CDC.

1.6 – As interpretações dos apelantes, segundo as quais não há relação de consumo entre *shopping* e consumidor, levam, *data venia*, a resultado absurdo com grave ofensa ao mínimo de realismo jurídico indispensável a qualquer decisão.

O evento danoso sofrido por pessoas que foram convidadas a consumir e que ocorreu dentro de um templo, de uma Catedral do Consumo, seria considerado – através de sutis argumentos – alheio ao ambiente jurídico do consumo.

A propósito da concepção moderna e realista sobre a natureza e a atuação dos *shoppings*, veja-se o que disse o então desembargador e hoje eminente Ministro Carlos Alberto Menezes Direito em artigo de doutrina: "Assim, o shopping center é uma atividade empresarial, configurando uma unidade de serviços, que integra em espaço determinado o empreendedor, os lojistas e o público, daí decorrendo relações jurídicas típicas entre o empreendedor, os lojistas e o público". – fls. destes autos.[4]

Com tais observações, afasta-se a argüição de todos os apelantes de inaplicabilidade do regime do CDC à hipótese dos autos.

2.1 – As preliminares levantadas pelos apelantes não procedem. A r. sentença está bem fundamentada. Deixou claro que o caso estava sendo decidido em função das normas do CDC que consagram a teoria da respon-

3. Ob. cit., p. 137.

4. *RT* 651/237.

sabilidade objetiva, dispensadas as provas ligadas à demonstração de culpa, inexistente qualquer afronta aos arts. 93, IX, da C.F., e 131 e 458 do CPC.

2.2 - Também não há que se falar em cerceamento de defesa ou ausência do devido processo legal, pois a prova pretendida dizia respeito exatamente à demonstração de inocorrência de ato ilícito praticado pelos réus, inócua, no caso.

A r. sentença não se baseou no *caput* do art. 28 do CDC, que se refere a hipóteses de ato ilícito, abuso de direito, fraude, violação de lei ou de estatuto. O fundamento da decisão para desconsiderar a pessoa jurídica está, expressamente, no § 5.º daquele artigo, ou seja, a existência objetiva - pelo simples vulto da demanda - de obstáculo ao ressarcimento dos prejuízos causados aos consumidores. O tema voltará a ser tratado adiante, ficando desde logo reconhecido que não há nulidade a ser decretada, obedecido que foi, nas circunstâncias, o princípio do devido processo legal, não se notando violação dos arts. 5.º, LIV e LV, da C.F. e 330 e 331 do CPC.

O fato fundamental - ocorrência da explosão e os danos daí decorrentes - é expressamente admitido pelos réus, que também aceitam as conclusões do laudo técnico do Instituto de Criminalística - fls.

Assim, não havia necessidade de produção de outras provas, tendo em vista os critérios lógicos, rigorosamente corretos, seguidos pela r. sentença, ou seja, adoção da responsabilidade objetiva consagrada pelo CDC.

Não houve igualmente cerceamento de defesa pela circunstância de o julgamento antecipado haver impedido os réus de provar a ocorrência de fato de terceiro a ponto de excluir o dever de indenizar.

Os réus estão sendo demandados em razão de responsabilidade própria. Como titulares do *shopping*, em cujas dependências deu-se a explosão, respondem objetivamente pelos danos, independentemente de apurar-se ou não a responsabilidade de outros agentes que tenham participado da cadeia de causalidade. Contra esses, poderão os réus agir regressivamente, com ampla oportunidade para produzir prova. A produção dessa prova no presente processo é inócua e prejudicial à defesa dos consumidores.

Em tais circunstâncias, não se pode cogitar de cerceamento de defesa.

2.3 - Igualmente sem razão os apelantes quando insistem em denunciações da lide, pois elas não são admitidas na temática do CDC.[5]

A proprietária e a administradora do *shopping* estão sendo demandadas porque são responsáveis independentemente de culpa, pois a explosão verificou-se nas dependências do estabelecimento. A eventual discussão entre denunciante e denunciadas introduziria elemento novo no debate, ou seja,

5. ARRUDA ALVIM et alii, ob. cit., p. 414.

a culpa dos figurantes no evento, com evidente atraso na definição da responsabilidade dos réus e afronta ao espírito e à letra do art. 88 do CDC.[6]

2.4 – A petição inicial nada tem de inepta. Não indicou atos ilícitos de fraude, abuso, etc., atribuíveis aos réus, porque, repita-se, optou pela responsabilidade objetiva. Também não é verdade que ela não teria indicado os prejuízos, porquanto se referiu a mortes e ferimentos. A decisão, em mais de uma vintena de páginas, é coerente e permitiu amplíssimo rebate por parte dos réus.

3.1 – A preliminar de ilegitimidade ativa por parte do M.P. também não procede.

Diz o art. 81 do CDC:

> "A defesa dos interesses e direitos dos consumidores e das vítimas poderá ser exercida em juízo individualmente, ou a título coletivo.
>
> Parágrafo único. A defesa coletiva será exercida quando se tratar de [...]
>
> III – interesses ou direitos individuais homogêneos, assim entendidos os decorrentes de origem comum".

Assim, existe previsão legal para a defesa coletiva de direitos individuais decorrentes de origem comum.

Para tal defesa está legitimado o Ministério Público, nos termos do artigo seguinte - art. 81, I.

Em consonância com tais preceitos, o art. 117 do CDC fez inserir na Lei da Ação Civil Pública - L. 7.347/85, mais um artigo (n. 21), a saber: "Aplicam-se à defesa dos direitos e interesses difusos, coletivos e individuais, no que for cabível, os dispositivos do Título III da Lei que instituiu o CDC, dispositivos esses que tratam da defesa do consumidor em Juízo - art. 81 e seguintes."

Assim, do ponto de vista do direito positivo brasileiro, dúvida não há quanto à legitimidade do M.P. para a propositura da presente ação. Ainda que individuais e disponíveis os direitos das vítimas, são eles homogêneos, isto é, decorrentes de origem comum.

No caso, a origem comum foi a explosão verificada em 11.06.96.

3.2 – Os apelantes apegam-se à frase "no que for cabível", constante do referido art. 21 da Lei 7.347/85, entendendo que não cabe, no presente processo, a atuação do M.P., que estaria se afastando de suas funções, constitucionalmente previstas.

---

6. Cf. NELSON NERY JR., *Código de Processo Civil Comentado*, 3.ª ed., p. 1402.

A falha grave e irremediável da defesa dos apelantes e da opinião dos doutos parecеristas está na circunstância de haverem considerado isoladamente as relações jurídicas que se estabeleceram entre ofensor e vítimas.

Na verdade, não se trata de mera somatória de fatos isolados e de danos individuais.

Talvez por isso defesa e parecerista tenham chegado à surpreendente conclusão de que "não houve impacto de massa" - fls.

Num átimo, surgiram mais de 300 (trezentas) vítimas diretas.

Quantas mais precisariam morrer, ou sofrer ferimentos, para haver "impacto de massa"?[7]

Embora utilizando-se de expressões como "lamentável evento", "trágica explosão", etc., só se cuidou da análise meramente teórica da individualidade e indisponibilidade dos interesses e direitos feridos.

Ignorou-se o fator catástrofe, que impõe tratamento jurídico diverso para todo o episódio e suas conseqüências.

Todas as vítimas passam a formar um grupo definível por um ponto comum, ou seja, o mesmo fato jurídico lesante. Nessas ocasiões, muitas vezes até surgem associações dos infelizes.

Fatos de tal envergadura, quando oriundos de ato ou falha humana, lesam também uma infinidade de direitos difusos.

Foi o que se verificou no caso dos autos. Serviços hospitalares congestionados, serviços de socorro e de transporte com enorme sobrecarga, o mesmo se podendo falar dos serviços policiais, de trânsito, etc.

A notícia extravasou a comunidade de Osasco (por si só imensa), atingiu o país todo e repercutiu no exterior.

A sensação de medo e de insegurança foi facilmente perceptível em toda Grande São Paulo, pelo menos, particularmente, entre os milhões de freqüentadores de *shoppings*.

Em tal ambiente, impõe-se necessariamente a atuação do Ministério Público da maneira mais eficaz possível. E a forma mais eficaz, para o caso, aquela que mais tranqüiliza a sociedade abalada pelo evento, é a que busca reparar pecuniariamente os prejuízos sofridos pelas vítimas diretas.

3.3 - A Jurisprudência vem reconhecendo a legitimidade ativa do M.P. em casos semelhantes, até mesmo em hipóteses muito menos graves.

Vejam-se, entre tantos outros, os seguintes e importantes precedentes constantes das contra-razões:

---

7. As notícias sobre os bombardeios da Iugoslávia, *s.m.j.*, não revelaram até hoje (14.04.99) ocorrência com tão grande quantidade de vítimas.

a – "O campo de atuação do MP foi ampliado pela Constituição de 1988, cabendo ao *Parquet* a promoção do inquérito civil e da ação civil pública para a proteção do patrimônio público e social, do meio ambiente e de outros interesses difusos e coletivos, sem a limitação imposta pelo art. 1.º da Lei 7.347/85". STJ, REsp n. 31.547-9/SP, r. Min. Adhemar Maciel.

b – "Interesses coletivos ou difusos. Ação civil pública. Legitimidade ativa do Ministério Publico. Indiscutibilidade da afirmação, mormente se proposta a ação em defesa de favorecimento constitucional dirigido, dentre outras, às pessoas portadoras de deficiência. Lei 7.347/85, a que faz remissão a Lei 7.853/89". STJ, REsp n. 74235, r. Min. José Dantas, DJU 26-08-96, p. 29708.

c – "Legitimidade *ad causam*. M.P. Ação civil pública. Propositura em defesa de interesses de adquirentes de unidades em conjunto habitacional ameaçadas de ruína – Risco à integridade física dos moradores – Interesses individuais indisponíveis ou de transcendente importância social – Caracterização – Preliminar de ilegitimidade rejeitada – Decisão mantida –Inteligência do art. 81, parágrafo único, III, e 82, I, do CDC, 127, *caput*, e 5.º, *caput*, da C.F. O M.P. tem legitimação extraordinária para propositura de ação coletiva, em defesa de interesses ou direitos individuais homogêneos, quando sejam estes indisponíveis; em sendo embora disponíveis, expressem valores jurídicos de transcendente importância social, como os de adquirentes de unidades de conjunto habitacional, cujos vícios de construção lhes ameaçam a todos a integridade física." TJSP, AI 261.450.1/1, r. Cezar Peluso, j. 23.04.96, fls. destes autos.

Em caso também muito menos grave (tratava-se de mensalidades escolares), o STJ admitiu a legitimidade do M.P. – REsp 84.599-SC, r. Min. Américo Luz, j. 4.9.96, também a fls. dos autos.

3.4 – É verdade que, na presente ação, o autor não abordou a questão dos direitos difusos.

Nem precisava fazê-lo. No caso dos autos, o que houve de mais chocante foi o dano direto às pessoas físicas dos consumidores.

Daí o autor mover a ação coletiva visando a reparação de danos individuais, com apoio em textos expressos de lei, como se viu no n. 3.1. *retro*.

Mas é inegável que, assim agindo, o autor encontrou a melhor forma de neutralizar a sensação de impotência da sociedade abalada. O cidadão e consumidor indefeso percebeu que o M.P. estava atento e buscava – repita-se – o que era mais relevante dentro do possível: a reparação pecuniária para as vítimas diretas.

4.1 – Essas considerações são importantes porque revelam como são ingratas as tentativas dos réus de argüir preliminares de ilegitimidade ativa e de falta de interesse de agir e de levantar a inconstitucionalidade do art. 21 da Lei da Ação Civil Pública, de forma a entender que o M.P. não podia pleitear direitos individuais disponíveis.

O fato de os arts. 127, *caput*, e 129, III, da C.F. atribuírem ao M.P. a defesa de direitos e interesses difusos, coletivos e individuais indisponíveis não impede que a lei amplie o campo de atuação, como já se viu da jurisprudência retrocitada. Tanto é assim que o inciso IX do mesmo art. 129 dispõe que o M.P. poderá "exercer outras funções que lhe forem conferidas, desde que compatíveis com sua finalidade [...]".

E como se viu dos n. 3.4 e 4.1 *retro*, nada mais compatível com a finalidade do M.P. do que atuar eficazmente no contexto da tragédia que abalou gravemente a ordem social.

Na verdade, basta a leitura do *caput* do art. 127 (defesa dos interesses sociais) para verificar que está presente a legitimidade do M.P. e que o art. 21 da Lei 7.347/85 nada tem de inconstitucional.

Não é demais lembrar que a C.F./88 foi enfática na defesa do consumidor: considera-a uma garantia fundamental (art. 5.º, XXXII); ordena que ele, consumidor, seja esclarecido a respeito de tributos incidentes sobre mercadorias e serviços (art. 150, § 5.º); eleva sua defesa à categoria de princípio da ordem econômica (art. 170, V); e ainda estabeleceu prazo curto para elaboração do CDC – art. 48 das DD.TT.

Assim, deve ser afastada qualquer interpretação restritiva que aponte rumo contrário a tão claras disposições constitucionais.

Como ensina o clássico Francesco Ferrara, "... é de se observar que se um princípio foi estabelecido a favor de certas pessoas, não pode retorcer-se em prejuízo delas, por interpretação restritiva das suas expressões demasiado gerais".[8]

4.2 – Por essas mesmas razões deve ser rejeitada a pretensão dos apelantes de interpretar restritivamente o próprio CDC, a dano do consumidor e em favor do fornecedor, sendo também de ressaltar-se que o art. 6.º, VIII, de tal diploma consagra, como direito básico do consumidor, a facilitação de sua defesa em Juízo.

As pretendidas interpretações restritivas levam a resultado francamente anti-social.

---

8. *Interpretação e aplicação das leis*, trad. Manuel A. Domingues Andrade, 3.ª ed., Coimbra, 1978, p. 150.

No presente caso, centenas de consumidores ficariam com sua defesa enfraquecida, devendo valer-se de advogados talvez jovens e inexperientes, ou de um abnegado procurador da Assistência Judiciária. Ao passo que a parte forte se apresenta sempre com exímios profissionais e pareceristas de escol.

Com a presença do M.P., a proteção ao consumidor aumenta, o que é desejado pela ordem legal.

5.1 – Em relação ao mérito, a ação é de manifesta procedência. Admitida a incidência do CDC, a conclusão não pode ser outra. Por isso mesmo todo esforço da defesa e dos pareceres dos eminentes Professores Waldirio Bulgarelli, Cândido Rangel Dinamarco e Luís Gastão Paes de Barros Leães centrou-se na alegação de inexistência de relação de consumo e conseqüente inaplicabilidade das regras do CDC.

E também por esse motivo este voto analisou o tema logo em seu primeiro item, concluindo por afastar os argumentos da defesa.

A existência do fato e o resultado danoso não são negados – fls. A responsabilidade, como já foi dito, é de natureza objetiva, isto é, independe da demonstração de culpa, nos termos do art. 12 do CDC.

5.2 – Os apelantes apegam-se agora na excludente de responsabilidade prevista no art. 14, § 3.º, inciso II, ou seja, culpa exclusiva de terceiro. Isto porque a causa real e específica da tragédia estaria nos vícios de construção, de fiscalização de obra e de fornecimento de GLP e respectiva assistência técnica. Entendem os apelantes que não puderam fazer prova desses fatos, os quais, aliás, seriam suficientes para afastar a procedência da ação.

Nos itens 2.2 e 2.3 *retro* foram rejeitadas as preliminares de cerceamento de defesa e de necessidade de denunciação da lide porque os réus estão sendo demandados em razão de responsabilidade própria, originária da relação de consumo estabelecida entre as vítimas e os titulares do *shopping*.

Eventual sucesso dos apelantes nas demonstrações pretendidas, ou seja, mesmo se fossem aceitas a culpa e conseqüente responsabilidade da construtora, da fiscalizadora e da fornecedora de GLP, em nada estaria afetada a pretensão do autor em demandar contra os ora apelantes, como nenhuma repercussão haveria na esfera de direito das vítimas em relação aos mesmos apelantes.

As vítimas são consideradas consumidoras porque convidadas a entrar num ambiente de compras pertencente e administrado pelas rés. Evidente o fornecimento de serviços relativos ao lazer, à diversão, à oportunidade de compras. Nesse ambiente existem vias e praças, que não são dos lojistas nem do Poder Público. São do próprio *shopping*. Esses serviços deviam ser fornecidos em condições de segurança e não o foram. Essa segurança devia ser prestada pelas rés, indiferente e inócuo – nas relações entre vítimas e réus – procurar terceiros, eventuais causadores, ou co-participantes do evento danoso.

5.3 – O fato de terceiro só é considerado excludente de responsabilidade quando e porque rompe o nexo de causalidade entre o agente e o dano sofrido pela vítima.

Por outras palavras, é preciso que o fato de terceiro destrua a relação jurídica de consumo.

É o que aconteceria se o dano proviesse de uma força externa, inteiramente desligada das relações e interesses das partes, como um bombardeio por forças inimigas, um ato do príncipe, um terremoto, uma força irresistível e desligada do ambiente operacional da empresa.

O fato de terceiro alegado pelos apelantes prende-se diretamente ao funcionamento do *shopping*. A construção já estava finda havia mais de um ano, e o gás sempre foi elemento essencial à vida normal do estabelecimento.

5.4 – O estudo do fato de terceiro liga-se ao do caso fortuito, altamente trabalhado na Doutrina.

Agostinho Alvim, com apoio em Josserand e outros, ensina, a propósito da distinção entre caso fortuito e força maior e suas conseqüências:

> "As distinções, em outros tempos feitas pelos civilistas, não têm surtido efeitos.
>
> Todavia, os modernos civilistas, tendo em vista, justamente, a teoria do risco, dividem o caso fortuito em interno e externo.
>
> O primeiro é o que se liga à empresa; o último, o que está fora dela, reservada a este a denominação de força maior.
>
> Entram na categoria de caso fortuito interno todos os acontecimentos que não possam ser atribuídos à culpa do responsável, mas estão ligados à organização que ele mesmo imprimiu ao negócio. [...]
>
> A máquina pode falhar, sem que se espere.
>
> Igualmente, antes de se fazer auxiliar por alguém, o autor do dano terá tido a cautela de bem escolher.
>
> Não obstante, pode este terceiro, inesperadamente, interromper seus hábitos de prudência e praticar um ato do qual derive dano a terceiro.
>
> Em face da teoria da culpa, exonerado estaria o indigitado responsável. [...]
>
> Em presença da teoria do risco, porém, subsistiria a responsabilidade, a despeito da ausência de culpa, porque esta não é o seu fundamento.

Só se excluiria a responsabilidade pela força maior (caso fortuito externo), isto é, por um fato sem ligação alguma com a empresa ou negócio, como, por ex., fenômenos naturais".[9]

Convém lembrar que tais observações foram feitas diante de hipótese (Lei 2.681/12) em que o legislador foi muito menos severo para o agente do que no caso de relação de consumo.

6.1 – No que diz respeito à desconsideração da pessoa jurídica e conseqüente condenação dos diretores e conselheiros, assiste razão aos apelantes, em pequena parte.

Segundo o art. 28, *caput*, do CDC, o juiz poderá desconsiderar a personalidade jurídica da sociedade quando houver abuso de direito, excesso de poder, ato ilícito, etc., por parte de seus dirigentes. Para demonstrar tais circunstâncias, realmente haveria necessidade de dilação probatória.

Ocorre que o § 5.º desse mesmo artigo foi além e criou nova hipótese ensejadora da desconsideração ao dizer: "Também poderá ser desconsiderada a pessoa jurídica sempre que sua personalidade for, de alguma forma, obstáculo ao ressarcimento de prejuízos causados aos consumidores".

Trata-se aqui de circunstância francamente objetiva (qualquer forma de obstáculo ao ressarcimento), independentemente de atuação culposa por parte dos administradores, consoante já foi dito no item 2.2. *retro*.

Compreendem-se facilmente as razões de justiça e de eqüidade que moveram o legislador, consciente ou inconscientemente, na imposição do preceito supra.

As graves e nocivas conseqüências do acaso, da fortuna, melhor dizendo, do azar – inocorrentes as excludentes previstas no art. 14 –, não devem ser suportadas por uma só das partes envolvidas no negócio de consumo, mas também pelas pessoas dos diretores da empresa fornecedora.

Mesmo não aparecendo sinal de fraude, abuso ou ilicitude, essas pessoas, se necessário, são chamadas a contribuir, economicamente, para a reparação do dano. É um desdobramento a mais, imposto pelo direito positivo, da velha teoria do risco criado.

Não há a menor dúvida de que as vítimas também não agiram com culpa. Só tiveram má-sorte. E má-sorte muito superior à dos administradores, os quais, quando muito, só terão perdas patrimoniais.

6.2 – O vulto da demanda e a decisão de procedência levam à conclusão de que existe – de alguma forma, como diz a lei – obstáculo ao ressarcimento se a responsabilidade ficar restrita às pessoas jurídicas.

---

9. *Da inexecução das obrigações e suas conseqüências*, 4.ª ed., 1972, Saraiva, p. 314.

São 40 mortos e mais de 300 feridos, e o dano foi de natureza patrimonial e também de ordem moral.

Verifica-se de imediato, *ictu oculi*, que a liquidação vai encontrar valor vultoso. O capital social da B. S/A de R$ 3.100.000,00 (três milhões e cem mil reais), para outubro de 1995 (fls. da pasta 1 do Inquérito Civil). O capital social da Administradora O.P. é de R$ 10.000 (dez mil reais), como se lê a fls. do mesmo volume do já referido inquérito. E o valor real da empresa sempre estará na dependência de sua operação regular.

Para chegar a conclusão tão evidente, conhecida de qualquer do povo, o juiz não precisa de perícia.

Por isso mesmo, pode ter desde logo como ocorrente a hipótese do art. 28 do CDC e ter por desconsideradas as pessoas jurídicas das rés.

Nem se recomenda que tal decisão fique para a execução, aumentando os riscos da efetiva reparação. Ainda mais agora em que a procedência da ação é confirmada em segundo grau. (Sem falar no empenho redobrado que os administradores terão para que as próprias sociedades paguem a dívida...).

6.3 – Se os elementos constantes dos autos são suficientes para a desconsideração da pessoa jurídica, não são aptos, todavia, para que os administradores sejam tidos desde logo como devedores solidários.

O fundamento da condenação não está na culpa ou na ilicitude de seus atos. Está no risco, na responsabilidade que independe de culpa, consagrada pelo CDC.

Não se pode, portanto, cogitar, nesta demanda, de solidariedade de origem legal, como, por exemplo, a do art. 1.518. Nem mesmo a dos arts. 7.º, parágrafo único, e 25, § 1.º, do CDC, pois em todas essas hipóteses sempre se tem em conta a existência de mais de um causador efetivo do dano, ou cúmplice.

No caso dos autos – como proposta e desenvolvida a demanda – as pessoas dos administradores não podem ser vistas como "causadoras" efetivas do evento. São responsáveis pela reparação sob outro fundamento, que não a mera causalidade ou cumplicidade, nos termos do referido § 5.º do art. 28, termos esses que não prevêem hipótese de solidariedade, que não pode ser presumida.

A meditação em torno do art. 28 e seus parágrafos leva à convicção de que a responsabilidade prevista no § 5.º só pode ser de natureza subsidiária.

Se as sociedades controladas e as sociedades coligadas respondem apenas subsidiariamente ou por culpa, respectivamente (§§ 2.º e 4.º), não se vê motivo para dar tratamento mais severo a quem também não é, pessoalmente, fornecedor e contra quem não se demonstrou, nesta ação, qualquer comportamento inadequado juridicamente.

Essa a melhor interpretação do texto legal. Desconsiderada a pessoa jurídica, sem dolo ou culpa dos administradores, estes responderão pelo dano subsidiariamente.

7.1 – Os numerosos dispositivos legais indicados nas razões e constantes do relatório são natural e logicamente incompatíveis com os fundamentos deste voto e são, portanto, tidos como não violados pelo julgado.

7.2 – Algumas menções à culpa no texto da r. sentença – raras e episódicas – em nada a infirmam, não deixando qualquer dúvida de que o fundamento da decisão foi a responsabilidade objetiva consagrada pelo CDC.

Fica também a observação de que este voto, às vezes, faz menção à responsabilidade do *shopping*, e não das rés propriamente ditas. Trata-se de mera afirmação por elipse, o que é dito apenas para evitar eventuais abordagens semânticas em torno do tema.

8 – Por todo o exposto, dá-se parcial provimento ao recurso apenas para a finalidade de afastar a responsabilidade solidária dos apelantes-administradores-pessoas físicas, que devem responder apenas subsidiariamente pela reparação do dano, confirmando-se, no mais, a r. sentença, por seus sólidos fundamentos.

José Osório.

Fonte: Arquivo pessoal e TJSP

EMBARGOS INFRINGENTES N. 79.864-4

INDENIZAÇÃO – Responsabilidade civil – Dano moral – Cheque sem fundos – Conta bancária conjunta – Emissão por um dos correntistas – Cadastramento no Serviço de Proteção ao Crédito dos nomes de ambos, pela Associação Comercial – Inadmissibilidade – Solidariedade passiva dos correntistas para com os bancos e não perante terceiros – Dívida assumida que só obriga o signatário – Verba devida – Embargos rejeitados – Voto vencido.

Embargos Infringentes n. 79.864-4 – São Paulo – Embargante: Associação Comercial de São Paulo – Embargado: J.M.R.N. (Voto n. 12.778)

ACÓRDÃO

Embargos Infringentes. Dano moral. Conta bancária conjunta. Cheque sem fundos emitido por um dos correntistas. Comunicação ao SPC dos nomes de ambos correntistas. Inadmissibilidade. Solidariedade ativa e não passiva. Ação procedente. Apelação provida apenas em parte. Embargos da ré. Rejeição.

ACORDAM, em Quarta Câmara de Direito Privado do Tribunal de Justiça do Estado de São Paulo, por maioria de votos, rejeitar os embargos, de conformidade com o relatório e voto do Relator, que ficam fazendo parte do acórdão.

O julgamento teve a participação dos Desembargadores Cunha Cintra (Presidente e Revisor, vencido e com declaração de voto em separado), J. G. Jacobina Rabello (3.º Juiz) e Fonseca Tavares (4.º Juiz), vencedores, e Aguilar Cortez (5.º Juiz), vencido.

São Paulo, 9 de dezembro de 1999.

José Osório, Relator.

VOTO

Ação de indenização por danos morais promovida por J.M.R.N. contra a Associação Comercial de São Paulo, sob alegação de que seu nome foi indevidamente incluído no SPC da ré, fato de que só veio a tomar conhecimento quando realizou uma compra em determinado estabelecimento comercial, foi julgada procedente pela r. sentença de fls.

Considerou o MM. Juiz que o caso em tela é regido pelo Código do Consumidor e, de acordo com o art. 14, primeira parte, a responsabilidade da requerida é objetiva. Assim, condenou-a à indenização de R$ 35.000,00 (trinta e cinco mil reais), que deveria ser devidamente corrigida, aos juros de 6% ao ano e a custas, despesas e honorários, estes fixados em 10% do valor da condenação.

Apelou a sucumbente e o v. acórdão de fls., cujo relatório fica adotado, de conformidade com os votos vencedores dos Desembargadores Jacobina Rabello e Fonseca Tavares, deu provimento parcial ao recurso, tendo reduzido o valor da condenação para 80 (oitenta) salários mínimos.

Ficou vencido o Desembargador Aguilar Cortez, cujo voto dava provimento ao recurso a fim de julgar improcedente a ação, em virtude de considerar que, quando há dois titulares de uma conta corrente num banco, e um dos dois emite cheque sem a devida provisão de fundos, a responsabilidade por eventual dano moral sofrido por um dos titulares da conta é do outro, que emitiu o cheque sem fundos. Não há, assim, nexo de causalidade entre a ação da requerida e o dano moral, e sim entre este ato e o ato da co-titular da conta. Responsabilizado o autor pelas custas, despesas e honorários, estes fixados em 15% do valor da causa, corrigido pelo INPC a partir do ajuizamento.

Com base no v. voto vencido foram opostos os presentes embargos. Alega a embargante, em síntese, que é correto o entendimento do Des. Aguilar Cortez, pois foi cadastrado pelo credor (F.C. Importação Exportação Ltda.), no SPC, com os dados disponíveis no título e assinatura não identificada, um cheque devolvido por falta de fundos, emitido contra a conta corrente bancária conjunta do apelado; que o dano alegado pelo autor, ora embargado, não foi causado pela embargante, mas sim pelo seu parceiro de conta conjunta, que emitiu irregularmente o cheque; que, sendo a conta conjunta de casal, a assinatura no cheque não permitia identificação do emitente; que a responsabilidade era de um dos titulares; que, nessas condições, o autor só poderia responsabilizar, pelo dano, seu parceiro na conta corrente ou, eventualmente, se houvesse culpa pelo registro, a empresa F.C. Importação Exportação Ltda.; que há jurisprudência a favor de sua tese; que o v. acórdão baseou seu julgamento em dois fundamentos inconsistentes, quais sejam: o de que a embargante não comunicou o autor acerca do cadastramento do cheque no SPC; e o de que o cheque sem fundos cadastrado não foi emitido pelo autor, mas pelo parceiro de conta conjunta. Ora, o registro não foi assim particularizado. No banco de dados é registrado o título não pago, com indicação dos titulares da conta (conjunta, no caso, e encabeçada pelo autor, com assinatura ilegível); que o MM. Juiz de Primeira Instância comparou a assinatura do cheque com a constante da procuração do autor juntada aos autos para afirmar que não havia sido ele o emitente do título – até aí, tal fato não era conhecido; que a casa comercial Forte, quando registrou o cheque, não dispunha de tal informação; e que, assim, é de se julgar procedente o presente recurso, modificando-se o v. acórdão, julgando-se improcedente a demanda.

Recurso bem processado, com resposta. É o relatório.

Os embargos são rejeitados.

Como anotado no v. acórdão, no caso de conta conjunta "e/ou" existe solidariedade ativa nas relações entre o banco-devedor e os correntistas-credores, nos termos do art. 898 do CC.

Assim, qualquer dos correntistas pode exigir do banco a totalidade dos valores depositados na conta corrente. E o banco, por sua vez, exonera-se de suas obrigações pagando a qualquer um dos credores.

Pode haver solidariedade passiva – pois assim normalmente dispõem os contratos – dos correntistas para com o banco nos casos de descumprimento das obrigações contratuais.

Mas não se pode cogitar de solidariedade passiva dos correntistas perante terceiros. A dívida assumida por um dos correntistas, ao emitir um cheque, só obriga o signatário, já que inexiste qualquer previsão, seja pela lei seja pelo contrato, de solidariedade passiva.

É o que diz a Doutrina: Vilson Rodrigues Alves, *Responsabilidade Civil dos Estabelecimentos Bancários*, 1.ª ed., Bookseller, 1997, pág. 173; e Sérgio Carlos Covello, *Contratos Bancários*, 1.ª ed., Saraiva, 1981, págs. 105/6.

Também nesse sentido, os precedentes mencionados pelo acórdão embargado, entre outros: *RT* 558/112, 574/236, 617/102.

Em tais circunstâncias, verifica-se que agiu arbitrariamente a ré ao comunicar ao Serviço de Proteção ao Crédito que o autor havia emitido cheque sem fundos no irrisório valor de R$ 20,00, quando a emissão se deu por parte da ex-mulher do autor, também titular da conta conjunta.

Eventual poder normativo do Banco Central, a propósito da regulamentação das contas conjuntas, não pode ir ao ponto de atingir regras básicas de direito sobre a responsabilidade exclusiva da pessoa por seus próprios atos e sobre obrigações solidárias, as quais, como se sabe, só se originam da lei ou da vontade das partes - art. 896 do CC.

Observa-se, ainda, que a jurisprudência citada pela embargante é estranha ao caso dos autos e que não procede sua tentativa de lançar a responsabilidade sobre terceiros, pois a ré foi acionada em razão de ato próprio, ou seja, a irregular comunicação ao Serviço de Proteção ao Crédito.

Ante o exposto, rejeitam-se os embargos, adotados também os argumentos do v. acórdão embargado.

Fonte: LEX - TJSP - 2000 - Volume 227 - Página 241

❖❖❖

APELAÇÃO CÍVEL N. 128.426-4

Concordata - Preventiva - Restituição de mercadorias - Bois e vacas para abate - Prova de entrega no prazo legal - Restituição em pecúnia - Recurso provido.

Apelação Cível n. 128.426-4 - São Paulo - Apelante: I.C.D. - Apelada: F. Frigorífico Ltda. (Voto n. 12.851)

ACÓRDÃO

Concordata. Pedido de restituição. Bois e vacas entregues para abate. Indeferimento do pedido. Prova da entrega no prazo leal. Restituição em pecúnia. Recurso provido.

ACORDAM, em Quarta Câmara de Direito Privado do Tribunal de Justiça do Estado de São Paulo, por votação unânime, dar provimento ao recurso, de conformidade com o relatório e voto do Relator, que ficam fazendo parte do acórdão.

O julgamento teve a participação dos Desembargadores Cunha Cintra (Presidente) e J. G. Jacobina Rabello.

São Paulo, 23 de dezembro de 1999.

José Osório, Relator.

VOTO

Pedido de restituição de mercadoria, em concordata preventiva, foi julgado improcedente pela r. sentença de fls., cujo relatório é adotado, condenado o sucumbente nas custas e despesas processuais, e em honorários, estes fixados em 10% sobre o valor do pedido de restituição.

Apela o sucumbente, alegando, em síntese, que no dia 14 de abril último procedeu à alienação, para a apelada, de vinte bois e vinte vacas para abate; que, passados dez dias da referida venda, a apelada ingressou com pedido de concordata, tendo o favor sido deferido pelo MM. Juízo *a quo*; que referida situação se enquadra no disposto pelos arts. 76 e 166 da Lei de Falências; que a concordatária, ao se manifestar, invocou a Súmula 495 do STF, que estabelece não ser devida a restituição para os casos em que o devedor fizer prova de haver alienado os bens a terceiros; que, após ser intimada a comprovar a alienação dos bens, a apelada disse que após o abate não há mais como identificar-se de quem é a carne, mas acaba sendo contraditória e deixando entrever que é possível saber sua origem; que a apelada deve devolver o gado equivalente ou o correspondente em dinheiro; que, ao prever expressamente a obrigação da restituição de mercadorias entregues em até quinze dias antes do pedido da concordata, procurou o legislador coibir atitudes de má-fé por parte da interessada no requerimento do favor legal; que a empresa que pretende ingressar com pedido de concordata naturalmente começa a planejá-la em período de tempo muito superior aos quinze dias previstos em lei; que a apelada agiu com má-fé; que a restituição deve ser determinada, sob pena de rescisão do deferimento da concordata; e que, assim, é de se prover o presente recurso.

Recurso bem processado, com resposta.

A Dra. Promotora e o DD. Procurador de Justiça são pelo desprovimento.

É o relatório.

O recurso tem provimento, pois o digno magistrado não decidiu com o acerto habitual.

Está provada a entrega do gado 10 dias antes do pedido de concordata. A venda se fez a prazo.

Inexistindo os animais, abatidos que foram logo em seguida, impõe-se a devolução em dinheiro, como medida amparada pela lei (art. 76, § 2.º, da L.F.), pela jurisprudência (Súm. n. 495 do STF) e pela moral. Os bois não foram alienados para terceiro, foram transformados em carne e subprodutos.

Nenhum frigorífico compra gado, em condições de abate, e não os consome imediatamente.

Evidente a necessidade de determinar-se a restituição em dinheiro, sob pena de estimular-se o estratagema de muito comprar às vésperas do pedido de concordata, estratagema esse tão comum nesse tipo de atividade.

Ante o exposto, dá-se provimento ao recurso para julgar procedente o pedido e determinar a devolução em dinheiro.

Fonte: LEX - TJSP - 2000 - Volume 230 - Página 26

APELAÇÃO CÍVEL N. 139.191-4/4-00

ACÓRDÃO

Dano moral. Artigo em coluna esportiva de jornal. Trocadilho com nome de magistrado. Ação dirigida contra o jornalista e a empresa. Procedência. Apelo de ambas as partes. Inexistência de ânimo de injuriar. Sofrimento sem maior dimensão. Direito de crítica. Recurso dos réus provido, prejudicado o do autor.

Vistos, relatados e discutidos estes autos de Apelação Cível n. 139.191-4/4-00, da Comarca de São Paulo, em que são apelantes e reciprocamente apelados E.F.M. S/A, J.C.A.K. e M.G.: (Votos n. 14.408, 13.748 e 14.572)

ACORDAM, em Quarta Câmara de Direito Privado do Tribunal de Justiça do Estado de São Paulo, por maioria de votos, dar provimento ao recurso dos réus, prejudicado o do autor, de conformidade com o relatório e voto do Relator, que ficam fazendo parte integrante do presente julgado.

Participaram do julgamento os Desembargadores Munhoz Soares (Presidente e Revisor), vencido e J. G. Jacobina Rabello, vencedor, com declarações de voto.

São Paulo, 22 de fevereiro de 2002.

José Osório, Relator.

VOTO

Ação de indenização por dano moral promovida por Juiz de Direito contra a E.F.M. S.A. e jornalista, foi julgada procedente pela r. sentença de fls., cujo relatório é adotado, condenando os réus a indenizarem o autor em quantia correspondente a quinhentos salários mínimos, sob consideração de que o jornalista agiu de forma a desbordar os limites ao direito de expressão, causando prejuízos ao autor; e de que os trocadilhos feitos com o patronímico do autor feriram a sua honra e a de sua família, dada a grande publicidade do ato.

Embargos de declaração de ambas as partes foram desprovidos. Apelos também de ambas as partes.

Os réus alegam, em resumo, que o fundamento do pedido está no caráter ofensivo dos trocadilhos com o nome do autor; que as manifestações do co-réu foram inspiradas por estrito *animus jocandi*, sem qualquer nesga de intenção de injuriar ou difamar; que está abrigado pelo pensamento; que há fatos inomináveis no submundo do futebol, e o co-réu indignou-se com a sentença prolatada pelo autor, vindo a tecer os comentários que ensejaram esta demanda; que não há os alegados danos morais; que, embora a ironia e a crítica, o co-réu não foi desrespeitoso; que a paronímia é fato natural em diversas línguas; que só dois jogos de palavras foram utilizados: "não é gozação" e "cara de gozo", e tais frases não têm cunho ofensivo, degradante ou humilhante; que o laudo pericial destaca que o co-réu deu ampla publicidade a um fax enviado pelo autor a programa televisivo; que, na verdade, a ironia de que se serviu o co-réu serviu apenas para quebrar a aridez do tema a ser apresentado ao público leitor dos cadernos de esportes; que a crítica formulada pelo co-réu recai sobre os arrimos da decisão: a falta de prejuízos a terceiros e o fato de ser o futebol mero espetáculo cujo resultado final pouco importaria; que não há como falar-se em dano moral, no caso; que, na hipótese de se manter a r. sentença, deve-se baixar o valor da indenização, posto que o arbitrado levará a enriquecimento ilícito do apelado; que devem servir de parâmetros para fixação do *quantum* indenizatório os arts. 51 e ss da Lei de Imprensa; que o Código Brasileiro de Telecomunicações também prevê reparação do dano moral por calúnia ou injúria em nível máximo de cem salários mínimos; e que, assim, é de se dar provimento ao presente recurso.

O autor, à sua vez, alega que a r. sentença limitou a responsabilidade dos réus a 50% cada um, no valor arbitrado; que ele opôs embargos de declaração, mas os mesmos foram rejeitados; que a decisão precisa ser modificada; que na exordial se pediu que os réus fossem condenados pelos danos causados pela coluna publicada por J.K.; que, mais adiante, o autor frisou que pretende indenização em função de matéria publicada no jornal *Folha de São Paulo*; que não tem cabimento a condenação da TV Cultura em 50% do valor da indenização, pois que há ação autônoma para isso; que a condenação nos presentes autos deve estender-se apenas ao jornalista J. K. e à Empresa F. M.; e que, assim, é de se prover o presente recurso.

Recursos bem processados, com respostas. É o relatório.

A razão está com os réus-apelantes, *data venia*.

A demanda teve origem em expressões usadas pelo jornalista em sua coluna esportiva na *Folha de São Paulo*, de 16.06.96, e que teriam causado dano moral ao autor.

As expressões são as seguintes: "Não é gozação", constante do título do artigo; e ainda: "cara de gozo dos envolvidos", além de menção expressa a uma decisão do juiz M. G.

Diz o autor que a ligação das expressões com o seu patronímico (G.) o expôs ao ridículo, causando-lhe - e também aos seus familiares - forte constrangimento moral, justificador de reparação pecuniária.

A inicial refere-se também a um agravo de ordem profissional porque ficara a impressão de que o autor teria beneficiado indevidamente os acusados no processo-crime em que houve a indigitada decisão, pois o julgamento haveria ocorrido contra a prova dos autos, sem observância dos princípios legais (fls.).

Esta última acusação ficou perdida nos autos e a ela não mais se voltou. Aquela sentença, aliás, nem foi juntada a este processo.

Assim, o que está em jogo no momento é só a questão do trocadilho e a conseqüente reparação do dano moral por ele ocasionado.

Estão em conflito vários e relevantes valores éticos e jurídicos, exigindo-se muita ponderação por parte do julgador.

O autor é um digno magistrado, que cumpriu o seu ofício de julgar com imparcialidade e que decidiu de acordo com sua consciência. Quanto a isso não há a menor dúvida.

Os réus são um jornalista esportivo de bom conceito, também agindo no exercício de sua profissão; e uma conhecida empresa jornalística.

É fundamental examinar o contexto em que as expressões foram proferidas.

Havia uma campanha pela moralização das arbitragens no futebol paulista em razão de ter vindo a público fita gravada em que um árbitro se referia à manipulação de designações de árbitros e dos resultados dos jogos. Houve inquérito e denúncia por parte do Ministério Público.

O jornalista-réu empenhou-se na campanha e frustrou-se ao deparar com a sentença proferida pelo ora autor, de rejeição da denúncia.

Dirigiu suas críticas, então, contra o Judiciário e contra o prolator da decisão, ou seja, contra quem exerceu, de fato e de direito, o poder de decidir.

No ambiente da crítica esportiva, particularmente sobre futebol, é comuníssimo o uso do humor.

Ora, o humor é sempre contra alguém ou contra uma determinada situação. Não há humor a favor de alguém.

Natural, portanto, nos artigos daquela natureza, que apareça o humor contra alguma pessoa. A injuridicidade estará apenas no abuso do direito, o que ocorrerá se houver ofensa evidente a direito de outrem.

No caso dos autos, a crítica se deu de forma satírica. A sátira é gênero literário não proibido e se liga a uma crítica de comportamento (*ridendo castigat mores*).

Ziraldo Alves Pinto, que é um prático e um estudioso do assunto, indica a definição de sátira formulada pelo filósofo Bergson: é o rompimento do encadeamento de uma lógica. Diz ainda o autor brasileiro que "a sátira não é simplesmente o cômico porque ela é criativa, ela é uma invenção. A sátira é o que o brasileiro chama de gozação.[1]

É ainda fruto do humor e do inconformismo, sempre dirigidos contra quem exerce algum tipo de poder.

No caso em foco, vê-se que o jornalista ligou o conteúdo da decisão ao nome do juiz, o que efetivamente rompe qualquer encadeamento lógico do raciocínio. Mas o que é absurdo do ponto de vista lógico, é natural ao humor satírico, como se viu acima.

O humor está cada vez mais presente no mundo livre. Por isso mesmo já se disse que ele é a linguagem do século.[2] E está, em regra, ausente, ou perseguido, nos regimes e sociedades autoritárias, reconhecidamente mal-humoradas.[3]

Hoje já ninguém mais duvida de que as decisões judiciais são passíveis de críticas pela sociedade. Veja-se, a esse propósito, a citação de Darcy de Arruda Miranda nas razões de apelação às fls. A r. sentença apelada e o próprio autor o reconhecem.

Se a crítica é permitida, por certo que ela surgirá nos diversos setores da sociedade e na forma natural a esses setores.

Se se exigir que a crítica a uma sentença se faça em termos rigorosamente jurídicos, somente os bacharéis em Direito poderiam exercer o direito de crítica, com exclusão das demais pessoas, o que é inconcebível.

Os termos usados pelo jornalista seriam intoleráveis se utilizados em um congresso científico ou em um Tribunal, pois aí exigem-se linguagem formal e precisão lógica.

Mas os fatos se deram em simples artigo sobre o ambiente do futebol.

Tratou-se de simples trocadilho com o nome do juiz, uma piadinha, tolerável mesmo se dirigida contra um homem público, seja ele integrante de qualquer dos Poderes da República.

---

1. ALVES PINTO, Ziraldo, Ninguém entende de humor, *Revista de Cultura Vozes*, abril de 1970, volume inteiramente dedicado ao "Humor a Sério", p. 28.
2. Op. cit., p. 34.
3. MACKSEN, Luiz, *O triste bom humor brasileiro*, loc. cit., p. 63.

É claro que toda crítica a um julgamento, proferida fora dos autos, quanto à sua incorreção, injustiça, etc., causa desconforto e aborrecimento ao juiz. Mas são os ossos do ofício. Por isso mesmo, o juiz costuma reagir com superioridade, com senso de humor, com certo espírito esportivo.

Se o nome de uma pessoa sugere ou comporta trocadilhos, maior tolerância deve ter seu portador. Se as brincadeiras forem insuportáveis, cabe ao interessado pleitear a alteração do nome, como permite a Lei - art. 58 da Lei 6.015/73.

Este relator já teve oportunidade de dizer, com apoio em boa doutrina e no direito comparado:

> "Convém lembrar que não é qualquer dano moral que é indenizável. Os aborrecimentos, percalços, pequenas ofensas, não geram a dever de indenizar. O nobre instituto não tem por objetivo amparar as suscetibilidades exageradas. [...]
>
> Nem sempre é fácil saber quais os bens que merecem a tutela do direito e conseqüentemente quais os danos que devem ser indenizados.
>
> É preciso que haja um reconhecimento social, fruto de um juízo de conveniência sobre a necessidade e utilidade do bem a ser amparado de forma a haver harmonia entre o interesse individual e o social. O direito ao ressarcimento que abstratamente deve ser pleno em relação a todos os bens da vida que tenham sido lesados de qualquer modo sofre a limitação que o elemento social do direito impõe".[4]

Por outras palavras, embora caiba ao julgador dizer, em cada caso, qual o dano moral que merece proteção jurídica a ponto de ser indenizável, não deve ele, julgador, se valer apenas de seus critérios e humores pessoais e íntimos. Deve também e principalmente detectar e extrair os critérios e valores vigentes no ambiente social em que os fatos se deram. Ora, no quadro brasileiro, a tolerância é grande com esse tipo de crítica.

Na verdade, no presente caso ficou patente que não é possível olhar-se apenas para a dor moral sofrida pelo autor, ainda que humanamente compreensível e psicologicamente respeitável, pois - como já foi dito - muitos outros fatores, também respeitáveis, estão em jogo, tudo conduzindo à conclusão de que o dano sofrido não comporta indenização em dinheiro.

---

4. O dano moral e sua avaliação, *Revista do Advogado* n. 49, dez./96. p. 11.

Por todo o exposto e adotando também os argumentos do promotor Dr. Paulo José de Palma, dá-se provimento ao recurso dos réus para julgar improcedente a ação, condenado o autor nas custas e em honorários, fixados moderadamente em R$ 500,00 em favor de cada réu, prejudicado o recurso do autor.

Fonte: LEX - TJSP - 2003 - Volume 263 - Página 155

Observação:

Opostos embargos infringentes, foram eles acolhidos, preponderando, portanto, o voto vencido do Des. Munhoz Soares.

4

FAMÍLIA E SUCESSÕES

APELAÇÃO N. 336.427

MULHER CASADA - Exclusão da meação - Hipótese em que os negócios não beneficiaram a família - Embargos de terceiro procedentes - Recurso provido para esse fim.

Ap. 336.427 - 3.ª Câm. - Rel. Juiz José Osório - J. 13.3.85 - v. u.

ACÓRDÃO

Vistos, relatados e discutidos estes autos de Apelação 336.427, da comarca de São Vicente, sendo apelante R.C.V.L. e apelada A.T.M.I.:

ACORDAM, em Terceira Câmara do Primeiro Tribunal de Alçada Civil, por votação unânime, dar provimento ao recurso.

Embargos de terceiro em execuções cambiais e arresto, foram julgados improcedentes pela r. sentença de fls., cujo relatório adoto, condenada a embargante em custas e honorários de 15% do valor da causa.

Apelou a embargante, afirmando, em síntese, que as dívidas contraídas por seu marido não beneficiaram a família; que a embargada era amante de seu marido e que as dívidas se originaram de negócios entre eles; e que a r. sentença se firmou em meras suposições acabando por afrontar o Estatuto da Mulher Casada e a Jurisprudência dominante; tudo estando a recomendar a procedência dos embargos.

O recurso foi regularmente processado, com resposta que insiste em que a embargante não conseguiu comprovar que a dívida não tenha beneficiado a família. É o relatório.

O recurso está a merecer provimento.

Está comprovado nos autos que a embargada e o marido da embargante mantinham relações afetivas intimas. Embora a embargada tenha negado o fato em seu depoimento pessoal, as cartas exibidas não deixam qualquer dúvida a esse respeito.

Além disso, através do mesmo depoimento e dos documentos de fls., chega-se à conclusão de que o marido da embargante, como gerente e ex-gerente de banco, fazia aplicações de dinheiro para a embargada.

Também consta dos autos de forma clara que o nível de vida da família decresceu muito e que a embargante era ajudada continuamente por seus parentes de Minas Gerais.

Tais fatos são suficientes para demonstrar que os negócios entre a embargada e o marido da embargante não beneficiaram a embargante e aos filhos do casal. Uma vez comprovadas as relações comerciais entre os amantes, não é de exigir da embargante prova absoluta do fato negativo de que a dívida não tenha beneficiado a família. A partir daquela constatação, inverte-se com toda evidência, o ônus da prova, cumprindo à embargada provar o inusitado acontecimento de o dinheiro da amante beneficiar a mulher legítima.

Na verdade, o caso dos autos revela hipótese típica de aplicação das normas do Estatuto da Mulher Casada, devendo responder pela dívida apenas os bens do marido.

Diante do exposto, é dado provimento ao recurso para o fim de julgar procedentes os embargos e liberar a meação da embargante nos bens penhorados. Custas pela embargada, que pagará ainda honorários de Cr$ 1.000.000, com correção monetária a partir desta data.

Presidiu o julgamento, o Juiz Nelson Schiavi e dele participaram os Juízes Sousa Lima (revisor) e Luciano Leite.

São Paulo, 13 de março de 1985.

José Osório, Relator.

Fonte: *JTACSP-RT* 94/122-3

❖❖❖

EMBARGOS DE DECLARAÇÃO N. 125.290-1

CONCUBINATO – Indenização – Serviços prestados – Período de abrangência – Referência no acórdão – Desnecessidade – Interpretação da expressão "prestação de serviços" em matéria de concubinato – Omissão inocorrente – Embargos rejeitados.

PRESCRIÇÃO – Concubinato – Indenização – Serviços prestados por concubina – Pretensão fundada em convivência *more uxorio* – Inaplicabilidade do artigo 178, § 10, inciso V, do Código Civil - Prazo prescricional de vinte anos - Embargos rejeitados.

CONCUBINATO - Indenização - Serviços prestados - Ajuizamento contra espólio - Natureza remuneratória do legado admitida ao considerá-lo insuficiente - Pagamento, ademais, que se fará à custa do espólio como um todo - Omissão do acórdão inocorrente - Embargos rejeitados.

Embargos de Declaração n. 125.290-1 - São Paulo - Embargante: Espólio de O.D.O., representado por seu inventariante - Embargada: V.P.S.

ACÓRDÃO

ACORDAM, em Oitava Câmara Civil do Tribunal de Justiça, por votação unânime, rejeitar os embargos.

Diz o embargante que o acórdão não se pronunciou sobre qual o período abrangido pela indenização de Cr$ 7.000.000,00 concedida à embargada, cumprindo suprir a omissão em vista de anterior alegação da prescrição prevista no artigo 178, § 10, inciso V, do Código Civil, e em vista de limitação existente no pedido inicial; sendo certo também que não houve referência ao caráter remuneratório do legado deixado à embargante. Também não esclareceu sobre quais bens deve incidir a execução.

Diz mais que o acórdão é contraditório porque julgou procedente a ação apenas em parte e condenou o réu em honorários e na totalidade das custas.

Os embargos são rejeitados.

O acórdão não precisava se referir a períodos específicos abrangidos pela indenização. Em matéria de concubinato a expressão "prestação de serviços" não se refere a um determinado contrato típico previsto na lei civil. É expressão genérica que indica a causa da indenização perseguida em ação que tem a natureza da *in rem verso*, evitando o locupletamento de um em detrimento de outro (cf. Mário Moacyr Porto, "O concubinato e seus efeitos patrimoniais", in *Família e Casamento*, Editora Saraiva, 1988, pág. 401).

Daí também estar dispensada alusão ao prazo prescricional específico de locação de serviços. O Supremo Tribunal Federal, aliás, já deixou assentado que a prescrição, no caso, é a vintenária, pois

> "não se trata de pagamento de salários de serviçais, e sim de uma indenização em razão de convivência *more uxorio*, relativa a direito admitido, consagrado por reiterada jurisprudência. Como tal, ou seja, como criação jurisprudencial, não poderia ter prazo prescricional fixado em lei que é anterior à concepção e fixação na jurisprudência" (*RT*, vol. 563/234).

O acórdão referiu-se expressamente ao legado e o considerou insuficiente, admitindo, portanto, sua natureza remuneratória. Evidente também que o pagamento se fará à custa do espólio como um todo, não sendo caso de o acórdão dizer se é este ou aquele bem que deve ser vendido.

Também não há contradição no Julgado. A autora foi vitoriosa, sucumbido o réu em expressiva verba, sendo certo ainda que os honorários não foram fixados no percentual máximo.

Observe-se, por fim, em atenção ao nobre patrono do embargante, que se trata de matéria em que pululam as normas de justiça e eqüidade, sempre ligadas às peculiaridades de cada caso e que conferem razoável discrição à atuação do Julgador.

Diante do exposto, rejeitam os embargos.

O julgamento teve a participação dos Senhores Desembargadores Jorge Almeida (Presidente) e Villa da Costa, com votos vencedores.

São Paulo, 14 de novembro de 1990.

José Osório, Relator.

Fonte: LEX - TJSP - 1991 - Volume 132 - Página 358

❖❖❖

APELAÇÃO CÍVEL N. 130.360-1

TESTAMENTO – Anulação – Alegada ausência de lucidez e discernimento mental do testador – Inciso II do artigo 1.627 do Código Civil – Internações hospitalares sucessivas, culminando com posterior interdição – Estado de incapacidade demonstrado – Recurso provido.

Apelação Cível n. 130.360-1 – Ribeirão Preto – Apelantes: Espólio de P.M.M., representado por seu inventariante e S.B.F. – Apelados: Os mesmos e M.A.S. e outros.

ACÓRDÃO

ACORDAM, em Oitava Câmara Civil do Tribunal de Justiça, por votação unânime, dar provimento ao recurso do autor, prejudicado o do co-réu.

Ação de anulação de testamento desenvolvida pelo rito sumaríssimo foi julgada improcedente pela respeitável sentença de fls., cujo relatório é adotado.

Apelou o autor, insistindo na falta de capacidade mental do testador. Apelou também o co-réu S.S.K., pleiteando honorários.

Recurso bem processado, com resposta.

A Curadoria de Ausentes opina pelo improvimento dos recursos. A Curadoria de Resíduos opina pelo provimento do recurso do co-réu e improvimento do recurso do autor. A douta Procuradoria-Geral da Justiça é pelo provimento do recurso do autor.

É o relatório.

VOTO

O recurso do autor tem provimento.

O testamento anulando foi lavrado em 30.5.75. Cerca de um mês antes, em 27.4.75, o testador deixava hospital psiquiátrico, em que esteve internado por um mês e meio. Menos de um ano depois, era decretada sua interdição, por sentença de 18.3.76. Sete dias depois, o interdito comparece a cartório e revoga o testamento.

A aplicação meramente técnica do Direito levou a resultado incongruente: o ato jurídico de revogação não produziu efeitos, porque praticado por um absolutamente incapaz; mas o ato revogando produziu efeitos porque não se provou que, no momento do ato, o agente não tinha discernimento. Tal solução não pode subsistir.

A prova é abundante para revelar a incapacidade mental do testador, mesmo que ainda não interditado. Os autos revelam uma sucessão impressionante de internações e de prática de atos insensatos por parte do testador.

Disse o Perito, no processo de interdição, 10 meses depois do testamento: "O paciente deixa de possuir plena responsabilidade pelos seus atos, quando acometido por qualquer das crises, onde passa a viver e atuar em função de seu delírio; fora delas, o seu comportamento assemelha-se àquele de sua infância; é inseguro, imaturo, vulnerável frente à agressividade e à desonestidade. Existem momentos em que o paciente pode auto-reger-se e mesmo administrar seus bens; porém são raros e é difícil determiná-los" (fls.).

Por aí se vê que o comum, o ordinário, na vida do infeliz testador era o estado de incapacidade. Delirante nas crises, indefeso fora delas. Os bons momentos eram raros e de difícil determinação.

A circunstância de o tabelião nada haver notado de anormal não é decisivo. É, aliás, o que ordinariamente acontece. O importante é a sucessão de internações e as graves conclusões médicas.

No longínquo ano de 1958, o testador já apresentava graves desvios mentais, que culminaram com sua aposentadoria compulsória do Serviço

Público (fls.). Esteve internado no Sanatório Santa Catarina, em 1958, 1959, 1965 e 1967, com graves distúrbios, de natureza crônica (fls.). No Sanatório Esquirol esteve internado em 1962, 1972, 1974 e 1975, ocasião e local em que faleceu.

Em suma, a doença mental ficou francamente demonstrada pelos laudos e depoimentos constantes dos autos.

É o suficiente para a procedência da ação.

Nos termos do artigo 1.627 do Código Civil, são incapazes de testar:

II – Os loucos de todo o gênero;

III – Os que, ao testar, não estejam em seu perfeito juízo.

O caso dos autos insere-se na hipótese do inciso II: a existência da loucura, ainda que o testador não fosse interdito. Apenas para quem não é louco é que há necessidade de se provar a falta de siso no ato de testar.

Trata-se de matéria já resolvida no Direito Brasileiro. Mestre Orozimbo Nonato cita José Tavares: "Por isso a doutrina considera bastante a prova de que o testador num período... próximo do ato testamentário se encontrava num estado de alienação mental que o tornava incapaz de testar conscienciosamente...".

E prossegue o famoso Ministro do Supremo Tribunal Federal, em sua linguagem saborosa:

> "E a doutrina mostra-se racionável e benemérita de aceitação, uma vez aplicada ao caso do inciso II do artigo 1.627 (loucos) e não ao do inciso III do mesmo artigo, que versa hipótese de insânia transeunte [...].
>
> No caso de insânia habitual, a prova se torna, assim, menos diabólica e, demonstrado que antes e depois do testamento ela ocorria, provado fica quanto ao momento intermédio: *datis extremis et media tempora infirmitatis mentis praesumitur*".
>
> A presunção se firma aqui em fundamentos inconvelíveis.
>
> "[...] Em abreviado, a prova de alienação mental, fácil e irrefragável quando se trata de interdito, tornar-se- ia diabólica, se exigida quanto ao momento exato, ao instante mesmo em que se fez o testamento. Bastará a prova da demência proximamente antes e depois do ato.
>
> [...] Nulos são os atos praticados pelo louco, posto não interdito, pois a interdição, como disse PONTES DE MIRANDA, apenas declara a *infirmitas mentis*" (*Estudos sobre Sucessão Testamentária*, Editora Forense, 1957, vol. I/393-4).

Nem há que se falar em intervalo lúcido, consoante se vê da lição de Beviláqua: "A incapacidade do louco subsiste ainda nos lúcidos intervalos, aos quais não se referiu o Código, por não considerar que as remissões transitórias, às vezes apenas aparentes, importem cessação do mal" (*Código Civil*, obs. n. 2 ao artigo 1.627).

Por todo o exposto, é dado provimento ao recurso para julgar procedente a ação, na forma do pedido, condenados os réus contestantes nas custas e em honorários de 20% do valor da condenação. Prejudicado o recurso do co-réu.

O julgamento teve a participação dos Senhores Desembargadores Jorge Almeida (Presidente sem voto), Régis de Oliveira e Fonseca Tavares, com votos vencedores.

São Paulo, 12 de dezembro de 1990.

José Osório, Relator.

Fonte: LEX - TJSP - 1992 - Volume 135 - Página 250

APELAÇÃO CÍVEL N. 137.544-1

ACÓRDÃO

Vistos, relatados e discutidas estes autos de Apelação Cível n. 137.544-1, da comarca de São Paulo, em que é apelante F.D.C, sendo apelada M.R.P:

ACORDAM, em Oitava Câmara Civil do Tribunal de Justiça, por votação unânime, negar provimento ao recurso.

Em ação de nulidade de regime de bens e retificação de registro de casamento, foi o autor considerado carecedor da ação pela r. sentença de fls., cujo relatório é adotado, sob consideração de ausência de interesse processual.

Apelou o vencido, alegando, em resumo, ser nulo de pleno direito o regime adotado, que foi o da comunhão universal, obrigatório o da separação, nos termos dos arts. 258, par. 1.º, e 226, por infração do art. 183, XIII, todos do Código Civil; que, tratando-se de ato nulo, não podia produzir qualquer efeito; que ele, autor, incidiu em mero e escusável erro ao informar, quando do segundo casamento, não possuir bens, pois era titular de simples promessa de direitos, não registrada, sobre pequena casa residencial; que a questão está profundamente examinada em parecer do Prof. Washington de

Barros Monteiro, especial para o caso dos autos; que é despiciendo o fato de as partes já estarem separadas judicialmente, porquanto não houve partilha, nem estão divorciadas, tudo estando a exigir o provimento do recurso para afastar a carência, prosseguindo-se na instrução.

O recurso foi bem processado, com resposta, destacando o acerto da decisão.

Os pareceres são pelo provimento.

Este o relatório.

O recurso não tem provimento.

O autor casou-se em primeiras núpcias com Da. A.N.C., em 1952, a qual veio a falecer em 1975, deixando dois filhos do casal, nascidos em 1953 e 1962, não sendo aberto o respectivo inventário. Em 1977, antes da entrada em vigor da Lei do Divórcio, o autor se casa com a ré, em segundas núpcias, sob o regime da comunhão universal, que foi o que vigorou durante os dez anos da vida comum, já que o casal se separou judicialmente em 1987. Do acordo de separação, constou a existência de um bem a ser partilhado oportunamente, a casa de residência do casal, adquirida por compromisso anterior ao segundo casamento, lavrada a escritura de venda em 1983, na vigência da nova sociedade conjugal. Cerca de um ano depois, é proposta a presente ação, sob alegação de nulidade do regime da comunhão universal.

O MM. Juiz considerou que falta ao autor interesse processual por dois motivos, ou seja, porque já extinto o regime de bens pela separação judicial e porque é dos filhos o interesse protegido pela lei ao impor o regime da separação.

A questão foi bem solucionada, ficando apenas a observação de que, em regra, qualquer dos cônjuges tem interesse e legitimidade para requerer a anulação do registro.

Mas não no caso dos autos, em que outros e relevantes fatores não podem deixar de ser considerados.

Sabe-se que, em matéria de invalidade do negócio jurídico, todo radicalismo é condenável. A ordem jurídica gradua a condenação do negócio defeituoso desde o reconhecimento da própria inexistência do ato até da simples irregularidade. Mesmo no campo da nulidade e da anulabilidade, há negócios mais intensamente nulos ou anuláveis.

Assim é que a Jurisprudência sabiamente tem afastado a nulidade da adoção do regime da comunhão, por infração ao disposto no art. 183, XIII, do CC, nos casos em que inexistiram filhos ou bens no primeiro casamento. Mesmo existindo, também se afasta a nulidade quando não há risco de confusão de patrimônios em razão do novo casamento.

Não se pode, portanto, *data venia* de opiniões em contrário, enfrentar-se a questão apenas através de raciocínios meramente lógicos que levam em conta certos preceitos e certos silogismos em torno da nulidade.

O caso dos autos apresenta a grande peculiaridade de o autor querer anular parte de um negócio jurídico já extinto. A jurisprudência por ele citada previu hipóteses muito diferentes e não pode ser levada em consideração.

O regime de bens é conseqüência do casamento e interessa à sociedade conjugal. Esta extinguiu-se solenemente pelo desquite, pela separação judicial, depois de 10 anos de vigência. Durante todo esse tempo, o regime que o autor diz ser nulo de pleno direito produziu, concreta e existencialmente, grande quantidade de efeitos, muitos dos quais em benefício dele, autor. A mulher trouxe para a comunhão dois imóveis, que foram vendidos pelos cônjuges em plena vigência da sociedade conjugal, cujos preços integraram o patrimônio comum e beneficiaram a ambos, inclusive ao marido, evidentemente. No momento da separação, que pôs fim à sociedade conjugal (art. 22 da Lei 6.515/77), só havia a ser partilhado o imóvel trazido pelo marido, que agora alega nulidade do regime da comunhão.

Trata-se de comportamento reprovável, de má-fé evidente, que jamais poderá ser prestigiado em nome de interpretações literais de um texto de lei cujo rigor vem sendo continuamente amenizado pela Jurisprudência.

A atitude contraditória do réu, que adota um regime de bens e dele se beneficia para depois argüir-lhe nulidade, agride a ordem jurídica e impede-lhe a discussão do caso. O mesmo não ocorre com seus filhos, que continuam donos do que herdaram da mãe, nada impedindo que exijam o que é de seus direitos.

A invocação do ato nulo, em decorrência de vício de forma, por quem lhe deu causa, sempre traz alguma perplexidade. Lembra o eminente Menezes Cordeiro a esse propósito que:

> "Desde o antigo Direito romano, todo o progresso jurídico tem operado contra o formalismo, na busca de soluções materiais verdadeiras. O combate não está ganho, embora se deva reconhecer a possibilidade da permanência justificada de um mínimo de forma, em casos específicos" (*Da Boa Fé no Direito Civil*, Coimbra, 1984, p. 772).

Esses casos específicos são aqueles que respeitam grandemente à ordem jurídica e social, são os casos de nulidade intensa e grave. Não, como no caso dos autos, em que está em jogo um regime de bens de uma sociedade conjugal extinta.

O fato de as partes ainda não estarem divorciadas é inteiramente despiciendo. Regime de bens entende com a sociedade conjugal e não com o vínculo matrimonial propriamente dito.

Por todo o exposto, é negado provimento ao recurso e confirmada a r. sentença, inclusive por seus fundamentos.

O julgamento teve a participação dos Desembargadores Régis de Oliveira e Fonseca Tavares, com votos vencedores.

São Paulo, 10 de abril de 1991.

José Osório, Presidente e Relator.

Fonte: Arquivo pessoal e TJSP

AGRAVO DE INSTRUMENTO N. 165.111-1

ACÓRDÃO

Vistos, relatados e discutidos estes autos de Agravo de Instrumento n. 165.111-1, da Comarca de Santo André, em que é agravante E.R.R, inventariante do Espólio de N.B.R., sendo agravado o Juízo:

ACORDAM, em Oitava Câmara civil do Tribunal de Justiça, por votação unânime, dar provimento ao recurso, de conformidade com o relatório e o voto do Relator, que ficam fazendo parte integrante do presente julgado.

O julgamento teve a participação dos Desembargadores Villa da Costa (Presidente) e Fonseca Tavares, com votos vencedores.

São Paulo, 1.º de julho de 1992.

José Osório, Relator.

VOTO

Viúva-meeira e inventariante insurge-se contra despacho (fls. deste instrumento), que mandou retificar o plano de partilha de forma a constar reposição em dinheiro, em nome das menores, sob fundamento de ser inviável a constituição de condomínio sobre direitos referentes a linha telefônica.

Sem resposta e com sustentação, subiram os autos.

Os pareceres do MP são pelo improvimento.

É o relatório.

O falecido deixou pequeno imóvel residencial, com cinco metros de frente, em bairro operário; uma linha telefônica e uma mínima caderneta de poupança. Os sucessores são a viúva e três filhas menores. O plano de partilha foi o mais sensato e corriqueiro: metade para a viúva e 1/6 para cada filha, com o que todos poderão continuar morando no imóvel e usufruindo do telefone.

O plano encontrou obstáculo nos entendimentos do MM. Juiz e do Dr. Curador, para os quais o telefone só pode constar em nome de um único herdeiro, incompatível o condomínio com a natureza daquele serviço público, tudo com apoio na Portaria n. 663/79 do Ministério das Comunicações e em precedente da E. 7.ª Câmara (Ap. 121.854-1), dando razão à Concessionária. E para o MP, o bem não poderia ficar apenas em nome da viúva, com risco para o patrimônio das menores, necessária reposição em dinheiro em favor delas.

O MM. Juiz, contudo, não decidiu com o acerto habitual.

A manter-se a solução encontrada, haverá grave prejuízo para os interessados e para a ordem jurídica.

Como se viu acima, os sucessores são gente humilde, perderam o marido e pai, evidente a inviabilidade prática de a viúva adquirir e repor em dinheiro a parte das menores. A consequência seria trágica, ou seja, a alienação de um dos bens, com o que a família perderia o teto ou a usufruição do relevante serviço público, duramente conquistado num plano de expansão (fls.). É verdade que sempre seria possível deixar o telefone somente com a viúva, que receberia parte ideal menor no imóvel. Mas haveria necessidade de avaliação, cuja onerosidade também está acima da força dos sucessores. Daí o compreensível espanto e o justo inconformismo do ilustre patrono da agravante com a decisão agravada.

Há, no caso, dois interesses que precisam ser considerados.

O dos proprietários, relevantíssimo, consistente em autêntico direito subjetivo, amparado constitucionalmente, em várias passagens, entendendo com os direitos da pessoa, da família, da criança, etc. Aliás, raramente se vê hipótese em que a defesa do direito de propriedade e de sua função social (C.F. art. 5.º, XXII e XXIII) se torne tão evidente e necessária.

O interesse da Concessionária, de forte conotação pública, também está presente e merece consideração na medida em que não é possível aplicar-se ao caso, na sua inteireza, o regime tradicional do condomínio, segundo o qual qualquer condômino pode exercer seus direitos sobre a integralidade do bem, com as conseqüências daí decorrentes, consoante se vê do art. 623 e seguintes do CC. Com efeito, haveria incompreensível vantagem dos condôminos-assinantes de linha telefônica em relação aos proprietários individuais, com dificuldades – talvez intransponíveis – para a prestadora do serviço público.

Foi esse raciocínio que orientou a E. 7.ª Câmara no precedente já aludido, que fez preponderar exclusivamente o interesse da Concessionária, tendo em vista a natureza pública do serviço prestado, conforme a invocada lição do preclaro Celso Antonio Bandeira de Mello.

A existência, contudo, de portaria ministerial a apoiar a tese então vencedora constitui circunstância inteiramente irrelevante para o deslinde da grave questão jurídica, que só pode ser enfrentada segundo a lei e os princípios.

A solução pode ser encontrada na aplicação analógica do artigo 28 da Lei de Sociedades Anônimas (Lei 6.404/76), que consagra velho preceito a respeito, especificamente, do condomínio, procurando conciliar – como se faz necessário no caso dos autos – o interesse individual do acionista com o coletivo, da companhia.

Diz o mencionado artigo que a ação é indivisível em relação à companhia. E o parágrafo único esclarece que, pertencendo a ação a mais de uma pessoa, os direitos por ela conferidos serão exercidos pelo representante do condomínio.

A indivisibilidade da ação, portanto, só ocorre em relação à sociedade.

> "Em relação aos seus proprietários, ensina Fran Martins, as ações podem ser possuídas por muitas pessoas, o que comumente acontece em caso de sucessão *mortis causa*. Ocorrendo esse fato, representará a ação um condomínio, regendo-se os direitos referentes à mesma pelas regras comuns do condomínio. Assim os direitos de sócios serão exercidos por um representante dos co-proprietários, que os exercerá plenamente como se ação pertencesse apenas a uma pessoa. O representante deve ser escolhido pelos condôminos, e os demais, não escolhidos, não terão ação contra a sociedade e sim contra o representante" (*Comentários à Lei das Sociedades Anônimas*, 1.ª ed., p. 169/170).

Adotados tais princípios, vê-se que é perfeitamente viável a constituição de condomínio sobre os direitos à linha telefônica, considerados, porém, indivisíveis tais direitos perante a Concessionária do serviço público.

Assim é que fica decidido:

1 – A partilha se fará na forma proposta, ou seja, mantido o condomínio da casa e da linha telefônica;

2 – A administração do condomínio cabe naturalmente à mãe, que está no exercício do pátrio poder e é a administradora legal dos bens dos filhos (art. 385 do CC).

3 – Perante a Concessionária, a propriedade da linha é considerada individualmente, constando apenas o nome da mãe, com a anotação de que nenhuma transferência poderá ser feita sem autorização do Juízo do inventário, até a maioridade das herdeiras.

Por todo o exposto, é dado provimento ao recurso, para os fins acima.

São Paulo, 30 de junho de 1992.

José Osório.

Fonte: Arquivo pessoal e TJSP

❖❖❖

AGRAVO DE INSTRUMENTO N. 195.669-1

INVENTÁRIO – Marido e mulher – Separação dos processos – Bem único indivisível, pertencente por metade a cada um dos falecidos – Irrelevância – Hipótese de herdeiros diferentes – Artigo 1.043 do Código de Processo Civil – Deferimento do pedido – Recurso provido.

Inventários só se processam conjuntamente em raras hipóteses, em regra quando os herdeiros são os mesmos, consoante se vê de disposição expressa do artigo 1.043 do Código de Processo Civil.

Agravo de Instrumento n. 195.669-1 – Osasco – Agravantes: Antônio A. R. e outras – Agravado: O Juízo.

ACÓRDÃO

ACORDAM, em Oitava Câmara Civil do Tribunal de Justiça, por votação unânime, dar provimento ao recurso, de conformidade com o voto do Relator, que fica fazendo parte integrante do presente julgado.

O julgamento teve a participação dos Senhores Desembargadores Villa da Costa (Presidente sem voto), Fonseca Tavares e Jorge Almeida, com votos vencedores.

São Paulo, 7 de abril de 1993.

José Osório, Relator.

VOTO

Em processo de inventários de marido e mulher, insurgem-se os herdeiros do primeiro contra despacho (fls. deste instrumento) que indeferiu pedido de emenda de inicial a fim de excluir o pedido de processamento do inventário da mulher, prosseguindo-se com o do marido. Alegam, em síntese, não haver qualquer impedimento legal à pretensão.

Com sustentação, subiram os autos.

É o relatório.

Os agravantes são os únicos filhos do primeiro casamento de Daniel J.R., falecido em 19.6.84. Daniel casou-se em segundas núpcias com Maria da Conceição F.R., falecida em 11.1.89, não deixando filhos ou herdeiros conhecidos.

Requereram a abertura de ambos os inventários conjuntamente, tendo por objeto um único bem, que pertencia por metade a cada um dos falecidos.

Havendo percalço na sucessão de Maria da Conceição, que teria prometido à venda a terceira pessoa sua parte ideal, os herdeiros de Daniel, ora agravantes, requereram a exclusão do inventário de Maria, prosseguindo-se o processo apenas com o inventário de Daniel.

O Meritíssimo Juiz indeferiu o pedido, sob consideração de se tratar do mesmo e indivisível bem.

Não decidiu, contudo, com o habitual acerto, evidente o equívoco do respeitável despacho. O fato de o bem ser indivisível não tem qualquer conseqüência para efeito de inventário. A herança é coisa universal, constituída de bens da mais variada natureza (artigo 57 do Código Civil). O bem deixado por Daniel consiste numa metade ideal, que não se confunde com a metade ideal deixada por Maria. São duas sucessões e dois acervos, que não precisam, nem devem ser objeto de um só processo de inventário.

Inventários só se processam conjuntamente em raras hipóteses, em regra quando os herdeiros são os mesmos, consoante se vê de disposição expressa do artigo 1.043 do Código de Processo Civil.

Não é o caso dos autos, em que se sabe que os herdeiros não são os mesmos.

Havendo dificuldade para o prosseguimento do inventário de Maria, não há impedimento - aliás, tudo está a recomendar - à separação dos respectivos processos de inventários, prosseguindo apenas, nestes autos, o inventário de Daniel. Afinal, os herdeiros deste têm todo o direito de inventariar aquilo que seu pai deixou para eles, independentemente da indivisibilidade do bem e da existência de eventuais problemas na sucessão de sua madrasta.

Por todo o exposto, é dado provimento ao recurso.

Fonte: LEX - TJSP - 1993 - Volume 147 - Página 205

MANDADO DE SEGURANÇA N. 198.089-1

MANDADO DE SEGURANÇA – Ato judicial – Argumentos já veiculados em agravo de instrumento contra a mesma decisão – Efeito suspensivo desse recurso não pleiteado – Irrelevância, em face da alegada violação de direito líquido e certo – Segurança conhecida.

PROVA – Produção – Separação judicial – Adultério – Comprovação mediante apresentação de gravações de conversas telefônicas do cônjuge – Ilicitude da prova – Artigo 5.º, incisos X, XII e LVI, da Constituição da República – Segurança denegada.

ACÓRDÃO

ACORDAM, em Oitava Câmara Civil do Tribunal de Justiça do Estado de São Paulo, por votação unânime, denegar a segurança, de conformidade com o relatório e voto do Relator, que ficam fazendo parte integrante do presente julgado.

O julgamento teve a participação dos Senhores Desembargadores Villa da Costa (Presidente) e Antônio Marson, com votos vencedores.

São Paulo, 15 de setembro de 1993.

José Osório, Relator.

VOTO

Trata-se de mandado de segurança impetrado por autor de ação de separação judicial na qual pretende seja reconhecida a culpa da ré que, segundo alega, tê-lo-ia injuriado e seria infiel. Pretende, mediante o presente *writ*, cassar parte da decisão aqui reproduzida às fls., na qual o Meritíssimo Juiz indeferiu perícia técnica sobre gravações de conversas telefônicas entre a ré e conhecidos, dentre os quais o indigitado amante, gravações essas feitas pelo próprio autor, ora impetrante. Alega que foram todas obtidas por meios lícitos em sua própria casa, e restringi-las implicaria cerceamento de defesa.

A liminar foi concedida.

Prestou informações a autoridade.

Manifestou-se a litisconsorte levantando preliminar de impossibilidade de impetração da ordem, pois que traz os mesmos argumentos já veiculados em agravo de instrumento contra a mesma decisão, requerendo a extinção do feito. No mérito, destaca o acerto do despacho.

A liminar teve seus efeitos ampliados às fls., com determinação de realização de perícia científica nas fitas magnéticas.

Manifestou-se ainda uma vez a litisconsorte, pedindo reconsideração do despacho de fls., que foi mantido.

A Douta Procuradoria-Geral de Justiça manifestou-se pela concessão da ordem. É o relatório.

Conhece-se do pedido. O impetrante não estava obrigado a pedir efeito suspensivo ao seu agravo. Desde que entendia haver violação de direito líquido e certo, podia impetrar a segurança. Trata-se de proteção constitucional que não deve ser limitada por questiúnculas.

Conhecido o mandado de segurança, é ele denegado.

A questão está em saber se o despacho do impetrado afastando prova consistente em escuta de conversas telefônicas da mulher teria violado direito líquido e certo do marido.

A razão está com a mulher.

O direito positivo brasileiro já não oferece maiores dificuldades a esse respeito.

Tão claras são as disposições constitucionais em que se baseou o impetrado que convém transcrevê-las:

> "Art. 5.º [...] X – são invioláveis a intimidade, a vida privada, a honra e a imagem das pessoas, assegurado o direito à indenização pelo dano material ou moral decorrente de sua violação; [...] XII – é inviolável o sigilo da correspondência e das comunicações telegráficas, de dados e das comunicações telefônicas, salvo, no último caso, por ordem judicial, nas hipóteses e na forma que a lei estabelecer para fins de investigação criminal ou instrução processual penal; [...] LVI – são inadmissíveis, no processo, as provas obtidas por meios ilícitos".

Diante de disposições tão claras, o despacho do impetrado não pode ser tido como violador de qualquer direito do impetrante, muito menos direito líquido e certo.

O valor ético e jurídico do interesse da mulher, no caso, supera, em muito, o do marido. Este alega que houve cerceamento de defesa. Contudo, se a prova foi obtida por meio ilícito, essa prova é proibida e não se pode cogitar de cerceamento de defesa. Além disso, ele, marido, tem à sua disposição inúmeros outros meios para comprovar o alegado adultério. E a intimidade da mulher foi flagrantemente afrontada. Já se foi o tempo em que se podia tolerar esse tipo de policiamento conjugal.

O fundamento do despacho de fls., que manteve e ampliou a liminar, segundo o qual também teria havido interesse da mulher na realização da perícia, não procede, *data venia*. O que disse a mulher foi apenas que "caso, por absurdo", fosse admitida a gravação, seria necessária perícia para transcrição e autenticação da fita magnética (fls.). Na verdade, a tônica de todas as manifestações da mulher, ora interveniente, foi no sentido de prestigiar, obviamente, o despacho do impetrado.

Também por outro motivo deve ser afastado esse tipo de prova nos litígios matrimoniais. Freqüentemente ele serve de instrumento de pressão psicológica, moral e econômica na hora da partilha.

O despacho está muito bem fundamentado, com apoio em boa Doutrina e boa Jurisprudência, motivo por que seus argumentos são adotados.

Fonte: LEX - TJSP - 1993 - Volume 149 - Página 192

❖❖❖

AGRAVO DE INSTRUMENTO N. 204.231-1/5

ACÓRDÃO

Vistos, relatados e discutidos estes autos de Agravo de Instrumento n. 204.231-1/5, da Comarca de São Paulo, em que são agravantes F.C.D, inventariante do Espólio de R.C.D. e outros herdeiros, sendo agravada A.R.R.D. (Voto n. 7928):

ACORDAM, em Oitava Câmara Civil do Tribunal de Justiça do Estado de São Paulo, por votação unânime, dar provimento ao recurso, de conformidade com o relatório e voto do Relator, que ficam fazendo parte integrante do presente julgado.

O julgamento teve a participação dos Desembargadores Villa da Costa (Presidente) e Antônio Marson, com votos vencedores.

São Paulo, 15 de setembro de 1993.

José Osório, Relator.

VOTO

Trata-se de agravo de instrumento contra o despacho aqui reproduzido a fls., mediante o qual, em autos de inventário, após solicitação do inventariante para expedição de alvará de levantamento de restituição de imposto de renda do finado, referente ao exercício de 1992, o MM. Juiz determinou o depósito da meação da viúva.

Alegam os agravantes, em resumo, que o finado era casado pelo regime de separação de bens desde 1988 com a agravada; que o *de cujus* era aposentado e, além dos rendimentos provenientes de aposentadoria, recebia aluguéis de diversos imóveis que possuía desde antes do casamento com a agravada; que, dado o regime de bens por que se casaram, a viúva não é meeira; que durante o casamento com a agravada não houve acréscimo ao patrimônio que o falecido já tinha; e que, assim, deve-se prover o recurso, reformando-se o despacho e se desobrigando os agravantes do depósito de 50% (cinqüenta por cento) da devolução do imposto de renda do exercício de 92.

Recurso bem processado, com resposta em que a agravada sustenta o acerto do despacho e diz que os bens que originaram as rendas cujo imposto agora é devolvido foram adquiridos na constância do casamento do finado com a agravada.

É o relatório.

O recurso tem provimento.

Os agravantes são filhos do primeiro casamento e são os únicos herdeiros de F.R.D., que, em segundas núpcias, se casou com a agravada. O regime de bens adotado neste segundo casamento foi o da separação legal, nos termos do art. 258, par. único, II, do CC, porquanto ele com mais de sessenta e ela com mais de cinqüenta anos.

No curso do inventário, os herdeiros pediram alvará para levantamento da importância da devolução do imposto de renda. O MM. Juiz deferiu o pedido por metade, determinando o depósito da meação da viúva-agravada.

Sua Exa., contudo, não decidiu com o acerto habitual.

A agravada não é meeira, incompatível essa situação jurídica com o regime de bens do casamento.

Poder-se-ia dizer que ela pode ser meeira dos bens adquiridos na constância do casamento, nos termos do art. 2S9 do CC e da Súmula 377 do STF.

Não é o caso, porém.

O fundamento da Jurisprudência consagrada por tal súmula está no princípio que veda o enriquecimento sem causa, por força do qual não se pode atribuir a um só dos cônjuges o patrimônio adquirido pelo esforço comum, ainda que a contribuição de um deles haja sido indireta.

Na hipótese dos autos, o casamento durou cerca de quatro anos e não há dúvida de que o valor que se quer levantar refere-se aos rendimentos produzidos pelos vários bens integrantes do patrimônio exclusivo do falecido.

Rendimentos e frutos são bens acessórios, acompanham o destino do principal (arts. 60 e 59 do CC). Como acessórios, permanecem na patrimônio que os gerou.

Esse ponto de vista encontra apoio no ensinamento de José Lamartine Corrêa de Oliveira e Francisco José Ferreira Muniz, para quem: "As rendas de um capital (aluguel, juros, etc.), em princípio, entram no patrimônio que compreende esse capital. Assim os frutos produzidos pelos bens de qualquer dos cônjuges são de sua exclusiva propriedade" (*Direito de Família*, Sérgio A. Fabris Ed., 1990, p. 424).

Diz-se "em princípio" porque a lei pode dispor em sentido contrário, como acontece no regime da comunhão parcial de bens, em que os frutos do patrimônio particular dos cônjuges pertencem a ambos.

A Jurisprudência vem esclarecendo o correto alcance da Súmula 377. O próprio STF deixou assentado: "Tratando-se da comunhão de aqüestos no regime de separação legal, não diverge a decisão que a limita aos bens adquiridos pelo esforço comum, com exclusão dos havidos por doação ou herança" (*RT* 535/230, rel. Min. Xavier de Albuquerque).

Se até o bem principal não adquirido pelo esforço comum não entra na comunhão, com maior razão não deve entrar o acessório.

Veja-se também fundado acórdão do TJRJ, com a seguinte ementa: "No casamento, com separação obrigatória, há comunicação dos aqüestos adquiridos a título oneroso. Não se comunicam os bens adquiridos a título gratuito ou com o produto de alienação de bens existentes anteriormente ao matrimônio" (*RT* 542/184, rel. Des. Graccho Aurélio).

A mesma razão de decidir está presente no caso dos frutos dos bens anteriormente adquiridos.

Por todo o exposto, dão provimento ao recurso.

José Osório.

Fonte: Arquivo pessoal e TJSP

EMBARGOS INFRINGENTES N. 182.305-1

INVENTÁRIO – Concubina – Meação de bens – Inadmissibilidade – Sociedade de fato inexistente – Ausência do necessário convívio, com reflexos patrimoniais – Embargos recebidos – Votos vencedor e vencido.

Embargos Infringentes n. 182.305-1 – Paraguaçu Paulista – Embargante: Espólio de T.R. – Embargada: L.C.M.

ACÓRDÃO

ACORDAM, em Oitava Câmara Civil do Tribunal de Justiça do Estado de São Paulo, por maioria de votos, receber os embargos, de conformidade com o relatório e voto do Relator, que ficam fazendo parte integrante do presente julgado.

O julgamento teve a participação dos Senhores Desembargadores Villa da Costa (Presidente com voto vencido declarado), Antônio Marson (com declaração) e Fonseca Tavares, com votos vencedores e Jorge Almeida, vencido.

São Paulo, 27 de outubro de 1993.

José Osório, Relator.

VOTO

Em ação de concubina visando à meação de bens, promovida contra o espólio de seu falecido companheiro, entendeu o Meritíssimo Juiz, como se vê da sentença de fls., ser improcedente a demanda.

Apelou a vencida, e o venerando acórdão de fls., cujo relatório é adotado, reformou a sentença, dando provimento parcial ao apelo, determinando fossem partilhados os bens adquiridos após meados de 1963, de conformidade com os votos vencedores dos Desembargadores Villa da Costa e Jorge Almeida.

Ficou vencido o Desembargador Fonseca Tavares, que mantinha a sentença.

Com apoio no venerando voto vencido foram opostos os presentes embargos, sob alegação, em síntese, de que não houve contribuição da embargada para formação do patrimônio deixado pelo falecido; de que cada qual *de cujus* e embargada, tinha sua casa, e não havia obstáculos a que vivessem juntos, razão pela qual só o não fizeram por não querê-lo; de que o prédio para cuja construção diz a embargada ter contribuído, sob alegação de conhecer o finado desde 1961, estava inscrito no Cartório de Registro de Imóveis desde 1955; de que só assiste razão ao Desembargador Fonseca Tavares, pois o finado morava numa cidade e a embargada em outra, não havendo sequer condições de se admitir a existência de união estável, assemalhada à entidade familiar; de que a casa alugada em comum pelo Senhor Terêncio e pela embargada serviu apenas para encontros amorosos, e não só para eles: também para amigos do finado; e de que, fartas as evidências da ausência do necessário convívio, com reflexos patrimoniais, é de se reformar o venerando acórdão, de conformidade com o venerando voto vencido, julgando-se improcedente a demanda.

Recurso bem processado, com impugnação destacando o acerto do acórdão. É o relatório.

Os embargos são recebidos.

É verdade que houve longo relacionamento afetivo entre a autora, ora embargada, e o falecido T.R. A quantidade de cartas, fotografias e outros documentos existentes nos autos, bem como a prova testemunhal, não deixam dúvida quanto à existência do relacionamento.

Mas não se caracterizou o tipo de concubinato que gera efeitos patrimoniais, isto é, o concubinato que se assemelha ao casamento, em que há vida comum, pública, comunhão de esforços e de interesses.

T.R. morava com sua mãe e irmãos em Paraguaçu Paulista, onde mantinham estabelecimento de venda de calçados, quando começou a se relacionar com a autora. Mudou-se com a mãe e um irmão para Dourados-MS, a cerca de quinhentos quilômetros de Paraguaçu Paulista, e lá se estabeleceu e se projetou, econômica e socialmente. Quando faleceu, muitos anos depois, foi notícia de jornal.

Dourados era o centro de suas operações. Aí estava a sua casa, o seu lar, com sua mãe. Viajava com a autora, principalmente para São Paulo e Santa Catarina, locais em que tinha apartamentos. Ia com certa freqüência a Paraguaçu Paulista. Aí montou uma casa onde ficara com a autora.

Mas a autora não morava nessa casa. Tinha a própria. E o que é mais importante: a autora não foi morar em Dourados, nem freqüentou essa cidade, exatamente aquela em que T. vivia intensamente seus negócios e sua vida social.

T.R. não era homem, ao que consta, de viver sem mulher. Evidente que tinha outras em Dourados. Ao morrer, estava com L.P., a "Paraguaia", que aparece com ele em fotografias, que residia em Campo Grande-MS, com quem também viajou e para quem enviou móveis e tecidos. Veja-se a nota fiscal de fls.: o destinatário é T.R. e o endereço é de L.P. No velório, quem estava presente era L.P.

De tudo resulta que não se pode caracterizar como autêntico concubinato o relacionamento que existiu entre a autora e T.R.

Muito menos se pode dizer que tenha a autora contribuído de alguma forma para a formação de patrimônio comum. Como já foi dito, ela ficava a quinhentos quilômetros de Dourados. E o estabelecimento de Paraguaçu Paulista era cuidado por um dos irmãos de T.R., os quais não se davam bem com a autora. As contas conjuntas entre T.R. e a autora eram de mínimo movimento. Se ela participasse dos negócios de T.R., o quadro probatório seria inteiramente diverso.

T.R. procurava amparar a autora, enviando-lhe algum dinheiro, indicando-a como beneficiária no INPS e destinando-lhe um seguro.

Mas daí não se pode concluir que tenha existido entre eles comunhão de vida semelhante a um casamento. Inteiramente injurídico, *data venia*, atribuir-se à autora meação de patrimônio como se existisse casamento, e casamento sob regime da comunhão universal de bens.

Por tais motivos, recebem os embargos, restaurando-se a respeitável sentença.

Fonte: LEX - TJSP - 1994 - Volume 154 - Página 238

❖❖❖

EMBARGOS INFRINGENTES N. 126.575-1/1-03

ACÓRDÃO

Vistos, relatados e discutidos estes autos de Embargos Infringentes n. 126.575-1/1-03, da Comarca de São Paulo, em que é embargante P.C., sendo embargada R.N.:

ACORDAM, em Oitava Câmara Civil do Tribunal de Justiça do Estado de São Paulo, por maioria de votos, rejeitar os embargos, de conformidade com o relatório e voto do Relator, que fazem parte do presente acórdão.

O julgamento teve a participação dos Desembargadores Osvaldo Caron (Presidente, sem voto), Felipe Ferreira, Villa da Costa e Fonseca Tavares, com votos vencedores, e Ferreira Conti, com voto vencido.

São Paulo, 18 de maio de 1994.

José Osório, Relator.

Ferreira Conti, Vencido, com declaração de voto em separado.

VOTO

Ação de alimentos foi extinta sem julgamento de mérito pela r. sentença de fls., considerando o MM. Juiz que em ação anterior a representante da ora autora já havia transigido com o réu a respeito da paternidade da menina, tendo-se operado a coisa julgada, só se podendo modificar a decisão por meio de ação rescisória.

Apelou a sucumbente, pretendendo a reforma da sentença para que se prosseguisse até final julgamento de mérito.

O v. acórdão de fls., cujo relatório é adotado, de conformidade com os votos vencedores dos Desembargadores Villa da Costa e Fonseca Tavares, assim determinou.

Ficou vencido o Desembargador Ferreira Conti, cujo voto, esposando o entendimento de que, ante a existência da coisa julgada, necessário propor-se ação rescisória, mantinha a sentença.

Com apoio no v. voto vencido foram opostos os presentes embargos, alegando o recorrente, em síntese, que o acórdão destruiu uma sentença com trânsito em julgado – onde está a violar a CF, arts. 1.º, 60, § 4.º, I, e 92; que a transação entre as partes foi objeto de decisão judicial, e alberga a confissão da representante legal da menor, de que não manteve relações sexuais com o ora embargante na época da concepção de sua filha; que no caso não houve concessões mútuas, mas sim confissão por parte da mãe da autora; que só mesmo o juízo rescisório para desconstituir a sentença mencionada, de acordo com o art. 352, VIII, do CPC; que há diferença entre o ato do juiz que homologa desistência da ação e o que homologa conciliação, devendo-se observar o art. 158, par. único, o 449, o 584, III, e o 329, todos do CPC; que o embargante não está de acordo com a interpretação dada pelo acórdão da *RT* 607/61, ao art. 485, VIII, do CPC; que há de se distinguir a transação judicial da extrajudicial reconhecendo-se que o inciso VIII retrocitado não se aplica à segunda espécie, observando-se o disposto no art. 448 do CPC; que o interesse público sobrepõe-se ao das partes, razão pela qual, tendo o juiz possibilidade de recusar a homologação da transação, o fato de homologá-la, após parecer do curador de família, diante dos advogados das partes, implica um completo julgamento de mérito, com coisa julgada se não há recurso; que, se a confissão da mãe da menor tivesse sido feita em depoimento pessoal, o juiz acabaria por extinguir a ação. Faz ampla análise do art. 485, VIII, relacionando-o com os incisos do 269 do CPC, cita o art. 329 do mesmo diploma legal, o inciso IX daquele art. 485, o art. 352, VIII, também do CPC, da qual desistiu a autora, tendo a maioria, neste aspecto, decidido *ultra petita*.

Recurso bem processado, com resposta destacando o acerto do acórdão e requerendo não sejam conhecidos os embargos no ponto em que extrapolaram os parâmetros do voto vencido.

É o relatório.

Os fatos assim se resumem: no Estado do Paraná, filha recém-nascida move ação de alimentos contra o pretenso pai e este move ação declaratória negativa de paternidade. As partes fazem acordo: a mãe da menor dá declaração que interessa ao indigitado pai (fls.), recebe, ao que consta, algum dinheiro (fls.), desiste da ação de alimentos e, na declaratória, as partes transigem, mediante "mútuas concessões" (fls.). A transação é homologada por sentença, após concordância do Ministério Público. Pela presente ação, a filha renova a pretensão de alimentos, no que foi impedida pelo MM Juiz, reformada a decisão por maioria de votos.

Os embargos são rejeitados, porquanto a r. sentença e o v. voto vencido não podem mesmo subsistir, *data venia*.

A r. sentença reconhece expressamente que se tratava de direito indisponível, mas que a controvérsia só poderia ser dirimida no juízo rescisório, com o que concordou o v. voto vencido.

O embargante apega-se apaixonadamente à tese, havendo oposto dois embargos de declaração e impetrado um mandado de segurança.

O motivo é compreensível: esgotou-se há muito o prazo de dois anos para a propositura da ação rescisória, e a rediscussão da matéria, nesse campo, tornou-se impossível.

Apenas com essa consideração já se vê a insubsistência da tese: o direito indisponível (de saber quem é o pai e de exigir-lhe alimentos), na prática, teria sido disposto, definitivamente..., tudo por força de regras de direito adjetivo e de acordos impossíveis.

Se a menor tem direito próprio, mais que vitalício, indisponível, de saber quem é o seu pai, a esse direito haverá sempre de corresponder uma ação que o assegura (art. 75 do CC), qualquer que tenha sido o acordo celebrado por sua representante legal e qualquer que seja o juízo ou tribunal que o tenha homologado.

Georges Lutzesco, o clássico da teoria das nulidades, ressalta, ao tratar das nulidades absolutas, que: "En primer término, el derecho contractual no puede modificar o afectar, de ninguna manera, lo que concierne al estado y capacidad de las personas. Estas sobre las cuales no puede abrigarse ninguna intención especulativa" (*Teoría y Práctica de las Nulidades*, 3.ª ed. castelhana, 1975, p. 251).

A questão da invalidade dos atos é encarada pela ordem jurídica segundo a graduação da gravidade da ofensa aos valores jurídicos. Diz J. Dias Marques que:

> "Algumas vezes, na verdade, sucede que a imperfeição de que o acto sofre é de tal modo grave que o Direito considera não dever, desde logo e actualmente, atribuir-lhe as conseqüências jurídicas que ao respectivo tipo correspondem. O acto, porque desconforme com o tipo legal, não vale como acto desse tipo; e essa ausência de valor jurídico é algo que resulta imediata e automaticamente da comparação do tipo (abstrato) com o acto (concreto). Comparacão que pode ser feita por qualquer pessoa, não havendo da parte seja de quem for a obrigação de conformar-se com os comandos a cuja criação o acto nulo, no espírito dos seus autores, por ventura se dirigia.
>
> A invalidade é, pois, neste caso, sanção que existe por mera e automática aplicação da lei. Daí resulta, portanto, que haja de ser invocável a todo o tempo e por todos quantos tenham interesse na sua invocação [...]. Assim como, por outro lado devem os tribunais, em face dos actos nulos de que tomem conhecimento em algum processo, abster-se de tirar deles quaisquer efeitos jurídicos próprios do respectivo tipo (efeitos típicos)" (*Noções Elementares de Direito Civil*, Lisboa, 1973, p. 90).

Por tudo se vê que a transação teve por objeto direito indisponível, não pode produzir o efeito desejado.

Mas o ato nulo, ao contrário do que se costuma dizer, pode produzir efeitos, mas serão outros que não os desejados.

"Su realización [do ato] puede", diz K. Larenz, "tener efectos jurídicos distintos de los pretendidos por el por las partes – así, un deber de resarcimiento de daños, una sanción o pena reglamentaria – y principalmente puede fundamentar una relación de liquidación" (*Derecho Civil, Parte General*, 1978, p. 624).

Isso é dito para deixar claro que o tal acordo não produz efeitos em relação à menor, cujos direitos não podiam ser objeto de ato dispositivo. Não, porém, com referência à sua representante legal, que se conduziu, s.m.j., de forma contraditória, pouco ética e pouco jurídica, à medida em que celebra acordo, recebe dinheiro e dá o acordo por inválido.

Por todo o exposto, e adotados também os sólidos fundamentos do v. acórdão e do voto vencedor declarado, rejeitam-se os embargos.

José Osório.

Fonte: Arquivo pessoal e TJSP

APELAÇÃO N. 213.465-1

AÇÃO – Cumulação de pedidos – Conversão da separação em divórcio e declaração de nulidade da escritura de pacto antenupcial – Incompatibilidade material entre os pedidos – Violação ao artigo 292, § 1.º, inciso I, do Código de Processo Civil – Recurso provido para, afastada a extinção do processo, prosseguir apenas com a ação anulatória.

PROCESSO – Extinção – Cumulação de pedidos incompatíveis – Inadmissibilidade – Aplicação da regra *utile per inutile non vitiatur* – Extirpação de um dos pedidos – Extinção afastada – Recurso provido para esse fim.

ACÓRDÃO

ACORDAM, em Oitava Câmara Civil do Tribunal de Justiça do Estado de São Paulo, por votação unânime, dar parcial provimento ao recurso, de conformidade com o relatório e voto do Relator, que ficam fazendo parte do acórdão.

O julgamento teve a participação dos Senhores Desembargadores Osvaldo Caron (Presidente) e Walter Theodósio, com votos vencedores.

São Paulo, 28 de setembro de 1994.

José Osório, Relator.

VOTO

Trata-se de ação de conversão de separação judicial em divórcio, cumulada com a anulação de escritura de pacto antenupcial.

Opinara a Doutora Promotora, antes da sentença, pela extinção do feito, porque a partilha dos bens não houvera sido homologada juntamente com a separação e, mais que isso, pela impossibilidade de cumulação dos dois ritos processuais.

Com apoio no parecer do Ministério Público o Meritíssimo Juiz extinguiu o feito, sem julgamento de mérito, pela respeitável sentença de fls.

Apela o autor, alegando, em resumo, que o Meritíssimo Juiz incidiu em erro, pois o único bem imóvel que poderia ser considerado bem do casal já era de propriedade exclusiva do apelante antes da celebração do casamento; que os demais bens, todos móveis, já foram divididos, como se pode ver às fls.; que o artigo 31 da Lei n. 6.515, de 1977, deve ser interpretado de modo sistemático; que devem ser observados os artigos 41 e 43 da Lei n. 6.515 e artigo 1.121 do Código de Processo Civil; que o artigo 292 do Código de Processo Civil, em seu § 2.º, é uma norma que permite a conversão de ações de rito especial para o rito ordinário em casos de cumulação quando devam correr pelo segundo rito; que o apelante optou pelo rito ordinário, como amparo da lei; que há doutrina favorável ao seu posicionamento; que o Juiz poderia ao menos ter reconhecido a nulidade do pacto antenupcial, obedecendo ao princípio *utile per inutile non vitiatur*; que o preceito do artigo 258, inciso II, do Código Civil, é de ordem pública, sendo nula a escritura; e que a sentença, por ofender, além dos dispositivos já citados, os artigos 248 e 249 do Código de Processo Civil, é nula também; que foram ofendidos os incisos XXXVI, *a*, e XXXV, do artigo 5.º da Constituição da República e que, assim, é de se reformar a respeitável sentença, dando-se procedência à demanda.

Recurso bem processado, com resposta destacando o acerto da sentença.

A Doutora Promotora e a douta Procuradoria-Geral da Justiça são pelo desprovimento. É o relatório.

O recurso tem provimento apenas em parte.

O autor cumulou o pedido de conversão de separação em divórcio com o pedido de declaração de nulidade de escritura de pacto antenupcial.

A cumulação pretendida é inviável diante dos termos peremptórios do inciso I do § 1.º do artigo 292 do Código de Processo Civil, exigindo, como requisito de admissibilidade da cumulação, que os pedidos sejam compatíveis entre si.

Não se trata de mera questão de ritos, como insiste o autor-apelante. Há incompatibilidade material entre os pedidos.

As ações não podem mesmo ser processadas conjuntamente. Em primeiro lugar e necessariamente, há que se resolver a questão da alegada nulidade do pacto antenupcial. Afastada a nulidade, a ação de conversão não pode ser julgada, por falta da anterior partilha (artigo 31 da Lei n. 6.515, de 1977). Reconhecida a nulidade, a ação de conversão também não pode ser julgada, pois há pontos peculiares da partilha a serem esclarecidos. As duas ações teriam de correr paralelamente, exigindo provas distintas, autônomas e desconexas entre si.

Mas também não é caso de extinção pura e simples do processo.

Incide no caso a regra *utile per inutile non vitiatur*, bem lembrada nas razões do apelo.

Nada impede que se extirpe o pedido de conversão, processando-se a ação anulatória.

É o que recomenda Pontes de Miranda: "Não se sacrifica o que é separável, [...], máxime se o sacrifício do elemento se basearia na não-miscibilidade ou na impossibilidade de junção do outro elemento; se a não se pode juntar a b, b é que há de ser repelido" (*Comentários ao Código de Processo Civil*, 1974, pág. 97).

Nesse sentido e com esse apoio: *JTACSP*, vol. 33/86, respeitável Garrigós Vinhaes, recebendo a aprovação do eminente Theotonio Negrão (n. 4 ao artigo 292 do *Código de Processo Civil*, 24.ª ed.).

Diante do exposto, é dado parcial provimento ao recurso para afastar a extinção do processo, prosseguindo-se apenas com a ação anulatória.

Fonte: LEX - TJSP - 1995 - Volume 165 - Página 9

❖❖❖

AGRAVO DE INSTRUMENTO N. 245.914-1

INVENTÁRIO - Imóveis - Herdeiros maiores e capazes - Alvará para a venda e partilha do preço - Ausência de impedimento legal - Deferimento - Recurso provido - Voto vencido.

Capazes os herdeiros e finda a fase de inventário, não há impedimento legal para a venda dos bens e partilha do preço.

Agravo de Instrumento n. 245.914-1 - São Paulo - Agravantes: A.M.S., sua mulher e outros - Agravado: O Juízo.

ACÓRDÃO

Inventário - Partilha - Herdeiros maiores e capazes - Alvará para a venda dos dois únicos imóveis e partilha do preço - Possibilidade - Recurso provido.

Capazes os herdeiros e finda a fase de inventário, não há impedimento legal para a venda dos bens e partilha do preço.

ACORDAM, em Oitava Câmara Civil do Tribunal de Justiça do Estado de São Paulo, por maioria de votos, dar provimento ao recurso, de conformidade com o relatório e voto do Relator designado, que ficam fazendo parte integrante do presente julgado.

Participaram do julgamento os Senhores Desembargadores Walter Theodósio (Presidente sem voto), Osvaldo Caron, com voto vencedor, e Fonseca Tavares, vencido, com declaração de voto.

São Paulo, 3 de abril de 1995.

José Osório, Relator designado.

VOTO

Trata-se de agravo de instrumento contra o respeitável despacho de fls. que, em autos de inventário, indeferiu pedido de alvarás formulado pelos herdeiros.

Alegam os agravantes que a partilha será realizada da maneira mais cômoda, pois os herdeiros são muitos, e eventuais outros procedimentos, que não o amigável, só fariam opor obstáculos ao fim pretendido.

Recurso bem processado, sem resposta.

O despacho foi sustentado.

É o relatório.

Dá-se provimento ao recurso.

O inventário foi aberto em 1991. O acervo é constituído de dois pequenos imóveis em Pirituba e Francisco Morato, na Grande São Paulo. Os herdeiros são dezessete, irmãos e sobrinhos do falecido, muitos deles residentes no Paraná, os irmãos com respeitável idade, pois até os sobrinhos são maiores e capazes.

A obrigatoriedade de inventário judicial foi cumprida, já se sabendo quais são os herdeiros e quais os bens. Só falta a partilha.

Todos os interessados já anuíram na mesma, isto é, querem transformar os bens indivisíveis em divisíveis, vendendo os imóveis e repartindo o dinheiro.

Não há qualquer obstáculo legal ao pretendido, pois a partilha amigável vai ocorrer, apenas vai ter por objeto o dinheiro. A solução encontrada é inteligente, pouco burocrática e pouco dispendiosa, evitando-se um volumoso formal de partilha, com os riscos comuns de incorreções, que entravariam o registro imobiliário de dezessete transmissões, o que vai onerar gravemente o pequeno espólio.

Também não há ofensa ao princípio da continuidade do registro: transmitente será o espólio do falecido, como acontece diariamente em todos os casos de vendas por espólio autorizadas por alvará. A única diferença é que se trata dos dois imóveis e não de um só.

É do interesse da Justiça pôr fim à partilha, que corre o risco de arrastar-se com eventual morte de algum dos muitos herdeiros.

Nesse mesmo sentido já decidiu esta Câmara - Agravo de Instrumento n. 231.642-1, deste Relator.

Fica a observação de que, caso não tenha sido recolhido o imposto de transmissão *causa mortis*, deverá ser exigido depósito de valor suficiente para tanto.

Diante do exposto, é dado provimento ao recurso.

Fonte: LEX - TJSP - 1995 - Volume 172 - Página 206

❖❖❖

APELAÇÃO CÍVEL N. 235.685-1

RECURSO - Prazo - Tempestividade - Petição protocolada poucos minutos após as 18:00 horas - Expediente que se encontrava aberto e o protocolo funcionando - Aplicação imediata, ademais, da Lei Federal n. 8.952, de 1994, que alterou o artigo 172 do Código de Processo Civil - Recurso conhecido.

SUCESSÃO - Legatário - Exclusão por indignidade - Ação ajuizada pelo filho do falecido - Legitimidade de parte e interesse de agir - Recurso não provido.

SUCESSÃO - Legatário - Assassinato do autor da herança alegado - Negativa da autoria reconhecida pelo Tribunal do Júri - Coisa julgada no âmbito civil inocorrente - Indignidade para herdar declarada com base nas provas do Juízo Cível - Recurso não provido.

Se a absolvição no Júri se dá por negativa do fato ou da autoria, por não se saber o seu fundamento, que pode ser apenas dúvida quanto a uma daquelas circunstâncias, não se opera a coisa julgada no âmbito civil.

Apelação Cível n. 235.685-1 - Pereira Barreto - Apelante: D.R. - Apelado: C.R.J.F.

ACÓRDÃO

Exclusão de Legatário - Desnecessidade de sentença penal condenatória - Suficiente o reconhecimento por sentença em ação ordinária no Juízo Cível - Recurso desprovido.

ACORDAM, em Oitava Câmara Civil do Tribunal de Justiça do Estado de São Paulo, por votação unânime, negar provimento aos recursos, de conformidade com o relatório e voto do Relator, que ficam fazendo parte do acórdão.

O julgamento teve participação dos Senhores Desembargadores Walter Theodósio (Presidente) e Osvaldo Caron, com votos vencedores.

São Paulo, 14 de junho de 1995.

José Osório, Relator.

VOTO

Ação de exclusão de legatária foi promovida por filho contra a ex-concubina de seu falecido pai, sob alegação de que ela o haveria assassinado e escondido seu cadáver, ameaçada que fora pelo concubino de perder mandato que este lhe outorgara para gerir seus bens. Como na esfera criminal a ré foi absolvida, reconhecida a negativa de autoria, o Meritíssimo Juiz prolatou a sentença de improcedência da demanda de fls.

Com apelo do autor, subiram os autos; e o acórdão de fls. deu provimento ao recurso, determinando o retorno para produção de prova oral.

Feita a prova, a respeitável sentença de fls., cujo relatório é adotado, julgou procedente a demanda, excluindo a ré da sucessão de J.W.J.

Apela a sucumbente, reavivando agravo retido, onde pugnava pela falta de interesse e legitimidade do autor da presente demanda, filho do finado. No mérito, aduz que foi absolvida na esfera penal, não havendo como se a excluir da sucessão do finado concubino; que a indignidade depende de sentença penal para aperfeiçoar-se; que se o Tribunal do Júri a absolveu, ninguém mais pode condená-la; que se está a afrontar decisão judicial; que foi absolvida por duas vezes consecutivas; que não matou o concubino, não sendo aceitável que se apresentem supostas novas provas para reverter julgamento já proferido; que em momento algum se conseguiu provar a indignidade; que a prova testemunhal é inconcludente e dúbia, isso quando não é favorável a ela; que o conjunto probatório é imprestável, e o Juiz, inexplicavelmente, erigiu esse conjunto em prova suficiente para excluí-la da sucessão; que os elementos coligidos nos autos jamais permitiriam as conclusões tiradas pelo Doutor Promotor e pelo Meritíssimo Juiz; que as testemunhas ouvidas na Polícia sequer merecem crédito, pois inquiridas por Delegado suspeito, que também testemunhou nestes autos, e tem interesse em justificar seu erro ao indiciar a ora apelante; que está sendo condenada por versões cinematográficas da realidade; que vivia bem com o concubino, e isto está provado nos autos; e que, assim, é de se reformar a sentença, julgando-se improcedente a demanda. Cita o Código Civil, artigos 1.171, 1.596 e 1.595, e o Código de Processo Civil, artigo 333, inciso I.

Recurso bem processado, com resposta exaltando o acerto da sentença. O Doutor Promotor é pelo desprovimento.

A douta Procuradoria-Geral da Justiça, igualmente, é pelo desprovimento.

Após a manifestação da Procuradoria-Geral da Justiça o autor-apelado junta petição em que argúi a extemporaneidade do recurso da ré.

É o relatório.

1. Conhece-se do recurso. Irrelevante o fato de a petição ter sido protocolada dezessete minutos após as 18:00 h. O feito teve lentíssimo processamento, o que exige agora interpretação liberal, de forma a desconsiderar esses poucos minutos. O fato é que o expediente estava aberto e o protocolo funcionando.

Mais ainda: A Lei n. 8.952, de 13.12.94, alterou a redação do artigo 172 do Código de Processo Civil e alargou o período para a prática dos autos processuais, que vai agora das seis às vinte horas, servindo de forte diretriz para a interpretação liberal por parte do Juiz. Além disso, trata-se de lei processual, de aplicação imediata, inclusive aos casos em andamento.

2. O agravo retido não tem provimento. Manifesta a existência de interesse e de legitimidade por parte do autor, que é filho do falecido. Afastada a ré da sucessão, maior será o acervo a ser partilhado entre os herdeiros legítimos, ainda que tenha havido doações anteriores. Não está em jogo, aqui, a extensão da legítima dos filhos e sim a exclusão da legatária, com o que os herdeiros irão receber quinhão mais extenso.

3. Em relação ao mérito, também não tem razão a ré-apelante.

A questão dos efeitos da sentença penal proferida pelo Tribunal do Júri, absolvendo a ré, já está definitivamente resolvida no âmbito do presente processo.

Em anterior julgamento (fls.) esta Câmara anulou a sentença que havia considerado procedente a ação como conseqüência automática da decisão penal absolutória. O acórdão transitou em julgado.

Convém, contudo, lembrar que o Tribunal apoiou-se no parecer da douta Procuradoria-Geral da Justiça, da lavra do Doutor Vicente Greco Filho, que assim se pronunciou:

> "A respeitável sentença é nula e seu fundamento equivocado.
>
> No Júri, a sentença absolutória faz coisa julgada quando reconhece a legítima defesa, porque a votação se faz sobre todos os seus elementos. Se, todavia, a absolvição se dá por negativa do fato ou da autoria (negativa do primeiro quesito), como aconteceu no caso dos autos, por não se saber o fundamento da absolvição, que pode ser

> apenas dúvida quanto a uma daquelas circunstâncias, não se opera a coisa julgada no âmbito civil. Isso sustentamos em nosso *Manual de Processo Penal*, pág. 294, Editora Saraiva, 1991, e tem sido o entendimento desse Egrégio Tribunal.
>
> Nesses termos, tem o apelante o direito de produzir prova a respeito do fato que constitui a causa de pedir, tendo sido o julgamento anterior realizado com precipitação, cerceando a atividade probatória da parte, além de, *data venia*, ter sido equivocado o fundamento da sentença" (fls.).

Nesse mesmo sentido, os pronunciamentos de Júlio Fabbrini Mirabete e Damásio Evangelista de Jesus, trazidos pelo Doutor Promotor.

A prova foi então produzida e a ação julgada procedente, apelando a ré.

Cuida-se, agora, de reexaminar-se essa prova, que, inclusive por força da coisa julgada, não pode ser desconsiderada, como quer a ré.

Em suma, a questão do julgamento pelo Júri está inteiramente superada.

4. Para a declaração de indignidade não há necessidade de condenação do herdeiro ou legatário na esfera penal. O que é preciso é o reconhecimento por sentença em ação ordinária no Juízo Cível (artigo 1.596), como está ocorrendo no presente feito.

Nesse sentido, o ensinamento da doutrina:

> "Para que os interessados tenham o direito de promover a exclusão do criminoso, o legislador brasileiro não exige a condenação por sentença penal. A indignidade deve ser declarada, uma vez que se prove no Juízo Cível a causa que a legitima. A decisão civil não se acha subordinada à decisão criminal. Quer isto dizer que, se o Ministério Público deixar de instaurar o processo contra o delinqüente ou o representante legal do ofendido não oferecer a queixa que lhe compete, nem assim, em frente da desídia do primeiro ou da indiferença do segundo, fica tolhida a propositura da ação tendente a excluir da sucessão o herdeiro, ou legatário, que matou ou tentou matar o autor da herança" (Hermenegildo de Barros, "Direito das Sucessões", in *Manual do Código Civil*, de Paulo Lacerda, vol. XVIII/339).

5. Examinada a prova dos autos, vê-se que a presente ação é de manifesta procedência.

A ré, dona D.R., manteve concubinato, por cerca de vinte anos, com J.W.J.F., havendo filho comum, Maurício José. D.R. havia sido aquinhoada, por testamento, com a metade disponível dos bens de J.W.J.F., que também lhe outorgou procuração com amplos poderes para administrar a Fazenda C.P., região de Pereira Barreto.

O casal já não vivia bem, com atritos freqüentes. A ré era infiel a J.W.J.F., tendo relacionamento amoroso com A.B.S., jovem empregado da fazenda. Resolvendo revogar a procuração, J.W.J.F. dirigiu-se à fazenda, juntamente com o filho comum, M. Nunca mais foram vistos.

Os corpos foram encontrados muitos meses depois, em um poço abandonado em um pasto da fazenda, em área arrendada para terceiro. Os corpos estavam esquartejados. Nessa ocasião, A.B.S., também conhecido por "Di", já estava morto. Teria se suicidado cerca de seis meses antes.

Em seu primeiro depoimento (fls.), a ré reconhece que J.W.J.F. e M. chegaram de táxi à fazenda, em fim de julho/79. Como o táxi havia sido dispensado, disse ela que levou o filho e o concubino para a cidade, na madrugada seguinte, deixando-os na estação rodoviária. Disse que em agosto seguinte recebeu telefonema deles, do Rio de Janeiro, tendo sido essa a última vez que falou com eles. Disse também que havia sido abandonada por "Diva".

Posteriormente a ré deu outra versão aos fatos: J.W.J.F. atirou nela e o filho pôs-se à sua frente, recebendo o disparo e morrendo. Ela desmaiou e acordou na cama, com "Di", que lhe disse ter atirado em J.W.J.F. e lançado os corpos no rio.

Esta última versão, além de inverossímel, é desmentida pela prova dos autos.

O motorista de táxi confirmou haver levado pai e filho à fazenda. A namorada do filho sabia que ele fora à fazenda para voltar logo e o ficou esperando até as três horas da madrugada. A escrevente que preparara a escritura de revogação de procuração, escritura essa que foi exibida sem ter sido assinada, também confirmou os fatos. Os corpos não foram lançados no rio, mas em um poço abandonado, em lugar ermo, depois aterrado, a mando da ré, fato incontroverso diante do testemunho dos funcionários da Prefeitura de Itapura, que executaram o aterro.

Tudo está confirmado pelo minucioso depoimento do Doutor Wagner Lombisani (fls.), o Delegado que desvendou o crime. Seu testemunho nada tem de suspeito, como quer fazer crer a ré. Era conhecido do casal, sem animosidade para com a ré. O fato de ter feito o relatório com pedido de prisão preventiva (decretada) não o torna suspeito, como é curial. Como também não pode ser tido por suspeito em razão de ter sido procurado pela família legítima de J.W., inconformada com o misterioso desaparecimento dele.

Para justificar haver ficado tanto tempo sem levar sua versão dos fatos à Polícia (morte de J.W.J.F. por "Di"), a ré diz que era ameaçada por este.

Nada mais inverídico. “Di” morreu mais de seis meses depois do duplo homicídio. Passaram-se cerca de onze meses sem que a ré nada falasse... “Di” era um rapaz pobre e inculto, cerca de vinte e cinco anos mais moço que a ré, funcionária pública aposentada, empresária, de personalidade forte. Chegou a fazer publicação em jornal dizendo que não se responsabilizava pelas dívidas do primeiro concubino, o dono da fazenda (!), do qual era mera mandatária. Somente ela poderia pressionar “Di”. Nunca o contrário.

A alegação de que a revogação da procuração não exigia a presença da Procuradora é secundária. A escrevente assim entendia, consoante depôs, e isso é que é importante. Particularmente no caso dos autos, em que estava em jogo acerto de contas entre concubinos e a retomada efetiva da administração da Fazenda.

A ré foi absolvida por duas vezes pelo Tribunal do Júri, por quatro a três votos. A absolvição, como ocorrida (resposta negativa ao primeiro quesito), não faz coisa julgada no Cível, como já foi visto e como já foi decidido definitivamente.

Os jurados – com seu alto poder de discrição – entenderam que a prova não era suficiente para ter como conseqüência a prisão de uma senhora de mais de cinqüenta anos.

Mas a prova é plenamente suficiente para o decreto de indignidade para herdar.

Na verdade, a respeitável sentença, da lavra do Doutor Paulo Cícero Augusto Pereira, examinou a questão com cuidado e percuciência, merecendo ser confirmada, por seus fundamentos e por aqueles constantes dos pareceres dos Doutores Carlos Augusto Salles Sgarb e Celso Cecílio Gasparello.

Diante do exposto, é negado provimento aos recursos.

Fonte: LEX - TJSP - 1995 - Volume 174 - Página 144

AGRAVO DE INSTRUMENTO N. 272.498-1

SEPARAÇÃO JUDICIAL – Acordo – Direito ao uso de imóvel de propriedade do ex-marido – Averbação à margem do registro de imóvel – Cabimento – Direito real caracterizado – Artigo 167, inciso I, n. 7, da Lei Federal n. 6.015, de 1973 – Recurso provido.

ACÓRDÃO

Separação Judicial – Acordo de partilha – Direito a posse direta de residência – Direito real de uso caracterizado – Possibilidade de registro – Recurso provido.

ACORDAM, em Oitava Câmara Civil do Tribunal de Justiça do Estado de São Paulo, por votação unânime, dar provimento ao recurso, de conformidade com o relatório e voto do Relator, que ficam fazendo parte do acórdão.

O julgamento teve a participação dos Senhores Desembargadores Walter Theodósio (Presidente) e Osvaldo Caron, com votos vencedores.

São Paulo, 6 de dezembro de 1995.

José Osório, Relator.

VOTO

Trata-se de agravo de instrumento contra despacho (fls.) mediante o qual, em ação de separação consensual, o Meritíssimo Juiz indeferiu pedido da varoa de averbação à margem de registro de imóvel de acordo travado entre as partes, pelo qual a ora agravante usaria apartamento de propriedade do ex-marido, enquanto ela não se casasse novamente ou se unisse em concubinado. Alega a agravante, em síntese, que tem o direito de uso do apartamento, e o direito de uso é real; que tal direito foi estabelecido sob condição resolutiva até hoje não implementada; que o ex-marido está pretendendo vender o apartamento, e isso a põe em risco, e ao filho; que seu pedido tem amparo legal. Cita a Lei n. 6.015, de 1973, artigo 167, inciso I, n. 7.

Recurso bem processado, com resposta onde se alega que a separação se deu em novembro de 1991 e, dentre as cláusulas eleitas pelas partes, convencionou-se que a agravante utilizaria o imóvel do agravado provisoriamente, com o filho do casal, enquanto não se engajasse em outra relação de companheirismo ou matrimônio; que o acordo vem sendo cumprido regularmente e não existe previsão de usufruto, comodato, locação; que a pretensão da agravante é impossível; que ele, agravado, jamais pensou em alienar o imóvel; e que, assim, é de se negar provimento ao agravo.

O Meritíssimo Juiz sustentou sua decisão, dizendo, em resumo, que se trata de uma relação de direito pessoal, tendo as partes apenas contraído obrigações recíprocas; que o acordo vem sendo cumprido; que não é correta a argumentação da agravante, de que a única restrição a um seu suposto direito real seria a abstenção de novas núpcias ou relação concubinatária; e que, assim, carece de amparo legal a sua pretensão.

É o relatório.

O recurso tem provimento.

No acordo de separação está estipulado:

> "deliberam, com relação a esses bens, que não obstante pertençam exclusivamente ao separando, exercerão a mulher e o filho, a partir de

1º.2.92, a posse direta sobre o mesmo, isentos do pagamento de aluguel. Referida posse direta perdurará enquanto a separanda não estiver unida por novo matrimônio ou relação de concubinato a outro companheiro".

Trata-se de autêntica constituição de direito real de uso.

Em tais acordos, é comum a constituição de usufruto em favor da mulher, como também o é a constituição do uso, embora não seja comum a indicação do *nomen juris*.

É o que acontece quando se quer restringir a utilização da coisa às necessidades do beneficiário, sem direito aos frutos. Esses direitos reais limitados, embora institutos de Direito das Coisas, convivem naturalmente no Direito de Família e têm aqui a sua mais freqüente incidência. A referência a "posse direta" também revela o intuito de conceder à mulher e ao filho o proveito da coisa, reservando-se ao proprietário apenas a posse indireta, despida das vantagens econômico-sociais inerentes ao imóvel.

A origem do instituto é sempre convencional, inexistindo, em nosso sistema jurídico, o uso de origem diretamente legal, como ocorre com o usufruto e a habitação. A origem convencional, portanto, em nada desnatura a característica desse direito real. A mulher exerce seu poder diretamente sobre a coisa, independentemente de qualquer intermediário, apenas com as restrições previstas em lei, ou seja, para atender às próprias necessidades – artigo 742 do Código Civil.

De que não se trata de locação ou comodato, dúvida não há, porquanto inexiste aluguel e não se vislumbra liberalidade por parte do marido, pois houve êxito no desfazimento da sociedade conjugal, sem obrigação alimentar em favor da mulher. Não se pode, portanto, interpretar que exista no caso mero direito obrigacional, indefinido e atípico, cujo descumprimento deixaria o titular na contingência – sempre precária – de exigir perdas e danos ou de pleitear o reexame da cláusula de dispensa de alimentos. O direito é real e incide imediatamente sobre as coisas indicadas. Não houve estipulação de simples fornecimento de moradia.

A previsão legal para o registro está expressa no artigo 167, inciso I, alínea 7, da Lei n. 6.015, de 1973: "Se o direito real de uso tem como objeto bem imóvel, deve ser transcrito no competente registro". – Orlando Gomes, *Direitos Reais*, 7.ª ed., pág. 311.

Fica a observação de que o direito da mulher está condicionado à inexistência de matrimônio e concubinato e mais, por força de lei, à circunstância de a mulher ter necessidade do imóvel.

Por todo exposto, é dado provimento ao recurso, determinando-se o registro.

Fonte: LEX – TJSP – 1996 – Volume 178 – Página 243

AGRAVO DE INSTRUMENTO N. 5.755-4

INTERDIÇÃO - Interditando - Interrogatório - Artigo 1.181 do Código de Processo Civil - Dispensa - Possibilidade apenas em casos de pessoas gravemente excepcionais, inexistente qualquer sinal de fraude - Inocorrência na espécie - Recurso provido.

A interdição é ato por demais relevante para que seja decretada sem que o Juiz tenha conhecimento direto e pessoal das condições psíquicas do interditando, independentemente do que diz o perito.

Agravo de Instrumento n. 5.755-4 - São Paulo - Agravante: C.A.S., interdito, por sua Curadora V.C.S. - Agravado: Ministério Público.

ACÓRDÃO

Interdição - Necessidade de interrogatório do interditando - Dispensa pelo Meritíssimo Juiz - Impossibilidade, salvo casos excepcionalíssimos e no interesse do interditando - Recurso provido.

ACORDAM, em Quarta Câmara de Direito Privado do Tribunal de Justiça do Estado de São Paulo, por votação unânime, dar provimento ao recurso, de conformidade com o relatório e voto do Relator, que ficam fazendo parte integrante do presente julgado.

Participaram do julgamento os Senhores Desembargadores Cunha Cintra (Presidente) e Barbosa Pereira.

São Paulo, 21 de março de 1996.

José Osório, Relator.

VOTO

Em procedimento de interdição insurge-se a Curadora especial do interditando contra despacho (fls.) pelo qual o Meritíssimo Juiz dispensou o interrogatório previsto no artigo 1.181 do Código de Processo Civil, sob entendimento de que a perícia médica é que dá a conclusão sobre o estado do interditando, e o Juiz, em seu entendimento, não poderá contrariar a perícia, faltando-lhe elementos para tanto.

Alega a agravante, em síntese, que o Magistrado não pode, sob argumentação de que lhe falta habilitação técnica para dizer se o requerido é passível ou não de ser interditado, negar-se a cumprir a inspeção judicial determinada em lei; que o interrogatório é importantíssimo, e não pode ser postergado; que a melhor doutrina ampara tal entendimento; e que, assim, deve-se reformar o despacho.

Contraminutou o Doutor Promotor, pedindo o provimento do agravo.

O despacho foi sustentado.

A douta Procuradoria-Geral da Justiça é pelo provimento do recurso.

É o relatório.

A interdição é ato por demais relevante para que seja decretada sem que o Juiz tenha conhecimento direto e pessoal das condições psíquicas do interditando, independentemente do que diz o perito.

A natureza do instituto e os termos do artigo 1.181 do Código de Processo Civil não deixam qualquer dúvida a esse respeito.

Se o interditando não pode se locomover, deve o próprio Juiz deslocar-se e fazer a inspeção pessoal.

Somente em casos excepcionais, de pessoas gravemente excepcionais, inexistente qualquer sinal de risco de fraude, poder-se-á, no interesse do interditando, dispensar o interrogatório.

Não é o caso dos autos, que trata de pessoa que exerceu atividade remunerada e que está aposentada.

Diante do exposto, dá-se provimento ao recurso.

Fonte: LEX - TJSP - 1996 - Volume 179 - Página 166

❖❖❖

AGRAVO DE INSTRUMENTO N. 15.252-4

ALIMENTOS - Obrigação alimentar - Ex-mulher - Limite temporal estipulado na separação judicial - Revisional ajuizada após o prazo previsto - Legitimidade ativa de parte - Condição resolutiva de ter ela criado condições para seu sustento no período - Obrigação de resultado não assumida pela autora - Sentença confirmada.

ALIMENTOS - Provisionais - Fixação em revisional - Possibilidade jurídica do pedido - Preliminar rejeitada.

ALIMENTOS - Provisionais - Fixação em revisional - Aumento acentuado - Inadmissibilidade, antes de melhor provada a necessidade - Redução determinada - Recurso provido para esse fim.

ACÓRDÃO

Revisional de Alimentos - Fixação de provisionais - Possibilidade - Legitimidade passiva da ex-mulher - Excesso da fixação dos provisórios em favor das filhas - Recurso parcialmente provido.

ACORDAM, em Quarta Câmara de Direito Privado do Tribunal de Justiça do Estado de São Paulo, por votação unânime, dar parcial provimento ao recurso, de conformidade com o relatório e voto do Relator, que ficam fazendo parte do acórdão.

O julgamento teve a participação dos Senhores Desembargadores Fonseca Tavares (Presidente sem voto), Barbosa Pereira e Aguilar Cortez, com votos vencedores.

São Paulo, 24 de outubro de 1996.

José Osório, Relator.

VOTO

Trata-se de agravo de instrumento interposto contra decisão (fls.) que, em revisional de alimentos, majorou liminarmente os alimentos devidos pelo agravante às suas filhas menores, ao importe de R$ 3.500,00, quando vinha pagando R$ 1.600,00.

Agrava, alegando, preliminarmente, que a ex-mulher deverá ser excluída do pólo ativo, tendo em vista que ela dispensou os alimentos quando da separação; que o próprio despacho agravado reconheceu que quanto à parte da ex-mulher não se cuida de revisional, mas de modificativa de cláusula; que há impossibilidade jurídica do pedido, uma vez que só se admite concessão de liminar em revisional de alimentos em casos especialíssimos; que, por todas essas razões, impõe-se a atribuição do efeito suspensivo ao presente agravo. No mérito, alega que já paga a título de alimentos a expressiva quantia de R$ 7.200,00, aproximadamente; que recebe R$ 9.158,54 a título de salário, mais rendimentos do mercado financeiro; que a majoração o levaria à insolvência; que se trata de duas crianças, uma de sete e outra de quatro anos, sendo que já recebem mais do que o suficiente para manter um padrão de vida elevado; que, com relação à esposa, ficou acordado na separação que esta receberia pensão mensal por um ano no máximo, lapso que já transcorreu; que por esse motivo não pode agora requerer o restabelecimento da pensão; que quanto à ex-esposa, quando pretendeu executar supostos alimentos em atraso, ficou decidido que não caberia a percepção de alimentos, uma vez findo o período ânuo; que a agravada tem condições de conseguir emprego remunerado; que o intuito da ex-mulher é permanecer ociosa; que não sofreram significativa alteração nem a capacidade econômica do agravante nem as necessidades das agravadas; por todos esse motivos, requer a reforma da decisão agravada, mantendo-se os alimentos fixados na homologação da separação consensual.

Processou-se sem efeito suspensivo.

As agravadas, em resposta, rebatem as preliminares e pugnam pela manutenção da decisão agravada.

A douta Procuradoria-Geral de Justiça é pelo provimento parcial do recurso, entendo não ser possível o atendimento do pedido da ex-mulher.

É o relatório.

Trata-se de julgamento preliminar relativo à fixação de alimentos em favor da ex-mulher e de duas filhas menores.

A ex-mulher não é parte ilegítima.

No acordo de separação, foi-lhe atribuída pensão de R$ 400,00, pelo prazo máximo de um ano, "ocasião esta (em) que a requerente varoa deverá estar habilitada a sustentar-se sozinha". O acordo também deixa claro que a pensão era devida por "estar afastada do mercado de trabalho e não possuindo atualmente emprego que a sustente".

A melhor interpretação, pelo menos em julgamento preliminar e tendo em vista a natureza alimentar do acordo, é de que a estipulação de limite temporal se fez sob condição resolutiva de ela realmente conseguir se sustentar no período previsto. O termo "deverá" indicando possibilidade, eventualidade, e não dever absoluto de resolver o problema. Ela, mulher, não assumiu obrigação de resultado, aliás, pouco compatível com a questão alimentar.

Passado o período de um ano e continuando ela necessitada dos alimentos, pode intentar a revisão dos mesmos, quanto ao valor e quanto ao período.

Também não procede a preliminar de impossibilidade jurídica do pedido por inviabilidade de provisionais em ação revisional. A pensão prevista no acordo para a mulher, não tendo conseguido – ao que ela diz – criar condições para seu sustento – é insuficiente *ictu oculi*, justificando a revisão provisória. E o valor fixado em Primeiro Grau (R$ 1.000,00) nada tem de exagerado, considerando o altíssimo nível de vida das partes.

O mesmo, entretanto, não se pode dizer da pensão das filhas, com oito e cinco anos de idade. A pensão é de R$ 1.600,00, para ambas. Não se justifica aumento provisório tão acentuado (para R$ 3.500,00), antes de melhor provada a necessidade.

Isto porque o pai é o responsável, adimplente, por inúmeras e graves despesas, a saber: escola, condomínio, IPTU, natação, inglês, automóvel e motorista, plano de saúde, clube, médico, dentista, manutenção da residência, etc. (fls.).

Este último e importante item é neutralizado pelas despesas mencionadas às fls., como a serem suportadas pelas filhas – contas da casa, alimentação, etc. Como estas estão especificadas, preponderam sobre a generalidade da disposição anterior (manutenção da residência).

Assim, é preciso haver algum aumento desde logo na pensão que está sendo paga, motivo por que deve ela passar de R$ 1.600,00 para R$ 2.600,00.

Diante do exposto, é dado provimento parcial ao recurso apenas para reduzir os alimentos provisórios das filhas para R$ 2.600,00.

Fonte: LEX - TJSP - 1997 - Volume 192 - Página 168

APELAÇÃO CÍVEL N. 1.841-4/0

ACÓRDÃO

Vistos, relatados e discutidos estes autos de Apelação Cível n. 1.841-4/0, da Comarca de Ourinhos, em que é apelante L.C.S., sendo apelado P.R.L.:

ACORDAM, em Quarta Câmara de Direito Privado do Justiça do Estado de São Paulo, por votação unânime, negar provimento ao recurso, de conformidade com o relatório e o voto do Relator, que ficam fazendo parte integrante do presente julgado.

O julgamento teve a participação dos Desembargadores Cunha Cintra (Presidente) e Barbosa Pereira, com votos vencedores.

São Paulo, 26 de julho de 1997.

José Osório, Relator.

VOTO

Concubinato. Bens adquiridos pelo réu em razão de herança e de loteria. Réu acidentado gravemente, com seqüelas. Ação improcedente. Recurso improvido.

Ação de reconhecimento e dissolução de sociedade conjugal de fato e partilha de bens, ajuizada por ex-companheira, foi julgada parcialmente procedente pela r. sentença de fls., cujo relatório é adotado, para o fim de ser reconhecido o concubinato entre as partes, bem como declarar sua dissolução, excluída a partilha dos bens, porque entendeu o MM. Juiz que o patrimônio não foi adquirido pelo esforço comum.

Apela a autora, alegando, em síntese, que somente um dos imóveis descritos na inicial foi adquirido exclusivamente com recursos provenientes de herança recebida pelo réu; que os outros bens, móveis e imóveis, foram adquiridos com dinheiro ganho na loteria (Sena); que a prova testemunhal demonstrou que o casal, antes de premiação na loteria, tinha padrão de vida precário, vivendo no próprio imóvel onde instalaram estabelecimento comercial; que a aquisição do bilhete premiado da Sena deu-se com dinheiro obtido com participação efetiva da autora, não tendo o autor produzido prova em contrário a esta afirmação; que, ainda, a Lei n. 8.971/94, que elevou a relação concubinária à condição de entidade familiar, é aplicável ao caso; que, por isso, deve ser julgada totalmente procedente a ação, partilhando-se os bens do casal.

Recurso bem processado, com resposta.

É o relatório.

O recurso não tem provimento.

Dúvida não há de que um dos imóveis foi adquirido em razão de herança. O outro e os móveis podem ter sido comprados com o produto do prêmio da loteria. Segundo testemunha da autora, o prêmio correspondia a um carro Ômega zero km.

A vida do casal foi pouco harmoniosa e teve interrupções.

O réu sofreu graves ferimentos decorrentes de acidente automobilístico, com seqüelas. Ficou paralisado por muito tempo. Ainda hoje anda e fala com dificuldade. Um ano após o acidente, o concubinato foi rompido.

Veja-se a diferença entre suas assinaturas em 1991 e 1995 (fls.).

As circunstâncias de fato que geraram a jurisprudência em favor da concubina que não colaborou diretamente na aquisição dos bens são inteiramente diversas das do presente caso.

Assim sendo, é negado provimento ao recurso e confirmada a r. sentença.

José Osório.

Fonte: Arquivo pessoal e TJSP

❖❖❖

APELAÇÃO CÍVEL N. 73.688-4

INTERDIÇÃO – Decretação – Prova suficiente para a medida – Grave acidente sofrido por pessoa idosa, com traumatismo craniano, que deixou seqüelas – Pedido deferido – Recurso não provido.

INTERDIÇÃO – Decretação – Laudo do Perito Judicial – Preponderância deste sobre o do assistente técnico – Imparcialidade natural – Pedido procedente – Recurso não provido.

INTERDIÇÃO - Curador - Filho mais novo - Conflito de interesses - Demanda contra o pai e condenação criminal - Nomeação inadequada - Filho mais velho com aprovação da maioria dos demais - Substituição - Recurso provido para esse fim.

Apelação Cível n. 73.688-4 (Voto n. 11.643).

ACÓRDÃO

Interdição - Procedência - Prova suficiente para a medida - Nomeação inadequada de Curador - Filho mais novo que já demandou contra o pai e que já foi processado criminalmente - Filho mais velho com aprovação de grande maioria - Recurso principal improvido, provido o adesivo.

Não se deve nomear Curador o filho que teve conflito de interesses e demandou contra o pai. O importante é ter em vista o bom relacionamento no período anterior, ocasião em que o interditando tinha mais discernimento.

ACORDAM, em Quarta Câmara de Direito Privado do Tribunal de Justiça do Estado de São Paulo, por votação unânime, negar provimento ao recurso principal e prover o adesivo, de conformidade com o relatório e voto do Relator, que ficam fazendo parte do acórdão.

O julgamento teve a participação dos Senhores Desembargadores Olavo Silveira (Presidente sem voto), Barbosa Pereira e Cunha Cintra.

São Paulo, 25 de junho de 1998.

José Osório, Relator.

VOTO

Ação de interdição ajuizada por filhos foi julgada procedente pela respeitável sentença de fls., cujo relatório é adotado, interditado o réu e nomeado seu Curador o filho P., que não foi autor da ação.

Apelou o réu, alegando, em síntese, que a senilidade não é, por si só, causa para a decretação da interdição; que durante seu interrogatório demonstrou perfeita lucidez; que os laudos técnicos não autorizam a interdição; que a afirmação da respeitável sentença de que o assistente técnico do réu admitiu lapsos de memória não deve ser levada em consideração, já que esclarecida esta afirmação às fls.; que os lapsos próprios da idade não retiraram a prudência do réu em conduzir seus negócios; que a atitude dos filhos autores demonstra preocupação exclusiva com o patrimônio do réu, mas não com sua pessoa; que, por todos esses motivos, deve ser dado provimento ao recurso, julgando-se improcedente a ação.

Adesivamente apelaram os autores, pugnando exclusivamente pela nomeação de A.P.O.F., ou qualquer um dos demais autores, como Curador do réu, revogada a nomeação de P.

Os recursos foram respondidos e foram juntados documentos.

O Ministério Público, em Primeiro e Segundo Graus, opina pelo improvimento do recurso principal e provimento do adesivo.

O Curador nomeado requereu autorização para assinatura do termo, o que restou indeferido pelo douto Terceiro Vice-Presidente (fls.).

É o relatório.

A interdição foi bem decretada, com apoio em laudo do Perito Judicial – fls., que deve preponderar sobre os dos assistentes técnicos, por ser naturalmente imparcial.

Observa-se que o interditando está com quase oitenta anos e sofreu, há cerca de cinco anos, grave desastre automobilístico, com traumatismo craniano, que deixou seqüelas.

A prova testemunhal confirma a necessidade da interdição, particularmente a da empregada doméstica (fls.), ao afirmar que ao menos uma vez por dia o interditando sai da realidade e que, às vezes, conversa com um móvel da casa.

Quanto ao decreto de interdição, portanto, a respeitável sentença não merece reparo.

O mesmo, entretanto, não ocorre quanto à nomeação do Curador.

Os requerentes indicam o irmão mais velho para o exercício da curatela, ou qualquer dos outros requerentes. Com isso demonstram isenção de ânimo e maturidade. Nada há que possa desaboná-los.

Não deixa também de impressionar o fato de serem seis os requerentes ao passo que o nomeado, além de ser o irmão mais novo, conta com o apoio de uma só irmã.

O mais importante, contudo, é que o nomeado já demandou há pouco tempo contra o pai, a propósito de contas no inventário da mãe.

Mais ainda: já demonstrou tratar-se de pessoa violenta, já condenado criminalmente, julgada extinta a punibilidade, por prescrição.

O digno Magistrado optou por nomear o filho que, agora, está convivendo mais com o pai. O critério não é bom. Corre-se o risco de ser prestigiada a vontade enfraquecida e manipulável, contrariando a finalidade do instituto da interdição.

O importante é ter em vista o bom relacionamento no período anterior, ocasião em que o interditado tinha mais dicernimento.

É da tradição do nosso Direito que "não se deve submeter os interditos à curatela de pessoas que lhe não mereciam a confiança, ao tempo em que ainda gozavam de pleno discernimento" (*RT*, vol. 197/279, Relator Desembargador Amorim Lima).

No mesmo sentido a lição do Professor Washington de Barros Monteiro, *Direito de Família*, 13.ª ed., pág. 297, para quem a existência de conflito de interesses afasta a nomeação. No caso dos autos, se o conflito não existe agora, existiu há pouco, e essa circunstância não pode deixar de ser considerada.

Por todo o exposto e adotando-se também o parecer da Doutora Lúcia M. de Figueiredo Ferraz P. Leite, é negado provimento ao recurso principal e é dado provimento ao adesivo, nomeando-se Curador o filho mais velho, Doutor A.P.O.F.

Fonte: LEX - TJSP - 1999 - Volume 213 - Página 108

AGRAVO DE INSTRUMENTO N. 119.203-4

DIREITOS HEREDITÁRIOS - Renúncia translativa - Transmissão gratuita ao padrasto - Ato equivalente ao de doação - Escritura pública - Necessidade - Realização por instrumento particular - Falta de outorga uxória - Ausência de poderes expressos - Renunciante, ademais, herdeiro único de sua classe - Violação ao artigo 1.589 do Código Civil - Nulidade da renúncia - Decretação de ofício.

Agravo de Instrumento n. 119.203-4 - São Paulo - Agravante: R.P.C.A. - Agravado: V.B.R., inventariante do Espólio de A.A.R. (Voto n. 12.775)

ACÓRDÃO

Inventário. Renúncia de herança por termo nos autos. Procuração por instrumento particular. Falta de outorga uxória. Ausência de poderes expressos para renúncia translativa. Renunciante herdeiro único de sua classe. Violação do art. 1.589 do CC. Nulidade da renúncia. Decreto de ofício.

ACORDAM, em Quarta Câmara de Direito Privado do Tribunal de Justiça do Estado de São Paulo, por votação unânime, decretar de ofício a nulidade da renúncia, de conformidade com o relatório e voto do Relator, que ficam fazendo parte do acórdão.

O julgamento teve a participação dos Desembargadores Cunha Cintra (Presidente) e J. G. Jacobina Rabello.

São Paulo, 25 de novembro de 1999.

José Osório, Relator.

VOTO

Agravo interposto contra r. decisões de fls. que confirmaram renúncia formulada por herdeiro testamentário.

Segundo as razões, houve dolo e fraude por parte de procuradora que obteve do agravante procuração com poderes especiais, valendo-se da inexperiência de pessoa simples e sem conhecimentos, e renunciou aos direitos que lhe cabiam no inventário de sua mãe, que deixou bens a partilhar e testamento por escritura pública, beneficiando-o com metade dos bens disponíveis.

Segundo as razões há conluio entre o inventariante, seu padrasto, e a procuradora, tendo esta, após oferecer a renúncia, assinado termo judicial confirmando-a, em prejuízo do agravante (fls.).

Foi concedido efeito suspensivo (fls.).

Informações (fls.). Complementação juntada a fls. Houve resposta.

A douta PGJ opina pelo não conhecimento ou pelo improvimento do recurso. É o relatório.

A existência de dolo ou fraude por parte da procuradora não ficou caracterizada nos autos.

Não obstante, decreta-se, de ofício, a nulidade da renúncia da herança, nos termos do art. 145, II, III e IV, do CC.

1 – A procuração *ad judicia* de fls., por instrumento particular, sem outorga uxória, concedeu poderes para a ilustre advogada "também assinar termo de renúncia" dos direitos hereditários na sucessão da mãe do outorgante. Portanto, só foram concedidos poderes para uma renúncia genérica e autêntica, ou seja, aquela em que o herdeiro pura e simplesmente renuncia à herança.

Lavrou-se, contudo, um termo de renúncia translativa (fls.) em favor do viúvo-meeiro e padrasto do agravante.

A renúncia translativa constitui, na verdade, aceitação e posterior transmissão a outrem e, portanto, constitui autêntico ato de alienação bilateral, e não mero ato unilateral abdicativo. Mesmo para este, a doutrina exige, pelo menos, outorga uxória.[1] Com maior razão há de exigir-se tal outorga para o caso de alienação para uma determinada pessoa.

1. "Não podem renunciar: [...] b) o marido, qualquer que seja o regime de bens no casamento, sem a outorga uxória, porque a renúncia produz para o renunciante o mesmo resultado de uma alienação e o direito à sucessão aberta é considerado imóvel para os efeitos legais". – A. V. Itabaiana de Oliveira, *Tratado de Direito das Sucessões*, I, 4.ª ed., págs. 107/8.

Quanto à exigência de instrumento público, a questão é controvertida na jurisprudência. As circunstâncias do caso presente (litígio entre herdeiro necessário e seu padrasto, bem como eventual prejuízo de menores) conduzem a adotar-se a tese mais rigorosa, já adotada pelo STF, ou seja, tratando-se de ato equivalente à doação de imóvel, é de exigir-se o instrumento público – *RTJ* 93/243, com remissão a julgado deste Tribunal – *RJTJESP* 13/324, de que foi relator o Des. Andrade Junqueira, com apoio em Pontes de Miranda.

2 – Ainda que se admitisse que a procuração comportasse a lavratura de um termo de renúncia autêntica e genérica, os efeitos da mesma jamais beneficiariam o viúvo (herdeiro testamentário). Isto porque o agravante é herdeiro legítimo, filho (adotivo) único e, portanto, único de sua classe.

Não havendo outros filhos, devem ser chamados os netos – filhos do renunciante – tudo nos termos do art. 1.589 do Código Civil, a saber: "Art. 1.589. Na sucessão legítima, a parte do renunciante acresce à dos outros herdeiros da mesma classe, e, sendo ele o único desta, devolve-se aos da subseqüente".

Veja-se, a esse propósito, o esquema explicativo apresentado por Leão Vieira Starling.[2] E ainda a precisa lição de Beviláqua: "No caso, porém, de ser o renunciante filho único, herdarão os seus filhos; não havendo descendentes, etc."[3]

3 – Em suma, a renúncia traslativa de fls. não pode subsistir por falta de poderes da procuradora; e também não pode subsistir como renúncia autêntica porque, então, seriam herdeiros os filhos do renunciante.

4 – E há mais uma nulidade: pelo testamento de fls., a herança do agravante ficou gravada com as cláusulas de inalienabilidade, impenhorabilidade e incomunicabilidade. No entanto, ainda no curso do inventário essa parte já estava sendo transmitida gratuitamente ao padrasto.

Ante o exposto e notando-se a violação de relevantes preceitos de ordem pública, decreta-se, de ofício, a nulidade da renúncia.

Fonte: LEX – TJSP – 2000 – Volume 229 – Página 225

---

2. *Inventários e Partilhas*, 4.ª ed., pág. 271.
3. Código Civil, obs. n. 2 ao art. 1.589.

AGRAVO DE INSTRUMENTO N. 134.035-4

SEPARAÇÃO JUDICIAL - Desquite amigável - Reconciliação em Juízo - Domicílio atual em Estado diverso daquele em que realizado o desquite - Pedido formulado por um único procurador de ambas as partes, com poderes especiais - Admissibilidade - Inexistência de impedimento legal - Recurso provido.

Agravo de Instrumento n. 134.035-4. (Voto n. 12.862)

ACÓRDÃO

Casamento - Restabelecimento da sociedade conjugal - Domicílio atual em Estado diverso daquele em que realizado o desquite - Pedido formulado por um único procurador de ambas as partes com poderes especiais - Admissibilidade - Recurso provido.

ACORDAM, em Quarta Câmara de Direito Privado do Tribunal de Justiça do Estado de São Paulo, por votação unânime, dar provimento ao recurso, de conformidade com o relatório e voto do Relator, que ficam fazendo parte do acórdão.

O julgamento teve a participação dos Desembargadores Cunha Cintra (Presidente) e J. G. Jacobina Rabello.

São Paulo, 16 de dezembro de 1999.

José Osório, Relator.

VOTO

Agravo interposto contra decisão de fls. que indeferiu pedido de restabelecimento de sociedade conjugal, nos autos de separação judicial, mediante procurador com poderes especiais.

As razões relatam desquite amigável, tendo o casal reatado a sociedade conjugal, com residência atual na Comarca de Caxias do Sul (RS). Daí a outorga de procuração com poderes especiais para advogado representá-los, perante o juízo da Comarca de São Paulo, e a denegação do pedido de restabelecimento da sociedade conjugal sob o argumento de que seria ato próprio das partes.

Assim, pretende-se o provimento do recurso para que o procurador das partes possa assinar o termo de ratificação.

A douta PGJ opina pelo acolhimento do pedido. É o relatório.

Dá-se provimento ao recurso.

Não há nenhum impedimento legal para que as partes se reconciliem representadas por procurador com poderes especiais.

O Direito sempre procura incentivar as reconciliações, particularmente as conjugais.

A matéria está bem posta no parecer da douta Procuradoria-Geral de Justiça de fls., com apoio em Yussef Said Cahali e em precedente deste Tribunal (*RT* 701/67), *verbis*:

> "Convenha-se, contudo, que a exigência de comparecimento pessoal das partes perante o Juízo pode ser tida como exagerado formalismo. A Lei do Divórcio, ao tratar do tema, não exige seja feita a ratificação do pedido de reconciliação em Juízo. A necessidade da lavratura do termo com as partes presentes refere-se à conversão da separação litigiosa em amigável por acordo obtido na audiência prévia – hipótese que não é a ora em estudo. Tal rigorismo, portanto, não se tem como apropriado. Mostra-se contraditório à orientação programática trazida com a Constituição de 1988, imposta para se dar proteção à família. Criado entrave de nítida burocracia por menores que valem por obstáculo à simples manifestação das partes, acabaria com eventual incentivo para o casal viver em regime de concubinato. Não se ajusta às finalidades sociais e do próprio direito, ao amparo que se deve ao casamento, servindo apenas para o prestígio do procedimento processual, em ato (oitiva formal do ex-cônjuge pelo magistrado) cuja essência não reveste o núcleo do pedido e a intenção da reconciliação, perfeitamente expostos em petição" (*Divórcio e Separação*, Ed. RT, 8.ª ed., pág. 810).

Assim, dá-se provimento ao recurso.

Fonte: LEX – TJSP – 2000 – Volume 227 – Página 230

❖❖❖

AGRAVO DE INSTRUMENTO N. 146.140-4

INVENTÁRIO – Alvará – Depósito em conta corrente – Complementação – Índices de correção monetária expurgados em razão de planos econômicos – Legitimidade passiva da instituição financeira depositária e não do Banco Central – Preliminar rejeitada.

INVENTÁRIO – Alvará – Depósito em conta corrente – Complementação – Juros legais e não contratuais – Tratamento idêntico ao dado às cadernetas de poupança – Prescrição qüinqüenal afastada – Recurso não provido.

INVENTÁRIO – Alvará – Depósito em conta corrente – Complementação – Índices de correção monetária expurgados em razão de planos econômicos – Incidência – Matéria pacificada na jurisprudência – Desnecessidade de remessa das partes às vias ordinárias – Recurso não provido.

CORREÇÃO MONETÁRIA – Depósito – IPC de fevereiro de 1989 – Correção para 10,14% – Recurso provido para esse fim.

Agravo de Instrumento n. 146.140-4 – São Paulo – Agravante: Banco N.– Agravados: M.D.C. e outros. (Voto n. 13.098)

ACÓRDÃO

Correção Monetária. Índices. IPC de fev./89. 10,14%. Recurso provido em parte.

Inventário. Alvará. Levantamento de quantias depositadas em conta corrente. Aplicação de índices de correção monetária expurgados em razão de planos econômicos. Descabimento de remessa das partes às vias ordinárias. Legitimidade passiva da instituição bancária, e não do Banco Central. Recurso provido em parte.

ACORDAM, em Quarta Câmara de Direito Privado do Tribunal de Justiça do Estado de São Paulo, por votação unânime, dar provimento, em parte, ao recurso, de conformidade com o relatório e voto do Relator, que ficam fazendo parte do acórdão.

O julgamento teve a participação dos Desembargadores Olavo Silveira (Presidente, sem voto), Cunha Cintra e J. G. Jacobina Rabello.

São Paulo, 16 de março de 2000.

José Osório, Relator.

VOTO

Agravo interposto contra decisão de fls. que deferiu pedido de alvará para determinar ao agravante complementação de depósito no sentido de fazer incidir índices de correção monetária expurgados em virtude de planos econômicos.

Segundo as razões, o agravante não é parte legítima no processo; a relação jurídica que existe é entre o depositante e o Banco Central, com lastro na MP n. 168/90, convertida na Lei n. 8.024/90; os cálculos do contador judicial referem-se a quantias expurgadas pelos planos econômicos conhecidos como Bresser, Verão, Collor I e Collor II; o direito alegado pelos agravados, bem como os juros, estão prescritos; os índices adotados pela Tabela Prática do TJ-SP são discutíveis; inexistiu contraditório em regular processo de conhecimento entre as partes; o caso é análogo ao dos depósitos judiciais; postula-se, enfim, a correção dos índices a serem aplicados, insurgindo-se contra os índices de 26,06% em junho/87, 42,72% em janeiro/89, 23,60% em fevereiro/89, 84,32% em março/90, 7,87% em abril/90, 12,92%, 12,03% e 14,20% de agosto a outubro/90 e 19,91% e 21,87% em janeiro e fevereiro/91; ou o envio das partes às vias ordinárias.

A fls. foi atribuído efeito suspensivo ao recurso, decisão mantida por este relator a fls.

Houve resposta.

É o relatório.

O recurso comporta provimento parcial.

A agravante tem legitimidade passiva *ad causam*, mesmo sendo depositária do valor. A hipótese tem analogia com os casos de depósitos judiciais, razão pela qual às determinações do juízo não se podem contrapor instruções do Banco Central, só a lei.

Igualmente, não há prescrição, não se tratando de juros contratuais, mas legais, tendo idêntico tratamento daquele relativo às cadernetas de poupança, afastando-se a prescrição qüinqüenal.

Embora a agravante alegue falta de regular contraditório, vê-se dos autos que os cálculos foram avaliados pela Contadoria do Juízo, a requerimento de ambas as partes, por no mínimo 4 vezes, o que revela ter havido amplas oportunidades para debates acerca dos valores devidos, não tendo cabimento a remessa das partes às vias ordinárias, até porque a matéria se encontra suficientemente pacificada na jurisprudência.

Outrossim, é a própria agravante quem admite a discussão dos índices nesta sede (vide fls.), e destaca especialmente os meses de janeiro e fevereiro de 1989, em que pretende aplicados os índices, respectivamente, de 42,72% e 3,60%.

O E. STJ decidiu que o índice de correção para o mês de janeiro de 1989 deve ser de 42,72%, conforme REsp n. 45.382-8-SP e n. 43.055-0-SP; e 84,32% relativo a março/90 (REsp n. 40.533-0-SP). Observa-se que tal índice foi aplicado no caso concreto (sentença – fls.).

Quanto aos demais índices questionados, ficam mantidos, porquanto é o IPC o índice que prevalece em relação àqueles períodos (Tabela Prática baseada na jurisprudência dominante do Tribunal de Justiça).

Merece reparos, contudo, o r. *decisum* quanto ao índice aplicável ao mês de fevereiro de 1989. Conforme tem decidido reiteradamente o E. STJ, correto o índice de 10,14% (cf. REsp ns. 67.671/RS, 22.6.99; 191.913/SP, 6.4.99; EREsp n. 78.984/RS, 11.2.98; EREsp n. 66.533/DF, 23.9.98; EREsp n. 67.279/PR, 13.12.95; EDREsp n. 65.220/DF, 22.2.96; EREsp n. 24.124/RS, 5.5.99; REsp n. 213.331/DF, 24.8.99; REsp n. 191.669/RJ, 19.8.99; REsp n. 191.913/SP, 6.4.99; REsp n. 155.169/SP, 1.12.98).

Por fim, a fls. o contador de 1.º grau informou que os dados utilizados foram fornecidos pela própria instituição bancária agravante.

Do exposto, dá-se parcial provimento ao recurso para correção do índice relativo a fevereiro de 1989 (10,14%).

Fonte: LEX – TJSP – 2000 – Volume 233 – Página 226

APELAÇÃO CÍVEL N. 124.957-4

REGISTRO CIVIL - Assentos de óbitos, nascimentos e casamentos - Descendentes de libaneses - Ausência de risco na efetivação das modificações pretendidas - Inexistência de qualquer sinal de fraude - Conveniência de melhor identificação - Pedido deferido - Recurso provido.

Apelação Cível n. 124.957-4 - Itatiba - Apelantes: W.F. e outra - Apelado: O Juízo. (Voto n. 13.117)

ACÓRDÃO

Retificação de Assentos do Registro Civil. Óbito, nascimentos e casamento. Descendentes de libaneses. Ausência de risco na efetivação das modificações pretendidas. Inexistência de qualquer sinal de fraude. Conveniência de melhor identificação. Sentença de improcedência. Recurso provido.

ACORDAM, em Quarta Câmara de Direito Privado do Tribunal de Justiça do Estado de São Paulo, por votação unânime, dar provimento ao recurso, de conformidade com o relatório e voto do Relator designado, que ficam fazendo parte do acórdão.

Participaram do julgamento os Desembargadores Olavo Silveira (Presidente e relator sorteado) e Cunha Cintra.

São Paulo, 30 de março de 2000.

José Osório, Relator designado.

VOTO

Adota-se integralmente o relatório de fls., a saber:

"Cuida-se de apelação contra sentença, fls., que julgou improcedente ação de retificação de assentos do registro civil, pelas incoincidências, confusões e inversões que estão provocando dúvidas pertinentes às relações de parentesco entre membros da mesma família, fundando-se o magistrado na ausência de prova suficiente das alegações, tornando impossível a confirmação das relações do parentesco entre os requerentes e seus antepassados, sustentando os recorrentes, fls., nulidade da sentença, porque não examinados todos os pedidos formulados, em especial o de tutela antecipada e que houve cerceamento de defesa, pelo julgamento antecipado, impedindo a produção das provas de todos os fatos alegados na inicial, e, no mérito, a procedência dos pedidos.

Recurso tempestivo, opinando o Ministério Público, em primeiro grau, pelo provimento da apelação e procedência dos pedidos e a Procuradoria-Geral de Justiça pelo reconhecimento da nulidade da sentença.

É o relatório".

O recurso tem provimento.

Os autores querem que fique constando, na certidão de óbito de Anastácia Abrahão, o nome Anastácia Jorge Abrahão; na certidão de nascimento de Menira (ou Menira Abrahão Feres), o nome Menira Jorge Abrahão; na certidão de casamento da mesma, o nome Menira Jorge Abrahão Feres; e, finalmente, na certidão de nascimento de Wanderley Feres, que fique constando o nome Wanderley Jorge Abrahão Feres.

Como se observa na árvore genealógica esboçada a fls., do matrimônio de Jorge José e Maria Kure nasceram Abrahão Jorge, Anastácia Jorge e Bárbara Jorge.

O primeiro filho de Jorge e Maria, Abrahão Jorge, conforme esclarecimentos e fotografias da coluna da esquerda, casou-se com Anastácia Jorge. De tal matrimônio nasceram Maria Abrahão José, Antonio Abrahão Jorge, Rosa Abrahão e Elizabeth Abrahão.

A segunda filha de Jorge e Maria, Anastácia Jorge, conforme esclarecimentos e fotografias da coluna do meio, casou-se com Antonio Abrahão. De tal matrimônio nasceram os filhos Felippe Antonio, João, Alberto, Américo, Abrahão e Menira.

Somente Menira Abrahão casou-se. Fê-lo com Tannus Feres. Desse consórcio nasceram Antonio Feres, Inácio Feres e Wanderley Feres.

A terceira filha de Jorge e Maria, Barbara Jorge, casou-se com Gabriel Felix. De tal casamento nasceram Amador Gabriel, Sebastião Gabriel e Julia Jorge. Tudo de acordo com esclarecimentos prestados na terceira coluna da árvore genealógica já mencionada.

A certidão de casamento de Abrahão Jorge e Anastacia Jorge está a fls.

A Cédula de Identidade de Menira Abrahão Feres, a fls., mostra que é filha de Antonio Abrahão e Nastacia Abrahão – ou Anastacia Jorge, conforme fls. Sua Certidão de Nascimento está a fls. A certidão de casamento vem a fls.

A certidão de nascimento de Inacio Feres traz o nome da mãe grafado da seguinte maneira: Menira Abrahão Feres.

A Cédula de Identidade de Wanderley Feres, que está a fls., mostra a sua filiação: Tannus Feres e Menira Abrahão Feres. Sua certidão de nascimento também traz o nome de sua mãe grafado da mesma forma que na Cédula de Identidade.

Nos assentos de nascimento dos filhos de Menira – Antonio, Inacio e Wanderley – constam os nomes de seus avós maternos: Antonio Abrahão e Anastacia Jorge Abrahão; só no de Wanderley o nome da avó materna é Anastacia Abrahão (fls.).

O MM. Juiz pretendia que se juntasse a Certidão de Casamento de Anastácia Jorge, mas os autores explicaram que isso seria impossível, pois o matrimônio deu-se no Líbano, e tal certidão não está em poder dos requerentes. Entretanto, reportaram-se às testemunhas de fls., parentes próximos dos requerentes e das duas Anastácias (fls.).

O Magistrado negou o pedido (fls.), desconsiderando que muito poderiam esclarecer essas testemunhas (Rosa Abrahão e Elisabete Abrahão).

Atenta leitura da inicial bem demonstra a situação de notória dificuldade dos requerentes, no que se refere à comprovação do parentesco em relação aos antepassados, ainda que próximos.

A proximidade intensa dos nomes de alguns dos parentes e, em especial, o fato de duas ancestrais terem o mesmo nome – Anastacia Jorge –, sendo casadas, respectivamente, com Abrahão Jorge e Antonio Abrahão ou Abrahão Antonio, por certo foi a causa de dúvidas nos assentos de nascimento e de óbitos, onde os equívocos terão sido resultantes da falta de informação ou da confusão feita pelos próprios declarantes.

Considere-se, todavia, que não há risco para quem quer que seja, na efetivação das modificações pretendidas. Outrossim, não há o menor sinal de fraude e, por outra, é de todo conveniente, para a ordem jurídica e social, a melhor identificação das pessoas.

Assim sendo, dá-se provimento ao recurso para julgar procedente o pedido, adotado, na íntegra, o parecer da Dra. Ana Maria Buoso, DD. Promotora de Justiça.

Fonte: LEX – TJSP – 2001 – Volume 238 – Página 150

AGRAVO DE INSTRUMENTO N. 149.499-4

CITAÇÃO – Edital – Falência – Publicação nos dias 29 e 30 de dezembro – Renovação do ato – Descabimento – Inexistência de proibição de sua realização no indigitado período, vedando-se apenas a fluência do prazo – Inteligência do Provimento n. 553/96 – Recurso provido.

Agravo de Instrumento n. 149.499-4 – São Paulo – Agravante: Molas G. Ltda. – Agravada: M.O. Transportes Ltda. (Voto n. 13.137)

ACÓRDÃO

Falência. Citação por edital. Publicação nos dias 29 e 30 de dezembro. Inteligência do Prov. n. 553/96 do Conselho Superior da Magistratura. Renovação do ato. Descabimento. Recurso provido.

ACORDAM, em Quarta Câmara de Direito Privado do Tribunal de Justiça do Estado de São Paulo, por votação unânime, dar provimento ao recurso, de conformidade com o relatório e voto do Relator, que ficam fazendo parte do acórdão.

O julgamento teve a participação dos Desembargadores Olavo Silveira (Presidente, sem voto), Cunha Cintra e J. G. Jacobina Rabello.

São Paulo, 27 de abril de 2000.

José Osório, Relator.

VOTO

Trata-se de agravo interposto em pedido de falência ajuizado em 27.7.98, contra r. decisão de fls. que declarou nula citação por edital, fundada a nulidade em irregularidade na data da publicação, determinando a republicação dos editais às expensas da agravante.

Informações do MM. Juízo *a quo* a fls.

É o relatório.

O recurso comporta provimento.

A decisão agravada afirmou de forma demasiadamente sucinta que houve irregularidade na data da publicação.

Apenas em sede recursal, após pedido de explicações determinado por este relator, veio a fundamentação de que a irregularidade da citação por edital se devia a estarem suspensas as intimações das partes na Primeira e Segunda Instâncias no período compreendido entre 21 e 31 de dezembro por força do Prov. n. 553/96 do E. Conselho Superior da Magistratura.

Sob tal argumentação, merece reforma a r. decisão agravada, *data venia*.

O Provimento teve em vista facilitar o trabalho dos advogados. Veja-se que entre os considerandos que motivaram a edição do ato normativo incrusta-se a "justa reivindicação dos órgãos e entidades representativas dos Senhores Advogados".

A hipótese versa citação por edital, que é modalidade de citação ficta, realizada quando ainda não há parte adversa devidamente representada.

Vigem, outrossim, as disposições do art. 174, inc. III, do CPC e art. 204 do Dec-lei n. 7.661/45, pelas quais as ações falimentares têm curso nas férias.

Portanto, o que se veda relativamente às citações por edital é a fluência do prazo (par. único do art. 1.º do Prov. n. 553/96), mas não há proibição de sua realização no indigitado período.

Esta é a interpretação mais adequada, o que se vê das publicações contidas no "Caderno de Editais" (fls.), onde se encartam dezenas de publicações relativas a citações por edital efetivadas naquele período.

Por último, a repetição do ato, além de despicienda, seria excessivamente onerosa à agravante, haja vista as quantias de que se diz credora.

Do exposto, dá-se provimento ao recurso.

Fonte: LEX - TJSP - 2000 - Volume 232 - Página 208

❖❖❖

AGRAVO DE INSTRUMENTO N. 181.489-4

INVENTÁRIO - Partilha - Homologação - Expedição do formal - Sustação - Indeferimento - Alegação de falsidade do registro de nascimento de irmã - Adoção à brasileira - Ausência de conteúdo moral à pretensão - Patente filiação social - Impossibilidade de prevalência do interesse econômico e indireto sobre os direitos personalíssimos da ré - Recurso não provido.

Agravo de Instrumento n. 181.489-4 - Santos - Agravante: R.C.B.S. - Agravada: A.C.P.S.L., inventariante do Espólio A.F.S. (Voto n. 13.712)

ACÓRDÃO

Inventário. Partilha homologada. Pedido de herdeira para sustar entrega de formal. Alegação de falsidade do registro de nascimento da irmã. Indeferimento. Agravo da requerente. Trânsito em julgado da decisão homologatória. Impossibilidade do pedido. Falta de conteúdo ético. Recurso improvido.

ACORDAM, em Quarta Câmara de Direito Privado do Tribunal de Justiça do Estado de São Paulo, proferir a seguinte decisão: "negaram provimento ao recurso, v.u.", de conformidade com o relatório e voto do Relator, que integram este acórdão.

O julgamento teve a participação dos Desembargadores Olavo Silveira (Presidente, sem voto), Aguilar Cortez e J. G. Jacobina Rabello.

São Paulo, 7 de dezembro de 2000.

José Osório, Relator.

VOTO

Agravo interposto contra decisão de fls. que indeferiu suspensão de partilha de bens.

A agravante intenta obstar expedição de formal de partilha alegando que sua irmã, a inventariante, na verdade não é filha legítima de seus pais, embora assim conste do Registro Civil. Segundo as razões, teria havido adoção à brasileira, já tendo sido ajuizada demanda com pedido de anulação do registro de nascimento da agravada, a qual seria questão prejudicial a impor a suspensão da partilha.

Foi indeferido o pedido de efeito suspensivo (fls.).

Em resposta afirma-se que a agravante sempre teve conhecimento dos fatos, que se deram há mais de 30 anos, e aguardou a morte dos pais para alegá-los. Ademais, a ação já estaria prescrita.

É o relatório.

O recurso não tem provimento.

A partilha já foi homologada por sentença transitada em julgado.

A expedição e entrega do formal de partilha constituem meros atos de execução que não podem ser obstados enquanto não alterado o julgamento pelas vias regulares.

Além disso, falta conteúdo moral à pretensão, pois a agravante deseja afastar a irmã da sucessão sob a alegação de inexistência de filiação biológica após dezenas de anos de patente filiação social resultante da chamada "adoção à brasileira".

O interesse econômico e indireto da irmã esbarra nos direitos personalíssimos da ré, que está ameaçada de ficar em situação de quem nunca teve pai.

As regras ligadas ao estado da pessoa (indisponibilidade, imprescritibilidade etc.) ficariam deturpadas. Essas regras existem em nome da dignidade da pessoa. Não podem ser usadas em nome do interesse econômico e indireto de uma pessoa contra a dignidade de outra. Ainda mais quando se trata de irmãos.

A Ciência também não pode ficar a serviço de tais objetivos.

O homem não é apenas um ser biológico: é cultural, social, ético. Esses valores preponderam sobre o apenas biológico, que ficou perdido no tempo.

O exame de DNA deve ser utilizado para libertar, para defender a pessoa humana, não para agredi-la. Eis dois precedentes trazidos pela agravada que merecem transcrição:

"Direito de Família. Impugnação de filiação. Anulação de declaração de paternidade em registro de nascimento ocorrido há mais de 50 (cinqüenta) anos. Pedido desfalcado de conteúdo moral. Ação de estado. Imprescritibilidade.

Se a autora e seu companheiro resolveram criar a ré como filha, desde alguns meses de nascida, e o varão a registrou, depois de 12 anos, atribuindo a paternidade a si mesmo e a maternidade à autora, no tipo de procedimento conhecido como 'adoção à brasileira', não é admissível que, passados mais de 50 (cinqüenta) anos, venha a autora propor esta ação de anulação do ato ao argumento de que não anuiu com o mesmo, tanto que o desconhecia. Se a declaração foi, como se alega, inverídica em relação ao fato da geração, não o foi quanto à manifestação de vontade de criar com a pessoa registrada um vínculo de parentesco, que é, no caso, o parentesco civil de fato, cuja natureza nem mesmo a inobservância dos ritos legais poderia descaracterizar... Portanto, o pedido inicial está desfalcado de legítimo interesse moral [...]". (Ementário de Jurisprudência, TJRJ, 14.ª Câm. Civ, m.v., Des. Mauro Nogueira.)

"Ação anulatória de ato jurídico. Falsidade de filiação. Adoção à brasileira. Alongado decurso do processo. Consolidação, pelo tempo, de laços familiares, tornando irrelevante a falsidade. Interesse do adolescente, já à beira da maioridade, de permanecer na companhia da mãe civil, mantendo seu nome. Fato superveniente (CPC, art. 462).

O processo é um instrumento político de realização do próprio direito, tendo o magistrado como primeiro e primordial compromisso: a realização da justiça.

Não se justifica decretar-se uma nulidade que se contrapõe ao interesse de quem teoricamente se pretende proteger. A adoção plena, realizada por via oblíqua, deve subsistir, quando o curso do tempo revelou ter atingido sua finalidade precípua, proporcionando ao adolescente um lar substitutivo, ensejando-lhe o desenvolvimento físico, mental, moral, espiritual e social, de forma sadia e normal e em condições de liberdade e dignidade – Ap. Civ. n. 49.961 – TJSC, 4.ª Câm. Civ., v.u., j. 26.03.98, r. Des. Pedro Manoel Abreu.

Ante o exposto, nega-se provimento ao recurso.

Fonte: LEX – TJSP – 2001 – Volume 239 – Página 246

AGRAVO DE INSTRUMENTO N. 179.300-4

ARROLAMENTO - Questão tributária - Discussão nos autos - Inadmissibilidade - Vedação legal - Artigo 1.034 do Código de Processo Civil - Recurso não provido.

ARROLAMENTO - Partilha - Imóvel - Construção não averbada - Regularização no curso do processo - Inexigibilidade - Ônus e não obrigação a cargo dos herdeiros - Interpretação do artigo 1.572 do Código Civil - Recurso provido.

Agravo de Instrumento n. 179.300-4 - São Bernardo do Campo - Agravantes: S.R.P.F. e outras - Agravado: O Juízo. (Voto n. 13.718)

ACÓRDÃO

Arrolamento. Discussão de matéria tributária. Impossibilidade. Art. 1.034 do CPC. Acordo de partilha. Ordem para averbar construção. Desnecessidade. Recurso provido.

ACORDAM, em Quarta Câmara de Direito Privado do Tribunal de Justiça do Estado de São Paulo, por votação unânime, dar provimento ao recurso, de conformidade com o relatório e voto do Relator, que ficam fazendo parte integrante do presente julgado.

Participaram do julgamento os Desembargadores Olavo Silveira (Presidente e Relator sorteado) e Cunha Cintra.

São Paulo, 14 de dezembro de 2000.

José Osório, Relator designado.

VOTO

Trata-se de agravo de instrumento contra a r. decisão de fls., que determina, em autos de arrolamento, a retificação do esboço de partilha, tendo em vista a presença de companheira com direito à sucessão, que estaria recebendo quinhão superior ao que teria direito.

Alegam as agravantes, em síntese, que são maiores, capazes e têm procuradores; que houve acordo entre os interessados, e a divisão de bens é a constante do esboço apresentado nos autos; que, se as herdeiras-filhas, mesmo sabendo que os terrenos foram adquiridos antes da união estável, quiseram que a companheira M.J. recebesse parte deles, não se deve impedir tal divisão; que não há interesse, no momento, em fazer averbação junto ao Cartório de Registro de Imóveis, pois isso traria inúmeros gastos; que futuramente, caso queiram vender os imóveis, providenciarão a averbação da construção; e que, assim, é de se prover o presente agravo.

É o relatório.

O recurso tem provimento.

1 – A partilha apresenta complexidade: existe companheira do falecido e incidência de direito apenas sobre a construção.

Os interessados – todos maiores e capazes – chegaram a acordo em plena paz.

A alegada cessão não está suficientemente caracterizada nem apresenta as conseqüências que foram apontadas, pois tudo depende dos valores dados aos bens na partilha pelos sucessores, segundo seus interesses e conveniências, já que, às vezes, um bem vale mais para um herdeiro do que para outro.

2 – As questões tributárias, no caso, devem ser deixadas de lado. Trata-se de processo de arrolamento. Segundo o art. 1.034 do CPC, nesse tipo de processo não serão conhecidas ou apreciadas questões relativas ao lançamento, ao pagamento ou à quitação de taxas judiciárias e de tributos incidentes sobre a transmissão da propriedade dos bens do espólio.

3 – Também não é caso de mandar averbar a construção do imóvel.

Nos termos do art. 1.572 do CC, os herdeiros estão recebendo os bens na situação em que o falecido deixou: imóvel em que a construção não foi averbada.

Não são obrigados a regularizar a situação jurídica o imóvel no curso do inventário, porquanto o processo de inventário não tem esse objetivo nem é forma de promoção de tais regularizações.

Isso é que, muitas vezes, torna os inventários intermináveis.

Os herdeiros regularizam se quiserem. Trata-se de ônus e não de obrigação a cargo dos herdeiros.

A aquisição da propriedade da construção não decorre de nenhum registro ou averbação. Decorre da própria construção, ou seja, de acessão, que é *modus acquisitionis*, ao lado do registro, do direito hereditário e do usucapião, nos termos do art. 530 do CC.

4 – Ante o exposto, dá-se provimento ao recurso para que seja aceito o esboço da partilha, prosseguindo-se com a homologação e atos posteriores.

Fonte: LEX – TJSP – 2001 – Volume 246 – Página 181

AGRAVO DE INSTRUMENTO N. 211.162-4

RECURSO - Agravo de instrumento - Artigo 526 - Descumprimento - Fato que impede eventual juízo de retratação em Primeira Instância e não o processamento do agravo - Recurso conhecido.

REGISTRO CIVIL - Assento de nascimento - Filho - Anulação - Procedência - Apelação recebida apenas no efeito devolutivo - Suspensão, na sua pendência, da execução alimentícia em curso - Admissibilidade - Recurso aparentemente utilizado para prolongar a vantagem econômica, advinda do pagamento de alimentos - Artigos 273, inciso II, e 558, parágrafo único, do Código de Processo Civil - Recurso provido.

Agravo de Instrumento n. 211.162-4. (Voto n. 14.343)

ACÓRDÃO

Recurso. Apelação. Ação declaratória de estado. Recebimento apenas no efeito devolutivo. Cabimento. Aplicação do art. 273, inc. II, c.c. 558, § único, do CPC. Execução imediata de sentença que julgou procedente ação de anulação de registro de nascimento. Cessação do desconto da pensão alimentícia na pendência de recurso aparentemente infundado interposto pelo réu. Agravo provido.

ACORDAM, em Quarta Câmara de Direito Privado do Tribunal de Justiça do Estado de São Paulo, proferir a seguinte decisão: "dar provimento ao recurso, v.u.", de conformidade com o relatório e voto do Relator, que integram este acórdão.

O julgamento teve a participação dos Desembargadores Munhoz Soares (Presidente) e J. Jacobina Rabello.

São Paulo, 8 de novembro de 2001.

José Osório, Relator.

VOTO

Em anulação de registro de nascimento insurge-se o autor, ora agravante, contra recebimento no duplo efeito de apelação interposta contra sentença que julgou procedente a demanda e anulou o segundo registro de nascimento no qual o agravante reconhecera a paternidade do agravado.

As razões referem o curso de ação de alimentos, pugnando-se pela cessação dos descontos em sua folha de pagamento.

Houve resposta.

Recurso processado sem efeito suspensivo.

A douta PGJ opinou pelo não conhecimento em razão do descumprimento do art. 526 do CPC e, no mérito, pelo improvimento do recurso.

É o relatório.

O recurso pode ser conhecido.

O descumprimento do art. 526 do CPC tem natureza de ônus processual que tem apenas a conseqüência de impedir eventual juízo de retratação em 1.º grau, não impedindo o processamento do recurso de agravo.

No mérito, o recurso comporta provimento.

O que o agravante pretende é a eficácia imediata da sentença que anulou registro de nascimento de seu indigitado filho, com a suspensão da execução alimentícia em curso.

A análise dos autos do agravo demonstra que o réu, e sua mãe, tiveram ampla oportunidade de produzir prova, mormente a pericial, de induvidosa relevância na ações de estado.

Designadas três datas para o exame, apenas o agravante nelas compareceu, não se encontrando nos autos nenhuma justificativa plausível para a peremptória recusa do réu e de sua mãe em comparecerem.

Frise-se, outrossim, que não consta do recurso de apelação alegação de cerceamento de defesa.

Também a prova testemunhal pesa em favor do agravante, pelo menos numa análise preliminar.

Quando o agravante reconheceu a paternidade do agravado, este já tinha um registro de nascimento e passou a ficar com dois, estranhamente no mesmo Registro Civil de [...], fato de que o agravante não tomou conhecimento.

Com o tempo, o menor lhe disse que tinha outro pai, que inclusive lhe fazia visitas e lhe dava dinheiro.

Afora a conduta processual do agravado em 1.º grau, veio a lume o recurso de apelação de fls., onde o apelante inova na argumentação e apresenta preliminar de falta de composição de litisconsórcio necessário por falta de citação da mãe do menor, a qual participou de todo o processo representando seu filho, que conta atualmente com 8 anos de idade, a par de acrescentar frágil argumentação em recurso de breves 4 páginas (fls.).

Data venia, ante esse quadro, onde uma das partes age nos lindes da falta de lealdade processual (CPC, art. 22), tem-se como relevante a fundamentação deduzida no presente agravo, de modo a se vislumbrar o abuso do direito de defesa do agravado, que parece estar se utilizando do meio recursal para prolongar a vantagem econômica advinda do pagamento de alimentos pelo agravante.

Nesse sentido, já decidiu este E. Tribunal:

> "Se é permitido ao Juiz antecipar a tutela na própria sentença (posições de João Batista Lopes, *Tutela Antecipada*, Saraiva, 2001, p. 77, e do ilustre Des. J. Roberto Bedran, relator do A.I. 184.190.4/4,

admitindo a antecipação em sentença que condena a cumprir obrigação de fazer) nada mais natural do que cortar o efeito suspensivo das apelações".[1]

Também a doutrina se direciona nesse sentido, como se pode verificar do seguinte escólio de Luiz Guilherme Marinoni:

> "Se o réu tende a abusar do seu direito de defesa, igual ou maior é o seu interesse em abusar do direito ao recurso, seja para conservar o bem disputado no seu patrimônio, seja ainda para tentar tirar do autor alguma vantagem econômica em troca do tempo (bastante longo) necessário ao processamento e ao julgamento do recurso de apelação".[2]

Na hipótese dos autos, tem cabimento, por isso, extraírem-se efeitos imediatos da sentença anulatória do registro de nascimento do agravado, aplicando-se à espécie os termos do art. 273, II, do CPC c.c. art. 558, § único, do mesmo *codex*, na medida em que há fortes indícios de que o agravante tenha razão, não tendo cabimento prestigiar, pelo menos até a decisão final da lide, quem se recusa a produzir prova e contribuir para a solução do processo em detrimento do agravante que já obteve sentença de procedência lastreada em cognição plena e exauriente.[3]

Nesses termos, e até o julgamento do recurso de apelação, impende inverter os ônus decorrentes da demora do processo, impingindo-os ao agravado, até o que o quadro probatório seja então reavaliado pela douta Turma Julgadora.

Do exposto, dá-se provimento ao recurso, cessando-se os descontos na ação de alimentos em que o agravante é executado até o julgamento do recurso de apelação.

Fonte: LEX - TJSP - 2002 - Volume 249 - Página 311

---

1. Cf. A.I. n. 194.421.4/8 - Rel. Des. Ênio Santarelli Zuliani - j. 24.04.01 - v.u., in *Revista Nacional de Direito e Jurisprudência*, vol. 20, agosto/2001, p. 167.
2. Tutela antecipatória, julgamento antecipado e execução imediata da sentença, p. 240, RT, 1997.
3. Cf. ROGÉRIO AGUIAR MUNHOZ SOARES, *Tutela Jurisdicional Diferenciada*, p. 154, Malheiros Editores, 2000.

APELAÇÃO CÍVEL N. 46.856-4

CASAMENTO - Regime de bens - Comunhão universal - Imutabilidade - Convenção entre o casal por escritura pública - Declaração da mulher assumindo dívidas do casal e do marido renunciando aos bens de legítima herança dos pais daquela - Inadmissibilidade - Violação aos artigos 230 e 257, incisos I e II, do Código Civil - Nulidade do ato jurídico - Ação procedente - Recurso provido.

Apelação Cível n. 46.856-4 - Santos - Apelante: J.S. - Apelada: T.M.S.

ACÓRDÃO

Declaração da mulher assumindo dívidas do casal - Declaração do marido renunciando aos bens de eventual legítima da herança dos pais - Ação de nulidade - Alegação de coação e violação de expressas disposições legais - Código Civil, artigos 230, 257 e 1.089 - Sentença de improcedência - Recurso provido.

DECLARAÇÃO DE VOTO VENCEDOR DO DES. JOSÉ OSÓRIO

Deliberei declarar voto apenas porque me parece que o princípio da irrevogabilidade do regime de bens, consagrado no artigo 230 do Código Civil, já não apresenta hoje a peremptoriedade de outros tempos.

Isto porque, com a introdução do divórcio no sistema brasileiro, os cônjuges poderiam se divorciar e se casar novamente, sob outro regime, o qual até poderia ser imposto pela lei.

Assim, e enquanto o tema não mais aprofundado, prefiro fundamentar o provimento do recurso por ter havido violação do artigo 1.089 do Código Civil, que prevê a inviabilidade de se transacionar a respeito de herança de pessoa viva.

Também as regras que regem a renúncia da herança foram violadas, pois é de entendimento tranqüilo que tanto a aceitação como a renúncia só valem se verificadas depois de aberta a sucessão.

No mais, acompanhei o voto do Relator.

São Paulo, 25 de junho de 1998.

José Osório

Fonte: *Lex* 210/19-22

5

DIREITO PÚBLICO

APELAÇÃO N. 277.209

ACÓRDÃO

Vistos, relatados e discutidos estes autos de Apelação n. 277.209, da comarca de Barueri, sendo recorrente Juízo de Ofício, apelante Prefeitura do Município de Jandira e apelada V.V. Administração e Empreendimentos Ltda.:

ACORDAM, em Terceira Câmara do Primeiro Tribunal de Alçada Civil, por maioria de votos, dar provimento aos recursos.

Os autos mostram que, estando sendo realizada terraplenagem em terreno de 25.214 m^2, no município de Jandira, foram os serviços embargados por entender a Prefeitura que se tratava de início de loteamento ainda não autorizado.

Embora as obras já se tenham completado, em decorrência da liminar concedida, nem por isso está prejudicado o recurso, pois há a questão da legitimidade do ato praticado pelo poder público e da conseqüente multa que foi cominada à impetrante.

Assiste razão à impetrada, *data venia*.

Os antecessores da impetrante requereram, em 3.12.1979, expedição de diretrizes para execução de loteamento (fls.); em 30.1.1980, a impetrante adquire a área (fls.); e em 10.3.1980 dá início aos trabalhos de terraplenagem (fls.). Considerando que a região e a própria área são propícias para loteamento, outra não podia ser a interpretação da impetrada quanto aos desígnios da impetrante.

Acresce que, nessa matéria, a atuação do poder público tem que ser ágil e rápida, para evitar o fato consumado do loteamento, com interesses de terceiros de boa-fé (os adquirentes) na prossecução do loteamento.

Além disso, embora a legislação do Município seja omissa quanto à necessidade de licença para obras de terraplenagem, é forçoso notar que a mesma *ratio legis*, que exige autorização até para reforma de construção, está a exigir autorização para uma obra que vai descaracterizar não a construção (o acessório), mas o próprio solo, isto é, o bem principal. Especialmente no caso dos autos, em que há um riacho, o que faz ressaltar o interesse público em jogo.

Também não procede o argumento segundo o qual as obras só se destinavam ao saneamento do local, pois obras com essa finalidade, às margens de córrego, não podem ser feitas à revelia da Administração.

Por esses motivos, é dado provimento ao recurso oficial e à apelação da Prefeitura, para cassar a segurança e ter o embargo como legítimo.

Presidiu o julgamento, com voto vencido, o Juiz Paulo Shintate e dele participou o Juiz Fonseca Tavares.

São Paulo, 17 de fevereiro de 1982.

José Osório, Relator designado.

Paulo Shintate, vencido com declaração de voto em separado.

Fonte: *JTA Lex* 73/302-3

APELAÇÃO N. 300.301

IMPOSTO – Predial e territorial urbano – Base de cálculo – Fixação do seu valor por decreto do Executivo, segundo novos mapas aprovados por decreto – Legalidade – Recurso da Prefeitura provido para reconhecer a decadência do direito à impetração da segurança.

ACÓRDÃO

Vistos, relatados e discutidos estes autos de Apelação n. 300.301, da Comarca de Campinas, em que é recorrente Juízo de Ofício, apelantes e reciprocamente apelados C.S.N. e sua mulher e Prefeitura Municipal de Campinas:

ACORDAM, em Terceira Câmara do Primeiro Tribunal de Alçada Civil, por votação unânime, dar provimento parcial aos recursos oficial e voluntário da Municipalidade e negar provimento ao recurso dos impetrantes.

Os recursos de ofício e da Prefeitura merecem provimento parcial.

Houve decadência do direito de impetrar segurança com relação ao imóvel da Rua [...], 300. A entrega do aviso se deu em 7 de fevereiro de 1981 (fls.), e a impetração se verificou em 8 de junho de 1981, excedendo em um dia o prazo decadencial. Diante do documento de fls., cumpria aos impetrantes demonstrar, ainda que por indícios e circunstâncias, que a pessoa que assinou o recibo lhes era desconhecida. Não basta simplesmente impugnar o fato do recebimento para lançar o ônus da prova sobre a impetrada, pois há presunção em favor desta, máxime no caso dos autos, em que não há dúvida de que o aviso chegou em tempo às mãos do contribuinte, que pagou o imposto dentro do prazo. Os impetrantes, contudo, nada disseram de plausível que pudesse afastar a referida presunção que lhes prejudicava.

No mais, a r. sentença bem decidiu a questão e é confirmada.

Em que pese a reconhecida divergência jurisprudencial, este Relator entende que a fixação, concretamente, do valor da base de cálculo do IPTU compete ao Executivo, que o faz por decreto. O que assim não pode ser feito é a alteração da base de cálculo *in abstrato*, isto é, dizer que a base de cálculo não é o valor venal do imóvel. Mas dizer qual é o valor venal de cada imóvel só o Executivo pode fazê-lo. É a tese que foi desenvolvida na Apelação n. 295.850, de Guarujá, sendo de se acrescentar que no RE 95.973-4-PR, Rel. Rafael Mayer, ficou assentado que, havendo a Lei indicado os critérios para se achar o valor venal do imóvel, cumpre à Administração fixar o novo valor sem que, com isso, se tenha por alterada ilegalmente a base de cálculo.

Os novos mapas de valores foram aprovados pelo Decreto n. 6.375, de 30 de dezembro de 1980, publicado no *DOM* de 31 de dezembro de 1980. O fato de não terem sido publicados os próprios mapas em nada prejudicou os impetrantes, que puderam fazer valer os seus direitos amplamente.

As alegações da Prefeitura sobre ilegitimidade de parte, ativa e passiva, são improcedentes. Os impetrantes comprovaram que são proprietários dos imóveis, e o fato de uma escritura não estar registrada não os prejudica, pois até o mero possuidor pode ser sujeito passivo da obrigação tributária. Quanto à ilegitimidade passiva, a r. sentença respondeu com superioridade.

Quanto à parte fundamental do recurso da impetrada, vê-se que bem andou a r. sentença ao admitir o limite de 110% do aumento dos tributos, consoante determinado pelo art. 2.º da Lei n. 5.065, de 24 de dezembro de 1980 (fls.), cujo texto não oferece qualquer dificuldade de interpretação, como quer fazer crer a impetrada. Esse dispositivo simplesmente diz que o valor do IPTU e da taxa de serviços urbanos para o exercício de 1981 não poderá ultrapassar quantia superior a 110% do lançado no exercício de 1980.

É verdade que a impetrada quer também valer-se do disposto no parágrafo único desse artigo, segundo o qual o lançamento pode ser alterado quando tiver havido erro. Mas, para tanto, precisava que a impetrada comprovasse efetivamente a existência do erro, o que não foi feito.

Assim, diante do estatuído pela própria legislação municipal, o aumento não podia ultrapassar a 110% do valor do lançamento no exercício de 1980.

Diante do exposto, é dado provimento parcial aos recursos oficial e da Prefeitura apenas para o fim de reconhecer ter havido decadência com referência ao imóvel da Rua [...], 300, negando-se provimento ao recurso dos impetrantes e confirmando-se em tudo o mais a bem-lançada sentença.

Presidiu o julgamento, com voto, o Juiz Paulo Shintate e dele participou o Juiz Fonseca Tavares.

São Paulo, 23 de fevereiro de 1983.

José Osório, Relator.

Fonte: *JTA Saraiva* 81/58-60

❖❖❖

APELAÇÃO N. 321.828

TAXA – Localização e funcionamento – Entidade turfística – Cobrança relativa aos dias de funcionamento do hipódromo – Instituição, na realidade, de imposto adicional ao ISS – Art. 77, parágrafo único, do CTN – Recurso provido para julgar procedentes os embargos – Voto vencido.

ACÓRDÃO

Vistos, relatados e discutidos estes autos de Apelação 321.828, da comarca de São Paulo, em que é apelante Sociedade Paulista de Trote e apelada Municipalidade de São Paulo:

ACORDAM, em Terceira Câmara do Primeiro Tribunal de Alçada Civil, por maioria de votos, dar provimento ao recurso.

Embargos a execuções fiscais foram julgados improcedentes pela r. sentença de fls., cujo relatório é adotado, condenada a embargante nas custas e em honorários de 15% do valor das execuções.

Apelou a vencida, argüindo existência de coisa julgada e aduzindo ainda que a taxa é indevida mesmo após o exercício de 1971, quando a Lei 7.681 revogou o art. 185 da Lei 6.989/66; que a taxa não decorre do exercício do poder de polícia, pois a fiscalização, no caso, compete ao Ministério da Agricultura; que não existem situações concretas justificadoras do exercício do poder de polícia pela Municipalidade, a qual apenas está procurando incrementar sua arrecadação ao instituir a taxa de localização e fiscalização para cada dia de realização de corrida; que o fato gerador – corridas de cavalo como espetáculo turfístico – é o mesmo do ISS, que recai sobre os bilhetes de ingresso, contrariando o disposto no parágrafo único do art. 77 do CTN. Alega ainda a embargante que a taxa é duplicação daquela prevista no revogado art. 185 da Lei 6.989/66. Por fim, conclui a embargante, a r. sentença teria afrontado diversos julgados deste Tribunal e do STF.

O recurso foi processado regularmente, com resposta que ressalta o acerto da decisão e afirma que a embargante busca tratamento privilegiado, pois todas entidades pagam taxas de licença de localização e funcionamento. Repele a argüição de coisa julgada; afirma ter havido equívocos em acórdãos citados pela embargante, sendo certo que a taxa é devida por força do art. 126 do CTM, fundando-se no exercício do poder de polícia, que se traduz em inúmeras diligências concretas para vistoriar e fiscalizar a observância das posturas municipais. Esclarece que a taxa é diária porque incidente apenas nos dias em que há corrida e que o poder por ela exercido não exclui aquele que compete ao Ministério da Agricultura. Diz mais a embargada, que o fato gerador da taxa constitui uma atividade do Poder Público Municipal, não podendo se confundir com o fato gerador do ISS, que corresponde a uma atividade do contribuinte, ou seja, a venda de ingresso para o espetáculo de diversão. Finalmente, insiste em que a cobrança é legítima porque a fiscalização existe e a dívida é líquida e certa.

É o relatório.

A preliminar de coisa julgada não tem procedência. Mesmo sem entrar na questão da aplicabilidade ou não da Súmula 239, segundo a qual a decisão que declara indevida a cobrança do imposto em determinado exercício não faz coisa julgada em relação aos posteriores, verifica-se que a razão, nesse ponto, está com a embargada, que trouxe à colação o julgamento do RE 99.458-1-SP (fls.), entre as mesmas partes e posterior à apresentação do recurso. Diz a ementa que "a sentença proferida em execução fiscal não faz coisa julgada quanto à ilegitimidade, em tese, da cobrança de certo tributo, visto que, por sua natureza, esse processo diz respeito estrito aos exercícios discutidos nos próprios autos". Assim, a tese da embargante fundada no acórdão de fls., pela qual no conflito entre duas decisões tramitadas em julgado deve preponderar a última, acaba por beneficiar a embargada, que foi vitoriosa naquele último julgamento. De qualquer forma, portanto, não se pode olvidar de que a mencionada Súmula 239 não só está vigorando, como sua tese acaba de ser endossada pelo STF.

No mérito, porém, razão assiste à embargante apelante.

O ponto central do litígio está em saber da legitimidade da cobrança de taxa de localização e funcionamento por dia de corrida no hipódromo da embargante, ou, por outras palavras, se essa taxa tem o mesmo fato gerador do ISS.

A questão é conhecida e já foi objeto de julgamento pelo Segundo Grupo de Câmaras, consoante se vê do acórdão unânime proferido na Ação Rescisória 257.036 (fls.), rel. Paulo Shintate, votando ainda os Juízes Rafael Granato, Fonseca Tavares, Nelson Schiavi e José Osório. O amplo debate travado nos presentes autos não leva a que se modifique o entendimento manifestado naquela ocasião.

Ali foi dito:

> "O erro do legislador municipal consistiu justamente em tornar a taxa devida apenas nos dias em que o hipódromo funcionasse.
>
> Ora, o fato gerador da citada taxa, quanto aos hipódromos, passou a ser, não mais a prestação de serviço público decorrente do poder de polícia, de fiscalização das condições estabelecidas em leis municipais, para a localização e funcionamento dos estabelecimentos em que são exercitadas atividades econômicas, mas a realização das corridas de cavalos com vendas de pules, ou seja, a própria prestação de serviços pela autora (ora embargante apelante).
>
> Sob o rótulo de taxa, na verdade, a ré instituiu um imposto adicional ao ISS.
>
> É que a taxa não seria devida durante o ano todo se não houvesse realização de corridas de cavalos, embora a Municipalidade exercesse a prestação de serviço público de fiscalização das condições legais.
>
> Assim, a exigência da taxa diária apenas porque havia a realização das corridas de cavalos era ilegítima [...]".

Com efeito, o artificialismo da solução adotada pelo legislador municipal acabou por impedir que a embargada demonstrasse concretamente em que atos se teria traduzido o exercício do poder de polícia de modo a justificar a cobrança. Fazendo incidir a taxa em todos os dias de corrida – e só neles – fica claro que a intermitência de fatos geradores está a coincidir com a realização do espetáculo turfístico propriamente dito, que já constitui fato gerador do ISS. Razão assiste à embargada quando afirma que o fato gerador da taxa representa uma atividade do Poder Público Municipal. Mas, no caso dos autos, onde está essa atividade e em que consiste ela, se se apresenta e se renova a cada dia de corrida, que se realiza semanalmente e com regularidade?

Na verdade, repita-se, não se consegue vislumbrar qual a atividade efetiva da embargada que autorizasse a embargante a localizar seu hipódromo semanalmente e também como a embargada fiscalizasse semanalmente o espetáculo.

Em suma, fosse o fato gerador o efetivo exercício do poder de polícia, este teria vindo à tona e seria perceptível naturalmente toda vez que surgisse a taxa. Esta, entretanto, só aparece quando há o espetáculo porque este acabou sendo o fato gerador dela.

Diante do exposto, e considerando a disposição do parágrafo único do art. 77 do CTN, é dado provimento ao recurso para julgar procedentes os embargos, condenada a embargada nas custas e em honorários de 10% do valor das execuções.

Presidiu o julgamento o Juiz Nelson Schiavi e dele participaram os Juízes Sousa Lima e Luciano Leite (vencido).

São Paulo, 13 de junho de 1984.

José Osório, Relator.

Luciano Leite, vencido com declaração de voto em separado.

Fonte: *JTACSP-RT* 88/162-4

❖ ❖ ❖

EMBARGOS INFRINGENTES N. 71.415-2

INDENIZAÇÃO – Desapropriação – Imóvel não loteado – Fixação do *quantum* indenizatório, aplicando-se o "fator gleba", posto não haver fundamento seguro para lastrear a conclusão de que se trata de área ínsita em perímetro de expansão urbana e, portanto, loteável, embora ainda não loteada – Admissibilidade – Art. 5.º do Dec.-lei Fed. n. 271, de 1967 – Embargos recebidos.

Embargos Infringentes n. 71.415-2 – Jundiaí – Embargante: Departamento de Estradas de Rodagem, do Estado – Embargados: M.A.P. e outros.

ACÓRDÃO

ACORDAM, em Décima Oitava Câmara Civil do Tribunal de Justiça do Estado de São Paulo, por maioria de votos, receber os embargos.

1. Embargos infringentes tempestivamente opostos pelo DER a acórdão desta Câmara, com fulcro no eminente voto vencido de fls.

Visam obter a fixação do *quantum* indenizatório na conformidade do laudo de seu assistente técnico, salientando que o acórdão revidendo, ao acatar o laudo do perito judicial, negou vigência ao art. 5.º do Dec.-lei Fed. n. 271, de 28/2/67.

Houve impugnação.

2. De início, frise-se que, como escorre, inequivocamente, das razões dos embargos, ferem estes, tão-só, a divergência alusiva ao *quantum* indenizatório. E, a esse propósito, entendem-se viáveis e ponderáveis os argumentos expendidos pelo douto louvado da expropriante, no que tange

à aplicação do "fator gleba", argumentos não abalados pela ulterior juntada do documento de fl.

Não há, aqui, *data maxima venia* da opinião majoritária, fundamento seguro e inconcusso para lastrear a conclusão de que se trata de área que deva merecer enfoque como ínsita em perímetro de expansão urbana e, portanto, loteável, posto que ainda não loteada.

Daí por que, *venia concessa*, recebem-se os presentes embargos, nos limites acíma fixados, para acatar-se a adoção daquele fator.

O julgamento teve a participação dos Srs. Des. Roberto Rodrigues e Cuba dos Santos, com votos vencedores, e Borelli Machado, com voto vencido.

São Paulo, 12 de maio de 1986.

Theodoro Guimarães, Pres. e Rel. José Osório, com declaração de voto.

DECLARAÇÃO DE VOTO VENCEDOR DO DES. JOSÉ OSÓRIO

Em ação de desapropriação indireta, versando área ocupada pelo DER quando do alargamento da Estrada Jundiaí-Itatiba, em 1963, a r. sentença fixou a indenização em Cr$ 6.670.342, em conformidade com o laudo do assistente do réu mas excluindo o valor da faixa *non aedificandi*. O v. acórdão de fls. reformou a sentença, adotando o laudo do perito e fixando a indenização em Cr$ 13.054.719. Votou vencido o Des. Roberto Rodrigues, que adotava o laudo do assistente do réu sem, contudo, excluir o valor da faixa, estabelecendo a indenização de Cr$ 9.529.059.

Com suporte no v. voto vencido, foram interpostos os presentes embargos, os quais, a meu ver, devem ser acolhidos, *data venia* da d. maioria.

Isto porque o perito judicial adotou o método involutivo de avaliação e, assim, projetou para o imóvel um valor de área loteada, quando, na verdade, a área não é nem nunca foi loteada. O fato de haver, na data da avaliação, um loteamento contíguo, não faz com que uma área bruta seja tida como loteada. E – não sendo loteada – não pode receber tratamento como se o fosse.

Além disso, quando se deu o apossamento (1963), não havia – sem a menor dúvida – qualquer loteamento nas proximidades, pois a área está a mais de 10 km do centro de Jundiaí. E o fato de o réu haver praticado um ato ilícito e, assim, dever reparar o dano, não faz com que ele tenha de arcar com ganhos aleatórios que teriam sido auferidos pela vítima.

É o que se deduz do art. 1.060 do CC, a saber: "Ainda que a inexecução resulte de dolo (!) do devedor, as perdas e danos só incluem os prejuízos efetivos e os lucros cessantes por *efeito* dela *direto* e imediato".

Ora, o valor a mais admitido pelo v. acórdão é fruto da existência recente de loteamentos nas vizinhanças e nada tem a ver com o ato praticado pelo réu. A propósito, já decidiu o Supremo Tribunal Federal:

> "Desapropriação. Indenização. Loteamento não inscrito. Benfeitorias. Dec.-lei n. 271, de 1967, art. 5.º e LFed. n. 6.766, de 1979 (exegese). Na interpretação dessas normas há que se ter em conta as circunstâncias de cada caso, sob pena de frustrar-se o princípio da justa indenização contemplado no § 22 do art. 153 da CR. O que as normas afastam, sem ludibriar o princípio, é a indenizabilidade do loteamento teórico ou inexistente, e não a composição do efetivo desfalque patrimonial" (*RTJ*, 105/1.298, Rel. Rafael Mayer). RE n. 99.526- SP.

Ora, é exatamente o caso dos autos, que versa hipótese de loteamento inexistente.

Por todo o exposto, recebo os embargos para o fim de fixar a indenização nos termos do voto vencido, ficando o esclarecimento de que a parte do referido voto relativa à determinação do termo inicial dos juros compensatórios não foi, efetivamente, abrangida pelos embargos.

Fonte: *Lex RJTJSP* 101/315-6

APELAÇÃO CÍVEL N. 128.716-1

MAGISTÉRIO - Professor municipal - Licença sem vencimentos - Artigo 141 da Lei Municipal n. 1.939, de 1972, de Araraquara - Indeferimento imotivado e relevância do pedido, por ser conveniente ao interesse público a concessão do afastamento - Violação a direito líquido e certo configurada - Segurança concedida.

Apelação Cível n. 128.716-1 - Araraquara - Apelante: R.M.G.A. - Apelado: Prefeito Municipal.

ACÓRDÃO

ACORDAM, em Oitava Câmara Civil do Tribunal de Justiça, por votação unânime, dar provimento ao recurso.

Mandado de segurança impetrado por professora municipal, contra ato que lhe negou licença sem vencimentos, foi denegado pela respeitável sentença de fls., cujo relatório é adotado, sob consideração de se tratar de ato discricionário da Administração.

Apelou a impetrante indicando precedente e alegando que a falta de motivação do ato violou seu direito líquido e certo de obter a licença.

Recurso bem processado, sem resposta.

O Doutor Promotor opina pelo improvimento, e o Doutor Procurador de Justiça pelo provimento do recurso. É o relatório.

O recurso tem provimento.

A impetrante é professora substituta de Pré-Escola do Município de Araraquara, e foi selecionada e contemplada com bolsa de estudos para o "Programa Especial de Treinamento da CAPES", do Ministério da Educação, motivo por que solicitou licença não remunerada, por dois anos, o que foi indeferido diante das informações prestadas pela Diretora do Departamento de Educação. Daí a presente impetração, denegada diante da discricionariedade do ato.

A pretensão vem amparada no artigo 141 da Lei Municipal n. 1.939, de 1972, com a relação dada pela Lei n. 3.289, de 1986, a saber: "Ao funcionário com um mínimo de dois anos de serviço, poderá ser deferida licença por tempo nunca inferior a 180 dias e tampouco superior a 2 anos, sem vencimentos ou remuneração, para tratar de assuntos particulares".

Por aí se vê que foi conferido ao servidor o direito à licença, nas condições especificadas. Trata-se de preceito a benefício do servidor, e como tal deve ser interpretado. Se assim não fosse, o preceito seria inócuo. A Administração poderá indeferir o pedido segundo a sua conveniência, mas haverá de motivar a recusa, sob pena de aniquilar-se a faculdade outorgada pela lei.

No caso dos autos, o impetrado, aliás, procurou motivar o indeferimento, mas o fez de forma tão vazia que é como se não o fizesse. Isto porque se baseou nas informações da Senhora Diretora do Departamento de Educação, esclarecendo que a impetrante, como professora substituta, tem, "dentre suas atribuições, substituir professores responsáveis por classe, na ausência dos mesmos. Portanto, seu afastamento implicaria imediatamente na necessidade de colocar outra pessoa no seu lugar, pelo tempo da licença, o que constitui um obstáculo, embora reconheçamos a importância do aprimoramento do nosso pessoal, no campo da Educação".

Por aí se vê que o único motivo indicado foi a necessidade de colocar outro servidor no lugar da impetrante. Ora, isto é óbvio e é o que ocorre ordinariamente. É hipótese que o Legislador evidentemente levou em conta ao estatuir o preceito do mencionado artigo 141, que é dirigido a todos os servidores e não àqueles que não têm função, ou que não precisam ser substituídos.

Imotivado o indeferimento e reconhecida a relevância do pedido, que também entende com o interesse público, tem-se que houve violação de direito líquido e certo da impetrante, pelo que a ordem é de ser concedida.

Caso semelhante já foi decidido pela Egrégia Quinta Câmara na Apelação n. 97.080-1, Relator Jorge Tannus (fls.), com apoio em lição de Hely Lopes Meirelles, in *Direito Administrativo Brasileiro*, 13.ª ed., pág. 159.

É de se lembrar ainda lição de Caio Tácito:

> "Não é preciso que a lei tenha previsto os motivos do ato (hipótese de vinculação), ou que determine ao agente a obrigação de enunciá-los. Se não é obrigatória a motivação, mas o agente manifesta, de forma expressa, os fundamentos da decisão, poderá o Juiz examinar-lhes a exatidão. (*Direito Administrativo*, Editora Saraiva, 1975, pág. 69)".

Diante do exposto, é dado provimento ao recurso para conceder a ordem, adotado ainda o parecer do Doutor Nelson Nery Jr.

O julgamento teve a participação dos Senhores Desembargadores Fonseca Tavares (Presidente) e Régis de Oliveira (com declaração), com votos vencedores.

São Paulo, 24 de outubro de 1990.

José Osório, Relator.

Fonte: LEX - TJSP - 1991 - Volume 130 - Página 207

❖❖❖

APELAÇÃO CÍVEL N. 157.287-1

PROCESSO ADMINISTRATIVO - Averiguação sumária - Princípio constitucional da ampla defesa observado - Nulidade do processo inocorrente - Segurança denegada - Voto vencido.

Apelação Cível n. 157.287-1 - São Paulo - Recorrente: Juízo *Ex Officio* - Apelante: Fazenda do Estado - Apelado: N.I.

ACÓRDÃO

ACORDAM, em Oitava Câmara Civil do Tribunal de Justiça, por maioria de votos, dar provimento ao recurso, de conformidade com o voto do Relator, que fica fazendo parte integrante do presente julgado.

O julgamento teve a participação dos Senhores Desembargadores Régis de Oliveira (Presidente), com voto vencedor, e Antônio Marson, vencido, com declaração de voto.

São Paulo, 5 de fevereiro de 1992.

José Osório, Relator.

VOTO

Mandado de Segurança impetrado por policial militar, visando a obstar procedimento administrativo de apuração de eventual falta disciplinar, contou com o deferimento de liminar, para, ao final, ser concedida a ordem pela respeitável sentença de fls., cujo relatório é adotado.

A Meritíssima Juíza submeteu a decisão ao necessário reexame, e a FESP – Fazenda do Estado de São Paulo, apelou, alegando, em síntese, que não houve afronta ao art. 5.º, inciso LV, da Constituição da República, posto que apenas se investigavam fatos antes de qualquer instauração de procedimento punitivo; que o próprio apelado reconhece ter obtido vista dos autos da averiguação, tendo ofertado até defesa escrita, devidamente assistido por Advogado; que nada obstava a que solicitasse reinquirição de testemunhas, coisa que não fez por não ter querido; e que, por isso deve-se reformar a respeitável sentença, denegando-se a segurança.

Contra-arrazoou o recurso o impetrante, sustentando a manutenção da sentença, porque no processo administrativo a que foi submetido cerceou-se-lhe o direito de defesa, tendo sido infringido o artigo 5.º, inciso LV, da Constituição da República; que o impetrado é litigante de má-fé; e que, por tudo isso, o processo administrativo anulado padece de ilegalidade, constituindo-se ato anulável, razão pela qual a respeitável sentença deve ser mantida, improvendo-se o recurso da Fazenda do Estado de São Paulo.

O Doutor Promotor de Justiça é pela manutenção da sentença.

A douta Procuradoria-Geral da Justiça opina pelo provimento dos recursos, cassando-se a ordem. É o relatório.

A ordem não podia ter sido concedida.

O impetrante, policial militar, viu contra si instaurada "averiguação sumária", para apuração e conseqüente punição de fato a ele imputado, qual seja o de se apresentar embriagado no alojamento dos internos e de promover algazarras e perturbar sossego alheio, além de ameaçar com revólver seus colegas.

A digna autoridade passou a ouvir pessoas que entendeu importantes para apuração do evento e, em seguida, abriu "vista" para que o então sindicado, ora impetrante, apresentasse ampla defesa (fls.). Fê-lo, então, através de Advogado, postulando anulação do feito ou a realização de prova pericial, que foi imediatamente determinada (fls.) e oitiva de testemunhas que arrolou (fls.). A autoridade policial determinou a ouvida das testemunhas, o que efetivamente aconteceu. Em conseqüência, foi apresentado o relatório final da "averiguação", com sugestão da demissão do indiciado.

Daí a segurança objetivando a anulação do "processo administrativo".

Ora, não houve qualquer lesão a direito do impetrante. Se testemunhas foram ouvidas sem sua presença, poderia ele, perfeitamente, ter solicitado sua reinquirição, com a participação de seu Advogado. Preferiu, todavia, arrolar outras testemunhas para inquirição. Procedendo como procedeu, isto é, apresentando testemunhas que foram ouvidas e realizando-se a prova pericial que solicitara, exerceu em plenitude o direito de defesa assegurado pela Constituição da República.

Observe-se que a fase anterior foi de mera inquirição de testemunhas, que poderiam ter sido reinquiridas, caso tivesse havido solicitação do impetrante. Tanto assim é que toda sua prova foi produzida, sem qualquer cerceamento.

Em conseqüência, houve higidez formal da apuração, não havendo motivo para sua anulação.

Se o feito tivesse sido terminado sem a participação do impetrante, sem que a ele tivesse sido dada oportunidade para reinquirir testemunhas, apresentar razões formais ou arrolar testemunhas, sem dúvida que quebrada estaria a garantia constitucional da ampla defesa. Mas, tendo a ele sido dadas todas as oportunidades para manifestação e produção de prova, não há como se conceder a ordem para anular aquilo que não está maculado por qualquer vício.

Daí impor-se o provimento, para denegação da ordem impetrada.

Fonte: LEX - TJSP - 1992 - Volume 136 - Página 260

APELAÇÃO CÍVEL N. 198.780-1

SERVIDOR PÚBLICO - Dirigente sindical - Exoneração sumária - Inadmissibilidade - Artigos 37, inciso VI, e 8.º, inciso VIII, da Constituição da República - Garantia de não dispensa até um ano após o final do mandato - Compatibilidade com o regime jurídico do servidor - Sentença confirmada - Recurso não provido.

É garantia do dirigente sindical não ser dispensado do emprego até um ano após o final do mandato, nos termos do inciso VIII do artigo 8.º da Constituição da República. Essa garantia é perfeitamente compatível com o regime jurídico do servidor. Apenas é acrescida às demais garantias comuns a todo servidor.

Apelação Cível n. 198.780-1 – Poá – Recorrente: Juízo *Ex Officio* – Apelante: – Municipalidade de Itaquaquecetuba – Apelado: M.A.F.

ACÓRDÃO

ACORDAM, em Oitava Câmara Civil do Tribunal de Justiça do Estado de São Paulo, por votação unânime, negar provimento aos recursos, de conformidade com o relatório e voto do Relator, que ficam fazendo parte integrante do presente julgado.

O julgamento teve a participação dos Senhores Desembargadores Villa da Costa (Presidente) e Antônio Marson, com votos vencedores.

São Paulo, 1.º de dezembro de 1993.

José Osório, Relator.

VOTO

Mandado de segurança impetrado por servidor municipal de Itaquaquecetuba exonerado de seu cargo, visando à reintegração, com base no artigo 8.º, inciso VIII, da Constituição da República, sob alegação de que, fazendo parte do Conselho Diretor do Sindicato dos Servidores Municipais, goza de estabilidade por um ano, a contar do término de seu mandato, foi concedido pela respeitável sentença de fls., cujo relatório é adotado. Considerou o Meritíssimo Juiz que o impetrante foi exonerado sumariamente, sem direito de defesa em procedimento administrativo e sem qualquer apuração de falta que legitimasse o ato.

Recurso de ofício e apelo da impetrada, alegando, em síntese, que o Meritíssimo Juiz não pode conhecer de ofício questões não suscitadas; que não havia direito líquido e certo a ser resguardado; que a apelante sequer teve oportunidade de se manifestar sobre a matéria julgada, já que nada foi alegado quando da impetração; e que, assim, deve ser reformada a sentença, denegando-se a ordem.

Recursos bem processados, com resposta destacando o acerto da sentença.

O Doutor Promotor e a douta Procuradoria-Geral de Justiça são pelo provimento dos recursos.

É o relatório.

Nega-se provimento aos recursos.

A Constituição da República, no artigo 37, inciso VI, consagrou o direito do servidor público civil à livre associação sindical.

Esse direito à sindicalização foi outorgado sem restrições, como acentua José Afonso da Silva – *Curso de Direito Constitucional Positivo*, 5.ª ed., pág. 585.

Por outro lado, é garantia do dirigente sindical não ser dispensado do emprego até um ano após o final do mandato, tudo nos termos do inciso VIII do artigo 8.º da mesma Constituição da República.

Não se vê razão de ordem lógica, jurídica, social ou política para entender que o dirigente de sindicato de servidores públicos não goze desse tipo de estabilidade. Ele não é um dirigente sindical de segunda classe. Essa garantia é perfeitamente compatível com o regime jurídico do servidor. Apenas é acrescida às demais garantias comuns a todo servidor.

Provado que o impetrante estava em exercício no Conselho Diretor do Sindicato e que houve a dispensa, sem qualquer alusão a eventual ocorrência de falta grave, houve violação de direito líquido e certo, corrigível através de mandado de segurança.

Por tais motivos, e não por aqueles constantes da respeitável sentença, nega-se provimento aos recursos.

Fonte: LEX – TJSP – 1994 – Volume 153 – Página 144

❖❖❖

AÇÃO DIRETA DE INCONSTITUCIONALIDADE N. 14.186-0

INCONSTITUCIONALIDADE – Lei municipal – Procuradoria-Geral do Estado – Exclusão da ação – Deferimento – Preliminar acolhida.

INCONSTITUCIONALIDADE – Lei municipal – Elaboração de proposta de lei orçamentária – Iniciativa do Legislativo – Inadmissibilidade – Competência exclusiva do chefe do Poder Executivo – Ação procedente – Inconstitucionalidade declarada.

Ação Direta de Inconstitucionalidade n. 14.186-0 – São Paulo – Requerente: Prefeito do Município de Santa Bárbara D'Oeste – Requerida: Câmara Municipal de Santa Bárbara D'Oeste.

ACÓRDÃO

ACORDAM, em Sessão Plenária do Tribunal de Justiça do Estado de São Paulo, por votação unânime, julgar procedente a ação, de conformidade com o relatório e voto do Relator, que ficam fazendo parte integrante do presente julgado.

O julgamento teve a participação dos Senhores Desembargadores Francis Davis (Presidente), Cesar de Moraes, Sabino Neto, Lair Loureiro, Cunha Camargo, Weiss de Andrade, Alves Braga, Carlos Ortiz, Silva Leme, Yussef Cahali, Rebouças de Carvalho, Ney Almada, Márcio Bonilha, Renan Lotufo, Villa da Costa, Bueno Magano, Nigro Conceição, Cunha Bueno, Salles Penteado, Nélson Fonseca, Nélson Schiesari, Djalma Lofrano e Cuba dos Santos, com votos vencedores.

São Paulo, 4 de março de 1994.

José Osório, Relator.

VOTO

O Prefeito de Santa Bárbara D'Oeste ajuizou a presente ação para ver declarados inconstitucionais o § 2.º do artigo 208 e o § 2.º do artigo 234 da Lei Orgânica do Município.

O primeiro dos dispositivos acima referidos diz que anualmente serão alocados recursos com o percentual mínimo de 20% (vinte por cento) do total da obra corrigido monetariamente, referente ao projeto global para tratamento de efluentes e esgotos urbanos e industriais do Município, e cuja execução deverá ser completada em prazo máximo de 5 (cinco) anos.

O segundo dispositivo apontado como inconstitucional refere que, dos 25% (vinte e cinco por cento), no mínimo, destinados ao desenvolvimento e manutenção do ensino municipal, 3% (três por cento) serão repassados à educação dos deficientes, através de entidades sem fins lucrativos, definidos em lei.

Argumenta o requerente que a disposição do § 2.º do artigo 208 da Lei Orgânica infringe o disposto no inciso IV do artigo 176 da Constituição do Estado, que proíbe a vinculação da receita de impostos a fundos e despesas determinadas, além de invadir área de iniciativa do prefeito, segundo o estabelecido no artigo 174 da Carta Política Paulista.

A disposição do § 2.º do artigo 234 da referida Lei Orgânica, por sua vez, ofende o princípio da separação dos poderes, porquanto a concessão de subvenções a obras sociais depende de autorização legislativa, de iniciativa do Poder Executivo e dotação consignada no orçamento ou através de crédito especial.

Depois de invocar dispositivos análogos, da Constituição da República, aos que aponta como violados, da Carta Maior do Estado, pediu o requerente a concessão de liminar que lhe foi concedida, para a suspensão das disposições da Lei Orgânica do Município de Santa Bárbara D'Oeste apodados de inconstitucionais.

Concedida a liminar, o Senhor Presidente do Tribunal de Justiça solicitou informações da Câmara Municipal de Santa Bárbara D'Oeste, que esclareceu que os dispositivos legais referidos na representação do Prefeito foram incluídos na Lei Orgânica por sugestão da Associação Pró-Ambiente de Santa Bárbara D'Oeste e da APAE – Associação de Pais e Amigos dos Excepcionais de Santa Bárbara.

Manifestou-se, a seguir, o Senhor Procurador-Geral do Estado, levantando questão relativa à sua ilegitimidade para intervir no feito, por se tratar de representação referente a lei municipal, cuja constitucionalidade deve ficar a cargo dos órgãos próprios dos Municípios.

Pede, no entanto, se a preliminar não for acolhida, que se converta o julgamento em diligência, abrindo-se nova vista dos autos à Procuradoria-Geral, para a sua manifestação sobre o mérito.

Os autos foram, a seguir, à douta Procuradoria-Geral da Justiça, que, manifestando-se sobre a representação do prefeito do Município de Santa Bárbara D'Oeste, propõe a sua acolhida e a declaração de inconstitucionalidade dos dois dispositivos da Lei Orgânica do Município: o primeiro (§ 2.º do artigo 208), por infringência do artigo 174 da Constituição do Estado; o segundo (§ 2.º do artigo 234), por retirar do Executivo a sua capacidade de planejamento e estruturação dos serviços públicos, infringindo, assim, o princípio da separação de poderes aludido no artigo 5.º da nossa Carta Maior.

O julgamento foi suspenso para aguardar definição da competência pelo Supremo Tribunal Federal. Superado o incidente, o feito foi à nova distribuição em decorrência da aposentadoria do Desembargador Freitas Camargo.

É o relatório.

Quanto à preliminar levantada pelo Doutor Procurador-Geral do Estado no sentido de ser dispensada sua participação no processo, nada a decidir. Está em jogo, no caso, a constitucionalidade de lei municipal, dispensável, então, aquela participação, em consonância com o disposto no § 2.º do artigo 90 da Constituição Estadual e com inúmeros precedentes deste Tribunal.

Em relação ao mérito, a ação procede.

O primeiro dispositivo acoimado de inconstitucional é o § 2.º do artigo 208 da Lei Orgânica do Município, a saber:

> "Artigo 208. O Poder Público Municipal elaborará um projeto global para tratamento de efluentes e esgotos urbanos e industriais para execução num prazo máximo de 5 (cinco) anos, a partir de 1991.
>
> § 1.º Referido projeto deverá prever custo total para a execução da obra, com aprovação dos órgãos competentes.
>
> § 2.º A locação de recursos deverá ser feita anualmente, com percentual mínimo de 20% (vinte por cento) do total da obra".

Esse § 2.º viola o artigo 174 da Constituição Estadual, que estabelece a exclusividade de iniciativa em favor do chefe do Poder Executivo para a elaboração da proposta de lei orçamentária. Sem dúvida que a esfera de ação do prefeito ficou cerceada por não poder contar ele com a parte que já foi destinada pelo Poder Legislativo para finalidade específica.

Do mesmo vício padece o outro preceito contra o qual se rebela o autor.

Reza o artigo 234 da Lei Orgânica local:

> "O Município aplicará, anualmente, 25% (vinte e cinco por cento), no mínimo, da receita resultante de impostos, compreendida e proveniente de transferências, na manutenção e desenvolvimento do ensino".

E o respectivo § 2.º: "Do total previsto no *caput* deste artigo, 3% (três por cento) serão repassados à educação dos deficientes, através de entidades sem fins lucrativos, definidas em lei".

O preceito do § 2.º também invade a competência do Executivo, que não terá alternativa de atuação programática e de execução no que se refere ao percentual destinado à educação dos deficientes.

Como anotou o Desembargador Aniceto Lopes Aliende, ao conceder liminar, a nobreza de propósito da edilidade não afasta a incompatibilidade dos dispositivos com a ordem fundamental vigente.

Na verdade, agora se vê que a própria edilidade já não se empenha na manutenção dos preceitos impugnados, uma vez que, ao prestar informações, apenas esclarece os nomes dos vereadores e da entidade assistencial que sugeriram a providência.

Por todo o exposto, a ação é julgada procedente, adotados também os argumentos do parecer do Doutor Procurador-Geral da Justiça.

Fonte: LEX – TJSP – 1994 – Volume 160 – Página 292

❖❖❖

AÇÃO DIRETA DE INCONSTITUCIONALIDADE N. 12.163-0/5

Ação Direta de Inconstitucionalidade n. 12.163-0/5 – São Paulo – Requerente: Procurador-Geral de Justiça do Estado – Requerido: Prefeitura Municipal de Sorocaba. (Voto n. 11.251)

Data: São Paulo, 15.05.1994

Ação direta de inconstitucionalidade. Preceito de Lei Orgânica Municipal.

EMENTA

Matéria preliminar superada por julgamento do STF. Violação do art. 145 e parágrafo único da Constituição Estadual. Ação procedente.

VOTO

Ação direta de inconstitucionalidade ajuizada pelo Dr. Procurador-Geral de Justiça impugnando o art. 187 da Lei Orgânica do Município de Sorocaba, que extinguiu os distritos do Município, por entender que houve afronta aos arts. 1.º e § único, 18, § 4.º, 29, *caput*, e 30, IV, da CR, dispositivos também inseridos na CE, arts. 144 e 145, parágrafo único.

Alega o requerente, em síntese, que a extinção do distritos significou a incorporação destes ao Município, que passou a ter nova organização em sua divisão territorial; que tal incorporação só poderia ser feita após consulta às populações diretamente interessadas, através de plebiscito, e uma vez atendidos os requisitos previstos em lei complementar estadual, segundo o art. 18, § 4.º, da CR; que a CE (art. 145 e seu parágrafo único) adotou nesse tema a mesma orientação da CR; que o dispositivo impugnado afronta o princípio democrático participativo, pois despreza a vontade popular em matéria de expressivo relevo e inegável repercussão na vida da comunidade; que, assim, deve ser declarada a inconstitucionalidade do dispositivo atacado.

Prestou informações a Câmara Municipal de Sorocaba (fls., alegando, preliminarmente, impossibilidade jurídica do pedido uma vez que não está previsto no ordenamento ação direta de inconstitucionalidade de lei ou ato normativo municipal ante a CR; que o dispositivo impugnado não violou a CE, a qual cuidou apenas da divisão dos municípios em distritos, e não de sua organização e supressão (art. 145). No mérito sustenta, em síntese, que a Lei Complementar n. 651/90, dispondo sobre a extinção dos distritos, foi além das restrições constitucionais, violando a autonomia municipal consagrada desde a Constituição de 1891; que, além disso, o Distrito de Éden não guarda a distância mínima de três quilômetros exigida pelo art. 2.º, IV, da citada lei complementar; que, por isso, deve ser julgada improcedente a ação.

Manifestou-se o Dr. Procurador-Geral de Justiça (fls.) sobre as informações, afirmando que a ação funda-se no confronto do art. 187 da LOM com o art. 74, VI, da CE, bem como os já citados arts. 144 e 145 dessa Carta.

O Sr. Prefeito Municipal pronunciou-se às fls., reforçando os argumentos da Câmara Municipal, acrescentando, ainda, que é inconstitucional o inciso XI do art. 74 da CE, ante os arts. 22, I, e 125, § 2.º, da CR, devendo ser declarada, incidentalmente, esta eiva; que deve ser extinto o processo sem julgamento de mérito, ou julgada improcedente a ação.

Nova manifestação do Dr. Procurador-Geral de Justiça (fls.).

Citado, o Dr. Procurador-Geral do Estado pediu sua exclusão do feito (fls.), sem oposição do autor (fls.).

Foi determinado o sobrestamento da ação até o julgamento pelo E. STF, da Reclamação n. 383-3/SP.

As partes manifestaram-se sobre o acórdão proferido na Reclamação mencionada.

Este E. Órgão Especial, pelo v. acórdão de fls., por maioria, acolhendo a preliminar de carência pela impossibilidade jurídica do pedido, extinguiu o feito sem julgamento de mérito.

O E. Supremo Tribunal Federal deu parcial provimento ao recurso extraordinário interposto pelo Dr. Procurador-Geral de Justiça (acórdão de fls.), determinando que a ação prossiga no ponto em que argúi a inconstitucionalidade da lei municipal frente à CE.

Em razão da aposentadoria do Des. Cunha Camargo, então relator do processo, os autos foram redistribuídos.

É o relatório.

Toda a matéria preliminar ou prejudicial ficou superada com o acórdão do E. STF, que afastou a extinção do processo e impôs julgamento de mérito.

A ação é procedente.

O preceito tido como inconstitucional é o art. 187 da Lei Orgânica do Município de Sorocaba, que assim dispõe: "Ficam extintos os Distritos do Município".

Esse preceito choca-se com os do art. 145 e seu § único da C.E., que impõem requisitos para a extinção de Municípios e Distritos, particularmente a necessidade de consulta prévia às populações interessadas, a saber:

> "Art. 145. A criação, a incorporação, a fusão e o desmembramento de Municípios preservarão a continuidade e unidade histórico-cultural do ambiente urbano, far-se-ão por lei, obedecidos os requisitos previstos em lei complementar, e dependerão de consulta prévia, mediante plebiscito, às populações diretamente interessadas.
>
> Parágrafo único.O território dos Municípios poderá ser dividido em distritos, mediante lei municipal, atendidos os requisitos previstos em lei complementar, garantida a participação popular."

Ora, a L.O.M. de Sorocaba, sem qualquer previsão de requisitos por lei complementar e sem consulta às populações interessadas, simplesmente extinguiu os distritos.

Quando do primeiro julgamento, que concluiu apenas pela extinção do feito, por escassa maioria, os votos vencidos declarados abordaram o mérito.

Assim o voto do Des. Renan Lotufo: "Logo a extinção de distrito, implica, logicamente, em alteração da base territorial, logo atinge a divisão do mesmo, posto que suprimido um distrito, alterou-se o dividendo para menor." – fls.

Esse mesmo voto apoia-se em precedente deste Plenário – ADIn 11.850.0, de Tupã, de que foi relator o Des. Ney Almada, ficando assentado:

> "A alteração de divisas dos distritos sem dúvida implica inovar a base territorial do Município; assim, só se faz viável mediante prévia aquiescência das populações diretamente interessadas. A Constituição da República de 1988, art. 16, § 4.º, textualmente o prescreve e a ela conferiu beneplácito literal a Carta do Estado, art. 145, cujo parágrafo único, especificamente, ressalta aqueles pressupostos indeclináveis em caso de divisão do município em distritos".

Com maior razão ainda devem estar presentes esses pressupostos no caso de extinção de distritos, como ocorre no caso dos autos.

Ressalte-se também a conclusão do voto do Des. Bueno Magano:

> "Em suma, o art. 187 da L.O.M. (de Sorocaba) viola dispositivo da C.E. e princípio da democracia, adotado pela Constituição, que proclamou os princípios federativos dos poderes da República. [...].
>
> No caso, a lei orgânica não podia legislar autonomamente sobre extinção de distrito, sem lei complementar estadual, e consulta popular." – fls.

Por todo o exposto, julga-se procedente a ação, comunicando-se, como de direito.

José Osório.

Fonte: Arquivo pessoal e TJSP

❖❖❖

MANDADO DE SEGURANÇA N. 17.809-0

FUNCIONÁRIO PÚBLICO – Vencimentos – Salário mínimo garantido pela Constituição da República – Artigo 39, § 2.º – Cálculo – Inclusão das gratificações fixa e especial.

FUNCIONÁRIO PÚBLICO – Vantagens pessoais – Qüinqüênio e sexta parte – Cálculo – Incidência, pelo menos, sobre o valor do salário-mínimo – Segurança concedida para esse fim – Voto vencido.

Mandado de Segurança n. 17.809-0 – São Paulo – Impetrante: Sindicato dos Funcionários e Servidores da Educação – SINDIFUSE, representado por seu Diretor-Presidente J.J.P. – Impetrado: Governador do Estado – Interessada: Fazenda do Estado.

ACÓRDÃO

Mandado de Segurança – Garantia de salário-mínimo a servidores estaduais – Necessidade de incluir, no cálculo, as gratificações fixa e especial – Ordem parcialmente concedida.

ACORDAM, em Órgão Especial do Tribunal de Justiça do Estado de São Paulo, por maioria de votos, conceder em parte a segurança, de conformidade com o relatório e voto do Relator, que ficam fazendo parte integrante do presente julgado.

Participaram do julgamento os Senhores Desembargadores Weiss de Andrade (Presidente sem voto), Alves Braga, Rebouças de Carvalho, Ney Almada, Márcio Bonilha, Nigro Conceição, Nelson Schiesari, Oetterer Guedes, Luís de Macedo, Viseu Júnior, Hermes Pinotti, Gentil Leite, Álvaro Lazzarini, José Cardinale e Denser de Sá, vencedores, Renan Lotufo (Relator sorteado), vencido em parte, com declaração de voto, e Lair Loureiro, Carlos Ortiz, Yussef Cahali, Cunha Bueno, Nélson Fonseca, Djalma Lofrano, Cuba dos Santos e Dirceu de Mello, vencidos em parte.

São Paulo, 16 de agosto de 1995.

José Osório, Relator designado.

VOTO

Cuida-se de mandado de segurança coletivo, impetrado pelo Sindicato dos Funcionários e Servidores da Educação, contra o Governador do Estado de São Paulo, objetivando compelir a douta autoridade coatora ao cumprimento de dispositivos constitucionais, para que os professores, em atividade e inatividade, recebam salário-base não inferior ao mínimo nacionalmente unificado e que as gratificações, fixa e especial, que vêm sendo pagas, se somem aos demais vencimentos dos servidores, sexta parte e licenças-prêmio.

Sem liminar, processou-se o *mandamus*, sobrevindo as informações (fls.). A douta Procuradoria opina pela procedência em parte (fls.).

O processo foi redistribuído ao Desembargador Renan Lotufo, ante a aposentadoria do Desembargador Villa da Costa (fls.).

Encaminhado o feito à mesa, para julgamento, o sindicato veio aos autos juntando xérox de seu registro do Ministério do Trabalho (fls.).

Consideram-se prequestionados os seguintes dispositivos legais: Constituição da República, artigos 5.º; 8.º, inciso III; 7.º, inciso IV; 39 e parágrafo único; 201, § 5.º; 1.º; Constituição Estadual, artigo 124, § 3.º; Constituição da República de 1969, artigo 165, inciso I; Consolidação das Leis do Trabalho, artigo 76; Decreto-lei n. 2.351, de 1987; Lei n. 7.789, de 1989; Lei n. 8.030, de 1990; Lei n. 8.106, de 1992; Lei n. 7.532, de 1991; Lei n. 10.261, de 1968, artigos 127, 130, 109, 108; Lei n. 1.533, de 1951, artigo 7.º; Lei de Introdução ao Código Civil, artigo 5.º.

É o relatório.

Não há dúvida de que a Constituição da República garante percebimento de um salário-mínimo a todo trabalhador, de qualquer categoria - artigo 7.º, incisos IV e VII, dispositivos esses que são expressamente estendidos aos servidores públicos civis - artigo 39, § 2.º.

Contudo, o exame de todos os demonstrativos de pagamento (holleriths) exibidos pelo impetrante revela que somente dois deles (fls.) apresentaram ganho inferior ao salário-mínimo, um em setembro e outro em outubro de 1992.

Os demonstrativos também revelam que o salário-base é sempre inferior à soma das gratificações fixa e especial, às quais representam, portanto, valor proporcionalmente expressivo e em geral semelhante para cada associado do impetrante, tudo a indicar o caráter genérico das mesmas.

A conclusão a que se chega é que o administrador - seja ele do setor público ou do privado - usa da gratificação maior para compensar o salário-base menor.

Assim, para a composição do mínimo garantido constitucionalmente não se podem ignorar essas gratificações, pois o servidor está, na realidade, percebendo remuneração superior ao salário-mínimo nacional.

Caso contrário, haverá indevida intromissão do Judiciário na política salarial do Executivo, com nefastas conseqüências, uma vez que, caso se determine o recálculo das gratificações sobre o novo salário-base, esses servidores ficarão certamente em situação vantajosa em relação a colegas que hoje ocupam escala superior.

Não se trata aqui de saber se o servidor está ou não percebendo remuneração digna. O que se tem de saber é se a remuneração que percebe é ou não inferior ao salário-mínimo.

Além do salário-mínimo, o servidor faz jus ainda aos adicionais de qüinqüênio e de sexta-parte, porquanto são vantagens pessoais, devidas a todo servidor do Estado de São Paulo, nos termos do artigo 129 da Constituição Estadual.

Diante do exposto, concede-se parcialmente a ordem para garantir aos servidores representados pelo impetrante a percepção de valor correspondente ao salário-mínimo nacional, computando-se para tanto as gratificações fixa e especial, e fazendo-se incidir, pelo menos sobre o valor do salário-mínimo, os adicionais de qüinqüênio e sexta parte.

Fonte: LEX - TJSP - 1995 - Volume 175 - Página 108

❖❖❖

APELAÇÃO CÍVEL N. 226.595-1

MUNICÍPIO - Distrito - Emancipação - Limite de distância com o perímetro urbano do Município original - Laudo do Instituto Geográfico e Cartográfico - Nulidade - Prevalência dos critérios legais e doutrinários - Ação procedente - Recurso provido - Voto vencido.

Apelação Cível n. 226.595-1 - São Paulo - Apelante: Municipalidade de Pindamonhangaba - Apelados: Assembléia Legislativa do Estado de São Paulo e Fazenda do Estado.

ACÓRDÃO

Direito Administrativo e Urbanístico - Emancipação de Município - Zonas urbanas - Critérios legais e doutrinários - Distância entre Municípios - Medição física pelo Instituto Geográfico e Cartográfico - Estabelecimento por este de critério distinto para definição de zona urbana - Impossibilidade - Ação improcedente - Prova pericial favorável ao autor - Recurso provido.

ACORDAM, em Oitava Câmara Civil do Tribunal de Justiça do Estado de São Paulo, por maioria de votos, dar provimento ao recurso, de conformidade com o relatório e voto do Relator, que ficam fazendo parte integrante do presente julgado.

Participaram do julgamento os Senhores Desembargadores Salvador Raphael (Presidente sem voto), Osvaldo Caron, vencedor, e Fonseca Tavares (Relator, vencido), com declaração de voto.

São Paulo, 28 de fevereiro de 1996.

José Osório, Revisor e Relator designado.

VOTO

Trata-se de ação promovida pelo Município de Pindamonhangaba contra a Fazenda Estadual e a Assembléia Legislativa, seguida de medida cautelar objetivando a declaração de nulidade de laudo do Instituto Geográfico e Cartográfico (IGC) em procedimento emancipatório do Distrito de Moreira César. Tenciona-se a decretação de nulidade, ainda, de todo o procedimento.

A respeitável sentença de fls., cujo relatório é adotado, julgou improcedentes a cautelar e a ação principal, sob consideração de que o laudo pericial deixa clara a possibilidade de emancipação, não havendo por que se a impedir.

Não houve recurso de ofício.

Inconformado, apela o Município de Pindamonhangaba, alegando, em síntese, que a Lei Municipal n. 1.333, de 1973, estipulou os limites territoriais internos do Município, e tais limites têm menos de três quilômetros; que seu assistente técnico confirmou tal dado; que a prova dos autos é abundante em tal sentido, inclusive mostrando que não só a definição legal de área urbana é inferior a três quilômetros, mas também há urbanização efetiva, com equipamentos, serviços municipais e denso povoamento, que fica aquém de três quilômetros da divisa do Distrito de Moreira César; e que, assim, é de se reformar a sentença, julgando-se procedente a ação.

Recurso bem processado, com resposta da Fazenda Estadual e da Assembléia Legislativa, ambas sustentando o acerto da sentença. São mencionados os seguintes dispositivos legais: Lei Complementar Estadual n. 651, de 1990, artigo 2.º, inciso IV; Constituição da República, artigos 5.º, incisos LIV e LV, 18, § 4.º, 30, inciso I; Lei Municipal n. 1.333, de 1973; Decreto-lei Complementar n. 9, de 1969, artigos 102, 107 e 108; Código Tributário Nacional, artigo 32; Código de Processo Civil, artigo 436.

A douta Procuradoria-Geral de Justiça é pelo provimento do recurso.

É o relatório.

A questão, a rigor, não oferece maiores dificuldades, *data venia*.

Cuida-se de precisar qual a distância entre os perímetros urbanos da sede do Município de Pindamonhangaba e do Distrito de Moreira César. Isto porque, nos termos da Constituição da República (artigo 18, § 4.º) e da Lei Complementar Estadual n. 651, de 1990 (artigo 2.º, inciso IV), é imposto limite de distância superior a três quilômetros entre as respectivas zonas urbanas, para tornar viável a emancipação do Distrito.

O autor se insurge contra o laudo do Instituto Geográfico e Cartográfico do Estado, que encontrou distância de mais de cinco quilômetros entre aquelas áreas.

A ação foi julgada improcedente sob consideração de que esse laudo é vinculante, porquanto o mencionado preceito da Lei Complementar n. 651, de 1990, dispõe ser da competência desse instituto a definição dos perímetros urbanos, para o fim do desmembramento.

A Meritíssima Juíza, contudo, não decidiu com o acerto habitual.

A lei complementar de fato diz que o perímetro urbano será "definido pelo competente órgão técnico do Estado", que é o IGC. Mas não deixou a cargo deste o estabelecimento de critérios urbanísticos para dizer o que é "perímetro urbano". Não deu carta branca ao IGC para adotar o critério que bem entendesse. Ao IGC cabe "definir" em sentido técnico, isto é, demarcar. Como um Perito em ação demarcatória, que define, mede e marca os limites segundo o que consta dos títulos, o IGC mede e desenha a distância entre os dois perímetros urbanos.

Se surge dúvida sobre o que é área ou perímetro urbano, o IGC precisa resolver a dificuldade com os critérios da lei, e não inventar critérios próprios, ainda que defensáveis, segundo sua respeitável experiência.

Nem teria sentido ficar o Município à mercê dos critérios de tecnocratas do Estado em matéria de Direito Urbanístico da maior envergadura, com normas de ordem pública, expressas.

Com efeito, existem critérios legais para a caracterização da zona urbana. O Código Tributário Nacional, artigo 32, § 1.º, indica um deles: a zona urbana é definida por Lei Municipal, observado o requisito mínimo da existência de dois dos cinco equipamentos urbanos que indica.

A Lei de Loteamentos n. 6.766, de 1979, artigo 3.º também determina a competência municipal para a definição das zonas urbana e de expansão urbana.

A matéria, repita-se, é de Direito Urbanístico e como tal deve ser enfrentada. A Lei Complementar n. 651, de 1990, ao impor a distância de três quilômetros, quer exatamente impedir a justaposição de zonas urbanas do Município original e do novo.

A doutrina especializada se vale dos textos legais supramencionados. José Afonso da Silva assim o faz: "O perímetro urbano abrange a área de edificação contínua, bem como as áreas adjacentes que contenham, pelo menos, dois daqueles equipamentos indicados no artigo 32, § 1.º, do Código Tributário Nacional. Esse conceito atende, assim, aos interesses urbanísticos e tributários" (*Direito Urbanístico Brasileiro*, Editora Revista dos Tribunais, 1981, pág. 219).

O critério adotado pelo IGC é muito diferente. Segundo ele próprio informa, em trecho transcrito pelas contra-razões: "O Instituto Geográfico e Cartográfico tem por norma considerar perímetro urbano a linha que contorna a área urbanizada de uma unidade administrativa, apresentando contigüidade ao centro do núcleo urbano" (fls.).

O critério do IGC, portanto, só leva em conta a contigüidade absoluta, desconsiderando toda a área em processo de implantação urbana, com pelo menos dois equipamentos básicos. Essa área é área urbana, segundo o Direito Urbanístico. Não se confunde com a área de "expansão urbana", que ainda não contém equipamentos urbanos.

Observe-se que eventual abuso do Município ao alargar a área urbana é coibido pela própria lei, que exige a implantação de equipamentos básicos.

De qualquer forma, nunca seria o tecnocrata do Estado, na sua função legal de medidor de limites, que teria poder para coibir eventuais abusos por parte do Município.

O Perito Judicial – Engenheiro Joaquim Vicente de Rezende Lopes – produziu laudo preciso, detalhado e bem instruído, mostrando a quase justaposição entre as áreas urbanas de Pindamonhangaba e de Moreira César.

Pelo laudo judicial se vê o equívoco do critério adotado pelo IGC. Segundo este, a área urbana do Município termina no Ribeirão do Curtume, desprezando a Lei Municipal n. 1.333, de 1975, que delimita o perímetro urbano.

Desconsiderou, portanto, a existência de seis loteamentos, conforme se vê da planta de fls., a saber: Santa Cecília, Morumbi, Triângulo, Maricá, Eloyna e Cidade Nova. Este último encontra-se a poucos metros do Loteamento Residencial Vista Alegre, já no Distrito de Moreira César. As fotografias ampliadas de fls. não deixam dúvidas a esse respeito.

Tais áreas são urbanas, seja por sua própria realidade, seja porque preenchem o requisito urbanístico-legal relativo à existência de equipamentos urbanos.

Diz o Perito, a propósito do Loteamento Cidade Nova, que está a cerca de duzentos metros de Moreira César: "... trata-se de área com feições já urbanas, com razoável nível de ocupação e parte dos serviços públicos implantados tais como água, luz e telefone. Na sua artéria principal, a Avenida Rio de Janeiro, estavam sendo instaladas por ocasião da vistoria (julho de 1992) rede de águas pluviais, guias e sarjetas" (fls.).

As fotografias também mostram a inexistência de atividade agropecuária no local.

A conclusão a que chegou a respeitável sentença, com base nas respostas aos ofícios (fls.), foi precipitada, *data venia*. A Companhia de Laticínios e o Sindicato Rural apenas informaram a produção leiteira e a quantidade de estabelecimentos agropecuários do Município. Com absoluta certeza esses estabelecimentos estão em outras regiões do Município. Naquela que interessa para a solução do litígio só se vêem, pelo que dos autos consta, loteamentos e indústrias.

Diante do exposto, dá-se provimento ao recurso para julgar procedente a ação e anular o laudo do Instituto Geográfico e Cartográfico do Estado (item *a* do pedido), com as conseqüências daí decorrentes, aproveitando-se eventualmente o que for possível do processo administrativo.

Fonte: LEX – TJSP – 1997 – Volume 191 – Página 150

AGRAVO REGIMENTAL N. 31.953-0

INCONSTITUCIONALIDADE - Ação direta - Lei municipal - Liminar objetivando a suspensão de seus efeitos até o julgamento da ação - Cassação - Decisão que, admitindo ser a questão complexa, conjecturou com hipóteses - *Fumus boni juris* e *periculum in mora* não caracterizados - Recurso provido - Votos vencedor e vencido.

É princípio assente que a lei se presume constitucional e, portanto, a suspensão de sua vigência, em *sumaria cognitio*, só se admite excepcionalmente quando a inconstitucionalidade se apresenta manifesta e evidente, dispensando esforço dialético para detectar o vício.

MUNICÍPIO - Convênio - Estabelecimento com cooperativa - Instituição de plano de saúde - Inexigibilidade de licitação - Conceito de cooperativa - Recurso provido.

Por não ter uma cooperativa fins lucrativos, o estabelecimento de convênio entre esta e o Poder Público não exige licitação.

Agravo Regimental n. 31.953-0 - São Paulo - Agravantes: Câmara Municipal e a Municipalidade - Agravado: Presidente do Tribunal de Justiça.

DECLARAÇÃO DE VOTO VENCEDOR DO DES. JOSÉ OSÓRIO

Dei provimento pelo seguinte:

Preliminarmente, indeferiu-se pedido da Municipalidade de adiamento do julgamento. Isto porque a superveniência de lei estadual sobre a matéria não afeta o caso presente, que gira todo em torno da legislação municipal.

Quanto ao mérito, dei provimento ao agravo, *data venia*.

A atuação do Presidente do Tribunal está legalmente limitada pelo que dispõe o artigo 4.º da Lei n. 4.348, de 1964, a saber:

> "Quando, a requerimento de pessoa jurídica de direito público interessada e *para evitar grave lesão à ordem, à saúde, à segurança e à economia públicas*, o Presidente do Tribunal, ao qual couber o conhecimento do respectivo recurso, poderá suspender, em despacho fundamentado, a execução da liminar, e da sentença; dessa decisão caberá agravo, etc.".

Portanto, a suspensão de liminar somente é possível em hipóteses de grave lesão daqueles valores: ordem, saúde, segurança e economia pública, ou seja, é preciso que haja risco de comoção, de abalo, de perturbação intensa desses valores.

O mero percalço, transtorno, simples prejuízo, acarretado à Administração, não justifica a interferência do Presidente na atividade do Juiz, interferência essa que até repercute nos trabalhos internos do Tribunal.

Não cabe ao Presidente, *data venia*, dizer se a liminar está certa ou errada juridicamente, fazendo análise típica da Segunda Instância.

Isso compete às Câmaras do Tribunal. Ao Presidente cumpre fundamentar o despacho apenas no que diz respeito à ocorrência de perigo para a coletividade naqueles aspectos já referidos. Nada mais do que isso.

Veja-se o despacho: nenhuma palavra a esse propósito. Decidiu-se fundadamente, sem dúvida, mas para aquilo que exorbita da competência do Presidente.

A questão é relevante porque atinge pontos extremamente sensíveis da atuação do Judiciário: o poder de corrigir o erro jurídico do Juiz de Primeiro Grau e as prerrogativas do Tribunal através de suas Câmaras.

Pelo sistema legal vigente, o erro só pode ser corrigido pelo Colegiado, após distribuição regular, obedecido o princípio do Juiz natural.

Os administradores têm procurado contornar essa dificuldade, sobrecarregando as atribuições da Presidência.

Nem se diga que, embora omisso o respeitável despacho em relação àquelas circunstâncias, a suspensão da liminar era de ser deferida.

Pela análise que se pode fazer em julgamentos preliminares, não há o menor sinal de que a ordem, a saúde, a segurança e a economia pública tenham sido ou possam vir a ser abaladas gravemente pela permissão de fumar aos freqüentadores de um bar ou de um restaurante.

Deixemos que o Colegiado examine o conteúdo da decisão liminar. Também não se pode dizer que a prerrogativa das Câmaras está salvaguardada pelo exame que fará quando do julgamento final. Sabe-se que a quase totalidade da eficácia do mandado de segurança esgota-se com o julgamento liminar. A partir daí, a situação fática se altera, criam-se fatos consumados, pretensões são deduzidas nos Tribunais Superiores. Quando o caso chega à Câmara, nem sempre há o que decidir.

Pedro dos Santos Barcelos, em artigo de doutrina, assim ensina:

> "O Presidente do Tribunal não pode suspender pura e simplesmente a medida liminar concedida pelo Juiz ou Relator. Tem que fundamentar sua decisão, conforme determina o artigo 4.º da Lei n. 4.348, de 1964. Sua fundamentação tem que ser específica. Não pode dizer apenas que a liminar concedida irá prejudicar a segurança pública ou qualquer um dos outros itens previstos na lei. É necessário demonstrar o

porquê, como e quando irá prejudicá-la. Não cabe ao Presidente do Tribunal, um ato de cunho discricionário e de caráter administrativo, suspender uma decisão jurisdicional com oportunidade inclusive de ser 'contestada' e passada pelo crivo do recurso próprio, que é o agravo de instrumento ou regimental".

Nesse mesmo texto, o mencionado autor indica precedente do Desembargador Paulo Freitas Barata, Presidente do Egrégio Tribunal Regional Federal da Segunda Região, a saber:

> "A suspensão de execução de medida liminar é medida jurídica excepcional e, como tal, só excepcionalmente deverá ser deferida. Não deve ser transformada em instrumento político e nem em indesejável prática de intromissão no poder e na liberdade de julgar do Magistrado de Primeiro Grau - Mandado de Segurança n. 90.000.732, in *ADV/COAD - Informativo Semanal*, vol. 31/90, pág. 310.

Por esses motivos, dei provimento ao agravo regimental.

São Paulo, 13 de março de 1996.

Fonte: *Lex* 183/248, 254-5

❖❖❖

MANDADO DE SEGURANÇA N. 30.377-0

MANDADO DE SEGURANÇA - Ato administrativo - Portaria municipal - Impetração por Vereador visando sua anulação - Ilegitimidade ativa de parte - Ato que não veio a tolher o desempenho de suas funções - Extinção do processo sem julgamento de mérito - Preliminar acolhida.

Na Câmara, o Vereador tem liberdade individual de ação, mas, fora da Câmara, não dispõe dessa faculdade, nem a representa, nem pode tomar iniciativas ou medidas administrativas ou judiciais em nome da Corporação, as quais só cabem ao seu Presidente, na forma regimental.

Mandado de Segurança n. 30.377-0 - São Paulo - Impetrante: M.F.P. - Impetrado: Prefeito Municipal.

ACÓRDÃO

Mandado de segurança impetrado por Vereador contra Prefeito - Atividade administrativa por parte do Executivo - Legitimidade da Câmara e não do Vereador - Preliminar acolhida.

ACORDAM, em Sessão Plenária do Tribunal de Justiça do Estado de São Paulo, por votação unânime, julgar extinto o processo, sem exame de mérito, de conformidade com o relatório e voto do Relator, que ficam fazendo parte integrante do presente julgado.

Participaram do julgamento os Senhores Desembargadores Dirceu de Mello (Presidente), Lair Loureiro, Alves Braga, Carlos Ortiz, Silva Leme, Rebouças de Carvalho, Ney Almada, Márcio Bonilha, Nigro Conceição, Cunha Bueno, Nélson Fonseca, Nelson Schiesari, Oetterer Guedes, Djalma Lofrano, Cuba dos Santos, Viseu Júnior, Hermes Pinotti, Gentil Leite, Álvaro Lazzarini, Dante Busana, Denser de Sá e José Cardinale.

São Paulo, 17 de abril de 1996.

José Osório, Relator.

Trata-se de mandado de segurança impetrado por Vereador contra Prefeito do Município de São Paulo, sob alegação de que, com a edição da Portaria 35, de 1995, que trata do gerenciamento do Plano de Atendimento à Saúde (PAS), foi transgredido o artigo 8.º, inciso I, da Lei Municipal n. 11.866, de 1995, que determina competir ao Secretário Municipal da Saúde implantar, gerir e executar o programa. A portaria, a ampliar os limites da lei, não pode prevalecer; que deve ser respeitado o artigo 84, inciso IV, da Constituição da República; aduz, ainda, que foi ferida a Lei Orgânica do Município, cujo artigo 13, inciso XI, diz caber à Câmara, com sanção do Prefeito, criar, estruturar e atribuir funções às Secretarias; que o artigo 69, inciso XVI, também da Lei Orgânica, confirma tal assertiva; que a portaria, cujos efeitos já estão sendo produzidos, precisa ser suspensa e, posteriormente, anulada, mormente porque fere o artigo 2.º da Constituição da República e o artigo 6.º da Lei Orgânica Municipal. Cita-se, ainda, a Lei n. 1.533, de 1951, artigo 2.º, para justificar a legitimidade ativa do impetrante.

Prestou informações a autoridade impetrada, levantando preliminar de legitimidade de parte. A liminar foi denegada.

A douta Procuradoria-Geral de Justiça, preliminarmente, entende que a legitimidade para a propositura da presente segurança é da Câmara Municipal, e não de Vereador, individualmente. No mérito, é pela denegação.

Em 1.º.12.95 a Municipalidade junta cópia do Decreto Municipal n. 35.664, de 1995, que reitera os poderes gerenciais do Secretário da Saúde, em relação ao PAS. Com isso, entende que o mandado de segurança perdeu o objeto.

A douta Procuradoria-Geral de Justiça reitera seu parecer pela denegação.

É o relatório.

VOTO

Procede a preliminar de ilegitimidade ativa.

Conforme se vê do relatório *supra*, insurge-se o impetrante contra ato do Senhor Prefeito que, através de portaria, teria deixado de cumprir preceito legal.

Ato dessa natureza, contudo, não afeta a atividade do Vereador. Poderá afetar a grave prerrogativa da Câmara referente à exclusividade do poder legiferante, poder esse que não cabe ao Vereador, individualmente.

Eis o que, ao propósito, ensina Hely Lopes Meirelles, em seu clássico *Direito Municipal Brasileiro*, lembrado no parecer da douta Procuradoria-Geral de Justiça:

> "A participação efetiva nos trabalhos da Câmara tem para o Vereador o caráter dúplice de direito-dever. É direito individual resultante de sua investidura no mandato; é dever público para com a coletividade que o elegeu como seu representante e que, por isso mesmo, o quer atuante em defesa dos interesses coletivos. Na Câmara, o Vereador tem liberdade individual de ação, mas, fora da Câmara, não dispõe dessa faculdade, nem a representa, nem pode tomar iniciativas ou medidas administrativas ou judiciais em nome da Corporação, as quais só cabem ao seu Presidente, na forma regimental" (*Direito Municipal Brasileiro*, Editora Revista dos Tribunais, 3.ª ed., pág. 698).

Compreende-se que assim seja. Caso outros Vereadores entendam que não houve usurpação da função legislativa, haverá transferência de típico debate parlamentar para a esfera do Judiciário.

Poderá, então, o Vereador agir contra a Câmara ou contra o Prefeito, mas por outros meios, que não o mandado de segurança, que se presta para garantir direito líquido e certo do Vereador apenas na sua atividade típica e individual.

Diante do exposto, extingue-se o feito sem julgamento de mérito, em razão de ilegitimidade ativa, nos termos do artigo 267, inciso IV, do Código de Processo Civil, adotado o parecer do Doutor Osni de Souza como razão de decidir.

Fonte: LEX - TJSP - 1996 - Volume 184 - Página 254

❖❖❖

AÇÃO DIRETA DE INCONSTITUCIONALIDADE N. 36.180-0/9

Ação Direta de Inconst. de Lei n. 36.180-0/9 – São Paulo – Recorrente: Prefeito Municipal de Ribeirão Preto – *Recorrido: Presidente da Câmara Municipal de Ribeirão Preto.*

VOTO

Ação direta de inconstitucionalidade. Critério para atuação de estatal. Violação do princípio de independência dos Poderes. Falta de indicação de recursos. Ação procedente.

Trata-se da ação direta de inconstitucionalidade proposta pelo Prefeito Municipal de Ribeirão Preto, insurgindo-se contra a Lei Municipal n. 7.301/96, que estabelece critérios para nova aquisição de casa própria *através da COHAB-RP.*

Alega o autor, em síntese, que vetou totalmente o projeto da referida lei; que houve flagrante vício de iniciativa; que a lei dispõe sobre matéria de competência exclusiva do Executivo, como preceitua o inciso III do art. 39 da Lei Orgânica do Município; que com a lei em questão fixou-se atribuição a uma entidade da administração indireta, o que agride a esfera de competência da Administração; que houve ofensa ao princípio da harmonia e independência dos poderes; que há afronta aos arts. 5.º, 47, II e III, e 144, III, todos da CE.

Prestou informações o Sr. Presidente da Câmara Municipal (fls.), defendendo a lei impugnada.

O Dr. Procurador-Geral de Justiça é pela procedência da ação.

É o relatório.

A ação procede.

A Lei Municipal n. 7.301, de 23 de fevereiro 1996, de Ribeirão Preto, "dispõe sobre critérios para aquisição de casa própria através da COHAB-RP".

Contém um único preceito, a saber:

> "Art. 1.º Terá direito à nova inscrição, para aquisição de casa própria através da Companhia Habitacional Regional de Ribeirão Preto (COHAB-RP), o munícipe-mutuário que, respeitado o prazo de 5 (cinco) anos, tenha transferido o domínio e a posse de imóvel, anteriormente adquirido dentro dos processos adotados pela referida Companhia."

Por aí se vê que a matéria é tipicamente regulamentar.

Por essa lei o Legislativo Municipal dá uma ordem a um órgão da Administração Municipal dizendo-lhe que deve admitir como pretendente à aquisição da casa própria cidadão que já tenha sido aquinhoado anteriormente e que tenha alienado o imóvel há mais de cinco anos.

Assim agindo, o Legislativo de Ribeirão Preto invadiu a esfera de atribuições do Executivo, a quem cabem os atos concretos de regulamentação e administração.

Violou-se, portanto, o art. 5.º da Constituição do Estado, que consagra o princípio da independência e harmonia dos Poderes.

Ficou igualmente afrontado o preceito do art. 47, III, da mesma Constituição, por força do qual cabe privativamente ao Executivo expedir decretos e regulamento para a fiel execução das leis.

Por fim, vê-se que também foi infringido o disposto no art. 25, uma vez que a indigitada lei, ao ampliar os casos em que a COHAB-RP terá de atender pretendentes, vai exigir desta maiores despesas, pois, além de ter que atender aquelas pessoas que nunca foram atendidas, precisará atender também aquelas que já o foram mas que alienaram o imóvel. Haverá necessidade de maiores dispêndios sem que a indigitada lei previsse recursos disponíveis para tanto.

Diante do exposto e adotando-se também os argumentos do parecer do Dr. Luiz Antonio Guimarães Marrey, DD. Procurador-Geral de Justiça, julga-se procedente a ação e decreta-se a inconstitucionalidade do referido diploma legal, comunicando-se à Câmara Municipal, para os fins de direito.

José Osório.

Fonte: Arquivo pessoal e TJSP

❖❖❖

OPERAÇÕES URBANAS INTERLIGADAS

O CONTEXTO

1 – A Lei Municipal n. 11.773/95 permitiu ao Executivo, mediante pagamento por parte do interessado, alterações das exigências previstas na legislação sobre zoneamento urbano e direito de construir.

Houve reação por parte de entidades ligadas ao urbanismo e ao meio ambiente, pois já havia sinais – segundo elas – de construções anômalas em alguns bairros. Muitos projetos já estavam em execução e centenas deles em fase estudo junto à Administração.

O *Jornal da Tarde* de 25.03.1998 dá notícia da aprovação de centenas de operações interligadas e relata o caso do emblemático edifício da Rua Tucumã, na qual a "Lei de Zoneamento limitava os prédios a, no máximo, 12 andares e foi autorizada a construção de um edifício de 28 andares".

2 – Provocado por aquelas entidades retroreferidas, o Ministério Público propôs ação direta de inconstitucionalidade, com pedido de medida liminar para sustar desde logo os efeitos da lei.

O pedido de liminar foi indeferido pelo Presidente do TJSP. Daí o agravo regimental, que veio ao Plenário.

Pedi vista dos autos em razão do relevo do tema. Após vibrantes discussões, que duraram meses e foram acompanhadas de perto pela Imprensa, o Plenário – em 01.04.1998, por 16 votos contra 6 – deu provimento ao agravo regimental e concedeu a liminar, ficando suspensos os efeitos da lei.

Chamou a atenção o excepcional empenho do Legislativo e do Executivo do Município, bem como de associações e de empresas ligadas à construção civil. Choveram embargos de declaração e tentativas nas instâncias superiores visando à revogação da liminar, a qual, entretanto, não sucumbiu.

Até a data da decisão que concedeu a liminar, a indústria da construção civil vivia clima de euforia. Com essa decisão, o clima passou a ser de insegurança e até de desespero, como ilustra o diálogo que adiante será transcrito.

Somente três anos depois, a ação foi julgada.

Durante décadas não houve – ao que se sabe – caso tão debatido no Plenário do TJSP.

A ação principal foi distribuída a outro relator, houve inúmeros pedidos de vista, e o resultado foi de procedência da ação, por 14 votos a 11, com seis declarações de voto.

Os acórdãos e votos proferidos nos diversos feitos deixam de ser publicados porque chegam a cerca de 200 páginas e extravasam os objetivos desta edição.

Destaque para o substancioso voto do relator designado para o acórdão que julgou a ADIN – Des. Hermes Pinotti, que foi o primeiro a votar na ocasião.

São publicados agora, cronologicamente:

a) Acórdão que deu provimento ao Agravo Regimental na ADIn 45.352.0/7-01, voto do relator designado José Osório, em 01.04.1998. V. 11479

b) Embargos de Declaração da Municipalidade, com caráter infringente – ED 45.352-0/9-02, voto do relator José Osório, em 17.03.1999. V. 11.778

c) Embargos de Declaração da Municipalidade – ED 045.352-0/0-03, voto do relator José Osório, em 15.09.1999. V.12.539

d) Declaração de voto de José Osório no acórdão que julgou procedente a ADIn 045.352-0/5-00, em 14.02.2001. V. 13.700

e) Declaração de voto de José Osório em Embargos de Declaração da Câmara Municipal e seu Presidente e da Municipalidade, em 19.12.2001. V. 14.375

3 – Hoje a questão de fundo das operações urbanas interligadas deve ser examinada em função de nova legislação, a qual, entretanto, não parece ter sido eficaz, pelo que se vê do panorama urbanístico de São Paulo com novos e colossais arranha-céus.

❖❖❖

Operações Urbanas Interligadas

AGRAVO REGIMENTAL EM AÇÃO DIRETA DE INCONSTITUCIONALIDE

A LIMINAR

Agravo Regimental em Ação Direta de Inconstitucionalide n. 45.352.0/7-01 – São Paulo – Agravante: Procurador-Geral de Justiça – Agravado: Presidente do Tribunal de Justiça (Voto n. 11.479)

VOTO

1 – O eminente Des. Yussef Cahali, então Presidente, relatou o feito e manteve a decisão que negou o pedido de suspensão liminar, a saber:

> "1. O Procurador-Geral de Justiça, visando suspender os efeitos da Lei n. 11.773, de 18 de maio de 1995, do Município de São Paulo, promoveu Ação Direta de Inconstitucionalidade.
>
> Em síntese, requereu a suspensão da Lei n. 11.773/95 que dispõe sobre o programa 'Direito à Moradia', cujo objetivo é a obtenção de recursos para a construção de residências destinadas a moradores de habitações subnormais (favelas, núcleos, cortiços), alegando para tanto, a inconstitucionalidade e a ilegalidade da norma legal, diante da presença dos *fumus boni juris* e do *periculum in mora*, por afrontar a diversos dispositivos consagrados na Constituição Estadual, atingindo os artigos 5.º, parágrafo 1.º, e 181, *caput*.
>
> A liminar foi indeferida, conforme se verifica às fls., por entender ausentes os pressupostos necessários, ou seja, a possibilidade de lesão à comunidade.

2. O Procurador-Geral de Justiça apresenta agravo regimental, pedindo reconsideração da decisão, entendendo presentes os pressupostos legais de seu deferimento.

3. Mantenho a decisão atacada porque entendo ausentes os requisitos legais do deferimento da suspensão pretendida.

Conforme anteriormente apontado, a ocorrência de eventual prejuízo à Municipalidade não se vislumbra. Na verdade, o requerente, apesar de questionar a inconstitucionalidade da lei atacada, não demonstrou que da sua manutenção advirá grave prejuízo à Municipalidade.

A reconsideração da decisão agravada não é possível diante dos elementos que estão nos autos.

Como relator sem voto, determino a inclusão dos autos em pauta de julgamento do Colendo Órgão Especial, remetendo-se cópia deste despacho à Egrégia Turma Julgadora ".

2 – *Data venia*, dou provimento ao agravo regimental.

A Lei Municipal em questão é a Lei 11.773/95, que criou as chamadas operações interligadas, através das quais se tornou possível a construção de área maior do que a prevista na Lei de Zoneamento em troca de pagamentos feitos pelo particular-interessado, destinando-se esse dinheiro para construções populares.

O litígio subjacente não se dá – como tão freqüentemente acontece – entre correntes político-partidárias. A ação teve origem em representação de urbanistas, de professores universitários e de entidades preocupadas com a vida da cidade. O Ministério Público foi sensível à representação e propôs a Ação Direta de Inconstitucionalidade, com pedido de suspensão liminar da lei.

Esse pedido foi negado pelo despacho de fls., confirmado às fls. pelo então Presidente Yussef Cahali.

3 – Não se trata aqui obviamente de tomar posição entre as correntes urbanísticas em confronto.

Neste tipo de ação faz-se apenas o controle normativo e em tese da constitucionalidade. Em suma, trata-se de saber se a corrente que saiu vitoriosa seguiu ou não o caminho normativo imposto pela Constituição do Estado.

Não tenho dúvida em afirmar que a pretensão inicial apresenta sinais de bom direito.

Os artigos da Constituição Estadual em que se apoia a inicial são:

a) o art. 5.º, que consagra o princípio da harmonia e independência dos Poderes, e cujo § 1.º expressamente proíbe a qualquer dos Poderes delegar atribuições.

b) o art. 181, no capítulo que trata do desenvolvimento urbano, estabelecendo que é a lei (não qualquer ato do Executivo) que normatiza o zoneamento e a ocupação do solo no Município. A lei pode alterar o zoneamento e os critérios de ocupação do solo e por certo deve fazê-lo, quando necessário.

Mas a lei não pode atribuir ao Executivo poderes para alterar aquilo que está estabelecido na própria lei.

Foi o que fez a Lei ora impugnada: seus artigos 1.º, 2.º e 3.º dizem, em resumo, o seguinte: os interessados apresentam ao Executivo propostas de modificações dos índices urbanísticos e se comprometem a pagar certa importância (esta é a operação interligada); e o Executivo, com margem enorme de discrição, aprovará ou não o pedido.

Ressalte-se que a indigitada lei não estabelece novos critérios a serem seguidos pelo Executivo. Este é que, através de seus órgãos, vai estabelecer critérios e decidir.

Eis um anúncio da Prefeitura (fls. do apenso): "Quer aumentar a área construída do seu imóvel? Quer aumentar a ocupação de seu terreno? Quer instalar uma atividade não prevista pelo zoneamento? O Programa Direito à Moradia resolve o seu problema".

É sinal irrecusável de que os critérios da Lei de Zoneamento ficaram na alçada do Executivo.

4 – Diz o r. despacho de sustentação que não há prejuízo para a Municipalidade. Com a maior vênia, o que é preciso ver, neste momento, é o sinal de prejuízo para a ordem jurídico-constitucional e o risco de prejuízo concreto para a cidade.

No que diz respeito a este risco pela demora, também tem razão o Exmo. Procurador-Geral de Justiça.

Há centenas de pedidos em andamento, com possibilidade de criação de direitos adquiridos.

Sabe-se que a indústria da construção civil é dotada de dinamismo incomum. Obtida uma brecha na legislação geral, edifica-se com enorme rapidez. A possibilidade de formação de fatos consumados é total.

O caso presente é de gravidade maior do que os comuns, que envolvem apenas riscos financeiros, tributários, de prestações de serviços, etc. Aqui são edificações imensas, definitivas, perenes.

Como observou o Des. Dante Busana na sessão de julgamento, a cautela recomenda que se mantenha prestigiada a lei que é genérica (a do

Zoneamento) e que se suspendam os efeitos da lei que, na esfera do Executivo, cria as exceções, aparentemente perigosas.

Melhor aguardar-se o julgamento definitivo da ação sem pôr em risco a ordem constitucional e a ordem urbanística.

Por tais motivos, dou provimento ao agravo.

José Osório.

❖❖❖

Operações Urbanas Interligadas

EMBARGOS DE DECLARAÇÃO N. 45.352.0/9-02

Embargos de Declaração n. 45.352.0/9-02 – São Paulo – Embargante: Municipalidade de São Paulo – Embargado: Presidente da Câmara Municipal de São Paulo. (Voto n. 11.778)

ACÓRDÃO

Ação direta de inconstitucionalidade. Lei Municipal. Ação dirigida contra Câmara Municipal. Participação da Municipalidade no pólo passivo. Possibilidade e conveniência. Determinação de ofício. Assistência por entidade privada. Inadmissibilidade.

Embargos de declaração. Caráter infringente. Embargos rejeitados.

Após o provimento do agravo regimental n. 45.352.0/7-01, que concedeu liminar para suspender os efeitos da Lei 11.773/95, interpõe a Municipalidade de São Paulo embargos de declaração alegando:

1) a fls., na tira de julgamento, não consta a fundamentação do indeferimento do requerimento da Municipalidade, ora embargante, que pretendia compor a demanda; a legitimidade desta infere-se do impacto do deferimento da liminar concedida afeta às políticas públicas municipais; outrossim, não se pode excluir o Município das ações diretas de inconstitucionalidade de leis municipais; o indeferimento não fundamentado ofende os princípios do contraditório, da ampla defesa, e o princípio do devido processo legal;

2) em caráter infringente alega:

O Município retira sua competência diretamente da CF, e o art. 181 da Constituição do Estado de São Paulo extrapola ao exigir a edição de lei municipal, exigência que não é feita na CF, cujo art. 29 estabelece que o Município é regido por lei orgânica;

3) trata-se de legítimo exercício da competência municipal, com fundamento no art. 30, inc. VIII, da CF, e que simplesmente criou mecanismo de participação da iniciativa privada;

4) não está caracterizada delegação de poderes do Legislativo para o Executivo, com infringência dos arts. 5.º, § 1.º, e 181 da Constituição Paulista; não há delegação de poderes para estabelecer zoneamento novo;

5) a atuação do Executivo observa integralmente os parâmetros da Lei ora questionada; o Município tem competência para legislar sobre matéria local;

6) o *periculum in mora* está nas graves conseqüências geradas à população que reside em habitações subnormais, as "favelas", havendo projetos cujo andamento depende dos recursos provenientes das "operações interligadas";

Por tudo pretende-se, com os embargos, ver sanada a falta de fundamentação contida no acórdão, e seu acolhimento, excepcional, com efeito infringente.

O Sindicato das Empresas de Compra, Venda, Locação e Administração de Imóveis Residenciais e Comerciais de São Paulo (SECOVI) requereu sua admissão no processo como assistente da Municipalidade. O relator mandou juntar por linha e aguardar o julgamento dos embargos de declaração da Municipalidade, com o que não se conformou o requerente, interpondo agravo regimental (fls.), ficando o inconformismo submetido à apreciação do Plenário.

É o relatório.

VOTO

1 – Preliminarmente, em sessão de julgamento de 21.10.98, o E. Plenário, por votação unânime, não conheceu do agravo regimental do Sindicato das Empresas de Compra, Venda, Locação e Administração de Imóveis Residenciais e Comerciais de São Paulo (SECOVI-SP) – fls.

O não conhecimento se deu sob consideração de que o processo da ação direta de inconstitucionalidade não comporta o instituto da assistência e, assim, o agravante não pode ser ouvido nos autos.

Com efeito, diz o art. 670 do Regimento Interno deste Tribunal, de forma peremptória, que "nas ações diretas não se admitirá assistência de qualquer das partes". Esse preceito é reprodução do art. 169, § 2.º, do Regimento Interno do Supremo Tribunal Federal.

A Jurisprudência do STF é tranqüila no sentido de impedir a assistência nas ações diretas de inconstitucionalidade, desconhecendo-se qualquer pronunciamento em sentido contrário.

Eis alguns julgados:

> "A figura da assistência não tem lugar na demanda direta de inconstitucionalidade – § 2.º do artigo 169 do RISTF." – Ag.Reg. em Embs. na ADIn n. 29, r. Min. Marco Aurélio, Plenário, v.u., j. 13.12.90, – in *JUIS – Jurisprudência informatizada Saraiva*, (13), p. 1.
>
> "O processo de controle normativo abstrato instaurado perante o STF não admite (destaque no original) a intervenção assistencial de terceiros." – ADIN n. 748 (Ag.Reg), r. Min. Celso de Mello, Plenário, v.u., j. 01.08.94, *RTJ* 156/440.
>
> "A formação listiconsorcial passiva, no processo de ação direta de inconstitucionalidade, só se legitima em face dos órgãos estatais de que emanou o próprio ato normativo impugnado. O mero particular não se qualifica como litisconsorte passivo em processo de controle abstrato, em face da necessária estatalidade do ato normativo nele impugnado.
>
> De outro lado, nem mesmo como terceiro interessado pode o Círculo Policial Brasileiro ser admitido no processo de controle normativo abstrato, eis que o ordenamento positivo brasileiro (RISTF, art. 169, § 2.º), em norma sancionada pela jurisprudência desta Suprema Corte (RDA 155/155 – *RDA* 157/266), veda a intervenção *ad coadjuvandum*, rejeitando, desse modo, a figura do assistente nas ações direta de inconstitucionalidade: a norma regimental inscrita no art. 169, § 2.º, do RISTF, que veda a intervenção assistencial no processo de controle normativo abstrato instaurado perante o STF, foi recebida com força e eficácia de lei pelo novo ordenamento constitucional. Tratando-se de *lex specialis*, a norma regimental prevalece sobre o disposto no art. 50, parágrafo único, do CPC, que admite a intervenção assistencial em qualquer dos tipos de procedimento e em todos os graus de jurisdição. A natureza eminentemente objetiva do processo de controle abstrato de constitucionalidade não dá lugar a intervenção de terceiros que pretendam, como assistentes, defender interesses meramente subjetivos" (ADIN 575-8 (agrg), rel. Min. Celso de Mello, *DJU* de 01/07/94).

Compreende-se o rigor regimental e jurisprudencial em afastar a intervenção de terceiros no processo de controle abstrato da constitucionalidade. Através dele visa-se extirpar do ordenamento a norma legal maculada. Como a lei tem caráter de generalidade, vai por certo atingir interesses de grande quantidade de pessoas, empresas, entidades públicas, associações, etc. O controle abstrato estaria francamente inviabilizado fosse admitida a intervenção.

2 – Ainda em caráter preliminar, deliberou o E. Plenário, em sessão de 17.03.99, também por unanimidade, admitir, de ofício, a participação da Municipalidade no pólo passivo da presente ação. Assim o fez por entender relevante o interesse da Municipalidade em defender a constitucionalidade de lei oriunda de iniciativa do Prefeito e da qual resultam graves conseqüências urbanísticas.

Além disso, o último precedente do STF, retroindicado – ADIn 575-8, sinaliza para a admissão de órgão estatal na formação litisconsorcial passiva, sendo certo ainda que este relator, como lembrou a Municipalidade, já entendeu (ADIn 39.948.0/6) haver conveniência em dar ciência ao Executivo da propositura de ação direta de inconstitucionalidade.

3 – Como conseqüência lógica da admissão da Municipalidade no processo, deve ela prestar informações no prazo de 30 (trinta) dias, a contar da data da publicação deste acórdão.

4 – Examinados os embargos de declaração, observa-se que os mesmos devem ser rejeitados.

Seus argumentos representam repetição e desenvolvimento daqueles constantes de sua primeira tentativa de ingresso nos autos, conforme se vê do 2.º apenso.

No que diz respeito ao ingresso da embargante nos autos, toda matéria está superada pois o ingresso já foi admitido.

No mais, os embargos apresentam caráter infringente, como a embargante expressamente confessa.

Os embargos de declaração podem, eventualmente, apresentar tal caráter, mas somente quando, por força de omissão ou de contradição, impõe-se alteração do julgado.

Não é o que acontece no presente caso, em que sequer são aventadas aquelas falhas, insistindo a embargante apenas na erronia, na inoportunidade e nos riscos da liminar concedida pelo acórdão. É a própria embargante – repita-se – quem confessa que estão ausentes as hipóteses previstas no art. 535 do CPC.

5 – As decisões que concedem ou negam liminares são naturalmente concisas, com o que se evita prejulgamento da causa. Foi o que aconteceu nestes autos com o despacho denegatório da liminar e com o despacho que negou pedido de reconsideração. O acórdão embargado e o v. voto vencedor declarado mantiveram essa linha de cautela e só desenvolveram a análise dos requisitos legais para a concessão da liminar.

O acórdão disse por que estava presente o sinal do bom direito, pois aparentemente há ameaça para o princípio da repartição dos Poderes, na medida em que o Executivo até convoca os interessados para negociar a adoção de novos índices urbanísticos relativos à importantíssima Lei de Zoneamento, sugerindo delegação de atribuições. Como também há aparência de violação do art. 181 da C.E., que exige lei para regrar as hipóteses de zoneamento, uso e ocupação do solo, índices urbanísticos, etc.

Agora investe a embargante contra tal preceito constitucional, acoimando-o de inconstitucional.

Dúvida não há de que aquele preceito está produzindo normalmente todos os seus efeitos, sendo de compreensão elementar que se deve ter por constitucional - pelo menos num julgamento liminar - um preceito da própria Constituição. Se a embargante entende que uma lei deve, em regra, ser considerada constitucional, com maior razão assim deve entender quanto ao mencionado art. 181.

No que diz respeito ao risco pela demora, o acórdão também está fundamentado. A hipótese é grave demais para ficar-se aguardando o desfecho da causa. São negócios vultosos, construções imensas e definitivas que criam fatos consumados.

6 - Toda a extensa argumentação infringente da embargante sobre o conteúdo da lei será analisada na ocasião oportuna.

O puro e simples efeito infringente - tão desejado pela embargante - não pode ser abordado agora, sob pena de grave atropelo da regra processual.

A reconhecida relevância da matéria não acarreta, nem pode acarretar, caráter infringente aos embargos de declaração. Não há qualquer previsão legal nesse sentido, devendo ser lembrado ainda que relevantes também são os argumentos do autor e os fundamentos do acórdão.

Por ora, só se julgam embargos declaratórios. Se o acórdão decidiu mal a questão liminar, deve ser corrigido pelos meios previstos em lei, entre os quais não se incluem os embargos declaratórios.

7 - Também não tem razão a embargante quando alega cerceamento de defesa por não ter sido ouvida antes da concessão da liminar pelo acórdão embargado. A falta de audiência é perfeitamente compreensível porque ligada à natureza dos provimentos liminares.

Em tais circunstâncias, conhecidos os embargos, são eles rejeitados, mantida a liminar.

São Paulo, 17 de março de 1999.

José Osório.

Operações Urbanas Interligadas

EMBARGOS DE DECLARAÇÃO N. 45.352.0/0-03

Embargos de Declaração n. 45.352.0/0-03 – São Paulo – Embargante: Municipalidade de São Paulo – Embargado: Procurador-Geral de Justiça. (Voto n. 12.539)

VOTO

I – Embargos de declaração. Ação direta de inconstitucionalidade. Eficácia da suspensão liminar. Precedentes do STF. Omissão parcial. Embargos recebidos em parte.

II – Em ação direta de inconstitucionalidade, a suspensão liminar opera ex nunc, ou seja, tem eficácia a partir da publicação da ata da sessão de julgamento no Diário da Justiça.

Alega a embargante, em síntese, que está a apresentar os presentes embargos declaratórios com a finalidade de se explicitar o efeito em que foi concedida a medida liminar; que, da leitura do voto vencedor do Des. Yussef Cahali, depreende-se que a matéria relativa ao efeito em que foi concedida a liminar cinge-se às operações interligadas não aprovadas; que o voto divergente do Des. Luiz Tâmbara bem colocou o ponto a ser explicitado; que o conceito de "operação aprovada" dá margem às seguintes dúvidas: A) Em que momento pode se considerar adquirido o direito aos benefícios urbanísticos aprovados pela CNLU? B) A expedição do Termo de Quitação é considerado efeito exclusivo da Lei n. 11.773/95? Não poderia ser expedido com fundamento no Código Civil, em vista do adimplemento da obrigação contratual?

Aduz ainda a Municipalidade que vem sendo citada em algumas ações judiciais, tais como consignações em pagamento e mandados de segurança, pelas quais os interessados pretendem depositar em juízo parcelas vincendas, à vista da negativa da Municipalidade em dar andamento a processos administrativos, com base na lei de regência das operações interligadas. Por isso emerge a necessidade de determinação judicial explícita, para dar andamento a quaisquer processos administrativos que tenham por base a lei municipal cuja eficácia se encontra suspensa.

Resume o recurso requerendo:

a) que seja explicitado o efeito de concessão da liminar, *ex tunc* ou *ex nunc*;

b) no caso de concessão da liminar com efeito *ex nunc*, que seja explicitado o artigo da lei que estabelece o marco para as situações jurídicas alcançadas ou não pela liminar;

c) ainda no caso de concessão com efeito *ex nunc*, que seja declarada expressamente autorização para dar prosseguimento a processos administrativos, e seus subseqüentes efeitos, aos casos não abrangidos pela liminar;

d) alcance da liminar com relação às operações interligadas protocoladas com base na Lei 10.209/86, que se encontram sobrestadas. Justifica este item asseverando que, com a suspensão da Lei 11.773/95, sobrevém a dúvida quanto a quem aprova as operações interligadas com base na Lei 10.209/86.

É o relatório.

Os embargos são recebidos em parte.

Embora este relator haja feito referência – quando dos debates em sessão de julgamento – à produção dos efeitos da liminar então concedida, o acórdão não se referiu a essa questão. É caso, portanto, de declaração, que é feita como segue.

A liminar produz seus efeitos a partir da data do julgamento.

Esse é o entendimento tranquilo do E. STF, a saber:

> "A ausência de determinação expressa importa em outorga de eficácia *ex nunc* à suspensão cautelar de aplicabilidade da norma estatal impugnada em ação direta. Concedida a medida cautelar (que se reveste de caráter provisório), a eficácia *ex nunc* (regra geral) 'tem seu início marcado pela publicação da ata da sessão de julgamento no *Diário da Justiça da União*, exceto em casos excepcionais a serem examinados pelo Presidente do Tribunal, de maneira a garantir a eficácia da decisão' (ADIn 711-AM – questão de ordem – Rel. Min. Néri da Silveira)". ADIn n. 1434-0-SP (medida liminar), Rel. Celso de Mello, Plenário, v.u. – *RTJ* 222/48).

Em relação aos demais pontos levantados pela Municipalidade, nada há a declarar.

Na ação direta de inconstitucionalidade não se examinam situações jurídicas específicas nem direitos subjetivos nem se sugerem comportamentos aos interessados, particularmente quando ainda se encontra o processo em fase de julgamento liminar.

Ante o exposto, os embargos são recebidos apenas parcialmente, para a declaração *supra*.

São Paulo, 15 de setembro de 1999.

José Osório.

Fonte: Arquivo pessoal e TJSP

Operações Urbanas Interligadas

AÇÃO DIRETA DE INCONSTITUCIONALIDADE N. 45.352.0/5-00

ACÓRDÃO

Vistos, relatados e discutidos estes autos de Ação Direta de Inconstitucionalidade de Lei nº 045.352- 0/5-00, da Comarca de São Paulo, em que é requerente Procurador Geral de Justiça, sendo requeridos o Presidente da Câmara Municipal de São Paulo e outra:

ACORDAM, em órgão Especial do Tribunal de Justiça do Estado de São Paulo, por maioria de votos, rejeitar a matéria preliminar e julgar a ação procedente, de conformidade com o relatório e voto do Relator designado, que ficam fazendo parte integrante do presente julgado.

Participaram do julgamento os Desembargadores Márcio Bonilha (Presidente), vencido em parte, com declaração de voto; Nigro Conceição com declaração de voto), Cuba dos Santos, José Osório (com declaração de voto), Gentil Leite, Dante Busana, Denser de Sá, Fonseca Tavares, Borelli Machado, Gildo dos Santos, Ângelo Gallucci, Sinésio de Souza, Theodoro Guimarães e Olavo Silveira, vencedores; Djalma Lofrano, Luís de Macedo (com declaração de voto), Mohamed Amaro, Luiz Tâmbara, Paulo Shintate, Flávio Pinheiro, Vallim Bellocchi, Jarbas Mazzoni (com declaração de voto) e Menezes Gomes, vencidos em parte; Fortes Barbosa (Relator sorteado), vencido, com declaração de voto.

São Paulo, 14 de fevereiro de 2001.

Márcio Bonilha
Presidente

Hermes Pinotti
Relator designado

Ação Direta de Inconstitucionalidade n. 45.352.0/5-00 – São Paulo – Requerente: Procurador-Geral de Justiça – Requerido: Presidente da Câmara Municipal de São Paulo. (Voto n. 13.700)

DECLARAÇÃO DE VOTO

Tudo começou com a Lei 10.209, de 09.12.86, do Município de São Paulo, que dispôs sobre a construção de habitações de interesse social para moradores de habitação subnormal e concedeu incentivos. Foi a chamada Lei do Desfavelamento, da época do Prefeito Jânio Quadros.

Tinha natureza emergencial e objetivo limitado, ou seja, incentivar a recuperação urbana de favelas já existentes antes de 1980 e minimizar os danos do proprietário que teve a infelicidade de ver seu terreno transformado em favela. Poderia ele, então, obter índices de construção mais favorável naquele mesmo terreno ou em outro de sua propriedade, desde que se comprometesse a construir moradias para os habitantes da totalidade da favela.

Nessa lei apareceu pela primeira vez a expressão "operação interligada", pois a obtenção do índice favorável estava intimamente ligada ao desfavelamento e construção de outras moradias.

2 – A lei ora acoimada de inconstitucional é a Lei n. 11.773, de 18 de maio de 1995, também do Município de São Paulo, que "dispõe sobre o programa Direito à Moradia, visando à obtenção de recursos para a construção de residências destinadas a moradores de habitação subnormal".

Essa lei altera inteiramente o panorama legal anterior.

Revoga os art. 3.º e 4.º da Lei do Desfavelamento, que se referiam especificamente à questão da favela e ao processo da operação interligada. E cria um novo sistema para os imóveis em geral, de forma que qualquer proprietário (e não apenas aquele de imóvel transformado em favela) possa obter da Prefeitura, mediante pagamento em dinheiro, autorização para construir acima dos índices e fora das restrições previstas na Lei de Zoneamento.·.

A nova lei continuou a usar a expressão "operações interligadas", agora, porém, sem qualquer justificativa, pois o novo sistema não prevê nenhuma operação interligada com outra.

Agora, o proprietário comum simplesmente requer à Administração que lhe conceda alvará para construção com "modificações de índices urbanísticos e de características de uso e ocupação do solo". Ao pretendente não cabe providenciar outra operação. Cabe-lhe apenas, se lhe convier, pagar a quantia que a Administração fixar.

A segunda operação – a que seria interligada à primeira – caberá tão só à Administração, que deve destinar aquele dinheiro à construção de moradias populares.

Por isso mesmo o preâmbulo da Lei dispôs que sua finalidade é "a obtenção de recursos para construção de residências destinadas a moradores de habitação subnormal".

Em suma, o novo sistema prevê a realização de um negócio imobiliário entre o particular e o Poder Público, ficando este com o encargo de destinar àquela finalidade os recursos monetários ingressados em seu patrimônio.

Não existe, portanto, uma segunda operação a que se vincule o particular. Apenas a Administração terá mais dinheiro para atender à sua política habitacional.

3 – Esse sistema é anômalo e bate de frente com vários e relevantes preceitos da Constituição Estadual.

A começar pelo princípio da legalidade, consagrado nos art. 111 e 181 da C.E., a saber:

> "Art. 111. A administração pública direta, indireta ou fundacional, de qualquer dos Poderes do Estado, obedecerá aos princípios de legalidade, impessoalidade, moralidade, publicidade, razoabilidade, finalidade, motivação e interesse público. [...]
>
> Art. 181. Lei Municipal estabelecerá em conformidade com as diretrizes do plano diretor, normas sobre zoneamento, loteamento, parcelamento, uso e ocupação do solo, índices urbanísticos, proteção ambiental e demais limitações administrativas pertinentes".

Se é a Lei municipal que impõe as normas sobre o zoneamento, uso e ocupação do solo urbano, somente outra regra de igual hierarquia, ou seja, somente outra lei poderá alterá-la.

No caso, a Lei 11.773/95 não alterou a Lei de Zoneamento, que continua a mesma. Apenas permitiu que um órgão do Executivo – a chamada Comissão Normativa de Legislação Urbanística, CNLU, ligada à Secretaria Municipal de Planejamento – pudesse descumprir a Lei de Zoneamento.

O fato de a nova lei haver estabelecido alguns limites para a atuação normativa do Executivo não sana o grave vício do diploma legal como um todo. Aliás, a fixação de limites é a confissão cabal de que, abaixo do limite, a alteração poderá ser promovida pelo Executivo.

Veja-se, por exemplo, o art. 9.º, inciso II, que diz dever a SEMPLA respeitar os limites de 4 (quatro) para o coeficiente de aproveitamento e de 80% (oitenta por cento) para taxa de ocupação. Isto quer dizer que o Executivo está desde logo autorizado a alterar a Lei de Zoneamento desde que a alteração não ultrapasse esses limites.

4 – Sabe-se que a garantia do cidadão proprietário de imóveis situados em uma determinada zona urbanística está no respeito aos critérios e limites impostos pela lei.

Esse proprietário sabe o que e quanto poderá construir. Como também sabe que seus vizinhos estão submetidos às mesmas regras. Pois bem. A nova lei permite que o vizinho mais abastado pague para a Administração uma quantia em dinheiro e com isso possa alterar o uso e ultrapassar os limites legais.

E como poderão reagir os prejudicados? A lei prevê "solução" para o caso que considera grave, ou seja, aquele em que é solicitado "aumento de coeficiente de aproveitamento superior ao dobro do permitido", pela Lei de

Zoneamento. Poderá, então, a maioria dos vizinhos prejudicados comparecer a uma audiência pública previamente convocada e defender oralmente seus pontos de vista – art. 9.º, § 2.º, e art. 8.º, § 1.º. Em suma, é a aniquilação plena do direito garantido pela Lei de Zoneamento.

5 – Não se discute aqui se é permitido ao Executivo estabelecer fisicamente as diversas zonas urbanas. Quanto a isso, a jurisprudência já entendeu que sim.

O que também não oferece dúvida é impossibilidade de alteração, por decreto, do conteúdo da Lei de Zoneamento. Veja-se, por todos, Hely Lopes Meirelles, *Direito Municipal Brasileiro*, Malheiros, 1996, 8.ª edição, pág. 396.

6 – Também há grave afronta ao princípio da independência e harmonia dos Poderes, consagrado no art. 5.º da C.E., e seu parágrafo primeiro, a saber:

> "Art. 5.º São Poderes do Estado, independentes e harmônicos entre si, o Legislativo, o Executivo e o Judiciário.
>
> § 1.º É vedado a qualquer dos Poderes delegar atribuições."

Ao permitir que a Comissão Normativa de Legislação Urbanística – CNLU, órgão vinculado à Secretaria Municipal de Planejamento, altere índices de aproveitamento e critérios de uso do solo urbano, fica patenteado que o Legislativo Municipal de São Paulo delegou poderes que lhe são próprios ao Executivo.

Não é só a desarmonia entre os Poderes que afeta o princípio da independência dos Poderes.

Também o excesso de harmonia afeta gravemente esse princípio e gera com freqüência ligações perigosas entre Câmara e Prefeito, pondo em risco o princípio fundamental do regime constitucional.

Por isso mesmo, as constituições modernas tornaram expresso o que antes era implícito: a vedação da delegação de atribuições de um Poder para outro, seja expressa seja camuflada.

Eis o que ensinava o eminente e saudoso professor J. H. Meirelles Teixeira:

> "Outra conseqüência do princípio da separação dos Poderes [...] é a de que nenhum dos Poderes pode delegar as atribuições que a Constituição assinala à sua competência [...].
>
> De fato a delegação de poderes, essa abdicação, cessão ou transferência de poderes de um órgão a outro, se admitida, equivaleria a admitir-se a modificação da Constituição rígida por ato de um dos Poderes – o que, já sabemos, não é possível.

> Daí a disposição expressa da Constituição Brasileira de 1946 (como a atual, inclusive a Paulista) de que é vedado a qualquer dos Poderes delegar atribuições [...].
>
> E quando a Constituição proíbe, de modo terminante, a delegação de poderes, proíbe-a tanto sob a forma direta, clara, expressa, como ainda sob formas ou expedientes indiretos, como, por exemplo, se o Legislativo elaborasse a lei em termos mui vagos e imprecisos, deixando ao Executivo a tarefa de, sob o disfarce de regulamentação, preencher tais lacunas, legislando verdadeiramente".[1]

7 – No presente caso, não há a menor dúvida de que houve delegação de poderes. A prova irrefutável, a meu ver, dessa afirmação está na forma como o executivo a vem aplicando.

Eis um anúncio da Prefeitura (fls. 90): "Quer aumentar a área construída do seu imóvel? Quer aumentar a ocupação de seu terreno? Quer instalar uma atividade não prevista pelo zoneamento? O Programa Direito à Moradia resolve o seu problema".

Por isso mesmo, o então Des. Franciulli Netto assim se manifestou em sua declaração de voto quando do julgamento do agravo regimental:

> "Bem é de ver que não haveria modificação substancial se o anúncio fosse vazado em outros termos, como, por exemplo: Pague e construa área superior à permitida pela lei do zoneamento. Pague e instale atividade não permitida pela lei do zoneamento. Pague e transgrida a lei do zoneamento. Vale dizer: quem vai ditar normas concretas sobre a lei do zoneamento não é mais o Legislativo, mas a Prefeitura, mediante uma contrapartida, em dinheiro, é claro."

É bom lembrar que a indigitada lei está suspensa por decisão deste Plenário por muito expressiva maioria (17 votos contra 6).

Contra essa decisão foram interpostos pelas requeridas Recurso Extraordinário e Recurso Especial, sem sucesso.

8 – Observa-se que o ponto de vista ora exposto não implica em nenhuma tendência a um certo imobilismo em matéria urbanística. Se a Lei de Zoneamento é tida por alguns como superada, deve ser corrigida por outra lei, dentro da normalidade constitucional.

Da mesma forma, não implica em antipatia à doutrina do solo criado, tão querida de Hely Lopes Meirelles. Mas esta doutrina, se vier um dia a ser adotada, haverá de sê-lo também dentro das regras da Constituição.

---

1. *Curso de Direito Constitucional*, organizado e atualizado pela Prof.ª Maria Garcia, Ed. Forense Universitária, 1991, p. 596/597.

O tema é extremamente delicado, pois se prende aos direitos inerentes ao domínio, às regras tradicionais do direito de construir e até mesmo às formas de obtenção de recursos por parte do Poder Público.

Tema dessa ordem não pode ser tratado, com leveza, *data venia*, deixando-o a cargo do Executivo.

Por isso mesmo, o nobre objetivo da lei em foco – obtenção de recursos para a construção de residências de pessoas carentes – não pode ser levado em consideração neste momento, sob pena de converter-se em uma maçã dourada, pronta para seduzir e levar a ordem jurídica a se afastar de seus deveres e a cometer o mais grave dos pecados, que é o pecado constitucional.

9 – Nem se devem temer argumentos ad terrorem, *data venia*, que surgiram durante o julgamento, segundo os quais a declaração de inconstitucionalidade da Lei 11.773/95 levaria à demolição dos prédios construídos sob sua vigência. Foi então ressaltado por este juiz que é de seu entendimento que a desconstituição dos efeitos concretos produzidos por uma lei declarada inconstitucional não ocorre automaticamente, devendo ser promovida pelo Poder Público competente, caso a caso e se entender conveniente.

Por todos esses motivos, julgo procedente a ação, acompanhando integralmente o voto do Des. Hermes Pinotti.

São Paulo, 14 de fevereiro de 2001.

José Osório.

Fonte: Arquivo pessoal e TJSP

Operações Urbanas Interligadas

EMBARGOS DE DECLARAÇÃO N. 45.352.0/8-07

Embargos de Declaração n. 45.352.0/8-07 – Embargantes: Presidente da Câmara Municipal de São Paulo e outros – Embargado: Procurador-Geral de Justiça. (Voto 14.375).

RELATÓRIO – (OMISSIS)

VOTO

Embargos de declaração. Oposição pela Câmara Municipal e seu Presidente. Inexistência de omissão no acórdão. Rejeição.

Oposição pela Municipalidade. Recebimento parcial, apenas para declaração a respeito do momento da eficácia do decreto de inconstitucionalidade.

1 – Os embargos da Câmara Municipal, também opostos em nome de seu ilustre Presidente, são rejeitados.

Dizem eles que o acórdão foi omisso pois somente analisou a invocação do 125, § 2.º, da Constituição Federal, deixando de se referir à invocação do *caput* do art. 102.

Não houve a alegada omissão.

O acórdão fez referência expressa ao § 2.º do art. 125 da Constituição Federal, que trata da competência para as argüições de inconstitucionalidade de leis estaduais ou municipais em face da Constituição do Estado.

O acórdão transcreveu trecho do *leading case* do STF, ou seja, do julgamento proferido na Reclamação 383, que concluiu definitivamente pela competência do Tribunal de Justiça para julgar a ação direta de inconstitucionalidade com fundamento em dispositivos constitucionais estaduais que sejam reprodução de preceitos da Constituição Federal.

Assim se expressando, é evidente que o acórdão não precisava fazer menção ao *caput* do art. 102 da Constituição Federal, que diz genericamente que cabe ao STF a guarda da Constituição. Se o acórdão afirma que o STF decidiu sobre o tema ligado a conflito de competência, está dispensado, como é óbvio, de se referir ao antecedente lógico, ou seja, de que é o STF quem deve guardar a Constituição.

Também não se pode dizer que houve omissão por não haver referência sobre ponto ventilado em parecer juntado aos autos, pois se trata de peça lateral ao debate, mera contribuição da parte ao Juízo.

Quanto ao mais, os embargos apresentam natureza flagrantemente infringente e escapam ao âmbito legal do recurso.

Ficam, assim, rejeitados.

2 – Quanto aos embargos da Municipalidade, são eles recebidos em parte.

Inconsistente, de modo flagrante, a argüição de nulidade do julgamento

Entende a Municipalidade que foram violados os art. 460 e 474 do Regimento Interno e, conseqüentemente, os art. 5.º, LV, e 125 da C.F., que cuidam do princípio da ampla defesa.

O art. 460 do R.I. declara que não participarão do julgamento os desembargadores que não tenham ouvido o relatório ou assistido aos debates, salvo quando, não tendo havido sustentação oral, se derem por esclarecidos.

Já o art. 474 diz ser permitida a renovação da sustentação sempre que o feito retorne à Mesa e intervier novo juiz.

Diz a Municipalidade que o Des. Jarbas Mazzoni não esteve presente na sessão de 04.10.2000, quando realizada a sustentação oral. Ocorre que o Des. Jarbas Mazzoni participou das sessões posteriores, nas quais houve amplo debate. Mais ainda: pediu adiamento, teve vista dos autos e proferiu substancioso voto, favoravelmente à Municipalidade (!).

Lembre-se também de que o Regimento diz ser permitida – e não obrigatória – a renovação da sustentação. A Municipalidade acompanhou todas as sessões e teve ciência das respectivas publicações e em nenhum momento requereu que fosse renovada a sustentação.

A participação do Des. Fonseca Tavares também nada teve de irregular. S. Exa. esteve presente na sessão de 04.10, em que se deu a sustentação e acompanhou os debates nas sessões de 08.11, de 22.11, de 29.11, e de 13.12, quando votou. Seu voto foi computado – como não podia deixar de ser, inexistente qualquer impedimento regimental para tanto. Assim vem entendendo este Plenário todos os dias.

Observe-se a forma contraditória com que age a Municipalidade nesse ponto. O Des. Luiz Tâmbara também adiantou o voto e não participou de várias sessões, por motivo de saúde. Seu voto foi naturalmente computado. A Municipalidade falou nos autos, não argüiu nulidade e ainda pediu que o voto fosse declarado.

Aliás, em memorial enviado ao relator, a Municipalidade já não insiste na alegação de nulidade.

3 – Mas em parte tem razão a Municipalidade quando pretende declaração quanto ao momento da eficácia do decreto de inconstitucionalidade.

Esse momento não pode ser, por certo, aquele pretendido, ou seja, quando a decisão for formalmente comunicada à Câmara Municipal, ainda mais quando se lembra que a indigitada lei já estava com seus efeitos suspensos desde o julgamento que concedeu liminar para essa finalidade. A decisão de procedência da ação confirmou automaticamente a liminar anteriormente concedida, sendo ilógico cogitar-se de um período de interrupção dos efeitos que vinham sendo produzidos.

Na Jurisprudência do STF, bem como na Doutrina, é absolutamente tranqüilo que o julgamento final da ação direta de inconstitucionalidade produz efeitos *ex tunc*, ou seja, ficam sem validade e eficácia os atos praticados sob a égide do diploma inconstitucional:

> "A declaração de inconstitucionalidade, no entanto, que se reveste de caráter definitivo, sempre retroage ao momento em que surgiu, no sistema de direito positivo, o ato estatal atingido pelo pronunciamento judicial (nulidade *ab initio*). É que os atos inconstitucionais são nulos e desprovidos de qualquer carga de eficácia jurídica (*RTJ* 146/461)". ADIN 1.434-SP, r. Min. Celso de Mello, j. 29.08.96, *RTJ* 164/509.

A nulidade, entretanto, não opera automaticamente:

"Os efeitos concretos que dela (da ação direta de inconstitucionalidade) nasceram e que permanecem devem ser atacados em ação própria, e não indiretamente, por meio excepcional, que só se criou para fazer respeitar, no terreno do direito objetivo, o princípio da hierarquia das leis". ADIN 652-MA, r. Min. Celso de Mello, j. 02.04.92, *RTJ* 146/464.

São tais e tantos os efeitos concretos que podem ter sido produzidos na vigência de lei declarada inconstitucional que se entende hoje possa o Tribunal, excepcionalmente, deixar expresso o momento em que o julgamento produz efeitos anulatórios ou quais os atos que devam ficar protegidos do decreto de nulidade.

Isto porque entram em jogo outros e relevantes princípios que norteiam toda a ordem jurídica, entre os quais se sobressaem o da segurança das relações jurídicas, que se estabeleceram sob o direito positivo considerado escorreito, bem como o da boa-fé e o que veda o enriquecimento sem causa.

No caso dos autos, e seguindo a sugestão constante do voto do Des. Flávio Pinheiro, observa-se que a situação contratual entre os interessados e a Administração Pública consolida-se, de forma definitiva, no momento em que é assinado o "Termo de Compromisso", a que se refere o § 2.º do art. 3.º da indigitada Lei n. 11.773/95, de cujo instrumento devem constar, segundo o texto legal, todos os direitos e obrigações referentes à aprovação da operação interligada.

Ante o exposto, recebem-se parcialmente os embargos da Municipalidade para declarar que, de forma geral, os efeitos do julgamento operam *ex tunc*, com as ressalvas de que as nulidades não são reconhecidas automaticamente; e de que são salvaguardados os direitos e obrigações decorrentes da assinatura do termo de compromisso suprareferido.

São Paulo, 19 de dezembro de 2001.

José Osório.

Fonte: Arquivo pessoal e TJSP

AÇÃO DIRETA DE INCONSTITUCIONALIDADE N. 31.849-0/6

ACÓRDÃO

Vistos, relatados e discutidos estes autos de Ação Direta de Inconstitucionalidade de Lei n. 31.849-0/6, da Comarca de São Paulo, em que é requerente a Mesa da Câmara Municipal de Caçapava, sendo requerido o Município de Caçapava:

ACORDAM, em Sessão Plenária do Tribunal de Justiça do Estado de São Paulo, por votação unânime, em julgar procedente a ação, de com o relatório e o voto do Relator, que ficam fazendo parte integrante do presente julgado.

O julgamento teve a participação dos Desembargadores Yussef Cahali (Presidente), Lair Loureiro, Carlos Ortiz, Rebouças de Carvalho, Márcio Bonilha, Cunha Bueno, Cuba dos Santos, Dirceu de Mello, Viseu Júnior, Hermes Pinotti, Gentil Leite, Álvaro Lazzarini, Dante Busana, Denser de Sá, Luiz Tâmbara, Franciulli Netto, Fonseca Tavares, Ary Belfort, Paulo Shintate, Borelli Machado, Flávio Pinheiro, Jorge Tannus, Ângelo Gallucci e P. Costa Manso.

São Paulo, 18 de setembro de 1996.

Yussef Cahali, Presidente.

José Osório, Relator.

EMENTA

Incostitucionalidade. Lei Municipal. Ocorrência. Ação procedente.

VOTO

Trata-se de ação direta de declaração de inconstitucionalidade do inciso VI do art. 17 da L. Orgânica do Município de Caçapava, proposta pela Mesa da Câmara sob alegação de que fere o art. 16, VI e par. 2.º da Constituição Estadual, que trata da perda de mandato de deputado em caso de condenação criminal passada em julgado.

Alega a autora, em síntese, que na Constituição Estadual está garantida a ampla defesa do deputado na decisão da Assembléia sobre a perda do mandato; que o dispositivo da L. Orgânica, atacado, não garante a ampla defesa; que há um vereador no Município, já condenado em primeira instância, confirmada a sentença pelo Tribunal. Seu recurso especial foi indeferido, mas há agravo pendente, ainda, de apreciação; que o Presidente da Câmara não pode declarar extinto seu mandato, negando ao edil o direito à ampla defesa; e que, assim, é de se declarar inconstitucional o dispositivo atacado.

Processou-se sem a liminar (fls.).

Pelo despacho de fls. determinou-se a citação do Município, a ida dos autos à D. PGJ e se dispensou a citação do D. Procurador-Geral do Estado.

Prestou informações o Município, a fls., dizendo, preliminarmente, que é parte passiva ilegítima para a presente demanda, pois sequer participou do processo de formação da norma atacada; diz, ainda, que a Mesa da Câmara deve corrigir sua representação processual, pois, de acordo com o art.

90, II, da C.E., a autora deveria estar representada por advogado, o que não se dá no caso; no mérito, é pela procedência da ação, dado o descompasso entre a norma atacada e a Constituição Estadual.

O D. Procurador-Geral de Justiça é pelo acolhimento das preliminares levantadas pelo Município, mas entende que, em face da natureza objetiva do controle concentrado da constitucionalidade de leis e atos normativos, podem elas ser superadas, razão pela qual, no mérito, é pela procedência da ação.

É o relatório.

As preliminares, ainda que consistentes, são desconsideradas, porquanto o Município concorda com o pedido, entendendo que realmente o indigitado preceito legal padece de vício de inconstitucionalidade.

No mérito, a ação procede. Diz o artigo 17 da Lei Orgânica do Município: "perderá o mandato o Vereador: [...] VI – que sofrer condenação criminal, com sentença irrecorrível, por crime doloso".

A Constituição Estadual, entretanto, em seu artigo 16, VI, e parágrafo 2.º, assim dispõe:

> "Perderá o mandato o Deputado: [...] VI – que sofrer condenação criminal em sentença transitada em julgado [...] parágrafo 2.º Nos casos dos incisos I, II e VI deste artigo, a perda do mandato será decidida pela Assembléia Legislativa por voto secreto e maioria absoluta mediante aprovação da Mesa ou de Partido Político representado no Legislativo, assegurada ampla defesa".

Por aí se vê que a Lei Municipal deixou de prever a hipótese de perda do mandato após processo regular, assegurada ampla defesa ao acusado, o que vem permitindo interpretação extremamente afrontosa ao princípio constitucional que garante defesa ampla.

Em tais circunstâncias, julga-se procedente a ação, adotado, também, o parecer do Dr. Procurador-Geral de Justiça, inclusive no que diz respeito à matéria preliminar.

Comunique-se à Câmara Municipal na forma do artigo 676 do RITJ.

José Osório.

Fonte: Arquivo pessoal e TJSP

AÇÃO DIRETA DE INCONSTITUCIONALIDADE N. 34.017-0/01

ACÓRDÃO

Vistos, relatados e discutidos estes autos de Ação Direta de Inconstitucionalidade de Lei n. 34.017-0/01, da Comarca de São Paulo, em que é requerente o Procurador-Geral de Justiça do Estado de São Paulo, sendo requeridos Presidente da Câmara Municipal de Jales e Prefeito Municipal de Jales:

ACORDAM, em Sessão Plenária do Tribunal de Justiça do Estado de São Paulo, por maioria de votos, em julgar improcedente a ação, de conformidade com o relatório e o voto do Relator, que ficam fazendo parte integrante do presente julgado.

O julgamento teve a participação dos Desembargadores P. Costa Manso, Fonseca Tavares, Franciulli Netto, Luiz Tâmbara, Denser de Sá, José Cardinale, Dante Busana, Álvaro Lazzarini, Gentil Leite, Hermes Pinotti, Viseu Júnior, Luís de Macedo, Dirceu de Mello (com declaração de voto), Cuba dos Santos, Nigro Conceição (com declaração de voto), Márcio Bonilha, Ney Almada, Rebouças de Carvalho, Silva Leme e Lair Loureiro, com votos vencedores, e Carlos Ortiz (com declaração de voto), Oetterer Guedes e Cunha Bueno, com votos vencidos.

São Paulo, 20 de setembro de 1996.

Yussef Cahali, Presidente.

José Osório, Relator.

EMENTA

Ação direta de inconstitucionalidade. Remuneração de vereadores. Gratuidade. Inconstitucionalidade. Revogação na legislatura em curso. Possibilidade. Ação improcedente.

VOTO

Trata-se de ação direta de inconstitucionalidade promovida pelo D. Procurador-Geral de Justiça, tendo em vista a Resolução 8/95, do Município de Jales, que cuida de remuneração de vereadores.

Alega o autor, em síntese, que no Município de Jales havia uma resolução, de n. 8/92, que dizia ser não remunerado o mandato do vereador na legislatura de 1.º de janeiro de 93 a 31 de dezembro de 96; que foi movida uma ação declaratória de nulidade da citada resolução, perante a Comarca de Jales, e tal ação foi julgada extinta sem julgamento de mérito pelo TJ, pois se entendeu que, embora com o nome de ação declaratória, era verdadeira ação direta de inconstitucionalidade; que, tão logo transitada em julgado tal decisão, a Mesa da Câmara de Jales promulgou a Resolução 8/95, que revogou a anterior; que, com tal procedimento, a Câmara, na mesma legislatura, concedeu remuneração aos vereadores; que tal resolução é inconstitucional, pois o art. 18 da C.E. diz que os deputados perceberão remuneração, fixada em cada legislatura para a subseqüente, sujeita aos impostos gerais, o de renda e os extraordinários inclusive; que tal regra deve ser obedecida, também, pelos Municípios, observando-se, ainda, o art. 20, V, da C.E.; e que, assim, mencionado ainda o art. 144 da C.E., é de se julgar procedente a ação.

Manifestou-se a Câmara de Jales, levantando preliminar de carência de ação por incompetência do TJ, já que a matéria é tratada na Constituição Federal, da qual a Constituição Estadual copiou artigos, ou porque a presente demanda não se destina ao controle de normas em abstrato. No mérito, diz , em síntese, que o art. 29, V, da CF, instituiu o mandato remunerado para os vereadores, não podendo o Município de Jales, em plena vigência da Carta Magna, contrariá-la.

A Prefeitura do Município de Jales manifestou-se, pedindo a procedência da ação.

Manifestação do Dr. Procurador-Geral de Justiça às fls., atacando as preliminares e reiterando o pedido de procedência.

É o relatório.

As preliminares são inconsistentes, conforme demonstrado no parecer do Dr. Procurador-Geral de Justiça.

No mérito, improcede a ação.

A Resolução n. 8/92, da Câmara Municipal de Jales, dispôs que o exercício das funções de vereador na legislatura seguinte, de 1993 a 1996, "não será remunerado".

No correr dessa nova legislatura, isto é, em 7.11.95, a Res. 8/95 houve por bem de, na prática, revogar a Res. n. 8/92, ao restaurar expressamente os efeitos da Resoluções anteriores, de 1988 a 1991.

Por outras palavras, os vereadores da legislatura que se encerrava em 31.12.92, tornaram gratuito o mandato na legislatura seguinte. Os novos vereadores revogaram aquela deliberação e o mandato passou a ser remunerado, segundo os valores vigentes na legislatura anterior ao estabelecimento da gratuidade.

A presente ação visa a declarar a inconstitucionalidade da Resolução 8/95, que revogou a gratuidade, porquanto teria havido infração dos dispositivos constitucionais que impedem a fixação de remuneração no próprio curso da legislatura - arts. 18 e 20, V, da Constituição Estadual; e 29, V, e 49, VII, da Constituição Federal.

Tais dispositivos, contudo, são secundários e acessórios e supõem a eficácia do preceito principal, ou seja, aquele que impõe a remuneração do congressista e do vereador, como direito deles.

O comando secundário visa a proteger o principal, evitando conhecidas distorções. Mas não pode, por certo, ser aplicado de forma a neutralizar a eficácia do preceito protegido.

Esse preceito principal está insculpido, de forma lógica, nos próprios artigos supra-referidos. É tão evidente ser remunerado o mandato, que o legislador constituinte considerou dispensável dizê-lo em artigo isolado, cuidando apenas de deixar claro que a remuneração deverá ser fixada pela legislatura anterior. Este último comando só tem cabimento na hipótese lógica de haver remuneração. Inexistindo remuneração (o que só pode ocorrer equivocadamente), faltará o pressuposto necessário à aplicação do preceito secundário.

Dúvida não há de que a remuneração tem que existir.

Poderá o vereador, pessoalmente, dela abrir mão, talvez, ou destiná-la a terceiros. O inviável é uma disposição genérica, normativa, seja lei seja resolução, suprimir a remuneração.

Segundo José Afonso da Silva, "Prefeitos e Vereadores terão direito a remuneração que será fixada pela Câmara Municipal, para cada legislatura, e sujeita aos impostos etc.", valendo para eles as regras previstas para os congressistas - *Direito Constitucional Positivo*, 5.ª ed., p. 544.

> "A remuneração dos Deputados e Senadores é o direito específico que a Constituição lhes reconhece. Ela rompeu com a tradição dos subsídios dividos em parte fixa e parte variável etc.
>
> Abandonando o termo subsídio, dá-se nova feição aos estipêndios parlamentares. Subsídio, de fato, guardava certo resquício de sua antiga natureza de mero auxílio, sem caráter remuneratório, pelos serviços prestados no exercício do mandato [...]" - op. cit., p. 461.

Como se sabe, a remuneração do agente político foi uma importante conquista democrática, remontando, ao que parece, às reformas populares de Péricles, no séc. V a.C. (A. G. Mattoso, *História da Civilização: Antiguidade*, 3.ª ed., p. 290).

Daí ter razão a ilustre parecerista do CEPAM, Dra. Laís de Almeida Mourão, quando diz que "é bastante antidemocrática a gratuidade do mandato de vereador, pois, além de vários outros problemas, transforma-se em mecanismo de preservação do poder nas mãos da classe dominante e elitista, única classe que pode ter representantes cujo sustento independa da remuneração de seu trabalho" (fls.).

No caso dos autos, a Câmara Municipal, através da Res. 8/95, apenas corrigiu um erro ao remover a matéria manifestamente inconstitucional constante da Res. 8/92. Com isso, afastou a gratuidade do mandado, mantendo os valores fixados por legislaturas muito anteriores. Assim agindo, não incorreu em qualquer inconstitucionalidade.

O Judiciário já tem impedido que interesses de perdedeores ou de vencedores de eleições repercutam na remuneração dos eleitos para a nova legislatura, seja para aumentar a de uns seja para diminuir a dos outros - *RT* 692/76, 1.ª Câm., r. Euclides de Oliveira, indicando precedentes do STF - *RT* 425/214 - e da 8.ª Câm., r. Antonio Marson.

Com maior razão, deve-se afastar a pretensão quando, em nome da alegada inconstitucionalidade, se quer manter em zero a remuneração dos membros da nova legislatura.

Por todo o exposto, julga-se improcedente a ação.

José Osório.

Fonte: Arquivo pessoal e TJSP

AÇÃO DIRETA DE INCONSTITUCIONALIDADE N. 31.495-0/0

ACÓRDÃO

Vistos, relatados e discutidos estes autos de Ação Direta de Inconstitucionalidade da Lei n. 31.495-0/0, da Comarca de São Paulo, em que são requerentes OAB - Ordem dos Advogados do Brasil e outra sendo requeridos o Prefeito do Município de Campinas e o Presidente da Câmara Municipal de Campinas:

ACORDAM, em Órgão Especial do Tribunal de Justiça do Estado de São Paulo, por maioria, rejeitar a matéria preliminar e, por votação unânime, em julgar procedente a ação, de conformidade com o relatório e o voto do Relator, que ficam fazendo parte integrante do presente julgado.

O julgamento teve a participação dos Desembargadores Mohamed Amaro, Denser de Sá, José Cardinale, Dante Busana, Álvaro Lazzarini (vencido, na preliminar, com declaração de voto), Gentil Leite, Hermes Pinotti, Viseu Júnior, Luís de Macedo, Dirceu de Mello, Cuba dos Santos, Djalma Lofrano, Oetterer Guedes, Nelson Schiesari, Nelson Fonseca, Cunha Bueno, Nigro Conceição, Márcio Bonilha, Ney Almada, Rebouças de Carvalho, Silva Leme e Alves Braga.

São Paulo, 26 de março de 1997.

José Osório, Relator.

Yussef Cahali, Presidente.

EMENTA

Ação direta de inconstitucionalidade. Lei municipal. Área pública oriunda de loteamento urbano. Desafetação e alteração da finalidade original. Violação do art. 180, VII, da CE. Ação procedente.

VOTO

Ação direta de inconstitucionalidade de lei proposta pela OAB, Sub-Seção de Campinas, e Associação Regional de Escritórios de Arquitetura visando à suspensão da execução da Emenda n. 2 à Lei Orgânica do Município de Campinas, que dá nova redação ao art. 172, VI, da LO, e da Lei n. 8.238/94, alegando que os diplomas afrontam o disposto no art. 180, VII, da CE.

Foi denegada a liminar (fls.).

O Sr. Prefeito Municipal de Campinas, em suas informações (fls.), é pela improcedência da ação, afirmando, em síntese, que é inconstitucional o art. 180, VII, da CE, por ser incompatível com o princípio da independência e autonomia do Executivo, bem como as regras de autonomia municipal; que a concessão do direito real da área em questão atende ao interesse público; que não houve desafetação dos lotes destinados ao uso institucional; que está prevista a elaboração de estudo de impacto ambiental do projeto.

A Câmara Municipal, por seu Presidente (fls.), defende a constitucionalidade dos dispositivos atacados, alegando, preliminarmente, litispendência, pois o MP já aforou outra ação direta contra a Lei 8.238/94. No mérito, também sustenta a inconstitucionalidade do art. 180, VII, da CE.

O D. Procurador-Geral do Estado manifestou-se às fls. Pede sua exclusão do feito, por entender ser a matéria relativa à auto-organização do Município, afastada da competência do Estado.

Às fls., o D. Procurador-Geral de Justiça concorda com o pedido de exclusão do Procurador-Geral do Estado e opina pela rejeição da preliminar de litispendência e, no mérito, pela procedência da ação.

É o relatório.

Não há que se falar em litispendência pois a ação direta de inconstitucionalidade proposta pelo Procurador-Geral de Justiça é posterior à presente, escapando, portanto, à hipótese prevista pelo art. 301, parágrafo 1.º, do CPC.

Também não procede a alegação de inconstitucionalidade do preceito do art. 180, VII, da Constituição Estadual.

Não houve qualquer declaração judicial nesse sentido. A constitucionalidade é sempre presumida. O preceito está produzindo normalmente seus efeitos, inclusive com o apoio da unanimidade deste Plenário em inúmeros precedentes. A origem histórica desse preceito está no hábito criado pela Administração na utilização daquelas áreas para outras finalidades. O Constituinte Estadual houve por bem de limitar a atuação do Município e do próprio Estado de forma a preservar aquelas áreas. Se fez bem ou mal, o tempo dirá. Por ora é cumprir o preceito.

Fica afastada toda matéria infraconstitucional ventilada pelos autores porque extravasa o âmbito e se afasta dos objetivos da ação direta de inconstitucionalidade.

Em relação ao mérito, a ação procede.

O art. 180 da Constituição Estadual dispõe de forma peremptória que:

> "No estabelecimento de diretrizes e normas relativas ao desenvolvimento urbano, o Estado e os Municípios assegurarão: [...] VII – as áreas definidas em projeto de loteamento como áreas públicas, institucionais, verdes ou patrimoniais, não poderão, em qualquer hipótese, ter alterada sua destinação, fim ou objetivo originariamente estabelecidos alterados."

Essa mesma linguagem foi utilizada pela Lei Orgânica do Município de Campinas – art. 172, VI, até ser alterada pela emenda n. 2, de 27/12/90, como segue: "As áreas públicas, institucionais, verdes ou patrimoniais, não poderão, sem alteração legislativa, ter alterada sua destinação, fim ou objetivo originariamente estabelecido [...]".

A "alteração legislativa" veio com a Lei Municipal n. 8.238, de 28/12/94, que, segundo seus termos, desincorporou da classe de bens de uso comum do povo para bens patrimoniais várias áreas oriundas de loteamentos urbanos.

O mencionado preceito do art. 180, VII, da CE foi frontalmente violado.

Trata-se de norma de caráter urbanístico que obriga o Município, o qual fica, nesse campo, com sua atuação limitada.

O fato de o Município haver se valido de instituto geralmente utilizado no Direito Público – a concessão de uso – em nada altera a questão.

O que o Constituinte Estadual quis e estipulou foi impedir alteração da finalidade com que originalmente a área ingressou no domínio público; quando do registro do loteamento, passou a ser pública, seja como área verde seja como área institucional.

O Constituinte teve a preocupação urbanística e não de operacionalidade meramente jurídica através deste ou daquele instituto, seja compra e venda, doação, ou concessão de uso. Ainda que este último instituto não seja hábil para transmissão da propriedade, ele concede poderes suficientemente amplos ao cessionário de forma a acarretar aquela alteração de uso que está proibida.

Em suma, para resolver suas dificuldades com novas construções e obras, o Município já não pode contar com alterações da finalidade das áreas públicas recebidas dos projetos de loteamento.

O Plenário deste Tribunal vem impedindo, de forma unânime, que o preceito seja violado, ou contornado, ainda que o Administrador esteja imbuído de bons propósitos.

Vejam-se, entre outros precedentes: ADIns 16.500-0, ref. Município de Quatá, rel. Renan Lotufo; 18.103-0, rel. Rebouças de Carvalho; *JTJ*, vol. 152/273, 29.733-4, rel. Carlos Ortiz.

Na ADIn 35.929-0, deste relator, o Plenário deixou decidido:

> "Enquanto não declarado formalmente inconstitucional perante a Constituição da República, sem dúvida que o dispositivo está produzindo normalmente seus efeitos.
>
> O que não é possível é deixar de aplicá-lo em nome de uma declaração incidental de inconstitucionalidade.
>
> Caso contrário, estar-se-á em situação jurídica anômala e contraditória: reconhece-se incidentalmente a inconstitucionalidade da regra da C.E., para valer, portanto, no caso concreto; e ao mesmo tempo, como conseqüência, reconhece-se, em exame abstrato, a constitucionalidade da norma municipal.
>
> Os conhecidos sistemas de declaração de inconstitucionalidade são rígidos e excludentes, não comportando qualquer hibridismo".
>
> Segundo Gilmar Ferreira Mendes,
>
> "... o controle de constitucionalidade difuso, concreto, ou incidental, caracteriza-se, fundamentalmente, também no Direito brasileiro, pela verificação de uma questão concreta de inconstitucionalidade, ou seja, de dúvida quanto à constitucionalidade de ato normativo a ser aplicado num caso submetido à apreciação do Poder Judiciário. É mister – diz Lúcio Bittencourt – que se trate de uma controvérsia real, decorrente de uma situação jurídica objetiva (*Controle de Constitucionalidade*, Saraiva, 1990, p. 199/200. [...]
>
> O chamado controle abstrato, por seu turno, não está vinculado a uma situação subjetiva ou a qualquer outro evento do cotidiano (op. cit. p. 200). [...] Não se cuida, pois, do julgamento de uma relação concreta, mas, sim, da validade de uma lei em tese" (op. cit., p. 258).

O caso dos autos é de controle abstrato de lei municipal. Não há qualquer relação jurídica concreta subjacente.

Se é abstrato não pode ser tido como concreto para servir de suporte a uma declaração incidental, aliás, nem submetida às regras do art. 480 e s. do CPC.

Toda a matéria está bem posta no parecer do Dr. Procurador-Geral de Justiça, cujos argumentos também são adotados.

Por todo o exposto, julga-se procedente a ação, determinando-se as comunicações de estilo.

Honorários de advogado são incabíveis em ação direta de inconstitucionalidade.

José Osório.

Fonte: Arquivo pessoal e TJSP

AÇÃO DIRETA DE INCONSTITUCIONALIDADE N. 32.612-0/2-00

ACÓRDÃO

Vistos, relatados e discutidos estes autos de Ação Direta de Inconstitucionalidade de Lei n. 32.612.0/2-00, da Comarca de São Paulo, em que é requerente o Prefeito do Município de São Paulo, sendo requerido o Presidente da Câmara Municipal de São Paulo:

ACORDAM, em Órgão Especial do Tribunal de Justiça do Estado de São Paulo, por votação unânime, em rejeitar a matéria preliminar e julgar procedente, em parte, a ação de conformidade com o relatório e o voto do Relator, que ficam fazendo parte integrante do presente julgado.

O julgamento teve a participação dos Desembargadores Mohamed Amaro, Denser de Sá, José Cardinale, Dante Busana, Álvaro Lazzarini, Gentil Leite, Hermes Pinotti, Viseu Júnior, Luís de Macedo, Dirceu de Mello, Cuba dos Santos, Djalma Lofrano, Oetterer Guedes, Nelson Schiesari, Nelson Fonseca, Cunha Bueno, Nigro Conceição, Márcio Bonilha, Ney Almada, Rebouças de Carvalho, Silva Leme e Alves Braga.

São Paulo, 26 de março de 1997.

José Osório, Relator.

Yussef Cahali, Presidente.

EMENTA

Ação direta de inconstitucionalidade. Lei Municipal n. 11.946/95, de São Paulo. Acesso da população a informações e documentos. Detalhamento de providências. Violação do princípio da independência dos Poderes. Ação procedente em parte.

VOTO

Trata-se de ação de direta de inconstitucionalidade de lei proposta pelo Prefeito Municipal de São Paulo, insurgindo-se contra a Lei n. 11.946/95 que disciplina o acesso da população a informações, documentos, listagens, registros e processos administrativos, por entender haver ofensa à CE, arts. 5.º, 111 e 144.

Alega o requerente, em resumo, que vetou integralmente o projeto da referida lei, por vislumbrar sua inconstitucionalidade e contrariedade ao interesse público; que o diploma padece de vício de iniciativa, uma vez que o tema é relativo à organização administrativa e serviços públicos, de competência reservada do Prefeito; que há violação ao princípio da independência e harmonia dos poderes, por invasão pelo Legislativo na competência exclusiva do Executivo; que, ainda, é vulnerado o princípio da legalidade.

Foi deferida a medida liminar (fls.) para suspender a eficácia da referida lei.

O Presidente da Câmara Municipal prestou informações às fls., pugnando pela decretação da carência da ação, por impossibilidade jurídica do pedido. No mérito é pela improcedência.

O Dr. Procurador-Geral de Justiça é pelo acolhimento parcial da ação, para o efeito de decretar-se a inconstitucionalidade dos artigos 2.º, 4.º, 5.º, 6.º e 7.º da Lei n. 11.946/95.

É o relatório.

A matéria preliminar não procede.

O autor não invocou apenas preceitos da Constituição Federal e da Lei Orgânica do Município. A inicial funda-se precipuamente em dispositivos da Constituição Estadual, ou seja, arts. 5.º e 144, referentes aos princípios da independência e harmonia dos Poderes e da exclusividade de iniciativa em determinadas matérias. O fato de se tratar de preceitos também constantes da Constituição Federal não retira a competência deste Tribunal, conforme Jurisprudência inteiramente assentada após o julgamento da Reclamação n. 383-3-SP, do STF.

Em relação ao mérito, a razão está com o autor, em grande parte.

A Lei Municipal n. 11.946, de 04 de dezembro de 1995, de São Paulo, apresenta o seguinte texto:

> "Art.1.º Fica assegurado o acesso de qualquer interessado a informações, documentos, registros, listagens, processos administrativos e assemelhados, no âmbito da Administração Direta, Indireta, Autárquica e Fundacional do Município de São Paulo.
>
> Parágrafo único. Reputa-se interessado qualquer cidadão e qualquer entidade civil legalmente constituída, que declare e justifique a ne-

cessidade de acesso e conhecimento das informações e papéis acima referidos, para defesa de interesse difuso, direito próprio ou coletivo e esclarecimento de situações de interesse pessoal.

Art. 2.º O requerimento para obtenção das informações deverá ser dirigido ao servidor que as detiver, podendo ser formulado oralmente ou por escrito pelo próprio interessado, ou por meio de advogado regularmente constituído.

Art. 3.º As informações e esclarecimentos deverão ser prestados por escrito, no prazo de até 10 (dez) dias.

Art. 4.º Para obter vista de documentos, registros, listagens e processos administrativos, o interessado deverá formular pedido oralmente ou por escrito, podendo ser representado por advogado regularmente constituído.

Parágrafo 1.º O pedido deverá ser feito diretamente ao servidor do local onde se encontrem os documentos, registros, listagens ou processos administrativos, aos quais se refira.

Parágrafo 2.º A vista, quando deferida, dar-se-á sob observação do servidor responsável pelos processos ou documentos solicitados, no próprio local onde se encontrem.

Art. 5.º O indeferimento do pedido de vista ou de informações deverá ser entregue por escrito ao interessado, mediante protocolo, com a devida justificativa.

Art. 6.º O interessado poderá solicitar cópias reprográficas dos documentos referidos nesta lei, por escrito e mediante o recolhimento de taxa a ser fixada pelo Executivo.

Art. 7.º A sonegação das informações e esclarecimentos deverá ser comunicada pelo interessado ao superior hierárquico do servidor, a quem competia fornecê-las, para as devidas providências.

Art. 8.º O Executivo regulamentará a presente lei, no prazo de 30 (trinta) dias, a contar da data de sua publicação.

Art. 9.º As despesas decorrentes da execução desta lei correrão por conta das dotações orçamentárias próprias, suplementadas se necessário.

Art. 10. Esta lei entrará em vigor na data de sua publicação, revogadas as disposições em contrário".

O *caput* do art. 1.º simplesmente repete, por outra linguagem, direito constitucionalmente consagrado ao cidadão de obter informações e certidões junto aos órgãos públicos – art. 5.º, incisos XXXIII e XXXIV, alínea "b".

O parágrafo único limita o alcance do dispositivo e procura evitar abusos exigindo que o interessado declare e justifique a necessidade do acesso às informações.

Até aqui, portanto, o texto municipal ajusta-se perfeitamente à ordem constitucional.

Os demais artigos, porém, entram diretamente no campo da regulamentação e impõem ao Executivo atos detalhados incompatíveis com autonomia reservada a este Poder.

Assim, o art. 2.º refere-se à forma do requerimento para obter a informação, forma essa que poderia ser oral ou escrita.

O art. 3.º indica o prazo (10 dias) além de impor a forma escrita para a resposta.

O art. 4.º volta à questão da forma, impõe o local do exame (onde estiverem os documentos) e diz ainda que o pedido deve ser dirigido "ao servidor do local".

O art. 5.º também determina forma especial para o indeferimento do pedido de vista, que haverá de ser por escrito, protocolado e justificado.

O art. 6.º também vai a pormenores. E o art. 7.º entra na matéria de disciplina interna da repartição e manda o interessado reclamar para o chefe do servidor. Os demais artigos referem-se ao prazo para regulamentação, despesas dela decorrentes e vigência da lei.

Em suma, a lei indigitada determina, nos artigos 2.º, 3.º, 4.º, 5.º, 6.º e 7.º, atos típicos da Administração, invadindo desta forma a esfera de atribuições do Poder Executivo, que é o responsável pela organização de seus serviços.

Houve, assim, violação do princípio da harmonia e independência dos Poderes, consagrado pelo art. 5.º da Constituição Estadual.

A matéria está muito bem posta no parecer do Procurador-Geral de Justiça, que é adotado, em grande parte, salvo quando deu pela constitucionalidade do art. 3.º da aludida lei.

Diante do exposto, julga-se procedente em parte a ação, decretando-se a inconstitucionalidade dos artigos 2.º, 3.º, 4.º, 5.º, 6.º e 7.º da Lei 11.946, de 04 de dezembro de 1995, do Município de São Paulo, comunicando-se à Câmara Municipal para os fins de direito.

José Osório.

Fonte: Arquivo pessoal e TJSP

AÇÃO DIRETA DE INCONSTITUCIONALIDADE N. 36.171.0/8-00

ACÓRDÃO

Vistos, relatados e discutidos estes autos de Ação Direta de Inconstitucionalidade de Lei n. 36.171.0/8-00, da Comarca de São Paulo, em que é requerente o Prefeito Municipal de Ribeirão Preto, sendo requerido o Presidente da Câmara Municipal de Ribeirão Preto:

ACORDAM, em Órgão Especial do Tribunal de Justiça do Estado de São Paulo, por votação unânime, em julgar procedente a ação, de conformidade com o relatório e o voto do Relator, que ficam fazendo parte integrante do presente julgado.

O julgamento teve a participação dos Desembargadores Mohamed Amaro, Denser de Sá, José Cardinale, Dante Busana, Álvaro Lazzarini, Gentil Leite, Hermes Pinotti, Viseu Júnior, Luís de Macedo, Dirceu de Mello, Cuba dos Santos, Djalma Lofrano, Oetterer Guedes, Nelson Schiesari, Nelson Fonseca, Cunha Bueno, Nigro Conceição, Márcio Bonilha, Ney Almada, Rebouças de Carvalho, Silva leme e Alves Braga.

São Paulo, 26 de março de 1997.

José Osório, Relator.

Yussef Cahali, Presidente.

EMENTA

Ação direta de inconstitucionalidade. Criação de serviço público em local determinado. Falta de indicação de recursos. Violação do princípio de independência dos Poderes. Ação procedente.

VOTO

Trata-se de ação direta de inconstitucionalidade proposta pelo Prefeito Municipal de Ribeirão Preto, insurgindo-se contra a Lei Municipal n. 7.253/95, que cria o serviço de atendimento ao migrante e mendicante em locais de maior fluxo.

Alega o autor, em resumo, que vetou totalmente o projeto de tal lei; que o Legislativo, invadindo a esfera de competência do Executivo, criou serviço público, dizendo os critérios aplicados ao mesmo; que, além disso, não indica os recursos disponíveis para atender os encargos criados; que há ofensa ao princípio de harmonia e independência dos poderes; que são feridos os artigos 5.º, 25, 47, II e III, e 144, todos da CE.

Prestou informações o Sr. Presidente da Câmara Municipal (fls.), defendendo a constitucionalidade do diploma impugnado.

O Dr. Procurador-Geral de Justiça é pela procedência da ação.

É o relatório.

A ação procede.

A Lei Municipal n. 7.253, de 21 de novembro de 1995, de Ribeirão Preto, cria o "Serviço de Atendimento ao Migrante e Mendicante", em locais de maior fluxo. Diz que esses locais de maior fluxo são as estações rodoviária e ferroviária; e diz que o serviço obedecerá aos critérios de trabalho já existentes.

Por aí se vê que a matéria é tipicamente regulamentar.

O autor informa que serviço semelhante já é prestado pelo Município, através do CETREM, com posto de atendimento na Estação Rodoviária.

Na verdade, o que manda a lei é que o Prefeito instale outro posto na Estação Ferroviária.

Assim agindo, o Legislativo de Ribeirão Preto invadiu a esfera de atribuições do Executivo, a quem cabem os atos concretos de regulamentação e administração.

Violou-se, portanto, o art. 5.º da Constituição do Estado, que consagra o princípio da independência e harmonia dos Poderes.

Ficou igualmente afrontado o preceito do art. 47, III, da mesma Constituição, por força do qual cabe privativamente ao Executivo expedir decretos e regulamento para a fiel execução das leis.

Por fim, vê-se que também foi infringido o disposto no art. 25, uma vez que a indigitada lei, ao determinar a criação de mais um posto de atendimento, acarretou despesas ao Município, deixando de prever recusos disponíveis para tanto.

Diante do exposto e adotando-se também os argumentos do parecer do Dr. Procurador-Geral de Justiça em exercício, julga-se procedente a ação e decreta-se a inconstitucionalidade do referido diploma legal, comunicando-se à Câmara Municipal, para os fins de direito.

José Osório.

Fonte: Arquivo pessoal e TJSP

AÇÃO DIRETA DE INCONSTITUCIONALIDADE N. 40.503-09/00

ACÓRDÃO

Vistos, relatados e discutidos estes autos de Ação Direta de Inconstitucionalidade de Lei n. 040.503-09/00, da Comarca de São Paulo, em que é requerente o Presidente da Câmara Municipal de Salto de Pirapora, sendo requerido a Mesa da Municipal de Salto de Pirapora:

ACORDAM, em Órgão Especial do Tribunal de Justiça do Estado de São Paulo, por votação unânime, em julgar procedente a ação, de conformidade com o relatório e o voto do Relator, que ficam fazendo parte integrante do presente julgado.

O julgamento teve a participação dos Desembargadores Dirceu de Mello (Presidente), Alves Braga, Yussef Cahali, Rebouças de Carvalho, Márcio Bonilha, Nigro Conceição, Cunha Bueno, Nelson Schiesari, Oetterer Guedes, Djalma Lofrano, Cuba dos Santos, Luis de Macedo, Hermes Pinotti, Gentil Leite, Álvaro Lazzarini, Dante Busana, Denser de Sá, Mohamed Amaro, Franciulli Netto, Paulo Shintate, Borelli Machado, Ângelo Gallucci e Toledo César.

São Paulo, 26 de março de 1997.

Dirceu de Mello, Presidente.

José Osório, Relator.

EMENTA

Ação direta de inconstitucionalidade. Lei municipal. Legitimidade da Mesa representada pelo Presidente. Fixação de mandato dos membros da Mesa da Câmara Municipal em 1 ano. Precedentes do Plenário. Ação procedente.

VOTO

Trata-se de ação direta de inconstitucionalidade ajuizada pela Presidente da Câmara Municipal de Salto de Pirapora impugnando a Emenda n. 2/94, que deu nova redação ao art. 27 da Lei Orgânica do Município, reduzindo o mandato dos membros da Mesa da Câmara Municipal de dois para um ano.

Alega a autora, em síntese, que as Câmaras Municipais devem observar o disposto no art. 11 da CE, conforme previsto no art. 144, também da Carta Estadual, sendo manifestamente inconstitucional a redução do mandato dos membros da mesa; que assim já decidiu este Tribunal em ações idênticas; que, por isso, deve ser julgada procedente a ação.

Foi indeferida a liminar (fls.).

A autora prestou esclarecimentos às fls., reiterando as alegações da inicial.

O Sr. Prefeito Municipal (fls.) informou que a questão diz respeito tão somente ao Legislativo, nada podendo acrescentar.

O Dr. Procurador-Geral de Justiça opina pela extinção do processo, sem julgamento do mérito, dada a ilegitimidade ativa da autora. No mérito, pronuncia-se pela improcedência.

É o relatório.

A preliminar de ilegitimidade ativa não procede. A inicial deixa claro que a Sra. Presidenta está atuando como representante da Mesa da Câmara, sendo certo que há invocação expressa do art. 90, II, da Constituição Estadual, dispositivo esse que se refere expressamente à Mesa da Câmara.

Em relação ao mérito, a ação procede.

Os Municípios, no exercício de sua autonomia legislativa, devem observância aos princípios contidos nas Constituições Federal e Estadual - art. 29 da C.F.

A C.E., ao estabelecer as funções do Legislativo, dispõe que o mandato dos Membros da Mesa da Assembléia Legislativa será de dois anos - art. 11.

É o chamado princípio da rotatividade, que encerra não somente limitação da duração máxima mas também impõe período certo, com o que se evitará também o estabelecimento de períodos curtíssimos.

Essa é a interpretação que vem sendo dada sistematicamente por este Plenário, a saber:

> "Destarte, por força do disposto no art. 144 da Constituição do Estado de São Paulo, não podia o Município de Jardinópolis deixar de atender o princípio constante do art. 11, da referida Carta, que estabelece a duração do mandato dos membros da Mesa do Legislativo em dois anos, eis que se trata de regra atinente à organização e funcionamento do Legislativo, de observância obrigatória pelos Municípios na Lei Orgânica, sob pena de quebra das linhas mestras ditadas pela Constituição em simetria com a Carta Federal" - ADIn 20.894.4/5, v.u., r. Luís de Macedo.

Veja-se ainda deste relator: ADINs 30.665.0, de Porangaba, e 31.414.0, de Amparo, ambas por votação unânime e com apoio do Dr. Procurador-Geral de Justiça.

Em tais circunstâncias e considerando que a estabilidade das regras jurídicas representa valor não desprezível, não se vê motivo, *data venia*, para mudança de rumo, como ocorreu com a Douta Procuradoria-Geral, pelo menos enquanto não se estabilizar nova orientação no E. S.T.F.

Diante do exposto, julga-se procedente a ação, providenciando-se as comunicações de direito.

José Osório.

Fonte: Arquivo pessoal e TJSP

❖❖❖

AÇÃO DIRETA DE INCONSTITUCIONALIDADE N. 30.460.0/3-00

ACÓRDÃO

Vistos, relatados e discutidos estes autos de Ação Direta de Inconstitucionalidade de Lei n. 30.460.0/3-00, da Comarca de São Paulo, em que é requerente o Diretório Municipal do Partido Trabalhista Brasileiro – PTB de Ariranha, sendo requerido o Presidente da Câmara Municipal de Ariranha e outro:

ACORDAM, em Órgão Especial do Tribunal de Justiça do Estado de São Paulo, por unanimidade, em julgar procedente a ação de conformidade com o relatório e o voto do Relator sorteado, que ficam fazendo parte integrante do presente julgado.

O julgamento teve a participação dos Desembargadores Fortes Barbosa, Fonseca Tavares, Luiz Tâmbara, Mohamed Amaro, Denser de Sá, José Cardinale, Dante Busana, Álvaro Lazzarini, Gentil Leite, Luís de Macedo, Dirceu de Mello, Cuba dos Santos, Djalma Lofrano, Oetterer Guedes, Nelson Schiesari, Nélson Fonseca, Cunha Bueno, Nigro Conceição, Márcio Bonilha, Ney Almada, Rebouças de Carvalho, Silva Leme e Carlos Ortiz.

São Paulo, 06 de agosto de 1997.

José Osório, Relator.

Yussef Cahali, Presidente.

EMENTA

Ação direta de incontitucionalidade. Aprovação de contas por decurso de prazo. Violação de preceito constitucional. Ação procedente

VOTO

Trata-se de ação direta de inconstitucionalidade de lei proposta pelo Diretório Municipal do PTB de Ariranha visando à suspensão da alínea "b" do inciso VI do art. 29 da Lei Orgânica do Município de Ariranha e do art. 218, *caput* e inciso IV, do Regimento Interno da Câmara Municipal, por afrontarem o art. 26, parágrafo único, da CE.

Alega o autor, em resumo, que os dispositivos em questão fixam prazo de 60 dias para a Câmara Municipal votar as contas do Prefeito, e estabelecem que, findo tal prazo, as contas serão aprovadas ou rejeitadas de acordo com a conclusão do parecer do Tribunal de Contas; que tais dispositivos não se amoldam ao atual ordenamento constitucional, que baniu o chamado "decurso de prazo"; que o art. 26 da CE, reprodução do art. 64, §§

1.º e 2.º, da CR, regulando hipótese sobre projeto de lei, afasta a aprovação tácita do projeto de lei por decurso de prazo; que os projetos terão de ser votados no prazo ou fora dele; que na CE não se observa nenhum dispositivo que fixe prazo para votação de contas, ou que as declare aprovadas por decurso de prazo; que os princípios da CE devem ser seguidos pelos Municípios; que, por isso, são inconstitucionais os preceitos apontados.

A liminar foi indeferida (fls.).

Inobstante a citação do Sr. Prefeito e do Presidente da Câmara Municipal, não houve resposta.

O Dr. Procurador-Geral de Justiça opina pela procedência da ação.

É o relatório.

Extraiam-se cópias deste relatório e do parecer de fls., remetendo-as aos Senhores Desembargadores integrantes do E. Órgão Especial.

Os dispositivos considerados inconstitucionais são a alínea "b" do inciso VI do art. 29 da Lei Orgânica local e art. 218, *caput* e inciso IV, do Regimento Interno da Câmara Municipal de Ariranha, segundo os quais a Câmara tem o prazo de 60 (sessenta) dias para julgar as contas do Prefeito e da Mesa do Legislativo, findo o qual as contas serão tidas como aprovadas ou rejeitadas, de acordo com a conclusão do parecer do Tribunal de Contas.

A fundamentação do pedido não está correta. O autor afirma haver violação ao art. 26 da Constituição Estadual, preceito este que trata do processo legislativo, matéria estranha ao processo de aprovação de contas.

Ainda assim, porém, a ação procede porquanto se trata de inconstitucionalidade flagrante, violados que foram os preceitos dos arts. 5.º, 20, inciso IV, e 33 da C.E., que cuidam da independência dos Poderes e da competência e do processo de tomada e julgamento de contas dos chefes de Poderes. A prerrogativa é da Assembléia e da Câmara Municipal, que devem ser auxiliadas e não submetidas à atuação do Tribunal de Contas.

Como se fez no Município de Ariranha, fixando-se prazo de 60 dias para aprovação ou rejeição das contas, o Legislativo local ficou em posição de subalternidade, porquanto, pelo simples passar do tempo, haverá de preponderar o parecer do Tribunal de Contas, ficando ferida a independência daquele Poder.

A Doutrina e a Jurisprudência do STF trazidas pelo D. Procurador-Geral da Justiça bem mostram a viabilidade do decreto de inconstitucionalidade sob fundamento não invocado pelo autor.

Pela relevância da matéria e pela lucidez com que foi desenvolvida, transcreve-se:

> "Com efeito, provocada a jurisdição constitucional, "não está [...] a Corte adstrita à fundamentação jurídica [...] invocada, cabendo-lhe, pois, examinar a constitucionalidade das normas atacadas em face

de toda a Constituição [...]" (cf. José Carlos Moreira Alves, em "A evolução do controle da constitucionalidade no Brasil, p. 09, ap. Clèmerson Merlin Clève, *A fiscalização abstrata de constitucionalidade no Direito Brasileiro*, ed. RT, p. 117).

Nesse sentido, já decidiu o Supremo Tribunal Federal que no julgamento de ações diretas de inconstitucionalidade, o Tribunal não fica adstrito à *causa petendi* apontada na inicial. Aprecia-se a harmonia, ou não, da lei atacada com a Constituição, considerando-se esta como um todo. O que vale dizer: a Corte pode declarar a inconstitucionalidade do ato normativo com base em conflito com dispositivo da Carta não apontado na inicial, cf. votos dos Ministros Marco Aurélio, Moreira Alves, Néri da Silveira e Sepúlveda Pertence, in Reclamação 383-3-SP, *RTJ* 147/404-507). Decidiu, também, o mesmo Supremo Tribunal Federal que o Poder Judiciário "não está condicionado, no desempenho de sua atividade jurisdicional, às razões de ordem jurídica invocadas como suporte da pretensão de inconstitucionalidade deduzida pelo autor da ação direta" (*RTJ* 135/19, 135/905, 144/690). Isso porque, tratando-se a ação direta de defesa da ordem jurídica, o Judiciário está condicionado ao pedido e não à causa de pedir (cf. Clèmerson Merlin Clève, ob. cit., p. 116/117)."

Diante do exposto, julga-se procedente a ação, providenciando-se as comunicações necessárias.

José Osório.

Fonte: Arquivo pessoal e TJSP

❖❖❖

MANDADO DE SEGURANÇA N. 43.164-0

MINISTÉRIO PÚBLICO – Promotor de Justiça – Pena disciplinar – Julgamento pelo Órgão Especial do Colégio de Procuradores de Justiça – Nulidade – Defensor do impetrante impedido de permanecer na sala de julgamento quando da votação – Princípio constitucional da ampla defesa violado – Sentença confirmada.

Mandado de Segurança n. 43.164-0 – São Paulo – Impetrante: R.E.C. – Impetrado: Órgão Especial do Colégio de Procuradores de Justiça do Ministério Público do Estado de São Paulo.

ACÓRDÃO

Promotor Público – Julgamento pelo Órgão Especial do Colégio dos Procuradores – Regimento interno – Ordem de retirada do Defensor por ocasião da votação - Violação do princípio constitucional da ampla defesa - Nulidade do julgamento - Segurança concedida.

ACORDAM, em Órgão Especial do Tribunal de Justiça do Estado de São Paulo, por votação unânime, conceder a segurança, de conformidade com o relatório e voto do Relator, que ficam fazendo parte integrante do presente julgado.

Participaram do julgamento os Senhores Desembargadores Dirceu de Mello (Presidente sem voto), Alves Braga, Yussef Cahali, Rebouças de Carvalho, Márcio Bonilha, Nigro Conceição, Cunha Bueno, Nélson Fonseca, Nelson Schiesari, Oetterer Guedes, Djalma Lofrano, Cuba dos Santos, Luís de Macedo, Viseu Júnior, Hermes Pinotti, Gentil Leite, Álvaro Lazzarini, Dante Busana, José Cardinale, Denser de Sá, Mohamed Amaro, Franciulli Netto, Paulo Shintate e Borelli Machado.

São Paulo, 18 de fevereiro de 1998.

José Osório, Relator.

VOTO

Trata-se de mandado de segurança impetrado pelo Promotor de Justiça R.E.C. objetivando a decretação da nulidade do julgamento efetuado pelo Órgão Especial do Colégio de Procuradores de Justiça que lhe aplicou pena de suspensão por um dia.

Alega o impetrante, em síntese, que, o órgão impetrado agiu com abuso de poder e de forma ilegal ao determinar que o impetrante e seu Advogado se retirassem do recinto onde prosseguiu o julgamento a portas fechadas; que o sigilo não pode alcançar o interessado, conforme maciça jurisprudência e unânime doutrina; que, além da violação do artigo 5.º, incisos II e LV, da Constituição da República, foi afrontado o artigo 257 da Lei Complementar n. 734, de 1993; que há brutal contradição entre a ata do julgamento secreto e a notificação expedida ao acusado; que a pena foi aplicada para conhecimento público, sendo este móvel da decisão estranho ao ordenamento; que não foi levada em consideração, quando da aplicação da pena, a primariedade do impetrante (artigo 245 da Lei Orgânica do Ministério Público); que a decisão não contém motivação, sendo totalmente nula.

Foi concedida a liminar (fls.).

Prestou informações o Doutor Procurador-Geral de Justiça (fls.).

A douta Procuradoria-Geral de Justiça, pelo parecer do Doutor Procurador-Geral de Justiça em exercício (fls.), opina pela denegação da ordem.

Complementação das informações às fls.

É o relatório.

Concede-se a ordem.

Consoante se vê dos autos, o impetrante pôde se defender amplamente no curso do processo disciplinar, inclusive com sustentação oral na sessão de julgamento, mas seu Defensor foi impedido de permanecer na sala quando da votação.

O impedimento se deu em cumprimento ao disposto no artigo 56, § 1.º, do Regimento Interno do Órgão Especial do Colégio de Procuradores de Justiça.

Tal preceito, porém, ao impedir a presença do Defensor, não se compatibiliza com o princípio da ampla defesa consagrado pelo artigo 5.º, inciso LV, da Constituição da República.

Todos os atos praticados no curso do processo tendem naturalmente para o seu desfecho final, que se dá no momento culminante da votação.

Deste último ato – decisivo e decisório – não pode ser alijado o Defensor do acusado, que estará sem condições de fiscalizar o ato, no qual, em tese, podem aflorar preconceitos, ressentimentos, quezílias várias, erros materiais e tudo o mais que pode contaminar gravemente um julgamento.

Se a garantia constitucional é de ampla defesa, esta precisa ser outorgada até o fim e não apenas no curso do processo.

A questão não é de larga indagação teórica, cingindo-se apenas à análise da incidência do princípio constitucional ao caso concreto.

Os demais da impetração não são relevantes.

A divergência entre o que constou da ata da sessão de julgamento e da intimação do impetrante (fls.) é fruto de erro material facilmente detectável. A decisão está fundamentada porquanto fundamentado está, largamente, o voto do Relator, condutor do julgamento.

De qualquer forma, estes e os demais pontos levantados pelo impetrante ficam prejudicados pela acolhida do primeiro fundamento da impetração.

Em tais circunstâncias, concede-se a segurança para anular o julgamento.

Fonte: LEX – TJSP – 1998 – Volume 204 – Página 247

❖❖❖

AÇÃO DIRETA DE INCONSTITUCIONALIDADE N. 038.417.0/6-00

ACÓRDÃO

Vistos, relatados e discutidos estes autos de Ação Direta de Inconstitucionalidade n. 038.417.0/6-00, da Comarca de São Paulo, em que é requerente o Prefeito Municipal de Casa Branca, sendo requerido o Presidente da Câmara Municipal de Casa Branca:

ACORDAM, em Órgão Especial do Tribunal de Justiça do Estado de São Paulo, por unanimidade em julgar procedente a ação de conformidade com o relatório e o voto do Relator sorteado, que ficam fazendo parte integrante do presente julgado.

O julgamento teve a participação dos Desembargadores Flávio Pinheiro, Borelli Machado, Paulo Shintate, Franciulli Netto, Mohamed Amaro, Denser de Sá, José Cardinale, Dante Busana, Álvaro Lazzarini, Gentil Leite, Hermes Pinotti, Viseu Júnior, Cuba dos Santos, Djalma Lofrano, Oetterer Guedes, Nelson Schiesari, Nelson Fonseca, Cunha Bueno, Nigro Conceição, Márcio Bonilha, Rebouças de Carvalho, Yussef Cahali, Alves Braga e Dirceu de Mello (Presidente).

São Paulo, 18 de março de 1998.

José Osório, Relator.

Dirceu de Mello, Presidente.

EMENTA

Ação direta de inconstitucionalidade. Lei municipal. Proibição de instalação de presídio. Iniciativa de vereador. Matéria relevante. Atuação conjunta do Executivo e do Legislativo. Ausência de informações. Desinteresse da Câmara Municipal. Ação procedente.

VOTO

O Sr. Prefeito Municipal de Casa Branca ajuizou a presente ação direta de inconstitucionalidade impugnando a Lei Municipal n. 2.227/96, que proíbe a construção de presídios, casa de custódia ou dependências próprias para cumprimento de pena privativa de liberdade na zona urbana do Município, por entender que houve afronta aos arts. 5.º, § 2.º, e 144 da CE.

Alega o autor, em resumo, que o dispositivo impugnado invadiu a competência exclusiva do Chefe do Executivo, além de ferir o princípio da independência e harmonia dos Poderes; que vetou o projeto de lei e que a rejeição do veto deu-se por votação pública, e não secreta, como disposto nos arts. 66, § 4.º, c.c. art. 29, *caput*, da CR, bem como no art. 144 da CE; que, assim, a lei atacada contém vícios de inconstitucionalidade materiais e formais.

Foi deferida a liminar (fls.).

O Sr. Presidente da Câmara Municipal de Casa Branca não prestou as informações requisitadas.

O Dr. Procurador-Geral de Justiça opina pela improcedência da ação.

É o relatório.

A ação procede.

A Lei Municipal n. 2.227/96, de Casa Branca, de iniciativa de vereador, apresenta um único preceito: "Art. 1.º É proibida a construção ou implantação de presídios, casas de custódia ou dependências próprias para o cumprimento de pena privada (sic) da liberdade na zona urbana de Casa Branca".

A questão relativa à construção e implantação de presídios, por sua relevância evidente, transcende a esfera de atribuições isoladas da Câmara Municipal.

Atinge diretamente a vida da cidade como um todo e a administração municipal em particular. Seus reflexos econômicos, sociais e até judiciários são relevantes, além de envolver interesse regional e estadual, exigindo providências por parte do Governador, Secretarias de Estado, bem como de outros órgãos estaduais. Nessas providências, a representação e atuação do Município se faz naturalmente através do Executivo.

A referida lei, impondo tão severa restrição, violou o princípio da harmonia e independência dos Poderes, consagrado no art. 5.º da Constituição do Estado.

Ao contrário do que pareceu ao eminente Procurador-Geral de Justiça, uma lei que venha impedir a implantação de presídio não pode ser tida como uma simples lei de caráter urbanístico ou a propósito de uma construção comum. O efeito urbanístico é apenas um entre todos os outros já referidos.

Além disso, o melhor entendimento, a nosso ver, é o de que a lei de grave conteúdo urbanístico também depende da atuação conjunta de Legislativo e Executivo. Nesse sentido, o ensinamento de José Afonso da Silva, in *Direito Urbanístico Brasileiro*, 1981, p. 182.

No caso dos autos, é importante notar que a própria Câmara Municipal desinteressou-se do destino da referida norma e deixou de prestar informações.

Diante do exposto, é julgada procedente a ação, declarando a inconstitucionalidade da referida lei e determinando-se as comunicações previstas em lei.

José Osório.

Fonte: Arquivo pessoal e TJSP

AÇÃO DIRETA DE INCONSTITUCIONALIDADE N. 40.250-0/3-00

ACÓRDÃO

Vistos, relatados e discutidos estes autos de Ação Direta de Inconstitucionalidade de Lei n. 040.250-0/3-00, da Comarca de São Paulo, em que é requerente o Prefeito do Município de Ribeirão Preto, sendo requerido o Presidente da Câmara Municipal de Ribeirão Preto:

ACORDAM, em Órgão Especial do Tribunal de Justiça do Estado de São Paulo, por votação unânime, em julgar procedente a ação, de conformidade com o relatório e o voto do Relator, que ficam fazendo parte integrante do presente julgado.

O julgamento teve a participação dos Desembargadores Dirceu de Mello (Presidente), Yussef Cahali, Rebouças de Carvalho, Márcio Bonilha, Nigro Conceição, Cunha Bueno, Nelson Schiesari, Oetterer Guedes, Djalma Lofrano, Cuba dos Santos, Luis de Macedo, Viseu Júnior, Hermer Pinotti, Gentil Leite, Álvaro Lazzarini, Dante Busana, Denser de Sá, Mohamed Amaro, Franciulli Netto, Paulo Shintate, Borelli Machado, Ângelo Gallucci e Toledo César.

São Paulo, 15 de abril de 1998.

Dirceu de Mello, Presidente.

José Osório, Relator.

EMENTA

Ação direta de inconstitucionalidade. Instituição de renda mínima para desempregados. Encargo atribuído à Secretaria Municipal. Invasão de atribuições do Executivo. Falta de previsão de recursos. Ação procedente.

VOTO

Trata-se da ação direta de inconstitucionalidade ajuizada pelo Sr. Prefeito Municipal de Ribeirão Preto atacando a Lei Municipal n. 7.249/96, que instituiu renda mínima de um salário mínimo para desempregados.

Alega o Sr. Prefeito, em síntese, que a referida lei determina a instituição de programa específico na área de assistência e previdência social, sem haver qualquer previsão na Lei Orçamentária Anual, o que viola o art. 176, I, da CE; que, além disso, houve vício de iniciativa, uma vez que a fixação de atribuições às Secretarias e demais órgãos da administração é de competência exclusiva do Chefe do Executivo, sob pena de afronta ao § 2.º do art. 24 da CE; que, ademais, houve afronta aos arts. 5.º, 25, 37, 47, II e III, e 144 da CE, além de tantos outros dispositivos da CF e da Lei

Orgânica Municipal, devendo ser julgada procedente a ação, declarada a inconstitucionalidade da Lei Municipal n. 7.249/96.

A Câmara Municipal de Ribeirão Preto prestou informações às fls., aduzindo, preliminarmente, impossibilidade jurídica do pedido, uma vez que a lei atacada, embora revestida da forma legal, constitui ato administrativo concreto, cujo texto está inabilitado ao controle de constitucionalidade. No mérito, sustenta, em síntese, que a lei é constitucional, não tendo havido vício de iniciativa nem tampouco lesão aos preceitos constitucionais apontados; que, assim, se não for extinta sem julgamento de mérito, deve a ação ser julgada improcedente.

O Dr. Procurador-Geral de Justiça opina pela rejeição da matéria preliminar e, no mérito, pela procedência da ação.

É o relatório.

A ação procede.

A Lei Municipal de Ribeirão Preto de n. 7.249/96 atribuiu renda mínima de um salário mínimo para desempregados e aposentados por invalidez, determinando procedimentos para a Secretaria Municipal do Bem-Estar Social.

Matéria de tal envergadura, afetando gravemente as finanças públicas e atingindo o funcionamento de uma Secretaria, não pode ser tomada à revelia do Chefe do Executivo, sob pena de invasão de suas atribuições e violação do princípio da independência e harmonia dos Poderes, consagrado no art. 5.º da Constituição Estadual.

Além disso, a indigitada lei se chocou de frente com o art. 25 da C.E., que assim dispõe:

> "Artigo 25. Nenhum projeto de lei que implique a criação ou o aumento de despesa pública será sancionado sem que dele conste a indicação dos recursos disponíveis, próprios para atender aos novos encargos.
>
> Parágrafo único. O disposto neste artigo não se aplica a créditos extraordinários".

É o suficiente para reconhecer a manifesta inconstitucionalidade daquela lei, motivo por que a ação é julgada procedente, adotados também os argumentos do parecer do Dr. Procurador-Geral de Justiça, comunicando-se ao D. Presidente da Câmara para a suspensão da execução do diploma legal.

José Osório.

Fonte: Arquivo pessoal e TJSP

AÇÃO DIRETA DE INCONSTITUCIONALIDADE N. 39.948-0

INCONSTITUCIONALIDADE - Ação direta - Resolução de Câmara Municipal - Invocação, em face de violação de preceitos contidos na Constituição Estadual, repetitivos da Constituição da República - Competência do Tribunal de Justiça para o julgamento - Possibilidade jurídica do pedido - Preliminar rejeitada.

FUNCIONÁRIO PÚBLICO MUNICIPAL - Artífices - Cargo em comissão - Inadmissibilidade - Inexigibilidade de confiança do superior - Exigência de concurso para o seu preenchimento - Inconstitucionalidade da resolução da Câmara Municipal que criou o referido cargo - Ação direta procedente.

Os cargos em comissão apóiam-se na necessária e natural confiança dos superiores e em regra estão no nível de direção, chefia e assessoramento superior.

Ação Direta de Inconstitucionalidade n. 39.948-0 - São Paulo - Requerente: Procurador-Geral de Justiça - Requerido: Presidente da Câmara Municipal.

ACÓRDÃO

Ação Direta de Inconstitucionalidade - Funcionário público - Trabalho material independente de confiança pessoal - Cargo em comissão - Impossibilidade - Necessidade de concurso - Ação procedente.

ACORDAM, em Órgão Especial do Tribunal de Justiça do Estado de São Paulo, por unanimidade, em rejeitar a matéria preliminar e, também por unanimidade, em julgar procedente a ação, de conformidade com o relatório e o voto do Relator, que ficam fazendo parte integrante do presente julgado.

O julgamento teve a participação dos Senhores Desembargadores Dirceu de Mello (Presidente), Toledo César, Ângelo Galucci, Borelli Machado, Paulo Shintate, Franciulli Netto, Mohamed Amaro, Denser de Sá, Dante Busana, Álvaro Lazzarini, Gentil Leite, Hermes Pinotti, Viseu Júnior, Luís de Macedo, Cuba dos Santos, Djalma Lofrano, Oetterer Guedes, Nelson Schiesari, Cunha Bueno, Nigro Conceição, Márcio Bonilha, Rebouças de Carvalho e Yussef Cahali.

São Paulo, 15 de abril de 1998.

José Osório, Relator.

VOTO

Trata-se de ação direta de inconstitucionalidade ajuizada pelo Doutor Procurador-Geral de Justiça, visando a suspensão dos efeitos do artigo 1.º da Resolução n. 4, de 1995, da Câmara Municipal de São Paulo, que cria cargos em comissão de chaveiro, encanador, marceneiro, pedreiro e tapeceiro.

Alega o autor, em síntese, que o dispositivo em questão ofende os princípios consagrados na Constituição da República e na Constituição

Estadual, em seus artigos 111, 115, incisos I, II e V, e 144; que os cargos criados pela Resolução são cargos comuns e não de confiança, não podendo ser subtraídos do regime da ampla acessibilidade dos brasileiros ao serviço público mediante concurso; que, por isso, deve ser declarada a inconstitucionalidade do dispositivo impugnado.

O Senhor Presidente da Câmara Municipal prestou informações às fls. alegando, preliminarmente, impossibilidade jurídica do pedido, por entender incabível a argüição, por via direta, de inconstitucionalidade de lei municipal em face da Constituição da República; que os dispositivos da Constituição Estadual citados são meras repetições de artigos da Constituição da República, não podendo ser consideradas normas estaduais; que, por isso, deve ser extinto o processo. No mérito, sustenta, em síntese, que não há qualquer inconstitucionalidade no artigo 1.º da Resolução n. 4, de 1995, uma vez que não há, nem na Constituição Estadual nem na Constituição da República, parâmetros para determinar limites técnicos de criação de cargos em comissão; que, assim, deve ser julgada improcedente a ação.

O Doutor Procurador-Geral de Justiça manifestou-se sobre as informações (fls.). É o relatório.

Improcede a preliminar de impossibilidade jurídica do pedido. Após o julgamento pelo Supremo Tribunal Federal da Ação Direta de Inconstitucionalidade n. 383-3, Relator o Ministro Moreira Alves, consolidou-se definitivamente a orientação segundo a qual cabe ao Tribunal de Justiça julgar as argüições de inconstitucionalidade de leis municipais que se chocam com preceitos da Constituição do Estado que repetem disposições da Constituição da República. Nesse sentido a orientação tranqüila deste Plenário.

Em relação ao mérito, a ação procede.

Como se viu acima, os cargos em comissão criados pela Resolução n. 4, de 1995, são de chaveiro, encanador, marceneiro, pedreiro e tapeceiro. São todos cargos de artífices, que não exigem nem se apóiam na confiança pessoal do superior. Somente estas últimas hipóteses comportam criação de cargo de confiança.

Um dos pilares da Administração Pública é a exigência de concurso para o preenchimento dos cargos, excepcionada a hipótese de cargo em comissão.

Somente com o concurso é possível atender-se aos princípios consagrados pelo artigo 111 da Constituição Estadual, particularmente os da impessoalidade, moralidade e publicidade.

Daí o disposto no artigo 115 e incisos I, II e V, a saber:

> "Artigo 15. Para a organização da Administração Pública direta e indireta, inclusive as fundações instituídas ou mantidas por qualquer dos Poderes do Estado, é obrigatório o cumprimento das seguintes normas:

> I – os cargos, empregos e funções públicas são acessíveis aos brasileiros que preencham os requisitos estabelecidos em lei;
>
> II – a investidura em cargo ou emprego público depende de aprovação prévia, em concurso público de provas ou de provas e títulos, ressalvadas as nomeações para cargo em comissão, declarado em lei, de livre nomeação e exoneração; [...]
>
> V – os cargos em comissão e as funções de confiança serão exercidos, preferencialmente, por servidores ocupantes de cargo de carreira técnica ou profissional, nos casos e condições previstos em lei".

A necessidade de concurso não pode ser contornada pela criação de cargos comuns sob a roupagem de cargos em comissão. Estes apóiam-se na necessária e natural confiança dos superiores e em regra estão no nível de direção, chefia e assessoramento superior.

É o que ensina Adilson de Abreu Dallari, em conhecida passagem:

> "Se a Administração puder criar todos os cargos com provimento em comissão, estará aniquilada a regra do concurso público. Da mesma forma, a simples criação de um único cargo em comissão, sem que isto se justifique, significa uma burla à regra do concurso público [...] é inconstitucional a lei que criar cargo em comissão para exercício de funções técnicas, burocráticas ou operacionais, de natureza permanente profissional, fora dos níveis, de direção, chefia e assessoramento superior" (*Regime Constitucional dos Servidores Públicos*, Editora Revista dos Tribunais, 2.ª ed., pág. 41).

Esse ponto de vista tem sido apoiado uniformemente por este Plenário.

Vejam-se, entre outros:

Ação Direta de Inconstitucionalidade n. 25.293-0-9 (Município de Cubatão), Relator Ney Almada, cargos de médico, físico terapeuta, auxiliar de enfermagem, técnico em raio-X, gesso e eletroencefalograma, pajens, recepcionistas, merendeiras e escreventes, constando da ementa:

> "Lei municipal que cria cargos de natureza técnica e função permanente como se fossem cargos em comissão. [...] Burla aos princípios do concurso público e acessibilidade igualitária do cargo público. Inviabilidade da conduta legislativa em pauta. Pedido declaratório de inconstitucionalidade. Procedência".

Ação Direta de Inconstitucionalidade n. 29.443-0-3 (Município de Teodoro Sampaio), Relator Gentil Leite, cargos de assistente social, auxiliar de educação, carpinteiro chefe, chefe de seção, chefe de setor, coordenador, dentista chefe, digitador de computação, encarregado de serviços, engenheiro agrônomo, engenheiro civil, fiscal urbano, fonoaudióloga, jardineiro chefe, médico chefe, médico veterinário, orientador educacional, pedreiro chefe, pintor chefe, procurador jurídico, professor municipal, programador de computador, protético, psicólogo, secretária, secretário da JSM, supervisor de serviços e técnico agropecuário.

Ação Direta de Inconstitucionalidade n. 34.458-0-3 (Município de Mira Estrela), Relator Fonseca Tavares, cargos de encarregaduras, monitor de datilografia, monitor de corte e costura e outros.

Diante do exposto, julga-se procedente a ação e declara-se a inconstitucionalidade da referida Resolução n. 4, de 1995, da Câmara Municipal de São Paulo, comunicando-se na forma da lei.

Fonte: LEX - TJSP - 1998 - Volume 206 - Página 254

AÇÃO DIRETA DE INCONSTITUCIONALIDADE DE LEI N. 42.317-0/4-00

ACÓRDÃO

Vistos, relatados e discutidos estes autos de Ação Direta de Inconstitucionalidade de Lei n. 042.317-0/4-00, da Comarca de São Paulo, em que é recorrente a Associação das Empresas de Transporte Coletivo Urbano de Campinas - TRANSURC, sendo recorridos o Presidente da Câmara Municipal de Campinas e o Prefeito Municipal de Campinas:

ACORDAM, em Órgão Especial do Tribunal de Justiça do Estado de São Paulo, por votação unânime, julgar extinto o processo, sem exame do seu mérito, de conformidade com o relatório e o voto do Relator, que ficam fazendo parte integrante do presente julgado.

O julgamento teve a participação dos Desembargadores Dirceu de Mello (Presidente), Alves Braga, Rebouças de Carvalho, Ney Almada, Márcio Bonilha, Nigro Conceição, Cunha Bueno, Oetterer Guedes, Djalma Lofrano, Cuba dos Santos, Luís de Macedo, Hermes Pinotti, Gentil Leite, Álvaro Lazzarini, Dante Busana, Denser de Sá, Mohamed Amaro, Luiz Tâmbara, Franciulli Netto, Fonseca Tavares, Borelli Machado e Gildo dos Santos.

São Paulo, 24 de junho de 1998.

Dirceu de Mello, Presidente.

José Osório, Relator.

EMENTA

Ação direta de inconstitucionalidade. Lei Municipal. Associação de empresas de transporte coletivo urbano. Descaracterização como entidade de classe. Ilegitimidade ativa. Extinção do processo sem julgamento de mérito.

VOTO

A Associação das Empresas de Transporte Coletivo Urbano de Campinas - Transurc ajuizou ação direta visando à declaração da inconstitucionalidade da Lei Municipal n. 7.787/94, que institui o transporte público alternativo do Município de Campinas.

Alega a autora, em síntese, após defender sua legitimidade para a propositura da ação, que a lei impugnada padece de vício de iniciativa; que o art. 75, XVII, da Lei Orgânica do Município estabelece ser de iniciativa privativa do Prefeito projetos de lei sobre concessão ou permissão de serviços públicos, como no presente caso; que, além disso, o art. 150 da Lei Orgânica reza ser da competência do Executivo a fixação de preços públicos, gênero a que pertencem as tarifas de transporte coletivo; que, por esses motivos, a iniciativa da referida lei por parte do Legislativo feriu o disposto nos arts. 5.º e 47, XVIII, da CE; que houve indevida e ilegal invasão da competência exclusiva do Executivo; que os dispositivos da citada lei consubstanciam atividade administrativa que não pode ser delegada a qualquer outro Poder; que, por isso, deve ser declarada a inconstitucionalidade da Lei 7.787/94.

Prestou informações o Sr. Presidente da Câmara Municipal de Campinas, argüindo, preliminarmente, a ilegitimidade de parte da autora, uma vez que esta não se enquadra em nenhuma das hipóteses previstas no art. 90 da CE. No mérito, sustenta, em síntese, que não se confundem atribuição privativa do Chefe do Executivo com competência exclusiva deste; que, no caso dos autos, a matéria tratada na lei impugnada não vem tratada na CE como de iniciativa exclusiva do Governador; que, por isso, não há usurpação de competência nem quebra de harmonia entre os Poderes; que, assim, se não for acolhida a preliminar, deve ser julgada improcedente a ação.

O Sr. Prefeito Municipal (fls.) traz cópia dos motivos ensejadores do veto ao projeto de lei.

O Exmo. Sr. Procurador-Geral de Justiça opina pela extinção da ação sem julgamento do mérito por ilegitimidade de parte, ou, no mérito, pela procedência da ação.

É o relatório.

Acolhe-se a argüição de ilegitimidade ativa.

A autora é – como sua denominação revela e como resulta claro da inicial e documentos anexos – uma associação das empresas permissionárias de transporte coletivo urbano de Campinas. Não passa de seis a quantidade das associadas (fls.). Apenas estas – e não os membros destas – são representadas pela autora.

Assim, a autora não preenche o requisito do art. 90, inciso V, da Constituição Estadual, segundo o qual é (sic) parte legítima para propor ação direta de inconstitucionalidade as entidades de classe. Não há nenhuma classe ou categoria profissional que sejam representadas pela autora.

A questão é considerada tranqüila na jurisprudência do S.T.F. Como lembra o Sr. Presidente da Câmara Municipal (fls.), o Min. Celso de Mello na ADIn 1.293, após referir-se à existência de "sucessivos pronunciamentos a propósito da legitimação ativa para o processo de controle abstrato de constitucionalidade", deixou firmado: "Não se qualifica como entidade de classe pessoa jurídica que congregando outras não forma classe alguma" – *RDA* 203/249.

O parecer do Exmo. Procurador-Geral de Justiça também mostra que inúmeras entidades semelhantes à autora tiveram sua legitimidade afastada pelo STF, a saber, dentre outras: Associação Nacional das Empresas de Transporte de Passageiros Urbanos (ADIn 107, r. Min. Célio Borja), Associação Brasileira de Indústria de Sucos (ADIn 386, r. Min. Sydney Sanches), Federação Nacional das Empresas de Seguros Privados e de Capitalização (ADIn 398, r. Min. Sydney Sanches), Sindicato das Empresas de Transporte Rodoviário Intermunicipal e Interestadual do Estado de Goiás e Sindicato das Empresas de Transporte Coletivo Urbano de Passageiros de Goiânia (ADIn 593, r. Min. Marco Aurélio), Federação Nacional dos Sindicatos das Empresas de Segurança, Vigilância e Transporte de Valores (ADIn 868, r. Min. Moreira Alves), etc.

Diante do exposto, julgam extinto o processo, sem julgamento de mérito, nos termos do art. 267, VI, do CPC.

José Osório.

Fonte: Fonte: Arquivo pessoal e TJSP

AÇÃO DIRETA DE INCONSTITUCIONALIDADE N. 32.040-0

COMPETÊNCIA – Ação direta de inconstitucionalidade – Lei municipal – Violação de preceitos contidos na Constituição Estadual, repetitivos da Constituição da República – Competência do Tribunal de Justiça para o julgamento – Preliminar rejeitada.

INCONSTITUCIONALIDADE – Lei municipal – Entrada livre de Vereador em qualquer órgão ou repartição pública municipal, com acesso imediato a qualquer documento e arquivo, até mesmo na ausência do chefe da repartição – Violação do princípio da independência e harmonia dos Poderes – Inconstitucionalidade declarada – Ação procedente.

Ação Direta de Inconstitucionalidade n. 32.040-0 – São Paulo – Requerente: Prefeito do Município – Requerido: Presidente da Câmara Municipal.

ACÓRDÃO

Ação Direta de Inconstitucionalidade – Lei Municipal – Afronta a preceitos da Constituição Estadual – Competência do Tribunal de Justiça – Livre acesso de vereador a órgãos e repartições municipais – Violação do princípio da independência e harmonia dos Poderes – Ação procedente.

ACORDAM, em Órgão Especial do Tribunal de Justiça do Estado de São Paulo, por votação unânime, rejeitar a matéria preliminar e julgar procedente a ação, de conformidade com o relatório e voto do Relator, que ficam fazendo parte integrante do presente julgado.

Participaram do julgamento os Senhores Desembargadores Dirceu de Mello (Presidente), Alves Braga, Rebouças de Carvalho, Ney Almada, Márcio Bonilha, Nigro Conceição, Cunha Bueno, Oetterer Guedes, Djalma Lofrano, Cuba dos Santos, Luís de Macedo, Hermes Pinotti, Gentil Leite, Álvaro Lazzarini, Dante Busana, Denser de Sá, Mohamed Amaro, Luiz Tâmbara, Franciulli Netto, Fonseca Tavares, Borelli Machado e Gildo dos Santos.

São Paulo, 24 de junho de 1998.

José Osório, Relator.

VOTO

Trata-se de ação direta de inconstitucionalidade de lei promovida pelo Senhor Prefeito do Município de São Paulo, visando suspender os efeitos da Lei Municipal n. 11.949, de 1995, que dispõe sobre o livre acesso de Vereadores a órgãos e repartições públicas.

Alega o Senhor Prefeito que a referida lei contém vício de iniciativa, uma vez que dispõe sobre organização administrativa, matéria da competência privativa do Chefe do Executivo, nos termos do artigo 37, § 2.º, da Lei Orgânica do Município; que, além disso, a matéria tratada na lei implica quebra do princípio da separação, independência e harmonia dos Poderes, pois contém normas referentes ao funcionamento e à organização administrativa de outra esfera de Poder, em evidente afronta aos artigos 5.º e 144 da Constituição do Estado; que, ainda, houve ofensa ao princípio da legalidade, contido no artigo 37 da Constituição da República, no artigo

111 da Constituição Estadual, e artigo 81 da Lei Orgânica do Município, devendo ser, por esses motivos, declarada a inconstitucionalidade da Lei Municipal n. 11.949, de 1995.

Foi suspensa liminarmente a eficácia da lei impugnada (fls.), negado provimento ao agravo regimental interposto pela Câmara Municipal contra tal decisão (acórdão de fls.).

Dispensou-se a citação do Doutor Procurador-Geral do Estado.

O Doutor Procurador-Geral de Justiça opinou pela procedência da ação (fls.).

Prestou informações o Senhor Presidente da Câmara Municipal, alegando, preliminarmente, impossibilidade jurídica do pedido, por entender incabível a argüição, por via direta, de inconstitucionalidade de lei municipal, em face da Constituição da República, ou em face da Lei Orgânica do Município; que os dispositivos da Constituição do Estado citados são meras repetições de artigos da Constituição da República, não podendo ser considerados normas estaduais; que, por isso, deve ser extinto o processo. No mérito, sustenta, em síntese, que não há qualquer inconstitucionalidade na Lei n. 11.949, de 1995; que em momento algum a referida lei trata de organização administrativa, confundindo-se, portanto, o Senhor Prefeito quanto à propositura da ação, não havendo qualquer vício de iniciativa; que tampouco houve invação de competência do Executivo ou ofensa ao princípio da legalidade, devendo ser julgada improcedente a ação.

Às fls. manifestou-se novamente o Doutor Procurador-Geral de Justiça pelo não acolhimento da preliminar e procedência da ação.

É o relatório.

A questão preliminar está superada desde o julgamento, pelo Plenário do Supremo Tribunal Federal, da Reclamação n. 383-3, Relator Ministro Moreira Alves, ficando assentado que compete ao Tribunal de Justiça julgar as ações diretas de inconstitucionalidade por violação de dispositivo da Constituição Estadual que sejam repetições de preceitos da Constituição da República.

Em relação ao mérito, também tem razão o autor.

A indigitada Lei Municipal n. 11.949, de 1995, apresenta apenas cinco artigos, a saber:

> "Artigo 1.º No exercício de seu mandato o Vereador terá livre acesso às repartições públicas, podendo diligenciar pessoalmente junto aos órgãos da Administração direta e indireta, devendo ser atendido pelos respectivos responsáveis.

> Artigo 2.º O Vereador poderá entrar, livremente, em qualquer dependência do órgão ou repartição pública, e terá acesso imediato a todo e qualquer documento, expediente e arquivo, podendo examinar, vistoriar e copiar no próprio local.
>
> Artigo 3.º No caso do responsável não estar presente no momento da diligência, o Vereador deverá ser atendido por quem, respondendo pelo órgão, puder tornar viáveis os objetivos do parlamentar.
>
> Artigo 4.º A diligência pretendida pelo Vereador não poderá ser dificultada ou impedida em nenhuma hipótese, nem mesmo sob a alegação de ausência do responsável ou de outro servidor do órgão ou repartição.
>
> Artigo 5.º Esta lei entrará em vigor na data de sua publicação, revogadas as disposições em contrário".

Por aí se vê que foram concedidos ao Vereador poderes amplíssimos para fiscalizar diretamente qualquer órgão ou repartição municipal, com acesso imediato a qualquer documento e arquivo, ainda mesmo quando o chefe da repartição não esteja presente.

Não se duvida de que cabe fiscalização do Executivo por parte do Legislativo. Trata-se de fiscalização externa que se realiza em função e em obediência ao princípio da independência e harmonia dos Poderes. Ou seja, a fiscalização se faz em homenagem a tal princípio, não podendo, portanto, a fiscalização operar-se de forma a violá-lo.

A fiscalização externa é feita pela Câmara, com auxílio do Tribunal de Contas. Como se sabe, o Vereador, isoladamente, não representa a Câmara e não pode exercer a fiscalização direta de órgãos e repartições. Aliás, nem mesmo a Câmara pode entrar na intimidade da Administração como fez a Lei n. 11.949, de 1995.

Ao dizer que o Vereador tem acesso livre a quaisquer locais e documentos e ao estabelecer comportamentos aos funcionários, a lei adotou forma de fiscalização autoritária, à moda hierárquica ou patronal, esquecendo-se de que o fiscalizado é um outro e independente Poder.

Nem mesmo a fiscalização de pagamento de tributos se faz com a amplitude que foi outorgada ao Vereador.

A matéria está muito bem posta no parecer do Excelentíssimo Procurador-Geral de Justiça, que é integralmente adotado.

Diante do exposto, julga-se procedente a ação, providenciando-se as comunicações de praxe.

Fonte: LEX – TJSP – 1998 – Volume 209 – Página 275

AÇÃO DIRETA DE INCONSTITUCIONALIDADE N. 47.181-0/9

ACÓRDÃO

Vistos, relatados e discutidos estes autos de Ação Direta de Inconstitucionalidade de Lei n. 047.181-0/9-00, da Comarca de São Paulo, em que é requerente o Prefeito do Município de Ribeirão Preto, sendo requerido o Presidente da Câmara Municipal de Ribeirão Preto.

ACORDAM, em Órgão Especial do Tribunal de Justiça do Estado de São Paulo, por votação unânime, julgar procedente a ação, de conformidade com o relatório e o voto do Relator, que ficam fazendo parte integrante do presente julgado.

Participaram do julgamento os Desembargadores Dirceu de Mello (Presidente), Alves Braga, Yussef Cahali, Rebouças de Carvalho, Nigro Conceição, Cunha Bueno, Oetterer Guedes, Djalma Lofrano, Cuba dos Santos, Gentil Leite, Álvaro Lazzarini, Dante Busana, Denser de Sá, Mohamed Amaro, Luiz Tâmbara, Franciulli Netto, Fonseca Tavares, Borelli Machado, Ângelo Gallucci, Vallim Bellocchi, Fortes Barbosa e Pinheiro Franco.

São Paulo, 16 de setembro de 1998.

Dirceu de Mello, Presidente.

José Osório, Relator.

EMENTA

Ação direta de inconstitucionalidade. Invasão das atribuições do Executivo. Ausência de previsão de recursos. Inconstitucionalidade manifesta. Ação procedente.

VOTO

Trata-se de ação direta de inconstitucionalidade ajuizada pelo Sr. Prefeito Municipal de Ribeirão Preto, atacando a Lei Municipal n. 7.849/97, que obrigou o Executivo a ceder e a reservar, nas dependências do Cemitério da Saudade, jazigo para sepultamento dos idosos assistidos pelo lar Padre Euclides de Ribeirão Preto.

Alega o Sr. Prefeito, em síntese, que a citada lei padece de vício de inconstitucionalidade ao pretender obrigar o Poder Executivo a atuar de determinada forma; que a Câmara Municipal tem atribuição de legislar de modo genérico e abstrato, fugindo de sua competência promulgar lei, nascida de projeto de vereador, que dispõe de forma concreta e específica sobre assunto de competência privativa do Chefe do Executivo; que tal norma está em desconformidade com o princípio da independência e harmonia entre os poderes, consagrado na Constituição Estadual, em seu art. 5.º; que o Prefeito é o encarregado pela Constituição de gerenciar a administração pública, exercendo plenamente o Poder Executivo; que a Câmara Municipal pretende administrar a prestação de serviço público, função que, dentro do postulado da especialização funcional de cada um dos poderes, lhe é estranha; que a pré-citada lei fere princípio orçamentário previsto na Constituição Paulista, qual seja a indicação dos recursos efetivamente existentes para o custeio de sua execução, exigência no art. 25 c.c. o art. 144 da Constituição Paulista; que, diante do exposto, espera que a presente ação seja julgada procedente, com declaração de inconstitucionalidade da Lei Municipal n. 7.849/97.

A Câmara Municipal de Ribeirão Preto prestou informações às fls., aduzindo, preliminarmente, impossibilidade jurídica do pedido, uma vez que a lei atacada, embora revestida de forma legal, constitui ato administrativo concreto, cujo texto está inabilitado ao controle de constitucionalidade. No mérito, sustenta, em síntese, que a lei é constitucional, não tendo havido vício de iniciativa nem tampouco lesão aos preceitos constitucionais apontados; que, assim, se não for extinta sem julgamento do mérito, deve a ação ser julgada improcedente.

O Dr. Procurador-Geral de Justiça opina pela procedência da ação.

É o relatório.

A indigitada Lei n. 7.849/97, do Município de Ribeirão Preto, dispõe em seu art. 1.º: "Fica por esta lei obrigado o Poder Executivo [a] reservar nas dependências do Cemitério da Saudade, em caráter definitivo, um jazigo próprio para sepultamento dos idosos assistidos pelo Lar Padre Euclides de Ribeirão Preto/SP".

Por aí se vê que um imóvel do Município está sendo destinado definitivamente para finalidade específica à revelia e contrariamente às normas da Administração.

Trata-se, na verdade, de verdadeira doação sem forma nem figura de juízo.

Houve evidente invasão das atribuições do Prefeito, a quem cabe administrar e zelar – física e juridicamente – pelos bens municipais, com o que afrontou-se o princípio da independência e harmonia do Poderes, consagrado no art. 5.º da Constituição Estadual.

Além disso, não se previram os recursos disponíveis para fazer frente às despesas que a lei acarretará, violando, assim, o preceito do art. 25 da mesma C.E.

A referência que faz a indigitada lei, em seu artigo seguinte, "às dotações orçamentárias" não constitui previsão de recursos, que precisam ser disponíveis. Estatuindo daquela forma, o Legislativo infringiu ainda mais a Carta Estadual, pois atingiu a lei orçamentária, cuja iniciativa é do Executivo, consoante se vê dos arts. 47, XVII, e 174, III.

Diante do exposto e adotando ainda o parecer do Exmo. Procurador-Geral de Justiça, julga-se procedente a ação, providenciando-se as comunicações de estilo para a suspensão da lei.

José Osório.

Fonte: Arquivo pessoal e TJSP

MANDADO DE SEGURANÇA N. 40.689-0

MANDADO DE SEGURANÇA – Coletivo – Impetração pela Associação dos Advogados de São Paulo – Inadmissibilidade – Órgão que não representa toda a classe – Intervenção, porém, como assistente litisconsorcial, da Ordem dos Advogados do Brasil, que supre o defeito – Interesse processual e legitimidade ativa caracterizados – Carência afastada – Preliminar rejeitada.

MANDADO DE SEGURANÇA – Ato administrativo – Efeitos concretos – Ato próprio do Conselho Superior da Magistratura – Provimento n. 556/97 – Atividade não jurisdicional – Controle pelo Judiciário – Possibilidade quanto ao aspecto da legalidade, sem envolvimento com o mérito do ato – Preliminar rejeitada.

MANDADO DE SEGURANÇA – Ato administrativo – Efeitos concretos – Provimento do Conselho Superior da Magistratura n. 556/97 – Inconstitucionalidade alegada – Conhecimento que ocorre *incidenter tantum* – Adequação da via eleita – Preliminar rejeitada.

PROCESSO – Arquivado – Destruição física – Racionalização dos arquivos do Poder Judiciário – Autos findos há mais de cinco anos em Primeira Instância – Provimento do Conselho Superior da Magistratura n. 556/97 – Ato que encerra norma administrativa de organização judiciária – Constitucionalidade e legalidade – Violação ao direito líquido e certo da coletividade – Inocorrência – Liminar cassada – Segurança denegada – Votos vencedor e vencidos.

Mandado de Segurança n. 40.689-0 – São Paulo – Impetrante: Associação dos Advogados de São Paulo – AASP – Impetrado: Egrégio Conselho Superior da Magistratura. (Voto n. 17.550)

ACÓRDÃO

Mandado de segurança impetrado por associação de Advogados contra Provimento do Conselho Superior da Magistratura (n. 556/97) que regulamenta a destruição física de autos de processo arquivados há mais de cinco anos nas Comarcas da Capital e do interior do Estado, fundado em alegações de inconstitucionalidades (artigos 133 e 22, inciso I, da Constituição da República) e de ilegalidades (Leis ns. 6.246, de 1975, e 8.159, de 1991). Preliminar de carência por ilegitimidade de parte ativa e por falta de interesse processual prejudicada pelo ingresso da OAB-SP no processo, como assistente litisconsorcial da impetrante - Preliminar de inadequação da via procedimental eleita rejeitada, porque o Provimento CSM n. 556/97, se afigura como ato administrativo de efeitos concretos, passível de mandado de segurança, em que o conhecimento da alegada inconstitucionalidade ocorre incidenter tantum - Segurança denegada, quanto ao mérito, porque o ato impetrado, que encerra norma administrativa de organização judiciária, não contém nenhuma das alegadas inconstitucionalidades e ilegalidades - Liminar cassada.

ACORDAM, em Órgão Especial do Tribunal de Justiça do Estado de São Paulo, por votação unânime, rejeitar as preliminares, e, por maioria de votos, denegar a segurança, de conformidade com o voto do Relator, que fica fazendo parte integrante do presente julgado.

Participaram do julgamento os Senhores Desembargadores Oetterer Guedes (Presidente sem voto), Rebouças de Carvalho, Djalma Lofrano, José Osório (com declaração de voto), Denser de Sá, Luiz Tâmbara, Fonseca Tavares, Ângelo Gallucci e Pinheiro Franco (com votos vencedores), Alves Braga, Gentil Leite, Dante Busana, Franciulli Netto (com declaração de voto), Borelli Machado, Vallim Bellocchi e Fortes Barbosa (com votos vencidos), e Mohamed Amaro (vencido, em parte, com declaração de voto).

São Paulo, 30 de setembro de 1998.

Álvaro Lazzarini, Relator.

DECLARAÇÃO DE VOTO VENCEDOR DO DES. JOSÉ OSÓRIO

1. O Provimento n. 556/97 houve por bem regulamentar a incineração, ou destruição, de autos findos. As impetrantes entenderam que, com isso, ocorreu violação de direito líquido e certo seu, motivo por que impetraram a presente segurança.

Alegam que o preceito que permitia a incineração - o artigo 1.215 do Código de Processo Civil - teve sua vigência suspensa pela Lei n. 6.246, de 1975, até que nova norma regulamentasse a matéria, o que não aconteceu até agora.

2. As digníssimas e beneméritas impetrantes não têm razão.

Ao Judiciário, por mandamento constitucional, cabe providenciar as diligências comuns, naturais, para a consecução de seus fins. Cabe-lhe administrar as coisas da Justiça.

A suspensão daquele preceito não pode impedir que o Judiciário cuide da guarda adequada e racional dos autos findos de modo a manter o que é de interesse público, destruindo o que é inútil e que onera, dificulta e até impede a conservação do que é útil.

A interpretação radical que as impetrantes dão ao texto legal – "é obrigatório guardar tudo" – não é sensata, *data venia*, e choca-se com o interesse público.

Qualquer pessoa do povo entende que não é possível guardar todos os papéis que deram entrada em Juízo e que eles tenham se tornado relevantes só por isso.

Toda interpretação que leva ao absurdo está errada; outra precisa ser encontrada.

Nosso maior mestre nesse assunto ensina:

> "Preocupa-se a Hermenêutica, sobretudo depois que entraram em função de exegese os dados da Sociologia, com o resultado provável de cada interpretação [...]. Deve o Direito ser interpretado inteligentemente: não de modo que a ordem legal envolva um absurdo, prescreva inconveniências, vá ter a conclusões inconsistentes ou impossíveis" (Carlos Maximiliano, *Hermenêutica e Aplicação do Direito*, 9.ª ed., págs. 164-165).

Assim, entendo que o Egrégio Conselho Superior da Magistratura não só podia como devia enfrentar o grave problema, pois se trata de exigência de grave e crescente interesse público.

3. Parece claro que é impossível "guardar tudo".

Portanto, para saber se houve arbítrio por parte do impetrado, é preciso examinar o alcance do indigitado Provimento n. 556/97.

A questão fundamental é a de ordem histórica.

Nesse ponto, dúvida não há sobre a legitimidade e interesse das impetrantes em vir a Juízo para impedir graves atentados ao nosso patrimônio histórico, ainda que inexistente preceito autorizador específico.

Mas, com a maior vênia, a leitura serena do provimento mostra a inexistência de qualquer risco para nossos valores históricos.

O que se prevê é a guarda plena de tudo que possa ter valor histórico.

Assim, não serão atingidos os feitos relativos à família, sucessões, adoção, estado e capacidade da pessoa, registros públicos, propriedade, posse, usucapião, servidão, retificação de área, divisão, demarcação, desapropriação, adjudicação compulsória – artigo 19.

Dessa forma, estão resguardadas as fontes para as pesquisas de história, de genealogia, de filiação, de interdições, dos mapas e plantas das diversas regiões da Cidade, dos conflitos fundiários, tudo isso – segundo o texto do Provimento n. 556 – está e continuará preservado *per ominia secula seculorum.*

No crime, serão mantidos todos os processos em que houve condenação.

Na realidade, o que se pretende incinerar são apenas os autos arquivados há mais de cinco anos. E relativos a processos repetitivos e de nenhuma significação social (muito menos histórica), como despejos por falta de pagamento, execuções de aluguel, execuções de cheque, de notas promissórias, de duplicatas com as respectivas notas fiscais, etc. A incineração só irá atingir aquilo que se poderia chamar de "lixo judiciário". Prejuízo, se houver, será para a Arqueologia, nunca para a História...

Nem se pode esquecer que, mesmo com a informática, vivemos na era do papel, paraíso da Xerox e de outras copiadoras.

Ainda que se admita, em tese, que uma nota fiscal possa vir a ter valor histórico daqui a um século, uma coisa é certa: não há necessidade de guardálas todas...

Esses processos repetitivos são insignificantes porque, vendo-se um, vêem-se todos. Uma ficha, de papel ou de computador (providência prevista no provimento), revela a realidade de todo o processado: data, partes, objeto, valor, decisão, etc.

Ver aí, na totalidade desses processos repetitivos, um grande valor histórico é ofender o próprio senso histórico, tão prezado e cultivado por este Tribunal, como se nota apenas ao circular por seus corredores e salas.

4. Este Juiz foi visitar o Arquivo de Vila Leopoldina. Impressiona a imensidão das fileiras de altas estantes a se unirem ao fim das paralelas. Também impressionam a limpeza e a organização.

A Secretaria do Tribunal forneceu valiosas informações, a saber:

- o provimento só vai atingir de 35 a 40% dos processos arquivados;
- atualmente estão arquivados 10.500.000 processos;
- ocupa-se, em três depósitos, área construída de cerca de 20.000 m^2;
- todo mês chegam 45.000 processos para serem arquivados, ou meio milhão de processos por ano;
- gasta-se, hoje, com aluguel e demais despesas, R$ 440.000,00, mensalmente, com a manutenção do arquivo, ou cerca de R$ 5.000.000,00 por ano;
- o crescimento vegetativo está a exigir mais 1.700 m^2 de área construída por ano.

Esses dados referem-se apenas à Comarca da Capital, estando excluídos todo o interior e a Grande São Paulo.

5. Não tem razão o nobre sustentador quando diz que cabe ao Judiciário solicitar, a quem de direito, as verbas necessárias para manter e ampliar o arquivo nos moldes atuais.

Quando se invoca o interesse público, pensa-se no interesse de toda a coletividade, e não no interesse restrito ao setor judiciário.

O Desembargador Alves Braga tem razão quando diz que não se trata de arquivo morto, pois há solicitações diárias de desarquivamento e vista de autos. Ocorre que toda massa de solicitações refere-se aos processos com menos de cinco anos bem como àqueles que serão conservados. Na verdade, o provimento não quer e não vai matar nada que esteja vivo, só vai sepultar aquilo que já está morto.

6. Questão relevante é ainda o real e compreensível interesse do Advogado e das pessoas em geral em consultar o arquivo e obter dados e documentos. Esse interesse está preservado, como se viu acima: mais da metade de todo o arquivo permanecerá intocada, e mesmo os casos insignificantes permanecerão arquivados por cinco anos.

Mas, para efeito do presente julgamento, não se pode esquecer de que estamos diante de um interesse e não propriamente diante de um direito subjetivo das impetrantes.

Somente a violação de um direito subjetivo, acrescido das características de liquidez e certeza, é que poderia justificar a impetração. O mero interesse, em termos técnicos, por relevante que seja, enquanto não convertido em direito subjetivo, não comporta proteção judicial, muito menos através de mandado de segurança.

Na verdade, o Egrégio Conselho Superior da Magistratura não violou qualquer direito de quem quer que seja. Agiu com cautela, sem nenhum arbítrio.

No entanto, eis que, de repente, os subscritores do Provimento n. 556/97, Desembargador Yussef Cahali, Dirceu de Mello e Márcio Bonilha, surgem como destruidores de um patrimônio histórico; aparecem no presente debate com as feições de um Erostrato (aquele que incendiou o templo de Diana) ou do Califa Omar (aquele que, segundo a lenda, mandou atear fogo na Biblioteca de Alexandria).

7. Por certo, o Provimento n. 556/97 poderá ser aprimorado, como, talvez e por exemplo, preservando os casos criminais mais graves mesmo em caso de absolvição; bem como preservando, por cautela, 1% daqueles casos insignificantes.

Mas fulminar o Provimento através de mandado de segurança é juridicamente inviável, a meu ver.

Por todos esses motivos, denego a segurança.

Fonte: LEX - TJSP - 1998 - Volume 217 - Páginas 241-2 e 252-5

AÇÃO DIRETA DE INCONSTITUCIONALIDADE N. 019.365-0/9-00

ACÓRDÃO

Vistos, relatados e discutidos estes autos de Ação Direta de Inconstitucionalidade de Lei n. 019.365-0/9-00, da Comarca de São Paulo, em que é requerente o Procurador-Geral de Justiça, sendo requeridos o Presidente do Município de Santos e outra:

ACORDAM, em Órgão Especial do Tribunal de Justiça do Estado de São Paulo, por votação unânime, julgar procedente a ação, de conformidade com o relatório e voto do Relator, que ficam fazendo parte integrante do presente julgado.

Participaram do julgamento os Desembargadores Dirceu de Mello (Presidente), Yussef Cahali, Rebouças de Carvalho, Ney Almada, Márcio Bonilha, Nigro Conceição, Cunha Bueno, Nelson Fonseca, Oetterer Guedes, Djalma Lofrano, Cuba dos Santos, Hermes Pinotti, Gentil Leite, Álvaro Lazzarini, Dante Busana, Denser de Sá, Mohamed Amaro, Luiz Tâmbara, Franciulli Netto, Fonseca Tavares, Borelli Machado, Flávio Pinheiro e Gildo dos Santos.

São Paulo, 04 de novembro de 1998.

Dirceu de Mello, Presidente.

José Osório, Relator.

EMENTA

Ação direta de inconstitucionalidade de lei – Transporte coletivo de passageiros. Atribuição do Prefeito, no âmbito municipal. Privatividade. Afronta ao princípio da independência e separação dos poderes consagrado no art. 5.º da Constituição Estadual. Ação procedente.

VOTO

Trata-se de ação de direta de inconstitucionalidade da Lei 832/92 do Município de Santos, proposta pelo Exmo. Procurador-Geral de Justiça, a qual dispõe a respeito da concessão de passes livres, nos ônibus urbanos, aos trabalhadores aposentados com idade inferior a 65 anos com proventos na faixa de 1 a 6 salários mínimos.

Alega que o transporte coletivo é um serviço de utilidade que o Município presta diretamente ou por delegação; que a prestação de serviços públicos é uma das atribuições primordiais do governo; que, embora a Câmara Municipal integre o governo local, o Prefeito é o chefe da administração local; que o Prefeito exerce funções de governo relacionadas com o planejamento, organização e direção dos serviços e obras da municipalidade; que a execução das obras e serviços públicos municipais está sujeita à direção do Prefeito, em toda a sua plenitude, sem interferência da Câmara, tanto no que se refere às atividades internas quanto às atividades externas (obras e serviços públicos) que o Município realiza e põe à disposição da coletividade; que a lei combatida não se limita a estabelecer normas de administração, mas impõe ao Executivo a obrigação de adotar medidas concretas específicas relativas à execução dos serviços de transporte coletivo urbano; que a regra contendida irá causar para a empresa delegatária do serviço público desequilíbrio econômico-financeiro na relação entre os encargos da execução e a remuneração percebida; que dentre os atos administrativos do governo municipal encontra-se a fixação e a revisão de tarifa do serviço concedido, permitido ou autorizado; que, ao instituir a mencionada gratuidade no transporte coletivo urbano, a lei combatida está ingerindo indevidamente na atuação administrativa do Prefeito; que a Câmara não administra, mas apenas estabelece normas de administração, reguladoras da atuação administrativa do Prefeito; que houve vulneração do princípio da independência e harmonia dos poderes, consagrado expressamente no art. 5.º, *caput*, da Constituição do Estado de São Paulo, na esteira do art. 2.º da Constituição Federal; que a lei guerreada veio sobrecarregar a lei orçamentária anual, incidindo na vedação do art. 176, inciso I, da Constituição do Estado, em consonância com o disposto no art. 167, inciso I, da Constituição Federal; que, diante do exposto, espera que a ação seja julgada procedente e declarado inconstitucional o ato normativo impugnado.

Em suas informações, a Câmara Municipal de Santos, representada por sua Presidenta e por Procurador, alega que entende inconstitucional a lei objeto desta ação.

O Prefeito informou que a Lei continua em vigor.

Após distribuição aos Des. Silva Leme e Nelson Fonseca, os autos foram redistribuídos a este Relator.

É o relatório.

A ação é procedente, pois houve ofensa ao princípio da independência e harmonia entre os Poderes do Estado, consagrado nos arts. 5.º, *caput*, da CE.

Na lição do saudoso mestre Hely Lopes Meirelles, in *Direito Administrativo Brasileiro*, 23.ª ed. atualizada por Eurico Andrade Azevedo, Délcio Balestero Aleixo e José Emmanuel Burle Filho, Malheiros, 1998, pág. 636:

> "A administração municipal é dirigida pelo Prefeito, que, unipessoalmente, como Chefe do Executivo local, comanda, supervisiona e coordena os serviços de peculiar interesse do Município, auxiliado por Secretários Municipais ou Diretores de Departamento, conforme a organização da Prefeitura [...]

As leis locais são votadas pela Câmara dos Vereadores, órgão colegiado, com função legislativa precípua para todos os assuntos de peculiar interesse do Município e funções complementares de fiscalização e controle da conduta político-administrativa do Prefeito (julgamento de suas contas, cassação de mandato, etc.), de assessoramento governamental (indicação ao Executivo) e de administração de seus serviços auxiliares (organização interna da Câmara)".

No caso, a Câmara, desatendendo à privatividade do Executivo para projetos que versem sobre serviços públicos, propôs e editou lei.

Em caso idêntico (ADIn 12.905.0) já decidiu o Plenário, unânimemente:

"TRANSPORTE COLETIVO DE PASSAGEIROS – Atribuição do Prefeito, no âmbito municipal – Dispositivos de lei de iniciativa de vereador, objeto de ação direta de inconstitucionalidade, que estabelecem a gratuidade do transporte às viúvas e aos licenciados para tratamento de saúde – Indevida ingerência na atuação administrativa do Chefe do Executivo, comprometendo suas funções de organizar, superintender e dirigir os serviços públicos – Previsão que afronta o princípio da independência dos poderes consagrado no arts. 5.º da Constituição do Estado de São Paulo e 2.º da CF – Procedência da ação decretada" (TJSP) *RT* 676/88, Relator Des. Oliveira Costa.

Do exposto, julga-se procedente a presente ação, para declarar inconstitucional a aludida Lei n. 832/92, do Município de Santos, comunicando-se.

José Osório.

Fonte: Arquivo pessoal e TJSP

❖ ❖ ❖

AÇÃO DIRETA DE INCONSTITUCIONALIDADE DE LEI N. 046.631-0/6-00

ACÓRDÃO

Vistos, relatados e discutidos estes autos de Ação Direta de Inconstitucionalidade de Lei n. 046.631-0/6-00, da Comarca de São Paulo, em que é requerente o Prefeito do Municipio de Itararé, sendo requerido o Presidente da Câmara Municipal de Itararé:

ACORDAM, em Órgão Especial do Tribunal de Justiça do Estado de São Paulo, por votação unânime, julgar improcedente a ação, de conformidade com o relatório e voto do Relator, que ficam fazendo parte integrante do presente julgado.

Participaram do julgamento os Desembargadores Dirceu de Mello (Presidente), Yussef Cahali, Rebouças de Carvalho, Ney Almada, Márcio Bonilha, Nigro Conceição, Nelson Fonseca, Oetterer Guedes, Djalma Lofrano, Cuba dos Santos, Hermes Pinotti, Gentil Leite, Álvaro Lazzarini, Dante Busana, José Cardinale, Denser de Sá, Mohamed Amaro, Luiz Tâmbara, Franciulli Netto, Fonseca Tavares, Borelli Machado e Gildo dos Santos.

São Paulo, 25 de novembro de 1998.

Dirceu de Mello, Presidente.

José Osório, Relator.

EMENTA

Lei Orgânica Municipal. Ação direta de inconstitucionalidade. Patrimônio histórico e arquitetônico. Indicação de imóveis a serem preservados. Inexistência de vício de inconstitucionalidade. Ação improcedente.

RELATÓRIO

Ação direta de inconstitucionalidade de lei movida pelo Sr. Prefeito do Município de Itararé em que objetiva a declaração de inconstitucionalidade da Emenda n. 37 à LOMI, que acrescentou o § 9.º ao art. 202 da Lei Orgânica daquele município.

Alega o sr. Prefeito, em síntese, que a referida emenda à lei orgânica municipal padece do vício de iniciativa, o que a torna inconstitucional; que o vício de iniciativa se deve ao fato da citada norma tratar de assunto de iniciativa exclusiva do Chefe do Executivo; que houve violação ao princípio da independência dos Poderes, insculpido no art. 5.º da Constituição do Estado de São Paulo; que a presente ação deve ser acolhida, nos termos do art. 125, § 2.º, da Constituição Federal; que o preceito mencionado procura proibir ao Chefe do Executivo seu livre direito de bem administrar o patrimônio histórico-cultural do município; que a proteção ao patrimônio histórico-cultural compete ao Poder Executivo e não ao Legislativo, visto que se efetiva através do tombamento, que é ato realizado pelo Município através do Prefeito; que diante do *periculum in mora* e do *fumus boni iuris*, flagrantes e incontestes, seria caso de concessão de liminar para suspensão da espécie normativa guerreada; que, diante do exposto, após a suspensão liminar, espera que seja julgada procedente a presente ação.

Foi negada liminar (fls.).

Citado, o Procurador-Geral do Estado de São Paulo (cf. certidão à fl.) permaneceu inerte.

O sr. Presidente da Câmara Municipal de Itararé prestou informações defendendo a lei combatida.

O ilustre Procurador-Geral de Justiça pronunciou-se pela improcedência da ação.

Em virtude do afastamento do Des. Nelson Schiesari, foi determinada a redistribuição do feito.

É o relatório.

VOTO

Improcede a ação.

A emenda à Lei Orgânica Municipal tida como inconstitucional acrescentou um parágrafo ao art. 202 com a seguinte redação:

> "§ 9.º Dentro do que compete ao Município, como determinam os arts. 13, IX, e 14, IV, e o parágrafo 4.º deste artigo, ficará proibida a alienação, demolição ou qualquer outro ato que retire as características estruturais e arquitetônicas do Viaduto da Rua 13 de Maio, marco da Estrada de Ferro Itararé-Fartura e o edifício que abriga as Estações Ferroviárias das antigas FEPASA - Ferrovia Paulista S/A e RFFSA - Rede Ferroviária Federal S/A".

Assim dispondo, a Lei Municipal deu cumprimento ao comando constitucional que considera dever do Município a proteção dos bens locais de valor histórico. Nesse sentido estatui o art. 30, inciso IX, da C.F.

Esse relevante comando é dirigido ao Município como um todo, atingindo tanto o Executivo como o Legislativo.

A leitura do art. 61, § 1.º, da C.F., e dos arts. 24 e 47 da C.E., que prevêem as hipóteses de leis de iniciativa exclusiva do Executivo, não sugere em nenhum momento que o reconhecimento de um bem municipal como de valor histórico esteja na dependência de um ato do Prefeito.

Ainda mais quando a deliberação se faz através de Emenda à Lei Orgânica Municipal, como se verifica no caso dos autos.

A Lei Orgânica é, no dizer de José Afonso da Silva, espécie de constituição municipal.[2]

Ora, tanto a Constituição Federal como a Estadual usaram de critério semelhante e reconheceram desde logo – direta e expressamente – que determinados bens eram de valor excepcional e ficavam submetidos a regime jurídico especial.

---

2. *Curso de Direito Constitucional Positivo*, 5.ª ed., p. 539.

É o que a C.F. fez com a Floresta Amazônica brasileira, a Mata Atlântica, a Serra do Mar, o Pantanal Mato-Grossense e a Zona Costeira - art. 225, § 4.º.

É também o que a C.E. fez com a Mata Atlântica, a Serra do Mar, a Zona Costeira, o Complexo Estuarino Lagunar entre Iguape e Cananéia, os Vales dos Rios Paraíba, Ribeira, Tietê e Paranapanema - art. 196.

Ora, a mesma *ratio legis* está presente no ato do Legislativo municipal de Itararé que viu nos indigitados bens locais valor histórico-cultural e arquitetônico suficientemente relevante para serem preservados expressamente pela Lei Orgânica, que faz as vezes de Constituição municipal.

Esses bens são retirados do sistema comum dos bens públicos ordinários submetidos à Administração. Continuam sendo administrados pelo Executivo, mas segundo as normas da L.O.

Com isso, não há invasão de atribuições muito menos vício de iniciativa. Ao contrário, o Prefeito é que está querendo cercear a competência de emendar a L.O. e proteger bens locais de excepcional valor histórico.

A referência da inicial à questão do tombamento não está bem situada. O fato de a Administração poder desencadear o processo de tombamento não retira da Câmara o poder de dizer, ela mesma, na L.O., quais os bens merecedores de proteção especial, como fizeram - repita-se - as Constituições superiores, independentemente de qualquer tombamento.

Assim sendo, e adotando também os argumentos do parecer do Exmo. Procurador-Geral de Justiça, julga-se improcedente a ação.

José Osório.

Fonte: Arquivo pessoal e TJSP

AÇÃO DIRETA DE INCONSTITUCIONALIDADE N. 44.968.0/9

ACÓRDÃO

Vistos, relatados e discutidos estes autos de Ação Direta de Inconstitucionalidade de Lei n. 044.968-0/9, da Comarca de São Paulo, em que é requerente a Prefeitura do Município de Mombuca, sendo requerido o Presidente da Câmara Municipal de Mombuca:

ACORDAM, em Sessão do Órgão Especial do Tribunal de Justiça do Estado de São Paulo, por votação unânime, rejeitar a matéria preliminar, e julgar improcedente a ação, por votação majoritária, de conformidade com o relatório e o voto do Relator, que ficam fazendo parte integrante do presente julgado.

O julgamento teve a participação dos Desembargadores Dirceu de Mello (Presidente), Yussef Cahali, Rebouças de Carvalho, Ney Almada, Márcio Bonilha, Nigro Conceição, Cunha Bueno, Nelson Schiesari, Oetterer Guedes, Djalma Lofrano, Cuba dos Santos, Viseu Júnior, Gentil Leite, Álvaro Lazzarini, Dante Busana, José Cardinale, Denser de Sá, Mohamed Amaro, Luiz Tâmbara, Fonseca Tavares, Paulo Shintate, Fortes Barbosa, com votos vencedores, e José Osório, vencido.

São Paulo, 17 de março de 1999.

Dirceu de Mello, Presidente.

Flávio Pinheiro, Relator.

VOTO VENCIDO

1 - *Data venia* do sr. relator, julgo procedente a ação.

A indigitada lei apresenta dois preceitos úteis:

> "Art. 1.º A alienação de bens móveis pertencentes ao Município de Mombuca fica condicionada a autorização legislativa.
>
> § 1.º Fica dispensada [de] autorização legislativa a alienação de bens móveis considerados, pela administração, inservíveis e obsoletos, desde que devidamente justificada."

Por aí se vê que, mesmo tratando-se de bens móveis, sempre haverá necessidade de autorização legislativa, salvo no caso de bens obsoletos e inservíveis.

2 - É de nosso direito positivo e da Doutrina a necessidade de autorização legislativa apenas para a alienação de bens imóveis.

Assim dispõe a atual Lei de Licitações - Lei 8.666/93 - em seus arts. 17, I e II.

José Cretella Júnior ensina:

> "Tratando-se de bens móveis - mobiliário, máquinas, instrumentos, aparelhos -, a alienação, subordinada sempre à existência de interesse público devidamente justificado, dependerá de avaliação prévia e de licitação, dispensada esta nos cinco casos, enumerados na lei, de *a* a *e*. Não é necessária a autorização legislativa".[3]

3. José Cretella Júnior, *Das licitações públicas*, Forense, 7.ª ed., p. 165.

3 – Segundo as informações, o objetivo da Câmara Municipal de Mombuca foi evitar a venda de ações da C.P.F.L., SABESP e TELESP, que representariam expressivo patrimônio.

Ocorre que a lei acabou dizendo muito mais do que pretendia, havendo excepcionado apenas o caso dos bens obsoletos.

Usando da velha distinção romana entre bens móveis e imóveis, o Legislativo proibiu praticamente todos os atos alienativos de bens móveis por parte do Poder Executivo, ainda que tais atos sejam típicos de administração e não atos de disposição propriamente dita de patrimônio.

Hely Lopes Meirelles lembra a venda de "sementes, mudas, reprodutores, inseticidas," etc.,[4], para fins de fomento.

Pode-se acrescentar o fornecimento de materiais de construção para casas populares.

Em suma, há bens móveis e móveis, de valores e relevância muito distintos, não se podendo dar tratamento único a todos eles, como fez a indigitada lei, sob pena de grave invasão na esfera de atribuições do Poder Executivo, que fica na dependência do Legislativo para alienar qualquer daqueles bens, que não constituem os bens típicos do patrimônio municipal.

Na verdade, a tendência moderna é alargar a exigência de autorização legislativa também para a alienação de alguns bens móveis, particularmente as ações de companhias, às vezes de valor muito superior a bens imóveis. Isto porque aquela *summa rerum divisio* é hoje francamente insatisfatória.

Assim, não pode o Legislativo impor ao Executivo a exigência da tal autorização legislativa para a alienação de todo e qualquer bem móvel, ressalvando tão somente os obsoletos. Muitos outros precisariam ser ressalvados. Ou a exigência devia ser restrita a certos tipos de bens móveis.

Assim dispondo, a Lei em tela afrontou o art. 5.º da C.E, que consagra o princípio da independência e harmonia do Poderes.

Por tais motivos, julgo procedente a ação.

José Osório.

Fonte: Arquivo pessoal e TJSP

---

4. Hely Lopes Meirelles, *Direito Municipal Brasileiro,* 3.ª ed., p. 382.

AÇÃO DIRETA DE INCONSTITUCIONALIDADE DE LEI N. 48.349.0/3-00

ACÓRDÃO

Vistos, relatados e discutidos estes autos de Ação Direta de Inconstitucionalidade de Lei n. 048.349-0/3-00, da Comarca de São Paulo, em que é requerente o Prefeito Municipal da Estância Balneária de Ilhabela, sendo requerido o Presidente da Câmara Municipal da Estância Balneária de Ilhabela:

ACORDAM, em Órgão Especial do Tribunal de Justiça do Estado de São Paulo, por votação unânime, julgar procedente a ação, de conformidade com o relatório e o voto do Relator, que ficam fazendo parte integrante do presente julgado.

O julgamento teve a participação dos Desembargadores Dirceu de Mello (Presidente), Yussef Cahali, Ney Almada, Márcio Bonilha, Nigro Conceição, Cunha Bueno, Nelson Schiesari, Oetterer Guedes, Djalma Lofrano, Cuba dos Santos, Viseu Júnior, Gentil Leite, Álvaro Lazzarini, Dante Busana, José Cardinale, Denser de Sá, Mohamed Amaro, Luiz Tâmbara, Franciulli Netto, Fonseca Tavares, Paulo Shintate, Flávio Pinheiro, Ângelo Gallucci e Fortes Barbosa.

São Paulo, 14 de abril de 1999.

Dirceu de Mello, Presidente.

José Osório, Relator.

EMENTA

Ação direta de inconstitucionalidade. Lei municipal. Ordem de envio à Câmara de documentos referentes a atos da Administração. Violação do princípio da independência dos Poderes. Ação procedente.

VOTO

Trata-se de ação direta de inconstitucionalidade de lei promovida pela Prefeita Municipal da Estância Balneária de Ilhabela, visando à declaração de inconstitucionalidade da Lei n. 706, de 5 de março de 1998, originária de projeto de lei de autoria de membros da Câmara Municipal local, que dispõe sobre o envio, pelo Executivo ao Legislativo, de decretos, portarias, licitações, cartas convites, tomada de preços, concorrências, leilões, concursos, contratos, editais em geral.

Alega a autora, em síntese, que a Lei municipal n. 706/98 viola o disposto nos arts. 2.º da Constituição Federal, 5.º da Constituição do Estado de São Paulo e 1.º, § 2.º, da Lei Orgânica do Município; que os preceitos contidos na referida lei excedem à função fiscalizadora da edilidade, a significar verdadeira invasão de área administrativa por parte do Legislativo; que a Lei n. 706/98 é inconstitucional, pois interfere em ato que se circunscreve nos lindes de atribuições do Prefeito municipal; que, ao dar cumprimento à sua função fiscalizadora, a Câmara Municipal não pode desrespeitar regras constitucionais derivadas do princípio da separação dos Poderes; que, diante do exposto, pleiteia a concessão de liminar, suspendendo os efeitos da Lei municipal n. 706/98 e espera que ao final seja julgada procedente a presente ação.

Foi concedida a liminar pleiteada às fls.

Manifestou-se a Câmara Municipal da Estância Balneária de Ilhabela, alegando, em resumo, que a referida lei não vulnera os arts. 2.º da Constituição Federal e 5.º da Constituição do Estado de São Paulo; que os arts. 31, 71, 74 e 75 da Constituição Federal e 150 da Constituição Estadual estabelecem os mecanismos de controle interno e externo a serem exercidos pelos Poderes Legislativo e Executivo; que a mencionada lei não conflita com os artigos citados; que a Lei n. 706/98, em seu artigo 1.º, pretende única e exclusivamente a remessa de cópias para o Poder Legislativo, após 5 dias úteis da publicação dos atos oficiais que especifica; que o objetivo do legislador foi regular a remessa de cópias de documentos oficiais do Executivo; que, diante do que expõe, espera que seja julgada improcedente a presente ação.

Manifestação do Dr. Procurador-Geral de Justiça às fls., requerendo, preliminarmente, a conversão do julgamento em diligência para que seja determinada a citação do Procurador-Geral do Estado. Quanto ao mérito, reitera o pedido de procedência.

É o relatório.

A ação procede.

O art. 1.º da Lei n. 706, da Estância Balneária de Ilha Bela assim dispõe:

> "O Poder Executivo enviará à Câmara Municipal, nos cinco dias úteis seguintes à sua publicação, os seguintes atos administrativos sob pena de responsabilidade: I – Decretos; II – Portarias; III – Licitações: a) Cartas convites; b) Tomada de preço; c) Concorrência; d) Leilões; e) Concursos; IV – Contratos, decorrentes ou não de licitações; V – Editais em geral".

Pela simples leitura do texto *supra*, verifica-se que o Prefeito ficou compelido a apresentar continuamente à Câmara Municipal cópias de atos e documentos típicos da Administração.

O Prefeito, contudo e *data venia*, não é preposto, mandatário ou empregado da Câmara. É agente político, chefe de um Poder independente, que é fiscalizado pela Câmara Municipal nos termos e nos limites previstos constitucionalmente.

A previsão constitucional está no art. 150 da C.E., a saber:

> "A fiscalização contábil, financeira, orçamentária, operacional e patrimonial do Município e de todas as entidades da administração direta e indireta, quanto à legalidade, legitimidade, economicidade, finalidade, motivação, moralidade, publicidade e interesse público, aplicação de subvenções e renúncia de receitas, será exercida pela Câmara Municipal, mediante controle externo, e pelos sistemas de controle interno de cada Poder, na forma da respectiva lei orgânica, em conformidade com o disposto no art. 31 da Constituição Federal".

Não há dúvida, portanto, de que a Câmara deve exercer o controle externo, na forma da lei orgânica; mas também não há dúvida de que esse diploma ficou limitado ao que consta do art. 31 da C.F., *verbis*:

> "Art. 31. A fiscalização do Município será exercida pelo Poder Legislativo Municipal, mediante controle externo, e pelos sistemas de controle interno do Poder Executivo Municipal, nos termos da lei.
>
> "§ 1.º [...].
>
> § 2.º O parecer prévio, emitido pelo órgão competente sobre as contas que o Prefeito deve anualmente prestar, só deixará de prevalecer por decisão de dois terços dos membros da Câmara Municipal.
>
> § 3.º As contas dos Municípios ficarão, durante sessenta dias, anualmente, à disposição de qualquer contribuinte, para exame e apreciação, o qual poderá questionar-lhe a legitimidade, nos termos da lei."

Assim, por força das Constituições Federal e Estadual, o Prefeito deve prestar contas anualmente; e essas contas ficam à disposição de qualquer contribuinte por sessenta dias.

A natureza rígida dos referidos preceitos revela-se na fixação de prazos numéricos – anualmente e sessenta dias.

Essa fiscalização se fará por diversos modos, como acentua José Afonso da Silva: "pedido de informações ao Prefeito, convocação de auxiliares diretos deste, investigação mediante comissão especial de inquérito, tomada e julgamento das contas do Prefeito, observando-se que só por voto de dois terços de seus membros pode ela (Câmara) rejeitar o parecer prévio do Tribunal de Contas competente" (*Curso de Direito Constitucional Positivo*, 5.ª ed., p. 543).

No caso dos autos, previu-se mecanismo anômalo e, *data venia* chocante, ou seja, informações contínuas e institucionalizadas sobre típicos atos da Administração.

Fica patente a situação de subalternidade do Prefeito frente à Câmara.

Nota-se ainda menoscabo ao cidadão, que elegeu o chefe de um Poder e não um preposto da Câmara.

Se os Poderes são harmônicos e independentes, não podem, de per si, criar maiores limitações um para o outro. A imposição de limitações outras que não aquelas previstas nas Constituições é incompatível com o princípio da independência dos Poderes – art. 5.º da C.E.

Nesse sentido vem decidindo o Plenário, sem discrepância de votos:

ADin 23.409-0, de Itararé, r. José Osório; 18.459.0/0, r. Djalma Lofrano; 16.747.0/0, r. Bueno Magano; 14.021.0/3, r. Francis Davis; 14.466.0/3, r. Francis Davis.

Por tais motivos e adotando também os argumentos do parecer do Exmo. Procurador-Geral de Justiça, julga-se procedente a ação, providenciando-se as comunicações de direito.

José Osório.

Fonte: Arquivo pessoal e TJSP

AÇÃO DIRETA DE INCONSTITUCIONALIDADE DE LEI N. 42.810.0/4-00

ACÓRDÃO

Vistos, relatados e discutidos estes autos de Ação Direta de Inconstitucionalidade de Lei n. 042.810-0/4-00, da Comarca de São Paulo, em que é requerente o Prefeito Municipal de São Sebastião, sendo requerido o Presidente da Câmara Municipal de São Sebastião:

ACORDAM, em Órgão Especial do Tribunal de Justiça do Estado de São Paulo, por votação unânime, julgar extinto o processo, sem exame do seu mérito, de conformidade com o relatório e o voto do Relator, que ficam fazendo parte integrante do presente julgado.

O julgamento teve a participação dos Desembargadores Dirceu de Mello (Presidente), Yussef Cahali, Márcio Bonilha, Nigro Conceição, Cunha Bueno, Nelson Schiesari, Djalma Lofrano, Luís de Macedo, Cuba dos Santos, Viseu Júnior, Gentil Leite, Álvaro Lazzarini, Dante Busana, Denser de Sá, Mohamed Amaro, Luiz Tâmbara, Franciulli Netto, Fonseca Tavares, Paulo Shintate, Flávio Pinheiro, Ângelo Gallucci, Toledo César e Fortes Barbosa.

São Paulo, 09 de junho de 1999.

Dirceu De Mello, Presidente.

José Osório, Relator.

EMENTA

Ação direta de inconstitucionalidade. Lei Municipal. Funcionário público e seu regime previdenciário. Iniciativa exclusiva do Prefeito. Ação procedente.

VOTO

Trata-se de ação direta de inconstitucionalidade ajuizada pelo Sr. Prefeito Municipal de São Sebastião, com pedido de liminar, atacando a Lei Municipal n. 1.187/97, que alterou a base de cálculo das contribuições ao Fundo de Pensão e Aposentadoria dos Servidores de São Sebastião.

Alega o Sr. Prefeito, em síntese, que a citada lei alterou a base de cálculo das contribuições do FAPS, excluindo parcela que sempre a integrou, qual seja a hora extraordinária prestada pelo servidor; que tal alteração repercutiu negativamente na arrecadação do FAPS; que deve ficar reservado exclusivamente ao Poder Executivo a competência para introduzir alteração no que concerne ao gerenciamento financeiro do FAPS; que em matéria de servidor público não existe iniciativa concorrente ou residual a outro Poder, apenas ao Executivo; que a Lei n. 1.187/97 contraria os arts. 5.º, 24, § 1.º, n. 4, e art. 174, § 4.º, n. 3, e § 5.º, todos da Constituição Estadual; que a lei combatida feriu também o princípio consagrado no art. 38 das DD.TT., pelo qual é reservado ao chefe do Executivo competência privativa à iniciativa de lei que cria ou adapta os fundos previdenciários previstos na Constituição Estadual; que espera que a presente ação seja julgada procedente, declarada a inconstitucionalidade da Lei n. 1.187/97.

Foi concedida a liminar pleiteada (cf. fls.).

A Câmara Municipal de São Sebastião prestou informações às fls., aduzindo, preliminarmente, falta de interesse processual, uma vez que a autoridade autora da presente ação não representa o referido FAPS, que deve ser representado judicial ou extrajudicialmente pelo Presidente do Conselho, em conformidade com o que dispõem os arts. 17 e 20 da norma que o instituiu e o art. 12, inciso VII, do CPC. No mérito, sustenta, em síntese, que a lei é constitucional; que não houve a usurpação de poder ou invasão de competência reservada ou privativa, definida nos arts. 41, I e III, da LOM; que há seis anos os servidores estão contribuindo sobre vantagens não incorporadas, em tese, nos termos do art. 26 da Lei 840/91; que o FAPS, como fundo de pensão, não pertence à Administração direta, tendo patrimônio e administração próprios e pertencendo aos servidores; que a Municipalidade é apenas contribuinte patronal do fundo e repassadora dos recursos descontados dos servidores; que a entidade é uma sociedade de fato; que a lei combatida não tratou de qualquer modificação, concessão ou alteração das aposentadorias tratados na Lei n. 867/92; que estava ocorrendo o locupletamento ilícito do FAPS; que, diante do exposto, aguarda a improcedência da presente ação.

O Dr. Procurador-Geral de Justiça opina, preliminarmente, pelo decreto de carência da ação no que diz respeito à afronta a dispositivos da LOM e da Constituição Federal; no que pertine à violação da Constituição Estadual opina pela procedência da ação.

É o relatório.

A preliminar levantada pelo requerido não procede. O Fundo de Pensão e Aposentadoria dos Servidores de São Sebastião está vinculado à Secretaria de Administração e, assim, submetido ao comando do Prefeito, chefe do Poder Executivo.

Em relação ao mérito, a ação procede.

A indigitada lei municipal, de n. 1.187, de 16.06.97, através de seu art. 1.º, deu nova redação ao inciso I do art. 3.º da Lei 867/92, e, assim, alterou a base de cálculo da contribuição dos servidores para o Fundo supra-aludido – FAPS, retirando dela o valor das horas extraordinárias trabalhadas pelo servidor.

Com isso, a base de cálculo ficou menor e conseqüentemente, reduziu a arrecadação do Fundo.

Ora, segundo o art. 24, § 2.º, alínea 4, da Constituição do Estado, é da competência privativa do chefe do Poder Executivo a iniciativa de lei que disponha sobre servidores públicos, seu regime jurídico e sua aposentadoria.

Manifesta, portanto, a violação de tal preceito.

Nesse sentido a jurisprudência do Plenário, a saber:

> "AÇÃO DIRETA DE INCONSTITUCIONALIDADE – Lei complementar municipal que versa sobre servidores públicos, seu regime jurídico e aposentadoria – Violação ao art. 24, § 2.º, n. 4, da Constituição Estadual – Ocorrência – Competência exclusiva do chefe do Poder Executivo – Iniciativa do Legislativo que ofende a independência e harmonia dos Poderes – Possibilidade, ademais, de declarar-se a inconstitucionalidade do ato normativo com base em conflito com dispositivo da Carta não apontado na inicial – Ação procedente. É inconstitucional a lei municipal de iniciativa do Legislativo que versar sobre os servidores públicos, seu regime jurídico e sua aposentadoria, por violar o art. 24, § 2.º, n. 4, da Constituição Estadual. Sendo de competência exclusiva do Chefe do Poder Executivo, sua invasão ofende a independência e harmonia dos Poderes" (Ação Direta de Inconstitucionalidade de Lei n. 20.891 – São Paulo – Relator: Cunha Camargo – OESP – V.U. – 9.11.94).

No mesmo sentido:

"AÇÃO DIRETA DE INCONSTITUCIONALIDADE - Lei Municipal - Disposição referente à aposentadoria de servidores públicos - Inadmissibilidade - Invasão de competência privativa do chefe do Executivo - Violação ao princípio do processo legislativo e da independência e harmonia dos poderes - Ação procedente. Não pode, pois, o Município, a título de auto-organizar-se economicamente, romper com a linha mestra que a lei Suprema traça para assegurar o cumprimento de princípios relevantes como os do processo legislativo e o da independência e a harmonia dos poderes. É de ser reconhecida a existência de vício formal no processo de elaboração de dispositivo e lei municipal com tal conteúdo, posto que o ordenamento jurídico vigente, como visto, estabelece que a iniciativa das leis que disponham sobre regime jurídico de servidores públicos é de exclusiva competência do chefe do Poder Executivo" (Ação Direta de Inconstitucionalidade n. 23.568-0 - São Paulo - Sessão Plenária - Relator: Renan Lotufo - 26.4.95 - V.U.).

Ante o exposto, julga-se procedente a ação, providenciando-se as comunicações de praxe, e adotando-se também os argumentos de mérito do parecer da Exmo. Procurador-Geral de Justiça, dispensável o decreto de carência parcial da ação.

José Osório.

Fonte: Arquivo pessoal e TJSP

AÇÃO DIRETA DE INCONSTITUCIONALIDADE N. 52.025.0/00

ACÓRDÃO

Vistos, relatados e discutidos estes autos de Ação Direta de Inconstitucionalidade de Lei n. 052.025-0/00, da Comarca de São Paulo, em que é requerente a Procuradoria-Geral de Justiça, sendo requeridos o Presidente da Câmara Municipal de Franca e outro:

ACORDAM, em Órgão Especial do Tribunal de Justiça do Estado de São Paulo, por votação unânime, rejeitar a argüição de incidente de Inconstitucionalidade e julgar improcedente a ação, de conformidade com o relatório e voto do Relator, que ficam fazendo parte integrante do presente julgado.

O julgamento teve a participação dos Desembargadores Márcio Bonilha (Presidente), Nigro Conceição, Oetterer Guedes, com declaração de voto, Cuba dos Santos, Luís de Macedo, Viseu Júnior, Hermes Pinotti, Gentil Leite, Álvaro Lazzarini, Dante Busana, José Cardinale, Denser de Sá, Mohamed Amaro, Luiz Tâmbara, com declaração de voto, Fonseca Tavares, Paulo Shintate, Borelli Machado, Flávio Pinheiro, Gildo dos Santos, Fortes Barbosa, Ângelo Gallucci, Vallim Bellocchi, Sinésio de Souza e Jarbas Mazzoni.

São Paulo, 29 de março de 2000.

Márcio Bonilha, Presidente.

José Osório, Relator.

EMENTA

Ação direta de inconstitucionalidade. Lei Municipal. Áreas institucionais de loteamentos. Desafetação e destinação diversa. Peculiaridade do caso: construção de escolas no local, fato consumado que torna inócua qualquer declaração de inconstitucionalidade. Ação improcedente.

VOTO

Trata-se de ação direta de declaração de inconstitucionalidade da Lei Municipal n. 3.783/90, de Franca, promovida pelo DD. Procurador-Geral de Justiça.

Alega o Requerente, em síntese, que mencionada lei autoriza o Executivo Municipal a desafetar da categoria de Bens de Uso Comum do Povo, para a de Bens Patrimoniais Disponíveis, áreas pertencentes ao Patrimônio Público Municipal.

Nesse passo, a lei autoriza o Executivo Municipal a doar tais bens à Fazenda Pública do Estado, para a edificação de prédios escolares, em bairros que especifica.

Aduz o DD. PGJ que tal lei afronta os arts. 144 e 180, VII, da Constituição Estadual; que as áreas desafetadas pertenciam a loteamentos localizados no Município de Franca; que, por ser assim, elas pertenciam às categorias tornadas inalteráveis pela C.E.; que os Municípios não podem legislar sobre Direito Urbanístico, incumbindo-se-lhes apenas, no que couber, suplementar a legislação federal e estadual; e que, sendo inconstitucional a L. 3783/90, do Município de Franca, tal inconstitucionalidade deve ser declarada, adotadas as providências atinentes à sua suspensão definitiva.

O DD. Procurador-Geral do Estado, a fls., manifestou seu desinteresse na demanda.

O Presidente da Câmara Municipal de Franca, a fls., disse que o Poder Legislativo Francano apreciou a matéria em convocação de Sessão Extraordinária, face a urgência que o caso requeria; que o objetivo era a viabilização da construção de unidades escolares em bairros bastante populosos e carentes de estabelecimentos de ensino; que, passados cerca de nove anos, as escolas estão edificadas e educando centenas de alunos; que não se pode impedir o Município de utilizar seus bens segundo seu peculiar interesse, pois isso significa aniquilar a autonomia municipal; e que, assim, deve ser julgado improcedente o presente pedido.

Ouvido ainda uma vez, o DD. Procurador-Geral de Justiça reiterou o pedido vestibular.

É o relatório.

A questão é conhecida e diz respeito a afronta ao art. 180, VII, da Constituição Estadual, que veda a alteração da destinação das áreas verdes e institucionais dos loteamentos.

Podem ser citados, entre tantos outros, os seguintes precedentes, todos dando pela inconstitucionalidade das leis municipais que pretendem alterar essa destinação: ADINs: 35.929.0, de Mirassol; 14.966-0, do Município de São Joaquim da Barra, r. Nelson Fonseca, com declaração de voto vencedor do Des. Renan Lotufo, *JTJ* 171/152; 15.893-0, de Piraçununga, também do Des. Nelson Fonseca, com voto vencedor declarado do Des. Renan Lotufo, *JTJ* 152/273; 10.500-0, de Quatá, r. Alves Braga, com declaração de voto vencedor do Des. Renan Lotufo; 29.334-0, r. Carlos Ortiz; 18.103-0 e 35.996-0, ambas r. Rebouças de Carvalho; 31.495-0, de Campinas, r. José Osório; 36.358.0/1, de Guaratinguetá, r. Dante Busana. Ficaram vencidos apenas os Des. Oetterer Guedes, Yussef Cahali, e Paulo Shintate.

No caso dos autos, entretanto, há relevante peculiaridade: a ação teve origem em representação por parte de entidade ligada à preservação do patrimônio artístico e ambiental de Franca. A representação foi feita em 1990 e ficou paralisada na PGJ até a propositura da presente ação em 1998. Nesse tempo as áreas foram doadas ao Estado que nelas construiu escolas que hoje abrigam centenas de alunos.

Forçoso é reconhecer, assim, a existência de um fato consumado, tornando inócua qualquer declaração de inconstitucionalidade, que não teria a menor condição de projetar seus efeitos na esfera da realidade sem ofensa aos princípios constitucionais maiores que regem a ordem econômica e a ordem social.

Observa-se também que a Jurisprudência tem entendido que o juiz não pode deixar de levar em conta as situações que se tornaram irreversíveis – *RSTJ* 88/93, Min. Hélio Mosimann, nada impedindo que o mesmo critério seja adotado nas declarações de inconstitucionalidade.

Ante o exposto, julga-se improcedente a ação.

José Osório.

Fonte: Arquivo pessoal e TJSP

AÇÃO DIRETA DE INCONSTITUCIONALIDADE N. 58.819.0/7-00

ACÓRDÃO

Vistos, relatados e discutidos estes autos de Ação Direta de Inconstitucionalidade de Lei n. 058.819-0/7-00, da Comarca de São Paulo, em que é requerente o Prefeito do Município De Sorocaba, sendo requerido o Presidente da Câmara Municipal de Sorocaba:

ACORDAM, em Órgão Especial do Tribunal de Justiça do Estado de São Paulo, por votação unânime, julgar procedente a ação, de conformidade com o relatório e voto do Relator, que ficam fazendo parte integrante do presente julgado.

Participaram do julgamento os Desembargadores Márcio Bonilha (Presidente), Nigro Conceição, Oetterer Guedes, Cuba dos Santos, Luís de Macedo, Viseu Júnior, Hermes Pinotti, Gentil Leite, Álvaro Lazzarini, Dante Busana, José Cardinale, Denser de Sá, Mohamed Amaro, Luiz Tâmbara, Fonseca Tavares, Paulo Shintate, Borelli Machado, Flávio Pinheiro, Gildo dos Santos, Fortes Barbosa, Ângelo Gallucci, Vallim Bellocchi, Sinésio de Souza e Jarbas Mazzoni.

São Paulo, 03 de maio de 2000.

Márcio Bonilha, Presidente.

José Osório, Relator.

VOTO

Ação direta de inconstitucionalidade. Lei Municipal. Prazo e forma especial para estabelecimento de microempresas. Invasão da esfera de atribuições do Executivo. Ação procedente.

Trata-se de ação direta de declaração de inconstitucionalidade da Lei Municipal n. 5.818/98, do Município de Sorocaba, que estabelece prazo especial para funcionamento de microempresas.

Alega o autor, em síntese, que se está a ofender a Lei Orgânica do Município, a Constituição Federal e, em especial, a Constituição Estadual; que o aludido regime especial de funcionamento nada mais é senão uma espécie de isenção de tributo municipal ou algum outro benefício tributário cuja iniciativa é de competência privativa do chefe do Executivo, como qualquer lei que concede isenção de tributos municipais ou posterga a exigência tributária; que o Legislativo local está intervindo em ato de competência exclusiva do Executivo, em autêntica usurpação de poder; que estão sendo afrontados os arts. 5.º e 174 da Constituição Estadual; e que, assim, é de se conceder a liminar, julgando-se, ao final, procedente a presente demanda, declarando-se a inconstitucionalidade da lei atacada.

A liminar foi concedida (fls.), suspensa a eficácia da L. 5.818/98 até o julgamento da presente demanda.

Contra essa decisão foi interposto agravo, nos termos do art. 688 do Regimento Interno do Tribunal (fls.).

No despacho de fls. foi mantida a decisão recorrida.

Pelo v. acórdão de fls. negou-se provimento ao recurso, por votação unânime.

Dispensou-se a citação do Procurador-Geral do Estado e se solicitaram informações da Câmara Municipal (fls.).

Diz a Câmara, em síntese, que o projeto da lei ora atacada visava a conceder prazo de noventa dias para a apresentação da documentação necessária para obter a inscrição municipal junto à Administração Pública, contado o prazo a partir do fornecimento da autorização de instalação provisória; que se tencionava auxiliar àquele que está abrindo seu negócio, possibilitando-lhe um período de experiência que, ultrapassado, obrigaria o empresário a providenciar a documentação complementar necessária à sua inscrição definitiva; que, diante da atual situação socioeconômica do país, trata-se de solução viável; que, não tendo o Sr. Prefeito sancionado, no prazo legal, o projeto em questão, o então Presidente da Câmara Municipal de Sorocaba promulgou a lei que ora se ataca; e que, assim, deve ser julgada improcedente a ação, vez que não foram violados os dispositivos apontados pelo autor.

O D. Procurador-Geral de Justiça requer, preliminarmente, a citação da Procuradoria-Geral do Estado, nos termos do art. 90, § 2.º, da C.E.; no mérito, é pela improcedência da demanda, vez que não há afronta direta a dispositivos da Constituição Paulista.

É o relatório.

Procede a ação.

Eis o texto tido como inconstitucional, ou seja a Lei 5.818/98, de Sorocaba:

> "Art. 1.º As microempresas, definidas na L. n. 2384/85, terão prazo de noventa dias para apresentar a documentação necessária à obtenção da Inscrição Municipal, perante a repartição competente, contado o prazo do fornecimento da autorização de instalação provisória.
>
> § 1.º Concedida a autorização, poderão as microempresas desenvolver suas atividades regularmente durante o período a que se refere

o *caput* do artigo, findo o qual obrigatoriamente apresentarão os documentos exigidos para a obtenção da inscrição municipal ou então desistirão de sua instalação.

§ 2.º Ficam excluídas da autorização a que se refere o *caput* deste artigo as atividades que possam trazer riscos para a saúde pública e/ou causem impacto ao meio ambiente.

Art. 2.º O prazo de noventa dias, a que se refere o *caput* do artigo anterior, fica denominado 'Regime Especial de Funcionamento', em cujo período as microempresas se regerão pelas disposições da L. 2384/85.

Art. 3.º As despesas decorrentes da execução da presente lei correrão por conta de verbas próprias consignadas no orçamento.

Art. 4.º Esta lei entra em vigor na data de sua publicação, revogadas as disposições em contrário."

Por aí se verifica que o Legislativo determinou que as microempresas pudessem estabelecer-se de forma precária pelo prazo de 90 dias após permissão provisória de instalação. Durante esse período, tais empresas poderiam funcionar sem nada pagar e sem apresentação dos documentos necessários para a inscrição na repartição municipal competente. Criou, assim, o que ela mesma chamou de "Regime Especial de Funcionamento."

A forma e os prazos para a expedição das autorizações de funcionamento de empresas constituem atos administrativos concretos e específicos,[1] típicos do Executivo Municipal, que os pratica através de decretos e de outros diplomas inferiores.

Não pode a Câmara impor ao Prefeito – autoridade que deve fiscalizar as tais empresas – que permita a instalação delas sob um "regime especial de funcionamento", à revelia das normas comuns da Administração.

Assim agindo, o Poder Legislativo invadiu a esfera de atribuições do Executivo, a quem cabia a iniciativa da projeto que diz respeito a matéria ligada ao funcionamento da Administração, com o que afrontou-se o art. 5.º da Constituição do Estado, o qual consagrou o princípio da independência e harmonia dos Poderes.

Por tais motivos, julga-se procedente a ação, providenciando-se as comunicações de direito.

José Osório.

---

1. Hely Lopes Meirelles, *Direito Municipal Brasileiro*, 10.ª ed., 1998, p. 543.

Observação:

O requerente só argumentou em torno da lei tributária e da lei orçamentária. Esta última é matéria estranha.

A questão tributária não é tão relevante no caso presente.

A questão grave é a invasão na esfera administrativa, tema não abordado.

Contudo, é possível a abordagem, pois já decidiu o Plenário do STF, v.u.:

"Mas verificado, agora, que outros vícios maculam a Lei impugnada, nada impede que a inconstitucionalidade seja declarada com base neles, pois, como é corrente na Jurisprudência da Corte, a causa de pedir articulada na Ação Direta de Inconstitucionalidade não vincula o Tribunal, que pode recusá-la, mas invocar outra que lhe parecer adequada, já que se trata de processo objetivo e não entre partes que possam ficar prejudicadas com essa alteração" – ADIn 838-DF, rel. Sydney Sanches, *RTJ* 168/743, j. 13.08.98.

Compreende-se que assim seja: se o Tribunal chega à conclusão que a lei sofre do grave vício, não deve e não pode deixá-la produzindo efeitos. Tem de extirpá-la.

AÇÃO DIRETA DE INCONSTITUCIONALIDADE N. 59.341.0/2-00

ACÓRDÃO

Vistos, relatados e discutidos estes autos de Ação Direta de Inconstitucionalidade de Lei n. 059.341-0/2-00, da Comarca de São Paulo, em que é requerente o Prefeito do Município de Itapeva, sendo requerido o Presidente da Câmara Municipal de Itapeva:

ACORDAM, em Órgão Especial do Tribunal de Justiça do Estado de São Paulo, por maioria de votos, julgar procedente a ação, de conformidade com o relatório e o voto do Relator, que ficam fazendo parte integrante do presente julgado.

Participaram do julgamento os Desembargadores Márcio Bonilha (Presidente), Cuba dos Santos, Viseu Júnior, Álvaro Lazzarini, Luiz Tâmbara, Flávio Pinheiro, Gildo dos Santos, Ângelo Gallucci, Sinésio de Souza, Jarbas Mazzoni, Olavo Silveira e Barbosa Pereira, vencedores; Oetterer Guedes, Gentil Leite, Dante Busana, Denser de Sá, Mohamed Amaro, Fonseca Tavares (relator sorteado, com declaração de voto), Paulo Shintate, Fortes Barbosa, Vallim Bellocchi e Theodoro Guimarães, vencidos.

São Paulo, 24 de maio de 2000.

Márcio Bonilha, Presidente.

José Osório, Relator designado.

EMENTA

Ação direta de inconstitucionalidade. Lei tributária. Isenção de 25% do IPTU para investimento em modalidades esportivas. Violação do princípio de independência entre os Poderes. Ação procedente.

VOTO

Adota-se o relatório de fls., a saber:

"Cuida-se de ação direta de inconstitucionalidade ajuizada pelo Prefeito do Município de Itapeva visando à suspensão dos efeitos da Lei n. 1251, de 3 de agosto de 1998, que instituiu a campanha 'adote uma modalidade esportiva' e deu outras providências, concedendo abatimento de até 25% (vinte e cinco por cento) para pessoas físicas e jurídicas que investirem no desporto local.

Em suma, alega o Sr. Prefeito que a inconstitucionalidade está fundada na afronta ao princípio da independência e separação dos poderes, bem como pela falta de indicação ou menção aos recursos necessários a fazerem face aos gastos aumentados ou criados (fls.).

O pedido de liminar foi deferido (fls.).

Prestadas as informações de estilo, a douta Procuradoria-Geral de Justiça manifestou-se pela improcedência do pedido (fls.).

A Procuradoria-Geral do Estado, citada na forma do R.I.T.J.S.P, informou não ter interesse na defesa do ato impugnado (fls.).

É o relatório."

1 – Julga-se procedente a demanda, *data venia* do Sr. Relator.

Isenção de tal amplitude de imposto de tanta importância para a Administração Pública revela, à primeira vista, a ingerência da Câmara nos assuntos do Executivo, que poderá ver inviabilizados os pagamentos a que está obrigado.

Nem foi por outro motivo que o então Presidente Dirceu de Mello concedeu a liminar na presente ação.

2 – A matéria é conhecida deste Plenário, e este Relator segue a corrente que entende que leis benéficas de natureza tributária dependem de iniciativa do Executivo.

Assim já foi dito por este Relator:

"Trata-se de matéria tributária e não se ignora forte corrente jurisprudencial a entender que a iniciativa de leis que versem o tema seja da competência concorrente do Executivo e do Legislativo. Isto porque a Constituição Federal de 1988 não reproduziu a exigência constante do disposto nos artigos 13, inciso III, e 200 da Emenda 1/69. Da mesma forma, a Constituição Estadual de 1989 não incluiu expressamente a matéria tributária no rol daquelas de iniciativa exclusiva do Executivo – art. 24, § 2.º, 1 a 6, e art. 174, I a III".

3 – A questão, contudo e *data venia* das opiniões em contrário, precisa ser examinada em função do princípio maior da independência e harmonia dos Poderes, consagrado no art. 5.º da Constituição Estadual.

Mais importante do que uma interpretação meramente literal e restritiva do texto legal é a análise da coerência do sistema constitucional.

Uma lei tributária de origem exclusiva do Legislativo, que conceda insenção de tributo – como acontece no caso dos autos – irá refletir gravemente na atuação do Executivo, que poderia até mesmo inviabilizar-se por inteiro. Segundo o autor, a arrecadação do IPTU poderá reduzir-se em até 70%.

Em tese – e é assim que se examina a ação direta de inconstitucionalidade – o Legislativo poderá paralisar o Executivo.

Por outro lado, o reconhecimento da privatividade da iniciativa do Executivo nesse campo não vai atingir a independência do Legislativo, que sempre poderá rejeitar o projeto do Executivo.

4 – Este Plenário, em julgamentos recentes – ADINs 45.251.0/4 e 46.452.0/9, Relator Luiz Tâmbara, consagrou a tese da privatividade do Executivo para a iniciativa de leis tributárias benéficas.

Constou da ementa:

> "Matéria tributária relativa a benefício que afeta o orçamento do Município, pois implica em renúncia de receita fiscal. Iniciativa da lei reservada ao Executivo. Usurpação de atribuições do Chefe do Executivo. Inconstitucionalidade. Violação do disposto nos arts. 5.º, 47, incisos XI e XXVII, 144, I, e 174 da Constituição do Estado de São Paulo."

O acórdão transcreve lúcida lição do Professor Roque Antonio Carrazza, a saber:

> "Em matéria tributária prevalece o art. 61 da Constituição Federal: a iniciativa das leis tributárias é ampla, cabendo a qualquer membro do Legislativo, ao Chefe do Executivo, etc. Este raciocínio vale para as leis que criam ou aumentam tributos. Não, entretanto, para as que concedem isenções tributárias, parcelam débitos fiscais, aumentam

> prazos para o normal recolhimento dos tributos, etc. Continua a ter a iniciativa privativa de tais leis, segundo pensamos, o Chefe do Executivo (Presidente, Governador ou Prefeito). É que as leis tributárias benéficas, quando aplicadas, acarretam diminuição de receita. Ora, só o Chefe do Executivo – senhor do Erário e de suas conveniências – reúne condições objetivas para aquilatar os efeitos que produzirão nas finanças públicas locais. Assim, nada pode ser alterado, nesta matéria, sem sua prévia anuência. Chegamos a esta conclusão, analisando os dispositivos constitucionais que tratam das Finanças Públicas, especialmente os arts. 165 e 166 da Lei Maior, que dão ao Chefe do Executivo a iniciativa das leis que estabelecem os orçamentos anuais. Notemos que o § 6.º do art. 165 da CF determina que o projeto de lei orçamentária seja 'acompanhado de demonstrativo regionalizado do efeito, sobre as receitas e despesas, decorrente de isenções, anistias, remissões, subsídios e benefícios de natureza financeira, tributária e creditícia'. Logo, só o Chefe do Executivo é que pode apresentar projetos de leis tributárias benéficas, porquanto só ele pode saber dos efeitos das isenções, anistias, remissões, subsídios e benefícios de natureza tributária. Os legisladores e cidadãos têm, quando muito, apenas a noção das conseqüências políticas das leis tributárias benéficas. Não podem, pois, apresentar projetos de lei nesse sentido."[2]

5 – Com efeito, a interpretação restritiva que se tem dado ao art. 24, § 2.º, da C.E., não se justifica.

Os argumentos *a contrario* ou a parêmia *inclusio unius, exclusio alterius* são vistos com muita reserva pela Doutrina.

Eis o ensinamento de Francesco Ferrara:

> "O argumento *a contrario* é um meio de dedução e de desenvolvimento da lei que deve empregar-se cautamente, pois nem toda vez que o legislador exprime uma norma para um caso determinado, ou a título de exemplo, se pode formular para os outros casos não compreendidos a regra inversa, antes é certo que nisso mesmo se funda a interpretação extensiva, ao elevar-se dos casos particulares a um princípio geral.

2. *Curso de Direito Constitucional Tributário*, Malheiros Editores, 6.ª ed., 1994, p. 185/6.

Para nos servirmos de um argumento *a contrario*, havemos de estar seguros de que a norma em que nos baseamos deve valer só para os casos enunciados pela lei; há que mostrar-se que a disposição é estabelecida exclusivamente em vista daquelas relações, coisas ou pessoas que exigem especial disciplina."[1]

E o de Carlos Maximiliano:

"Os brocardos acima (*inclusio unius, exclusio alterius* e *ubi lex voluit dixit, ubi noluit tacuit*) formam a base do argumento *a contrario*, muito prestigioso outrora, malvisto hoje pela doutrina, pouco usado pela jurisprudência. Do fato de se mencionar uma hipótese não se deduz a exclusão de todas as outras [...]. Ali caberia a parêmia oposta: *positio unius non est exclusio alterius*".[2]

Diante do exposto, julga-se procedente a presente ação, providenciando-se as comunicações de estilo.

José Osório.

Fonte: Arquivo pessoal e TJSP

❖❖❖

AÇÃO DIRETA DE INCONSTITUCIONALIDADE N. 060.442-0/6-00

ACÓRDÃO

Vistos, relatados e discutidos estes autos de Ação Direta de Inconstitucionalidade de Lei n. 060.442-0/6-00, da Comarca de São Paulo, em que é requerente o Prefeito do Município de Ribeirão Preto, sendo requerido o Presidente da Câmara Municipal de Ribeirão Preto:

ACORDAM, em Órgão Especial do Tribunal de Justiça do Estado de São Paulo, por votação unânime, julgar procedente a ação, de conformidade com o relatório e voto do Relator, que ficam fazendo parte integrante do presente julgado.

Participaram do julgamento os Desembargadores Márcio Bonilha (Presidente), Nigro Conceição, Oetterer Guedes, Cuba dos Santos, Luís de

---

1. *Interpretação e Aplicação das Leis*. Tradução de Manuel A. D. Andrade, Coimbra, 1978, p. 153/4.
2. *Hermenêutica e Aplicação do Direito*, Forense, 1981, p. 243.

Macedo, Hermes Pinotti, Gentil Leite, Álvaro Lazzarini, Dante Busana, Denser de Sá, Luiz Tâmbara, Fonseca Tavares, Paulo Shintate, Borelli Machado, Flávio Pinheiro, Gildo dos Santos, Fortes Barbosa, Ângelo Gallucci, Sinésio de Souza, Theodoro Guimarães, Olavo Silveira, Andrade Cavalcanti e Ruy Camilo.

São Paulo, 09 de agosto de 2000.

Márcio Bonilha, Presidente.

José Osório, Relator.

EMENTA

Lei Municipal. Ação direta de inconstitucionalidade. Preceito prevendo realização de censo anual para fim determinado. Invasão da competência do Chefe do Executivo. Ação procedente.

VOTO

Trata-se de ação direta de inconstitucionalidade de lei promovida pelo Sr. Prefeito Municipal de Ribeirão Preto contra o Presidente da Câmara Municipal local.

Alega o requerente, em síntese, que a Câmara Municipal, por um de seus vereadores, apresentou o Projeto de Lei n. 50/97, que determina ao Município promover, anualmente, um censo para identificar o déficit habitacional da cidade; que tal norma resulta em regulamentação, com efeito concreto, de prestação de serviço público; que o projeto foi aprovado, e hoje há a L. 8217/98, que determina o retrocitado censo; que tal lei é inconstitucional, pois subtrai do Prefeito a atribuição de regulamentar a prestação de serviços públicos; que está havendo interferência do Legislativo no Executivo municipal, com afronta ao art. 5.º da CE; que a lei atacada imiscuiu-se em assunto que é da competência do Prefeito, conforme os arts. 59 e 71, II e IX, da Lei Orgânica Municipal; que foram frontalmente infringidos os arts. 37; 47, I, e 144 da C.E., bem como os arts. 2.º, 76, e 84, II, da CF; e que, assim, é de se declarar inconstitucional tal lei, desobrigando-se o Município de Ribeirão Preto da observância de qualquer um de seus dispositivos.

Pelo r. despacho de fls. foram solicitadas informações ao Sr. Presidente da Câmara Municipal de Ribeirão Preto e dispensada a citação do Dr. Procurador-Geral do Estado.

Em suas informações, diz a Câmara, preliminarmente, que o presente pedido é juridicamente impossível, devendo ser extinto o feito, sem julgamento de mérito; que a L. 8217/98 é ato administrativo concreto, cujo texto não se presta ao controle de constitucionalidade, inexistindo aspectos de abstração e generalidade que caracterizam o objeto idôneo da ação direta; que tal entendimento vem sendo consagrado pelo STF, conforme decisões que menciona; e que, assim, é de se acolher a presente preliminar. No mérito, aduz, em síntese, que a Lei Orgânica do Município confere ao Prefeito competência para o exercício do veto, quando um projeto de lei se revelar ilegal, inconstitucional ou contrário ao interesse público; que tal veto, entretanto, não implica a rejeição definitiva do projeto; que a Câmara pode aprovar o projeto de lei; que a presente lei nada tem de inconstitucional; que as normas aparentemente conflitantes comportam interpretação conciliatória, como pede a hermenêutica; que não há receio algum, com o cumprimento da lei atacada, de prejuízo grave ou de difícil reparação; que a lei é de interesse público; que o censo vai ser feito com a participação da COHAB-RP; que a Câmara é parte legítima e legalmente competente para deliberar sobre a matéria *sub judice*, por garantia expressa da Lei Orgânica Municipal; que o Município não foi contemplado pela Constituição como participante da competência concorrente, mas o art. 30, II, disciplina que poderá suplementar a legislação federal ou estadual, no que couber; que nenhum dos dispositivos constitucionais invocados pelo requerente foi infringido; e que, assim, é de se julgar improcedente a presente demanda.

A D. PGJ requer, preliminarmente, seja determinada a citação do d. Procurador-Geral do Estado, para defender, no que couber, a lei impugnada, nos termos do § 2.º do art. 90 da C.E. e art. 671 do RITJ. Quanto à preliminar de impossibilidade jurídica do pedido, suscitada pela Municipalidade, requer seu afastamento. No mérito, finalmente, é pela procedência da ação, posto que ofendidos os arts. 5.º e 47, II, da C.E., que são de observância obrigatória pelos municípios, por força do art. 144 dessa mesma Carta.

É o relatório.

O diploma tido como inconstitucional é a Lei Municipal n. 8.217/98, de Ribeirão Preto, que institui no Município o censo anual para identificar o "déficit" habitacional da cidade.

Trata-se, como se percebe pela simples leitura do texto, de típico ato de administração. Não foram traçadas normas gerais sobre a política municipal de habitações. Simplesmente ordenou-se que o Prefeito executasse o censo anual.

É verdade que o art. 1.º da referida Lei diz que o Executivo fica autorizado a realizar o censo. Mas o art. 5.º estabeleceu prazo de 90 dias para a regulamentação, o que deixa claro o caráter impositivo do diploma legal.

Além disso, como lembrado pelo parecer do Exmo. Procurador-Geral de Justiça, a lei meramente autorizativa não escapa do controle de constitucionalidade, como já decidiu o STF – *RTJ* 104/46, rel. Min. Néri da Silveira.

Observa-se ainda que o caráter administrativo do texto legal é reconhecido pelo próprio Presidente da Câmara Municipal que, em suas informações, levanta preliminar de impossibilidade jurídica do pedido porque a indigitada lei, "embora revestida da forma legal, constitui ato administrativo concreto [...]" - fls.

Houve, assim, violação do art. 5.º da Constituição do Estado, que consagrou o princípio da independência dos Poderes, pois houve invasão explícita da esfera de atribuições do Executivo.

Por tais motivos e adotando também os argumentos do parecer do Dr. José Roberto Garcia Durand, Exmo. Procurador-Geral de Justiça em exercício, inclusive quando ressalta a quantidade excessiva de diplomas inconstitucionais oriundos da Câmara Municipal de Ribeirão Preto, julga-se procedente a ação, providenciando-se as comunicações de direito.

José Osório.

Fonte: Arquivo pessoal e TJSP

AÇÃO DIRETA DE INCONSTITUCIONALIDADE N. 52.027.0/9

ACÓRDÃO

Vistos, relatados e discutidos estes autos de Ação Direta de Inconstitucionalidade de Lei n. 52.027-0/9, da comarca de São Paulo, em que é requerente a Procuradoria-Geral de Justiça, sendo requerido o Presidente da Câmara Municipal de Mairiporã:

ACORDAM, em Órgão Especial do Eg. Tribunal de Justiça do Estado de São Paulo, por maioria de votos, julgar procedente a ação, de conformidade com o relatório e voto do Relator, que ficam fazendo parte integrante do presente julgado.

Participaram do julgamento os Senhores Desembargadores Márcio Bonilha (Presidente), Luís de Macedo, Gentil Leite, Álvaro Lazzarini, Dante Busana, Borelli Machado, Flávio Pinheiro (com declaração de voto), Gildo dos Santos, Fortes Barbosa, Ângelo Gallucci, Sinésio de Souza, Theodoro Guimarães, Olavo Silveira, Ruy Camilo, vencedores, e Nigro Conceição (com declaração de voto), Oetterer Guedes, Cuba dos Santos, José Osório (com declaração de voto), Hermes Pinotti, Denser de Sá e Paulo Shintate, com votos vencidos.

São Paulo, 23 de agosto de 2000.

Márcio Bonilha, Presidente.

Fonseca Tavares, Relator.

DECLARAÇÃO DE VOTO VENCIDO

Data venia da D. Maioria, julgo improcedente a ação.

A inicial apóia-se em alguns preceitos da Constituição Estadual: arts. 1.º, 139 e segs., 111, 144 e 180, VII.

O art. 1.º é extremamente genérico e só diz que o Estado de São Paulo exerce as competências que não lhe são vedadas pela Constituição Federal.

Os arts. 139 e seguintes dizem respeito à segurança pública, não se vendo em que esses artigos sejam afrontados pelo auxílio prestado pelos particulares ao Poder Público. Só na Grande São Paulo são centenas de milhares de guardas particulares prestadores de serviços de segurança, convivendo normalmente com os agentes oficiais da ordem pública.

O art. 111 refere-se aos princípios gerais que regem a administração pública, particularmente os princípios da impessoalidade e da razoabilidade.

Não se nota, no caso, afronta a tais princípios. São onze (11) as leis tidas como inconstitucionais, todas iguais, estando claro que seu objetivo fundamental é de ordem urbanística, estabelecendo regras gerais para os diversos loteamentos cujas Associações de Moradores se disponham a assumir graves encargos, como, por exemplo: coleta de lixo domiciliar e depósito no próprio loteamento; serviço civil de bombeiros para combater o fogo, tão comum na região; pavimentação e calçamento; galerias de águas pluviais, serviços e obras para evitar a degradação do meio ambiente, serviços de segurança, etc.

O art. 144 é ainda mais genérico; refere-se à autonomia municipal e diz que os Municípios se organizarão por Lei Orgânica e devem obedecer às Constituições Federal e Estadual.

Na verdade, a presente ação funda-se no preceito do art. 180, VII, segundo o qual as áreas definidas em projeto de loteamento como áreas verdes ou institucionais não poderão, em qualquer hipótese, ter sua destinação, fim e objetivos originariamente estabelecidos alterados.

Esse artigo de lei exige interpretação teleológica e sistemática e não meramente literal.

Está ele inserido no Título VI, que trata da Ordem Econômica, e faz parte do Capítulo II, destinado exclusivamente ao Desenvolvimento Urbano.

Não pode, portanto, ser interpretado de forma contrária à sua finalidade.

Este Plenário, quando aplica tal norma, o faz com essa preocupação, ou seja, considerando inconstitucionais as leis municipais que desafetam áreas verdes e institucionais de loteamentos e as transformam em edifícios da Administração; ou as destinam a edifícios de sindicatos, clubes esportivos, etc.

Assim, a extensa jurisprudência do Plenário em torno do aludido inciso VII do art. 180 da C.E. não é pertinente ao caso dos autos.

Pertinente é o precedente na ADIn 47.068.0/3, referente ao Município do Guarujá, em que ação semelhante movida pelo Exmo. Procurador-Geral de Justiça foi julgada improcedente, por 13 votos contra 10.

No caso do Guarujá a questão era mais controvertida pois, além dos aspectos urbanístico e ambiental, estava em jogo o direito de acesso às praias.

Na presente hipótese, não existe praia e predominam sobranceiros os temas urbanístico e ambiental.

E quanto ao direito de ir e vir do cidadão, as leis ora impugnadas tiveram a cautela de estabelecer que "em nenhuma hipótese será proibido o trânsito de qualquer pessoa nas referidas áreas." – art. 4.º, § 1.º.

Convém lembrar que em São Paulo existem hoje centenas de ruas sem saída, com cancelas nas entradas. Qualquer pessoa pode entrar, desde que se identifique, por motivo de segurança.

O fundamental é lembrar que o Município de Mairiporã é *sui generis*, como está bem demonstrado nas exuberantes informações do requerido.

As terras são íngremes, cobertas pela Mata Atlântica.

Os loteamentos desenvolvem-se uns longe dos outros, impossível à Administração Pública fornecer adequadamente os serviços e equipamentos urbanos, particularmente os de segurança, coleta e depósito de lixo, conservação de vias e praças, prevenção de incêndios nas matas, dentre outros.

Tudo isso vem se desenvolvendo a contento nos loteamentos submetidos ao novo sistema.

O progresso urbanístico e ambiental é evidente, como se vê dos autos – retirada de entulho (fls.); combate a incêndio com recursos particulares; manutenção de Posto da Polícia Militar; conservação da flora e da fauna, riquíssimas na região.

A se manter o velho sistema, continuarão: as áreas verdes usadas como depósito de ferro velho (fls.); o desmatamento para extração de lenha (fls.); os loteamentos clandestinos e a invasão do Sistema Cantareira (fls.); e outras atrocidades.

Ora, a Mata Atlântica goza de proteção não só da Constituição Federal, mas especificamente da Constituição do Estado, em seu art. 196.

Pois bem. Se um Município, inserido todo ele na Mata Atlântica, estabelece para vários loteamentos normas urbanísticas que apontam rigorosamente no sentido da proteção ambiental e da melhoria da vida urbana, tais normas não podem ser tidas como inconstitucionais com base em um preceito (art. 180, VII) que tem por finalidade proteger os valores urbanísticos.

Assim, o precedente que se afina com o caso presente é mesmo o acórdão proferido na ADIn 47.068.0/3, em que se reconheceu não haver violação do referido dispositivo constitucional, ficando ainda assentado:

> "De outro lado, a outorga da concessão administrativa de uso dos bens públicos de uso comum integrantes do sistema viário interno e áreas verdes e institucionais dos loteamentos Praia Branca, Tijucopava, Sítio São Pedro, Iporanga e Praia de Taguaíba em favor das respectivas Associações de Moradores, para fins de conservação e preservação ambiental e para cumprimento das finalidades ambientais prescritas no art. 1. (art. 2.º), implicando no uso privativo dos bens públicos, observadas as normas constantes da lei e os requisitos estabelecidos no artigo 4.º, não fere o disposto no artigo 180, VI, da Constituição do Estado. Não se cuida de desafetação de bens públicos de uso comum, áreas verdes ou institucionais, senão de concessão administrativa de uso de tais bens, a título oneroso e sem desvio ou quebra da sua destinação originária, para fins de preservação e proteção do meio ambiente, tal como previsto nos artigos 180, inciso III, e 191, da Constituição do Estado. A concessão administrativa de uso de bens públicos para que o particular o conserve e o explore, de acordo com sua destinação específica, é defendida pela melhor doutrina [...]".

Veja-se também expressivo trecho do voto vencedor declarado do Des. Franciulli Netto:

> "Com efeito, a ação tem de ser enfocada segundo a natureza teleológica da lei ora examinada, voltada precipuamente à proteção das áreas de reserva da Mata Atlântica, já tão devastada pela mão humana, seja por incúria, mero comodismo ou imediatismo, seja por cobiça.
>
> Nessa linha de raciocínio, o meio ambiente, acima de tudo interessa à vida, que é o primeiro, fundamental e mais elementar dos direitos, cuja preservação antes de ser mero dever do Poder Público, através de seus entes (União, Estado e Município), é dever de todos os cidadãos.
>
> No atual estágio do Direito Administrativo, a ninguém é dado ignorar que a concessão de bens públicos para uso ou guarda de particulares,

mormente em contratos onerosos, além de respaldada juridicamente, é uma necessidade decorrente da situação de insolvência, que praticamente assola todos os órgãos de nossa Administração, muitos dos quais, se fossem empresas privadas, já teriam de há muito sofrido o decreto falimentar."

Por todo o exposto, *data venia* da D. Maioria, julgo improcedente a ação.

José Osório.

Fonte: Arquivo pessoal e TJSP

❖❖❖

AÇÃO DIRETA DE INCONSTITUCIONALIDADE N. 61.863.0/4-00

ACÓRDÃO

Vistos, relatados e discutidos estes autos de Ação Direta de Inconstitucionalidade de Lei n. 061.863-0/4-00, da Comarca de São Paulo, em que é requerente o Prefeito do Município de Dobrada, sendo requerido o Pre Sidente da Câmara Municipal de Dobrada:

ACORDAM, em Órgão Especial do Tribunal de Justiça do Estado de São Paulo, por votação unânime, rejeitar a matéria preliminar e julgar procedente a ação, de conformidade com o relatório e voto do Relator, que ficam fazendo parte integrante do presente julgado.

Participaram do julgamento os Desembargadores Márcio Bonilha (Presidente), Nigro Conceição, Cuba dos Santos, Luís de Macedo, Hermes Pinotti, Gentil Leite, Álvaro Lazzarini, Dante Busana, Denser de Sá, Luiz Tâmbara, Fonseca Tavares, Paulo Shintate, Borelli Machado, Flavio Pinheiro, Gildo dos Santos, Fortes Barbosa, Ângelo Gallucci, Sinésio de Souza, Theodoro Guimarães, Olavo Silveira, Ruy Camilo e Mattos Faria.

São Paulo, 23 de agosto de 2000.

Márcio Bonilha, Presidente.

José Osório, Relator.

EMENTA

Ação direta de inconstitucionalidade. Lei Municipal. Vinculação de arrecadação de imposto a pagamento de servidores. Preceito ligado à lei orçamentária. Violação da Constituição Estadual. Ação procedente.

VOTO

Trata-se de ação direta de inconstitucionalidade de lei, com pedido de liminar, promovida pelo Prefeito do Município de Dobrada contra o Presidente da Câmara Municipal local.

Alega o requerente, em síntese, que a Emenda n. 2/99, promulgada pela Câmara em 19.2.99, que altera o parágrafo 21 do art. 114 da Lei Orgânica do Município de Dobrada, é inconstitucional; que o artigo mencionado diz que "todos os valores arrecadados na categoria Receitas Correntes não vinculadas, no período do dia 5 do mês corrente ao dia 10 do mês subseqüente, serão destinados, obrigatoriamente, para o pagamento dos servidores públicos do Município de Dobrada"; que a Constituição Estadual, art. 176, IV, veda a vinculação de receita de impostos a órgão, fundo ou despesa, ressalvadas as permissões do art. 167, IV, da CF, e a destinação de recursos prevista no art. 218, par. 5.º, da Carta Magna; que os municípios não têm competência concorrente para legislar sobre orçamento, nos termos do art. 24, II, da CF; que a vinculação aqui ventilada evidencia caráter orçamentário; que a Administração Municipal tem seus compromissos financeiros, inadiáveis, que devem ser cumpridos, sob pena de comprometimento dos relevantes interesses da comunidade; que o art. 117 da C.E. faz ver outra inconstitucionalidade da emenda aqui atacada: ao Município se obriga pagar seus compromissos relativos ao fornecimento de bens, locações, dentre outros, na ordem cronológica das datas de suas exigibilidades, de acordo com o art. 5.º da L.F. 8666/93, com as alterações dadas pela L.F. 9648/98; que o descumprimento dessa obrigação acarreta à Administração Municipal sérios problemas perante o Tribunal de Contas do Estado; que o *fumus boni juris* e o *periculum in mora* estão fartamente comprovados; e que, assim, deve ser concedida a liminar pleiteada e, ao final, declarada inconstitucional a Emenda 2/99 do Município de Dobrada, nos termos do requerido.

A liminar foi deferida pelo r. despacho de fls., suspendendo-se a eficácia e a vigência da Emenda n. 2/99, do Município de Dobrada, até o julgamento definitivo da ação direta de inconstitucionalidade.

Pelo despacho de fls. foi dispensada a citação do Sr. Procurador-Geral do Estado, por se tratar de matéria de exclusivo interesse municipal.

Em suas informações, o Sr. Presidente da Câmara Municipal de Dobrada alega, preliminarmente, que há impossibilidade jurídica do pedido; que se pretende seja declarada inconstitucional a Emenda à Lei Orgânica Municipal, mas em face da Constituição da República, e não da Constituição Estadual; que a matéria é tratada exclusivamente pela CF, artigo 167; que em momento algum o autor diz que artigo da CE teria sido violado; que inexiste o controle concentrado de leis municipais por violação à CF; que o controle de constitucionalidade de leis com base na Carta Magna não é de competência deste Tribunal; que há farta jurisprudência a supeditar seus argumentos; e que, em face da impossibilidade jurídica do pedido, deve ser julgado extinto o pedido, sem julgamento de mérito, nos termos do art. 267, VI, do CPC. No mérito, alega, em síntese, que a Emenda 2/99 não padece de qualquer inconstitucionalidade; que o próprio art. 169, § 1.º, condiciona a concessão de qualquer vantagem ou aumento de remuneração, bem como a criação de cargos e funções, à prévia existência de dotação orçamentária; que o Município deve condicionar contratações de servidores à prévia existência de dotação orçamentária; que devem ser providos os recursos para honrar tais compromissos, sob pena de haver contratações sem a garantia do pagamento dos salários dos servidores; que há jurisprudência alicerçando sua argumentação; que só se pretende garantir aos servidores municipais o percebimento de seus salários em dia; e que, vencida a preliminar – algo em que não crê –, deve-se julgar improcedente a demanda.

O Exmo. Procurador-Geral de Justiça é pela rejeição da liminar e, no mérito, pela procedência da ação.

É o relatório.

A preliminar de impossibilidade jurídica do pedido é inconsistente, porquanto o autor fundou-se expressamente na Constituição Estadual.

Em relação ao mérito, a razão também está com o Sr. Prefeito.

Diz o texto acoimado de inconstitucional: "Todos os valores arrecadados na categoria Receitas Correntes não vinculadas, no período do dia 25 do mês corrente ao dia 10 do mês subseqüente, serão destinadaos obrigatoriamente para o pagamento dos servidores públicos do Município de Dobrada".

Assim dispondo, o referido preceito impõe destinação específica e obrigatória para a receita arrecadada em determinado período. Com isso, violada manifestamente o invocado texto do art. 176, IV, da Constituição Estadual, a saber:

> "Artigo 176. São vedados: [...] IV – A vinculação da receita de impostos a órgão, fundo ou despesa, ressalvadas as permissões previstas no art. 167, IV, da Constituição Federal, e a destinação de recursos para a pesquisa científica e tecnológica, conforme dispõe o art. 218, § 5.º, da Constituição Federal".

Observa-se ainda que o texto ora impugnado afeta diretamente a lei orçamentária, cuja iniciativa depende exclusivamente do Chefe do Poder Executivo, nos termos do art. 174, II, da Constituição do Estado.

Assim, também por vício de iniciativa, não pode subsistir a Emenda 2/99, promulgada pela Câmara Municipal de Dobrada, em 19.02.99, conforme muito bem demonstrado no parecer do Exmo. Procurador-Geral de Justiça, que é adotado nessa parte.

Ante o exposto, julga-se procedente a ação, determinando-se as comunicações de praxe.

José Osório.

Fonte: Arquivo pessoal e TJSP

❖❖❖

AÇÃO DIRETA DE INCONSTITUCIONALIDADE N. 62.978.0/6-00

ACÓRDÃO

Vistos, relatados e discutidos estes autos de Ação Direta de Inconstitucionalidade de Lei n. 062.978-0/6-00, da Comarca de São Paulo, em que é recorrente o Prefeito Municipal de Ribeirão Preto, sendo recorrido o Presidente da Câmara Municipal de Ribeirão Preto:

ACORDAM, em órgão Especial do Tribunal de Justiça do Estado de São Paulo, por votação unânime, julgar procedente a ação, de conformidade com o relatório e voto do Relator, que ficam fazendo parte integrante do presente julgado.

Participaram do julgamento os Desembargadores Márcio Bonilha (Presidente), Nigro Conceição, Cuba dos Santos, Luís de Macedo, Hermes Pinotti, Gentil Leite, Álvaro Lazzarini, Dante Busana, Denser de Sá, Luiz Tâmbara, Fonseca Tavares, Paulo Shintate, Borelli Machado, Flávio Pinheiro, Gildo dos Santos, Fortes Barbosa, Ângelo Gallucci, Sinésio de Souza, Theodoro Guimarães, Olavo Silveira, Andrade Cavalcanti, Ruy Camilo e George Menezes Gomes.

São Paulo, 30 de agosto de 2000.

Márcio Bonilha, Presidente.

José Osório, Relator.

EMENTA

Ação direta de inconstitucionalidade. Lei Municipal. Isenção de tarifa de transporte. Iniciativa de vereador. Invasão das atribuições do Prefeito. Ação procedente.

VOTO

Trata-se de ação direta de inconstitucionalidade de lei, promovida pelo Prefeito do Município de Ribeirão Preto, contra o Presidente da Câmara Municipal local.

Alega o requerente, em síntese, que a Lei Municipal n. 7692/97, promulgada pelo ora requerido, fere dispositivos da Constituição Estadual; que o Legislativo Municipal está pretendendo obrigar o Executivo a conceder aos integrantes da Banda Municipal Duque de Caxias gratuidade nos transportes coletivos urbanos; que o projeto de lei previa expressamente que a gratuidade devia abranger os serviços da TRANSERP, sociedade de economia mista, bem como as linhas exploradas por empresas permissionárias; que o projeto recebeu o veto total do Executivo, por motivo de inconstitucionalidade, mas tal veto foi rejeitado pela Câmara, e aprovada a lei; que o Legislativo está tratando de assuntos da órbita exclusiva do Executivo; que se está a agredir o art. 5.º da CE; que o Prefeito é o encarregado, constitucionalmente, de gerenciar a Administração Pública; que há vários acórdãos do E. TJSP que endossam a presente tese; que estão sendo violados, também, os arts. 120 e 159, par. único, da CE; e que, assim, é de se julgar procedente a demanda.

Não foi requerida liminar.

Em suas informações, a Câmara Municipal alega, preliminarmente, que não há na peça inaugural nenhuma menção atinente ao valor da causa, sendo esta carecedora de pressuposto processual imprescindível a sua regular tramitação regular, de acordo com o art. 258 do CPC; e que, assim, deve-se extinguir o feito, sem julgamento de mérito, com base em tal falha insanável; no mérito diz, em síntese, que a intenção do vereador proponente da matéria era autorizar os integrantes da Banda Marcial Municipal, quando devidamente fardados, a terem transporte gratuito no transporte coletivo urbano; que a banda é reconhecida por lei municipal sancionada pelo Prefeito e funciona para a Prefeitura, diuturnamente em seus eventos e festividades; que, se usufrui de seus serviços graciosamente, é justo, moral e necessário arque, a Municipalidade, com as despesas de locomoção de seus integrantes; que o requerente está a arvorar-se em defensor dos concessionários do transporte coletivo urbano do Município; que, desde a promulgação da lei ora questionada, os integrantes da banda prestam serviços à comunidade, através da Prefeitura Municipal, sendo certo que nunca ocorreu problema algum, e desde 14 de maio de 1997 eles desfrutam, justa e merecidamente, do transporte coletivo gratuito, quando a serviço da Municipalidade; que a banda representa o Município, tanto em outros municípios quanto em todas as solenidades e eventos oficiais da Municipalidade, de acordo com a Lei Municipal 6720/94; que é a Prefeitura Municipal de Ribeirão Preto quem proporciona o fardamento da banda, bem como a cessão dos instrumentos; que a L. Orgânica Municipal, art. 4.º, I, dá a legalidade da matéria deliberada pela Câmara Municipal quando outorga ao Legislativo a competência para legislar sobre assuntos de interesse local; que devem ser observados, ainda, os arts. 4.º, XVI, *a*; 8.º, *a*, I; 8.º, I e VI; e 38, do mesmo diploma legal; que a lei ora combatida é moral e constitucional; e que, assim, não tendo havido lesão alguma à Constituição do Estado, é de se desprover a presente ação.

O DD. Procurador-Geral de Justiça, a fls., entende que a lei municipal ora atacada afronta os arts. 24, § 2.º, 2.º; 120 e 159, parágrafo único, da Constituição Estadual, devendo a presente ação ser julgada procedente.

É o relatório.

A preliminar é inconsistente pois no controle abstrato de inconstitucionalidade não há valor econômico em jogo, não se podendo cogitar de valor da causa.

O diploma tido como inconstitucional é a Lei n. 7.692, de 14.05.97, de Ribeirão Preto, que estabelece gratuidade do transporte coletivo urbano para os integrantes da Banda Marcial Municipal "Duque de Caxias".

Diz seu art. 1.º:

> "Artigo 1.º Os integrantes da Banda Marcial Municipal 'Duque de Caxias', de Ribeirão Preto, quando fardados, gozarão de gratuidade nos transportes coletivos urbanos, explorados pelas permissionárias e empresa de transporte urbano de Ribeirão Preto S/A - TRANSERP".

Trata-se, portanto, de serviço público, sempre remunerado por tarifa, cuja fixação compete exclusivamente ao Poder Executivo, como está previsto de forma categórica no art. 120 da Constituição do Estado, a saber: "Art. 120. Os serviços públicos serão remunerados por tarifa previamente fixada pelo órgão executivo competente, na forma que a lei estabelecer".

Em harmonia que tal preceito, dispõe o art. 159 da mesma Constituição:

> "Art. 159. A receita pública será constituída por tributos, preços e outros ingressos.
>
> Parágrafo único. Os preços públicos serão fixados pelo Executivo, observadas as normas gerais de Direito Financeiro e as leis atinentes à espécie".

Tomando a iniciativa de dispor sobre a tarifa, a Câmara Municipal invadiu a esfera de atribuições do Executivo, violando também, de maneira frontal, o princípio da independência dos Poderes, consagrado pelo art. 5.º da Constituição Estadual.

Ante o exposto, julgam procedente a ação e declaram inconstitucional o referido diploma legal, providenciando-se as comunicações de praxe.

José Osório.

Fonte: Arquivo pessoal e TJSP

AÇÃO DIRETA DE INCONSTITUCIONALIDADE N. 63.106.0/5-00

ACÓRDÃO

Vistos, relatados e discutidos estes autos de Ação Direta de Inconstitucionalidade de Lei n. 063.106-0/5-00, da Comarca de São Paulo, em que é requerente o Prefeito do Município de Mogi das Cruzes, sendo requerido o Presidente da Câmara Municipal de Mogi das Cruzes:

ACORDAM, em Órgão Especial do Tribunal de Justiça do Estado de São Paulo, por maioria de votos, julgar procedente a ação, de conformidade com o relatório e o voto do Relator, que ficam fazendo parte integrante do presente julgado.

Participaram do julgamento os Desembargadores Márcio Bonilha (Presidente), Nigro Conceição, Djalma Lofrano, Cuba dos Santos, Hermes Pinotti, Gentil Leite, Álvaro Lazzarini, Dante Busana, Denser de Sá, Mohamed Amaro, Luiz Tâmbara, Fonseca Tavares, Borelli Machado, Gildo dos Santos, Fortes Barbosa, Ângelo Gallucci, Vallim Bellocchi, Sinésio de Souza, Theodoro Guimarães, Menezes Gomes, Olavo Silveira e Andrade Cavalcanti, vencedores, e Paulo Shintate, Relator sorteado, vencido, com declaração de voto.

São Paulo, 27 de setembro de 2000.

Márcio Bonilha, Presidente.

José Osório, Relator designado.

EMENTA

Ação direta de inconstitucionalidade. Lei tributária benéfica. Iniciativa do projeto cabente exclusivamente ao Prefeito. Afronta ao princípio da separação dos Poderes. Ação procedente.

VOTO

Adota-se integralmente o relatório de fls., a saber:

"Trata-se de Ação Direta de Inconstitucionalidade promovida pelo Prefeito Municipal de Mogi das Cruzes contra a Câmara Municipal de Mogi das Cruzes, alegando em resumo:

A lei municipal n. 4863, que deu nova redação aos preceitos constantes da Tabela II, item E, que integra a lei n. 1961, de 7.12.70 (Código Tributário do Município), decorrente de projeto de iniciativa de vereador, aprovação pela Câmara, veto total do Prefeito, rejeição do veto pela Câmara e promulgação pelo presidente da edilidade, diz o seguinte:

Art. 1.º Os valores expressos em percentuais de unidade fiscal constantes da Tabela II – item E, que integra a lei n. 1961, de 7.12.70 (Código Tributário Municipal), com a redação dada pelo artigo 2 da lei n. 2625, de 26.1.81, passam a vigorar com a seguinte redação:

Tabela II

'E'

Exercício do Comércio de Ambulantes por mês:

a) veículo de propulsão humana .... 15,12 UFIR's (Unidade Fiscal de Referência)

b) veículos automotores .... 50 UFIR's (Unidade Fiscal de Referência)

Artigo 2.º As despesas decorrentes da execução da presente lei correrão à conta das dotações orçamentárias próprias, suplementadas se necessário.

Artigo 3.º Esta lei entrará em vigor na data de sua publicação, produzindo efeitos a partir de 1.º de janeiro de 1999, revogando-se as disposições em contrário".

Essa lei reduziu drasticamente a tributação do exercício do comércio ambulante por veículo automotor.

Citada lei é inconstitucional por violar a competência privativa do chefe do Executivo, infringindo os artigos 5.º e 174 da Constituição Estadual.

A eficácia da lei impugnada foi suspensa por liminar deferida pelo eminente Presidente do Tribunal de Justiça, com efeitos *ex nunc*.

A Câmara Municipal de Mogi das Cruzes prestou informações sustentando a constitucionalidade do texto legal impugnado.

Citado, o Procurador-Geral do Estado manifestou-se declarando a ausência de interesse na defesa do texto impugnado, por se tratar de matéria de interesse exclusivamente local.

A douta Procuradoria-Geral de Justiça do Estado opinou pela improcedência da ação.

É o relatório."

No que diz respeito à matéria tributária, não se ignora corrente jurisprudencial a entender que a iniciativa de leis que versem o tema seja da competência concorrente do Executivo e do Legislativo. Isto porque a Constituição Federal de 1988 não reproduziu a exigência constante do disposto nos artigos 13, inciso III, e 200 da Emenda 1/69. Da mesma forma, a C.E./89 não incluiu expressamente a matéria tributária no rol daquelas de iniciativa exclusiva do Executivo – art. 24, § 2.º, 1 a 6, e art. 174, I a III.

A questão, contudo e *data venia* das opiniões em contrário, precisa ser examinada em função do princípio maior da independência e harmonia dos Poderes, consagrados no art. 5.º da Constituição Estadual.

Mais importante do que uma interpretação meramente literal e restritiva do texto legal é a análise da coerência do sistema constitucional.

Uma lei tributária de origem exclusiva do Legislativo que conceda isenções ou cancele tributos vai refletir gravemente na atuação do Executivo, que poderá até mesmo inviabilizar-se por inteiro.

Em suma, o Legislativo poderá paralisar o Executivo.

Por outro lado, o reconhecimento da privatividade da iniciativa do Executivo nesse campo não vai atingir a independência do Legislativo, que sempre poderá rejeitar o projeto do Executivo.

Este Plenário, em julgamento recente – ADIn 45.251.0/4, r. Luiz Tambara, consagrou a tese da privatividade do Executivo para a iniciativa de leis tributárias benéficas.

Constou da ementa:

> "Matéria tributária relativa a benefício que afeta o orçamento do Município, pois implica em renúncia de receita fiscal. Iniciativa da lei reservada ao Executivo. Usurpação de atribuições do Chefe do Executivo. Inconstitucionalidade. Violação do disposto nos artigos 5.º, 47, incisos, XI e XXVII, 144 e 174 da Constituição do Estado de São Paulo."

O acórdão transcreve lúcida lição do Prof. Roque Antonio Carrazza, a saber:

> "Em matéria tributária prevalece o art. 61 da Constituição Federal: a iniciativa das leis tributárias é ampla, cabendo a qualquer membro do Legislativo, ao Chefe do Executivo, etc. Este raciocínio vale para as leis que criam ou aumentam tributos. Não, entretanto, para as que concedem isenções tributárias, parcelam débitos fiscais, aumentam prazos para o normal recolhimento dos tributos, etc. Continua a ter a iniciativa privativa de tais leis, segundo pensamos, o Chefe do Executivo (Presidente, Governador ou Prefeito). É que as leis

tributárias benéficas, quando aplicadas, acarretam diminuição de receita. Ora, só o Chefe do Executivo - senhor do Erário e de suas conveniências - reúne condições objetivas para aquilatar os efeitos que produzirão nas finanças públicas locais. Assim, nada pode ser alterado, nesta matéria, sem sua prévia anuência. Chegamos a esta conclusão, analisando os dispositivos constitucionais que tratam das Finanças Públicas, especialmente os artigos 165 e 166, da Lei Maior, que dão ao Chefe do Executivo a iniciativa das leis que estabelecem os orçamentos anuais. Notemos que o § 6.º do artigo 165, da CF, determina que o projeto de lei orçamentária seja 'acompanhado de demonstrativo regionalizado do efeito, sobre as receitas e despesas, decorrente de isenções, anistias, remissões, subsídios e benefícios de natureza financeira, tributária e creditícia'. Logo, só o Chefe do Executivo é que pode apresentar projetos de leis tributárias benéficas, porquanto só ele pode saber dos efeitos das isenções, anistias, remissões, subsídios e benefícios de natureza tributária. Os legisladores e cidadãos têm, quando muito, apenas a noção das conseqüências políticas da leis tributárias benéficas. Não podem, pois, apresentar projetos de lei nesse sentido".[1]

Com efeito, a interpretação restritiva que se tem dado ao art. 24, § 2.º, da C.E. não se justifica.

Os argumentos *a contrario* ou a parêmia *inclusio unius, exclusio alterius* são vistos com muitas reservas pela Doutrina.

Eis o ensinamento de Francesco Ferrara:

"O argumento *a contrario* é um meio de dedução e de desenvolvimento da lei que deve empregar-se cautamente, pois nem toda vez que o legislador exprime uma norma para um caso determinado ou a título de exemplo, se pode formular para os outros casos não compreendidos a regra inversa, antes é certo que nisso mesmo se funda a interpretação extensiva, ao elevar-se dos casos particulares a um princípio geral.

Para nos servirmos de um argumento *a contrario*, havemos de estar seguros de que a norma em que nos baseamos deve valer só para os casos enunciados pela lei; há de mostrar-se que a disposição é

1. *Curso de Direito Constitucional Tributário*, Malheiros Editores, 6.ª ed., 1994, p. 185/186.

estabelecida exclusivamente em vista daquelas relações, coisas ou pessoas que exigem especial disciplina".[2]

E o de Carlos Maximiliano:

"Os brocardos acima (*inclusio unius, exclusio alterius* e *ubi lex voluit dixit, ubi noluit tacuit*) formam a base do argumento *a contrario*, muito prestigioso outrora, malvisto hoje pela doutrina, pouco usado pela jurisprudência. Do fato de se mencionar uma hipótese não se deduz a exclusão de todas as outras [...]. Ali caberia a parêmia oposta: *positio unius nos est exclusio alterius*".[3]

Após muita controvérsia, o Plenário firmou o entendimento segundo o qual, tratando-se de lei tributária benéfica, a iniciativa do respectivo projeto de lei cabe exclusivamente ao Prefeito, uma vez que a Administração poderia inviabilizar-se por ato unilateral do Legislativo, com afronta, portanto, ao princípio da separação dos Poderes, consagrado no art. 5.º da C.E.

Em julgamento de 09.08.00 – ADIn 60.644.0/8, rel. designado o Des. Luís Tâmbara, essa tese foi vitoriosa por 16 votos contra 7.

Em julgamento posterior, ADIn 59.102.0/2, r. Luís de Macedo, houve apenas cinco votos vencidos.

Ante o exposto, julga-se procedente a ação.

José Osório.

Fonte: Arquivo pessoal e TJSP

❖❖❖

MANDADO DE SEGURANÇA N. 075.686-0/3-00

ACÓRDÃO

Vistos, relatados e discutidos estes autos de Mandado de Segurança n. 075.686-0/3-00, da Comarca de São Paulo, em que é impetrante M.A.M., sendo impetrado o Governador do Estado de São Paulo:

ACORDAM, em Órgão Especial do Tribunal de Justiça do Estado de São Paulo, por votação unânime, conceder parcialmente a segurança, de

2. *Interpretação e Aplicação das Leis,* Trad. Manuel A. D. Andrade, Coimbra, 1978, p. 153/154.

3. *Hermenêutica e Aplicação do Direito*, Forense, 1981, p. 243.

conformidade com o relatório e voto do Relator, que ficam fazendo parte integrante do presente julgado.

Participaram do julgamento os Desembargadores Márcio Bonilha (Presidente, sem voto), Nigro Conceição, Djalma Lofrano, Cuba dos Santos, Luís de Macedo, Viseu Júnior, Hermes Pinotti, Gentil Leite, Álvaro Lazzarini, Dante Busana, José Cardinale, Denser de Sá, Mohamed Amaro, Paulo Shintate, Borelli Machado, Flavio Pinheiro, Gildo dos Santos, Fortes Barbosa, Ângelo Gallucci, Sinésio de Souza, Jarbas Mazzoni, Theodoro Guimarães e Menezes Gomes.

São Paulo, 14 de fevereiro de 2001.

Marcio Bonilha, Presidente.

José Osório, Relator.

VOTO

Delegado de Polícia. Demissão a bem do serviço público. Absolvição na órbita criminal. Prova de ausência de culpa. Segurança parcialmente concedida para reintegração no serviço público, sem efeitos pecuniários anteriores à impetração.

Trata-se de mandado de segurança impetrado por ex-delegado de polícia, demitido de seu cargo a bem do serviço público, contra o Governador do Estado.

A acusação, na órbita criminal, diz que, após acidente de veículo conduzido por suposto conhecido do impetrante – um vereador – e uma senhora, o delegado de polícia impetrante, para favorecer o edil, teria elaborado as declarações que aquela senhora prestou à Polícia, tendo-a levado a assinar papel em branco, que ele mesmo preencheu.

Naquela esfera, foi o ora impetrante absolvido, com base no art. 386, VI, do CPP.

Alega o impetrante, em síntese, que foi à casa de Dona. V., esta impossibilitada de se locomover, e lá tomou o depoimento dela, para evitar o sobrestamento do inquérito; que tomou, ainda, as declarações do Sr. G., condutor do veículo; que a autoridade condutora do inquérito resolveu por ela mesma não indiciar o Sr. G., já que as obras de reparo na rodovia onde houve o acidente estavam, mesmo, causando transtornos na região; que só nove meses após o sinistro, devidamente instruída por seu advogado, a vítima do acidente compareceu ao M. P. de Penápolis dizendo que assinou, a mando do ora impetrante, uma folha em branco; que tal queixa só foi prestada após o Sr. N. haver parado de prestar auxílio à vítima; que, mesmo ante a fragilidade das acusações, foi instaurada sindicância administrativa contra o ora impetrante; que, àquela época, o procedimento lhe foi francamente favorável, mas mesmo assim se opinou pela aplicação de penalidade administrativa a ele, que foi suspenso por oito dias; que, em seguida, foi instaurado outro procedimento administrativo, e lá foi ouvida a vítima, que entrou em contradição várias vezes; que ela asseverou que o condutor do veículo não estava embriagado; que mantinha com ele um relacionamento amoroso; que ele, impetrante, foi ouvido, e reiterou as afirmações de inocência que já havia feito, mostrando a lisura de seu procedimento; que, novamente, os depoimentos colhidos lhe são favoráveis; que, após uma nulidade no procedimento, e posterior aditamento de denúncia, reiniciou-se o procedimento administrativo, estando cada vez mais claro que Dna. V. estava querendo extorquir do Sr. G. vantagem econômica indevida; que ela até tentou induzir suas testemunhas para mentirem em juízo, para prejudicar a defesa do impetrante; que, na esfera criminal, foi absolvido por falta de provas; que foi injusta a sua demissão a bem do serviço público; que não obrou com má-fé; que há parecer favorável ao impetrante, da lavra do Professor Miguel Reale Júnior; que não incorreu em fato típico caracterizador do delito de falsidade ideológica; que, mesmo em face da absoluta inexistência de elementos fáticos ou jurídicos autorizadores da aplicação de qualquer penalidade administrativa, o impetrante foi ilegal e abusivamente demitido, a bem do serviço público; que o delito de que foi acusado, e que lastreou sua demissão, está previsto nos arts. 74, II, e 75, II, da L. Complementar 207/79; que inexistem provas de dolo do impetrante, mas sim de que foi envolvido em trama urdida pela Sra. V.; que, inexistindo o dolo, inexiste, *in casu*, o crime; que os pareceres que determinaram a aplicação da pena demissória carecem de fundamentação e de motivação; que o próprio despacho que determinou a instauração do procedimento administrativo é nulo, *ipso jure*; que não está revestido das formalidades previstas na LC 207, art. 115, não tendo demonstrado as razões de fato e de direito, nem a fundamentação exigida por lei para justificar a proposta demissória; que a própria assessoria do Governo ressaltou que o impetrante não agiu com má-fé; que não existe forma culposa para o delito aqui mencionado; que não poderia ter sido punido, como foi; que foi contrariado o art. 69 da LC 207/79; que não foram respeitados os arts. 4.º, 5.º, LVII, e 37, *caput*, da CF; que a Administração deveria ter instaurado o procedimento em 8 dias após o encerramento da sindicância administrativa, o que não ocorreu, em completo desrespeito ao art. 97, *caput*, da LC 207/79; que o prazo para a conclusão do processo também foi ultrapassado, pois era de 90 dias, e há muito se esgotou; que o art. 113 da CE prevê a fixação, por lei, de prazos para a prática de atos administrativos; que a mesma orientação é a da L. 10.177/98, que regula e disciplina o processo administrativo, em seu art. 3.º; que deve ser concedida a liminar e, ao fim, a segurança pretendida, para que se suspenda a demissão decretada, reintegrando-se o impetrante, como o recebimento dos vencimentos atrasados, devidamente corrigidos, retribuindo-se-lhe todo o prejuízo econômico que sofreu.

Foi indeferida a liminar (fls.).

A autoridade apontada como coatora prestou informações a fls., suscitando preliminares de inépcia da inicial e de inexistência de direito líquido e certo. No mérito, pugna pela denegação da ordem, alegando, em resumo, que a tramitação do processo disciplinar obedeceu aos termos dos dispositivos legais pertinentes; que o impetrante teve amplo direito de defesa, bem como foi respeitado o contraditório; que o Conselho da Polícia Civil entendeu que não restou comprovada a transgressão disciplinar a ele imputada, propondo sua absolvição; que o Sr. Delegado Geral de Polícia também propôs a absolvição do impetrante; que a Consultoria Jurídica da Pasta elaborou parecer propondo a demissão a bem do serviço público, e assim procedeu o Chefe do Executivo; que o ato administrativo atacado é plenamente válido; que seu motivo e causa estão plenamente justificados; que as provas produzidas no processo disciplinar são suficientes para comprovar a conduta ilícita atribuída ao impetrante; que a colheita de assinatura da vítima em papel em branco repercutiu na esfera de terceiro – o condutor do veículo acidentado; que o arquivamento do inquérito foi conseqüência disto; que o impetrante não procedeu de modo a dignificar a instituição à qual pertencia; que, como policial, ele tinha deveres morais e responsabilidades maiores, inerentes à própria dignidade da instituição; que a defesa apresentada não desconstituiu as provas coligidas, ficando confirmadas as imputações; que a absolvição, no âmbito criminal, em grau de apelação, em nada afeta o desfecho do processo administrativo disciplinar; que, embora absolvido por insuficiência de provas, não houve a negação dos fatos nem da autoria do ilícito; que tal situação não o exime do ilícito administrativo; que deve ser observado o art. 1.525 do CC; que as melhores Doutrina e Jurisprudência confirmam a tese da independência entre a órbita administrativa e a criminal; que, na esfera administrativa, a apreciação e avaliação do conjunto probatório se reveste de maior elasticidade, permitindo à Administração discricionariedade no enquadramento da falta cometida; que, no presente caso, o acusado, além da prática sujeita à punição criminal, foi indiciado por procedimento irregular de natureza grave, nos termos do art. 74, II, da L.C. 207/79; que não há irregularidades na portaria inicial; e que, assim, devem-se reconhecer as preliminares, decretada a carência da impetração, ou, no mérito, denegar-se definitivamente a segurança, por falta de amparo legal.

A D. P.G.J. é pela concessão da parcial da ordem, para se manter a demissão, excluída a expressão "a bem do serviço público".

É o relatório.

As preliminares de inépcia da inicial e de inexistência de direito líquido e certo são inconsistentes.

Como se pode ver dos autos, a alegada falta de documentos acompanhando a cópia da inicial, bem como os termos em que foi vazada, em momento algum prejudicaram a ampla defesa do impetrado.

O direito líquido e certo está, igualmente, caracterizado, não se havendo falar de suposta inexistência dos mesmos.

Toda matéria preliminar foi muito bem refutada pela D. Procuradora de Justiça, ficando adotados aqui os argumentos lançados em seu parecer para tal fim.

No mérito, entretanto, concede-se a segurança, parcialmente.

O impetrante, Delegado de Polícia, foi demitido a bem do serviço público, porque teria praticado crime de falsidade ideológica, ao pegar uma folha em branco e assinada por uma vítima de acidente de trânsito, Sra. V., e ter redigido o depoimento dela de forma a prejudicá-la, e a beneficiar o causador do acidente, vereador na cidade e que seria seu amigo.

O impetrante foi condenado em primeiro grau, mas sua apelação foi provida por este Tribunal, por acórdão da 6.ª Câmara, Relator Des. Gentil Leite, de 11 de novembro de 1999, considerados não provados aqueles fatos (fls.).

As Comissões da Polícia opinaram pela absolvição do impetrante no processo administrativo, mas a assessoria do Secretário de Segurança Pública concluiu pela sua responsabilidade (fls.), em parecer de 19 de abril de 1999, daí a demissão, a bem do serviço público, por decisão de 21 de janeiro de 2000 (fls.).

Ocorre que não existiu o fato tido como delituoso, ou seja, não houve a alegada falsificação.

É até possível que o impetrante tenha tomado apenas a assinatura de V. e redigido depois o depoimento, mas é certo que o conteúdo de tal depoimento é verdadeiro.

Tratava-se de caso muito simples: o cumprimento de uma precatória para depoimento de V., em razão de acidente em uma das pistas em construção da Rodovia Marechal Rondon.

Seguiam de carro, à noite, V. e G., o vereador, ao volante. Segundo V., haviam tomado – ela, G. e mais uma pessoa – cerca de quatro cervejas. Ingressaram – V. e G. – na pista interditada e caíram em um buraco, em frente a uma ponte, pois a enxurrada havia afastado a terra no local.

Ambos os ocupantes do veículo sofreram fraturas consideradas graves (fls.). Foram socorridos por dois vigias da empreiteira E.

O caso é considerado simples porque os acidentes eram muito freqüentes, e os delegados estavam habituados com eles.

O impetrante tomou o depoimento de V. na casa desta, uma residência supostamente muito humilde, pois a máquina de escrever foi apoiada sobre uma máquina de costura velha (fls.).

O acidente se deu em 28 de janeiro, e o depoimento foi tomado em 16/3/94.

A afirmação de V., de que o depoimento escrito pelo impetrante não corresponde à verdade, é inteiramente improcedente.

Naquele momento, V. mantinha boas relações com G. (como se lê a fls., nas declarações da própria V., ela estava saindo com G. pela terceira vez), que lhe fornecia assistência material durante a convalescença.

Ambos foram parceiros também de infortúnio, pois ambos foram vítimas do acidente.

A desavença só ocorreu cerca de oito meses após o acidente, quando G. deixou de prestar a V. assistência material. Só então esta entendeu de procurar o Ministério Público e fazer graves acusações contra G. Percebendo que seu depoimento não inculpava G., viu-se na contingência de acusar o delegado que lhe havia tomado o depoimento.

O conteúdo do depoimento (fls.) revela que estavam em velocidade normal, que o condutor não estava embriagado – como de fato não estava – e que não viu nenhuma sinalização de trânsito impedindo o ingresso em qualquer das pistas.

Como já foi dito acima, V. não podia, na ocasião, dizer algo diferente pois estava, então, de muito boas relações com seu parceiro de passeio e de infortúnio.

Até mesmo prova de que a folha foi entregue em branco ao impetrante, apenas assinada, ficou muito controvertida.

V. e as duas testemunhas – C. e M. – são pessoas de mínima escolaridade. A mãe da vítima é analfabeta. Os depoimentos são extremamente contraditórios e imprecisos.

M. chegou a dizer que V. lhe pedira para mentir em seu favor e contra o delegado.

A mãe de V., ora diz uma coisa, ora diz outra, e esteve de relações rompidas com a filha.

Outros depoimentos que aparecem são dos funcionários da E.

De depoimentos tão controvertidos e de pessoas de algum modo interessadas nos fatos, jamais se poderá concluir pela existência da prática de crime de falsidade ideológica.

Quanto à alegada amizade do impetrante com G., o vereador, nada se comprovou (isso foi atestado pelo Des. Gentil Leite, Relator do v. acórdão já mencionado, a fls.), a não ser que se conhecem de vista (fls. – depoimento de G.).

É também de fundamental importância observar que, quando do parecer opinando pelo decreto de demissão, a sentença condenatória ainda não havia sido reformada pelo Tribunal. E um dos fundamentos do parecer foi a existência de uma decisão condenatória – item 14 do parecer, fls.

Não se ignora que o Governador não está adstrito a pareceres das comissões processantes, como também não se ignora a independência das responsabilidades penal e administrativa, quando a absolvição se dá por ausência de prova. Aqui, entretanto, o caso é diferente, pois a prova pré-constituída apresentada pelo impetrante traz a certeza de que o fato, a falsidade ideológica, não existiu, e a simples assinatura em branco do depoimento, ainda que tivesse sido comprovada, consistiria em falha formal, longe de acarretar a gravíssima pena de demissão a bem do serviço público.

Por todo o exposto, vê-se que houve violação de direito líquido e certo do impetrante, pois lhe foi atribuída a prática de um ato que a Justiça Penal considerou não provado, e que também não foi provado administrativamente.

A concessão da segurança, contudo, é parcial, porquanto no âmbito do mandado de segurança o impetrante só faz jus aos vencimentos que se venceram a partir da data do ajuizamento do pedido, consoante dispõe o art. 1.º da L. 5021, de 9.6.66, devendo os outros efeitos patrimoniais serem buscados pelas vias próprias.

Por todos esses motivos, concede-se parcialmente a segurança, nos termos acima.

José Osório.

Fonte: Arquivo pessoal e TJSP

Observação:

Os mandados de segurança impetrados por servidores públicos em situações semelhantes eram indeferidos em sua imensa maioria, em razão da independência das esferas administrativa e penal, pois geralmente havia prova suficiente para a pena administrativa.

Neste caso, a aparência era a de mais um caso repetitivo, em que a probabilidade do deferimento da ordem era mínima.

A realidade, porém, era outra, como se viu do exame dos elementos de fato existentes nos autos. A dificuldade estava na interpretação desses elementos de fato.

Concedida a ordem pelo Plenário, por unanimidade, soube-se depois que uma pessoa que assistia ao julgamento retirou-se do recinto aos prantos.

AÇÃO DIRETA DE INCONSTITUCIONALIDADE N. 65.802.0/6-00

ACÓRDÃO

Vistos, relatados e discutidos estes autos de Ação Direta de Inconstitucionalidade de Lei n. 065.802-0/6-00, da Comarca de São Paulo, em que é requerente o Procurador-Geral de Justiça do Estado de São Paulo, sendo requerido o Presidente da Câmara Municipal de Taguaí:

ACORDAM, em Órgão Especial do Tribunal de Justiça do Estado de São Paulo, por votação unânime, julgar procedente a ação, de conformidade com o relatório e o voto do Relator, que ficam fazendo parte integrante do presente julgado.

Participaram do julgamento os Desembargadores Márcio Bonilha (Presidente), Nigro Conceição, Luís de Macedo, Viseu Júnior, Hermes Pinotti, Gentil Leite, Álvaro Lazzarini, Dante Busana, Denser de Sá, Mohamed Amaro, Luiz Tâmbara (com declaração de voto), Paulo Shintate, Borelli Machado, Flávio Pinheiro, Gildo dos Santos, Fortes Barbosa, Vallim Bellocchi, Sinésio de Souza, Theodoro Guimarães, Menezes Gomes, Andrade Cavalcanti, Mattos Faria e Ruy Camilo.

São Paulo, 24 de março de 2001.

Márcio Bonilha, Presidente.

José Osório, Relator.

EMENTA

Ação direta de inconstitucionalidade. Lei Municipal n. 657/97, de Taguaí, que dispõe sobre o Sistema Tributário do Município, instituindo taxas sobre serviços públicos universais. Impossibilidade. Ação procedente em parte.

VOTO

Trata-se de ação direta de inconstitucionalidade de lei, promovida pelo Procurador-Geral de Justiça do Estado de São Paulo, contra o Presidente da Câmara Municipal de Taguaí.

Alega o D. Procurador-Geral, em síntese, que a Lei Municipal n. 657/97, do Município de Taguaí, promulgada pela Câmara Municipal local, e que dispõe sobre o Sistema Tributário do Município e dá outras providências, instituindo taxas de serviços públicos, ofende a Constituição Estadual; que foram instituídas uma taxa de conservação de vias e logradouros públicos, uma taxa de coleta de lixo, uma taxa de combate a incêndio e uma taxa de iluminação pública; que elas podem ser lançadas juntamente com o imposto imobiliário, sendo contribuintes das mesmas os proprietários, titulares do domínio ou possuidores de imóveis alcançados ou beneficiados pelos serviços;

que tais taxas têm como fato gerador a prestação de serviços de conservação de vias e logradouros públicos, combate a incêndio e iluminação pública; que a prestação de tais serviços não está direta e imediatamente referida a alguém; que esses serviços não beneficiam apenas os moradores de uma rua por ele atendidos, nem são implantados apenas para isso, tratando-se de questão relativa à segurança, saúde e higiene pública, cuja responsabilidade é do Poder Público; que devem ser rigorosamente observados os arts. 144 e 160, II e § 2.º, da C.E., pois foram agredidos; e que, assim, devem ser declarados inconstitucionais os arts. 80, I, III e IV, e 85 a 93 da L. Complementar 657/97 do Município de Taguaí.

Não foi requerida liminar.

Pelo despacho de fls., dispensou-se a citação do Procurador-Geral do Estado e se solicitaram informações do Sr. Presidente da Câmara Municipal.

Solicitadas as informações (fls.), deixou de se manifestar a Câmara (fls.).

O DD. Procurador-Geral de Justiça, a fls., sustenta o provimento da ação.

É o relatório.

A ação procede, em parte.

É tema tranqüilo na Doutrina e na Jurisprudência que somente os serviços públicos específicos, singulares, de utilização individual, podem ser objeto de taxa.

Veja-se, por todos, Roque Antonio Carrazza:

> "Os serviços públicos gerais, ditos também universais, são os prestados *uti universi*, isto é, indistintamente a todos os cidadãos. Eles alcançam a comunidade, como um todo considerada, beneficiando número indeterminado (ou, pelo menos, indeterminável) de pessoas. É o caso dos serviços de iluminação pública, de segurança pública, de diplomacia, de defesa externa do País, etc. Todos eles não podem ser custeados, no Brasil, por meio de taxas, mas sim das receitas gerais do Estado, representadas, basicamente, pelos impostos.
>
> Já os serviços públicos específicos, também chamados de singulares, são os prestados *uti singuli*. Referem-se a uma pessoa ou a um número determinado (ou, pelo menos, determinável) de pessoas. São de utilização individual e mensurável. Gozam, portanto, de divisibilidade, é dizer, da possibilidade de avaliar-se a utilização efetiva ou potencial, individualmente considerada. É o caso dos serviços de telefone, de

transporte coletivo, de fornecimento domiciliar de água potável, de gás, de energia elétrica, etc. Estes, sim, podem ser custeados por meio de taxa de serviço" (p. 6 destes autos).

No caso dos autos, vê-se que a Lei Municipal n. 657, de 3.12.97, de Taguaí, em seus arts. 80, 85 e 89, institui taxas de iluminação pública, de conservação de vias e logradouros públicos, de vigilância e de prevenção de incêndios. Instituiu também a taxa de coleta de lixo.

Todos os serviços, com exceção daqueles referentes à última taxa mencionada, beneficiam o conjunto dos munícipes, ou o conjunto dos habitantes de uma certa região, e não comportam a incidência de taxas que vão ser pagas apenas por contribuintes determinados - os proprietários de determinados terrenos.

Além disso, essas taxas estão sendo calculadas não em função dos custos dos serviços prestados, e sim em razão do metro linear de testada do terreno principal (para as taxas de conservação de vias e logradouros públicos e de iluminação pública); e em razão do metro quadrado edificado (para a taxa de combate a incêndio).

Isso significa que essas taxas apresentam a mesma base de cálculo que serve para o IPTU, o que não é viável, como assentado há décadas no Direito Brasileiro.

Quanto à taxa de coleta de lixo, há considerar-se que o serviço é divisível, sendo certo que se previu cobrança de 0,20 UFIR por metro quadrado edificado, curial entender-se que, quanto maior a edificação, maior será a quantidade de lixo produzido.

Nesse sentido a orientação recente do STF, conforme se vê do voto declarado do Des. Luiz Tâmbara, no qual a matéria está bem desenvolvida.

Ante o exposto, julga-se procedente em parte a ação, nos termos acima, ficando decretada a inconstitucionalidade dos arts. 80, I, III e IV, e 85, 86, 89, 90, 91, 92 e 93, da Lei Complementar n. 657/97, do Município de Taguaí, comunicando-se a Câmara Municipal para os fins de direito.

José Osório.

Fonte: Arquivo pessoal e TJSP

AÇÃO DIRETA DE INCONSTITUCIONALIDADE N. 68.390.0/6-00

ACÓRDÃO

Vistos, relatados e discutidos estes autos de Ação Direta de Inconstitucionalidade de Lei n. 068.390-0/6-00, da Comarca de São Paulo, em que é requerente o Prefeito do Município de Guarulhos, sendo requerido o Presidente da Câmara Municipal de Guarulhos:

ACORDAM, em Órgão Especial do Tribunal de Justiça do Estado de São Paulo, por votação unânime, julgar procedente a ação, de conformidade com o relatório e voto do Relator, que ficam fazendo parte integrante do presente julgado.

Participaram do julgamento os Desembargadores Márcio Bonilha (Presidente), Nigro Conceição, Luís de Macedo, Viseu Júnior, Hermes Pinotti, Gentil Leite, Álvaro Lazzarini, Dante Busana, Denser de Sá, Mohamed Amaro, Luiz Tâmbara, Paulo Shintate, Borelli Machado, Flávio Pinheiro, Gildo dos Santos, Fortes Barbosa, Vallim Bellocchi, Sinésio de Souza, Theodoro Guimarães, Menezes Gomes, Andrade Cavalcanti, Mattos Faria e Ruy Camilo.

São Paulo, 28 de março de 2001.

Márcio Bonilha, Presidente.

José Osório, Relator.

EMENTA

Ação direta de inconstitucionalidade. Programa de garantia de renda familiar. Proposta encaminhada pelo Poder Legislativo, vetada em parte pelo Prefeito Municipal. Infração aos arts. 5.º e 176, IV, da Constituição Estadual. Ação procedente.

VOTO

Trata-se de ação direta de inconstitucionalidade do art. 4.º da L. n. 5.399/99, promovida pelo Prefeito Municipal de Guarulhos contra o Presidente da Câmara Municipal.

Alega o autor, em síntese, que, com a finalidade de instituir programa de garantia de renda familiar, o Poder Legislativo encaminhou ao Chefe do Executivo, para fusão, os Projetos de Lei n. 105 e 544, ambos do ano de 1995; que, após tramitação regular, o autor opôs-lhes veto parcial, com base no art. 44, § 1.º, c.c. art. 63, VII, da L. Orgânica do Município de Guarulhos; que a promulgação da L. 5.399/99, pela Câmara Municipal de Guarulhos, contém vício de inconstitucionalidade em seu artigo 4.º, como bem demonstrado nas razões do veto parcial; que se está a ferir o art. 167, IV, da C.E., posto que se impõem sérias restrições à atuação administrativa;

que se está a tratar do princípio da não vinculação da receita de impostos; que foram infringidos os arts. 158 da CF e 176, IV, da C.E.; que se contrariou, também, o art. 144 da C.E.; que a lei atacada restringe a autonomia financeira do Município, agredindo sua Lei Orgânica e infringindo o princípio da independência e harmonia dos Poderes; que a melhor Doutrina lhe é favorável; e que, assim, é de se conceder a liminar e, ao final, julgar-se procedente a ação.

A liminar foi deferida, suspensos os efeitos do artigo de lei atacado, até o julgamento da ação (fls.).

Contra tal decisão, a Câmara Municipal de Guarulhos interpôs agravo regimental (fls.), ao qual, por votação unânime, se negou provimento (fls.).

Prestou informações a Câmara (fls.), alegando, em síntese, que a lei atacada foi elaborada com estrita observância da Constituição Federal; que foram obedecidos os arts. 38, 329, III e IV, da L. Orgânica do Município de Guarulhos; que também se atendeu ao disposto nos arts. 6.º; 7.º, XXXIII, da CF; que a lei tem escopo social; que a Câmara apenas exercitou seu mister de legislar, como determina o art. 44, *caput* e § 1.º, da L. Orgânica; que a lei é absolutamente constitucional; e que, por tais razões, é de se julgar improcedente a ação.

O DD. Procurador-Geral de Justiça é pela procedência da ação, entendendo que há afronta aos arts. 5.º e 176, IV, da Constituição Estadual.

É o relatório.

A ação procede.

Diz o art. 4.º da L. 5359/99: "Os recursos para suportar o PGRFM serão consignados em dotação orçamentária no Orçamento Municipal, em percentagem nunca inferior a 1% da receita resultante de impostos, compreendida a proveniente de transferência".

O Programa de Garantia de Renda Familiar Mínima, do Município de Guarulhos, foi aprovado pelo Poder Executivo local, à exceção do art. 4.º da mencionada lei (fls.), aqui acoimado de inconstitucional.

Nas razões do veto, a fls., está dito, quanto à inconstitucionalidade do artigo vetado:

> "6. [...] o dispositivo em evidência é de manifesta inconstitucionalidade, pois, ao se proceder a sua elaboração legislativa, a mesma se fez em desconformidade às regras e princípios constitucionais e infraconstitucionais de observância obrigatória.
>
> 7. Com efeito, não obstante [...] o bem elaborado e louvável projeto de lei de autoria dos nobres Edis, alicerçado pelas suas justificativas, constata-se haver, no presente caso, [...] vícios insanáveis, principal-

mente ao determinar a vinculação de receitas e impostos à realização do PGRFM, [o que] viola de forma flagrante e inconteste o quanto disposto no artigo 167, IV, da Constituição Federal, repisado no art. 176, IV, da Constituição do Estado de São Paulo e no art. 329, IV, da Lei Orgânica do Município de Guarulhos.

7.1. Dispõe o art. 167, IV, da Constituição Federal, *verbis*:

'Art. 167. São vedados:

IV – a vinculação de receita de impostos a órgão, fundo ou despesa, ressalvada a repartição do produto da arrecadação dos impostos a que se referem os arts. 158 e 159, a destinação de recursos para manutenção e desenvolvimento do ensino, como determinado pelo art. 212, e a prestação de garantias às operações de crédito por antecipação de receita, previstas no art. 165, § 8.º, bem assim o disposto no § 4.º deste artigo;'

7.2. A Constituição do Estado de São Paulo, a seu turno, estabelece em seu artigo 176, IV:

'Art. 176. São vedados:

IV – a vinculação de receita de impostos a órgão, fundo ou despesa, ressalvadas as permissões previstas no art. 167, IV, da Constituição Federal, e a destinação de recursos para a pesquisa científica e tecnológica, conforme dispõe o art. 218, § 5.º, da Constituição Federal;'

[...]

8. Diante desses aspectos, ainda que atenda metas e objetivos meritórios, o Projeto encontra óbice legal intransponível, já que eivado pelo vício de inconstitucionalidade, posto que, ao estabelecer, em seu art. 4.º, a vinculação de impostos para dar o necessário suporte a despesas que dele decorrerão, a propositura conflita de maneira flagrante com a vedação constitucional estatuída no art. 167, IV, da Constituição Federal e art. 176, IV, da Constituição do Estado de São Paulo."

Está com a razão o Sr. Prefeito.

O dispositivo vetado, aqui atacado, afronta, como bem notou o Exmo. Procurador-Geral de Justiça, os arts. 5.º e 176, IV, da CE, de observação obrigatória pelos Municípios, conforme art. 144 da CE.

O Legislativo, dispondo sobre programa de renda mínima, exorbitou os limites de sua função, adentrando a seara do Executivo.

Instituir programas na área social é atribuição do Executivo, pois envolve a disposição de recursos orçamentários – também competência deste Poder (art. 174 e incisos, CE).

Sobre a possibilidade de vinculação de impostos para dar suporte a despesas decorrentes, *in casu*, do PGRFM, trouxe o Sr. Prefeito, à colação, lição de José Afonso da Silva:

> "O princípio da não-vinculação ou da não afetação da receita está traduzido no art. 167, IV, que veda a vinculação da receita de impostos a órgãos, fundo ou despesa, ressalvadas a repartição do produto da arrecadação dos impostos a que se referem os arts. 158 e 159, a destinação de recursos para manutenção e desenvolvimento do ensino, como determinado pelo art. 212, e a prestação de garantias às operações de crédito por antecipação de receita, previstas no art. 165, § 8.º" (*Curso de Direito Constitucional Positivo*, RT, 1989, pgs. 620/21).

A fls., lição de Hely Lopes Meirelles completa a acima citada: "Essas exceções ao princípio da não vinculação da receita não podem ser ampliadas para outros casos não previstos constitucionalmente, o que representaria uma restrição (inconstitucional) à autonomia financeira do Município" (*Direito Municipal Brasileiro*, 10.ª ed. atualizada, Ed. Malheiros, 1990, pg. 216).

Quanto à invasão de função, Hely L. Meirelles é citado pelo DD. Procurador-Geral de Justiça, a fls. Assevera o autor que a Câmara não administra o Município, mas apenas estabelece normas de administração.

Leia-se a ementa da ADIn n. 40.250-0, deste relator: "Ação direta de inconstitucionalidade. Instituição de renda mínima para desempregados. Encargo atribuído à Secretaria Municipal. Invasão de atribuições do Executivo. Falta de provisão de recursos. Ação procedente".

A vinculação de 1% da receita de impostos para fundo destinado a subvencionar o programa de renda mínima colide frontalmente com o art. 176, IV, da CE.

Como bem notou o DD. Procurador-Geral de Justiça, o programa de renda mínima deve ser financiado por recursos orçamentários próprios, ou provenientes de contribuições sociais.

Diante do exposto, julga-se procedente a presente ação, declarando-se inconstitucional o art. 4.º da L. 5359/99, do Município de Guarulhos, comunicando-se à Câmara Municipal para os fins de direito.

José Osório.

Fonte: Arquivo pessoal e TJSP

AÇÃO DIRETA DE INCONSTITUCIONALIDADE N. 69.369.0/8-00

ACÓRDÃO

Vistos, relatados e discutidos estes autos de Ação Direta de Inconstitucionalidade de Lei n. 069.369-0/8-00, da Comarca de São Paulo, em que é requerente o Prefeito do Município de Ribeirão Preto, sendo requerido o Presidente da Câmara Municipal de Ribeirão Preto:

ACORDAM, em Órgão Especial do Tribunal de Justiça do Estado de São Paulo, por votação unânime, julgar procedente a ação, de conformidade com o relatório e o voto do Relator, que ficam fazendo parte integrante do presente julgado.

Participaram do julgamento os Desembargadores Márcio Bonilha (Presidente), Nigro Conceição, Luís de Macedo, Hermes Pinotti, Gentil Leite, Álvaro Lazzarini, Denser de Sá, Luiz Tâmbara, Paulo Shintate, Borelli Machado, Flávio Pinheiro, Gildo dos Santos, Fortes Barbosa, Vallim Bellocchi, Sinésio de Souza, Jarbas Mazzoni, Menezes Gomes, Andrade Cavalcanti, Ruy Camilo, Mattos Faria e Cezar Peluso.

São Paulo, 11 de abril de 2001.

Márcio Bonilha, Presidente.

José Osório, Relator.

EMENTA

Ação direta de inconstitucionalidade. Lei que trata de estrutura, direção e organização de Secretarias Municipais, dentre outros temas. Iniciativa do projeto cabente exclusivamente ao Prefeito. Afronta ao princípio da separação dos Poderes. Ação procedente.

VOTO

Trata-se de ação direta de inconstitucionalidade da Lei n. 7.980, de 6 de fevereiro de 1998, promovida pelo Prefeito Municipal de Ribeirão Preto contra a Câmara Municipal local.

Alega o requerente, em síntese, que a Câmara apresentou o Projeto de Lei n. 1036/95, pretendendo instituir como atividade extracurricular obrigatória na rede municipal de ensino a matéria "Noções Básicas sobre os Riscos e Malefícios do Consumo de Drogas"; que o projeto determina, também, quais as Secretarias Municipais envolvidas; que o autor opôs-lhe veto total, e este foi rejeitado, tendo sido promulgada a lei; que tal diploma representa usurpação, por parte do Legislativo Municipal, de atividades próprias do Executivo, quais sejam o planejamento, gerenciamento e execução dos serviços públicos municipais; que a L. Municipal 7.980/98 ofende a Constituição Estadual, em seus arts. 5.º, 24, § 2.º, II, 37, 47, II, e 144; que a melhor jurisprudência lhe endossa o pedido; e que, assim, deve-se julgar procedente o presente pedido.

Em suas informações, a requerida alega, preliminarmente, que há impossibilidade jurídica do pedido; que a lei atacada constitui ato administrativo concreto, cujo texto não pode ser alvo de controle de constitucionalidade, inexistindo aspectos de abstração e generalidade que caracterizam o objeto idôneo da ação direta; que se está a tratar de direitos da criança e do adolescente; que tal entendimento já está consagrado pelo STF, nos autos da ADIn 767-0, do Estado do Amazonas, *exempli gratia*; e que, assim, a presente ação deve ser extinta sem julgamento de mérito. Diz, ainda, que o art. 44 da L. Orgânica do Município confere ao Prefeito competência para o exercício do veto quando o projeto se revelar ilegal, inconstitucional ou contrário ao interesse público; que, como no presente caso, nada disso há, o veto foi rejeitado; e que agiu dentro do permissivo do art. 30 da CF. No mérito, aduz, em síntese, que a ação deve ser julgada improcedente; que a boa hermenêutica pede que normas aparentemente conflitantes sejam interpretadas de maneira conciliatória; que não há ninguém melhor que o vereador para verificar o real interesse público do Município; que a Câmara deve iniciar o processo legislativo; que não se está a contrariar o interesse público, mas justamente o contrário: se todas as escolas municipais de Ribeirão Preto tiverem em seus currículos a matéria proposta pela lei atacada, aí então se estará prestando relevante serviço público; que a Câmara deve tratar dos assuntos de interesse local, de acordo com a CF, art. 30, II; que agiu nos conformes do previsto pelo art. 23, V, da Carta Magna; que não houve vício de iniciativa no projeto, nem lesão aos preceitos constitucionais; que se está a atender ao Estatuto da Criança e do Adolescente (L. 8069/90); que não restou caracterizada qualquer invasão da órbita do Executivo; que nenhum dos dispositivos legais invocados pelo requerente foi infringido; e que, assim, é de se julgar improcedente a ação.

O Exmo. Procurador-Geral de Justiça é pela procedência do pedido.

É o relatório.

A preliminar suscitada pela Câmara Municipal de Ribeirão Preto é rejeitada.

Como bem esclarecido pelo Exmo. Procurador-Geral de Justiça, está-se a alegar que não é passível de controle de constitucionalidade, através de ação direta de inconstitucionalidade, a lei de efeitos concretos. Contudo, trata-se de ato normativo que veicula regra orientadora e reguladora de conduta, emanado de uma entidade com competência para criar leis.

É uma norma geral e abstrata, que disciplina um programa de governo, possível o controle concentrado de constitucionalidade.

Assim, rejeita-se a preliminar.

No mérito, a ação procede.

Eis o texto da lei:

"Art. 1.º Pela presente lei fica instituído como atividade extracurricular obrigatória, em toda a rede municipal de ensino, 'Noções Básicas sobre os Riscos e Malefícios do Consumo de Drogas'.

Parágrafo único. A implementação da atividade prevista no *caput* será feita pela Secretaria Municipal de Educação com a cooperação e assistência técnica da Secretaria Municipal de Saúde.

Art. 2.º O Poder Executivo regulamentará a presente lei no prazo de 30 (trinta) dias a contar de sua vigência.

Art. 3.º Esta lei entrará em vigor na data de sua publicação, revogadas as disposições em contrário."

Está nítida a invasão da esfera do Executivo pelo Legislativo, infringido o art. 5.º, *caput*, da C.E.

O projeto de lei apresentado pelo nobre edil, como se lê nos autos, foi vetado pelo Prefeito Municipal mas, mesmo assim, promulgado pelo Presidente da Câmara.

O Município tem liberdade para a organização de assuntos de seu peculiar interesse, e uma delas é a estruturação do serviço público, reservada ao Prefeito.

A melhor Doutrina entende que a criação, estruturação e atribuição de secretarias, órgãos e entidades e outras, similares, é de competência exclusiva do Chefe do Executivo local.

A disciplina de matéria administrativa, de acordo com o art. 24, § 2.º, da C.E., também é competência do Prefeito, e os municípios a isso se obrigam, de acordo com o art. 144 da Constituição Bandeirante.

Note-se, ainda, que o Presidente da Câmara, em suas informações, diz que se está a tratar de ato administrativo concreto, o que reforça a evidência de que se fala de ato que compete ao Executivo.

Na verdade, a questão está muito bem desenvolvida no lúcido parecer emitido pelo Exmo. Procurador-Geral de Justiça, Dr. José Geraldo Brito Filomeno, que fica adotado como razão de decidir.

Diante do exposto, rejeita-se a matéria preliminar e se declara inconstitucional a L. n. 7.980/98, do Município de Ribeirão Preto, determinando-se as comunicações de praxe.

José Osório.

Fonte: Arquivo pessoal e TJSP

AÇÃO DIRETA DE INCONSTITUCIONALIDADE N. 70.887.0/4-00

ACÓRDÃO

Vistos, relatados e discutidos estes autos de Ação Direta de Inconstitucionalidade de Lei n. 070.887-0/4-00, da Comarca de São Paulo, em que é requerente o Prefeito do Mincípio de Guarulhos, sendo requerido o Presidente da Câmara Municipal de Guarulhos:

ACORDAM, em Órgão Especial do Tribunal de Justiça do Estado de São Pualo, vor votação unânime, julgar procedente a ação, de conformidade com o relatório e voto do Relator, que ficam fazendo parte integrante do presente julgado.

Participaram do julgamento os Desembargadores Márcio Bonilha (Presidente), Nigro Conceição, Luís de Macedo, Hermes Pínotti, Gentil Leite, Álvaro Lazzarini, Denser de Sá, Luiz Tâmbara, Paulo Shintate, Borelli Machado, Flávio Pinheiro, Gildo dos Santos, Fortes Barbosa, Vallim Bellochi, Sinésio de Souza, Jarbas Mazzoni, Menezes Gomes, Andrade Cavalcanti, Ruy Camilo, Mattos Faria e Cezar Peluso.

São Paulo, 11 de abril de 2001

Márcio Bonilha, Presidente.

José Osório, Relator.

EMENTA

Ação direta de inconstitucionalidade. Alteração de classificação de rua. Lei de Zoneamento. Competência exclusiva do Poder Executivo. Infração aos arts. 5.º e 181 da Constituição Estadual. Ação procedente.

VOTO

Trata-se de ação direta de inconstitucionalidade promovida pelo Prefeito do Município de Guarulhos contra o Presidente da Câmara Municipal local.

Alega o autor, em síntese, que o Poder Legislativo encaminhou ao Chefe do Executivo o Projeto de Lei n. 62/99, que "Inclui a Rua Joaquim Miranda, como via especial, na Lei n. 4.818/96, que trata do Zoneamento Municipal"; que ele, autor, após veto total ao autógrafo, com base no art. 44, par. 1.º, c.c. art. 63, VII, da L. Orgânica do Município de Guarulhos, cuja propositura foi rejeitada; que o Presidente da Câmara encaminhou ao Prefeito cópia da L. 5.444/99, que rejeitou o veto total aposto pelo Chefe do Executivo ao projeto de lei retrocitado; que tal lei é inconstitucional;

que o plano diretor define objetivos, orienta o desenvolvimento e estabelece prioridade nas realizações do governo local; que, assim, tal plano deve ser respeitado; que a lei atacada fere o princípio da harmonia e independência dos Poderes, consagrados pelos arts. 5.º da CE e 2.º da CF; que o dispositivo impugnado transforma a Rua Joaquim Miranda em via especial, e só o Prefeito poderia fazê-lo, em virtude do art. 158, da L. O. Municipal; que deve ser aplicado ao caso, por analogia, o art. 182 da CF; que houve franca violação da reserva de iniciativa deferida ao Prefeito e ao Município; que a presente lei tem vício de iniciativa; que deve ser respeitado o art. 114 da CE; que, mesmo estando a Câmara investida do Poder Constituinte, não poderia usurpar a exclusividade do Chefe do Executivo, no caso de encaminhar lei que estabelece o zoneamento do Município; que a jurisprudência predominante lhe é francamente favorável; que deve ser deferida a liminar e, ao final, declarar-se inconstitucional a L. 5.444, de 1.º de dezembro de 1999, condenada a requerida em custas, despesas e honorários.

Pela r. decisão de fls., o Des. Presidente deste Tribunal de Justiça concedeu a liminar pleiteada e suspendeu, com efeitos *ex nunc*, a eficácia e a vigência da lei atacada.

Contra tal decisão, a Câmara Municipal de Guarulhos interpôs agravo regimental (fls.), a que se negou provimento, por votação unânime, pelo v. acórdão de fls.

Prestou informações a Câmara Municipal de Guarulhos (fls.), dizendo, em resumo, que o diploma legal atacado é constitucional, pois incluiu a R. Joaquim Miranda como via especial, na L. 4.818/96, tendo efetuado alteração no zoneamento por lei, conforme consagrado na Constituição Federal; que não há vício de iniciativa em tal norma, respeitada que foi a L. O. do Município, principalmente em seu art. 38; que o art. 39 da L. Orgânica não concede exclusividade ao Chefe do Executivo para iniciar lei tendente a alterar o zoneamento; que dizer que a iniciativa da lei alteradora do zoneamento é exclusiva do Prefeito é tolher do cidadão o direito da iniciativa popular, e dos vereadores o exercício da função legislativa; que na referida rua já existem muitos estabelecimentos comerciais, galpões implantados antes da atual Lei de Zoneamento, fato que demonstra que a manutenção da lei não trará qualquer prejuízo aos moradores ou a terceiros; que, na justificativa dos autores do projeto de lei, destaca-se que a promulgação da lei de zoneamento prejudicou os galpões já existentes, que estão subaproveitados, acarretando graves prejuízos, pois o Município deixou de arrecadar tributos e, inquestionavelmente, houve diminuição do oferecimento de empregos; e que, assim, é de se julgar improcedente a presente ação.

A D. PGJ é pela procedência da ação, dada a afronta aos arts. 5.º e 181 da Constituição do Estado de S. Paulo.

É o relatório.

A ação é procedente.

O projeto que originou a L. 5444/99 foi totalmente vetado pelo Prefeito do Município de Guarulhos.

Tal veto foi rejeitado pela Câmara Municipal, e então promulgada a lei.

O Diploma legal mencionado é do seguinte teor:

"Art. 1.º Fica a rua Joaquim Miranda, localizada em Vila Augusta, incluída no Anexo XIII, Quadro 13, Vias Especiais, da Lei n. 4818/96, que trata do Zoneamento do Município, com as seguintes características:

Via: Rua Joaquim Miranda.

Trecho: Totalidade.

Zona: ZH-4.

Bairro: Vila Augusta.

Art. 2.º Esta lei entrará em vigor na data da sua publicação."

A lei atacada é inconstitucional.

Ficou dito, na decisão que deferiu a liminar, na presente demanda:

"[...] Segundo dispõe o art. 181 da Constituição do Estado de São Paulo, 'lei municipal estabelecerá, em conformidade com as diretrizes do plano diretor, normas sobre zoneamento, parcelamento, uso e ocupação do solo' e demais limitações administrativas pertinentes.

Na lição da melhor doutrina, 'dados, por lei, os pressupostos necessários ao enquadramento nessas zonas e a fixação dos usos a que se destinam, parece-nos emergir a competência do Executivo Municipal para a alteração de zonas' (Lúcia Valle Figueiredo, *Disciplina Urbanística da Propriedade*, Editora RT, p. 48; Luís Alberto Mattos Freire de Carvalho, Aspectos Jurídicos do Zoneamento, in *Temas de Direito Urbanístico*, 1, p. 142; José Afonso da Silva, *Direito Urbanístico Brasileiro*, Editora RT, 1.981, p. 299).

Sabido que a permissão da maior ou menor intensidade de uso nas diversas zonas é que proporciona o estabelecimento das densidades desejáveis de população e de edificação, tema de repercussão direta na instalação de equipamentos públicos, exercício de atividades e tráfego de veículos. Vale dizer, tema de estreito interesse do Poder Executivo, é por isso que, na lição de Hely Lopes Meirelles, devemos distinguir duas situações: a da lei que estabelecerá as diretrizes, os critérios, ou usos admissíveis, tolerados e vedados nas zonas previstas; o decreto individualizará as zonas e especificará os usos para cada local (*Direito Municipal Bras*ileiro, 10.ª ed., Malheiros, para 417). Embora após o advento da Constituição de 1.988 se tenha consagrado o entendimento no sentido da necessidade de lei para alterar o zoneamento, razoável a tese de que a norma seja de iniciativa privativa do Poder Executivo."

Tal entendimento foi, ao depois, ratificado pelo v. acórdão de fls., que julgou o agravo regimental interposto pela Câmara Municipal de Guarulhos.

A transformação de rua em via especial é questão de zoneamento: pressupõe enquadramento de zonas, fixação de usos a que se destinam e compatibilização com o Plano Diretor.

Tudo isso constitui atribuição própria do Poder Executivo, conforme o art. 181 da CE.

Assim, o Legislativo desbordou dos limites de sua função, ferindo o preceito do art. 5.º da CE.

Diante do exposto, julga-se procedente a presente ação, declarando-se inconstitucional a L. 5444/99, do Município de Guarulhos, comunicando-se à Câmara Municipal, para as providências cabíveis.

José Osório.

Fonte: Arquivo pessoal e TJSP

❖ ❖ ❖

AÇÃO DIRETA DE INCONSTITUCIONALIDADE N. 69.371.0/7-00

ACÓRDÃO

Vistos, relatados e discutidos estes autos de Ação Direta de Inconstitucionalidade de Lei n. 069.371-0/7-00, da Comarca de São Paulo, em que é requerente o Prefeito do Município de Ribeirão Preto, sendo requerido o Presidente da Câmara Municipal de Ribeião Preto:

ACORDAM, em Órgão Especial do Tribunal de Justiça do Estado de São Paulo, por maioria de votos, julgar procedente a ação, de conformidade com o relatório e o voto do Relator, que ficam fazendo parte integrante do presente julgado.

Participaram do julgamento os Desembargadores Márcio Bonilha (Presidente). Nigro Conceição, Luís de Macedo, Hermes Pinotti, Gentil Leite, Álvaro Lazzarini, Dante Busana, Denser de Sá, Mohamed Amaro, Luiz

Tâmbara, Paulo Shintate, Borelli Machado, Flávio Pinheiro, Fortes Barbosa, Sinésio de Souza, Jarbas Mazzoni, Theodoro Guimarães, Menezes Gomes, Olavo Silveira, Andrade Cavalcanti, Ruy Camilo, Mattos Faria e Paulo Franco.

São Paulo, 02 de maio de 2001.

Márcio Bonilha, Presidente.

José Osório, Relator.

EMENTA

Ação direta de inconstitucionalidade. Invasão, pelo Poder Legislativo, da esfera do Executivo. Ofensa à Constituição Estadual. Ação procedente.

VOTO

Trata-se de ação direta de inconstitucionalidade promovida pelo Prefeito do Município de Ribeirão Preto contra o Presidente da Câmara Municipal, sob alegação de que o art. 2.º da L. Municipal 8439/99, promulgado pelo requerido, é inconstitucional, pois determina que o Poder Executivo Municipal coloque, na placa indicativa de nome de logradouro público, ou próprio municipal, a inscrição "Patriota brasileiro assassinado pela Ditadura Militar".

Alega o requerente, em síntese, que vetou o Projeto de Lei n. 875/98, mas tal veto foi rejeitado e promulgado o retrocitado art. 2.º; que tal dispositivo padece de inconstitucionalidade, pois impõe ordem ao Prefeito, subtraindo-lhe a competência constitucional de gerenciar a administração pública; que se está a agredir o art. 5.º da C.E., pois, sendo o Prefeito o encarregado de gerenciar a administração pública, admitir a submissão ou a restrição de suas ações a determinações impositivas e concretas do Legislativo significa anular o postulado de ausência de subordinação entre os Poderes; que devem ser observados os arts. 37, 47, II, e 144, todos da C.E.; que estão sendo transgredidos, ainda, os arts. 2.º, 76 e 84, II, da CF; e que, assim, é de se declarar inconstitucional o dispositivo legal atacado.

Prestou informações a Câmara Municipal de Ribeirão Preto, a fls., alegando, em resumo, que a intenção do vereador que propôs o dispositivo ora atacado foi homenagear pessoa que prestou relevantes serviços à comunidade local; que a lei é meramente autorizativa, e não se está a determinar ao Executivo que proceda de determinada maneira. Transcreve a justificativa do citado vereador e diz, ainda, que a L. Orgânica do Município de Ribeirão Preto, arts. 4.º, I, XVII, e 8.º, *a*, I, XI, XVI, consideram a matéria aqui tratada como legal; que o art. 38 da mesma lei também foi respeitado; que a ação, desta sorte, é infundada, devendo ser julgada improcedente.

O Exmo. Procurador-Geral de Justiça, a fls., é pela procedência da ação.

É o relatório.

A ação é procedente.

Estabelece o art. 2.º da Lei 8439/99, de Ribeirão Preto, que: "Fica obrigatória a colocação na placa indicativa a inscrição 'Patriota brasileiro assassinado pela Ditadura Militar'" (fls.).

A presente ação visa à declaração de inconstitucionalidade apenas do artigo segundo da lei.

O Sr. Prefeito tem razão.

São comuns as homenagens aos homens públicos após a morte, seja qual for a tendência política do homenageado. Isto porque as referências *post mortem* só enaltecem as qualidades da pessoa, não os defeitos. *De mortuis nisi bene*, diz a sabedoria clássica.

Por isso mesmo, não costuma haver resistência às homenagens, como no caso não houve por parte do Sr. Prefeito, quanto ao art. 1.º (fls.).

Mas os termos e a motivação do art. 2.º são inteiramente diversos.

Através de um jargão (a linguagem típica de um grupo), de natureza nitidamente ideológica, o legislador abandona o campo da homenagem ao cidadão morto e passa para o da polêmica política e histórica. Formula, então, pura e simplesmente, uma acusação que vai atingir as convicções dos adeptos da corrente oposta, seja quanto ao conteúdo, seja quanto à conveniência da afirmação.

Com isso, impôs ao Prefeito a prática de um ato administrativo – a feitura e conservação da placa naqueles termos –, de forma a criar para ele, Prefeito, evidente constrangimento político-ideológico, pois ele e seus eleitores não estão obrigados a endossar jargões acusatórios contra quem quer que seja.

Houve, na verdade, violação do art. 5.º da Constituição do Estado, consagrador do princípio fundamental da separação dos Poderes.

Veja-se que o princípio refere-se não somente à independência, mas também à harmonia entre os Poderes. Esta, no dizer de José Afonso da Silva, "verifica-se primeiramente pelas normas de cortesia no trato recíproco e no respeito às prerrogativas e faculdades a que mutuamente todos têm direito".[1]

Que harmonia pode haver entre os Poderes quando o Legislativo impõe ao Chefe do Executivo a propaganda de convicções políticas unilaterais?

Em suma, ofende regra comum de convivência a tentativa de impor um jargão sobre as pessoas que estão fora do grupo. Se o jargão tem caráter ideológico e a imposição se faz através de lei, contra um Poder independente, a lei torna-se inconstitucional.

Fica, por fim, a observação de que em nada favorece à Câmara a alegação de que se tratar de lei autorizativa, pois leis dessa natureza não escapam do controle de constitucionalidade, como já decidiu o STF – *RTJ* 104/46, rel. Min. Néri da Silveira.

---

1. *Curso de Direito Constitucional Positivo*, 2.ª ed., Rev. dos Tribs., 1989, p. 97.

Diante do exposto, adotados, ainda, como razão de decidir, os bem lançados argumentos do parecer do Exmo. Procurador-Geral de Justiça, julga-se procedente a ação, comunicando-se à Câmara Municipal de Ribeirão Preto para as providências cabíveis.

José Osório.

Fonte: Arquivo pessoal e TJSP

AÇÃO DIRETA DE INCONSTITUCIONALIDADE N. 70.282.0/3-00

ACÓRDÃO

Vistos, relatados e discutidos estes autos de Ação Direta de Inconstitucionalidade de Lei n. 070.282-0/3-00, da Comarca de São Paulo, em que é requerente o Sindicato dos Proprietários de Veículos Utilitários, sendo requerido o Prefeito de São José dos Campos:

ACORDAM, em Órgão Especial do Tribunal de Justiça do Estado de São Paulo, por votação unânime, julgar extinto o processo, sem apreciação do mérito, de conformidade com o relatório e o voto do Relator, que ficam fazendo parte integrante do presente julgado.

Participaram do julgamento os Desembargadores Márcio Bonilha (Presidente), Nigro Conceição, Luís de Macedo, Hermes Pinotti, Gentil Leite, Álvaro Lazzarini, Dante Busana, Denser de Sá, Mohamed Amaro, Luiz Tâmbara, Paulo Shintate, Borelli Machado, Flávio Pinheiro, Fortes Barbosa, Sinésio de Souza, Jarbas Mazzoni, Theodoro Guimarães, Menezes Gomes, Olavo Silveira, Andrade Cavalcanti, Ruy Camilo, Matos Faria e Paulo Franco.

São Paulo, 02 de maio de 2001.

Márcio Bonilha, Presidente.

José Osório, Relator.

EMENTA

Ação direta de inconstitucionalidade. Pedido inicial obscuro. Emenda da inicial que não supre a deficiência. Inépcia da vestibular. Extinção do feito sem julgamento de mérito.

VOTO

Trata-se de ação direta de declaração de inconstitucionalidade, promovida pelo Sindicato dos Proprietários de Veículos Utilitários – Sindprove, que se insurge contra a Lei 4.417/93 e os Decretos 9.805, 9.807 e 9.824, todos de 1999.

Alega o requerente, em síntese, que a retrocitada lei, promulgada pelo Executivo Municipal, trata da criação de áreas sobre as linhas de operações e sobre as concessões de alvarás de permissão; que tal lei criou serviço público de transporte coletivo, prestado sem o regime de concessão, não havendo licitação para tanto; que a mesma lei não é originada de projeto parlamentar, sendo inconstitucional; que se está a causar prejuízo para a população, inclusive com a alteração daquele diploma legal pelos decretos acima mencionados, que dizem que aqueles que efetivarem o transporte de passageiros em veículos tipo "Kombi", "perua", "vans" ou similares, sem regular alvará de permissão, ficarão sujeitos a multas, e tais multas, em caso de reincidência, serão dobradas; que há toda uma regulamentação para o ato de lavrar a multa, e outras normas incompatíveis com o sistema jurídico; que foram violados os seguintes dispositivos, da CF: 5.º, LIV; 174, § 2.º; 170, IV, VII, VIII e par. único; e que, assim, ante as irregularidades e inconstitucionalidades denunciadas, pede a liminar e, ao fim, espera a procedência da ação.

A fls., o Exmo. Des. Presidente do E. TJ proferiu despacho determinando que o promovente indicasse, se fosse o caso, qual o preceito da Constituição Estadual desrespeitado pela lei em questão.

A fls., o requerente indica, da Constituição Estadual, o art. 144.

Pelo despacho de fls., a liminar foi denegada.

Prestou informações o Sr. Prefeito de S. José dos Campos, a fls.

O Exmo. Procurador-Geral de Justiça, a fls., pede providências para o necessário esclarecimento do pedido formulado pelo autor e, em seguida, nova vista.

É o relatório.

Indefere-se a inicial.

O Plenário do C. Supremo Tribunal Federal, na ação direta de inconstitucionalidade n. 347-0/190, suspendeu a eficácia do inciso XI do art. 74 da Constituição do Estado de São Paulo. Com isso, determinou ao Requerente que se manifestasse, indicando qual preceito da Constituição Estadual entendia haver sido violado.

Foi indicado, na manifestação de fls., apenas o art. 144 da C.E., que apenas trata da autonomia municipal.

A liminar foi denegada, asseverando o Presidente que:

> "[...] A inicial e seu aditamento, de modo confuso, mencionam inúmeros dispositivos da Constituição Federal, sem que se encontre correspondência na Carta Estadual e muito menos frontal violação a qualquer deles. [...]"

Com efeito, a obscuridade do pedido vestibular persistiu, mesmo após o aditamento.

Tanto isso é verdade, que o Exmo. Procurador-Geral de Justiça, em sua manifestação de fls., afirma:

> "[...] Dessa forma, confusos os motivos que levaram o autor a pleitear a inconstitucionalidade formal da lei municipal impugnada, por vício de iniciativa. Estaria se insurgindo contra a iniciativa parlamentar ou iniciativa do Chefe do Poder Executivo:
>
> Não bastasse isso, conforme pacificou o Pretório Excelso, a alegação de inconstitucionalidade formal deve vir comprovada por cópias integrais do processo legislativo da lei impugnada, para que possa ser analisada [...]."

Em verdade, se está diante de uma causa em que o Poder Judiciário retira do mundo jurídico uma lei, não se podendo dar margem a tantas dúvidas, como no presente caso.

É necessário que o autor realize pedido claro, devidamente fundamentado, de modo a que se possa atender a tão séria pretensão.

Diante do exposto, indefere-se a inicial, por inepta, extinguindo-se o feito, sem julgamento de mérito, com base nos arts. 267, I, e 295, I, do CPC.

José Osório.

Fonte: Arquivo pessoal e TJSP

❖❖❖

AÇÃO DIRETA DE INCONSTITUCIONALIDADE N. 65.156.0/7-00

ACÓRDÃO

Vistos, relatados e discutidos estes autos de Ação Direta de Inconstitucionalidade de Lei n. 065.156-0/7-00, da Comarca de São Paulo, em que é requerente o Prefeito do Município de Barbosa, sendo requerido o Presidente da Câmara Municipal de Barbosa:

ACORDAM, em Órgão Especial do Tribunal de Justiça do Estado de São Paulo, por votação unânime, rejeitar a matéria preliminar e, por maioria dos votos, julgar procedente a ação, de conformidade com o relatório e o voto do Relator, que ficam fazendo parte integrante do presente julgado.

Participaram do julgamento os Desembargadores Márcio Bonilha (Presidente), Nigro Conceição, Luís de Macedo, Hermes Pinotti, Álvaro Lazzarini, Dante Busana, José Cardinale, Denser de Sá, Mohamed Amaro, Luiz Tâmbara, Paulo Shintate, Borelli Machado, Flávio Pinheiro, Fortes Barbosa,

Vallim Bellocchi, Jarbas Mazzoni, Theodoro Guimarães, Mendes Gomes, Olavo Silveira, Andrade Cavalcanti e Paulo Franco, vencedores; Gentil Leite (Relator sorteado), vencido, em parte.

São Paulo, 09 de maio de 2001.

Márcio Bonilha, Presidente

José Osório, Relator designado.

EMENTA

Ação direta de inconstitucionalidade. Lei municipal. Ordem de envio à Câmara de documentos referentes a atos da Administração. Violação do princípio da independência dos Poderes. Ação procedente.

VOTO

Adota-se o relatório de fls., a saber:

"Trata-se de ação direta de inconstitucionalidade de lei proposta pelo prefeito municipal de Barbosa contra a Emenda n. 4, de 9.3.99, que alterou o art. 73 da Lei Orgânica daquele Município. Segundo a emenda, cabe ao prefeito prestar à Câmara informações relativas a atos, contratos ou fatos que, direta ou indiretamente, envolvam a administração municipal, bem como fornecer cópia de documentos por ela requeridos, no prazo de 10 dias úteis. Sustenta em síntese que a lei afronta o princípio da separação dos poderes, afetando a autonomia do Poder Executivo frente ao Legislativo, com fundamento nos artigos 2.º e 165 da Constituição Federal e artigos 5.º, 144 e 174 da Constituição do Estado de São Paulo. O Procurador-Geral do Estado foi ouvido às fls.

As informações encontram-se às fls. A Câmara Municipal suscitou preliminarmente a ilegitimidade ativa do autor, por ter sido cassado pela Casa em 22.12.99 e reconduzido ao cargo posteriormente por força de medida liminar. No mérito aduz que não há inconstitucionalidade em se fixar prazo para o requerimento de informações ao Executivo, tratando-se na verdade de avanço nas funções fiscalizadoras do Poder Legislativo, além de que não procede a alegação de que tais pedidos onerariam as finanças do Município. Acompanham as informações os documentos de fls.

Pela improcedência da ação opinou o culto Procurador-Geral de Justiça (fls.).

Este é o relatório."

A ação é procedente.

O texto acoimado de inconstitucional diz o seguinte:

> "Art. 73. Cabe ao Prefeito, além de outras atribuições previstas em lei; [...]
>
> XXVI – prestar à Câmara as informações por ela solicitadas, relativas a tos, contratos ou fatos que, direta ou indiretamente, envolvam a administração municipal, bem como fornecer-lhe cópia dos documentos por ela requeridos, arquivados em qualquer repartição da prefeitura, no prazo de dez dias úteis, a contar do recebimento do requerimento ou solicitação".

O comando legal é extremamente amplo e peremptório: fixa prazo para o Prefeito prestar informações e enviar cópia de todo e qualquer documento arquivado em qualquer repartição da Prefeitura, que direta ou indiretamente envolva a Administração Municipal.

Veja-se que poucos dias após a edição da Emenda 4/99 que alterou a Lei Orgânica de Barbosa, na forma *supra*, a Câmara Municipal ordenou que o Prefeito lhe enviasse: "cópia de todos os empenhos e suas respectivas notas fiscais, bem como os comprovantes de pagamentos efetuados por este Executivo durante o ano de 1998 até a presente data", e que forneça também "cópias de todas as licitações que foram feitas por este Executivo no ano de 1997 até a presente data".

O Prefeito, contudo e *data venia*, não é preposto, mandatário ou empregado da Câmara. É agente político, chefe de um Poder independente, que é fiscalizado pela Câmara Municipal nos termos e nos limites previstos constitucionalmente.

A previsão constitucional está no art. 150 da C.E., a saber:

> "A fiscalização contábil, financeira, orçamentária, operacional e patrimonial do Município e de todas as entidades da administração direta e indireta, quanto à legalidade, legitimidade, economicidade, finalidade, motivação, moralidade, publicidade e interesse público, aplicação de subvenções e renúncia de receitas, será exercida pela Câmara Municipal, mediante controle externo, e pelos sistemas de controle interno de cada Poder, na forma da respectiva lei orgânica, em conformidade com o disposto no art. 31 da Constituição Federal".

Não há dúvida, portanto, de que a Câmara deve exercer o controle externo, na forma da Lei Orgânica; mas também não há dúvida de que esse diploma ficou limitado ao que consta do art. 31 da C.F., *verbis*:

> "Art. 31. A fiscalização do Município será exercida pelo Poder Legislativo Municipal, mediante controle externo, e pelos sistemas de controle interno do Poder Executivo Municipal, nos termos da lei.
>
> "§ 1.º [...].
>
> § 2.º O parecer prévio, emitido pelo órgão competente sobre as contas que o Prefeito deve anualmente prestar, só deixará de prevalecer por decisão de dois terços dos membros da Câmara Municipal.
>
> § 3.º As contas dos Municípios ficarão, durante sessenta dias, anualmente, à disposição de qualquer contribuinte, para exame e apreciação, o qual poderá questionar-lhe a legitimidade, nos termos da lei."

Assim, por força das Constituições Federal e Estadual, o Prefeito deve prestar contas anualmente; e essas contas ficam à disposição de qualquer contribuinte por sessenta dias.

A natureza rígida dos referidos preceitos revela-se na fixação de prazos numéricos – anualmente e sessenta dias.

Essa fiscalização se fará por diversos modos, como acentua José Afonso da Silva:

> "pedido de informações ao Prefeito, convocação de auxiliares diretos deste, investigação mediante comissão especial de inquérito, tomada e julgamento das contas do Prefeito, observando-se que só por voto de dois terços de seus membros pode ela (Câmara) rejeitar o parecer prévio do Tribunal de Contas competente" (*Curso de Direito Constitucional Positivo*, 5.ª ed., p. 543).

No caso dos autos, previu-se mecanismo anômalo, ou seja, informações, com fixação de prazo sobre típicos atos de Administração, a qualquer momento, quando a Câmara desejar.

Fica patente a situação de subalternidade do Prefeito frente à Câmara.

Se os Poderes são harmônicos e independentes, não podem, de per si, criar maiores limitações um para o outro. A imposição de limitações outras que não aquelas previstas nas Constituições é incompatível com o princípio da independência dos Poderes – art. 5.º da C.E.

Nesse sentido vem decidindo o Plenário, sem discrepância de votos:

ADIn 48.349.0/3 de Ilha Bela e 23.409-0, de Itararé, r. José Osório; 18.459.0/0, r. Djalma Lofrano; 16.747.0/0, r. Bueno Magano; 14.021.0/3, r. Francis Davis; 14.466.0/3, r. Francis Davis.

Por tais motivos e adotando também os argumentos do parecer do Exmo. Procurador-Geral de Justiça, julga-se procedente a ação, providenciando-se as comunicações de direito.

José Osório.

Fonte: Arquivo pessoal e TJSP

AÇÃO DIRETA DE INCONSTITUCIONALIDADE N. 67.792.0/3-00

ACÓRDÃO

Vistos, relatados e discutidos estes autos de Ação Direta de Inconstitucionalidade de Lei n. 067.792-0/3-00, da Comarca de São Paulo, em que é requerente o Prefeito do Município de Ribeirão Preto, sendo requerido o Presidente da Câmara Municipal de Ribeirão Preto:

ACORDAM, em Órgão Especial do Tribunal de Justiça do Estado de São Paulo, por votação unânime, julgar procedente a ação, de conformidade com o relatório e o voto do Relator, que ficam fazendo parte integrante do presente julgado.

Participaram do julgamento os Desembargadores Márcio Bonilha (Presidente), Nigro Conceição, Luís de Macedo, Hermes Pinotti, Gentil Leite, Álvaro Lazzarini, Dante Busana, José Cardinale, Denser de Sá, Mohamed Amaro, Luiz Tâmbara, Paulo Shintate, Borelli Machado, Flávio Pinheiro, Fortes Barbosa, Vallim Bellocchi, Jarbas Mazzoni, Theodoro Guimarães, Menezes Gomes, Olavo Silveira, Andrade Cavalcanti e Paulo Franco.

São Paulo, 09 de maio de 2001.

Márcio Bonilha, Presidente.

José Osório, Relator.

EMENTA

Ação direta de inconstitucionalidade. Lei Municipal. Locais para estacionamento de mototáxis. Invasão das atribuições do Executivo. Ação procedente.

VOTO

Trata-se de ação direta de declaração de inconstitucionalidade promovida pelo Prefeito do Município de Ribeirão Preto contra o Presidente da Câmara Municipal local.

Alega o autor, em síntese, que é inconstitucional o par. único do art. 1.º da L. Municipal n. 8.342/99, promulgado pelo Requerido; que o art. 1.º do mesmo Diploma Legal autoriza o Executivo, através do Departamento de Serviços de Trânsito, a instituir, nas proximidades de restaurantes, salões de baile, casas noturnas, hotéis, praças esportivas e outros, reserva de áreas para estacionamento de mototáxis, vedado, nos horários determinados, o estacionamento de outros veículos; que, entretanto, com o dispositivo atacado, a Câmara pretende obrigar o Executivo Municipal a regulamentar sua plena execução, notadamente no que tange a definições de dia, horário, áreas e demais condições indispensáveis à reserva de uso com exclusividade por mototáxis; que tal dispositivo é inconstitucional, pois subtrai ao Executivo o gerenciamento da administração pública; que estão sendo violados o art. 5.º, 37, 47, II, e 144, todos da Constituição Estadual; e que, assim, é de julgar procedente a demanda.

Prestou informações o Requerido, a fls., alegando, preliminarmente, que há impossibilidade jurídica do pedido, pois o Requerente diz que o Requerido legislou de maneira concreta, quando deveria elaborar normas de caráter abstrato, mas isso não foi provado, nem tem embasamento legal; que não se invadiu a esfera do Executivo; e que, assim, deve-se extinguir o feito, sem julgamento de mérito, dado o vício apontado. Preliminarmente, ainda, alega falta de pressuposto processual, pois a ação direta de inconstitucionalidade só pode ser proposta quando alegado o vício ante a Constituição Estadual, e houve erro do Requerente, pois invocou dispositivos que não refletem a realidade da lei municipal combatida, razão pela qual deve-se extinguir o feito, sem julgamento de mérito, com base no art. 267, IV, do CPC. No mérito, aduz, em resumo, que os vereadores daquele Município, ao rejeitarem o veto parcial aposto pelo Sr. Prefeito ao projeto de lei, agiram estritamente no uso de suas atribuições legais; que o trâmite legislativo até a promulgação da lei atacada respeitou e zelou as disposições legais e regimentais que disciplinam a matéria; que os argumentos do Requerente, de vício de iniciativa e contrariedade ao princípio de harmonia e independência entre os Poderes, não podem ser aceitos; que o Legislativo atuou dentro da competência que lhe foi outorgada pela Constituição Federal, utilizando-se da atribuição constitucional da autonomia municipal; que o art. 38 da L. Orgânica do Município de Ribeirão Preto foi cumprido; que pode legislar sobre assuntos de interesse peculiar ou local; que a matéria sobre a qual se legislou não é de competência exclusiva do Prefeito; que há de se preservar o interesse público, e a Câmara o fez; e que, assim, é de se acolher a matéria preliminar ou, no mérito, julgar-se improcedente a demanda.

O Exmo. Procurador-Geral de Justiça requereu, preliminarmente, a citação da Procuradoria-Geral do Estado para manifestar-se, querendo; quanto às preliminares suscitadas pela Câmara Municipal, disse que entendem com o mérito da demanda e, neste, é pela procedência da ação.

É o relatório.

As preliminares levantadas pela Câmara Municipal prendem-se ao mérito.

Em relação a este, a razão está com o Sr. Prefeito.

Diz o texto acoimado de inconstitucional – Parágrafo único do art. 1.º da Lei Municipal n. 8.342/99, de Ribeirão Preto:

> "Fica, pela presente lei, autorizado o Poder Executivo, através do Departamento de Serviços de Trânsito (DST), a instituir, em caráter permanente, junto ou nas proximidades de restaurantes, salões de bailes, casas noturnas e similares, hotéis e praças esportivas, a reserva de áreas para estacionamento de mototáxis, vedado o estacionamento, nesses locais, de veículos particulares, nos horários e dias pré-fixados por ato do Poder Público".

A simples leitura do texto acima mostra que o Legislativo de Ribeirão Preto mais uma vez imiscui-se na esfera de atribuições do Executivo ao determinar que o Sr. Prefeito indique áreas públicas para estacionamento exclusivo de mototáxis, devendo o Prefeito definir até os dias e horários para o estacionamento.

A administração tanto dos bens públicos como dos serviços públicos cabe ao Poder Executivo, como é de entendimento elementar.

Entrando nessa seara, a Câmara Municipal violou manifestamente o princípio da independência e harmonia dos Poderes, consagrado pelo art. 5.º da Constituição Estadual.

Daí a ação ser julgada procedente, com as comunicações de estilo, adotados também os argumentos do parecer do Exmo. Procurador-Geral de Justiça.

José Osório.

Fonte: Arquivo pessoal e TJSP

❖ ❖ ❖

AÇÃO DIRETA DE INCONSTITUCIONALIDADE N. 71.280.0/1-00

ACÓRDÃO

Vistos, relatados e discutidos estes autos de Ação Direta de Inconstitucionalidade de Lei n. 071.280-0/1-00, da Comarca de São Paulo, em que é requerente o Prefeito do Município de Ribeirão Preto, sendo requerido o Presidente da Câmara Municipal de Ribeirão Preto:

ACORDAM, em Órgão Especial do Tribunal de Justiça do Estado de São Paulo, por votação unânime, julgar procedente a ação, de conformidade com o relatório e o voto do Relator, que ficam fazendo parte integrante do presente julgado.

Participaram do julgamento os Desembargadores Márcio Bonilha (Presidente), Nigro Conceição, Luís de Macedo, Hermes Pinotti, Gentil Leite, Álvaro Lazzarini, Dante Busana, José Cardinale, Denser de Sá, Mohamed Amaro, Luiz Tâmbara, Paulo Shintate, Borelli Machado, Fortes Barbosa, Sinésio de Souza, Jarbas Mazzoni, Theodoro Guimarães, Menezes Gomes, Olavo Silveira e Paulo Franco.

São Paulo, 16 de maio de 2001.

Márcio Bonilha, Presidente.

José Osório, Relator.

EMENTA

Ação direta de inconstitucionalidade. Lei Municipal. Postos de entulho. Invasão das atribuições do Executivo. Ação procedente.

VOTO

Trata-se de ação direta de declaração de inconstitucionalidade promovida pelo Prefeito do Município de Ribeirão Preto contra o Presidente da Câmara Municipal local.

Alega o autor, em síntese, que é inconstitucional a L. Municipal n. 8.003, de 4.3.1998; que tal lei "autoriza o chefe do Executivo a implantar postos de troca de entulhos e vale-reciclado, conforme especifica"; que se está, na verdade, pretendendo obrigar a Prefeitura a implantar os tais postos de entulho por material reciclado em determinadas regiões da cidade; que ainda se estabelecia a possibilidade de implantação de um vale-reciclado; que as despesas criadas, o projeto de lei não indicou quais os recursos para enfrentá-las; que se está a usurpar, pelo Legislativo Municipal, atividade própria do Executivo; que foram agredidos os arts. 5.º, 25, 37, 47, II e XVII, 144, 174, 175 e 176, I, todos da C.E; e que, assim, é de se julgar procedente a presente ação.

Prestou informações o Requerido, a fls., alegando, em síntese, que a intenção última da lei atacada é a preservação do meio ambiente; que a lei é meramente autorizativa, e não obriga à Administração; que se está a proteger o interesse da comunidade; que se está a cumprir o art. 4.º, I, da L.O.M., pois o Legislativo Municipal está autorizado a legislar sobre assuntos de interesse local; que a Câmara está amparada, ainda, no art. 8.º, *a*, I e XI, do mesmo diploma legal; que também o apóiam os arts. 156 e 157 da L.O.M.; que não houve lesão alguma à C.E.; que não há afronta a lei alguma; e que, assim, é de se julgar improcedente a ação.

O Exmo. Procurador-Geral de Justiça é pela procedência da ação.

É o relatório.

A ação é procedente.

Em primeiro lugar, há considerar-se que a lei meramente autorizativa não escapa do controle de constitucionalidade, como já decidiu o STF - *RTJ* 104/46, rel. Min. Néri da Silveira.

Nesse sentido, já decidiu o Plenário - ADIn 60.442.0/6, de Ribeirão Preto, r. José Osório.

Quanto à ação, diz o texto acoimado de inconstitucional - L. 8.003/98:

> "Art. 1.º A Prefeitura Municipal, através da Secretaria e/ou órgão competente, fica, através desta lei, autorizada a implantar postos de troca de entulho por material reciclado nas regiões sudoeste-noroeste e nordeste da cidade, além de um ponto de recebimento de resíduos na região sudeste.
>
> Par. único. Os postos poderão ser instalados em áreas mapeadas pela Secretaria do Meio-Ambiente, próximos dos locais onde existe uma maior concentração de despejo de resíduos.
>
> Art. 2.º A Prefeitura Municipal poderá lançar o Vale-Reciclado, que será fornecido à população que entregar pequena quantidade de entulhos nos postos de recebimento.
>
> Par. único. Os Vales-Reciclados poderão ser trocados por material reciclado, de acordo com a necessidade do portador. [...]
>
> Art. 4.º As despesas resultantes da aplicação desta lei serão cobertas com as dotações próprias das Secretarias e Autarquias responsáveis pela sua execução, ficando autorizadas dotações suplementares, se necessárias. [...]"

A simples leitura do texto acima mostra que o Legislativo de Ribeirão Preto mais uma vez imiscui-se na esfera de atribuições do Executivo ao determinar que o Sr. Prefeito deve implantar postos de troca de entulho por material reciclado, criar o Vale-Reciclado, cobrir despesas resultantes da aplicação da lei e providências parelhas.

A administração tanto dos bens públicos como dos serviços públicos cabe ao Poder Executivo, como é de entendimento elementar.

Entrando nessa seara, a Câmara Municipal violou manifestamente o princípio da independência e harmonia dos Poderes, consagrado pelo art. 5.º da Constituição Estadual.

Daí a ação ser julgada procedente, com as comunicações de estilo, adotados também os argumentos do parecer do Exmo. Procurador-Geral de Justiça.

José Osório.

Fonte: Arquivo pessoal e TJSP

❖❖❖

AÇÃO DIRETA DE INCONSTITUCIONALIDADE N. 71.316.0/7-00

ACÓRDÃO

Vistos, relatados e discutidos estes autos de Ação Direta de Inconstitucionalidade de Lei n. 071.316-0/7-00, da Comarca de São Paulo, em que é requerente o Prefeito do Município de Ribeirão Preto, sendo requerido o Presidente da Câmara Municipal de Ribeirão Preto:

ACORDAM, em Órgão Especial do Tribunal de Justiça do Estado de São Paulo, por votação unânime, julgar procedente a ação, de conformidade com o relatório e o voto do Relator, que ficam fazendo parte integrante do presente julgado.

Participaram do julgamento os Desembargadores Márcio Bonilha (Presidente), Nigro Conceição, Luís de Macedo, Hermes Pinotti, Gentil Leite, Álvaro Lazzarini, Dante Busana, José Cardinale, Denser de Sá, Mohamed Amaro, Luiz Tâmbara, Paulo Shintate, Borelli Machado, Fortes Barbosa, Sinésio de Souza, Jarbas Mazzoni, Theodoro Guimarães, Menezes Gomes, Olavo Silveira e Paulo Franco.

São Paulo, 16 de maio de 2001.

Márcio Bonilha, Presidente.

José Osório, Relator.

EMENTA

Ação direta de inconstitucionalidade. Lei Municipal. Local para Festa. Invasão das atribuições do Executivo. Ação procedente.

VOTO

Trata-se de ação direta de declaração de inconstitucionalidade promovida pelo Prefeito do Município de Ribeirão Preto contra o Presidente da Câmara Municipal local.

Alega o autor, em síntese, que é inconstitucional a L. Municipal n. 7.864, de 22.10.97; que tal lei estabelece como local definitivo para a realização da Festa dos Santos Reis a Praça José Rossi, na Vila Virgínia, e dá outras providências; que se estão a usurpar, pelo Legislativo Municipal, atribuições exclusivas do Poder Executivo, como, *e.g.*, o planejamento e gerenciamento dos serviços públicos municipais; que se infringem os arts. 5.º, 25, 37, 47, II, e 144, da C.E.; que a função primordial da Câmara é legislativa e fiscalizadora, atuando com caráter genérico e abstrato; e que, assim, é de se julgar procedente a ação.

Prestou informações o Requerido, a fls., alegando, preliminarmente, que há impossibilidade jurídica do pedido, pois se está a atacar ato administrativo concreto, e isso não é possível pela via eleita; que não se invadiu a esfera do Executivo; e que, assim, deve-se extinguir o feito, sem julgamento de mérito, dado o vício apontado. Alega, ainda, que os vereadores daquele Município, ao rejeitarem o veto parcial aposto pelo Sr. Prefeito ao projeto de lei, agiram estritamente no uso de suas atribuições legais; que se deve observar o art. 44 da L.O.M.; que o trâmite legislativo até a promulgação da lei atacada respeitou e zelou as disposições legais e regimentais que disciplinam a matéria; que os argumentos do Requerente, de vício de iniciativa e contrariedade ao princípio de harmonia e independência entre os Poderes não podem ser aceitos; que o Legislativo atuou dentro da competência que lhe foi outorgada pela Constituição Federal, utilizando-se da atribuição constitucional da autonomia municipal; que o art. 38 da L. Orgânica do Município de Ribeirão Preto foi cumprido; que pode legislar sobre assuntos de interesse peculiar ou local; que a matéria sobre a qual se legislou não é de competência exclusiva do Prefeito; que há de se preservar o interesse público, e a Câmara o fez; que normas devem ser interpretadas de maneira conciliatória, como pede a boa hermenêutica; que o vereador é a pessoa mais indicada para verificar o interesse público do Município; que a Câmara pode iniciar o processo legislativo; que não há contrariedade ao interesse público; que se está a legislar sobre assuntos de interesse local; que não há os vícios apontados na inicial; e que, assim, é de se acolher a matéria preliminar ou, no mérito, julgar-se improcedente a demanda.

O Exmo. Procurador-Geral de Justiça é pelo afastamento das preliminares e, no mérito, é pela procedência da ação.

É o relatório.

As preliminares levantadas pela Câmara Municipal prendem-se ao mérito.

Em relação a este, a razão está com o Sr. Prefeito.

Diz o texto acoimado de inconstitucional – L. 7864/97:

> "Art. 1.º Fica, através desta lei, definido como local oficial de realização da Festa dos Santos Reis a Praça José Rossi, na Vila Virgínia.
>
> Par. único. A festa a que alude o caput deste artigo refere-se à comemoração realizada no último domingo do mês de janeiro de cada ano, de acordo com a L. Municipal n. 6412, de 17 de setembro de 1992.
>
> Art. 2.º Para a realização da Festa dos Santos Reis, a Prefeitura Municipal de Ribeirão Preto, através dos seus órgãos competentes fornecerá todo apoio necessário, inclusive com a reforma do referido logradouro.
>
> Art. 3.º Para fins desta lei, o Executivo local está autorizado a celebrar convênios e/ou parcerias com a iniciativa privada.
>
> Art. 4.º As despesas decorrentes desta lei correrão por conta de dotação própria do orçamento, suplementada se necessário."

A simples leitura do texto acima mostra que o Legislativo de Ribeirão Preto mais uma vez imiscui-se na esfera de atribuições do Executivo ao determinar que o Sr. Prefeito deve acatar a escolha de determinada praça pública para um evento, dizendo-lhe que deve reformá-la, celebrar convênios e/ou parcerias com a iniciativa privada e prevendo, ainda, dotação orçamentária para tanto.

A administração tanto dos bens públicos como dos serviços públicos cabe ao Poder Executivo, como é de entendimento elementar.

Entrando nessa seara, a Câmara Municipal violou manifestamente o princípio da independência e harmonia dos Poderes, consagrado pelo art. 5.º da Constituição Estadual.

Daí a ação ser julgada procedente, com as comunicações de estilo, adotados também os argumentos do parecer do Exmo. Procurador-Geral de Justiça.

José Osório.

Fonte: Arquivo pessoal e TJSP

AÇÃO DIRETA DE INCONSTITUCIONALIDADE N. 72.174.0/5-00

ACÓRDÃO

Vistos, relatados e discutidos estes autos de Ação Direta de Inconstitucionalidade de Lei n. 072.174-0/5-00, da Comarca de São Paulo, em que é requerente o Prefeito Municipal de Americana, sendo requerido o Presidente da Câmara Municipal de Americana:

ACORDAM, em Órgão Especial do Tribunal de Justiça do Estado de São Paulo, por votação unânime, julgar procedente a ação, de conformidade com o relatório e o voto do Relator, que ficam fazendo parte integrante do presente julgado.

Participaram do julgamento os Desembargadores Márcio Bonilha (Presidente), Nigro Conceição, Luís de Macedo, Hermes Pinotti, Gentil Leite, Álvaro Lazzarini, José Cardinale, Denser de Sá, Mohamed Amaro, Luiz Tâmbara, Paulo Shintate, Borelli Machado, Flávio Pinheiro, Fortes Barbosa, Vallim Bellocchi, Sinésio de Souza, Jarbas Mazzoni, Theodoro Guimarães, Menezes Gomes, Olavo Silveira, Ruy Camilo e Paulo Franco.

São Paulo, 13 de junho de 2001.

Márcio Bonilha, Presidente.

José Osório, Relator.

EMENTA

Ação direta de inconstitucionalidade. Lei tributária. Iniciativa do Legislativo. Isenção de taxas para templos de qualquer culto e entidades beneficentes e assistenciais. Violação do princípio de independência entre os Poderes. Ação procedente.

VOTO

Cuida-se de ação direta de inconstitucionalidade ajuizada pelo Prefeito do Município de Americana, visando a suspensão dos efeitos da Lei n. 3.388, de 4.2.2000, que "autoriza o Poder Executivo a conceder aos templos de qualquer culto e às entidades assistenciais e beneficentes isenção de pagamento das taxas de consumo de água e de utilização da rede coletora de esgotos" e dá outras providências.

Em suma, alega o Sr. Prefeito que a inconstitucionalidade está fundada na afronta ao princípio da independência e separação dos poderes, bem como pela falta de indicação ou menção aos recursos necessários a fazerem face aos gastos aumentados ou criados.

Não houve pedido de liminar.

Prestadas as informações de estilo, o Exmo. Procurador-Geral de Justiça manifestou-se pela citação do Procurador-Geral do Estado, para manifestar-se, se quiser, e pela improcedência do pedido (fls.).

É o relatório.

1 – Julga-se procedente a demanda.

Isenção de tal amplitude para taxas de tanta importância para a Administração Pública revela, à primeira vista, a ingerência da Câmara nos assuntos do Executivo, que poderá ver inviabilizados os pagamentos a que está obrigado.

2 – A matéria é conhecida deste Plenário, e este Relator segue a corrente que entende que leis benéficas de natureza tributária dependem de iniciativa do Executivo.

Assim já foi dito por este Relator:

> "Trata-se de matéria tributária e não se ignora forte corrente jurisprudencial a entender que a iniciativa de leis que versem o tema seja da competência concorrente do Executivo e do Legislativo. Isto porque a Constituição Federal de 1988 não reproduziu a exigência constante do disposto nos artigos 13, inciso III, e 200 da Emenda 1/69. Da mesma forma, a Constituição Estadual de 1989 não incluiu expressamente a matéria tributária no rol daquelas de iniciativa exclusiva do Executivo – art. 24, § 2.º, 1 a 6, e art. 174, I a III".

3 – A questão, contudo e *data venia* das opiniões em contrário, precisa ser examinada em função do princípio maior da independência e harmonia dos Poderes, consagrado no art. 5.º da Constituição Estadual.

Mais importante do que uma interpretação meramente literal e restritiva do texto legal é a análise da coerência do sistema constitucional.

Uma lei tributária de origem exclusiva do Legislativo, que conceda insenção de tributo – como acontece no caso dos autos – irá refletir gravemente na atuação do Executivo, que poderia, dependendo das cifras atingidas pela isenção, até mesmo inviabilizar-se por inteiro.

Em tese – e é assim que se examina a ação direta de inconstitucionalidade – o Legislativo poderá paralisar o Executivo.

Por outro lado, o reconhecimento da privatividade da iniciativa do Executivo nesse campo não vai atingir a independência do Legislativo, que sempre poderá rejeitar o projeto do Executivo.

4 – Este Plenário, em julgamentos recentes – ADIns 45.251.0/4 e 46.452.0/9, Relator Luiz Tâmbara, consagrou a tese da privatividade do Executivo para a iniciativa de leis tributárias benéficas.

Constou da ementa:

> "Matéria tributária relativa a benefício que afeta o orçamento do Município, pois implica em renúncia de receita fiscal. Iniciativa da lei reservada ao Executivo. Usurpação de atribuições do Chefe do Executivo. Inconstitucionalidade. Violação do disposto nos arts. 5.º, 47, incisos XI e XXVII, 144, I, e 174 da Constituição do Estado de São Paulo".

O acórdão transcreve lúcida lição do Professor Roque Antonio Carrazza, a saber:

> "Em matéria tributária prevalece o art. 61 da Constituição Federal: a iniciativa das leis tributárias é ampla, cabendo a qualquer membro do Legislativo, ao Chefe do Executivo, etc. Este raciocínio vale para as leis que criam ou aumentam tributos. Não, entretanto, para as que concedem isenções tributárias, parcelam débitos fiscais, aumentam prazos para o normal recolhimento dos tributos, etc. Continua a ter a iniciativa privativa de tais leis, segundo pensamos, o Chefe do Executivo (Presidente, Governador ou Prefeito). É que as leis tributárias benéficas, quando aplicadas, acarretam diminuição de receita. Ora, só o Chefe do Executivo – senhor do Erário e de suas conveniências – reúne condições objetivas para aquilatar os efeitos que produzirão nas finanças públicas locais. Assim, nada pode ser alterado, nesta matéria, sem sua prévia anuência. Chegamos a esta conclusão, analisando os dispositivos constitucionais que tratam das

Finanças Públicas, especialmente os arts. 165 e 166 da Lei Maior, que dão ao Chefe do Executivo a iniciativa das leis que estabelecem os orçamentos anuais. Notemos que o § 6.º do art. 165 da CF determina que o projeto de lei orçamentária seja 'acompanhado de demonstrativo regionalizado do efeito, sobre as receitas e despesas, decorrente de isenções, anistias, remissões, subsídios e benefícios de natureza financeira, tributária e creditícia'. Logo, só o Chefe do Executivo é que pode apresentar projetos de leis tributárias benéficas, porquanto só ele pode saber dos efeitos das isenções, anistias, remissões, subsídios e benefícios de natureza tributária. Os legisladores e cidadãos têm, quando muito, apenas a noção das conseqüências políticas das leis tributárias benéficas. Não podem, pois, apresentar projetos de lei nesse sentido".[2]

5 – Com efeito, a interpretação restritiva que se tem dado ao art. 24, § 2.º, da C.E., não se justifica.

Os argumentos *a contrario* ou a parêmia *inclusio unius, exclusio alterius* são vistos com muita reserva pela Doutrina.

Eis o ensinamento de Francesco Ferrara:

"O argumento *a contrario* é um meio de dedução e de desenvolvimento da lei que deve empregar-se cautamente, pois nem toda vez que o legislador exprime uma norma para um caso determinado, ou a título de exemplo, se pode formular para os outros casos não compreendidos a regra inversa, antes é certo que nisso mesmo se funda a interpretação extensiva, ao elevar-se dos casos particulares a um princípio geral.

Para nos servirmos de um argumento *a contrario*, havemos de estar seguros de que a norma em que nos baseamos deve valer só para os casos enunciados pela lei; há que mostrar-se que a disposição é estabelecida exclusivamente em vista daquelas relações, coisas ou pessoas que exigem especial disciplina".[3]

E o de Carlos Maximiliano:

"Os brocardos acima (*inclusio unius, exclusio alterius* e *ubi lex voluit dixit, ubi noluit tacuit*) formam a base do argumento *a contrario*,

---

2. *Curso de Direito Constitucional Tributário*, Malheiros Editores, 6.ª ed., 1994, p. 185/6.

3. *Interpretação e Aplicação das Leis*. Tradução de Manuel A. D. Andrade, Coimbra, 1978, p. 153/4.

muito prestigioso outrora, malvisto hoje pela doutrina, pouco usado pela jurisprudência. Do fato de se mencionar uma hipótese não se deduz a exclusão de todas as outras [...]. Ali caberia a parêmia oposta: *positio unius non est exclusio alterius*".[4]

6 – Quanto à citação do Exmo. Procurador-Geral do Estado, faz-se desnecessária, *data venia*. Em processos similares, este há sido chamado e declinado de seu interesse. O assunto é de exclusivo interesse do Município de Americana, pelo que supérflua a providência.

Diante do exposto, julga-se procedente a presente ação, providenciando-se as comunicações de estilo.

José Osório.

Fonte: Arquivo pessoal e TJSP

AÇÃO DIRETA DE INCONSTITUCIONALIDADE N. 75.478.0/4-00

ACÓRDÃO

Vistos, relatados e discutidos estes autos de Ação Direta de Inconstitucionalidade de Lei n. 075.478-0/4-00, da Comarca de São Paulo, em que é requerente o Prefeito do Município de Teodoro Sampaio, sendo requerido o Presidente da Câmara Municipal de Teodoro Sampaio:

ACORDAM, em Órgão Especial do Tribunal de Justiça do Estado de São Paulo, por maioria de votos, julgar procedente a ação, de conformidade com o relatório e o voto do Relator, que ficam fazendo parte integrante do presente julgado.

Participaram do julgamento os Desembargadores Márcio Bonilha (Presidente), Nigro Conceição, Luís de Macedo, Viseu Júnior, Gentil Leite, Dante Busana, José Cardinale, Luiz Tâmbara, Borelli Machado, Flávio Pinheiro, Fortes Barbosa, Sinésio de Souza, e Theodoro Guimarães, vendedores; Hermes Pinotti (Relator sorteado), com declaração de voto, Álvaro Lazzarini, Mohamed Amaro, Paulo Shintate, Vallim Bellocchi, Jarbas Mazzoni, Menezes Gomes e Olavo Silveira, vencidos.

São Paulo, 01 de agosto de 2001.

Márcio Bonilha, Presidente.

José Osório, Relator Designado.

4. *Hermenêutica e Aplicação do Direito*, Forense, 1981, p. 243.

EMENTA

Ação direta de inconstitucionalidade. Emenda a projeto de lei apresentado por Prefeito. Inexistência de simples emenda, mas verdadeira adoção de nova política de pessoal, no rumo de evidente redução de cargos e salários. Procedência.

VOTO

Adota-se o relatório de fls., a saber:

"O Prefeito do Município de Teodoro Sampaio move esta ação direta visando declarar a inconstitucionalidade da Lei Municipal n. 1218/2000. Alega que apresentou projeto, de sua autoria privativa, pois relativo à criação de cargos públicos e sua remuneração, mas o projeto sofreu emendas; a primeira reduziu o número de cargos criados e a segunda o valor dos vencimentos. Essas emendas foram vetadas, mas o veto foi derrubado pela Câmara. Como a matéria é de sua iniciativa exclusiva, entende que houve o vício correspondente, que fere a autonomia do Poder Executivo (artigo 144 da Constituição Estadual)".

A liminar foi deferida, sustados os efeitos da Lei Municipal cuja constitucionalidade é questionada.

A Câmara Municipal apresentou manifestação, sustentando a possibilidade de aprovação de emendas em projetos de iniciativa privativa do Prefeito, desde que não aumente despesas, o que é o caso das emendas em questão, e postulou fosse reconsiderada a decisão liminar. A liminar foi mantida, e acolhida a manifestação como resposta.

O parecer da d. Procuradoria-Geral de Justiça é pela improcedência do pedido.

É o relatório.

A ação é julgada procedente.

Embora a iniciativa do projeto tenha sido do sr. Prefeito, o fato é que a Câmara Municipal introduziu graves alterações que alteraram profundamente o projeto original.

Sabe-se que existe a possibilidade de introdução de emendas por parte da Câmara. Mas as alterações permitidas são apenas as supressivas e restritivas e desde que não desnaturem o projeto oriundo do Executivo.

No caso dos autos, a Câmara reduziu a criação de vários cargos em comissão e alterou as respectivas referências.

Examinem-se os quadros de fls.

O cargo de Procurador Jurídico teve a referência drasticamente reduzida de 20 para 16.

A referência dos cinco cargos de chefe de departamento foi abaixada de 15 para 14.

Os 14 cargos de chefe de divisão foram reduzidos para 10, e as respectivas referências passaram de 10 para 9.

As referências dos 12 cargos de chefe de seção passaram de 6 para 5.

Os cargos de chefe de setor passaram de 16 para 15 e as referências passaram de 5 para 4.

Apenas não houve alteração no cargo da junta de serviço militar.

Não houve, portanto, simples emenda. Houve emenda mostrando ter sido adotada nova política de pessoal, no rumo de evidente redução de cargos e salários.

Não cabe ao Tribunal decidir qual delas está certa. Cabe apenas dizer que quem traça os rumos da política sobre os temas de funcionários é o Chefe do Executivo,[5] conforme a Constituição Estadual, art. 24, § 2.º, n. 1 e 4.

Em tais circunstâncias, julga-se procedente a ação.

José Osório.

Fonte: Arquivo pessoal e TJSP

AÇÃO DIRETA DE INCONSTITUCIONALIDADE N. 71.278.0/2-00

ACÓRDÃO

Vistos, relatados e discutidos estes autos de Ação Direta de Inconstitucionalidade de Lei n. 071.278-0/2-00, da Comarca de São Paulo, em que é requerente o Prefeito do Município de Ribeirão Preto, sendo requerido o Presidente da Câmara Municipal de Ribeirão Preto:

ACORDAM, em Órgão Especial do Tribunal de Justiça do Estado de São Paulo, por votação unânime, rejeitar a matéria preliminar, e, por maioria de votos julgar procedente a ação, de conformidade com o relatório e o voto do Relator, que ficam fazendo parte integrante do presente julgado.

5 *Servidor Público – Criação de Cargos d Requisitos para seu Preenchimento* – Lei do Município de Guapiara – Tanto a Constituição Federal como a Estadual estabelecem que a iniciativa de leis que versem sobre servidores ou cargos públicos está reservada ao Poder Executivo, não podendo ela ser modificada pelo Poder Legislativo – ADI n. 49.952.0, Relator Des. Ângelo Gallucci.

Participaram do julgamento os Desembargadores Márcio Bonilha (Presidente), Nigro Conceição, Luís de Macedo, Viseu Júnior, Dante Busana, Denser de Sá, Mohamed Amaro, Luiz Tâmbara, Paulo Shintate, Borelli Machado, Flávio Pinheiro, Gildo dos Santos, Fortes Barbosa, Vallim Bellocchi, Sinésio de Souza, Jarbas Mazzoni, Theodoro Guimarães, Menezes Gomes, Olavo Silveira, Andrade Cavalcanti, Paulo Frando e Ruy Camilo, vencedores, e, Gentil Leite (Relator sorteado), vencido em parte.

São Paulo, 12 de setembro de 2001.

Márcio Bonilha, Presidente.

José Osório, Relator designado.

EMENTA

Ação direta de inconstitucionalidade de lei. Município de Ribeirão Preto. Lei de iniciativa da Câmara, vetada pelo Prefeito local. Concessão de poderes a particular, pelo Poder Legislativo, com afronta a sentença judicial e à competência do Poder Executivo. Afronta ao princípio da independência e harmonia entre os Poderes. Ação procedente.

VOTO

Adota-se o relatório de fls., a saber:

"Trata-se de Ação Direta de Inconstitucionalidade de Lei, proposta pelo Prefeito de Ribeirão Preto contra o art. 2.º da Lei Municipal n. 8521, de 23.7.99, segundo a qual a 'Companhia Habitacional Regional de Ribeirão Preto – COHAB', nos casos em que obtiver a seu favor sentença de reintegração de posse, poderá autorizar que o imóvel venha a ser comercializado pelo atual comprador, desde que a casa já estiver sendo edificada ou nela estiver morando. Aduz que o dispositivo dispôs de forma concreta e específica, subtraindo do Chefe do Poder Executivo a atribuição de direcionamento e regulamentação de prestação de serviços públicos, executados pelas empresas públicas e sociedades de economia mista. Foram violados assim os artigos 5.º, 37, 47, II, e 144 da Constituição Paulista e 2.º, 76 e 84, II, da CF/88.

As informações encontram-se às fls. A Câmara Municipal suscitou preliminarmente carência da ação por falta de atribuição de valor à causa. No mérito sustenta que a Lei Orgânica Municipal autoriza a Câmara a legislar sobre assuntos de interesse local, como o caso em questão. Ademais a lei é meramente autorizativa, não configurando lesão aos artigos invocados.

Acompanham as informações os documentos de fls.

A Procuradoria-Geral do Estado foi ouvida às fls.

Pela extinção da ação sem exame do mérito opinou o culto Procurador-Geral de Justiça (fls.).

Este é o relatório".

Quanto à matéria preliminar, acompanho o Sr. Relator pois a petição inicial não é inepta. Nada impedia o Sr. Prefeito de argüir a inconstitucionalidade de um único preceito do diploma legal, como corriqueiramente tem entendido este Plenário.

Em relação ao mérito, contudo, julgo procedente a ação, *data venia.*

A Lei Municipal de Ribeirão Preto, n. 849/98, autoriza a transferência a terceiros do direito real de uso de lotes urbanizados nos conjuntos habitacionais que especifica. O texto tido como inconstitucional é o seu art. 2.º, que diz o seguinte: "Nos casos em que a COHAB-RP teve sentença de reintegração de posse prolatada em seu favor, o imóvel (lote) poderá ser comercializado pelo atual comprador desde que a casa já esteja sendo edificada, ou nela já estiver residindo".

Isso significa que o Poder Executivo, após ingressar em Juízo e obter a posse direta do lote, não pode executar a decisão do Poder Judiciário porque o Poder Legislativo estabeleceu unilateralmente norma que confere a posse ao adquirente inadimplente. Por outras palavras: o Poder Legislativo de Ribeirão Preto violou o princípio da harmonia e independência dos Poderes, a um só tempo, tanto em relação ao Executivo como em relação ao Judiciário.

Em relação à autonomia do Executivo – que é o que interessa na presente ação – a violação se deu porque cabe a este Poder a iniciativa de projetos que dizem respeito à administração dos bens municipais, execução de obras e serviços públicos, como se infere dos arts. 47, II e XIV, da Constituição Estadual.

A Doutrina é tranqüila a esse respeito. Veja-se, por todos, Hely Lopes Meirelles:

> "A execução das obras e serviços públicos municipais está sujeita, portanto, em toda a sua plenitude, à direção do Prefeito, sem interferência da Câmara, tanto no que se refere às atividades internas das repartições da Prefeitura (serviços burocráticos ou técnicos), quanto às atividades externas (obras e serviços públicos) que o Município realiza e põe à disposição da coletividade" – *Direito Municipal Brasileiro*, Ed. RT, 3.ª ed. p. 870 e ss.

Observa-se ainda que o preceito do art. 19, IV, da CE não favorece a Câmara Municipal.

Este preceito diz que cabe ao Legislativo autorizar a venda de imóvel. Tal autorização, contudo, se dá nos casos em que o Prefeito tomou a iniciativa da venda e ficou na dependência da autorização por parte do Legislativo.

Em nenhum momento pode-se concluir que esse preceito permite que o Legislativo tome a iniciativa de retirar a posse obtida judicialmente, *in casu*, pela COHAB, para deferi-la ao ocupante.

Também chama a atenção o casuísmo com que se houve o Legislativo ao afetar a posse de bens com referência a apenas dois conjuntos habitacionais que menciona.

Por tais motivos, julga-se procedente a ação.

José Osório.

Fonte: Arquivo pessoal e TJSP

AÇÃO DIRETA DE INCONSTITUCIONALIDADE N. 71.298.0/3

ACÓRDÃO

Vistos, relatados e discutidos estes autos de Ação Direta de Inconstitucionalidade de Lei n. 71.298.0/3, da Comarca de São Paulo, em que é requerente o Prefeito do Município de Ribeirão Preto, sendo requerido o Presidente da Câmara Municipal de Ribeirão Preto:

ACORDAM, em Órgão Especial do Tribunal de Justiça do Estado de São Paulo, por votação unânime, julgar procedente a ação, de conformidade com o relatório e o voto do Relator, que ficam fazendo parte integrante do presente julgado.

Participaram do julgamento os Desembargadores Márcio Bonilha (Presidente com voto), Nigro Conceição, Luís de Macedo, Viseu Júnior, Álvaro Lazzarini, Dante Busana, Denser de Sá, Mohamed Amaro, Luiz Tâmbara, Borelli Machado, Flávio Pinheiro, Gildo dos Santos, Fortes Barbosa, Vallim Bellochi, Sinésio de Souza, Jarbas Mazzoni, Theodoro Guimarães, Menezes Gomes, Olavo Silveira, Andrade Cavalcanti, Paulo Franco e Ruy Camilo.

São Paulo, 19 de setembro 2001.

Márcio Bonilha, Presidente.

José Osório, Relator.

EMENTA

Ação direta de inconstitucionalidade. Lei Municipal. Atribuições de Secretaria. Invasão das atribuições do Executivo. Ação procedente.

VOTO

Adota-se integralmente o relatório de fls., a saber:

"Trata-se de Ação Direta de Inconstitucionalidade apresentada pelo Prefeito Municipal de Ribeirão Preto contra o Presidente da Câmara de Vereadores da mesma cidade visando declaração de insconstitucionalidade da lei n. 7.914/97 daquele município, de iniciativa da Câmara Municipal, publicada apesar do veto, a qual dispõe sobre a cobrança de despesas de atendimento médico hospitalar nas unidades de saúde do município, de pacientes alcançados pela cobertura de contrato individual ou coletivo com empresa prestadora de saúde e congêneres.

Sustenta o autor que a publicação do diploma legal viola o princípio da independência e harmonia entre os poderes, previsto no art. 5.º da Constituição Estadual. Alude ainda a ofensa a dispositivos do art. 24, parágrafo 2.º, inciso II, 25 e 124 da mesma Constituição Estadual.

Não solicitada a liminar, citou-se o requerido que apresentou informações a fls.

Confirma a publicação do diploma legal ora atacado e sustenta não dever a municipalidade arcar com despesas indevidas, além de que se trata de lei meramente autorizativa, sendo certo que a administração, querendo, pode implementar o disposto na lei.

Pleiteou o improvimento por competir à Câmara Municipal a atividade legislativa, não tendo intervindo na atividade do Poder Executivo.

A Procuradoria-Geral do Estado se manifestou a fls., nada requerendo na oportunidade.

A douta Procuradoria-Geral de Justiça se manifestou a fls. no sentido do provimento da ação.

É o relatório."

O texto acoimado de inconstitucional – L. 7.914/97 – assim dispõe:

"Art. 1.º Nos casos de atendimento emergencial em suas unidades de saúde, de pacientes alcançados pela cobertura de contrato individual ou coletivo, com empresas prestadoras de serviços de assistência médica, administradoras de plano de saúde e congêneres, o Município cobrará das respectivas empresas as despesas decorrentes desse atendimento.

Par. único. Para efeito do disposto nesta lei, equiparam-se às unidades municipais de saúde aquelas vinculadas ao Sistema Único de Saúde do Município.

Art. 2.º A cobrança abrangerá as despesas integrais relativas aos serviços médicos e hospitalares emergenciais prestados, incluindo todas aquelas para as quais o segurado ou beneficiário tenha cobertura por parte das empresas referidas no artigo anterior e especialmente as referentes a:

I – honorários médicos;

II – dispêndios hospitalares;

III – serviços de laboratórios;

IV – exames radiológicos e assemelhados;

V – medicamentos e insumos médico-hospitalares;

VI – diárias de internação;

VII – remoção de pacientes.

Par. único. As tabelas e valores relativos aos serviços prestados serão os mesmos aplicados pelas empresas para o cálculo do ressarcimento à rede hospitalar [...].

Art. 3.º Os serviços médicos e hospitalares emergenciais prestados na forma do art. 2.º serão discriminados e relacionados pela unidade de saúde do Município, contendo a transcrição dos dados pessoais do paciente e sua assinatura, ou de responsável, em formulário próprio, a ser instituído em resolução conjunta dos Secretários Municipais de Saúde e da Fazenda sob a denominação de guia de Ressarcimento de Despesas Médico-Hospitalares.

Par. primeiro. Ao fim de cada quinze dias, a Secretaria Municipal de Saúde encaminhará à Secretaria Municipal da Fazenda o conjunto das guias do período, agrupadas por unidades de saúde e por empresa responsável pelo ressarcimento, para cobrança.

Par. segundo. Recebido o conjunto de guias, a Secretaria Municipal da Fazenda expedirá documento de cobrança a ser definido em ato do Secretário, para ressarcimento pelas empresas do total devido a cada mês.

Par. terceiro. Os créditos não pagos no prazo determinado serão inscritos em dívida ativa, cabendo à Procuradoria competente da Secretaria Municipal dos Negócios Jurídicos proceder à cobrança administrativa e judicial dos mesmos na forma da legislação aplicável.

Art. 4.º No regulamento desta lei [...] o Prefeito Municipal definirá, na estrutura das Secretarias Municipais da Saúde e da Fazenda os órgãos incumbidos das providências dispostas no artigo anterior.

Art. 5.º As receitas decorrentes da aplicação desta lei serão creditadas à Secretaria Municipal da Saúde, respeitada a legislação vigente.

Art. 6.º As despesas decorrentes da execução desta lei correrão por conta de dotações orçamentárias próprias, suplementadas se necessário.

Art. 7.º Esta lei entrará em vigor [...]."

A simples leitura do texto acima mostra que o Legislativo de Ribeirão Preto mais uma vez imiscui-se na esfera de atribuições do Executivo ao determinar que determinadas Secretarias tenham tais ou tais atribuições, chegando a detalhes típicos de normas regulamentadoras.

A administração tanto dos bens públicos como dos serviços públicos cabe ao Poder Executivo, como é de entendimento elementar.

Entrando nessa seara, a Câmara Municipal violou manifestamente o princípio da independência e harmonia dos Poderes, consagrado pelo art. 5.º da Constituição Estadual.

Daí a ação ser julgada procedente, com as comunicações de estilo, adotados também os argumentos do parecer do Exmo. Procurador-Geral de Justiça.

José Osório.

Fonte: Arquivo pessoal e TJSP

❖❖❖

AÇÃO DIRETA DE INCONSTITUCIONALIDADE N. 75.133.0/0-00

ACÓRDÃO

Vistos, relatados e discutidos estes autos de Ação Direta de Inconstitucionalidade de Lei n. 075.133-0/0-00, da Comarca de São Paulo, em que é requerente o Prefeito Municipal de Araçatuba sendo requerido o Presidente da Câmara Municipal de Araçatuba:

ACORDAM, em Órgão Especial do Tribunal de Justiça do Estado de São Paulo, por votação unânime, julgar procedente a ação, de conformidade com o relatório e o voto do Relator, que ficam fazendo parte integrante do presente julgado.

Participaram do julgamento os Desembargadores Márcio Bonilha (Presidente), Nigro Conceição, Luís de Macedo, Viseu Júnior, Álvaro Lazzarini, Dante Busana, Denser de Sá, Mohamed Amaro, Luiz Tâmbara, Paulo Shintate, Borelli Machado, Flávio Pinheiro, Gildo dos Santos, Fortes Barbosa, Vallim Bellocchi, Sinésio de Souza, Jarbas Mazzoni, Theodoro Guimarães, Menezes Gomes, Andrade Cavalcanti, Paulo Franco e Ruy Camilo.

São Paulo, 07 de novembro de 2001.

Márcio Bonilha, Presidente.

José Osório, Relator.

EMENTA

Ação direta de inconstitucionalidade. Lei Municipal. Instituição de semana para prevenção contra fumo e álcool, a cargo de Secretaria Municipal. Invasão da competência exclusiva do Prefeito. Falta de previsão dos recursos. Ação procedente.

VOTO

Trata-se de ação direta de inconstitucionalidade da L. 5.767/00, do Município de Araçatuba, promovida pela Prefeita Municipal.

Alega, em resumo, que tal lei institui a semana de prevenção contra o fumo e o álcool no município; que ela, autora, a vetou, mas o Legislativo local derrubou seu veto, promulgando-a; que ao Executivo cabe intervir no processo de elaboração das leis por meio de atos de sua iniciativa privada, dentre eles o veto; que a lei atacada diz respeito a matéria típica de administração, que deve ser praticada ou não, de acordo com o livre-arbítrio do Executivo, sem interferência de outros Poderes; que a Secretaria de Saúde e Higiene Pública já vem, desde 1998, desenvolvendo ações continuadas e periódicas referentes ao tabagismo; que os temas tabagismo e álcool integram todos os programas de saúde pública; que também há preocupação com o consumo de drogas, havendo programas para preveni-lo; que a lei atacada, em seu art. 3.º, autoriza a celebração de convênio, não anexando ao mesmo a necessária minuta; que, se fosse do interesse do Executivo instituir tal campanha, caberia ao Legislativo apenas autorizar a celebração e fiscalização dos eventuais convênios; que mencionada lei não indica a verba orçamentária ou a fonte de recurso necessária para suportar as despesas oriundas do convênio; que o Legislativo não pode imiscuir-se nas atividades do Executivo; e que, assim, é de se julgar procedente a presente demanda.

Pelo despacho de fls. dispensou-se a citação do Procurador-Geral do Estado, oferecendo-se prazo para a Câmara Municipal de Araçatuba prestar informações.

Alega a Câmara, em síntese, que, ao instituir a semana de prevenção contra o fumo e o álcool, não está a invadir a esfera do Executivo; que a lei versa sobre assunto de interesse local; que se trata de colaboração de interesse público, não podendo a lei ser tida por inconstitucional; que tal lei sequer cria despesas para o município, não interferindo no orçamento vigente; e que, assim, é de se julgar improcedente a ação.

O Exmo. Procurador-Geral de Justiça requer, preliminarmente, a citação do Sr. Procurador-Geral do Estado para, nos termos do art. 90, § 2.º, da C.E., examinar sua conveniência, ou não, em oficiar no feito. No mérito, entende que houve violação ao art. 5.º da Constituição Estadual, pugnando pela declaração de inconstitucionalidade da L. 5.767/00, do Município de Araçatuba.

É o relatório.

Desnecessária a citação do Exmo. Procurador-Geral do Estado, vez que o interesse, como fartamente demonstrado, é exclusivamente do Município, e já há precedente: Ação Direta de Inconstitucionalidade n. 19.968.0/0.

A ação procede.

A Lei Municipal de Araçatuba n. 5.767/00 instituiu a Semana de Prevenção Contra Fumo e Álcool no Município, a ser desenvolvida anualmente na última semana do mês de agosto. Determinou ainda que a organização fique a cargo da Secretaria Municipal de Saúde e Higiene Pública e que se desenvolva através de palestras nas escolas e pela imprensa. Os recursos devem ser obtidos através de convênios com entidades não especificadas.

A matéria entende, portanto, com a execução de serviço público, cujos projetos são de iniciativa exclusiva do Poder Executivo.

Cabe ao Prefeito, por certo, organizar os serviços das Secretarias Municipais e dizer da conveniência, local e tempo em que serão prestados os serviços.

Assim, a referida lei invadiu a esfera de atribuições do Executivo, violando o art. 5.º da Constituição Estadual, que consagrou o princípio da harmonia e independência dos Poderes.

Além disso, a lei não previu as dotações necessárias para sua execução, violando também o art. 25 da C.E. Dizer genericamente que os recursos poderão vir de convênios a serem celebrados com "pessoas físicas e jurídicas" é o mesmo que não prever recurso algum.

Ante o exposto e adotando também os argumentos do parecer do Exmo. Procurador-Geral de Justiça, julga-se procedente a ação para declarar inconstitucional a aludida Lei n. 5.767/00 de Araçatuba, providenciando-se as comunicações de estilo.

José Osório.

Fonte: Arquivo pessoal e TJSP

AÇÃO DIRETA DE INCONSTITUCIONALIDADE N. 73.213.0/1-00

ACÓRDÃO

Vistos, relatados e discutidos estes autos de Ação Direta de Inconstitucionalidade de Lei n. 073.213-0/1-00, da Comarca de São Paulo, em que é autor o Procurador-Geral de Justiça, sendo réus o Presidente da Assembléia Legislativa de São Paulo e o Governador do Estado de São Paulo:

ACORDAM, em Órgão Especial do Tribunal de Justiça do Estado de São Paulo, por votação unânime, julgar extinto o processo, em relação ao Governador do Estado, e julgar procedente a ação, de conformidade com o relatório e o voto do Relator, que ficam fazendo parte integrante do presente julgado.

Participaram do julgamento os Desembargadores Nigro Conceição (Presidente com voto e declaração) Luís de Macedo, Viseu Júnior, Gentil Leite, Álvaro Lazzarini, Dante Busana, José Cardinale, Denser de Sá, Mohamed Amaro, Luiz Tâmbara, Paulo Shintate, Borelli Machado, Flávio Pinheiro, Gildo dos Santos, Fortes Barbosa, Vallim Bellocchi, Sinésio de Souza, Jarbas Mazzoni, Theodoro Guimarães, Menezes Gomes, Olavo Silveira, Andrade Cavalcanti, Paulo Franco e Ruy Camilo.

São Paulo, 20 de fevereiro de 2002.

Nigro Conceição, Presidente.

José Osório, Relator.

EMENTA

Ação direta de inconstitucionalidade. Resolução da Assembléia Legislativa. Norma para concurso. Tempo de serviço considerado como título para classificação. Violação do princípio da isonomia. Ação procedente.

VOTO

O Exmo. Procurador-Geral de Justiça promoveu ação direta de inconstitucionalidade do § 2.º do art. 46 da Resolução n. 776, de 14 de outubro de 1996.

Alega o Requerente, em síntese, que a Resolução 776 dispõe sobre a Reforma Administrativa da Assembléia Legislativa do Estado, implantando nova estrutura administrativa, instituindo Plano de Cargos, Carreiras e Vencimentos e dando providências correlatas; que o Capítulo III de tal Resolução regula o ingresso e provimento dos cargos em caráter efetivo; que, dentro de tal capítulo, está o dispositivo atacado, que autoriza computar-se como título, para efeito de classificação nos concursos públicos, o tempo de serviço prestado pelo servidor no QSAL – Quadro da Secretaria da Assembléia Legislativa; que se está a afrontar os arts. 4.º, 111 e 115, I e II, da C.E., que consagram o princípio da igualdade perante a Administração Pública, do concurso público para investidura em cargo e os da impessoalidade e interesse público; que, ao condicionar a investidura em cargo público à aprovação prévia em concurso, teve o constituinte intenção de prestigiar o princípio da igual acessibilidade de todos aos cargos públicos, decorrência da igualdade do particular perante a Administração; que é ilegítimo, segundo a Jurisprudência do STF, qualquer provimento de cargos públicos sem a prévia aprovação em concurso; que não se pode favorecer certa categoria de pessoas; que foi ofendido o princípio isonômico; que, se a intenção do administrador foi premiar algum candidato, ele não poderia ter deixado de dispensar o mesmo tratamento àqueles que acumulam o mesmo tipo de experiência, ainda que nunca hajam trabalhado antes na Assembléia; que se está a afrontar o princípio da impessoalidade; e que, assim, deve-se julgar procedente a presente demanda, declarada inconstitucional a norma indigitada e adotadas as providências atinentes a sua suspensão definitiva.

Pelo despacho de fls. determinou-se a citação do Procurador-Geral do Estado e que a Assembléia e o Sr. Governador do Estado prestassem informações.

A fls., a DD. Procuradora Geral do Estado declarou seu desinteresse no feito.

O Sr. Governador do Estado, a fls., sustentou ser parte ilegítima para a presente demanda, requerendo seu não conhecimento, por carência de ação, e a extinção do feito, com base no art. 267, VI, do CPC.

O Sr. Presidente da Assembléia Legislativa do Estado, a fls., alega, em síntese, que não foram atingidos os princípios mencionados na inicial, nem é inconstitucional a norma atacada; que isonomia não é igualdade absoluta, podendo o legislador instituir diferenciações quando o fator de diferenciação se justifique pelo objeto que se pretende alcançar e não afronte o texto constitucional; que a própria Constituição elenca, entre os princípios da administração pública (art. 37), o da eficiência; que privilegiar funcionários de seus quadros significa prestigiar a eficiência, posto que tais funcionários já conhecem o funcionamento da administração e tendem a se enquadrar com mais facilidade e melhor produzir; que mesmo este candidato já deve ter sido aprovado nas demais etapas do concurso; que a Assembléia torna acessível a todos os que detenham os requisitos mínimos necessários a participação em concursos para provimento de seus cargos públicos; que, em concursos de provas e títulos, as provas são o requisito essencial e os títulos o requisito facultativo e acessório, considerados só após a aprovação do candidato, e apenas como critério classificatório; que a melhor jurisprudência endossa sua tese; que, *ad argumentandum tantum*, a norma atacada só poderia ser extirpada do ordenamento quando e se a administração da Assembléia excluísse os demais servidores públicos da pontuação por títulos; que, de acordo com o dispositivo atacado, fica a critério do administrador utilizar-se ou não da faculdade legal de pontuar como título o tempo de trabalho exercido perante a Assembléia Legislativa, não se tratando de comando imperativo; que, caso o administrador queira valer-se da autorização contida no § 2.º do art. 46 da Resolução 776, deverá, necessariamente, admitir também como título o tempo de serviço prestado em outras esferas administrativas; que a inconstitucionalidade só adviria, no caso concreto, se a Assembléia viesse a realizar concurso cujo edital previsse a pontuação de servidores da casa e não de outros órgãos administrativos; que o próprio Estatuto dos Funcionários Públicos do Estado de São Paulo, LC 10.261/68, prevê, em seu art. 14, a pontuação por títulos; que tal dispositivo é perfeitamente aplicável aos concursos realizados pela Assembléia, como também em outras entidades públicas, e não há falar-se em inconstitucionalidade; que, havendo dúvida sobre a constitucionalidade ou não de uma lei, há de prevalecer a interpretação que a mantenha no ordenamento jurídico; e que, assim, é de se julgar totalmente improcedente a presente ação, ou, então, subsidiariamente, deve-se julgá-la improcedente, conferindo-se à norma atacada a sugerida interpretação conforme a Constituição.

Tornaram aos autos ao Exmo. Procurador-Geral de Justiça, que sustenta seu pedido vestibular (fls.).

É o relatório.

O senhor Governador do Estado é mesmo parte ilegítima para a ação.

Com a presente demanda pretende-se ver declarada a inconstitucionalidade da Resolução n. 776/96, art. 46, § 2.º, que trata da Reforma Administrativa da Assembléia Legislativa do Estado de São Paulo.

A Constituição Federal consagra a independência dos três Poderes, em seu art. 2.º. Igualmente, a Constituição Estadual, art. 20, III, diz que compete à Assembléia "dispor sobre a organização de sua Secretaria, funcionamento, polícia, criação, transformação ou extinção dos cargos, empregos e funções de seus serviços e fixação de remuneração, observados os parâmetros estabelecidos na lei de diretrizes orçamentárias".

Desta sorte, tendo o Legislativo autonomia financeria, orçamentária e administrativa, não cabe ao Chefe do Executivo nelas interferir.

Assim sendo, bem lançadas as razões do Sr. Governador, ficam acatadas, extinguindo-se o feito, com relação a ele, sem julgamento de mérito, em virtude de carência de ação.

No mérito, a ação é procedente.

A norma apontada como inconstitucional, como já frisado, é o parágrafo 2.º do art. 46 da Resolução n. 776, de 14.10.1996, da Assembléia Legislativa do Estado de São Paulo, que instituiu o Plano de Cargos, Carreiras e Vencimentos de seus servidores.

O art. 46 dispõe:

> "O ingresso e o provimento dos cargos em caráter efetivo far-se-á sempre no nível e grau iniciais de cada classe de cargo, observado (sic) os requisitos estabelecidos no Anexo VI desta Resolução e na seguinte conformidade [...].
>
> § 2.º Poderá ser computado como título, para efeito de classificação nos concursos, o tempo de serviço prestado pelo servidor no QSAL".

Por aí se vê que o preceito do parágrafo 2.º criou um elemento diferenciador que vai beneficiar uma determinada categoria de cidadãos – aqueles que já prestam serviço ao Quadro de Servidores da Assembléia Legislativa – e que, só por esse motivo, terão o seu tempo de serviço computado como título para efeito de classificação.

A situação de vantagem em que ficam esses cidadãos é evidente.

Embora tenham, como todos os outros, que prestar o concurso, terão prioridade na hora da classificação frente aos demais concorrentes.

Não há nenhuma razão lógica, racional, justificável, de fácil entendimento, como exige a Doutrina,[1] para adotar o discrímen "tempo de serviço prestado no QSAL".

1. Celso Antônio Bandeira de Mello, *O conteúdo jurídico do princípio da igualdade*, Malheiros, 2.ª ed., p. 17.

Não existe sequer presunção de que um cidadão, por trabalhar na Assembléia, seja portador de qualidades específicas que o tornem mais apto para o exercício das funções relativas ao cargo posto em concurso.

A Assembléia é uma instituição política e não técnica. Por certo conta em seus quadros com técnicos de alto valor. Mas esse valor decorre da capacidade individual e específica de cada servidor e não por trabalhar na Assembléia. E há, evidentemente – como não pode deixar de haver –, inúmeros cargos para os quais não se exige formação técnica.

Ora, a norma tida como inconstitucional sequer distingue quais as aptidões técnicas que poderiam, em tese, justificar o discrímen. Preferiu pura e simplesmente valorizar a circunstância pouco relevante de o pretendente contar tempo de serviço no QSAL.

Com isso, pôs em situação privilegiada os portadores desse tempo de serviço, em detrimento dos demais cidadãos com experiência em outros setores da Administração Pública ou na iniciativa privada.

Assim, foi gravemente violado o princípio da igualdade, consagrado no art. 4.º da Constituição do Estado; como também foi afrontado o princípio da impessoalidade, estatuído no art. 111 da mesma Constituição.

Não é possível, como alternativamente admite a Augusta Assembléia, dar a um preceito inconstitucional a interpretação que afastasse o grave vício.

O indigitado texto objeto da presente ação é um texto claro, preciso, que não comporta outra interpretação do que a literal, ou seja, que poderá ser computado como título, para efeito de classificação nos concursos, o tempo de serviço prestado pelo servidor no QSAL.

Não cabe ao Tribunal – por lhe faltar competência para tanto – corrigir ou emendar o texto submetido à análise de constitucionalidade. Desse ponto não discrepa a Doutrina, como se vê das citações trazida pelo autor às fls.[2]

Também não tem razão a Augusta Assembléia quando deseja que o controle se dê caso a caso, à medida em que se torne evidente a preterição de algum candidato ao cargo. Ora, a presente ação é de declaração de inconstitucionalidade de um preceito considerado de forma abstrata e não *in concreto*.

Finalmente, observa-se que não aproveita à requerida o fato de tratar-se de texto meramente autorizativo.

---

2. Gomes Canotilho, *Fundamentos da Constituição*, Coimbra Editora, p. 246/247; Gilmar Ferreira Mendes, *Jurisdição Constitucional: o controle abstrato de normas no Brasil e na Alemanha*, 3.ª ed., Saraiva, 1999, p. 232.

Como é tranqüilo no STF, lei meramente autorizativa não escapa do controle de constitucionalidade – *RTJ* 104/46, rel. Min. Néri da Silveira.

Nesse sentido, já decidiu o Plenário deste Tribunal – ADIn 60.442.0/6, de Ribeirão Preto, também deste relator.

Por todo o exposto, extingue-se o feito, sem julgamento de mérito, com base no art. 267, VI, com relação ao Sr. Governador do Estado, e julga-se procedente a ação, com relação à Assembléia Legislativa de São Paulo, providenciando-se as comunicações de estilo.

José Osório.

Fonte: Arquivo pessoal e TJSP

6

QUESTÕES PROCESSUAIS

APELAÇÃO N. 312.066

PROCEDIMENTO SUMARÍSSIMO – Cobrança de duplicatas contra a Municipalidade – Art. 730 do CPC – Viabilidade – Recurso provido para afastar a carência.

Ap. 312.066 – 3.ª Câm. – Rel. José Osório – J. em 11.5.83.

ACÓRDÃO

Vistos, relatados e discutidos estes autos de Apelação n. 312.066, da comarca de Campinas, em que é apelante D.M.P. S/A e apelada (Prefeitura Municipal de Cosmópolis):

ACORDAM, em Terceira Câmara do Primeiro Tribunal de Alçada Civil, por votação unânime, dar provimento ao recurso para os fins que constarão do Acórdão.

Em cobrança de duas duplicatas, no valor total de Cr$ 81.482,92, desenvolvida pelo rito sumaríssimo, foi a autora julgada carecedora da ação pela r. sentença de fls., cujo relatório é adotado, condenada a mesma nas custas e em honorários de 20% do valor da ação. Entendeu o MM. Juiz que cabia à autora propor ação de execução, incabível no caso o procedimento sumaríssimo, motivo por que houve por bem de aplicar o art. 267, VII, do CPC, já que faltaria à autora o interesse de agir.

Apelou a vencida, afirmando ter havido evidente engano do MM. Juiz, eis que os bens públicos são impenhoráveis, vedada a ela a propositura de execução imediata, cumprindo-lhe então obter sentença para agir na forma do art. 730 do CPC.

O recurso foi processado regularmente, com resposta.

É o relatório.

O recurso, *data venia*, merece provimento.

Na verdade, cumpria à autora propor ação de execução sem pedido de penhora de bens, com citação do Município para pagar ou oferecer embargos.

Trata-se do que Humberto Theodoro Jr. chama de execução imprópria (*Comentários*, art. 730). No mesmo sentido se pronunciam Celso Neves e Pontes de Miranda ao comentarem a mesma disposição de lei.

Se o credor, entretanto, houve por bem de optar pelo processo de conhecimento para obter preliminarmente um título executivo judicial para, somente então, propor a execução prevista no art. 730, não se lhe deve impedir o caminho. Embora mais longo, não há proibição legal para tanto.

Com efeito, não houve prejuízo para a devedora e praticamente toda a matéria argüível em embargos já foi deduzida, sendo de conveniência aproveitar-se o processado.

Para afastar a alegada falta de interesse processual, basta considerar que a sentença condenatória produz hipoteca judiciária (art. 466, parágrafo único).

Diante do exposto, é dado provimento ao recurso para afastar a carência da ação e determinar o julgamento do caso pelo mérito.

Presidiu o julgamento, com voto, o Juiz Paulo Shintate e dele participou o Juiz Sousa Lima (revisor).

São Paulo, 11 de maio de 1983.

José Osório, Relator.

Fonte: *JTACSP-RT* 83/149-50

AGRAVO DE INSTRUMENTO N. 312.861

RECURSO – Agravo de instrumento – Deserção decretada por falta de providência relativa às peças indicadas – Despacho ampliativo do conceito de deserção – Incumbência do escrivão – Recurso provido.

AI 312.861 – 3.ª Câm. – Rel. José Osório – J. em 15.6.83.

ACÓRDÃO

Vistos, relatados e discutidos estes autos de Agravo de Instrumento n. 312.861, da comarca de São Paulo, sendo agravante S.V. e agravado, Banco P.:

ACORDAM, em Terceira Câmara do Primeiro Tribunal de Alçada Civil, por votação unânime, dar provimento ao recurso.

O agravante não se conformou com despacho que, em execução, considerou deserto seu agravo de instrumento por não haver providenciado as peças indicadas para a formação do instrumento, com o que teria havido infringência do art. 522, § 2.º, do CPC.

O recurso foi processado regularmente, com resposta e despacho de sustentação.

É o relatório.

O recurso tem provimento.

O ora agravante apresentara anteriormente, em data de 6.12.82, outro agravo de instrumento contra despacho que lhe havia indeferido restituição de prazo. Em 14.12.82, foi ele intimado para providenciar, em cinco dias, cópias das peças indicadas para traslado (fls.). Permanecendo inerte por mais de um mês e meio, foi seu recurso julgado deserto (fls.), sendo certo que somente em 11.2.83 é que tentou a juntada das referidas peças.

O MM. Juiz, contudo, não decidiu com o acerto de sempre.

A regra fundamental na matéria é a de que o juiz só pode julgar deserto o recurso e negar seguimento ao agravo na hipótese de falta de preparo, consoante se verifica dos arts. 527, § 1.º, e 528 do CPC. Tal ponto é acentuado por Theotonio Negrão, fundado em Acórdão deste Tribunal (*JTA* 46/84, Rel. Alves Barbosa), que traz à colação ensinamentos de J. C. Barbosa Moreira, Pontes de Miranda e Sergio Bermudes.

Vê-se, assim, que o r. despacho agravado ampliou o conceito de deserção fazendo com que abrangesse também a hipótese de "não providência de peças". A matéria, porém, na medida em que prevê grave penalidade para a parte, não admite interpretação extensiva. Cf. Carlos Maximiliano, *Hermenêutica*, ns. 230-235. Em suma, não cabe ao juiz criar uma nova espécie de deserção.

Frise-se ainda que a extração, conferência e conserto do traslado competem ao escrivão, como resulta claro do art. 525. À parte cumpre indicar as peças e pagá-las, seja antes, seja depois da extração, já que a lei é omissa a esse respeito.

Ora, o agravante foi intimado para "providenciar xerocópias, juntando-as em cinco dias". Providenciar significa muito mais do que pagar e com imensa freqüência a parte não tem qualquer possibilidade de tomar providências em relação a locais e pessoas sobre os quais não tem ascendência nem controle, como o Cartório, o escrivão e a tal da DEPA.3, onde são extraídas as xerocópias. Sabe-se que o Estado moderno atribui aos particulares crescentes encargos e providências relacionados com os serviços públicos. Mas, para a legitimidade de tais atribuições, mister se faz que esse particular não dependa do próprio Estado para se desempenhar do encargo, como acontece para a extração de peças para traslado.

No caso dos autos, compreende-se o empenho do MM. Juiz em evitar a inércia protelatória que se verificou por parte do agravante. Mas a solução, enquanto não muda a lei, não é julgar deserto o recurso e sim processar o agravo somente com as peças indispensáveis (art. 523, parágrafo único) e mandar subir os autos para o Tribunal decidir com os elementos de que dispuser.

Diante do exposto, é dado provimento ao recurso para afastar a pena de deserção e mandar processar o agravo, como de direito.

Presidiu o julgamento, com voto, o Juiz Paulo Shintate e dele participou o Juiz Sousa Lima.

São Paulo, 15 de junho de 1983.

José Osório, Relator.

Fonte: *JTACSP-RT* 83/156-7

❖❖❖

APELAÇÃO N. 305.213

EXECUÇÃO – *Consilium fraudis* não configurado – Exclusão da condenação em perdas e danos.

EXECUÇÃO – Insolvência do executado ao alienar o bem, não havendo notícia da existência de outros bens – Configuração da fraude à execução.

FRAUDE À EXECUÇÃO – Configuração, embora não registrada a penhora.

FRAUDE CONTRA CREDORES – Procedência da ação a título de fraude à execução – Inocorrência de julgamento *extra petita* – Nulidade rejeitada.

PENHORA – Falta de registro – Irrelevância para a configuração de fraude à execução.

PENHORA – Providência não impeditiva da alienação do bem – Ineficácia da alienação, todavia, perante o credor, garantido também o arrematante.

ACÓRDÃO

Vistos, relatados e discutidos estes autos de Apelação n. 305.213, da Comarca de São Paulo, sendo apelantes J.Z. e sua mulher e apelado L.A.A. e interessada 5.ª Curadoria de Ausentes e Incapazes por L.M.:

ACORDAM, em Terceira Câmara do Primeiro Tribunal de Alçada Civil, por votação unânime, dar provimento parcial ao recurso.

O recurso merece provimento apenas parcial.

Conforme se viu do relatório retro, que é integrado ao presente acórdão, trata-se de ação fundada em fraude contra credores que foi julgada procedente por fraude à execução.

Não há a alegada nulidade da sentença por julgamento *extra petita*. Embora o autor tenha denominado a ação de "pauliana", o fato é que pediu a "anulação de todas as transmissões, gravames e registros". E, para tanto, relatou pormenorizadamente os fatos, deixando claro que arrematou o imóvel em regular processo de execução, que a penhora foi anterior às execuções hipotecárias, que houve *consilium fraudis* e que ele não pôde obter o domínio do imóvel arrematado. Em resumo, disse o autor que arrematou o bem e seu negócio se frustrou por uma alienação fraudulenta, pelo que esta não pode preponderar sobre a anterior.

Diante desse quadro fático, tiveram os réus – como demonstraram brilhantemente – elementos suficientes para defender sua aquisição; como teve também o MM. Juiz dados bastantes para dar a solução jurídica que o caso concreto estava a exigir. Se o Judiciário negar a prestação jurisdicional porque a parte se fundou na fraude contra credores e pediu anulação, quando o correto seria se fundar na fraude contra a execução e pedir a declaração de ineficácia, haveria, diante da realidade brasileira, verdadeira denegação de justiça. Trata-se de conceitos afins e, estando esclarecidos, concretamente, os fatos e o pedido, deve o Juiz interpretar aqueles conceitos com largueza e aplicar o Direito.

O caso dos autos é, sem dúvida, de fraude à execução. A penhora se deu em 3 de abril de 1978 (fls.) na execução movida por Banco N. contra o réu G.G.S. e sua mulher. Estes vendem o imóvel para a ré L.M. em 9 de junho de 1978, a qual constitui duas hipotecas em favor, respectivamente, de F.C.F. e sua mulher e dos réus-apelantes J.Z. e sua mulher. Os credores hipotecários executaram seus títulos e, após desistência de F.C.F., J.Z. arrematou o imóvel e transcreveu seu título antes que o autor (e primeiro arrematante) o fizesse. Assim, a execução não chegou a bom termo por causa da venda e das gravações posteriores à propositura da primeira ação e da ocorrência da primeira penhora.

O fato de a penhora não ter sido registrada não exclui a fraude contra a execução, como já é hoje de entendimento uniforme (cf. Nelson Altemani, Fraude de execução, *RJTJ* 40/19, e Cláudio Nunes do Nascimento, Desnecessidade de inscrição da penhora, *RT* 490/19).

A penhora não impede a alienação do bem, pois esta alienação é meramente ineficaz perante o credor, e, não se concretizando a arrematação ou paga a dívida, a alienação produzirá todos os seus efeitos, tese esta, aliás, esposada pelos próprios apelantes. Ocorre, porém, que, com a alienação, o executado tornou-se insolvente, pois não há notícia da existência de outros bens e há notícia de seu despejo por falta de pagamento de aluguel. Dessa forma, a mencionada alienação não pode deixar de ser tida como ineficaz perante o credor.

O ponto central do apelo diz respeito a esse aspecto da questão, ou seja, a ineficácia existe perante o credor e não perante o arrematante, que não foi parte no processo de execução, e a garantia que a lei quer dar ao credor surtiu efeitos, já que este (no caso dos autos, o Banco N) teve seu crédito satisfeito.

Entretanto, não assiste razão aos apelantes.

Não há nenhum motivo de ordem lógica, de interesse social ou público para paralisar a garantia na esfera do credor e não projetá-la no campo de interesses daquele que possibilitou a satisfação do crédito do credor, ou seja, o arrematante. As mesmas razões de decidir estão presentes em ambos os casos, sendo de se acentuar ainda que, se não se garantir também o arrematante, desgarantido ficará o credor diante da ameaça da anulação da arrematação, por evidente inidoneidade do objeto, e dos atos processuais que se seguiram, inclusive e principalmente, do levantamento do preço pelo credor-exeqüente.

De tudo decorre que toda a brilhante argumentação dos apelantes a propósito da garantia do credor, ao contrário de excluir o arrematante, a ele se ajusta, pois, satisfeito o credor, é o arrematante quem o sucede como beneficiário da proteção estatal até que a execução se consume por inteiro, com a transmissão do domínio ao arrematante, pois foi exatamente para essa finalidade que foi pago o preço da arrematação.

Tanto isso é verdade que, fosse arrematante o próprio credor, dúvida alguma existiria quanto à persistência da garantia até a consumação final da execução.

Têm razão, entretanto, os apelantes quando se insurgem contra a condenação em perdas e danos. O *consilium fraudis* não ficou suficientemente demonstrado, sendo importante frisar que os apelantes são terceiros em relação ao ato original considerado fraudulento, sendo também de relevo, para efeito de condenação em perdas e danos, o fato de a penhora não estar registrada, o que vem atenuar a culpa dos apelantes. Estes foram, pelo menos, precipitados ao aceitarem hipoteca sem exigir certidão do distribuidor relativa ao antecessor imediato (e recente) da proprietária. Mas a má fé, propriamente dita, não foi comprovada.

Quanto aos honorários, foram bem fixados, tendo em vista o trabalho desenvolvido pelo patrono do autor e o pequeno valor dado à causa.

Diante do exposto, é dado provimento parcial ao recurso apenas para o fim de afastar as perdas e danos, confirmando-se no mais a bem lançada sentença.

Presidiu o julgamento, com voto, o Juiz Paulo Shintate e dele participou o Juiz Sousa Lima (Revisor).

São Paulo, 4 de agosto de 1983.

José Osório, Relator.

Fonte: *JTACSP Saraiva* 82/161-3

❖❖❖

AGRAVO DE INSTRUMENTO N. 319.694

ARREMATAÇÃO - Dedução do seu produto das importâncias pagas pelo arrematante a título de impostos incidentes sobre o imóvel arrematado - Inadmissibilidade - Recurso provido para impedir o levantamento daquelas importâncias pelo arrematante.

AI 319.694 - 3.ª Câm. - Rel. José Osório - J. 8.2.84 - v. u.

ACÓRDÃO

Vistos, relatados e discutidos estes autos de Agravo de Instrumento n. 319.694, da comarca de São Paulo, sendo agravante M.D. Ltda. e agravado J.M.

ACORDAM, em Terceira Câmara do Primeiro Tribunal de Alçada Civil, por votação unânime, dar provimento ao recurso.

A agravante não se conformou com despacho que, em sustação de protesto e execução de sentença, houve por bem de mandar deduzir do produto de arrematação as importâncias pagas pelo arrematante a título de impostos em atraso incidentes sobre o imóvel arrematado. Entende a agravante que o arrematante recebe o imóvel no estado em que se encontra e, se pagou impostos em atraso, não pode abater o que pagou do preço depositado.

O recurso foi processado regularmente, com resposta, que destaca o acerto da decisão recorrida e traz subsídios doutrinários e jurisprudenciais em favor de sua tese.

É o relatório.

VOTO

A questão é controvertida, e o despacho agravado está bem fundamentado. Mas o recurso merece provimento.

Dúvida alguma existe de que o arrematante não é responsável pelo pagamento dos tributos incidentes sobre o imóvel arrematado, operando-se sub-rogação do crédito tributário sobre o preço da arrematação (cf. art. 130, parágrafo único, do CTN). Se não era responsável pelas dívidas, o arrematante-agravado não estava obrigado a pagá-las. Pagou-as por sua maior comodidade, mas não porque o imóvel arrematado pudesse estar sujeito a riscos por execuções fiscais.

Nem se diga que a prova da quitação de débitos fiscais seja condição para a expedição e registro da carta de arrematação. O inciso II do art. 703 do CPC não se refere a quitação de impostos incidentes sobre o imóvel, e sim sobre aqueles que dizem respeito à própria arrematação, ou seja, o imposto de transmissão.

Assim já decidiu há tempos o Tribunal de Justiça ao reconhecer que a falta de certidão negativa não era impedimento ao registro da carta: "Tratando-se de transcrição de carta de arrematação, é dispensável a apresentação de certidão negativa de impostos municipais, os quais se subrogam sobre o preço da arrematação, por força do disposto no parágrafo único do art. 130 do CTN. Os impostos a que se refere o art. 703, II, do CPC são os da própria arrematação, quer dizer, os impostos sobre a transmissão do bem" (*RT* 468/99, rel. Martins Ferreira, cit. p/ Theotonio Negrão).

Observe-se ainda que a jurisprudência da Corregedoria Geral da Justiça firmou-se no sentido de dispensar, para o registro da carta, até mesmo o certificado de débitos previdenciários para cuja falta era cominada a grave pena de nulidade do ato (cf. Ap. Civ. 283.502, Rel. Andrade Junqueira, citada por Narciso Orlandi Neto, em *Registro de Imóveis*, n. 261, com remissão a outros julgados).

De todo o exposto, resulta que não cabe ao arrematante desfalcar o preço da arrematação para pagar impostos atrasados. Ao Fisco cumprirá haver seu crédito, como de direito.

Assim sendo, é dado provimento ao recurso para o fim de impedir que o arrematante efetue o levantamento da importância correspondente aos impostos por ele pagos.

Custas pelo agravado.

Presidiu o julgamento o Juiz Nelson Schiavi e dele participaram os Juízes Sousa Lima e Luciano Leite.

São Paulo, 8 de fevereiro de 1984.

José Osório, Relator.

Fonte: *JTACSP-RT* 87/20-1

AGRAVO DE INSTRUMENTO N. 322.693

PETIÇÃO INICIAL - Ocorrência de erro material no pedido - Possibilidade de sua correção, mesmo após a contestação - Inaplicabilidade do artigo 294 do CPC - Decisão mantida.

AI 322.693 - 3.ª Câm. - Rel. José Osório - J. 28.3.84 - v. u.

ACÓRDÃO

Vistos, relatados e discutidos estes autos de Agravo de Instrumento 322.693, da comarca de São Paulo, sendo agravante C.M. de Empreendimentos e agravado S.C.I. S/A.

ACORDAM, em Terceira Câmara do Primeiro Tribunal de Alçada Civil, por votação unânime, negar provimento ao recurso.

A agravante não se conformou com despacho que, em ação declaratória de inexistência de relação jurídica cambial, houve por bem de admitir, após a contestação, pedido de correção da inicial.

O recurso foi regularmente processado, com resposta, que levanta preliminar de intempestividade.

Com preparo e despacho de sustentação, subiram os autos.

É o relatório. O recurso é tempestivo.

Conforme se vê da certidão de fls., o despacho agravado não foi publicado. O despacho que foi publicado posteriormente apenas mandou cumprir o anterior, sem esclarecer qual o conteúdo deste. Nem aproveita à agravada a circunstância de ter sido publicado, na cautelar, despacho que fazia menção aos mesmos fatos objeto do despacho agravado. A publicação de um despacho em um processo não projeta seus efeitos em outro, principalmente para concluir que a parte (no outro processo) tenha tido ciência inequívoca dos fatos, a ponto de tornar dispensável a publicação no próprio processo em que o despacho foi proferido.

Daí por que afastam a preliminar de intempestividade.

Conhecido o recurso, a ele é negado provimento.

A agravada propôs contra a agravante ação declaratória de inexistência de relação cambial, precedida de sustação de protesto e referente a duas notas promissórias oriundas de dois contratos de mútuo. Uma das promissórias, porém, não era de emissão da C.M. de Empreendimentos, a ora agravante, e sim da Organização M. S/A - Agrícola e Industrial, motivo por que a autora agravada pediu, após a contestação, fosse emendada a inicial para constar que a ação também era dirigida contra a Organização M. S/A.

O MM. Juiz atendeu ao pedido, o que deu origem ao presente agravo. Alega a agravante que houve infringência do art. 294 do CPC, só podendo a autora formular novo pedido através de ação distinta e que defeso era ao juiz autorizar emenda da inicial após a citação, sendo certo ainda que a ré agravante acabou por vincular-se a um litisconsórcio facultativo, que repudia expressamente.

Na verdade, o despacho agravado não está a merecer reparo. Não houve modificação do pedido, pois o que continua querendo a autora é a declaração da inexistência da relação jurídica cambial referente à mesma promissória e ao mesmo contrato de mútuo, que foi exibido em Juízo. Nem houve propriamente alteração das partes e sim mera correção de erro material da inicial, pois dos elementos que a instruíram só se podia concluir que a ação era também dirigida contra a Organização Mofarrej, que assinou uma das promissórias e um dos contratos de mútuo.

Não se pode também deixar de levar em consideração que ambas as sociedades são parte do mesmo grupo empresarial, têm sede no mesmo local e são dirigidas pelas mesmas pessoas. Mais ainda: são sociedades fechadas e familiares, que fizeram negócio idêntico, não sendo razoável, em nome de posturas lógico-conceituais, impedir a correção do evidente erro material da inicial e tornar mais complexo o deslinde do litígio entre as duas verdadeiras partes, que são os efetivos titulares dos interesses em jogo.

Também não procede o argumento da ré agravante, segundo o qual será compelida a permanecer em litisconsórcio facultativo por ela repudiado. Como bem ensina Arruda Alvim, em trecho trazido à colação pela agravada, já não há que se falar, no sistema do Código, em possibilidade de os réus repelirem litisconsórcio (*CPC Comentado*, 1975, p. 354).

Assim sendo, e considerando, em síntese, que não houve alteração do pedido, nem mesmo alteração das partes, tendo havido apenas a correção de uma das roupagens jurídicoformais do credor, é negado provimento ao recurso.

Presidiu o julgamento o Juiz Nelson Schiavi e dele participaram os Juízes Sousa Lima e Luciano Leite.

São Paulo, 28 de março de 1984.

José Osório, Relator.

Fonte: *JTACSP-RT* 88/47-8

AGRAVO DE INSTRUMENTO N. 329.990

VALOR DA CAUSA – Possessória – Utilização da estimativa oficial para o lançamento do imposto territorial, reduzida para um terço – Art. 259, VII, do CPC – Recurso parcialmente provido para esse fim.

AI 329.990 – 3.ª Câm. – Rel. José Osório – J. 12.9.84 – v. u.

ACÓRDÃO

Vistos, relatados e discutidos estes autos de Agravo de Instrumento 329.990, da comarca de Suzano, sendo agravante S. Produtos Químicos Ltda. e agravado Espólio de M.S.S., representado por seu inventariante J.S..

ACORDAM, em Terceira Câmara do Primeiro Tribunal de Alçada Civil, por votação unânime, dar provimento em parte ao recurso.

A agravante não se conformou com despacho que, em ação de manutenção de posse, houve por bem de rejeitar impugnação e manter o valor da causa em Cr$ 200.000. Afirma a agravante que consta dos autos avaliação de Cr$ 800 para o metro quadrado, devendo o valor da causa ser fixado em Cr$ 8.000.000, já que a área litigiosa tem 10.000m^2.

O recurso foi regularmente processado, com resposta e despacho de sustentação.

É o relatório.

O recurso está a merecer provimento parcial, pois o eminente magistrado não decidiu com acerto de sempre.

Como é sabido, o CPC é omisso no que diz respeito ao valor da causa nas possessórias, motivo por que se tem utilizado do critério previsto no art. 259, VII, ou seja, a estimativa oficial para lançamento do imposto territorial, reduzida para um terço, já que o direito de propriedade não está em jogo, como acontece na reivindicatória.

É verdade que a impugnante e ora agravante não juntou a estimativa oficial. Mas os autos fornecem elementos que indicam valor razoável e mais condizente com o interesse econômico em jogo.

Com efeito, tratando-se de vasta área industrial, o valor da causa não pode se restringir aos Cr$ 200.000 indicados pelo autor.

Havendo nos autos cópia de avaliação do metro quadrado em Cr$ 800, esse valor pode ser aceito, reduzido para um terço por se tratar de possessória.

Assim sendo, é dado provimento parcial ao recurso para fixar o valor da causa em Cr$ 2.600.000, ou seja, cerca de um terço de Cr$ 8.000.000.

Presidiu o julgamento o Juiz Nelson Schiavi e dele participaram os Juízes Sousa Lima e Luciano Leite.

São Paulo, 12 de setembro de 1984.

José Osório, Relator.

Fonte: *JTA RT* 89/172-3

AGRAVO DE INSTRUMENTO N. 330.713

ARREMATAÇÃO – Preço vil – Conceituação – Art. 692 do CPC – Reconhecimento, na hipótese dos autos (25% do valor real do bem) – Recurso provido para anular a praça.

AI 330.713 – 3.ª Câm. – Rel. José Osório – J. 10.10.84 – v. u.

ACÓRDÃO

Vistos, relatados e discutidos estes autos de Agravo de Instrumento 330.713, da comarca de São Paulo, sendo agravantes C.C. e outro e agravado B.S.F.:

ACORDAM, em Terceira Câmara do Primeiro Tribunal de Alçada Civil, por votação unânime, dar provimento ao recurso.

Em execução cambial não foi aceito lanço na arrematação, motivo por que o credor-exeqüente agravou, entendendo que o preço ofertado não era vil, eis que suficiente para satisfazer o crédito. Reconsiderado o despacho, os devedores pedem a subida do agravo para manutenção do despacho original, uma vez que o preço seria vil, efetivamente.

O recurso foi regularmente processado, com preparo e despacho de sustentação.

É o relatório.

Os autos mostram que, em execução cambial, foi penhorado imóvel à R. [...], Alto da Lapa, e avaliado em Cr$ 114.000.000,00, realizada avaliação em dezembro de 1983. A praça se fez em abril de 1984, aceito lanço de Cr$ 40.000.000,00, para satisfazer crédito de Cr$ 34.969.583,73.

O recurso está a merecer agasalho, pois o MM. Juiz não decidiu com o acerto de sempre.

O conceito de preço vil é elástico e fez parte daqueles - como boa fé, idoneidade, etc. - em relação aos quais a lei deixa boa margem de arbítrio ao juiz.

A natureza de tal conceito não foi, a rigor, afetada pela disposição do art. 692 do CPC, a saber: "Será suspensa a arrematação, logo que o produto da alienação dos bens bastar para o pagamento do credor. Não será aceito lanço que, em segunda praça ou leilão, ofereça preço vil, que não baste para a satisfação de parte razoável do crédito".

A última oração do texto trouxe um elemento a mais para auxiliar o juiz na aplicação do conceito, ou seja: aparentando ser vil o preço e não bastando para a satisfação de parte razoável do crédito, o lanço não poderá ser aceito, pois o preço ofertado estará na mais baixa escala de vileza, isto é, além de ser objetivamente vil, é ainda ineficaz para satisfazer parte razoável do crédito.

O que não se pode entender, *data venia* de opiniões em contrário, é que a lei tenha criado dois tipos de preços vis: aquele que não basta para satisfazer parte razoável do crédito, tipo esse que fica proscrito; e aquele que basta para tal finalidade, o qual seria admitido pela ordem jurídica.

Na realidade, aquela disposição final do art. 692 não tem força para alterar a natureza das coisas e transformar em rígido um conceito universalmente considerado elástico. Pois é evidente que, nos casos de desproporção entre o valor do crédito e o do bem penhorado, pode um preço bastar para a satisfação de parte razoável do crédito e continuar sendo vil. Como também pode não bastar e nãos er objetivamente vil. lsto tudo está a mostrar que não há relação de ordem lógica a ser estabelecida entre o conceito de preço vil e sua aptidão para satisfazer o crédito.

É de ter presente ainda que a locução "preço vil" tem conotação nitidamente pejorativa, não sendo de se admitir que a lei a tenha usado para prestigiar (e não para condenar) uma determinada situação. Por outras palavras, quisesse a lei admitir lanço insignificante, usaria de qualquer outra expressão, menos o pejorativo "preço vil". Este tem conteúdo significativo de defeito, vício, torpeza, ruindade, e não pode ser objeto de interpretação acolhedora e benevolente, sob pena de ruptura do sistema de hermenêutica.

Examinado o texto legal sob o prisma gramatical, outra não é a conclusão a que se chega, isto é, a oração "que não baste para a satisfação de parte razoável do crédito" é uma oração explicativa, e não restritiva, da anterior.

Diz renomado gramático:

"As orações subordinadas adjetivas classificam-se em *restritivas* e *explicativas*:

> 1) As orações adjetivas restritivas limitam, precisam, restringem a significação do substantivo (ou pronome) antecedente, tornando-se, por isso, indispensáveis ao sentido da frase. Como se ligam sem pausa ao antecedente, deste não se separam por vírgula na escrita. [...]
>
> 2) As orações adjetivas explicativas acrescentam qualidade acessória ao antecedente, isto é, esclarecem melhor a sua significação, à semelhança de um aposto, mas não são indispensáveis ao ao sentido *essencial* da frase. Na fala, há entre elas e o antecedente uma pausa, indicada por vírgula na escrita" (Celso Ferreira da Cunha, *Gramática da Língua Portuguesa*, 7.ª ed., p. 561).

Diz outro gramático, também altamente qualificado:

> "a) A oração restritiva tem por ofício delimitar o antecedente, com o qual forma um todo significativo; em razão disso, não pode ser suprimida, sob pena de a oração principal ficar prejudicada em sua compreensão [...]. b) A oração explicativa é termo adicional, que encerra simples esclarecimento ou pormenor do antecedente – não indispensável para a compreensão do conjunto" (C. H. da Rocha Lima, *Gramática Normativa da Língua Portuguesa* , 15.ª ed., p. 242).

Vejam-se, a propósito, os exemplos trazidos pelos mencionados gramáticos.

Ora, no caso dos autos, a oração em exame, além de vir antecedida de vírgula, é dispensável para a natural compreensão do conjunto, deixando ver que se trata de mero esclarecimento ou pormenor do antecedente.

Fica ainda a observação de que o caso não comporta invocação do art. 686, VI, segundo o qual a venda se fará "a quem mais der". Este dispositivo é entendido em consonância com a limitação constante do art. 692, 2.ª parte. Por outras palavras: a venda poderá ser feita a quem mais der, desde que o preço não seja vil (cf. Theotonio Negrão, 13.ª ed., nota 10 ao art. 686).

Vencida a primeira etapa, isto é, reconhecida a possibilidade de inadmitir-se a arrematação por preço vil, ainda que baste para satisfazer o crédito, é de se examinar se, no caso em tela, o preço é de ser considerado vil, ou não.

A conclusão é positiva.

A avaliação, como já foi dito, é de dezembro de 1983 (fls.) e chegou ao valor de Cr$ 114.000.000,00. A praça se realizou em 11.4.84, e o bem foi arrematado por Cr$ 40.000.000,00, sendo certo que o crédito foi atualizado até a data da praça, atingindo o valor de Cr$ 34.969.583,73 (fls.). Atualizando-se a avaliação de dezembro/83 para abril/84 – o que se faz necessário diante da inflação de mais de 200% ao ano –, chega-se ao valor de Cr$ 166.376.000,00, que mostra que, na realidade, a arrematação se fez por valor que não atingiu sequer a 25% do valor do bem penhorado.

Poder-se-á objetar, contra a atualização da avaliação, que nem sempre os imóveis acompanham a inflação, o que é verdade. Mas não é menos verdade que a regra é os imóveis se valorizarem tanto, ou mais, que a inflação. Não oferecendo os autos esclarecimentos quanto a essa particularidade, há que se ficar com a regra, ainda mais levando-se em conta que, no mesmo período, o crédito foi atualizado.

Ora, preço inferior a 25% do real não pode deixar de ser tido como vil, objetivamente, estando a ocasionar violento e desnecessário gravame ao devedor.

Como já decidiu o Eg. 2.º TACSP (*RT* 566/135, Rel. Mohamed Amaro), "a conversão da coisa em dinheiro visa a satisfazer o crédito, e não castigar o devedor, com a transferência da propriedade dos bens ou da titularidade de direitos tão-só a benefício do arrematante".

Observe-se ainda que não se trata de bem de difícil comercialização. Cuida-se de imóvel no Alto da Lapa, em zona privilegiada, com todos os melhoramentos públicos, com edificação de 190 m², em bom estado porque reformada recentemente, e em terreno de 535,68 m² (fls.).

Assim sendo, com pouco mais de esforço, se chegará por certo a uma venda judicial mais adequada à realidade.

Diante de todo o exposto, é dado provimento ao recurso para anular a praça e determinar que outra seja realizada, como de direito.

Presidiu o julgamento o Juiz Nelson Schiavi e dele participaram os Juízes Sousa Lima e Alexandre Germano.

São Paulo, 10 de outubro de 1984.

José Osório, Relator.

Fonte: *JTACSP-RT* 90/99-101

❖❖❖

AGRAVO DE INSTRUMENTO N. 331.923

COMPETÊNCIA – Foro – Seguro – Sub-rogatória da seguradora – Art. 100, parágrafo único, do CPC – Exceção procedente, competente o foro do domicílio da ré – Recurso provido para esse fim.

AI 331.923 – 3.ª Câm. – Rel. Juiz José Osório – J. 14.11.84 – m. v.

ACÓRDÃO

Vistos, relatados e discutidos estes autos de Agravo de Instrumento 331.923, da comarca de São Paulo, em que é agravante Prefeitura Municipal de lgaraçu do Tietê e agravada Cia. de Seguros do Estado de São Paulo - COSESP:

ACORDAM, em Terceira Câmara do Primeiro Tribunal de Alçada Civil, por maioria de votos, dar provimento ao recurso.

A agravante não se conformou com o despacho que, em exceção de incompetência em ação de reparação de danos por acidente de veículo movida por seguradora sub-rogada, houve por bem de dar por competente o foro do domicílio da autora, nos termos do parágrafo único do art. 100 do CPC. Entende a agravante que competente seria o foro de Jaú, local do domicílio de quem seria o autor, isto é, do proprietário do carro segurado pela ora autora, ou então Barra Bonita, foro do domicílio da ré.

O recurso foi regularmente processado, com resposta que destaca o acerto da decisão e traz outros subsídios jurisprudenciais para sua tese.

O recurso está a merecer provimento.

A questão é controvertida, como mostram os julgados referidos pela r. decisão e pelas contra-razões. Este relator, contudo, está se filiando à corrente que entende que o foro do domicílio do autor, previsto no parágrafo único do art. 100 do CPC, não aproveita à seguradora que se sub-rogou nos direitos da vítima de acidente de veículos.

A mera interpretação lógico-formal, segundo a qual a sub-rogação operada transfere à seguradora até mesmo as prerrogativas processuais de que gozava a vítima do acidente, deve ceder diante da diversidade de fundamento existente entre a acão proposta pela vítima e a proposta pela seguradora, como também deve ceder diante dos objetivos sociais e práticos que ditaram a norma processual.

Com efeito, como muito bem decidiu o Eg. Tribunal de Justiça (*RJTJ* 47/233, rel. Sylvio do Amaral):

> "A ação de regresso é movida pela seguradora com base no pagamento feito ao segurado e no direito em que por isso se sub-rogou - não na condição de vítima do dano resultando do acidente de veículos.
>
> Trata-se de cobrança de crédito decorrente de pagamento feito com subrogação, e não de cobrança de indenização por acidente, considerada pelo preceito excepcional do Código de Processo [...].
>
> Não cabendo entre as 'ações de reparação de dano', focalizadas pelo art. 100, parágrafo único, do Código de Processo, a ação regressiva do segurador submete-se à regra geral do art. 94, segundo o qual as ações fundadas em direito pessoal devem ser propostas no foro do domicílio do réu".

Não se pode também – e principalmente – perder de vista os objetivos sociais e de ordem prática visados pelo referido preceito legal. Celso Agrícola Barbi bem esclarece: "O parágrafo único do art. 100 introduz importante novidade em nosso direito. O aumento da rede de rodovias e sua interligação, ao lado da decadência das ferrovias, trouxe considerável acréscimo no tráfego de automóveis, caminhões e ônibus em todo o país, e, em conseqüência, aumento no número de acidentes causados por eles. Dada a grande extensão territorial do país, veículos pertencentes a pessoa residente em um local causam dano em acidente ocorrido em outro, a centenas ou milhares de quilômetros. A regra geral do foro do domicílio do réu não era capaz de atender às necessidades surgidas dessa nova fonte de demandas, porque a vítima tinha de ajuizar sua ação em distantes comarcas, longe do seu domicílio e do local do fato. O Código atual veio atender aos reclamos gerais, considerando o foro do local do acidente, competente para a ação de reparação do dano causado por ele" (*Comentários ao CPC*, 2.ª ed., p. 457).

Ora, bem. Toda essa problemática desaparece por inteiro após estar a vítima ressarcida com o pagamento feito pela seguradora. Esta tem direito de regresso contra o (talvez) causador do dano, mas jamais pode ela, seguadora, ser considerada vítima do acidente e, assim, se beneficiar do dispositivo excepcional, pois ela, pagando por força de um contrato, está no desempenho normal de seu ofício mercantil.

E, se assim não se entender, se estará subvertendo os objetivos sociais da lei. Como grandes empresas que são, as seguradoras geralmente estão sediadas nos grandes centros e estão mais habilitadas do que o cidadão comum a litigarem em locais distantes, não parecendo razoável obrigar aquele a grandes deslocamentos apenas para atender a conveniência do autor, em detrimento da regra secularmente consagrada, segundo a qual o réu deve ser demandado no foro do seu domicílio.

Com tal entendimento, se evitará a extravagância que está ocorrendo no presente caso: o acidente se deu em Jaú, a vítima reside em Jaú e o pretenso causador do dano tem domicílio em lgaraçu do Tietê, comarca de Barra Bonita, a poucos quilômetros de Jaú; e, no entanto, a ação foi proposta em São Paulo, local do domicílio do autor.

Por todo o exposto, é dado provimento ao recurso para julgar procedente a exceção, dando como competente o foro da comarca de Barra Bonita, domicílio da ré.

Presidiu o julgamento o Juiz Nelson Schiavi e dele participaram os Juízes Sousa Lima (vencido) e Luciano Leite.

São Paulo, 14 de novembro de 1984.

José Osório, Relator.

Fonte: *JTACSP-RT* 92/58

APELAÇÃO N. 335.332

EXECUÇÃO POR TÍTULO EXTRAJUDICIAL – Cambial – Cheque – Falta de fundos – Desnecessidade da efetiva apresentação à agência bancária – Permanência da força executiva – Embargos improcedentes – Sentença mantida.

Ap. 335.332 – 3.ª Câm. – Rel. Juiz José Osório – J. 22.2.85 – v.u.

ACÓRDÃO

Vistos, relatados e discutidos estes autos de Apelação 335.332, da comarca de Presidente Venceslau, em que é apelante L.F.M. e apelado O.P.A.:

ACORDAM, em Terceira Câmara do Primeiro Tribunal de Alçada Civil, por votação unânime, negar provimento ao recurso.

Trata-se de embargos à execução por dois cheques e uma nota promissória julgados improcedentes, apelando o embargante sob consideração de ter havido cerceamento de defesa, ausência de força executiva dos cheques por falta de apresentação e cobrança de juros excessivos.

O recurso não tem provimento.

Não houve o alegado cerceamento de defesa, pois o caso comportava julgamento antecipado, eis que as alegações do embargante foram por demais genéricas e desacompanhadas de qualquer começo de prova por escrito.

No mérito, também não tem razão o embargante. Com efeito, ele nem diz que o cheque tivesse fundos quando da emissão, sendo plausível a afirmação do credor de que não apresentou os cheques diante da evidência de ausência de fundos.

A apresentação é ato posterior à constituição da dívida e formalização do título e a falta dela não retira a natural força executiva do cheque, conforme vem entendendo a Doutrina (Fran Martins, *Títulos de Crédito*, 1980, vol. 11, p. 103) e a Jurisprudência: "Demonstrado que o emitente não possuía fundos durante o prazo legal para a apresentação do cheque, despreza-se a prova da efetiva apresentação à agência bancária, a qual resulta presumida" (*RT* 589/217), com menção a dois precedentes: *JTARS* 27/317 e 38/403. Ainda, deste Tribunal, Ap. 198.518, citado por Darcy de Arruda Miranda, em *Jurisprudência do Che*que, n. 85.

Diante do exposto, negam provimento ao recurso.

Presidiu o julgamento o Juiz Nelson Schiavi e dele participaram os Juízes Sousa Lima (revisor) e Luciano Leite.

São Paulo, 22 de fevereiro de 1985.

José Osório, Relator.

Fonte: *JTACSP-RT* 93/47-8

APELAÇÃO CÍVEL N. 88.867-1

REGISTRO CIVIL – Assento de nascimento – Alteração – Prenome – Admissibilidade – Reconhecimento em seu ambiente social e profissional pelo prenome praticado, além de inexistência de intuito escuso na pretendida alteração – Hipótese em que o nome civil deve ser a real individualização da pessoa perante a família e a sociedade – Recurso provido.

Apelação Cível n. 88.867-1 – Santa Isabel – Apelante: N.N.P.S. – Apelado: Juízo.

ACÓRDÃO

ACORDAM, em Oitava Câmara Civil do Tribunal de Justiça, por votação unânime, dar provimento ao recurso.

Conforme se viu do relatório *retro*, que é integrado ao presente acórdão, cuida-se de pedido de retificação de assento de nascimento para fazer constar alteração no prenome da requerente e corrigir os nomes de sua mãe e de seus avós. A respeitável sentença atendeu em parte ao pedido, deferindo a correção dos nomes da mãe e avós da requerente e indeferindo a alteração do prenome, sob consideração de ser o mesmo imutável, nos termos do artigo 58 da Lei n. 6.015, de 1973.

O recurso tem provimento.

A autora comprovou, de modo a não deixar dúvida, que sempre foi conhecida por "N." P. S., embora conste de seu registro "M. P. S.".

Com efeito, ela foi batizada, quarenta e cinco dias após o registro, com o prenome de N. e com esse mesmo prenome fez o Curso Primário, assim sendo conhecida em seu ambiente social e profissional. Os depoimentos de sua madrinha, de seu professor e de outra velha conhecida confirmam, com segurança, os atestados de batismo e de conclusão da 3.ª série do Curso Primário.

Além disso, as certidões pessoais juntadas aos autos demonstram não haver qualquer intuito escuso na pretendida alteração do prenome.

A Jurisprudência vem dando a correta interpretação ao artigo 58 da Lei de Registros Públicos: o que se pretende com o nome civil é a real individualização da pessoa perante a família e a sociedade. Se, por um motivo ou outro, sem conotação de fraude ou ilicitude, a pessoa tornou-se conhecida, no correr dos anos, por um prenome que não corresponde àquele que consta de seu registro, deve-se deferir a alteração.

Vejam-se os arestos in *RJTJESP*, ed. LEX, vol. 96/189, Relator Geraldo Roberto; *RT*, vols. 532/86, Relator Luís de Macedo, 517/105, Relator Nogueira Garcez, 506/85, Relator Lafayette Salles, 412/178, Relator Aniceto Aliende, além de outros mais antigos também referidos no parecer da douta Procuradoria-Geral de Justiça.

Observe-se ainda que a existência de erros manifestos no assento de nascimento, em relação aos nomes de sua mãe e avós, estão a sugerir que também houve erro no que diz respeito ao prenome da requerente.

Diante do exposto, é dado provimento ao recurso para deferir a alteração pretendida, adotados ainda os argumentos dos bem lançados pareceres subscritos pelos Doutores Edson Alves da Costa e Carlos Paulo Travain.

O julgamento teve a participação dos Senhores Desembargadores Villa da Costa (Presidente) e Arthur de Godoy, com votos vencedores.

São Paulo, 23 de setembro de 1987.

José Osório, Relator.

Fonte: *Lex RJTJSP* 110/222-3

APELAÇÃO CÍVEL N. 108.651-1

FRAUDE À EXECUÇÃO – Inocorrência – Alienação do imóvel – Anterioridade à propositura da ação – Escritura somente registrada posteriormente, quando já pendente a execução – Irrelevância – Fraude que se concretiza com a realização do negócio e não com o registro – Ação anulatória de compra e venda improcedente – Recurso provido.

ARREMATAÇÃO – Anulação – Imóvel arrematado já alienado antes da propositura da execução – Vício ocorrente – Artigo 694, parágrafo único, inciso I, do Código de Processo Civil – Ação anulatória procedente – Recurso provido para esse fim.

Apelação Cível n. 108.651-1 – Praia Grande – Apelantes: R.M.A. e sua mulher e outros – Apelados: G.J., sua mulher e outra.

ACÓRDÃO

ACORDAM, em Oitava Câmara Civil do Tribunal de Justiça, por votação unânime, dar provimento ao recurso.

Ação anulatória de vendas sucessivas de imóvel, proposta por arrematante, sob alegação de fraude de execução, foi julgada procedente pela respeitável sentença de fl., cujo relatório é adotado, determinando-se o cancelamento de registros. Julgou ainda a respeitável sentença, simultaneamente, improcedente ação de nulidade da carta de arrematação, movida pelo último proprietário contra o arrematante e a exeqüente.

Apelam os vencidos (vendedores e compradores do imóvel), alegando, em síntese, que a primeira aquisição se deu, por escritura pública, antes do início da execução, tudo estando a exigir a inversão do julgamento de ambas as ações.

O recurso foi bem processado, com respostas destacando o acerto da decisão.

É o relatório.

O recurso tem provimento.

G.J. arrematou o imóvel levado à praça na execução que a Companhia X de Investimentos moveu contra devedor principal e fiadores, um dos quais R.M.A. A carta não pôde ser registrada porque R.M.A. já havia vendido o imóvel para C.A.L., e este para M.A.R.G., já registradas estas transmissões. Daí as presentes ações: G.J. quer anular as vendas, por fraude de execução, e M.A.R.G. quer anular a carta de arrematação, com base no artigo 694, parágrafo único, I, do Código de Processo Civil.

A respeitável sentença admitiu a existência da fraude à execução, acolhendo, portanto, a pretensão do arrematante G.J., eis que ao ser registrada a escritura da primeira venda já pendia o processo executório.

A Meritíssima Juíza, contudo, não decidiu com o costumeiro acerto.

Está comprovado que R.M.A. alienou o bem, por compromisso, sem registro, em 10.11.1983, e que esse compromisso foi cumprido por escritura pública de 4.7.1984.

Ora, a execução só foi proposta em 5.9.1984, após, portanto, a celebração do contrato de compra e venda por instrumento público.

Não é possível cogitar-se de fraude a uma execução inexistente (fls.).

A existência de anterior protesto do título executivo também não prejudica os apelantes. O protesto se fez contra o devedor principal e não contra R.M.A., que era um dos avalistas (fls.). Além disso, o protesto, no caso, é indiferente, pois a hipótese é de fraude à execução e não de fraude contra credores.

A respeitável sentença deu pela fraude porque a escritura foi registrada em 3.12.1985 (fl.), após a propositura da execução, que se verificou em 5.9.1984. Entendeu, portanto, que o ato transmissivo do domínio (artigo 530, I, do Código Civil) é o que marca a existência da fraude.

Sem razão, porém.

A matéria relativa à transmissão da propriedade está resolvida na Doutrina, mas, na prática, têm ocorrido muitas distorções, das quais o caso dos autos é um exemplo.

A transmissão exige dois atos e dois momentos. O último é o registro (*modus acquisitionis*), isto é, aquela formalidade à qual a lei atribui o efeito de transmitir a propriedade. Mas o que é levado a registro? É o contrato, o *titulus adquirendi*, ou seja, a razão, o motivo, a causa da transmissão da propriedade. O *titulus* consiste no primeiro ato e se dá no primeiro momento. Não se pode bem resolver os litígios só examinando o segundo ato, desconsiderando-se o primeiro.

O *titulus*, embora não seja hábil, por si só, para transferir o domínio, é de transcendental importância. É o negócio causal que tem por função econômica gerar a transmissão da propriedade, por isso que a compra e venda, por exemplo, é reconhecidamente chamado "o título translativo da propriedade".

Daí ensinar Orlando Gomes:

> "Nesse sistema, o negócio causal há de ser válido para que a transcrição produza seu efeito normal. Dito por outras palavras, a transcrição apenas completa, ainda que necessariamente, a operação iniciada com o contrato, ou qualquer outro negócio translativo. O *modus* é condicionado pelo *titulus* (*Direitos Reais*, 1988, pág. 135).

Observe-se que há dois atos, mas não dois contratos, ou dois negócios jurídicos. E é no negócio jurídico (único) que se concentra a análise do que diz respeito à validade e eficácia da operação transmissiva, como a capacidade e legitimidade das partes, a outorga conjugal, a vigência da lei no tempo, e – o que mais interessa, no presente caso – o vício da manifestação da vontade.

Tanto é assim que, assinado o contrato, nada mais pode fazer o transmitente para impedir o registro e a conseqüente transferência da propriedade. Pode casar, separar, até morrer, que qualquer pessoa pode completar a operação transmissiva levando o título a registro. Apenas no caso de novo contrato, com terceira de boa-fé, que registre em primeiro lugar, estará frustrado o primitivo contratante. Mas esta já é outra hipótese.

Em suma, o registro é ato automático, independente de providências do transmitente, e não serve como ponto fixador para o exame da fraude.

Fraude se faz através de atos ligados à manifestação de vontade direta ou indireta, própria ou de terceiro. E isto, em princípio, só pode ser examinado examinando-se o contrato.

Pois bem. Quando se lavrou a escritura de fls. nem existia execução e a transmissão então iniciada foi inteiramente válida, apta para produzir os seus regulares efeitos. Não pode ser bloqueada porque surgiu posteriormente uma execução contra o vendedor. Já não estava no poder deste voltar atrás e impedir o registro.

É de se ressaltar ainda que não tem qualquer aplicação ao caso a Súmula 621 do Supremo Tribunal Federal. Na hipótese presente, a promessa já estava cumprida por escritura pública antes do início da execução. Não é a promessa que está sendo oposta ao exeqüente. O que está sendo oposto ao exeqüente e ao arrematante é um ato jurídico perfeito, consumado e irreversível. Um direito adquirido definitivamente pelo comprador de ter a sua escritura definitiva registrada, como de fato se registrou, não podendo ele, comprador, ver a sua aquisição frustrada só porque, depois da compra e venda definitiva, surgiu uma execução contra o vendedor.

Por todo o exposto, é dado provimento ao recurso para julgar improcedente a ação anulatória da compra e venda e procedente a anulatória da arrematação. Custas pelos vencidos, que pagarão, ainda, 15% do valor atualizado das causas aos vencedores.

O julgamento teve a participação dos Senhores Desembargadores Fonseca Tavares (Presidente) e Arthur de Godoy, com votos vencedores.

São Paulo, 10 de maio de 1989.

José Osório, Relator.

Fonte: *Lex RJTJSP* 120/119

EMBARGOS DE DECLARAÇÃO N. 105.896-1

RECURSO – Embargos de declaração – Contradição – Inocorrência – Argumentação que dá ao recurso natureza infringente e protelatória – Aplicação da multa prevista no artigo 538, parágrafo único, do Código de Processo Civil – Não conhecimento.

Embargos de Declaração n. 105.896-1 – Jacareí – Embargante: Espólio de L.R.S., representado por sua inventariante – Embargados: J.J.A., sua mulher e outros.

ACÓRDÃO

ACORDAM, em Terceiro Grupo de Câmaras Civis do Tribunal de Justiça, por votação unânime, não conhecer dos embargos de declaração.

Em agravo regimental contra despacho que, em ação rescisória, indeferiu pedido de desentranhamento de petição e documento, o autor-agravante se diz inconformado com o acórdão e interpõe embargos declaratórios para que os componentes do Grupo se pronunciem sobre o destino da petição e documento de fls., cujo desentranhamento foi requerido em 27.7.1989. E que sane a contradição que existirá "se porventura os referidos documentos foram juntados na ação principal; pois foi solicitado retirada desses imprestáveis por ser o datado de 10.1.1942 anexado pela parte contrária completamente diferente do de fls. de 8.1.1958 incluso pelo embargante-agravante. O de 10.1.1942 refere-se a ato ilícito no acórdão, conforme pronunciamento do ex-professor de Curso de Especialização na Faculdade de Direito de Taubaté, Doutor Renan Lotufo; no acórdão de 20.4.1983, na Apelação n. 308.231, às fls.".

Diz ainda o embargante que "a utilização de documento imprestável [...] está acarretando despesas e honorários, além de tumulto, e indicar a possibilidade de julgamentos contraditórios entre as Câmaras julgadoras do recurso de apelo e da ação autônoma com acessória".

Os embargos não são conhecidos.

O acórdão é expresso ao afirmar que pelo despacho cuja cópia está às fls. foi determinada a correção dos erros de juntada de petições. E a alegação de contradição foi deduzida de forma condicional ("se foram juntados na ação principal..."), seguindo-se argumentação que dá ao recurso natureza nitidamente infringente.

Em tais circunstâncias, os embargos não podem ser conhecidos, cominada ao embargante a multa de 1% sobre o valor atualizado da causa, prevista no artigo 538, parágrafo único.

A esse propósito, veja-se a jurisprudência citada por Arruda Alvim, in *Código de Processo Civil e Legislação Extravagante*, Editora Revista dos Tribunais, 1985, a saber: A inépcia dos embargos de declaração autoriza sua definição como protelatórios (Segundo Tribunal de Alçada Civil, Embargos de Declaração n. 16.994, Relator Álvares Cruz). Objetivando o embargante a infringência do acórdão contra o qual interpõe embargos de declaração é de se considerarem estes protelatórios (Embargos de Declaração n. 271.782, Relator Yussef Cahali).

Quando por meio de embargos de declaração o embargante pede esclarecimentos sobre o que foi decidido é de se considerarem estes protelatórios (Embargos Declaratórios n. 18.502, Relator Sabino Neto).

O fato de os embargos de declaração não se encartarem em algumas das hipóteses previstas na lei já os configura como protelatórios (Supremo Tribunal Federal, Recurso Extraordinário n. 75.189, Relator Aliomar Baleeiro).

Diante do exposto, não conhecem dos embargos.

O julgamento teve a participação dos Senhores Desembargadores Rebouças de Carvalho (Presidente), Villa da Costa, Fonseca Tavares, Godofredo Mauro, Jorge Almeida, Benini Cabral, Sousa Lima, Leite Cintra e Manoel Carlos, com votos vencedores.

São Paulo, 18 de abril de 1990.

José Osório, Relator.

Fonte: *Lex TJSP* - 1990 - Volume 123 - Páginas 373-4

❖❖❖

APELAÇÃO CÍVEL N. 129.249-1

LITISCONSÓRCIO - Facultativo - Citação do litisconsorte - Falta - Nulidade do processo inocorrente - Inexistência de reflexo efetivo e imediato nos seus interesses - Impossibilidade, ademais, de ser atingido pela eficácia subjetiva da coisa julgada, uma vez que não participou da demanda - Recurso não provido.

PARTILHA - Homologação - Anulação - Ação direta como via adequada - Ininvocabilidade de ação rescisória - Recurso não provido.

PRESCRIÇÃO - Partilha - Nulidade absoluta - Prazo de vinte anos - Recurso não provido.

PARTILHA - Amigável - Homologação posterior à morte de um dos herdeiros - Validade - Inexistência de vício ou defeito na celebração do acordo que impedisse o ato homologatório - Diferenciação entre eficácia e validade - Recurso provido.

PARTILHA - Amigável - Homologação - Ratificação - Inexigibilidade como essência de validade do ato de partilha - Recurso provido.

PARTILHA - Amigável - Homologação - Existência de menores, em face do falecimento anterior de um dos herdeiros participante do acordo - Intervenção do Ministério Público - Desnecessidade - Ato de partilha celebrado por maiores e capazes - Nulidade inocorrente - Recurso provido - Votos vencidos.

Apelação Cível n. 129.249-1 - São Paulo - Apelantes: STS Administrações Imobiliárias e Participações S.C. Ltda., assistente litisconsorcial de D.M.F. e outros, S.S.F. e sua mulher e espólio de M.B.J.S.M., representada por seu inventariante - Apelados: J.A.F.S.F. e outros.

ACÓRDÃO

Vistos, relatados e discutidos estes autos de Apelação Cível Nº n. 129.249-1, da Comarca de São Paulo, em que são apelantes S. T. S. Administrações Imobiliárias E e Participações S/C Ltda., assistente litisconsorcial de D.M.F. e outros, S.S.F. e sua mulher e Espólio de M.B.J.S.M., representada por seu inventariante, sendo apelados J.A.F.S.F e outros:

ACORDAM, em Oitava Câmara Civil do Tribunal de Justiça, por votação unânime, negar provimento ao agravo retido de fls. 25 do apenso e, por maioria de votos, negar provimento aos agravos retidos de fls. 439 e 444 e dar provimento às apelações.

DECLARAÇÃO DE VOTO VENCIDO, EM PARTE, DO DES. JOSÉ OSÓRIO

Cuida-se de ação de nulidade de partilha amigável, por instrumento particular, sob fundamento de existir herdeiro absolutamente incapaz quando da assinatura do termo de ratificação e quando da homologação. O instrumento particular de partilha amigável foi assinado pelos herdeiros de Dona M.J.S. em 6.3.78. Um dos signatários, o herdeiro J.A.F.S., faleceu em 3.12.78, deixando quatro filhos menores, um dos quais (R.I.) absolutamente incapaz. O pedido de homologação da partilha foi formulado em 21.3.79, determinando o Meritíssimo Juiz que a mesma fosse ratificada por termo, o que se fez, pelo muito digno patrono dos herdeiros subscritores do instrumento, nada sendo revelado sobre a morte de J.A.F.S. A partilha foi homologada por sentença de 22.5.79. A presente ação foi proposta pela viúva e filhos de J.A.F.S. em 8.10.85.

O agravo retido referente ao valor da causa não tem provimento. A impugnação foi acolhida em parte, fixado o valor correspondente a 1/5 do monte partível. Os agravantes pretendem que esse valor corresponda à totalidade do monte, por isso que o decreto de nulidade atingirá toda a partilha. Sem razão, porém. Mais importante do que a aplicação literal do disposto no inciso V do artigo 259 do Código de Processo Civil é levar-se também em conta o proveito econômico pretendido pelos autores, como fez o Meritíssimo Juiz em sua fundada decisão, que se confirma pelos próprios fundamentos.

Os dois outros agravos se referem à matéria prescricional, também abordada no mérito dos recursos.

Estes são examinados conjuntamente.

As argüições de nulidade do processado, por falta de citação de adquirentes de imóveis partilhados, não procedem. Os adquirentes conhecidos foram citados, defenderam-se, tiveram seus direitos ressalvados pela sentença, motivo pelo qual com ela se conformaram. Os demais são sucessores dos reús revéis, que permanecem responsáveis pelas obrigações assumidas. Quanto à assistente S., não pode ser considerada, para fins processuais, sucessora dos réus S.S.F. e sua mulher T.C.S. Trata-se de sociedade pertencente exclusivamente a esses réus, que silenciaram durante todo o transcorrer do feito sobre a mudança da titularidade formal de alguns imóveis. Não podem – tanto eles como a sociedade que se confunde com eles – valer-se da própria malícia e beneficiar-se da pretendida nulidade. Observe-se ainda que os terceiros de boa-fé não terão prejuízo pois seus contratos serão respeitados como solenemente afirmado pelos autores às fls.

Também não há falar-se em carência de ação por cabível, no caso, a ação rescisória. A sentença anulanda é homologatória, e como tal, não está sujeita à rescisória. É o que se vê do texto do artigo 486 do Código de Processo Civil, confirmada por jurisprudência francamente dominante (*RTJ*, vol. 114/1.108, com indicação de vários precedentes, inclusive do Plenário do Supremo Tribunal Federal).

Da mesma forma, não há carência por falta de interesse porque inaplicável à espécie o artigo 151 do Código Civil, como adiante se verá.

Prescrição não ocorreu. O prazo de um ano previsto nos arts. 1.029, parágrafo único, do Código de Processo Civil, e 178, § 6.º, inciso V, do Código Civil, aplica-se nas hipóteses de partilha anulável e não no caso de partilha radicalmente nula, como acontece no caso dos autos. Nesse sentido os ensinamentos de Carvalho Santos, citado nas contra-razões e o de Beviláqua, em comentário ao artigo 1.805 do Código Civil. Também nesse sentido é a orientação deste Tribunal (*RJTJESP*, ed. LEX, vols. 103/190, 86/235 e 89/217), entendendo que o prazo é o ordinário, de 20 anos.

Com efeito, o vício de que padece a indigitada partilha amigável acarreta nulidade absoluta, nos termos do artigo 145, incisos III e IV, segundo os quais é nulo o ato jurídico quando não revestir a prova prescrita em lei e quando for preterida alguma solenidade que a lei considere essencial para sua validade.

Partilha amigável é negócio jurídico de Direito das Sucessões, submetido a regras substantivas e adjetivas desse ramo do Direito. Sendo os herdeiros maiores e capazes, podem, em consonância com o disposto nos artigos 1.773 do Código Civil e 1.029 do Código de Processo Civil, fazer partilha amigável por escrito particular, homologado pelo Juiz.

Trata-se de negócio jurídico formal e complexo: exige escrito particular e uma solenidade posterior, a homologação judicial. Sem esta, não se perfeccionará e não produzirá seu efeito natural, que é partilhar jurídica e validamente os bens inventariados.

Sem dúvida que a manifestação de vontade se verifica no primeiro momento, ou seja, quando do escrito particular. Mas essa manifestação não se esgota nesse momento. Tem que persistir até o último momento, ou seja, até a homologação, a qual, de outro modo, não passaria de mera superfetação, destituída de qualquer sentido ou utilidade. Não existe lei especial alguma admitindo força compulsória imediata às obrigações assumidas através do instrumento particular. Nem se invoque o artigo 639 do Código de Processo Civil, inimaginável, no atual estágio de desenvolvimento do direito brasileiro, ação para compelir o herdeiro a não se opor à homologação da partilha amigável. Tal dispositivo não visa, evidentemente, a neutralizar a teoria dos negócios jurídicos formais, permitindo que um contrato preliminar, meramente consensual ou menos formal, produza os mesmos efeitos que o contrato solene, atropelando as formalidades expressamente previstas em preceitos de ordem pública.

É de se aplicar, então, a regra geral inscrita no artigo 1.088 do Código Civil, segundo a qual uma das partes pode deixar de completar o negócio formal até o momento da última solenidade, indenizando a outra parte.

Tal ponto de vista encontra apoio em Pontes de Miranda, para quem "o escrito particular (da partilha amigável), antes da homologação, contém negócio jurídico distratável [...] de modo que a sentença de homologação é integrativa do ato executivo", ressaltando ainda que "o valor probatório do escrito não homologado é nenhum e o do escrito antes da homologação é apenas de ato preparatório de partilha amigável" (*Comentários ao Código de Processo Civil*, 1977, págs. 266 e 267, artigo 1.029).

No fundo, todos os interessados assim consideravam a partilha anulanda pois foi ela apresentada a Juízo para homologação como "plano de partilha amigável" (fls.).

Ocorrida a morte de um dos signatários de tal instrumento, antes da homologação, no curso de um negócio jurídico complexo, *in itinere*, de eficácia dependente de atos judiciais, impunha-se a suspensão do processo e a habilitação dos herdeiros, como determinado pelo artigo 43 do Código de Processo Civil. Havendo, então, herdeiros menores, um dos quais com 13 anos de idade, imprescindível a participação do Ministério Público no ato homologatório (artigos 82, inciso I, e 84 do Código de Processo Civil).

A morte de um dos signatários impediu a persistência, a manutenção, da vontade, indispensável até o ato final da homologação para a plena validade da partilha amigável.

Houve também grave defeito na assinatura do termo de ratificação. Embora tal termo fosse dispensável, o fato é que o Meritíssimo Juiz, na órbita de seus poderes, houve por bem de determinar aquela providência, determinação essa que não foi impugnada. Admitida pelos interessados, haveria de ser cumprida regularmente. O termo, entretanto, foi assinado pelo muito digno patrono de todos os herdeiros, inclusive do falecido J.A.F.S. Nesse momento, J.A.F.S. já não era herdeiro; herdeiros eram seus sucessores, menores, não representados no ato, na formal legal.

Soubesse o Meritíssimo Juiz da existência de incapazes no momento da homologação, por certo que ordenaria a participação do Ministério

Público e examinaria, como era de seu dever, o conteúdo da partilha, o que não foi feito.

A invocação pelos réus do artigo 151 do Código Civil não procede. Tal dispositivo refere-se expressamente à ratificação ou execução voluntária de obrigação anulável, não tendo aplicação aos casos de nulidade absoluta, como o presente.

O decreto de nulidade não se dá por simples homenagem a formalidades legais. Há sinais de prejuízo aos menores, que receberam lotes de terreno em quantidade semelhante à dos réus, deixando contudo de receber qualquer parte na fazenda do espólio.

Esclareça-se que a tese ora perfilhada não leva, do ponto de vista doutrinário, à conclusão de que a partilha amigável por escrito particular, não homologada, não produza efeitos jurídicos. Não produz aqueles naturais e a ela, ou seja, aqueles de partilha propriamente dita, definitiva. Em regra, a partilha amigável deve ser prestigiada, principalmente contra o capricho ou a volubilidade do herdeiro. Não, porém, nos casos em que este não participou de atos importantes, ou participou de forma gravemente irregular, ou em que teve razões objetivas relevantes para se opor à homologação, como aconteceu no presente caso.

A verba honorária foi bem distribuída nos embargos declaratórios, cujo âmbito comportava a correção que se fez.

Por todo o exposto, neguei provimento aos recursos e confirmei a respeitável sentença, inclusive por seus sólidos fundamentos.

São Paulo, 20 de março de 1991.

Fonte: *LEX* - *TJSP* - Volume 135 - Páginas 157 e 160-2

AGRAVO DE INSTRUMENTO N. 239.983-1

COISA JULGADA - Inocorrência - Matéria que não foi objeto de julgamento - Questão sequer implícita na decisão homologatória - Recurso não provido.

A proteção da coisa julgada existe para a segurança dos pronunciamentos do Judiciário e proteção das partes. Para tanto, é preciso que, certa ou erradamente, tenha havido manifestação efetiva sobre a matéria.

SENTENÇA - Erro de cálculo - Correção a qualquer tempo - Ofensa à coisa julgada - Inocorrência - Recurso não provido.

Observada a existência do erro material deve ele ser corrigido, uma vez que ele não transita em julgado.

FUNCIONÁRIO PÚBLICO - Vencimentos - Diárias - Pagamento - Limitação a 50% do valor dos vencimentos - Artigo 8.º do Decreto n. 18.049, de 1981 - Redução mantida - Recurso não provido.

Agravo de Instrumento n. 239.983-1 - São Paulo - Agravantes: A.M. e outros - Agravado: DAEE - Departamento de Águas e Energia Elétrica.

ACÓRDÃO

ACORDAM, em Oitava Câmara Civil do Tribunal de Justiça do Estado de São Paulo, por votação unânime, negar provimento ao recurso, de conformidade com o relatório e voto do Relator, que ficam fazendo parte do acórdão.

O julgamento teve a participação dos Senhores Desembargadores Osvaldo Caron (Presidente) e Walter Theodósio, com votos vencedores.

São Paulo, 16 de dezembro de 1994.

José Osório, Relator.

VOTO

Trata-se de agravo de instrumento, em execução de sentença que condenou o DAEE a pagar diárias a servidores seus, contra a respeitável decisão de fls., declarada às fls., que acolheu cálculo feito em obedecimento à ordem contida no despacho de fls.: redução do valor das diárias até o máximo de 50% (cinqüenta por cento) do valor do salário.

Alegam os agravantes-autores-exeqüentes, em resumo, que propuseram a demanda de acordo com as leis vigentes na época, e a ora agravada contestou sem sequer mencionar a limitação de 50% (cinqüenta por cento) agora aplicada; que houve sentença, acórdão, e até então não se cogitara de tal limitação; que já há até uniformização de jurisprudência favorável a eles; que deixaram passar alguns deslizes do contador, mas o percentual a que se pretende ajoujá-los, agora, é completamente descabido; que se está a afrontar a coisa julgada; que o Decreto n. 22.864 é de novembro de 1984, e as parcelas pedidas são de março de 1992 a outubro de 1994, não podendo a lei retroagir; que na Lei n. 10.261 não há qualquer restrição ao pagamento de diárias; que a alegação de tratar-se de erro de cálculo, podendo ser modificada a decisão a qualquer momento, é ledo equívoco do Magistrado; que a agravada está de má-fé, pois a superação dos limites de 50% (cinqüenta por cento) em favor dos agravantes deu-se com autorização do superior hierárquico; que não se pode deixar de pagar ao servidor a quantia que dispendeu a serviço da agravada; e que, assim, é de se acolher a preliminar de coisa julgada ou, no mérito, prover-se o recurso, reformando-se o despacho atacado. Prequestiona expressamente os seguintes dispositivos legais: Constituição da República, artigos 7.º, inciso VI, e 5.º, inciso XXXVI, c.c.

Código de Processo Civil, artigos 468, 473 e 474. Cita, ainda: Decreto n. 12.005, de 1978, e seu artigo 8.º, parágrafo único; Decreto n. 18.049, de 1981, artigo 8.º, §§ 1.º e 2.º; Decreto n. 22.103, de 1984; Decreto n. 22.104, de 1984, artigo 8.º; Decreto n. 22.864, de 1984; Lei n. 10.261, de 1968, artigos 144/148; Código de Processo Civil, artigos 560, 480, 363; Constituição da República, artigo 37, inciso XV.

Recurso bem processado, com resposta sustentando o acerto da decisão atacada.

O despacho foi sustentado.

É o relatório.

Nega-se provimento ao recurso.

A matéria relativa à limitação do valor das diárias a 50% (cinqüenta por cento) dos vencimentos mensais não foi discutida em nenhum momento do processo de conhecimento nem na fase de liquidação.

Conforme se vê da inicial, a pretensão diz respeito à base do cálculo das diárias devidas aos autores. Sentença e acórdão liquidando concluíram que as diárias devem ser calculadas sobre o efetivo padrão de cada funcionário.

Em liquidação, discutiu-se, em duas etapas, o termo inicial da correção monetária bem como a incidência do percentual de 70,28%.

Também em liquidação, os autores apresentaram cálculo, sem a limitação de 50% (cinqüenta por cento) prevista nos Decretos ns. 18.049, de 1981 e 22.104, de 1984.

O fato passou desapercebido ao DAAE, que, por motivos ainda não justificados, concordou com o cálculo, o qual foi homologado por sentença. Um ano depois, o devedor alega erro material e pede alteração do cálculo, o que foi deferido. Daí o presente agravo.

Os agravantes não têm razão porquanto inocorreu ofensa à coisa julgada.

Esta a primeira e única vez que, neste feito, o Judiciário está se manifestando sobre a incidência do limite de 50% (cinqüenta por cento).

Não pode haver coisa julgada sobre algo que ainda não foi objeto de julgamento.

Nem se diga que a questão estava implícita na decisão homologatória. A rigor, nem havia questão propriamente dita, pois a matéria nem foi proposta com clareza, transparência e objetividade; ficou dissimulada entre os números de um cálculo complexo; muito menos foi rebatida pelo devedor. Ao julgar, o Judiciário não estava realmente se pronunciando sobre tal matéria.

Na verdade, houve erro material, no seguinte sentido: no cálculo foi incluído o que não devia e não podia sê-lo, isto é, aquele *quantum* que ultrapassava o limite legal e que não foi objeto de debate.

Esse limite não podia ser ignorado, seja pelos credores seja pelo devedor, porquanto já estava previsto no Decreto n. 18.049, de 1981, cujo artigo 8.º assim dispunha: "Nenhum funcionário ou servidor poderá receber, a título de diárias, quantia superior a 50% (cinqüenta por cento) de seu vencimento, remuneração ou salário mensal".

A proteção da coisa julgada existe para a segurança dos pronunciamentos do Judiciário e proteção das partes. Para tanto, é preciso que, certa ou erradamente, tenha havido manifestação efetiva sobre a matéria.

Observada a existência do erro material, deve ele ser corrigido, uma vez que, como se sabe, o erro material não transita em julgado.

A forma disfarçada com que o novo tema foi introduzido na fase de liquidação, aliada à incúria do réu, conduziu a graves distorções: a condenação elevou-se a mais de 120.000,00 dólares (Cr$ 470.925.427,00 (quatrocentos e setenta milhões, novecentos e vinte e cinco mil, quatrocentos e vinte e sete cruzeiros) - em 1.º.7.92, dólar a 3.789,80), em favor de vinte servidores (apenas seis engenheiros), por simples diárias em período máximo de vinte meses.

No mesmo sentido, já existe precedente desta Câmara - Apelação Cível n. 228.864-1, Relator Fonseca Tavares.

O acórdão do Egrégio Superior Tribunal de Justiça, juntado por linha, não tem aplicação ao caso dos autos porquanto, pelo que se vê de seu texto, houve abordagem do tema na sentença.

Por todo o exposto, é negado provimento ao recurso e confirmado o respeitável despacho inclusive por seus fundamentos

Fonte: *LEX - TJSP* - 1995 - Volume 168 - Página 204

❖❖❖

APELAÇÃO CÍVEL N. 233.088-1/9

ACÓRDÃO

Vistos relatados e discutidos estes autos de Apelação Cível n. 233.088-1/9, da Comarca de São Paulo, em que são apelantes A.T.L.C. e P.B.L., sendo apelado S.T.S.:

ACORDAM, em Oitava Câmara Cível do Tribunal de Justiça, por votação unânime, dar provimento aos recursos, de conformidade com o relatório e voto do Relator, que ficam fazendo parte do acórdão.

O julgamento teve a participação dos Desembargadores Walter Theodósio (Presidente) e Felipe Ferreira, com votos vencedores.

São Paulo, 10 de maio de 1995.

José Osório, Relator.

VOTO

Honorários de advogado em execução de dívida alimentar - Sucumbência - Extinção do processo e remessa para as vias ordinárias - Legitimidade dos advogados para recorrer - Extinção afastada.

Verba de sucumbência - Conflito de interesses entre advogados substituído e substituto - Recursos providos.

"Não havendo riscos de sobreposição de litígios, não há impedimento para cobrança, nos próprios autos e pelos advogados, da verba de sucumbência, após o pagamento da dívida do alimentando."

Os recursos são examinados conjuntamente.

Afastam-se as preliminares opostas pelo agravado.

O advogado destituído, Dr. P.L., tem legitimidade para recorrer. Segundo o disposto no art. 99 da Lei 4.215/63, o advogado tem direito autônomo para executar a sentença quanto aos honorários de sucumbência. O novo Estatuto da OAB - Lei 8.906/94, art. 23 - reconhece tal direito de forma mais incisiva, estabelecendo que tais honorários pertencem ao advogado.

Às vezes não se recomenda, ou é mesmo inviável, a execução dos honorários nos próprios autos, pois poderia ocorrer tumulto processual, com duplicidade de litígios.

Não é o que acontece no caso dos autos, em que a dívida principal já foi paga, restando apenas o pagamento dos honorários, inexistente qualquer empecilho para execução dessa parte da sentença.

A exibição do contrato de honorários é dispensável. O apelado-sucumbente não ignora que o Dr. L. trabalhou anos na execução. Ele e seus sócios foram os únicos a funcionar na execução, até a recente nomeação do Dr. M. A dívida do apelado tem origem na sucumbência e não no contrato entre terceiros, contrato esse que já está sendo objeto de discussão em outro processo. Quem geralmente se opõe à execução dos honorários no mesmo processo é o cliente. Não o adversário do cliente, que, definida a responsabilidade, sabe que terá de pagar a um ou a outro.

Quanto à improcedência do argumento da r. sentença de que se trata de matéria de alta indagação, até mesmo o apelado a admite.

Em relação ao mérito, ambos os recursos têm provimento.

A execução não podia ser extinta porquanto a dívida não foi solvida por inteiro, faltando o pagamento dos honorários.

Na realidade, o MM. Juiz não extinguiu a execução propriamente dita, já que remeteu os advogados a outras vias. Mas extinguiu o presente processo de execução, o que não se justifica, pois aqui se encontram todos os elementos necessários para a execução dos honorários. Nada justifica mandar para o arquivo inúmeros volumes e apensos e depois tirar xerox deles para o novo processo.

A condenação em honorários no processo de conhecimento não impede que o devedor sofra outra condenação pela inadimplência posterior, ao recusar-se a pagar a dívida, compelindo o credor a mover o complexo processo de execução. É o que já está decidido no AI 227.760-1, entre os mesmos interessados.

Resta a questão de saber a quem cabem os honorários. Trata-se, como já se viu, de honorários de sucumbência relativos à execução.

O apelante Dr. L. entende que deve participar dos mesmos e pede arbitramento. A apelante Da. A.T. quer os honorários para si mesma a fim de destiná-los ao novo patrono, Dr. S.M., consoante se vê do contrato de fls.

Como já foi dito no agravo acima, O Dr. L.trabalhou arduamente e com competência, desde o início da execução provisória, em março de 1989 (fls. do AI 228.665-1, até 27.8.92, quando lhe foi comunicada a revogação do mandato. A dívida principal foi paga em julho de 1993. O vulto do trabalho é reconhecido pela própria cliente nas razões de seu agravo (fls.).

A maior parte dos serviços foi desempenhada, portanto, pelo Dr. L., que não pode, assim, deixar de participar dos honorários de sucumbência, já fixados em 10% do valor da execução.

Para o Dr. L. caberá a parte de 10% sobre o valor dos atraszados até 27.8.92. Para Da. A.T., o mesmo percentual sobre os atrasados a partir dessa mesma data.

Diante do exposto, é dado prov. ao rec. do Dr. L. para afastar a extinção da execução e arbitrar seus honorários na forma acima. E é dado prov. ao rec. de Da. A.T. para o fim de afastar a extinção da execução, que deve prosseguir nos mesmos autos, como de direito.

José Osório.

Fonte: Arquivo pessoal e TJSP

Observação: Recurso Especial – n. 81.806-SP – foi conhecido mas improvido, com a seguinte ementa:

Execução. Extinção. Para extinguir a execução, necessário que a obrigação tenha sido cumprida integralmente, nisso se compreendendo também os encargos derivados do próprio processo, como os honorários de advogado.

Advogado. Direito autônomo a intentar a execução. Precedentes do S.T.J.

RECLAMAÇÃO N. 26.284-0

RECLAMAÇÃO - Ato impugnado - Descumprimento de decisão judicial por autarquia estadual - Inadequação da via eleita - Hipótese de intervenção federal - Artigos 635 e seguintes do Regimento Interno do Tribunal de Justiça - Não conhecimento.

O instituto da reclamação visa a garantir a autoridade de decisões judiciais contra exorbitância de outros órgãos judicantes.

Reclamação n. 26.284-0 - São Paulo - Reclamante: M.P.J. - Reclamado: Superintendente da Caixa Beneficente da Polícia Militar do Estado de São Paulo.

ACÓRDÃO

Reclamação - Artigos 659/666 do Regimento Interno do Tribunal de Justiça - Instituto que visa a garantir a autoridade de decisões judiciais contra exorbitância de outros órgãos judicantes - Hipótese inocorrente no caso - Desconhecimento.

ACORDAM, em Órgão Especial do Tribunal de Justiça do Estado de São Paulo, por votação unânime, não conhecer do pedido, de conformidade com o relatório e voto do Relator, que ficam fazendo parte integrante do presente julgado.

Participaram do julgamento os Senhores Desembargadores Weiss de Andrade (Presidente sem voto), Lair Loureiro, Alves Braga, Carlos Ortiz, Silva Leme, Yussef Cahali, Rebouças de Carvalho, Ney Almada, Márcio Bonilha, Nigro Conceição, Cunha Bueno, Nélson Fonseca, Nelson Schiesari, Oetterer Guedes, Djalma Lofrano, Cuba dos Santos, Dirceu de Mello, Viseu Júnior, Hermes Pinotti, Gentil Leite, Álvaro Lazzarini, Dante Busana, José Cardinale e Denser de Sá.

São Paulo, 8 de novembro de 1995.

José Osório, Relator.

M.P.J., concubina de finado Tenente policial militar, impetrou mandado de segurança contra ato do Senhor Superintendente da Caixa Beneficente da Polícia Militar do Estado, sob alegação de que tem um crédito por receber, judicialmente reconhecido, e o prazo concedido pela Justiça de há muito venceu, recusando-se o impetrado ao pagamento.

Informa que teve reconhecido pelo venerando acórdão de fls., da Oitava Câmara, o direito de recebimento de pensão da Caixa Beneficente da Polícia Militar, sob consideração de que o finado fora culpado pelo fim da relação concubinária; e que o ofício requisitório de fls. não foi cumprido.

Instada a prestar informações, a Caixa disse que o precatório da reclamante foi incluído no orçamento de 1993; que o primeiro pagamento foi efetuado em dezembro do mesmo ano, o segundo em novembro de 1994 e no exercício de 1995 o restante será pago; que não houve preterição do requisitório da reclamante, tendo sido rigorosamente respeitada a ordem dos precatórios. Junta os documentos de fls..

Às fls. informação do DEPRE de que há saldo devedor de R$ 142.433,95, efetuado o cálculo em junho de 1995.

A douta Procuradoria-Geral de Justiça, às fls., diz, preliminarmente, que esta reclamação deveria ter sido distribuída ao próprio Desembargador João Sabino Neto, cuja ordem judicial está sendo descumprida; no mérito, é pelo provimento da reclamação.

É o relatório.

Não se conhece da reclamação.

O instituto da reclamação – artigos 102, inciso I, *l*, e 105, inciso I, *f*, previsto pela Constituição da República de 1988, dentro da competência dos Egrégios Supremo Tribunal Federal e Superior Tribunal de Justiça, e assumido pelo Regimento Interno deste Tribunal – artigos 659/666 – visa a garantir a autoridade das decisões contra exorbitâncias de outros órgãos judicantes.

É o que se vê do artigo 664 ("julgando procedente a reclamação, o Tribunal cassará a decisão exorbitante..."). No mesmo sentido, os artigos 161 do Regimento Interno do Supremo Tribunal Federal e 191 do Regimento Interno do Superior Tribunal de Justiça.

A propósito da natureza e da evolução de tal instituto, veja-se artigo de doutrina de José da Silva Pacheco ("A Reclamação no Supremo Tribunal Federal e no Superior Tribunal de Justiça de acordo com a nova Constituição", *RT*, vol. 646/19).

No caso dos autos não há qualquer decisão judicial que esteja violando ou descumprindo tanto o acórdão proferido pela Oitava Câmara como o precatório assinado pelo Presidente e endereçado à Caixa.

O Senhor Superintendente não impugna o acórdão e o precatório. Apenas diz que está pagando parceladamente. Esclarece-se que o DEPRE apurou existência de vultoso débito.

O caso, portanto, é de descumprimento de decisão e ordem judicial, o que justifica pedido de intervenção, e não de mandado de segurança ou de reclamação, como se verificou nos autos.

Sendo a executada uma autarquia estadual, a hipótese é de intervenção federal, nos termos dos artigos 635 e seguintes do Regimento Interno.

Não se recomenda esforço para o conhecimento da reclamação, possibilitando adaptação da inicial para o novo pedido. Há riscos processuais para a própria autora tendo em vista a excepcionalidade da medida interventiva e suas rigorosas exigências técnico-jurídicas. Em seu novo pedido poderá a autora, eventualmente, aproveitar os cálculos elaborados no presente feito.

Diante do exposto, não se conhece da reclamação.

Fonte: LEX - TJSP - 1997 - Volume 188 - Página 283

❖❖❖

AGRAVO DE INSTRUMENTO N. 77.898-4

MEDIDA CAUTELAR - Inominada - Liminar - Indeferimento - Questão controvertida - Recurso não provido.

Agravo de Instrumento n. 77.898-4 - Batatais - Agravante: P.C.M. - Agravada: S.C.M.

ACÓRDÃO

Cautelar Inominada - Liminar indeferida - Litígio entre Corpo Médico e S.C.M. - Matéria controvertida - Conflito de normas regulamentares - Recurso improvido.

ACORDAM, em Quarta Câmara de Direito Privado do Tribunal de Justiça do Estado de São Paulo, por votação unânime, negar provimento ao recurso, de conformidade com o relatório e voto do Relator, que ficam fazendo parte do acórdão.

O julgamento teve a participação dos Senhores Desembargadores Olavo Silveira (Presidente sem voto), Barbosa Pereira e Cunha Cintra.

São Paulo, 19 de março de 1998.

José Osório, Relator.

VOTO

Em medida cautelar inominada, insurge-se o requerente, ora agravante, contra decisão (fls.) que indeferiu a liminar requerida para suspender ato praticado pela Mesa Administrativa do hospital.

Alega o agravante, em síntese, que é diretor do corpo clínico do Hospital M.A.C., que é mantido pela associação agravada para fins medicinais e filantrópicos; que para fins de manter o bom nível técnico dos profissionais que lá prestam os seus serviços foi instituído o Conselho Técnico Médico, atuante como órgão interno do nosocômio; que dentre as diretrizes do Conselho Técnico Médico encontra-se aquela descrita na alínea *c* do artigo 26, qual seja: "emitir parecer sobre admissão de novos integrantes do Conselho de Medicina e preenchimento de cargos, na forma do regulamento"; que no artigo 19 verifica-se que o candidato deverá requerer sua inscrição ao diretor clínico que examinará seus documentos, enviando-os ao Conselho Técnico Médico para respectivo parecer, sendo que, se o parecer for favorável, os documentos são encaminhados à Mesa Administrativa para homologação; que sem qualquer participação daquele diretor ou do Conselho Técnico foram admitidos pela Mesa vários médicos através de uma sessão extraordinária; que o agravante foi cientificado do fato através de uma notificação que justificava tal atitude da Mesa com base na regra contida no § 8.º do artigo 34 do Estatuto da Santa Casa e, ainda, com base no § 9.º que conferem poder à Mesa Administrativa para admitir médicos, independente do parecer dos órgãos médicos desde que referido ingresso venha beneficiar a instituição e a comunidade; que há necessidade do crivo de avaliação técnica dos médicos, cujo ingresso se pretende; que no próprio Estatuto da Santa Casa há uma norma que dispõe sobre a integração de outros regulamentos ao Estatuto; que a Mesa Administrativa da agravada revogou unilateralmente a norma do artigo 6.º da Irmandade Beneficente, como se fora possível; que se não bastasse, o diretor clínico do hospital é membro-nato da Mesa Administrativa, nos termos do artigo 24, e jamais chegou a participar de qualquer sessão da Mesa, na qualidade de membro-nato; que o Meritíssimo Juiz *a quo* incorreu em erro ao fazer prevalecer o Estatuto da Irmandade sobre as regras do regulamento interno do corpo médico; que são dois ramos de atuação distinta, não se podendo falar em hierarquia; que os novos médicos já estão trabalhando no nosocômio sem qualquer avaliação prévia do corpo clínico, não podendo este responder pelos atos daqueles profissionais.

Recurso bem processado, com resposta, sustentando que o ingresso de novos médicos beneficia a comunidade, nos termos do artigo 34, §§ 8.º e 9.º, do Estatuto da Santa Casa; que o critério adotado pelo Conselho só viabiliza a formação de cartel para impedir o exercício da profissão de outros médicos; que o amparo legal para qualquer pretensão profissional deve ser buscado na Constituição, e esta é clara ao prescrever a liberdade de exercício de qualquer trabalho, ofício ou profissão.

É o relatório.

O recurso não tem provimento.

As normas que regem o Conselho Técnico Médico parecem, à primeira vista, que se destinam à vida normal e ordinária da entidade filantrópica.

Se, porém, esta delibera ampliar as atividades e encontra obstáculos por parte daquele, impõe-se necessariamente leitura flexível das normas jurídicas regulamentares, adaptando-as à nova realidade.

A questão torna-se delicada e não pode ser decidida liminarmente.

Assim, é negado provimento ao recurso.

Fonte: LEX - TJSP - 1998 - Volume 207 - Página 226

❖❖❖

AGRAVO DE INSTRUMENTO N. 85.739-4

RECURSO - Prazo - Férias forenses - Feriado que as antecede - Contagem como férias - Tempestividade - Recurso provido.

Agravo de Instrumento n. 85.739-4 - São Paulo - Agravantes: L.C.C.S. e outros - Agravada: Associação dos Proprietários e Moradores do Loteamento C. (Voto n. 11.667)

ACÓRDÃO

Prazo - Contagem - Conta-se como férias o feriado que as antecede - Recurso provido.

ACORDAM, em Quarta Câmara de Direito Privado do Tribunal de Justiça do Estado de São Paulo, por votação unânime, dar provimento ao recurso, de conformidade com o relatório e voto do Relator, que ficam fazendo parte do acórdão.

O julgamento teve a participação dos Senhores Desembargadores Olavo Silveira (Presidente) e Barbosa Pereira.

São Paulo, 25 de junho de 1998.

José Osório, Relator.

VOTO

Em ação de cobrança, insurgem-se os réus, ora agravantes, contra decisão (fls.) que indeferiu o processamento do recurso de apelação, sob a alegação de intempestividade.

Alegam os agravantes, em síntese, que o recurso foi protocolado no dia 2.2.98, exatamente no primeiro dia útil após o vencimento do prazo recursal (31.1.98 e não 30.1.98, como asseverou o Meritíssimo Juiz *a quo*); que a contagem do Meritíssimo Juiz está errada.

Recurso bem processado, com resposta.

É o relatório.

O recurso tem provimento.

A tese do despacho agravado, bem defendido na contraminuta, é a seguinte: pelos Provimentos do Tribunal de Justiça ns. 553/96 e 501/96, nos períodos compreendidos entre 21 a 31 de dezembro e 2 a 21 de janeiro, os prazos ficam suspensos. Assim, se a sentença foi publicada em 15.12.97, o prazo foi contado de 16 a 20 de dezembro, ficando suspenso até 31 de janeiro. Contou-se o dia 1.º.1.98 por ser feriado, uma vez que, nos termos do artigo 178 do Código de Processo Civil, o prazo é contínuo e não se interrompe nos feriados, ao contrário do que acontece com as férias.

Por força desse raciocínio, contou-se como prazo o feriado universal do dia primeiro do ano, apesar de não terem sido contados os onze dias anteriores e os vinte subseqüentes.

A tese, *data venia* de opiniões em contrário, deve ser abandonada, pois peca por excesso de literalidade, em prejuízo de princípio elementar de justiça.

Quando uma interpretação leva ao absurdo, já se sabe logo que ela não serve e que outra precisa ser encontrada.

Aquela interpretação surpreende o Advogado e põe em risco desnecessária e gravemente o direito da parte, para homenagear apenas uma sutileza de ordem técnico-jurídica de menor expressão.

O mencionado preceito do artigo 178 do Código de Processo Civil tem em vista o feriado comum, isolado, não aquele que antecede as férias e é, na realidade da vida, usufruído por qualquer pessoa como integrante delas, férias.

Nessa circunstância, o feriado desnaturou-se e não pode deixar de ser tido, pelo menos para efeito de contagem de prazo, como fazendo parte das férias.

Como dizia o grande Ascarelli, os tempos modernos exigem do jurista algo mais do que "sutis distinções" (apud Orlando Gomes, *Novos Temas de Direito Civil*, Editora Forense, 1983, pág. 13).

Assim sendo, há de ser sufragada a corrente liberal: *RTJ*, vol. 83/27, *RT*, vols. 519/283, 574/176, 591/94, 593/134, *JTACSP*, vols. 48/157, 91/130; *ENTA-cls*. 48, *RT*, vol. 580/299, apud Theotonio Negrão, n. 3 ao artigo 179 do Código de Processo Civil.

De forma idêntica, já se pronunciou a Oitava Câmara da antiga Primeira Seção deste Tribunal no Agravo de Instrumento n. 272.688-1.

Diante do exposto, é dado provimento ao recurso.

Fonte: LEX - TJSP - 1999 - Volume 215 - Página 254

❖❖❖

AÇÃO RESCISÓRIA N. 81.217-4

RESCISÓRIA - Requisito - Interesse de agir - Falta - Terceiro juridicamente interessado - Qualidade inexistente - Ação de dissolução de sociedade de fato cumulada com partilha de bens - Concubino casado - Citação da esposa - Inadmissibilidade - Litisconsórcio necessário inexistente - Carência da ação.

Ação Rescisória n. 81.217-4. (Voto n. 12.163)

ACÓRDÃO

Ação Rescisória - Ação original entre concubinos - Rescisória proposta pela esposa do concubino - Alegação de falta de sua citação - Inexistência de litisconsórcio necessário - Carência de ação.

ACORDAM, em Quarta Câmara de Direito Privado do Tribunal de Justiça do Estado de São Paulo, por votação unânime, julgar a autora carecedora da ação, de conformidade com o relatório e voto do Relator, que ficam fazendo parte do acórdão.

O julgamento teve a participação dos Senhores Desembargadores Cunha Cintra (Presidente) e Jacobina Rabello.

São Paulo, 11 de março de 1999.

José Osório, Relator.

VOTO

Ação rescisória que visa desconstituir a respeitável sentença de fls., homologatória de transação em ação de reconhecimento de sociedade de fato cumulada com partilha.

Alega a autora, em síntese, que seu marido não logrou conseguir o divórcio por via judicial, por isso urdiu uma "trama" em conluio com sua concubina para beneficiar-se de eventual venda do patrimônio do casal, daí resultando a ação de dissolução de sociedade de fato cumulada com partilha de bens; que propôs ação anulatória de transação contra a ré da presente ação; que a respeitável sentença homologatória de transação entre seu marido e concubina é nula, por não ter sido citada, sendo necessária sua citação por se tratar de caso de litisconsórcio necessário; que o artigo 485 não impede a ação rescisória fundada em matéria processual que afete a validade da sentença de mérito; que, pelo exposto, ao final, a presente ação deverá ser julgada procedente, com a conseqüente rescisão da sentença proferida nos autos da ação de dissolução de sociedade de fato cumulada com partilha.

Citada, a ré apresentou contestação, onde alega, em síntese, preliminarmente, que a petição é inepta, pois da narrativa não se deflui conclusão lógica e que os pedidos se apresentam inconciliáveis entre si; que estão presentes todos os elementos caracterizadores da litispendência, estando em curso dois feitos idênticos, devendo por isso ser julgada improcedente a presente ação; quanto ao mérito, que não possui razão a autora, pois, apesar de haver casado com o falecido M. A. S., foi comprovado que ele foi abandonado por essa por mais de quarenta e três anos; que foi ela, ré, quem cumpriu efetivamente e afetivamente por vinte anos a função de convivente, suportando dolorosos transtornos em razão da precária saúde de M.; que foi comprovada sua participação na aquisição dos bens fruto da dissolução da sociedade, fruto de seus ganhos como diretora escolar da rede estadual de ensino; que, pelo exposto, espera que sejam acolhidas as preliminares levantadas, ou, quando não, que seja a presente ação julgada improcedente.

Veio réplica à contestação às fls., onde a autora, repisando os argumentos trazidos com a inicial, pugna pelo afastamento das preliminares levantadas e procedência da ação principal.

O Ministério Público opina (fls.) pelo afastamento das preliminares trazidas pela Defesa, entendendo ser a autora carecedora da ação rescisória, por lhe faltar interesse de agir. A autora teria escolhido a ação incorretamente, posto que considera cabível ao caso a proposição de ação anulatória, prevista no artigo 486 do Código de Processo Civil. Conclui opinando pela extinção da ação sem julgamento do mérito.

É o relatório.

A inicial não é inepta porque coerente e clara, tendo permitido plenas condições para a ré se defender amplamente.

Não é caso de litispendência porque não há identidade de partes na ação anulatória, que se desenvolve em Primeiro Grau, e na presente ação.

Mas a autora carece da ação.

Diz ela que quer rescindir a respeitável sentença porque não foi citada na ação entre os concubinos, mas devia sê-lo porque esposa do concubino.

Todos os dias se processam ações de concubina contra concubino casado sem a citação da mulher.

Não se trata de litisconsórcio necessário. A esposa do concubino não é terceira juridicamente interessada na ação proposta pela concubina. Tem ela, esposa, mero interesse econômico em que o marido não pratique ato prejudicial ao patrimônio comum. Esse interesse econômico a esposa o tem em inúmeros e imprevisíveis casos. Dada a diversidade de tais casos, não é possível exigir-se a presença dela em todos eles. Se em algum deles ocorrer prejuízo para ela, poderá, então, mover a ação anulatória para tentar demonstrar esse prejuízo e obter reparação, como, aliás, a autora já está fazendo em Primeiro Grau.

Em suma, para propor ação rescisória, é necessário, nos termos do artigo 487 do Código de Processo Civil, que o terceiro seja juridicamente interessado (cf. julgado in *Boletim AASP*, n. 1.516/1, indicado por Theotonio Negrão, 28.ª ed., nota 2 ao artigo 487 do *Código de Processo Civil*).

Observa-se ainda que o presente decreto de carência não causa prejuízo à autora, que já está movendo a competente ação anulatória.

Diante do exposto, e adotados também os argumentos pertinentes do parecer do Doutor Luiz Cesar Gama Pellegrini, julga-se a autora carecedora da ação, extinguindo-se o processo sem exame de mérito, nos termos do artigo 267, inciso VI, do Código de Processo Civil. Custas pela autora, que pagará ainda honorários de Advogado no valor de R$ 500,00 (quinhentos reais). Se unânime o julgamento, perderá ainda em favor da ré os depósitos de fls. dos autos principais, e dos autos em apenso.

Fonte: LEX - TJSP - 1999 - Volume 218 - Página 286

❖❖❖

AGRAVO DE INSTRUMENTO N. 101.384-4

RECURSO - Agravo de instrumento - Tempestividade - Suspensão do processo não impugnada - Circunstância que não impede a parte de pedir o prosseguimento, justificadamente - Recurso conhecido.

O despacho de sobrestamento do feito, por sua própria natureza, não é definitivo, evidente que a parte que dele não recorreu não está presa *ad aeternum,* impedida de pedir prosseguimento, justificadamente.

PROCESSO - Suspensão - Limite temporal ultrapassado - Artigo 265, § 5.º, do Código de Processo Civil - Prosseguimento determinado - Recurso provido.

INVENTÁRIO – Suspensão – Ação anulatória pendente – Litígio entre concubinas – Prosseguimento pretendido por herdeiro – Admissibilidade – Discussão que envolve a meação, e não a herança – Prazo máximo de suspensão, ademais, ultrapassado – Recurso provido.

Agravo de Instrumento n. 101.384-4 – Americana – Agravantes: A.T.R.S. e outro, menores representados por sua mãe, S.E.R. – Agravado: Espólio de M.A.S., representado por seu inventariante, A.C.S.S. (Voto n. 12.186)

ACÓRDÃO

Inventário. Sobrestamento até julgamento de ação anulatória. Possibilidade de requerer-se o prosseguimento. Prazo máximo de suspensão ultrapassado. Litígio entre concubinas. Prejuízo para herdeiros. Incidência do litígio sobre a meação e não sobre a herança. Recurso conhecido e provido.

ACORDAM, em Quarta Câmara de Direito Privado do Tribunal de Justiça do Estado de São Paulo, por votação unânime, dar provimento ao recurso, de conformidade com o relatório e voto do Relator, que ficam fazendo parte integrante do presente julgado.

Participaram do julgamento os Desembargadores Cunha Cintra (Presidente) e Fonseca Tavares.

São Paulo, 18 de março de 1999.

José Osório, Relator.

VOTO

Agravo interposto contra decisão de fls. que determinou sobrestamento do inventário em razão de processo em que a mulher e a concubina do falecido litigam pelo direito à meação dos bens do espólio.

Segundo as razões, o monte partível não está *sub judice*; a mulher do concubino reside em Portugal e está representada pelo inventariante; que este não tem interesse na solução do inventário, tendo inclusive sonegado bens do espólio existentes naquele país; a ação ajuizada pela esposa dificilmente será julgada em menos de 8 anos, o que condena os agravantes a uma vida de dificuldades financeiras.

Houve resposta.

O Ministério Público, por seu representante, opina pelo improvimento do recurso.

É o relatório.

O recurso é tempestivo.

O processo de inventário foi sobrestado por despacho publicado em 17.12.97, até o julgamento da ação anulatória de transação. Em setembro de 1998, alguns herdeiros, ora agravantes, pedem providências, que foram indeferidas porque o feito estava sobrestado. Daí o presente recurso.

O despacho de sobrestamento, por sua própria natureza, não é definitivo, evidente que a parte que dele não recorreu não está presa *ad aeternum*, impedida de pedir prosseguimento, justificadamente.

Observa-se ainda que já está ultrapassado o prazo máximo de um ano, previsto no art. 265, § 5.º, do CPC, para a suspensão do processo.

Em relação ao mérito, também têm razão os agravantes.

O litígio que se estabeleceu entre as concubinas só vai ter repercussões sobre eventual meação da companheira, não sobre a herança propriamente dita, deixada pelo falecido, a qual pertence somente aos herdeiros. Estes não podem ficar prejudicados, à espera longa da problemática definição dos direitos à meação disputada.

Assim sendo, conhece-se do recurso e dá-se-lhe provimento a fim de que o processo de inventário tenha prosseguimento.

Fonte: LEX - TJSP - 2000 - Volume 233 - Página 246

7

DIREITO PENAL

Observações:

São publicadas quatro decisões proferidas no caso que ficou conhecido como "o caso do promotor", que obteve forte repercussão nos meios forenses e junto ao público em geral, diante da dramaticidade do fato e da posição social do acusado.

Foram três os feitos criminais: a) acusações de homicídio e de aborto sem consentimento da gestante; b) acusação de posse de arma de uso restrito às Forças Armadas; c) co-autoria em auto-acusação falsa.

a) Quanto à acusação de homicídio, o caso apresenta certo valor histórico, porquanto, ao que se sabe, foi a primeira vez que o Plenário do Tribunal de Justiça de São Paulo, com mais de cem anos de existência, julgava um promotor de justiça acusado desse crime.

A instrução do feito processou-se perante o relator sorteado inicialmente, o saudoso Desembargador Domingos Franciulli Netto, que deixou a relatoria ao ser guindado ao nobre cargo de Ministro do Superior Tribunal de Justiça, motivo por que o feito me foi redistribuído.

As provas testemunhal e pericial estavam findas. O resultado do exame de DNA apresentou resultado surpreendente: tal prova havia sido requerida pelo próprio réu, visando a demonstrar sua paternidade em relação ao nascituro, o qual também não resistiu aos fatos. Mas a conclusão do exame foi negativa, isto é, concluiu-se que o réu não era pai do nascituro.

A defesa impugnou o resultado do exame e empenhou-se com vigor na necessidade de sua renovação. O Tribunal afastou, por unanimidade, a impugnação, como se vê do Agravo Regimental n. 51.812.0/0-03, adiante publicado – *JTJ* 225/267.

Novo pedido de renovação da perícia foi dirigido ao novo relator. Era um momento importante do processo, que corria risco de paralisia diante da complexidade das providências a serem tomadas, com nova exumação e transporte para São Paulo.

Esse novo pedido também foi indeferido, confirmado o despacho pelo Plenário, que negou provimento a agravo regimental por ampla maioria.

O que tornava este caso particularmente difícil era a circunstância de os familiares da vítima (pai, mãe e irmã) não aceitarem a conclusão da Polícia e insistirem na inocência do acusado.

Vieram embargos de declaração por parte do réu, alegando falhas e omissões do acórdão. Os embargos foram recebidos em pequena parte, apenas para abordar ponto secundário levantado pela defesa quando da sustentação oral. No principal, os embargos foram rejeitados.

Recurso Especial por parte do réu foi improvido pelo Superior Tribunal de Justiça com transcrição de trechos do acórdão do TJSP. Recurso Extraordinário não foi admitido. O Supremo Tribunal Federal foi chamado algumas vezes a se pronunciar sobre o caso, seja em habeas corpus seja em agravos, sempre em desfavor do acusado. Entre outros: Habeas Corpus 81.685-1, indeferido em 26.03.20002; e Agravo Regimental no Agravo de Instrumento 513.044-5, não provido em 22.02.2005.

Os pontos mais discutidos nos tribunais superiores prenderam-se às alegações de incompetência do Plenário do Tribunal Estadual e de afronta ao princípio do duplo grau de jurisdição.

b) A acusação de posse ilegal de arma despertou interesse entre juízes e promotores, em razão da prerrogativa de que gozam de porte de arma de defesa pessoal.

A ação penal foi julgada procedente por larga maioria, com quatro votos vencidos em parte. Houve Recurso Especial por parte do Ministério Público, visando ao reconhecimento de causa de aumento de pena; e houve também Recurso Especial por parte do réu, que foi parcialmente provido, para o fim de determinar regime aberto para o cumprimento da pena (REsp 476.461-SP).

No principal, o acórdão do TJSP foi confirmado.

Recurso extraordinário não foi admitido –

c) Quanto à acusação de co-autoria em auto-acusação falsa, o TJSP rejeitou a denúncia.

d) O réu havia se comprometido com seu advogado a comparecer à sessão de julgamento de 18.10.2001, mas não cumpriu o prometido. Tornou-se foragido por oito anos até que se deixou prender, continuando a alegar inocência.

e) Destaque para a atuação dos advogados – Drs. Márcio Thomaz Bastos e Dora Cavalcanti Cordani, que lutaram bravamente em todo o processado e nos vários Tribunais.

O Dr. Márcio deixou-me a segura impressão de que estava plena e sinceramente convicto da inocência do acusado.

Agora são transcritos ao seguintes acórdãos:

– Agravo Regimental n. 51.812.0/0-03 – Pag. 691/693

– Ação Penal Pública 051.812-0/4-00 (homicídio) – 694/718

– Embargos de Declaração n. 51.812-0/1-04 – 718/721

– Ação Penal Pública 051.986-0/7-00 (posse de arma de fogo) 722/736

Recurso parcial do Ministério Público – n. 476.461-SP, rel. Gilson Dipp – foi provido.

Recurso da defesa foi conhecido em parte e parcialmente provido.

No caso do homicídio houve Recurso Especial – n. 509.324 – SP, rel. Ministro Paulo Gallotti, com a seguinte ementa:

> *"Processo Penal. Recurso especial. Ação penal. Homicídio qualificado e aborto. Promotor de Justiça. Foro privilegiado. Tribunal de Justiça. Competência. Prequestionamento. Reexame de provas. Súmula n. 07/STJ.*
>
> 1. *No exame de recurso especial, não e conhece de matéria que não foi objeto de apreciação pelo Tribunal de origem, ausente assim o necessário prequestionamento.*
> 2. *A Constituição Federal, em seu artigo 96, III, prevê a competência privativa do Tribunal de Justiça para o julgamento dos membros do Ministério Público Estadual nos crimes comuns, ressalvando somente a competência da Justiça Elleitoral.*
> 3. *A irresignação que busca desconstituir os pressupostos fáticos adotados pelo acórdão recorrido encontra óbice na Súmula n. 7 desta Corte.*
> 4. *Cabe ao magistrado valorar a utilidade das provas produzidas, não sendo, contudo, necessário que analise um a um todos os argumentos expendidos pelas partes, porquanto não está obrigado a julgar a questão de acordo com o pleiteado, mas sim valendo-se do que entender suficiente para a formação de sua convicção.*
> 5. *Recurso conhecido em parte, mas improvido."*

No corpo do acórdão houve transcrição de longos trechos do acórdão recorrido, o que também se deu com a declaração de voto-vogal do Ministro Paulo Medina.

AGRAVO REGIMENTAL N. 51.812.0/0-03

Indeferimento de pedido de novo exame de DNA.

Agravo Regimental na Ação Penal Pública – Proc. n. 51.812.0/0-03 – São Paulo – Agravante: I.F.S. – Agravado: Exmo. Desembargador Relator – Órgão Especial.

ACÓRDÃO

Vistos, relatados e discutidos estes autos de Agravo Regimental n. 51.812-0/0-03, da Comarca de São Paulo, em que é agravante I.F.S. (Promotor de Justiça), sendo agravado o Exmo. Sr. Desembargador Relator:

ACORDAM, em Órgão Especial do Tribunal de Justiça do Estado de São Paulo, por votação unânime, negar provimento ao recurso, de conformidade com o relatório e voto do Relator, que ficam fazendo parte integrante do presente julgado.

Participaram do julgamento os Desembargadores Marcio Bonilha (Presidente), Nigro Conceição, Oetterer Guedes, Cuba dos Santos, Luis de Macedo, Hermes Pinotti, Gentil Leite, Álvaro Lazzarini, Dante Busana, Denser de Sá, Mohamed Amaro, Luiz Tâmbara, Fonseca Tavares, Paulo Shintate, Borelli Machado, Flávio Pinheiro, Gildo dos Santos, Fortes Barbosa, Ângelo Gallucci, Vallim Bellocchi, Sinésio de Souza, Jarbas Mazzoni, Theodoro Guimarães e Olavo Silveira.

São Paulo, 14 de junho de 2000.

Márcio Bonilha, Presidente.

José Osório, Relator.

VOTO

Ação penal pública. Pedido de renovação de perícia indeferido pelo relator. Agravo regimental. Improvimento.

Através do presente agravo regimental, insurge-se o acusado contra a decisão de fls., que indeferiu o pedido de novo exame de DNA.

Alega o agravante, em síntese, que o crime a ele imputado é dos mais abomináveis, tratando-se, em verdade, de conduta que não pode ser concebida no seio de relacionamento amoroso harmônico e estável, às vésperas do nascimento do primeiro filho do casal; que o pai de P.A.L., inquirido pelo Desembargador Franciulli Netto, entre outras coisas, asseverou ter convicção absoluta de que seu genro é um ser humano normal, de mente sã e que jamais mataria a própria esposa e o filho, nem mesmo após violenta discussão; que a denúncia atribui-lhe a prática de homicídio sem nada mencionar acerca dos pretensos motivos que o teriam levado a tal ato; que, assim, restou uma dúvida irrespondida: ou ele, promotor, possuía uma razão terrível, uma dor insuportável, uma patologia gravíssima, que o levou a cometer o crime, ou é inocente e está dizendo a verdade; que, assim, requereu-se o exame de DNA; que a hipótese de adultério, como justificativa para a tese ministerial, povoou desde o início o imaginário de todos, e foi abertamente discutida no noticiário; que, com o presente agravo, a defesa quer ver reconhecida a extrema relevância do teste de DNA, pois seu resultado repercute diretamente na formação da convicção acerca da própria autoria; que, ao exercer o juízo de admissibilidade, o Colendo Órgão Especial deixou assentado que a falta de indicação do motivo para a prática do pretenso delito não caracterizaria inépcia da vestibular, nem consubstanciaria falta de justa causa para a instauração da ação penal; que, entretanto, no presente momento processual, oferecidas as alegações finais por ambas as partes, o não esclarecimento dos fatos e de todas as suas circunstâncias – inclusive o motivo – constitui óbice insuperável ao julgamento da causa; que, a prevalecer o laudo pericial, o agravante correrá o risco de ser condenado em processo em que a verdade restou encoberta, daí a imprescindibilidade da produção de novo exame de vínculo genético; que a questão da paternidade precisa ser definitivamente dirimida, sendo verdadeiro absurdo desistir de buscar a verdade real sob alegação de que, respondendo por homicídio simples, o peticionário não seria beneficiado ou prejudicado pela indefinição reinante; que se está a adotar postura formalista, enfatizando-se a extensão do currículo do Professor Hirata, ignorando-se graves questões que decorrem da exclusão da paternidade - Quem seria o verdadeiro pai? Que tipo de vida levava P.A.L. se, recém-casada, concebeu filho de outro homem? -, quando não se poderia fazê-lo; que a essência de um crime é o seu motivo, e ele deve ser perseguido; que a família da vítima está sofrendo muito, e seus pais, após a perderem, estão vendo sua honra ser estilhaçada diante dos olhos da nação; que o laudo pericial, muito mais que digno de críticas, traz resultados comprovadamente errados; que os crassos erros de tal laudo foram identificados por profissionais do mais alto gabarito, e os resultados a que chegaram devem ser considerados; que, ao contrário do laudo oficial, os trazidos pela defesa têm demonstração gráfica de seus resultados; que haveria prejuízos irreparáveis para a defesa com a permanência, no processo, desse simulacro de exame de DNA; e que, assim, é de se prover o presente agravo, determinando-se a realização de novo exame de vínculo genético.

Em juízo de eventual retratação, manteve-se o despacho agravado, a saber:

> "Mantém-se o despacho agravado, cujos fundamentos não foram abalados pelas razões do recurso.
>
> Na verdade, a questão da paternidade não é essencial para o julgamento do caso pois qualquer que seja o resultado da perícia restará o ponto principal a ser dirimido - saber se o réu é, ou não, o autor dos delitos.
>
> Na ocasião oportuna, o órgão julgador dará ao laudo o valor que merecer, levando em conta as críticas que lhe foram feitas e todas as demais circunstâncias do caso, inclusive o fato de a perícia ter sido requerida pelo próprio acusado.
>
> O acusado, aliás, acaba por reconhecer a relevância menor da perícia.
>
> Diz ele, a fls., repetindo texto das alegações finais: 'porque I.F.S. tinha - como ainda tem - certeza absoluta da paternidade (o que, é bom lembrar, é o que importa nesse tema: - o que I.F.S. pensava a respeito e não o que realmente pudesse ser)'.

Em suma, é a defesa quem admite que o resultado do exame não é o que mais importa no presente tema.

Por todo o exposto, mantém-se, por seus fundamentos, o despacho ora agravado."

É o relatório.

A D. Turma Julgadora houve por bem de negar provimento ao agravo, por votação unânime, adotados integralmente os argumentos acima aludidos e aqueles constantes do despacho agravado (fls.).

José Osório.

Fonte: TJSP

AÇÃO PENAL PÚBLICA N. 51.812-0/4-00

ACÓRDÃO

Vistos, relatados e discutidos estes autos de Ação Penal Pública n. 051.812-0/4-00, da Comarca de São Paulo, em que é autor o Procurador-Geral de Justiça, sendo réu I.F.S. (Promotor de Justiça).

ACORDAM, em Órgão Especial do Tribunal de Justiça do Estado de São Paulo, por votação unânime, julgar procedente a Ação Penal Pública, para condenar o réu à pena total de dezesseis (16) anos e quatro (4) meses de reclusão, por transgressão aos artigos 121, § 2.º, inciso IV, combinado com o artigo 61, inciso II, alínea *e*, combinados todos com o artigo 70, 1.ª parte, e à perda do cargo público, com base no artigo 92, inciso I, letra *b*, todos do Código Penal, lançando-se o nome do réu no rol dos culpados. Fixado o regime integral fechado em relação ao delito do artigo 121, § 2.º, inciso IV, do Código Penal, com expedição de mandado de prisão, de conformidade com o relatório e voto do Relator, que ficam fazendo parte integrante do presente julgado.

Participaram do julgamento os Desembargadores Márcio Bonilha (Presidente, sem voto), Nigro Conceição, Luís de Macedo, Hermes Pinotti, Gentil Leite, Álvaro Lazzarini, Dante Busana, Denser de Sá, Mohamed Amaro, Luiz Tâmbara, Paulo Shintate, Borelli Machado, Flávio Pinheiro, Gildo dos Santos, Fortes Barbosa, Vallim Bellocchi, Sinésio de Souza, Jarbas Mazzoni, Menezes Gomes, Andrade Cavalcanti, Ruy Camilo e Cesar Peluso.

São Paulo, 18 de abril de 2001.

Márcio Bonilha, Presidente.

José Osório, Relator.

VOTO

Ação penal pública. Homicídio qualificado e aborto sem consentimento da gestante.

Prova técnica e grande quantidade de indícios veementes e coerentes a incriminar o réu. Ausência de indicação de motivo para o crime. Possibilidade.

Questão da paternidade do nascituro. Irrelevância. Indícios favoráveis ao réu fracos e em pequeno número.

Ação procedente. Presença de circunstâncias agravantes. Concurso formal de crimes - art. 70, 1.a parte, do Código Penal. Cumprimento da pena de reclusão pelo homicídio qualificado em regime integralmente fechado. Perda do cargo de Promotor de Justiça.

1 – I.F.S. foi denunciado como incurso no artigo 121, § 2.º, inc. IV, na forma do artigo 1.º, inciso I (parte final) da Lei n. 8.072/90, e no artigo 125, ambos combinados com o artigo 70, segunda parte, e com artigo 61, inciso II, letra e, todos do Código Penal.

De acordo com a denúncia, por volta da zero hora do dia 04 de junho de 1998, nas proximidades do córrego existente na Alameda [...], via sem pavimentação situada no interior do Condomínio "Jardim Shangrilá", no Bairro do Ribeirão dos Porcos[...], Município de Atibaia, SP, por motivos ignorados e mediante recurso que dificultou ou impossibilitou a defesa da vítima, teria o acusado desferido dois tiros de pistola calibre 380, a curta distância, contra a cabeça de sua esposa P.A.L., produzindo-lhe os ferimentos constatados no laudo de exame necroscópico de fls., causa da morte da ofendida.

Ainda, ciente da gravidez da esposa, já no sétimo mês de gestação, e sem o consentimento da gestante, provocou, no mesmo contexto fático, o abortamento do feto, conforme comprova o laudo de exame necroscópico de fls.

Segundo a acusação, o réu encontrava-se ao volante da camioneta da marca Dodge, modelo RAM, de placas [...], acompanhado da vítima, que estava a seu lado, no banco do passageiro, quando, na altura do km 45 da Rodovia Fernão Dias, já no Município de Atibaia, decidiu ingressar na estrada de terra de acesso ao "Condomínio Jardim Shangrilá.", e praticou os crimes descritos, prevalecendo-se, para a execução destes, da grande dificuldade, quando não da impossibilidade da defesa da ofendida, dadas as circunstâncias de horário, local, condição pessoal e posição da vítima, por ser início de madrugada e ermo o local, sem iluminação, estando a vítima com pouca possibilidade de movimentação em face de seu adiantado estado de gravidez, sem oportunidade, portanto, para obter socorro ou oferecer resistência eficaz.

Notificado, o réu ofereceu resposta (fls. e fls.).

Por decisão unânime do Egrégio Órgão Especial foi recebida a denúncia e mantida a prisão preventiva que havia sido decretada no proc. n. 56.638.0/6.

Regularmente citado, o réu foi interrogado em 16.10.98 e apresentou defesa-prévia onde arroladas 8 testemunhas.

Foram ouvidas as testemunhas da acusação (fls.), da defesa (fls.) e do Juízo (fls.).

A defesa requereu realização de exame de DNA a fls. e juntou laudo de consulta técnica de balística (fls.).

Auto circunstanciado de exumação dos restos mortais da vítima a fls.; laudo preliminar de exumação a fls.; laudo necroscópico a fls. e esquema gráfico a fls.; laudo de exame de vínculo genético a fls.; e, finalmente, os laudos complementares a fls.

Despacho do relator deferindo exame de DNA e determinando complementação, pelo Instituto Médico Legal e pelo Instituto de Criminalística, de todos os laudos técnicos existentes nos autos.

O acusado argüiu incidente de falsidade do exame de vínculo genético que foi indeferido por despacho do Des. Relator (fls.). Interposto agravo regimental, foi-lhe negado provimento pelo Plenário, por votação unânime.

A defesa, além de argüir o incidente de falsidade, impugnou nos autos principais o exame de vínculo genético e formulou quesitos a serem respondidos pelos peritos (fls.), o que foi deferido pelo Relator, vindo aos autos as respectivas respostas.

Não convencida pelos esclarecimentos, a defesa pediu a realização de novo exame (fls.), juntando críticas de especialistas.

Em vista da nomeação do Des. Domingos Franciulli Netto para o E.STJ e do impedimento de outros desembargadores, o feito foi distribuído a este relator.

Nova crítica ao exame de DNA foi apresentada pela defesa, tendo sido indeferido por este relator pedido de novo exame de vínculo genético (fls.), negando-se provimento ao agravo regimental interposto contra tal decisão, por votação unânime (fls.).

2 – Os argumentos da acusação nas alegações finais são os que seguem (fls.).

Afirma-se que não há dúvidas quanto à autoria e à materialidade dos crimes; que restou evidenciado que o réu efetuou os disparos que mataram a vítima e que determinaram a interrupção da sua gravidez; que o laudo de exame necroscópico de fls. mostra que a vítima faleceu em razão de "hemorragia cerebral com fratura da base do crânio", causada por projéteis de arma de fogo; que também ficou demonstrada a materialidade do crime de aborto sem consentimento da gestante, pelo laudo de exame de corpo de delito de fls.

Ademais, o réu apresentou versão mentirosa quanto ao assalto e quanto aos motivos que o levaram a enveredar-se por aquele caminho, o que foi reconhecido pelo v. acórdão que recebeu, em votação unânime, a denúncia, com forte apoio na prova testemunhal.

Segundo a acusação, o acusado foi contraditório em seus depoimentos quanto à localização do suposto assaltante, pois ora afirma que o mesmo estava parado no local e ora afirma que ele saiu de trás da casinha do portal – fls. e fls.

Continua a acusação afirmando que, em lugar de pedir socorro em uma das casas próximas e tentar telefonar para a polícia, o acusado preferiu correr quase três quilômetros pela Rodovia Fernão Dias, passando por outros condomínios até chegar no Posto da Polícia Rodoviária Federal; que o vigia D.F.M. observou que no condomínio não havia movimento de pessoas de madrugada e que também não é costume dos moradores andarem a pé por ali de terno e gravata, pois se trata de um bairro afastado; que, em assim sendo, a testemunha desmente a versão do réu ao informar que viu a camioneta entrar no loteamento, não havendo qualquer motocicleta seguindo o veículo; que D. relatou que no dia dos fatos observou que uma camioneta ali adentrou, fato que lhe chamou a atenção por não ser normal o movimento de veículos naquele horário, não tendo visto qualquer motocicleta a segui-la; que prosseguiu sua ronda e, de doze a quinze minutos depois, avistou um homem de cor branca, vestindo um paletó escuro, com uma camisa social branca por baixo e gravata, vindo a pé em sentido contrário; que na Delegacia de Polícia de Atibaia, D. confirmou que não teve dúvida em reconhecer o réu como sendo a pessoa que vira caminhando a passos largos no interior do condomínio e que virou o rosto ao divisar a motocicleta e ser iluminado, sendo que somente em seguida é que a testemunha ficou sabendo que a pessoa reconhecida era o esposo da mulher assassinada.

Segundo a acusação, o acusado não justificou o fato de ter corrido quase três quilômetros, quando bem ao lado (fls.) do local no qual alegou ter sido abordado pelo assaltante, há uma guarita (foto fls.) onde dormia, com luz acesa, a testemunha J.C.; que não convence a versão do réu de que foi liberado pelos assaltantes e sua mulher seqüestrada, quando o contrário seria mais verossímil; que foi suspeito o comportamento do acusado e de seu pai ao tentar justificar previamente um possível resultado positivo do exame residuográfico das mãos; que na delegacia, ciente de que faria o exame, o acusado pediu para ir ao banheiro e lavou as mãos, tendo a autoridade percebido que o sabonete denotava intenso uso; que, na Delegacia de Polícia de Atibaia, afirmou que efetuou disparos, no domingo anterior, com uma pistola calibre 9 mm, e que havia vendido suas armas há tempos; posteriormente, quando a imprensa já havia divulgado o resultado negativo do exame residuográfico, o réu passou a negar que tivesse feito os disparos supramencionados (fls.).

A acusação também refere o fato de o acusado haver entregado para exame um paletó preto, ao passo que o paletó usado no dia do crime era azul-marinho, o que está francamente comprovado nos autos.

A acusação ressalta que não houve subtração de bens da vítima e do acusado, o que afasta a hipótese de assalto.

Outrossim, a vítima foi morta no interior da camioneta onde foram encontradas duas cápsulas calibre 380, auto, marca "win", sendo que a alegação da defesa, encampada pela Consulta Técnica de fls., no sentido de que os dois estojos apreendidos na cabine da camioneta poderiam ter ali sido deixados inadvertidamente pelo réu e que não corresponderiam aos percutidos que vitimaram P.A.L. não resiste a uma análise séria, e a complementação da perícia afastou qualquer dúvida sobre a questão.

Ainda, estaria demonstrado pela resposta aos quesitos que as pistolas semi-automáticas, como é o caso da Taurus calibre 380 mm, ejetam o estojo vazio após o disparo, o que esclarece a existência dos dois estojos, da mesma marca ("win") de outros apreendidos na residência do réu, dentro do veículo, e afasta a hipótese de que tais estojos estivessem, por qualquer outro motivo, no local onde foram apreendidos.

Além disso, o acusado alegou que não possuía a pistola calibre 380 desde maio de 1997 e, assim, não poderia ter manuseado ou esquecido este tipo de estojo na cabina da camioneta; o exame feito com microscópio especial (fls.) revelou que os disparos foram feitos no interior da camioneta, pois ali havia resíduos dos principais componentes utilizados na munição; que, antes do homicídio, o réu declarou possuir e portar uma pistola, marca Taurus, do mesmo calibre, cujo paradeiro é ignorado, sendo que o sumiço dessa arma não foi justificado de forma convincente.

Relata a acusação, ainda em alegações finais, que na residência do casal, em Atibaia, foram encontradas, dentre outras, 43 cápsulas do calibre 380 auto, várias da marca "win", que foram comparadas com os dois estojos apreendidos na camioneta, marca "win", calibre 380, auto, sendo que o laudo pericial do picote marcado na espoleta do estojo constatou que os picotes existentes nas espoletas dos 45 estojos vazios analisados foram produzidos pelo pino percutor da mesma arma.

O réu retificou, quando ouvido na Procuradoria-Geral de Justiça, suas declarações anteriores, dizendo que também não havia vendido a pistola 9 mm, marca Taurus, adquirida na Academia de Polícia, porque é uma arma proibida e não permitiria registro (fls.); a diligência levada a efeito para apreensão desta arma – que o réu havia ficado de entregar e não o fez – permitiu a apreensão, na residência do acusado em Atibaia, de inúmeros cartuchos (busca de fls.) ocultados no interior de uma caixa guardada na lavanderia, alguns intactos e outros já deflagrados - de calibres variados - entres eles 43 deflagrados calibre 380 (auto de fls.).

Segundo a acusação, merece destaque a desastrada intervenção dos irmãos do réu, sob os auspícios e participação do acusado, que não raro auxiliava nas defesas prestadas por eles (testemunhas A. - fls., F. - fls., e J. - fls., além do próprio I.F.S. - fls.), durante o prazo para a resposta, antes do recebimento da denúncia; foi engendrada por todos eles uma trama (o advogado, até então constituído, renunciou por não concordar com os rumos da defesa pretendidos pelos outros defensores, parentes do réu) visando que o preso J.G.R., que estava recolhido na Delegacia de Polícia de Guarulhos, assumisse a autoria dos crimes aqui tratados, mediante recebimento de R$ 5.000,00.

Adiante, expõe a acusação sua estranheza quanto ao comportamento dos familiares da vítima, particularmente o afinco dos familiares próximos da vítima em defender o acusado e acentuar a fragilidade dos depoimentos das testemunhas da defesa; que a vida familiar do casal não era harmoniosa como que se quis fazer crer, pois testemunha insuspeita viu o acusado dar um tapa no rosto da vítima, no Mercado Municipal de Atibaia; e que o exame de DNA afastou a paternidade do acusado em relação ao nascituro.

Quanto ao laudo do perito do Rio Grande do Sul trazido pela defesa, sustenta a acusação que, ao invés de obscurecer a prova realizada, a consulta provocou a solicitação do eminente Desembargador Relator de complementação dos laudos, o que propiciou a realização de notável trabalho técnico que acabou por refutar integralmente as pequenas dúvidas lançadas pelo professor gaúcho.

Por outro lado, a complementação pericial trazida aos autos iluminou e esclareceu as perícias anteriores; houve a possibilidade das partes apresentarem seus quesitos, sendo que a defesa, por provavelmente não ter qualquer dúvida a esclarecer, preferiu não realizar novos questionamentos.

O consultor contratado pelo réu, Dr. Domingos Tocheto, ofereceu respostas aos quesitos formulados pela defesa unicamente, sem o crivo do contraditório, e em nenhum momento abalou as conclusões dos peritos oficiais.

Para a acusação, o exame residuográfico não é o paladino dos exames e poderia ter sido realizado facilmente e de forma mais segura até (como ocorreu na cabina da camioneta) nas vestes, desde que o réu não tivesse sonegado a apresentação do paletó que usava quando dos fatos.

Ainda, a complementação dos laudos ordenada pelo Relator afastou qualquer dúvida que pudesse obscurecer os exames necroscópicos, de balística, do local e ainda trouxe o exame de DNA, atualmente um dos mais modernos existentes na medicina legal atual.

Desta forma, o Ministério Público do Estado de São Paulo requer a procedência da ação, com a condenação do réu pela prática do homicídio qualificado e do aborto sem o consentimento da gestante.

A qualificadora também restou bem delineada; as agravantes dos alíneas *e* e *h* do art. 61, inciso II, do Código Penal estão comprovadas nos autos.

Em face de tais circunstâncias, a pena mínima deve ser fixada acima do mínimo legal para os dois crimes. O concurso de crimes é formal e imperfeito, de acordo com a descrição contida no art. 70, *caput*, 2.ª parte, do Código Penal, devendo as penas, então, ser (sic) cumuladas.

Trata-se de crime hediondo e, assim, nos termos da Lei n. 8.072/90, o regime de cumprimento da pena deve ser integralmente fechado, e o réu não faz jus a aguardar o trânsito em julgado da condenação em liberdade, tendo em vista que já demonstrou preencher os requisitos da prisão preventiva, cabendo a lembrança do episódio de Guarulhos.

Também se requer, como efeito da condenação, a aplicação do art. 92, I, letra *b*, do CP, devido aos crimes praticados engendrarem incompatibilidade com o prosseguimento do exercício das funções, com a conseqüente decretação da perda do cargo.

3 – Eis os argumentos da defesa, em alegações finais.

Grande parte das alegações ministeriais mais se assemelha a um estudo psicológico da natureza humana, na medida em que, diante da absoluta ausência de provas aptas a alicerçar um decreto condenatório, passou a acusação a considerações sobre o que seria o comportamento normal de alguém e o comportamento do acusado no dia do trágico evento.

Está comprovado que o acusado fazia normalmente o trajeto alternativo por dentro do condomínio, o que é corroborado inclusive pelos depoimentos de familiares da vítima (apenso n. 6 – fls. e fls.) e pelo vigia do condomínio que afirmou que é comum o movimento de veículos através do portal do condomínio (vol. 1 – fls.). O fundamental é que o casal efetivamente costumava utilizar tal caminho.

É totalmente aceitável que alguém pare o veículo na portaria de um condomínio se instado a fazê-lo, ainda mais se pensa tratar-se de um vigia que sinaliza para proceder a uma identificação.

Não é verdadeiro afirmar que um promotor de justiça e ex-delegado necessariamente teria de desconfiar daquele que o abordou. Ao contrário, o anormal seria ignorar o sinal e avançar condomínio adentro; que é muito fácil depois que a tragédia aconteceu cogitar-se sobre qual seria a melhor atitude, visto que a situação do evento era de causar terror, angústia e desespero; que por isso o acusado foi buscar pessoalmente o socorro e não optou pela guarita do condomínio.

Na verdade, o que se tem é uma tentativa do Ministério Público de transformar suposições em provas, com a análise da conduta dos assaltantes, entendendo que seria estranho se postarem ali em local de pouco movimento e que teria sido mais crível terem os assaltantes soltado a mulher grávida e ficado com o marido pois hoje em dia mata-se por qualquer ou nenhum motivo, não havendo comportamento padrão dos assaltantes; e que não são raros os casos de latrocínio sem subtração, preferindo os bandidos abandonarem os veículos quando sujos de sangue ou com vidros estilhaçados.

O vigia reconheceu o acusado na Delegacia apenas pelas vestes; e que, quanto à questão da troca de paletó, eventuais equívocos ou imprecisões nos depoimentos prestados pelo acusado, ou mesmo lapsos de memória relacionados ao dia do trágico evento são absolutamente normais se levada em consideração a circunstância de que se encontrava inteiramente abalado e transtornado com o que acontecera com sua família, sendo que naqueles primeiros dias estava sob efeito de medicação.

Ao lhe ser solicitada a entrega do paletó no velório, imediatamente prontificou-se a fazê-lo, o que apenas não ocorreu pela recusa das autoridades policiais, intentando evitar constrangimento maior em face da chegada dos corpos.

O exame residuográfico precisa ser levado em conta.

Quanto ao episódio que acabou por ensejar a prisão preventiva do acusado, repisa as assertivas contidas no acórdão do Des. Franciulli Netto.

Os laudos periciais acostados aos autos sob nenhum aspecto demonstraram a autoria, porque os peritos oficiais concordam em que não é possível afirmar que os projéteis que vitimaram P.A.L. correspondam aos estojos encontrados, e porque os projéteis não foram encontrados, nem se podendo afirmar que os tiros foram realizados no lugar em que o veículo foi abandonado.

Os peritos concluíram pela pouca confiabilidade do exame químico dos estojos para se averiguar se haviam sido percutidos na madrugada dos fatos; e que não é confiável se determinar o calibre de uma arma de fogo pelo orifício causado pela sua detonação e muito menos possível determinar a marca da arma.

O depoimento do Delegado Fernão Dias da Silva Leme mostra que não foram os peritos que localizaram o primeiro estojo, mas sim o investigador Mendes; que não ficou esclarecida a hora exata em que o estojo foi encontrado nem o local em que estava; também o local não ficou bem caracterizado quanto ao segundo estojo.

Não houve referências, na peça técnica, ao diâmetro dos orifícios de entrada e de saída; as cápsulas não foram encontradas pelos peritos que examinaram o veículo; o posterior encontro dos estojos é relatado nos autos de forma extremamente confusa, constando inclusive que foram localizadas em momentos distintos, por pessoas diferentes; para encontrar a segunda cápsula foi necessário que se levantasse o encosto do banco o que também afasta a possibilidade de se vincular os estojos com os disparos que atingiram a vítima.

Há inúmeros e indiscrepantes testemunhos dos que conviviam com o casal, atestando que I.F.S. e P.A.L. tinham excelente relacionamento; o depoimento prestado pela testemunha que afirma ter presenciado agressão de I.F.S. contra P.A.L. restou isolado do robusto conjunto de provas que estão a indicar que a agressão jamais aconteceu.

A investigação escolheu o pior caminho: – elegeu, logo no início, um culpado e saiu correndo atrás de elementos que pudessem comprovar a sua hipótese, sem abrir o leque das possibilidades de solução: – ao contrário, procurou fechá-lo, desprezando tudo que pudesse toldar a sua versão, estabelecida antes de qualquer investigação.

Os depoimentos dados pelos delegados, ao longo do processo, dentro e fora dos autos (estes últimos, muito freqüentes) demonstram ressentimento e rancor contra o acusado (talvez em razão do episódio envolvendo a agressão a tiros sofrida pelo irmão de um dos delegados).

A essência de um crime é o seu motivo; e na versão de I.F.S. e de sua defesa, houve um assalto, e o motivo, portanto, foi patrimonial; na versão da acusação, ao longo de todo o processo, em nenhum momento, sequer foi esboçado um pálido arremedo de motivo.

O princípio da verdade real, que preside e inspira o processo penal, exige que se faça um esforço, sério e isento, de reconstituir a realidade, em toda a sua espessura e densidade; e num crime como este, ou se tem o motivo patrimonial (assalto) ou é preciso buscar o refazimento da realidade, à luz de critérios de verossimilhança, razoabilidade e plausibilidade, sendo certo que a acusação, até o presente momento, não trouxe nada disso aos autos, limitando-se a esgrimir com ilações, presunções e alguns poucos indícios que foram destruídos e desmoralizados na instrução judicial.

Com o exame do DNA, a situação acusatória piora; primeiro, porque era seu dever urgente e prioritário (já que não tinha o motivo do crime) requerê-lo, para abrir ou fechar portas investigatórias, sendo que não o fez, deixando a tarefa para a defesa, que só a cumpriu porque o acusado tinha – como ainda tem – certeza absoluta de sua paternidade (o que, é bom lembrar, é o que importa nesse tema: – o que I. pensava a respeito e não o que realmente pudesse ser).

A defesa requereu a instauração de incidente de falsidade do laudo negativo de paternidade por estar absolutamente convencida de que ele é imprestável, por todos e por cada um dos motivos apresentados em sua impugnação.

Se o exame estivesse certo e o acusado não fosse o pai de seu filho, o mundo da acusação cairia em definitivo, restando o fracasso de sua investigação, porque, se I. não é o pai daquela pequena criança, isto significa que P.A.L. o teria traído, um mês depois da celebração do casamento, e existiria uma outra personagem (o suposto pai) que não se sabe (nem se procurou saber) quem é. Essa pessoa poderia ter motivos para matar. Tal indivíduo deveria saber muito a respeito da relação I.F.S.- P.A.L., até agora apresentada com um dueto e que a existência de um trio modificaria radicalmente toda a perspectiva do conjunto probatório.

Seria necessária – porque a Justiça não pode se contentar com um arremedo de investigação – a reabertura de todo o procedimento de busca da verdade, trilhando-se novos caminhos, formulando-se outras hipóteses a respeito da autoria e do motivo; seria, enfim, fundamental, se o laudo não fosse falso, a identificação do pai da criança, por todos os meios admissíveis em direito, inclusive quebra de sigilo telefônico do casal I.F.S.- P.A.L. nas épocas próximas à concepção.

Por todos esses motivos, a defesa aguarda a absolvição do acusado.

É o relatório.

4 – A ação penal procede.

São muitos os fatos objetivos e provados nos autos que conduzem à certeza de que o acusado cometeu os crimes que lhe foram imputados.

Não há dúvida sobre a materialidade dos delitos.

A vítima – grávida de sete meses – foi encontrada agonizante dentro da caminhonete, dirigida pelo acusado, vindo de São Paulo para Atibaia. O veículo foi encontrado nas primeiras horas da madrugada de 4 de junho de 1998, na Av. Lucas Nogueira Garcez[...], que é uma estrada de terra, 20 m adiante de uma ponte sobre o Ribeirão dos Porcos, Bairro do mesmo nome, em Atibaia, em local ermo e sem iluminação.

A morte se deu em razão de dois disparos de uma pistola automática Taurus, calibre 380. O acusado admite que era ele quem dirigia a caminhonete desde São Paulo até o km 45 da Rodovia Fernão Dias, em frente ao Condomínio Shangrilá., que está a 1.100 m do local onde a caminhonete foi encontrada.

O acusado foi a última pessoa que esteve com a vítima, e isto há pouco minutos do crime.

5 – A versão dada aos fatos pelo acusado não é plausível.

Diz ele, em depoimento na Procuradoria-Geral de Justiça – fls., que, estando no km 45 da Via Fernão Dias, deliberou ir para sua casa através de estrada de terra, que encurta o caminho, embora exija um pouco mais de tempo. Ao ingressar no Condomínio Shangrilá, no portal de entrada, foi rendido por um assaltante, que o obrigou, sob ameaça de uma arma de fogo, a abandonar o veículo. O assaltante assumiu o volante e prosseguiu na mesma direção, acompanhado por um motoqueiro e levando a vítima no carro. Disse ainda que fazia esse trajeto todos os dias e que muitas pessoas também o faziam.

Esse depoimento foi confirmado em Juízo – fls. – 2.º vol. –, com o acréscimo de que, com esse percurso, livra-se dos caminhões da Fernão Dias.

A prova mostra a inveracidade das afirmações.

Nenhuma testemunha, salvo os familiares da vítima, confirmou que alguma vez tenha se utilizado de tal trajeto.

É o que dizem – entre outras testemunhas – os delegados de polícia Fernão Dias da Silva Leme, (fls.) e César Augusto de Toledo César (fls.), como também o policial rodoviário Antonio de Tomás Júnior, (fls.), e o policial civil Roberto Corrêa Ribeiro (fls.); e ainda os promotores de justiça Arthur Migliari Júnior (fls.), e Joel Bortolon Júnior (fls.), todos conhecedores da região.

Merece atenção especial a testemunha de defesa R.B.N. (fls.), presidente do Clube de Vôo Livre e Asa Delta de Atibaia, pois o acusado já havia dito que os freqüentadores do Clube usavam aquele caminho. A testemunha de início confirmou esse ponto de vista, mas acabou afirmando categoricamente que o percurso mais curto e por ele utilizado era o do Pontilhão e não o do portal do Condomínio S. – fls.

Aqui a explicação: na Via Fernão Dias, cerca de trezentos metros após o Portal do Shangrilá., existe um pontilhão e uma saída que dá acesso direto à Av. [...], a estrada de terra onde a caminhonete foi encontrada.

Esse caminho, embora com mais de 3 km de terra até chegar em Atibaia, pode ser conveniente para algumas pessoas que moram em bairros adiante. Mas esse não é o caminho por onde se enveredou o acusado, pois não passa por dentro do Condomínio Shangrilá. Esse condomínio não é fechado, é praticamente um loteamento, com ruas mal conservadas, com aclive e declive até atingir a Avenida [...]. Ninguém disse nos autos, salvo o acusado, que é conveniente ingressar no Condomínio para atingir aquela avenida.

Além disso, o fato se deu à meia noite de um dia de semana, ocasião em que o trânsito pela Rodovia é mínimo, inclusive por caminhões, particularmente no sentido Capital-Interior.

O próprio acusado, aliás, ao depor em Juízo, acabou por admitir que ele próprio nunca conduziu outra pessoa, além de sua esposa, pelo caminho do Condomínio Shangrilá.

Em suma, o acusado deu razões inverossímeis para a escolha do caminho alternativo.

6 – A testemunha de fls. – D.F.C. – é o vigilante noturno do Condomínio e fazia a ronda de moto no local. Por volta da meia-noite, viu a caminhonete subindo, dentro do Condomínio, no rumo de Atibaia, sem ser acompanhada por motocicleta. Cerca de quinze minutos depois, viu, vindo em sentido contrário, a passos largos, em direção à Rodovia, uma pessoa vestindo paletó preto, com camisa social branca e gravata. Poucas horas depois, na Delegacia, D. – sem conhecer a identidade do acusado – achou espontaneamente que o acusado era essa pessoa. É verdade que, ante a negativa do acusado, admitiu ter dúvida, pois não enxergara o rosto da pessoa, que o virou, quando o farol da moto o atingiu. Mas restou a firmeza do depoimento quanto à existência daquela pessoa, naqueles trajes, naquele local e naquele horário, em que, comumente, não passa ninguém.

Esse depoimento é francamente confirmado pelo do agente policial – fls. – R.C.R., que foi o primeiro a chegar e que tentou socorrer a vítima e salvar a criança, levando-a para o hospital.

Disse ele (fls.): "Quando eu apresentei o vigia para o Delegado, o Delegado estava sentado na mesa dele e o Promotor estava sentado num sofá bem de frente, aí o Doutor Fernão perguntou ao vigia se ele tinha visto alguém e ele falou: eu vi uma pessoa bem vestida, nisso ele apontou para o Promotor e disse: é igual a esse senhor que está aí".

Constou ainda do depoimento:

> "J: E isso ele falou com firmeza?
>
> D: Sim, 'era uma pessoa bem vestida', ele falou. [...].
>
> J: Falou com essas palavras 'é igual a esse senhor que está aí'?
>
> D: Sim, falou isso.
>
> [...]
>
> J: O vigia D. sabia nesse momento que aquela pessoa para quem ele apontava era o esposo da mulher? D: Não, não sabia." – fls.

7 – A arma do crime não foi encontrada. As balas, os projéteis, também não foram encontrados pois saíram pelo vidro da porta direita do veículo e se perderam num matagal. Mesmo com a tentativa de varredura com detector de metais, os projéteis não foram localizados.

Pelos dois orifícios produzidos na vítima pelos disparos, não foi possível precisar qual o calibre da arma.

Contudo, dois pontos relevantes ficaram tecnicamente comprovados:

A – Os disparos foram deflagrados de dentro da cabina da caminhonete. Eis a categórica conclusão do laudo do Instituto de Criminalística – fls.:

> "Consoante o Relatório de Análises n. 97/99 em anexo, nos exames realizados com o auxílio da Microscopia Eletrônica de Varredura (MEV), houve êxito em detectar 'uma partícula residuográfica que apresentou os elementos químicos: Enxofre (S) e Bário (Ba)', outra 'que apresentou os elementos químicos Cobre (Cu), Chumbo (Pb), Antimônio (Sb) e Bário (Ba)' e uma terceira 'que apresentou os elementos químicos Enxofre (S), Antimônio (Sb), Bário (Ba) e Cobre (Cu)', que indicam ter ocorrido (sic) os disparos de arma de fogo, dentro da cabina da caminhonete.
>
> As regiões onde foram identificadas as partículas consistem no teto, na lateral esquerda do apoio de cabeça do banco do passageiro e na junção que faz com o encosto, conforme ilustração contida naquele relatório".

B – Na caminhonete foram encontradas duas cápsulas deflagradas, marca WIN, calibre 380, automática. A primeira, encontrada pelo investigador João Batista Mendes, ainda na manhã de 4 de junho; e a segunda, pelo Dr. César Augusto de Toledo César, às 11,30 hs. do mesmo dia, quando a caminhonete já estava depositada no Guincho do Lima, presente o Dr. Arthur Migliari Júnior, 1.º Promotor de Justiça de Atibaia. É o que se vê dos autos de exibição e apreensão de fls. O encontro das cápsulas é confirmado pelos depoimentos dos Delegados Drs. Fernão Dias da Silva Leme (fls.) e César Augusto de Toledo César (fls.). Observe-se que, em Juízo, o acusado não opôs qualquer restrição às pessoas do investigador e destes delegados – fls., não se podendo cogitar de qualquer ato fraudulento por parte de tais pessoas.

Dois foram os tiros disparados de dentro da caminhonete, dois foram os estojos encontrados no interior da mesma. Como foi revelado pela perícia e como, aliás, é de conhecimento comum, as pistolas automáticas ou semi-automáticas, como é o caso da Taurus calibre 380 mm, ejetam o estojo vazio após o disparo, o que explica a existência dos dois estojos dentro da caminhonete.

Dezesseis dias depois, em 20.06.98, em diligência autorizada pelo Des. Djalma Lofrano, foram apreendidos na residência do acusado (fls.), 208 (duzentos e oito) cartuchos deflagrados, além de 6 intactos, 48 espoletas íntegras, e peças para limpeza de armas e para recarga de munição.

Dos cartuchos deflagrados, constavam 43 do calibre 380, auto, isto é, do mesmo calibre dos 2 cartuchos achados na caminhonete. Todos os 45 (quarenta e cinco) cartuchos foram submetidos a "Exame de Confronto de Picote" pelo Núcleo de Balística do Instituto de Criminalística, utilizando-se de Microscópio Comparador Balístico, resultando no Laudo n. 02/140/0020421/98, de 25.06.98 (fls. do 1.º Apenso), que assim concluiu: "Face ao exposto, conclui-se que os picotes existentes nas espoletas de todos os estojos vazios que aqui vieram ter (45 – quarenta e cinco) foram produzidos pelo pino percutor de *uma mesma e única arma* de fogo" (grifo no original).

O eminente Des. Franciulli Netto, que presidiu a instrução com a sua reconhecida cautela e meticulosidade, determinou, pelo despacho de fls., item 5.º, que os laudos técnicos existentes nos autos fossem revisados, inclusive esse referente ao exame de picote, determinando que as novas perícias fossem realizadas no mínimo por dois peritos oficiais.

Ao responder o 9.º quesito do MP, a propósito do grau de precisão do exame de picote, os peritos confirmaram inteiramente o anterior – fls., a saber:

> "No Exame Microcomparativo realizado entre os estojos encontrados no local do crime, bem como entre estes e os outros encaminhados em número de 43 (quarenta e três), observamos concordância entre eles tanto nos elementos de ordem genérica, como nos elementos de ordem específica, representados pelos estriamentos finos que são por excelência individualizadores nesse tipo específico de exame.
>
> Tal fato forneceu elementos de certeza para o resultado conclusivo no laudo n. 02/140/0020.421/98, não existindo, pois, dúvidas com relação ao que foi ali consignado".

Em suma, essa prova técnica não deixa dúvida de que os dois cartuchos encontrados na caminhonete foram deflagrados pela mesma arma que deflagrou os outros 43 cartuchos de mesmo calibre achados na casa do acusado.

Ao contrário do que diz a defesa, nada houve de anormal no encontro das cápsulas. Quem as encontrou foi um investigador e um delegado, contra os quais nada se objetou, poucas horas após o crime, ocasião em que todos desconheciam que o acusado tinha sido proprietário de uma arma de calibre 380. Os outros 43 cartuchos desse calibre só foram achados 16 dias depois, na residência do acusado.

8 – Em relação às armas, as declarações do acusado constituem, *data venia*, uma sucessão de contradições e inverdades.

Na Delegacia, em 05.06.98, dizia: "Não possuo nenhuma arma de fogo. Já fui proprietário de arma de fogo, delas me desfazendo a partir da vigência da lei nova". Disse mais que as armas que possuía – uma pistola 380 e uma calibre 9mm – foram vendidas para um funcionário de uma empresa de segurança.

Na Procuradoria-Geral de Justiça, em 18.06, esclarece que não vendeu a de 9 mm, por ser arma proibida que não permitiria registro para quem a comprasse. E confirma que vendeu, há cerca de um ano, a pistola 380 para um funcionário de uma empresa de segurança. A venda teria ocorrido por intermediação de seu pai, pelo preço de R$ 250,00, recebido em dinheiro de contado, mas seu pai nunca lhe falou sobre o nome do vigilante ou da empresa, mas que poderia localizar tal pessoa. Disse ainda que há tempos não é aficcionado por armas nem por munições.

Comprometeu-se a entregar na PGJ a arma que não havia vendido (9 mm), mas não o fez, o que gerou a busca e a apreensão da arma e da expressiva quantidade de cartuchos e peças para recarga de munição, já referidos. A apreensão dessa arma deu origem à Ação Penal n. 51.986.0/7, também em fase de julgamento.

Em Juízo, o acusado esclarece que o descompasso entre os depoimentos na Polícia e na PGJ se deu involuntariamente, em razão do estado de pressão psicológica que estava vivendo.

Confirmou que a venda da arma se fez através de seu pai mas que o comprador não fora localizado.

O pai do acusado – Dr. H.F.S. –, quando procurado por dois investigadores para prestar esclarecimentos, disse nada saber sobre a venda da arma. – Ap. 7, fls.

9 – O Dr. Fernão Dias da Silva Leme foi o delegado que presidiu as investigações, no primeiro momento. Trata-se de profissional conceituado, ex-colega do acusado, com quem mantinha relações de amizade e de respeito recíprocos. As primeiras e leves suspeitas surgiram para o Dr. Fernão por causa do caminho escolhido – o do Condomínio S.

Foi o Dr. Fernão quem pediu, ainda de madrugada, o exame residuográfico das mãos do acusado.

Na manhã seguinte, perito da Delegacia de Homicídios pediu o exame residuográfico do paletó, camisa e gravata do acusado. Durante o velório, o Dr. Fernão e outro delegado, Dr. G., pediram que o acusado entregasse o paletó (fls.) azul-marinho, que vestia. O acusado demonstrou aborrecimento mas esboçou tirar o paletó; contudo, como o clima já era muito constrangedor, deixou-se a entrega para mais tarde, sendo certo que o Dr. César Augusto chegou a oferecer uma jaqueta para o acusado.

O acusado deixou o velório no começo da tarde e saiu em companhia de seus irmãos. Só voltou muitas horas depois, já à noite, trajando um paletó preto, o que foi notado por delegados e promotores, que estavam atentos à questão, e também pela repórter A.C., do jornal *I.*, de Atibaia. Vejam-se os depoimentos dos delegados Drs. Fernão e Cesar Augusto e do promotor Dr. J.B.J. – fls.

Nesse ponto, o Dr. Fernão deixou as investigações, em razão da amizade que tinha com o acusado e em razão de outro fato paralelo ocorrido na véspera: o irmão do Dr. Fernão, também delegado, Dr. João Valle Leme, recebeu seis tiros num entrevero com marginais, um dos quais morreu. Alguns desses marginais tinham como advogado o irmão do acusado, Dr. Iudi, com quem o Dr. Fernão ficou agastado por não avisar que pesavam ameaças sobre os dois delegados. Tais circunstâncias são secundárias e eram ignoradas pelo Dr. Fernão nas horas em que funcionou no caso, em nada prejudicando seu depoimento. Trata-se de pessoa respeitada até mesmo pelo acusado. A partir de então e já estando avolumadas as suspeitas contra o acusado, o Dr. Fernão afastou-se espontaneamente do caso.

O paletó de cor preta foi entregue pelo acusado na Delegacia de Atibaia, às 12,30 hs. do dia 5, logo após o enterro, presentes dois promotores de justiça, consoante se vê do auto de exibição e apreensão de fls. Informou o acusado expressamente que "se trata do mesmo paletó que trajava nos dias 03 e 4 p.p., e o mesmo que trajava no momento em que foi vítima de roubo noticiado no B.O. 1172/98, desta Unidade".

Essa informação foi confirmada de forma inequívoca em várias passagens do depoimento do acusado na PGJ.

Em Juízo, diz que, diante da insistência de todos, já não tem certeza quanto à troca do paletó e afirma que, se houve troca, foi acidental e não deliberada - fls.

A perícia comprovou, de forma cabal, que houve troca dos paletós - fls. do Apenso n. 1.

No dia do crime, o acusado vestia o paletó azul-marinho, muito usado, de três botões, ao passo que o paletó entregue é preto, de dois botões, pouco usado. Os desenhos das lapelas são diferentes.

A camisa e a gravata nem foram entregues na Delegacia. A gravata acabou sendo entregue muitos dias depois, após o depoimento na PGJ.

Com a troca dos paletós e falta de entrega da camisa e gravata frustrou-se deliberadamente o exame residuográfico das vestes, com prejuízo do conhecimento técnico da verdade, em relação a esse ponto.

Ocorre que tal exame era também de manifesto interesse do próprio acusado. A declaração tênue e tardia de que a troca do paletó, se ocorrida, teria sido acidental, vem desacompanhada de qualquer circunstância que pudesse conferir-lhe alguma seriedade.

Em questão tão relevante para o acusado, a troca não pode ter sido acidental, impondo-se a conclusão de que foi intencional, dolosa.

10 - Em setembro de 1998, quando os irmãos do acusado eram seus advogados, ocorreu o episódio da procura de um marginal que assumisse a morte da vítima.

Está francamente comprovado nos autos que J.G.R., indiciado e preso em Guarulhos por latrocínio e estupro, bem como sua companheira A.L.P.L., foram procurados pelos advogados E.G.F.S. e I.U.F.S., irmãos do acusado. J.G.R. escreveu uma carta que A.L.P.L.entregou no Fórum para a Mma. Juíza Corregedora.

Nessa carta, J.G.R. diz que foi ele quem, em Atibaia, matou a mulher do Promotor, que estava grávida.

Em troca, J.G.R. e A.L.P.L. receberiam R$ 5.000,00 – dos quais foram pagos parceladamente R$ 2.000,00 –, e Genivaldo obteria proteção na prisão.

A farsa foi desmascarada rapidamente, originando o Proc. n. 67.868.0/0, deste Órgão Especial, em fase de decisão sobre recebimento ou rejeição da denúncia.

Depondo perante o então relator, A.L.P.L. narrou pormenorizadamente os fatos, tendo declarado expressamente às fls.:

> "Disse que chamava E.G.F.S...." [...].
>
> "Ele falou: O promotor matou a mulher dele e o J.G.R. vai segurar essa bronca." "Nós vamos fornecer um dinheiro para ele e se quiser mudar daqui, para um lugar melhor, a gente arruma..." [...];
>
> "Aí eu falei: 'Advogado como, se ele não tem dinheiro? Ninguém colocou advogado para ele?'
>
> "Aí, ele mudou a conversa: 'Você sabe que o J.G.R. está preso por latrocínio e estupro, e que vai pegar uma condenação de 30 (trinta) anos. Então, para ele uma bronca a mais ou a menos – ele falou nestes termos – não vai fazer diferença.'"
>
> "Eu falei: 'Por que você está dizendo isso?' e ele falou: 'Não, porque a gente foi procurar o J.G.R., e ele está ameaçado de morte'. [...]
>
> "Des. Rel.: Qual o preço combinado para o G. assumir essa bronca?
>
> "Dep.: R$ 5.000,00.
>
> "Des.: Como a senhora tem certeza que o G. não cometeu esse crime?
>
> "Dep. – "Uma, porque eles foram me procurar e eles disseram, realmente, que o J.G.R. não tinha matado essa mulher grávida. Quem tinha matado era o promotor, porque depois, no fim do dia que fui levar a carta, dentro do carro, ele falou que era irmão do promotor e o promotor que tinha matado a mulher."
>
> "Des. Rel.: Recebeu então o quê?

"Dep.: 1.800,00 (mil e oitocentos) e 200 (duzentos), que teria sido dado para o G."

A propósito de tão grave fato, a defesa apenas transcreve trecho do voto vencido do então relator afirmando não haver sequer indícios da participação do acusado "na abominável e desastrada trama".

Ainda que A.L.P.L. e J.G.R. não tenham tido contato direto com o acusado, é inegável que a trama foi urdida e protagonizada pelos advogados (e irmãos) do acusado, em pleno período do exercício do mandato, sendo razoável lembrar que os irmãos são muito unidos e que o acusado aparecia comumente como o líder intelectual dos mesmos, um dos quais, pelo menos, era auxiliado na revisão de petições – fls.

Sem dúvida, a prova oral, nesse ponto, pesa muito contra o acusado, pois a testemunha A.L.P.L., ouvida pelo então desembargador relator, diz que foi o irmão dele, acusado, quem lhe declarou que foi o promotor que tinha matado a mulher.

11 – As declarações do acusado a respeito do alegado assalto que teria sofrido no Portal do Condomínio Shangrilá não são plausíveis e não encontram nenhum apoio na prova dos autos.

Não é crível que em lugar ermo, a desoras, em noite fria, onde e quando não passa ninguém, houvesse um assaltante à espreita de alguém. Assaltante procura lugares onde existem possíveis vítimas. Em lugares ermos, ocorrem muitas vezes ataques a pessoas. Em regra, porém, tratar-se-á, então, de crime contra os costumes. No caso, o dito assaltante, além de não haver subtraído dinheiro, talões de cheque ou qualquer outro objeto, também não molestou sexualmente a vítima.

Também não há sinais na vítima de lesões corporais de modo a configurar uma suposta reação que tivesse levado ao homicídio.

A presença de um motoqueiro, que estaria dando cobertura ao assaltante e que teria seguido a caminhonete – conforme disse o acusado – foi afastada pela prova testemunhal. O vigia D. viu a caminhonete no interior do Condomínio dirigindo-se no rumo de Atibaia, mas não viu nenhuma moto atrás dela, nem mesmo nas imediações.

Não é natural que um assaltante retire o motorista do veículo, deixando nele uma mulher grávida, mesmo com o alerta verbal do acusado, prosseguindo por mais 1.100 m, e desfechando-lhe, minutos depois, dois tiros à mínima distância (de 5 a 20 centímetros).

Como também não é natural que o acusado, que não é um homem covarde nem pacato – como adiante se verá –, não esboçasse nenhuma reação na defesa de sua mulher e do filho que ia nascer.

Diz o acusado que "a abordagem foi bem embaixo do arco" do Portal do Condomínio (fls.) e que a reação da vítima foi uma "gritaria" – fls.).

Ora, existe um cômodo a quatro ou cinco metros do Portal, habitado pela testemunha J.C., com luz acesa a noite toda, que assim declarou à Polícia (fls.):

> "Por volta das 05,30 horas de Quinta-feira, quando já me levantava, alguém bateu à porta e verifiquei que era a Polícia e só então fiquei sabendo o que ocorrera. Reafirmo, portanto, que não ouvi qualquer barulho a noite toda. Não escutei gritos ou qualquer outro tipo de barulho. Certamente se um veículo parasse sob o portal e alguém abrisse ou fechasse suas portas, eu teria escutado esse barulho. Não ouvi vozes. Poderia ter ouvido se alguém falasse alto estando junto ao portal".

12 – As críticas da defesa contra a atuação das autoridades policiais não procedem.

Nota-se que desde o primeiro momento, houve enorme empenho por parte de todos delegados em desvendar o suposto assalto.

Porque o acusado referiu-se ao assaltante como semelhante ao jogador de futebol Romário, foi logo localizada uma pessoa com esse apelido, com maus antecedentes, que vivia nas redondezas. A mulher deste também foi ouvida. A pista foi abandonada porque o acusado não reconheceu tal pessoa como o assaltante. O delegado de Bragança, Dr. Cesar Augusto de Toledo Cesar foi logo chamado a participar das investigações exatamente porque tinha bons conhecimentos sobre um tal "Romário".

Outros acusados de participação em "seqüestros-relâmpago" tinham características físicas inteiramente diversas do tal assaltante – fls.

O vigia D.F.C. foi imediatamente levado para a Delegacia, ainda de madrugada, pois era eventual suspeito de participação no assalto.

J.C., morador do cômodo a cinco metros do Portal do Condomínio, também foi localizado ainda de madrugada.

A versão do assalto só foi abandonada após se avolumarem as suspeitas contra o acusado. Quatro dias depois do fato, os autos do inquérito já eram remetidos à PGJ.

Quanto à atuação da Procuradoria, o acusado admitiu em depoimento ao relator não haver predisposição em relação às investigações, a não ser um apego intelectual à conclusão que o incriminava.

A hipótese de vingança não encontrou nenhuma sustentação e nada de concreto pôde ser informado pelo acusado e pelos familiares da vítima.

13 – Os indícios favoráveis ao acusado são escassos e tênues e sucumbem ante a prova contrária.

O exame residuográfico realizado nas mãos do acusado foi negativo – fls.

Os peritos admitem, contudo, que esse exame, quando negativo, não é conclusivo. O quesito 11.º do M.P. está assim redigido: "Em se tratando de pistola semiautomática é possível que, mesmo tendo efetuado disparos, o atirador não revele, ao exame residuográfico, vestígios dos materiais empregados na fabricação da munição (pólvora, chumbo, cobre, etc.)?".

A resposta foi a seguinte: "Sim. Dependendo do tamanho da mão, forma de empunhar a arma, e submetendo o atirador a sucessivas lavagens das mãos, o exame residuográfico pode resultar negativo."

No caso dos autos, o material foi colhido após o acusado haver lavado as mãos, como ele próprio admitiu em seu depoimento na PGJ – fls.

O Dr. Cesar Augusto de Toledo Cesar, o primeiro a saber pelo Dr. Fernão da necessidade de colher material para o exame residuográfico, estava atento aos fatos e notou que o acusado foi ao banheiro por duas vezes antes da coleta – fls.

Também chama a atenção o fato de o acusado – como que se prevenindo contra eventual resultado positivo – haver declarado expressamente na Delegacia, na manhã do dia 5, quinta-feira:

> "Esclareço que no último Domingo, dia 31, efetuei alguns disparos com uma pistola calibre 9 milímetros. Isso se deu no sítio de meu irmão. Foram cinco ou seis disparos" – fls.

Em 18.06, depois de conhecido o resultado negativo do exame, o acusado, ao depor na PGJ, retificou o que dissera anteriormente, declarando não haver afirmado "que teria efetuado alguns disparos com arma de fogo no domingo anterior ao crime, dia 31, tendo afirmado que, por vezes, nos finais de semana, costumava dar tiros no sítio de meu irmão E." – fls.

A retificação não convence, diante dos termos precisos em que foi feita e assinada a primeira declaração.

Também é preciso lembrar que foi neste mesmo momento (fls.) que o acusado entregou o paletó errado para o exame residuográfico e deixou de entregar a camisa e a gravata.

Em suma, naquela precisa ocasião havia empenho doloso do acusado em frustrar aquele exame.

Em seu depoimento ao relator (fls.), o acusado informa pormenorizadamente o que fez naquele fim de semana: foi ao curso de pais e ao Hospital Samaritano, no sábado de manhã; e à tarde foi à casa da sogra;

dormiu na casa de E.; e no domingo de manhã foi novamente para o curso de pais e depois voltaram diretamente para Atibaia. Nada que justificasse eventual erro na declaração sobre disparo de tiros na casa do irmão.

14 – No que diz respeito à ausência de motivo para o crime, a questão já foi examinada nestes autos por duas vezes, no acórdão que recebeu a denúncia e no despacho que indeferiu o pedido de renovação da perícia de DNA.

Insista-se em que a denúncia é omissa em relação a quaisquer motivos do crime, sejam aqueles que podem reduzir sejam os que podem aumentar a pena.

Do acórdão supra-referido constou:

> "Comece-se por dizer inicialmente que o motivo não é circunstância elementar do tipo penal. Em tese, o motivo pode ser causa de diminuição da pena ou de qualificação do delito. Pode ser sopesado, na aplicação da pena, como circunstância agravante ou como circunstância atenuante.
>
> Não há, de regra, propriamente ausência de motivo. Há, às vezes, ignorância do motivo. [...] Nos delitos apontados o motivo não é figura elementar do delito nem tampouco exclui o dolo".

Entre as muitas e doutas lições, é oportuno colar a do autorizado e clássico penalista italiano Giuseppe Maggiore: "non va confuso il dolo con i motivi a delinquere. Il fine che l'agente si propone, buono o cativo, è estraneo alla nozione del dolo; a questo basta la volontà de cagionare un evento vietato dalla legge" (Cf. *Diritto Penale*, Parte Generale, Nicola Zanichelli Editore, Bologna, 5.ª edizione acresciuta e aggiornata, vol. I, t. 1.º, p. 439.

Veja-se ainda o que diz o monografista Pedro Vergara: "O motivo, pois, faz crescer ou decrescer o crime; não o faz nascer nem morrer, porém." – *Dos motivos determinantes no Direito Penal*, Forense, 2.ª ed., 1980, p. 42.

Na verdade, a prova dos autos não permite detectar-se qual o motivo do crime. Por certo que ele existe, como sempre existe em qualquer crime. Mas permaneceu oculto, nos recônditos insondáveis da alma humana.

A própria defesa, aliás, foi além e chegou a admitir, em certa passagem, que "hoje em dia mata-se por qualquer ou nenhum motivo".

O fundamental é que a prova dos autos – ainda que não detectado o motivo – não deixa dúvida sobre a autoria do crime, como já se viu acima.

15 – O fato de o exame de vínculo genético (DNA) haver afastado a paternidade do acusado em relação ao nascituro não justifica que se veja aí caracterizado um motivo para o crime.

Foi o acusado quem pediu, com empenho, esse exame.

A única interpretação possível para tal comportamento é a de que ele, acusado, tinha a convicção plena de que era o pai do nascituro. Caso não tivesse tal convicção, não haveria de requerer uma perícia de tal gravidade e precisão, pois estaria correndo desnecessariamente risco de a prova vir em seu prejuízo.

Cogitar-se de alguma estratégia processual ao pretender provar uma paternidade duvidosa seria admitir um maquiavelismo irracional, incompatível com o elevado grau de discernimento do acusado e de seus dignos defensores.

Na realidade, o que interessa ao presente julgamento é a verdade subjetiva, ou seja, aquilo que era real para o acusado no momento em que praticou o ato e no momento em que requereu a perícia. Seu comportamento foi determinado por sua convicção íntima, independentemente de a verdade objetiva poder, eventualmente, ser outra.

Por outro lado e como já foi dito no despacho de fls., confirmado unânimemente pelo Plenário em agravo regimental, ao indeferir o pedido de renovação do exame de vínculo genético, o tema da paternidade é irrelevante para o desfecho da presente ação penal, pois qualquer que fosse o resultado do exame, restaria a questão fundamental de se saber se o acusado foi ou não o autor do crime.

Desnecessário, portanto, na presente ação penal, tomar-se posição sobre a questão da paternidade. Ainda mais ao considerar-se que existe apoio probatório em favor de ambas as teses. Se é verdade que existe um exame de DNA afastando a paternidade, não é menos verdade que o conjunto das demais provas aponta no sentido contrário.

Com efeito, os autos mostram que a vida conjugal era harmoniosa, que a vítima tinha comportamento correto e adequado. Não há nenhum sinal da presença de outro homem, um namorado, um admirador, um ex-namorado.

A declaração do advogado J.R.G.J. de que certa ocasião, em um supermercado, viu o acusado desferir um tapa no rosto da vítima, ficou inteiramente isolada nos autos, sendo certo que o declarante admitiu que ninguém mais presenciou o grave fato – Apenso 6, fls.

Essa declaração isolada sucumbe diante dos inúmeros depoimentos e circunstâncias que demonstram a harmonia em que vivia o casal.

16 – Pesam em favor do acusado os depoimentos dos pais e irmãos da vítima. Mas são depoimentos extremamente pouco objetivos, o que é humanamente compreensível, pois são fruto de um sofrimento imenso, e que seria ainda mais cruel com o reconhecimento da autoria do crime.

Da. M.C.A.L. afirma que não interessa se o acusado admite ou não a autoria (fls.), pois ela, desde o início, sempre acreditou que não foi ele o autor; e que esta convicção decorre da vida feliz de sua filha com o acusado; e que existe muita gente invejosa capaz de maldade contra as pessoas felizes e brilhantes (fls.). Chega a isentar o genro de culpa em episódio pouco dignificante, como aquele em que ele usou de seu prestígio de promotor para retirar carro de seu irmão de oficina de conserto sem acerto de preço – fls.). Como também insistiu em que era bom o caminho escolhido pelo acusado (o do Condomínio Shangrilá), versão inteiramente contrária à totalidade dos depoimentos isentos. Lamenta que outras hipóteses para o crime não tenham sido pesquisadas.

O Sr. J.L.F. depôs na mesma linha. Um ser humano normal, que tenha sanidade mental, jamais mataria sua mulher e filho; e o acusado é pessoa normal e a vítima vivia feliz com ele. Também lamenta que as investigações não tenham tomado outros rumos, mas admite que ele só tem a fornecer "especulações, suposições e tal" – fls.

O que se conclui é que os familiares da vítima só conheceram parte da personalidade do acusado. Os autos mostram outras facetas.

Como já anotado no acórdão de recebimento da denúncia, subscrito pelo Des. Franciulli Netto, "o acusado nem sempre resolve seus problemas e questiúnculas de forma convencional" – fls.

Com efeito, em torneio internacional de vôo livre, realizado em Governador Valadares, ocorreu fato considerado "triste" pela imprensa especializada, e que consistiu em desentendimento com um piloto de nacionalidade suíça contra o qual o acusado apontou uma arma de fogo. É o que se vê do depoimento do administrador de empresas M.J.P.S. – Apenso 7, fls.

Pelo depoimento da testemunha de defesa R.B.N. (fls.), verifica-se que, em dia de competição de vôo livre, o acusado desacatou o juiz de decolagem, Sr. L.C.L, que havia dito para o acusado esperar sua hora para decolar com sua Asa, até que os paragliders decolassem; houve discussão e o acusado decolou, gerando a ocorrência certificada pela Delegacia de Polícia de Atibaia como "Desinteligência" – fls.

O acusado admite haver respondido a procedimento no Setor de Competência Originária Criminal da PGJ, envolvendo um vigilante de prédio, ocasião em que o acusado portava a arma semi-automática, calibre .380 – fls.

Também chama a atenção a naturalidade com que o acusado, promotor de justiça, admite que revisava petições de seu irmão Iudi, o qual defendia assaltantes e não demonstrava a necessária maturidade no trato com eles, como se vê do depoimento do Dr. A.M.J. – fls.

Diante de tais fatos, vê-se que os pais da vítima não tiveram uma visão ampla e realista da personalidade do acusado.

17 – Por todo o exposto, e tendo em vista, em suma, haver prova técnica de que os dois disparos que causaram a morte da vítima foram deflagrados pela mesma e única arma que deflagrou os 43 cartuchos encontrados na residência do acusado, e tendo em vista ainda a existência de grande quantidade de indícios veementes, coerentes entre si e concludentes em desfavor do réu, a ação penal não pode deixar de ser julgada procedente.

Dois foram os crimes cometidos: o de homicídio e o de aborto sem consentimento da gestante.

Trata-se de homicídio qualificado, presente a hipótese do inciso IV do § 2.º do art. 121 do Código Penal, ou seja, ter sido o homicídio cometido de forma que tornou impossível a defesa da vítima. P.A.L. confiava no marido, estava no sétimo mês de gravidez, não suspeitava do risco que corria. Vieram juntos de São Paulo. O acusado dirige-se para local ermo, sem iluminação, alta hora da noite. Evidente a surpresa causada à vítima. Por todas essas circunstâncias, ficou impossibilitada de reagir, como de fato não reagiu. Os dois disparos atingiram-lhe o rosto da esquerda para a direita, isto é, do lado do motorista para o lado do passageiro, e foram deflagrados de curtíssima distância (de 5 a 20 centímetros), inexistente qualquer sinal de reação.

O comportamento normal e adequado da vítima – como é atestado por todos – aumenta o grau de reprovabilidade do ato e exige que a pena-base seja superior ao mínimo legal. Tudo bem ponderado, a pena-base pelo crime de homicídio qualificado é fixada em 13 (treze) anos de reclusão. Incidem as circunstâncias agravantes previstas no art. 61, II, *e* e *h*, uma vez que o crime foi praticado contra cônjuge (certidão de casamento às fls.) e contra mulher grávida, admitido o período de 6 meses para cada agravante. Com isso, a pena por esse crime é elevada para 14 (catorze) anos.

No que diz respeito ao crime de aborto sem consentimento da gestante – art. 125 do CP – e observados os mesmos critérios relativos ao grau de reprovabilidade do ato supra-referidos, a pena-base é fixada também acima do mínimo legal, ou seja, em 3 (três) anos e 3 (três) meses de reclusão. Incide no caso apenas a circunstância agravante prevista no art. 61, II, *e*, uma vez que o crime foi praticado contra cônjuge, fixado o período de 6 (seis) meses para essa agravante. Assim, a pena pelo crime de aborto sem consentimento da gestante é elevada para 3 (três) anos e seis meses. A agravante relativa à alínea *h* (crime praticado contra mulher grávida) não cabe porque a gravidez é elementar do tipo penal.

Incide no caso a regra do art. 70, primeira parte, do Código Penal, que prevê o concurso formal de crimes, segundo o qual quando o agente, mediante uma só ação, pratica dois ou mais crimes, deve-se-lhe aplicar a mais grave das penas cabíveis, aumentada de um sexto até a metade. Para aplicação cumulativa (concurso formal imperfeito – art. 70, segunda parte), haveria necessidade de a ação delituosa resultar de desígnios autônomos, independentes um do outro, o que não se verificou na hipótese dos autos, nada existindo que indique projeto distinto do acusado para cada um dos crimes.

Assim sendo, aplica-se a pena mais grave (catorze anos), acrescida de 1/6 (um sexto), perfazendo 16 (dezesseis) anos e 4 (quatro) meses de reclusão.

A pena do crime de homicídio qualificado deve ser cumprida integralmente em regime fechado, conforme impõe o § 1.º do art. 2.º da Lei 8072/90, não vedadas, quanto à do aborto, eventuais progressões, satisfeitos os requisitos legais.

Considerando que foi aplicada pena privativa de liberdade por tempo superior a 4 (quatro) anos, reconhece-se como efeito natural da condenação a perda do cargo público de promotor de justiça, nos termos do art. 92, I, *b*, do Código Penal. A relevância social, ética e política da função de promotor de justiça, em qualquer de suas atividades, torna evidente a incompatibilidade de seu exercício por pessoa que praticou crime de tal gravidade a ponto de a própria lei considerá-lo hediondo.

Considerando, finalmente, a falta de previsão legal de recurso ordinário contra o julgamento ora proferido, expeça-se mandado de prisão para cumprimento imediato e lance-se o nome do acusado no rol dos culpados.

José Osório.

Fonte: Arquivo pessoal e TJSP

❖ ❖ ❖

EMBARGOS DE DECLARAÇÃO N. 51.812-0/1-04

EMBARGOS DE DECLARAÇÃO. Contradição inexistente. Argumentos novos. Impossibilidade. Omissão ocorrida em parte. Embargos parcialmente recebidos.

ACÓRDÃO

Vistos, relatados e discutidos estes autos de Embargos de Declaração n. 51.812-0/1-04, da Comarca de São Paulo, em que é embargante I.F.S. (Promotor de Justiça), sendo embargado o Procurador-Geral de Justiça:

ACORDAM, em Órgão Especial do Tribunal de Justiça do Estado de São Paulo, por votação unânime, receber, em parte, os embargos, de conformidade com o relatório e voto do Relator, que ficam fazendo parte integrante do presente julgado.

Participaram do julgamento os Desembargadores Márcio Bonilha (Presidente, sem voto), Nigro Conceição, Luís de Macedo, Hermes Pinotti, Gentil Leite, Álvaro Lazzarini, José Cardinale, Denser de Sá, Mohamed Amaro, Luiz Tâmbara, Paulo Shintate, Borelli Machado, Flávio Pinheiro, Fortes Barbosa, Vallim Bellocchi, Sinésio de Souza, Jarbas Mazzoni, Theodoro Guimarães, Menezes Gomes, Olavo Silveira, Ruy Camilo e Paulo Franco.

São Paulo, 13 de junho de 2001.

Márcio Bonilha, Presidente.

José Osório, Relator.

VOTO

Trata-se de embargos de declaração opostos contra o acórdão de fls. que julgou procedente ação penal ajuizada contra o embargante.

Segundo as razões, há falhas e omissões no acórdão que devem ser sanadas ou, ao menos, discutidas sob o enfoque direto dos dispositivos processuais e constitucionais que invoca, quais sejam, CPP 381 e CF, artigo 5.º, LV, providência que teria o escopo subsidiário de satisfazer o requisito de prequestionamento.

Nesses termos, segundo o embargante, o acórdão não poderia ter afirmado que a morte da vítima se deu em razão de dois disparos de uma pistola automática Taurus, calibre 380, porque não foram definidas pela prova dos autos a natureza, a marca e o calibre da arma do crime.

Haveria, na seqüência, contradição com trecho do acórdão onde se afirma que não foi possível precisar o calibre da arma.

Mais circunstâncias que não teriam sido analisadas pelo acórdão seriam: a questão da fragmentação total do vidro da janela do veículo, que teria sido provocada por um único disparo; o fato de o veículo ter sido encontrado ainda com motor quente; o fato de que se I. fosse culpado certamente teria reconhecido ou D. ou "Romário" para livrar-se da imputação; o depoimento de M.P.P., favorável ao embargante, não foi juntado aos autos, crítica que a defesa apresentou e não foi considerada no acórdão; não foi realizado exame com microscópio eletrônico nas mãos do acusado; não foi abordado o fato de que a arma do crime jamais foi encontrada, circunstância que abona a tese de assalto, a par de que não houve subtração de bens; ainda, o fato de que o embargante espontaneamente esclareceu que ainda possuía uma arma de fogo embora a mantivesse na residência de seu irmão.

Aduz-se, ademais, que o acórdão deveria enfrentar o tema da competência do Tribunal de Justiça para julgar crimes contra a vida, mesmo quando imputados a Promotor de Justiça, sob a égide dos preceitos insculpidos no artigo 5.º, incs. XXXVIII, LIII e LIV, da Carta Magna, visto que a sistemática do julgamento realizado perante o Órgão Especial mostrou-se inadequada para a apreciação de acusação dessa natureza.

É o relatório.

Os embargos são recebidos em parte.

1 – A afirmação de que o acórdão não poderia dizer que a morte da vítima se deu em razão de dois disparos de uma pistola automática Taurus, calibre 380, porque contradiz a prova dos autos está fora do âmbito do recurso de embargos de declaração. A contradição que enseja embargos de declaração é a contradição do acórdão consigo próprio, nunca com a prova dos autos. Trata-se de mera tentativa de rediscussão do tema.

Também não há contradição do acórdão quando diz que não foi possível precisar o calibre da arma. O que o acórdão diz (item 7 – pág. 20 – fls. dos autos) é o seguinte: "Pelos dois orifícios produzidos na vítima pelos disparos, não foi possível precisar qual o calibre da arma".

É de percepção elementar que existe aí frase restritiva do alcance da oração principal. Isto é: não foi possível precisar o calibre da arma através do exame dos orifícios.

Ora, o acórdão precisou o calibre da arma por outro motivo, ou seja, porque: "Na caminhonete foram encontradas duas cápsulas deflagradas, marca WIN, calibre 380, automática" – fls., item B.

2 – A questão da fragmentação total do vidro da janela do veículo, que teria sido provocada por um único disparo, não foi abordada pela defesa. *Ex abundantia*, declara-se o acórdão, como segue. O primeiro policial a encontrar a caminhonete, R.C.R., informa que o vidro "tinha um rombo", "tinha um rombo grande", que havia uma perfuração só mas com "um diâmetro grande", nada havendo de anormal que os dois disparos tenham produzido esse rombo, principalmente quando se sabe que os disparos tiveram a mesma direção.

3 – A circunstância de que se fosse ele o autor do crime por certo teria reconhecido o D. ou o "Romário", não precisava ser referida pelo acórdão. Trata-se de argumento muito secundário e meramente hipotético, dispensável ao juiz abordá-lo especificamente, já que incompatível com os fundamentos do julgado.

Também insignificante a referência dos embargos à testemunha de defesa M.P.P., a qual, aliás, depôs longamente perante o relator – fls. Ao contrário do que dizem os embargos, a defesa, em suas extensas alegações finais, não fez qualquer menção ao fato de não ter vindo para os autos o depoimento de tal testemunha na fase policial. Não consta qualquer reação da defesa quanto a esse ponto em todo o processado, como também não há indicação de algum prejuízo para a defesa. Quem se referiu àquela testemunha foi apenas a acusação – fls.

4 – A questão do exame residuográfico nas mãos e vestes do acusado foi abordada no item 13 do acórdão, com a afirmação de que se tratava de indício favorável ao acusado, mas que tal exame, quando negativo, não era conclusivo, principalmente se as mãos já tinham sido lavadas.

A defesa agora alega omissão apenas porque não teria sido respondida a sua pergunta de por que não se fez o exame com microscópio eletrônico.

Declara-se o acórdão para constar que o exame se fez pelo método usual, consoante se vê do testemunho do Dr. Fernão Dias da Silva Leme, que desconhecia outro método de exame – fls.

5 – O fato de o veículo ter sido encontrado com o motor quente, segundo o depoimento de R.C.R. também não foi abordado pela defesa. Só em sustentação oral.

De qualquer forma, declara-se o acórdão nesse ponto para constar:

> "É compreensível que a testemunha R.C.R. tenha afirmado que o motor do carro ainda estava quente. Isto porque R. diz que chegou logo ao local, 'à meia-noite e pouco' e que tinha sido informado pelo rádio da Polícia Rodoviária sobre a localização. O encontro da caminhonete não demorou, tanto que a vítima, apesar dos dois disparos, ainda foi socorrida com vida, sendo de lembrar-se que o acusado foi correndo até o Posto da Rodoviária, aí chegando 15 minutos após a meia-noite, como consta do boletim de ocorrência" – fls.

6 – Quanto ao fato de a arma do crime não ter sido encontrada, o acórdão é expresso – item 7 –, da mesma forma que é expresso a propósito das declarações do acusado quanto a possuir ou não possuir armas de fogo – item 8, nada havendo a declarar.

7 – As alegações do embargante quanto à competência do Tribunal para o julgamento do caso e quanto à restrição de direitos que teria sofrido em razão do sistema previsto pela lei especial não podem ser abordadas no campo estreito dos embargos de declaração.

Jamais o acórdão podia fazer menção a tais argumentos, que são novíssimos, só surgidos nos presentes embargos. Principalmente quando se sabe que a defesa, em sustentação oral, solenemente afirmou preferir que o julgamento se fizesse perante este Egrégio Órgão Especial do Tribunal de Justiça.

Observe-se ainda que é entendimento assente em nossa jurisprudência civil e penal que o órgão judicante, para expressar a sua convicção, não precisa aduzir comentários sobre cada um dos argumentos levantados pelas partes, se achou fundamento suficiente para a conclusão, o que também vale para os embargos de declaração, notadamente quando as dúvidas são apresentadas sob forma de quesitos numa tentativa ingrata de polemizar com o juiz.

Ante o exposto, recebem-se parcialmente os embargos, apenas para as declarações *supra* (itens 2, 4 e 5), sem qualquer repercussão no resultado do julgamento.

José Osório.

Fonte: Arquivo pessoal e TJSP

AÇÃO PENAL PÚBLICA N. 51.986-0/7-00

Ação Penal Pública n. 51.986.0/7-00 – São Paulo – Autor: Procurador Geral de Justiça – Réu: I.F.S. e outro. (Voto n. 13.492)

Vistos, relatados e discutidos estes autos de Ação Penal Pública n. 051.986-0/7-00, da Comarca de São Paulo, em que é autor o Procurador Geral de Justiça, sendo réus I.F.S. e E.G.F.S.:

ACORDAM, em Órgão Especial do Tribunal de Justiça do Estado de São Paulo, por votação unânime, indeferir os pedidos de adiamento da sessão e de conversão do julgamento em diligência, reconhecida a competência do Egrégio Órgão Especial e, no mérito, julgar procedente, em parte, a denúncia quanto ao réu I.F.S. e, por maioria de votos, em relação ao co-réu E.G.F.S., declarando-os incursos nas sanções do art. 10, *caput* e § 2.º da Lei n. 9.437/97, c.c. art. 29 do Código Penal, e sujeitando o acusado I.F.S. à pena de 2 (dois) anos de reclusão, a ser cumprida em estabelecimento fechado, e ao pagamento de 10 (dez) dias-multa (artigo 49 do Código Penal), no valor unitário de R$ 200,00, no total de R$ 2.000,00, à unanimidade de votos, o réu E.G.F.S., à pena de 2 (dois) anos de reclusão, substituída por restrição de direitos, consistente na prestação de serviços à comunidade, nos termos do artigo 43, inciso IV, do Código Penal, na forma que for determinada pelo juízo da execução, bem como ao pagamento de multa, correspondente a 10 (dez) dias-multa, de R$ 70,00, no valor total de R$ 700,00, determinar o lançamento dos nomes dos réus no rol dos culpados e a expedição de mandado de prisão contra o réu I.F.S., de conformidade com o relatório e voto do Relator, que ficam fazendo parte integrante do presente julgado.

Participaram do julgamento os Desembargadores Márcio Bonilha (Presidente, sem voto), Menezes Gomes (Revisor), Nigro Conceição, Luís de Macedo, Gentil Leite, Álvaro Lazzarini, Dante Busana, Denser de Sá, Mohamed Amaro, Luiz Tâmbara, Borelli Machado, Flávio Pinheiro, Gildo dos Santos, Jarbas Mazzoni, Theodoro Guimarães, Olavo Silveira, Andrade

Cavalcanti e Paulo Franco, vencedores, e Paulo Shintate, Fortes Barbosa (com declaração de voto), Vallim Bellocchi e Sinésio de Souza, vencidos, em parte.

São Paulo, 08 de agosto de 2001.

Márcio Bonilha, Presidente.

José Osório, Relator.

VOTO

Ação penal pública. Posse de arma de fogo. Lei n. 9.437/97.

Promotor de Justiça. Autorização legal para posse de arma de fogo de defesa pessoal.

Posse de arma de uso restrito às Forças Armadas. Registro necessário. Arma clandestina. Tipicidade da conduta. Delito caracterizado.

Aumento de pena previsto no art. 10, § 4.º, da Lei 9.437/97. Inocorrência. Ação penal procedente em parte contra o réu I.F.S. e procedente contra E.G.F.S.

Circunstâncias favoráveis aos réus. Fixação de pena privativa de liberdade no mínimo legal e multa.

Substituição da pena privativa de liberdade por pena restritiva de direito para E.G.F.S.

Manutenção da pena privativa de liberdade e cumprimento em regime fechado para I.F.S. por ser foragido.

Trata-se de ação penal pública promovida contra I.F.S. e E.G.F.S., que teriam praticado conduta prevista no art. 10, § 2.º, c.c. 4.º, da Lei n. 9437/97, ou seja, possuir, de comum acordo e com identidade de propósitos, arma de uso restrito.

Diz a denúncia que, no dia 20 de junho de 1998, na Alameda (...), n. 500, fundos, Mairiporã, teria sido encontrada, na casa de E.G.F.S., uma pistola semi-automática Taurus, 9 milímetros, tipo *parabellum*, n. TOD 55.962. Esta arma ter-lhe-ia sido entregue por I.F.S., que autorizou E.G.F.S. a utilizá-la.

Diz ainda que a arma era mantida na casa do segundo denunciado, sem registro, e este, consoante a vestibular, conhecia a proibição legal.

Ambos foram presos em flagrante e, posteriormente, beneficiados com liberdade provisória (fls.).

Respostas preliminares a fls.

Denúncia recebida por decisão unânime (fls.).

Acusados interrogados a fls.

Defesas prévias a fls.

Ouviram-se testemunhas arroladas pelo Ministério Público (fls.) e as da defesa (fls.).

O Dr. Procurador Geral de Justiça, a fls., requereu a condenação dos réus nos termos da denúncia, aplicando-se ao primeiro a causa de aumento prevista no § 4.º do art. 10 da L. 9437/97.

Alegações escritas de I.F.S. a fls., e de E.G.F.S. a fls.

Alega o réu I.F.S., em síntese, que membros do Ministério Público estão autorizados a portar arma de fogo, independentemente de ato de licença ou autorização; que a LC 8625/93, art. 42, é clara quanto a este aspecto; que a mesma regra foi reproduzida pela LC 734/93, art. 223; que a existência de disciplina específica para a matéria implica a não incidência, em relação aos Promotores de Justiça, dos preceitos de lei ordinária que mais recentemente dispuseram sobre a matéria, como é o caso da L. 9437/97; que a situação dos Promotores de Justiça amolda-se à ressalva específica do art. 6.º da L. 9437/97, para os casos expressamente previstos na legislação em vigor; que, *ad argumentandum tantum*, ainda que se entenda o contrário, mesmo assim a absolvição se impõe, pois a conduta em foco é atípica; que o art. 10 da Lei das Armas de Fogo ressalva expressamente o "sem a autorização *e* em desacordo com determinação legal ou regulamentar"; que a falta de registro da arma apreendida no sítio de E.G.F.S. não tem o condão de configurar o tipo penal desse art. 10; que a conjunção aditiva *e* restringe o alcance da norma incriminadora exclusivamente aos casos em que, além do registro, falta também a autorização; que há jurisprudência farta nesse sentido; que o I. Procurador Geral de Justiça invocou, em suas razões, a necessidade de autorização especial, sempre que se tratar de arma de fogo de uso proibido; que tal discriminação não encontra respaldo na legislação em vigor; que a lei penal deve ser interpretada restritivamente em benefício do réu; que a Lei Orgânica do Ministério Público não contém qualquer restrição quanto às armas de fogo que têm seu porte autorizado, concedendo-o de forma ampla; que, assim, é irrelevante o calibre nominal da arma para a determinação da legalidade do comportamento adotado pelo indiciado, não se havendo de falar em exigência especial; que a questão da arma proibida vem descrita na L. 9437/97 como hipótese de aumento de pena para aqueles que praticarem uma das modalidades previstas no *caput* do art. 10; que, se o tipo penal não se aplica ao peticionário, afastada também a possibilidade de aplicação da causa de aumento de pena; que o Dr. I.F.S. há de ser absolvido, independente de ser Promotor de Justiça; que a posse de bens móveis está sujeita a determinados requisitos circunstanciais; que, segundo a melhor doutrina, há um requisito objetivo e um subjetivo para a análise da posse da arma de fogo; este, relacionado à presença de um mínimo de ânimo de apoderamento; aquele, atinente à localização em que mantida a arma; que o Dr. I.F.S., há muito, não está com a posse da arma, não mantendo mais o *animus rem sibi habendi*; que a pistola estava abandonada na residência de seu irmão, desmuniciada e dentro de uma caixa de sapatos; que a arma foi transportada para aquele local mais de ano antes da lavratura do flagrante, quando sequer entrara em vigor o art. 10 da L. 9437; que as condutas ali tipificadas, consistentes em possuir, emprestar ou ceder, mesmo a título gratuito, arma de fogo, não eram ainda de interesse do Direito Penal, que se ocupava exclusivamente do porte ilegal de arma, na Lei das Contravenções Penais, art. 19; que, distante no tempo a detenção material da arma, da qual não pretendia mais dispor, impossível enxergar no comportamento do acusado a configuração típica na modalidade possuir; que foi o próprio acusado quem noticiou, espontaneamente, a existência da arma de fogo relacionada neste procedimento; que a melhor doutrina (excertos citados nas razões) recomenda deva incidir, na espécie, o princípio da insignificância; e que, assim, sua absolvição é de rigor.

E.G.F.S., à sua vez, alega que entende não ter havido a prática de delito algum por parte dos réus; que ele, peticionário, sequer concorreu para a realização dos fatos em estudo; que, em 1.º de maio de 97, sofreu grave acidente, em razão do qual ficou 34 dias internado em hospitais e mais 40 dias em repouso, em sua casa; que se movia sempre com apoio; que após 75 dias afastado de suas atividades pôde voltar a trabalhar, no período da tarde apenas, pois que pela manhã recebia em casa um fisioterapeuta; que todo seu tratamento está documentado nos autos, e tomou boa parte de seus dias; que morava com sua esposa, desde jun/94, na chácara localizada em Mairiporã; que a pequena casa fica em lugar afastado e faz divisa com reserva florestal, o que aumenta ainda mais a área erma e aberta; que I.F.S. morava lá também; que o ambiente era de insegurança, e em junho de 1997, ante a incapacidade de locomoção de E.G.F.S., I.F.S. resolveu deixar a arma lá, com intuito de proteção; que ele, E.G.F.S., sequer sabe manusear armas; que manteve consigo a pistola apenas para segurança psicológica; que, sem poder locomover-se, e não sabendo manipular a arma, jamais poderia tê-la usado; que I.F.S. nunca negou a propriedade e a posse da arma, ressaltando que apenas a deixou na casa do irmão; que a denúncia interpreta os fatos de maneira errônea, imaginando fatos e mesmo crimes onde não há; que em 18 de junho de 1998 I.F.S. foi ouvido na sede da PGJ, e lá fez um acordo de entrega de arma; que, espontaneamente, seu irmão informou a existência da arma, demonstrando sua boa-fé; que, naquele dia e já no DHPP, vencidos pela fome e pelo cansaço, e faltando apenas a assinatura do "auto de reconhecimento", foram embora, pois já não se sentiam bem, especialmente o peticionário; que não houve fuga, em hipótese alguma; que, mesmo na diligência para busca da arma, foram todos recebidos por E.G.F.S., que lhes franqueou a entrada em sua casa e entregou a arma sem qualquer resistência; que a realidade é facilmente extraída dos depoimentos constantes dos autos, não se havendo de distorcê-la; que há de se considerar o previsto nos arts. 20 e 21 do CP, ou seja, o erro de tipo e o erro de proibição; que foi num período conturbado de sua vida, em que o co-réu não dispunha de tempo para coisa alguma, dados os problemas que enfrentava, que entrou em vigor a L. 9437/97; que o art. 10 entrou em vigor seis meses após a promulgação da norma; que ainda existe controvérsia sobre sua real data de vigência; que tal período pode ser considerado de agosto a novembro de 1997, o mais agudo de sua vida; que a pistola calibre 9 mm, para o leigo, é idêntica às demais armas de calibres sem restrição legal; que se acostumou, com o passar dos anos, a ver o irmão portando armas de fogo, logrando consciência plena de permissão e licitude; que jamais considerou estivesse praticando algum crime; que sequer se pode falar em dolo, de sua parte; que a afirmação do Ministério Público sobre a negativa de vigência à L. 9437/97 é trazida à baila somente para preparar terreno para recurso à superior instância, não tendo o argumento valor técnico; que as teses da acusação, de "pronto uso" e de "potencial ofensivo", não se sustentam, pelas próprias condições em que a arma foi encontrada; que a conduta do peticionário é, indubitavelmente, atípica; que ele está sendo processado, em última análise, por ter permitido que seu irmão e co-réu fizesse algo que podia fazer ou, no mínimo, acreditava poder fazer; ainda há considerar-se que se operou, no caso, a *abolitio criminis*; que o Dec. 2998/99, art. 3.º, revogou expressamente o Dec. 55649/65, mencionado na denúncia; que o novo diploma disciplina a matéria de forma abrangente, criando, em seu art. 11, graus de restrição (a, b, c, d); que o art. 16, III, deve ser observado, pois a pistola 9 mm não integra a lista de armas de uso restrito, ao menos em condições especiais, que não se dão com a arma aqui mencionada; e que, em se tratando de norma penal em branco, a revogação do regulamento incriminador equivale à *abolitio criminis*, sendo imperiosa a absolvição do acusado.

Com a nomeação do Des. Franciulli Netto para integrar o E. STJ, os autos foram distribuídos ao Des. Djalma Lofrano e, em vista do afastamento deste, por integrar Banca Examinadora do 173.º Concurso de Ingresso na Magistratura, os autos foram redistribuídos a este relator.

Foi cumprida diligência determinada pelo anterior relator, juntando-se aos autos laudo complementar do C.E.A.P., Núcleo de Balística, a fls.

A D. PGJ, ciente de tal laudo, reiterou as alegações de fls., do DD. Procurador Geral de Justiça.

O acusado I.F.S. manifestou-se mais uma vez, a fls., reiterando pedido de absolvição. O mesmo se deu em relação a E.G.F.S., a fls. Este requereu, por duas vezes, o adiamento do julgamento, levantando matéria de competência e de necessidade de completar-se a produção de prova pericial.

Este o relatório.

Preliminarmente, a Turma Julgadora houve por bem de reconhecer a competência do Plenário para o julgamento.

A C.F. estabelece a competência do E. STJ para processar e julgar originariamente, nos crimes comuns, os membros do Ministério Público da

União que oficiem perante os Tribunais - art. 105, I, "a". Os demais membros do Ministério Público da União devem ser julgados pelos Tribunais Regionais Federais, por força do art. 108, I, "a".

Diz ainda a C.F. que a competência dos Tribunais Estaduais será definida pela Constituição do Estado - art. 125, § 1.º.

A Constituição do Estado de São Paulo, coerentemente com o sistema adotado pela C.F., dispõe que cabe ao Tribunal de Justiça processar e julgar os Membros do Ministério Público Estadual, nas infrações penais comuns e nos crimes de responsabilidade - art. 74, II.

Estabelecida essa competência e havendo concurso de pessoas - art. 29 do CP, como ocorre no caso dos autos, impõe-se, como mera conseqüência lógica, a incidência das regras referentes à conexão, as quais "determinam a unidade do julgamento com relação aos co-autores do crime em que um deles tem direito ao foro por prerrogativa de função". É o que ensina Julio Fabbrini Mirabete - *Processo Penal*, 10.ª ed., Atlas, 2000, p. 189.

Na questão relativa a eventual ofensa ao princípio do duplo grau de jurisdição, também não tem razão o requerente. Na medida em que a própria Constituição estabeleceu o foro privilegiado, ela mesma deixou claro que afastava, nesse caso, a exigência do duplo grau. A Constituição, aliás, não faz menção expressa a esse princípio.

O tema é tranqüilo na atuação deste Tribunal e dos Tribunais Superiores, em que a questão normalmente nem chega a ser debatida.

Pedido de conversão do julgamento em diligência para realização de novo exame pericial na arma também não procede.

Ao contrário do que diz o requerente, a arma foi examinada pelos peritos que, inclusive, a submeteram a testes de disparos, como se vê do laudo de fls. (cópia). Ainda assim e finda a instrução, o então relator, Des. Djalma Lofrano, converteu o julgamento em diligência, resultando no laudo complementar de fls. 60

Em relação ao mérito:

1 - A materialidade dos fatos e a autoria não são questionados. O auto de prisão em flagrante (fls. 101) e o auto de exibição e apreensão (fls.) indicam a arma apreendida - pistola semi-automática, marca Taurus, n. TOD 55.962, calibre 9 mm (nove milímetros) do tipo *Parabellum*, apta para realização de disparos, de propriedade do Dr. I.F.S., e que se encontrava na casa de seu irmão, Dr. E.G.F.S., o qual admitiu que a arma foi utilizada duas ou três vezes para treino de tiros pelo Dr. I.F.S.

2 - O art. 10, *caput,* da Lei n. 9.437, de 20 de fevereiro de 1997, considera crime:

> "Possuir, deter, portar, fabricar, adquirir, vender, alugar, expor à venda ou fornecer, receber, ter em depósito, transportar, ceder, ainda que

> gratuitamente, emprestar, remeter, empregar, manter sob guarda e ocultar arma de fogo, de uso permitido, sem a autorização e em desacordo com determinação legal ou regulamentar. Pena – Detenção de um a dois anos e multa".

E o parágrafo 2.º do mesmo dispositivo legal estabelece: "A pena é de reclusão de dois anos a quatro anos e multa, na hipótese deste artigo, sem prejuízo da pena por eventual crime de contrabando ou descaminho, se a arma de fogo ou acessórios forem de uso proibido ou restrito".

Dúvida não há de que a arma apreendida – pistola 9 mm – é uma arma de uso proibido, nos termos do art. 161, alíneas, "e" e "f", do Dec. 55.649/65, mencionado na denúncia, a saber:

> "Art. 161. São armas, acessórios, petrechos e munições de uso proibido: (...)
>
> e) pistolas semi-automáticas de calibres superiores a 7,65 mm, ou inferiores a 7,65 mm mas que tenham o comprimento do cano maior de 15 centímetros;
>
> f) pistolas semi-automáticas tipo *Parabellum*; [...]"

Esse decreto foi revogado expressamente por legislação mais severa – Lei n. 9.437/97 e Dec. 2.998/99. Daí o então relator, Des. Djalma Lofrano, haver solicitado laudo complementar ao Instituto de Criminalística (fls.), que assim concluiu:

> "Esclarecem os senhores Peritos Criminais que a arma questionada, pistola da marca Taurus, calibre nominal 9 mm e n. TOD65962 (detalhada no laudo de n. 02/140/20367/98) utiliza munição 9 mm LUGER (*Parabellum* / 9x19) para realização de disparo; portanto, está catalogada como de uso restrito, de acordo com as normas da legislação vigente (Decreto 2998 de 23/03/1999 – Art. 16, inciso III, [...]".

Assim, a arma apreendida não é uma arma de uso comum, mas uma arma de uso restrito às Forças Armadas.

Também não há dúvida de que a arma não está registrada. É o que informa o Dr. Dejar Gomes Neto, da Divisão de Produtos Controlados da Polícia Civil de São Paulo – fls. Aliás, a falta de registro e o fato de tratar-se de arma de uso restrito nunca foram negados pelo Dr. I.F.S.

3 – Como já foi dito no acórdão que recebeu a denúncia:

> "todas as armas de fogo devem ser registradas, quer de uso permitido (cf. art. 10, *caput*, da Lei n. 9.437/97), quer de uso proibido ou restrito

(cf. art. 10, § 2.º, do mesmo diploma legal). Isso se infere da redação do art. 3.º, sempre do mesmo texto legal, que apenas excetua do registro as armas consideradas obsoletas, dissertando seu parágrafo único que, em se tratando de armas de fogo de uso restrito ou proibido, deverão os respectivos proprietários fazer seu cadastro no Ministério do Exército como atiradores, colecionadores ou caçadores."

A autorização para que magistrados e promotores possuam arma de fogo vem regrada na LOMAN - Lei Complementar à Constituição Federal n. 35/79, cujo art. 33, inciso V, refere-se expressamente ao direito de portar arma de defesa pessoal; e nas Leis Orgânicas do Ministério Público Federal e Estadual - Lei n. 8.625/93 (art. 42) e L.C.E. n. 734/93, (art. 223).

No que diz respeito aos magistrados, o Conselho Superior da Magistratura já se manifestou em sessão de 2.10.1997 em decorrência de consulta formulada pelo Des. Flávio César de Toledo Pinheiro, concluindo:

> "[...] a legislação não exime o magistrado do registro de sua arma de fogo, nos termos do art. 50 da Lei n. 9.437/97, c.c. o art. 3.º do Decreto n. 2.222/97. Como não há norma excludente quanto a esse aspecto, e a prerrogativa cingir-se somente ao porte, indispensável se torna o registro da arma no Sistema Nacional de Armas - SINARM pelo magistrado, nos termos da legislação em vigor" (cf. Processo G-33.131/97, DEMA 1.1) .

A boa Doutrina também aponta no mesmo sentido, inclusive quanto aos promotores:

> "São características deste tipo de porte (juízes e promotores de justiça): a) independem de pedido de licença ou de autorização pelo Poder Público, uma vez que concedidos pela própria lei; b) *omissis*; c) não afasta a necessidade do registro da respectiva arma de fogo com que se relaciona, uma vez que todas as armas devem possuir sua documentação individual; d) *omissis*; e) em princípio, estão apenas autorizadas armas de uso permitido, pois a finalidade é autodefesa (conforme é possível observar na redação da Lei Orgânica da Magistratura). Estaria justificada a utilização de arma de uso proibido no caso da profissão ser exercida em situação que contemple a necessidade de sua utilização pelos riscos que oferece (combate ao narcotráfico, terrorismo, crime organizado etc.); f) o porte não está vinculado a uma arma determinada, aliás é genérico, autorizando o magistrado ou promotor de justiça a portar qualquer arma de uso permitido, desde que registrada." (cf. Luiz Flávio Gomes e William Terra de Oliveira, *Lei das Armas de Fogo*, Ed. Revista dos Tribunais, 1998, p. 125/126).

As observações acima, aliás, já constaram do acórdão que recebeu a denúncia, relatado pelo então Desembargador Franciulli Netto – fls. Esse mesmo acórdão deste Plenário deixou também assentado:

> "Cuida a espécie de lei penal em branco, que é, na célebre frase de Binding, 'um corpo errante em busca de alma' (cf. Magalhães Noronha, *Direito Penal*, Ed. Saraiva, 2.ª ed., p. 60). No magistério de Aníbal Bruno, 'o dispositivo que completa a lei em branco pode estar contido na mesma lei penal, ou provir do mesmo órgão legislativo ou de ato de autoridade diferente. Pode ser outra lei da mesma fonte donde emanou a lei penal, ou leis ou regulamentos originários de outros poderes' (cf. *Direito Penal*, Ed. Forense, 2.ª ed., vol. 1, tomo 1.º, p. 191)".

4 – O exame do já citado no art. 10, *caput* e seu parágrafo 2.º, da Lei 9.437/97, mostra que para tipificar a conduta como crime basta *possuir* a arma de uso *restrito, sem a autorização e em desacordo com determinação legal ou regulamentar.*

Por isso mesmo afasta-se o argumento das defesas quando insistem na falta de tipicidade do ato porque prevista no art. 10 da Lei 9.437/97 a exigência concomitante de dois elementos, ou seja, não existir a autorização e haver desacordo com determinação legal ou regulamentar.

O argumento peca por preciosismo e é um tanto sofismático, *data venia*, porquanto usa a expressão "autorização" com significados de amplitudes diversas.

É pressuposto lógico de toda autorização que ela esteja – sob pena de ineficácia – em conformidade com as determinações legais.

É preciso que haja autorização e que esta esteja em conformidade com as determinações legais. Este o significado natural da conjunção "e" constante do texto.

Não é porque existe uma autorização de natureza legal, originária da LOMAN ou de LOMP, que se há de entender que o âmbito dessa autorização seja amplíssimo, a ponto de alcançar todo tipo de arma.

Assim, o promotor e o magistrado têm – como já foi dito – autorização (legal) para o porte de "arma de defesa pessoal", como está expresso na Lei Orgânica da Magistratura e como está implícito nas Leis Orgânicas do MP.

A conclusão natural é que essa autorização não alcança as armas de uso proibido ou restrito, as quais são definidas em forma legal e regulamentar, conforme determinação dos arts. 10 e 11 da Lei 9.437/97.

5 – Por tudo se vê que não é o magistrado nem o promotor quem vai definir a natureza da arma que ele pode possuir. Se a lei e os regulamentos

dizem que a arma é de uso restrito, essa arma fica fora do campo de escolha do interessado, que só pode optar pela arma comum, de defesa pessoal.

Nem pode ser de outra forma, sob pena de se pôr em maior risco o próprio interessado e terceiros, pois, em regra, é notório o despreparo, nesse campo, dos integrantes das carreiras jurídicas.

Até mesmo a ordem jurídico-social pode ser afetada. Armas de uso restrito às Forças Armadas ficarão sem controle por parte da autoridade competente, que é o Ministério do Exército, pondo por terra o objetivo fundamental da nova legislação, que é a fiscalização severa de tudo que diz respeito às armas de fogo.

O caso dos autos é exemplar.

O Dr. I.F.S. não conseguiu explicar a origem da arma. Diz tê-la adquirido quando ainda aluno da Academia de Polícia, com pleno conhecimento de seus superiores, como era habitual.

Ocorre que a arma foi vendida pela fabricante, a Taurus, somente em abril de 1995, para a empresa Perfecta AS, de Assunção, Paraguai, como se vê do doc. de fls., com indicação até mesmo do número da nota fiscal.

Nessa época, abril/95, o Dr. I.F.S. já era promotor de justiça havia cerca de 3 anos, conforme se vê de seu depoimento em 05.06.98 – fls. apenso.

Em suma, além de tratar-se de arma de uso restrito, era uma típica arma clandestina, adquirida irregularmente por um promotor público.

6 – Afasta-se a argumentação segundo a qual a Lei das Armas de Fogo – Lei 9.437/97 – não poderia alterar as Leis Orgânicas do Ministério Público, por força do princípio da hierarquia da leis.

Ao contrário do que diz o primeiro denunciado, a LOMP Federal – Lei 8.625/93 é lei ordinária e não complementar. Quanto à LOMP do Estado – LC 734/93, não há obstáculo, segundo forte doutrina, para alteração de lei complementar estadual por parte de lei ordinária federal, particularmente quando se trata de matéria típica da legislação federal, como a que cria exceções para o regime jurídico de agentes políticos. De fato, nada justifica que somente o membro do MP Estadual ficasse isento da obrigatoriedade do registro de sua arma, e o do MP Federal estivesse submetido a tal encargo.

7 – Improcede igualmente a tentativa de considerar as LOMP mais tolerantes do que a LOMAN por não se referirem elas explicitamente à expressão "armas de defesa pessoal". Percebe-se de forma imediata e intuitiva que a mesma *ratio legis* está presente nos mesmos preceitos legais. Por isso mesmo já foi dito que aquela expressão está implícita nas LOMP, impossível cogitar-se de que os membros do MP tivessem autorização legal para possuir armas que não fossem de defesa pessoal e sim de ataque, ou de defesa coletiva.

Daí a relevância da distinção feita pela lei entre armas de uso permitido e as de uso proibido ou restrito.

A Lei não deu às duas hipóteses um tratamento de principal e de acessório, como se a segunda representasse simples circunstância de aumento de pena.

Trata-se de dois tipos penais distintos, embora um venha expresso no *caput* do art. 10 e o outro em seu parágrafo segundo. É o que ocorre, por exemplo, com o art. 121 do CP, cujo *caput* prevê o homicídio simples, e o § 2.º prevê outro tipo, ou seja, o homicídio qualificado. Com efeito, a mera disposição gráfica e a simples numeração do *caput* são insuficientes para a caracterização do tipo penal.

No caso dos autos, a questão torna-se mais simples ao se notar o empenho do legislador em prestigiar a distinção entre as duas espécies de armas, destinando vários preceitos às armas de uso proibido ou restrito, as quais devem ser definidas por ato do Presidente da República mediante proposta do Ministério do Exército (arts. 11 e 17), cabendo a este autorizar, sempre em caráter excepcional, a aquisição das mesmas – art. 16.

A distinção entre os dois tipos penais é percebida também quando se verifica que no tipo qualificado há alteração não só da quantidade da pena mas da própria natureza dela, que passa de detenção para reclusão.

8 – A tentativa de descaracterizar a posse da arma (como instituto jurídico) por parte do Dr. I.F.S. é inconvincente. Depois de haver dito na Delegacia que não tinha outra arma além daquela então referida (380), acabou confessando, perante o relator, que a arma apreendida (9 mm) também era sua; que a havia adquirido na Academia de Polícia, etc. (fls.); que a deixou com E.G.F.S., para segurança deste, o qual estava em estado de convalescença, em seu sítio.

I.F.S., além de ser o proprietário, nunca perdeu a disponibilidade da arma, que ficou dentro de um armário, no quarto que ocupava na residência de E.G.F.S. A arma lá permaneceu por cerca de um ano, até ser apreendida, tendo sido utilizada algumas vezes em sessões de tiro ao alvo, inclusive em fins de semana recentes, como se vê do depoimento de E.G.F.S. – fls.

Em suma, tanto I.F.S. como E.G.F.S. sempre mantiveram em comum a posse, em termos técnico-jurídicos, ou seja, o "poder de fato sobre a coisa", a qual foi mantida na casa de E.G.F.S. para sua maior proteção, como ele próprio admite, o que seria incompreensível se ele não dispusesse de poder sobre a arma.

E.G.F.S. também admite que I.F.S. lhe deu explicações sobre o uso da arma, ou seja, como "pôr o pente, a bala, como pôr o pente na arma", e que chegou a ferir um dedo quando a estava limpando – fls. É mais do que suficiente para caracterizar a detenção e posse comum da coisa.

9 – A apreensão da arma se deu de forma inteiramente legal.

Em 5 de junho/98, o Dr. I.F.S. declarou na Delegacia de Atibaia: "Não possuo nenhuma arma de fogo. Já fui proprietário de arma de fogo, delas me desfazendo a partir da vigência da lei nova" – transcrição de fls.

Ao depor na PGJ, no dia 18 seguinte, uma quinta feira, alterou a declaração anterior:

> "Esclareço que no último Domingo, dia 31, efetuei alguns disparos com uma pistola calibre 9 milímetros. Isso se deu no sítio de meu irmão. [...] Posso trazer a arma e apresentá-la. [...]. Vou apresentá-la, ainda hoje, ao Dr. Wagner Giudice, ora incumbido da diligência, a pistola 9 mm que guardo no sítio de meu irmão E.G.F.S." – fls.

Nessa quinta-feira, os acusados dirigiram-se, com os procuradores e delegados, da PGJ para a sede do DHPP para a tentativa de reconhecimento de um possível assaltante, tentativa essa que resultou negativa. Enquanto se aguardava a datilografia do respectivo termo, delegados e procuradores foram à sala do Diretor. Ao voltarem, cerca de 20 minutos depois, já não encontraram os acusados, que se retiraram sem assinar o termo. Saíram do prédio e se dirigiram para direções diversas, como foi atestado pelo motorista do MP, que aguardava à entrada do prédio. Com isso, frustrou-se a entrega da arma naquele dia, o que está muito bem esclarecido no depoimento do Dr. Wagner Giudice, que iria, com o Dr. I.F.S., até Mairiporã para a entrega da arma – fls. O desaparecimento dos acusados na ocasião também está atestado pela testemunha Dr. Antonio Calil Filho, promotor de justiça, também presente no DHPP – fls.

Diante de tais fatos, e havendo risco iminente de a arma nunca ser entregue, requereu-se no dia seguinte, sexta feira, ao Des. Djalma Lofrano, 2.º Vice-Presidente do Tribunal, a busca e apreensão da arma, o que foi deferido, e executado no dia posterior, sábado de manhã.

Na verdade, não houve arbítrio por parte das autoridades policiais e do MP. O que houve foi eficiência.

Observe-se que o Dr. I.F.S. expressamente afirmou em seu depoimento (fls.) não ter objeções contra as testemunhas que assinaram o termo de exibição e apreensão (fls.), sendo certo que o auto de prisão em flagrante, lavrado na mesma ocasião, vem assinado pelo Dr. Rodolfo Rodrigues Filho, promotor público designado pela Associação Paulista do Ministério Público para acompanhar aquelas diligências – fls.

Apesar de os acusados se queixarem do constrangimento e da "insuportável hostilidade" a que teriam sido submetidos, não há nenhuma prova de arbitrariedades. Até mesmo o incidente ocorrido com o Dr. E.G.F.S., que necessitava de um catéter para poder urinar, foi contornado consoante se vê do depoimento do Dr. Antonio Calil Filho – fls., do Dr. Wagner Giudice e do próprio Dr. E.G.F.S. – fls.

De qualquer forma, esse pequeno incidente jamais poderia contaminar a legalidade da apreensão, que se fez sob ordem da maior autoridade do Estado em matéria penal, ou seja, do Exmo. Des. 2.º Vice-Presidente do Tribunal.

A alegação dos acusados de que teria havido autorização do Exmo. Procurador-Geral, em petição a ele dirigida, para que a arma fosse entregue na segunda-feira seguinte não encontra nenhum apoio na prova dos autos. Essa petição nunca apareceu, e as providências concretas tomadas pelo Dr. Marrey são incompatíveis com aquela alegação.

Mais ainda: no dia seguinte ao episódio do DHPP, 6.ª feira, o Dr. E.G.F.S. e seu pai, o advogado Dr. H.F.S., foram à PGJ e, ao invés de entregarem a arma, só pediram cópias do processo.

10 – As alegações da defesa do Dr. I.F.S. invocando o princípio da insignificância, já que o fato tido como crime é de menor importância e não acarretou qualquer conseqüência danosa, não procedem.

Na verdade, quem afere a relevância do ato é o legislador e mais ninguém. E o legislador o considerou bastante grave, cominando-lhe pena de reclusão de dois a quatro anos. Por outro lado, o exame dos fatos mostra a gravidade objetiva do comportamento dos acusados: posse de arma clandestina, de uso restrito às Forças Armadas, sem qualquer registro ou autorização especial.

Também não procede a afirmação da defesa do Dr. E.G.F.S. no sentido de que teria ocorrido *abolitio criminis* uma vez que o art. 3.º do Dec. 2.998/99 revogou o Dec. 55.649/65, mencionado na denúncia, e de que o novo diploma (art. 16, III) não incluiu na lista a pistola 9 mm.

Exatamente por causa desse argumento da defesa do Dr. E.G.F.S., foi providenciado o laudo complementar de fls., já mencionado, concluindo que essa pistola "utiliza munição 9 mm LUGER (Parabellum/9x19) para realização de disparo; portanto, está catalogada como de uso restrito, de acordo com as normas da legislação vigente (Decreto 2998 de 23/03/1999 – Art. 16, inciso III, (...)".

Se o decreto vigente por ocasião do fato já considerava a pistola como de uso proibido; se o novo diploma, reconhecidamente mais severo, impõe pena ainda mais grave para quem a possuir, não se pode cogitar de ocorrência de *abolitio criminis*. O que houve foi *confirmatio criminis*.

11 – Igualmente sem razão a defesa do Dr. E.G.F.S. quando insiste em que não teria praticado crime algum, pois desconhecia inteiramente o fato de que a arma era de uso restrito, motivo por que eram de aplicar-se

os preceitos dos arts. 20 e 21 do CP referentes ao erro de tipo e ao erro de proibição.

A nova legislação foi amplamente divulgada pelos meios de comunicação. O Dr. I.F.S. disse expressamente, em várias passagens, que sabia da proibição, que sabia da falta de registro, etc., não sendo crível que seu irmão e amigo, que foi instruído no uso da arma, desconhecesse a proibição. O Dr. E.G.F.S. é advogado. Embora queira apresentar-se como civilista, a verdade é que estagiou no escritório do pai, criminalista – fls. Recebeu poderes para atuar na defesa criminal de seu irmão, chegando a diligenciar com naturalidade por Delegacias de Polícia.

Em suma, tudo indica que o Dr. E.G.F.S. conhecia, ou, pelo menos, que tinha todas as condições para conhecer a proibição legal, o que é suficiente para afastar a invocação do erro de tipo ou do erro de proibição. Chegam a ser ingênuas, *data venia*, as afirmações de ignorância e de que a pistola 9 mm só se destinava à sua "proteção psicológica", o que, aliás, também não afasta o crime.

12 – Em tais circunstâncias, fica caracterizado o comportamento de ambos os acusados indicado na denúncia e previsto no *caput* do art. 10 da Lei 9.437/97, e seu § 2.º, ou seja, possuir arma de fogo de uso restrito, sem autorização e em desacordo com determinação legal ou regulamentar.

Trata-se de crime de mera conduta, ou de simples atividade, que, no dizer de Celso Delmanto, é aquele em que a lei só descreve a conduta do agente, não aludindo a qualquer resultado, de modo que se consuma com o mero comportamento (*Código Penal Comentado*, 3.ª ed., p. 19).

13 – A causa de aumento de pena por ser I.F.S. servidor público, prevista no § 4.º da Lei 9.437/97, segundo o qual *a pena é aumentada da metade se o crime é praticado por servidor público*, não incide na hipótese dos autos.

Data venia de opiniões em contrário, para que haja aumento da pena é preciso que o servidor tenha agido nessa condição de servidor público. Se ele surge como um cidadão comum, não pode ser apenado de forma mais rigorosa, com o que haveria afronta ao princípio da igualdade, previsto no *caput* do art. 5.º da Constituição Federal.

Nesse sentido decidiu E. TACRIM em acórdão relatado pelo Des. Damião Cogan:

> "A pena para o porte ou a posse ilegal de arma de fogo por servidor público somente pode ser majorada, segundo o art. 10, § 4.º, da Lei 9.437/97, quando esta especial condição do agente servir como meio de tornar mais gravosa sua conduta, sendo descabida quando o servidor agir como qualquer do povo" – Ap. 1.145.331/0, j. 05.08.99, *RT* 717/621.

14 – Por todo o exposto, julga-se procedente em parte a denúncia contra I.F.S. e procedente contra E.G.F.S. por ambos terem infringido o art. 10, *caput,* e seu § 2.º, da Lei 9.437/97.

Pelo que se vê dos autos, há circunstâncias judiciais previstas no art. 59 do CP que são favoráveis a ambos os réus, sendo importante lembrar que a arma foi encontrada em um armário, dentro de uma caixa de sapato, desmuniciada e com o pente de carregamento separado. Além disso, o crime não apresentou conseqüências práticas danosas.

Assim, a pena-base privativa de liberdade deve ser fixada no mínimo previsto no art. 10, § 2.º, ou seja, reclusão por dois anos, sendo certo ainda que não ocorre nenhuma circunstância agravante.

A pena de multa também é fixada, pelos motivos supra-indicados, no mínimo previsto no art. 49 do CP, ou seja, 10 (dez) dias-multa.

Considerando as condições econômicas do acusado, I.F.S. que é profissional qualificado, professor universitário e proprietário de imóvel, o valor do dia-multa para ele é estimado em R$ 200,00, fixando-se o valor final da multa em R$ 2.000,00 (dois mil reais).

As condições econômicas do acusado E.G.F.S. são inferiores, pois se trata de advogado em início de carreira, inexistentes sinais de rendimentos expressivos. Considera-se então a importância de R$ 70,00 (setenta reais) para o dia-multa, fixado o valor final da multa em R$ 700,00 (setecentos reais).

Quanto ao acusado E.G.F.S., vê-se que as circunstâncias referidas nos incisos II e III do art. 44 do CP, e o fato de a pena de reclusão ser inferior a 4 anos, levam à substituição da pena privativa de liberdade por pena restritiva de direito, nos termos dos arts. 43, 44 e § 2.º do Código Penal, com a redação que lhes foi dada pela Lei 9.714, de 25.11.98, mais favorável e de aplicação retroativa (art. 5.º, XL, da C.F. e art. 2.º, parágrafo único do CP).

A pena restritiva de direito é a de prestação de serviços à comunidade – art. 43, IV, do CP, na forma que for determinada pelo juiz da execução.

Quanto ao acusado I.F.S., a conversão da pena privativa de liberdade em pena restritiva de direito é logicamente incompatível com sua situação de condenado por crime grave e por encontrar-se foragido. Essa incompatibilidade aparece igualmente no que diz respeito ao regime de cumprimento de pena, que, no caso, só pode ser o fechado.

Expeça-se mandado de prisão e lancem-se os nomes dos réus no rol dos culpados.

José Osório.

Fonte: TJSP

❖❖❖

EMBARGOS DE DECLARAÇÃO N. 51.986-0/9-01

Embargos de Declaração n. 51.986.0/9-01 – São Paulo – Embargantes: I.F.S. e E.G.F.S. – Embargada: Procuradoria-Geral de Justiça. (Voto n. 14.459)

ACÓRDÃO

Vistos, relatados e discutidos estes autos de Embargos de Declaração n. 051.986-0/9-01, da Comarca de São Paulo, em que são embargantes I.F.S. (Promotor de Justiça) e E.G.F.S., sendo embargada a Procuradoria Geral de Justiça:

ACORDAM, em Órgão Especial do Tribunal de Justiça do Estado de São Paulo, por votação unânime, rejeitar os embargos, de conformidade com o relatório e voto do Relator, que ficam fazendo parte integrante do presente julgado.

Participaram do julgamento os Desembargadores Nigro Conceição (Presidente, sem voto), Luís De Macedo, Viseu Júnior, Gentil Leite, Álvaro Lazzarini, Dante Busana, José Cardinale, Denser de Sá, Mohamed Amaro, Luiz Tâmbara, Paulo Shintate, Borelli Machado, Flávio Pinheiro, Gildo dos Santos, Fortes Barbosa, Vallim Bellocchi, Sinésio de Souza, Jarbas Mazzoni, Theodoro Guimarães, Menezes Gomes, Olavo Silveira, Andrade Cavalcanti, Paulo Franco EeRuy Camilo.

São Paulo, 20 de fevereiro de 2002.

Nigro Conceição, Presidente.

José Osório, Relator.

VOTO

Embargos de declaração. Alegação de omissões. Omissões inocorrentes. Temas não abordados anteriormente pelo embargante. Embargos rejeitados.

Embargos de declaração. Alegação de contradição entre o acórdão e o voto vencido. Hipótese que, manifestamente, não enseja embargos de declaração. Embargos rejeitados.

Alega I.F.S., em síntese, que a ofensa ao duplo grau de jurisdição foi rechaçada pelo julgado sem que este se manifestasse sob o enfoque específico dos artigos 8.2.h da Convenção Americana sobre Direitos Humanos e 14.5 do Pacto Internacional de Direitos Civis e Políticos, que por força da CF, art. 5.º, § 2.º, passaram a integrar nosso ordenamento jurídico com *status* de disposição constitucional; que tal questão precisa ser declarada a fim de ficar definitivamente prequestionada; que, no tocante à fixação da pena, depreende-se que, ao negar ao embargante I.F.S. a substituição da privação de liberdade por pena alternativa, mencionou o acórdão determinados dispositivos legais, mas sem os enfrentar à luz do princípio da presunção de inocência (art. 5.º, LVII, da CF); que os motivos elencados no aresto também são insuficientes para justificar tratamentos tão desiguais para os dois co-réus; que, para evitar futura alegação de falta de prequestionamento, deve-se declarar o acórdão no que toca à negativa de vigência ao art. 33, § 2.º, "d", do CP, que estabelece o regime aberto para o cumprimento da pena privativa de liberdade inferior a quatro anos imposta a condenado não reincidente; que se deve declarar, ainda, a questão da incidência da atenuante contida no art. 65, III, "d", do CP.

Alega E.G.F.S., em resumo, que o acórdão está em franca contradição com o voto vencido, necessitando ser declarado, para corrigir-se tal contradição.

É o relatório.

1 - Os embargos de I.F.S. (fls.) são rejeitados.

O embargante sempre aceitou a competência originária do Tribunal e em nenhum momento abordou o tema do duplo grau de jurisdição. Entretanto, como o co-réu o fez, entende-se que o ora embargante possa prequestionar a questão.

Mas nem por isso o acórdão pode ser tido como omisso, pois foi expresso a esse respeito, como se verifica do próprio texto transcrito pelo ora embargante.

Não estava, por certo, o acórdão compelido a fazer referência aos artigos 8.2.h da Convenção Americana sobre Direitos Humanos, e 14.5 do Pacto Internacional de Direitos Civis e Políticos. Esses temas não foram invocados em nenhum momento da defesa, só surgindo nos presentes embargos.

Quanto ao princípio da presunção de inocência, inscrito no art. 5.º, inciso LVII, da Constituição Federal, esteve ele presente em todo o julgamento. A conclusão a que chegou o acórdão foi baseada em provas de várias naturezas, as quais afastaram aquela presunção.

No que diz respeito à inconversibilidade da pena privativa de liberdade em pena restritiva de direito e à impossibilidade de adotar-se o regime aberto para o cumprimento da pena privativa de liberdade, o acórdão também foi expresso em sua fundamentação ao dizer que há incompatibilidade lógica desses favores legais com a situação do réu condenado por crime grave e que se encontra foragido.

Quando se afirma, em qualquer texto jurídico, que existe incompatibilidade lógica entre duas situações, ficam dispensadas outras demonstrações em homenagem à sempre presumida capacidade de raciocínio do leitor.

É requisito essencial para a concessão daqueles favores legais a presença física do condenado. Por certo, quem está ausente não está presente.

Quanto à incidência, no caso, da atenuante prevista no art. 65, inciso II, alínea *d*, do Código Penal, também não houve omissão. O acórdão indicou circunstâncias judiciais favoráveis a ambos os réus. Entendeu que não estavam presentes as atenuantes indicadas no art. 65, dispensável a análise pormenorizada de cada uma das hipóteses legais.

2 – Os embargos de E.G.F.S. (fls.) também são rejeitados.

Nada mais natural que haja contradição entre um acórdão que condena, por maioria de votos, e o voto vencido, que absolve.

Como se sabe, a contradição que enseja embargos de declaração é a contradição do acórdão consigo próprio, ou seja, aquela ligada à coerência do acórdão.

Ante o exposto, rejeitam-se ambos os embargos.

José Osório.

❖❖❖

RECURSO ESPECIAL N. 476.461-SP (2002/0146091-4)

Recurso Especial n. 476.461-SP (2002/0146091-4) – Relator: Ministro Gilson Dipp – Recorrente: I.F.S. – Recorrente: Ministério Público do Estado de São Paulo – Recorrido: os mesmos.

EMENTA

Criminal. Resp ministerial e defensivo. Porte ilegal de arma. Promotor de Justiça. Incidência da causa de aumento. Contrariedade a dispositivo de lei estadual. Não conhecimento. Necessidade de registro da arma e impossibilidade de porte de arma de uso restrito das Forças Armadas. Ofensa ao duplo grau de jurisdição. Inocorrência. Execução. Regime prisional fechado impropriamente fundamentado na gravidade do crime. Circunstâncias judiciais favoráveis. Primariedade e ausência de maus antecedentes. Direito ao regime aberto. Recurso ministerial conhecido e provido. Recurso da defesa parcialmente conhecido e parcialmente provido.

I. O parágrafo quarto da Lei n. 9.437/97 não condiciona que a causa de aumento de pena seja determinada pela prática do delito em razão da função ou de o agente ter-se valido do fato de ser servidor público. Precedente.

II. Não se conhece de recurso especial que verse sobre direito local, de acordo com o teor da Súmula n. 208/STF.

III. A circunstância de o réu ser Promotor de Justiça não o exime do registro da arma que pretende portar e nem mesmo o autoriza a portar instrumento de uso proibido ou restrito pela lei.

IV. Tendo sido o réu julgado pelo Tribunal de Justiça, em virtude de prerrogativa de foro, não há que se falar em ofensa ao princípio do duplo grau de jurisdição. Precedente do STF.

V. Se o condenado preenche os requisitos para o cumprimento da pena em regime aberto, em função da quantidade de pena imposta e diante do reconhecimento da presença de circunstâncias judiciais favoráveis - como primariedade e ausência de maus antecedentes - na própria dosimetria da reprimenda, não cabe a imposição de regime semi-aberto com fundamento exclusivo na gravidade do delito praticado.

VI. Recurso ministerial que deve ser conhecido e provido, no sentido de que outra decisão seja proferida, com a aplicação da causa de aumento de pena prevista pelo parágrafo quarto do artigo 10, da Lei n. 9.437/97.

VII. Irresignação da defesa que merece ser conhecida e parcialmente provida, para que se determine o regime aberto para o cumprimento da reprimenda imposta ao recorrente.

VIII. Recurso ministerial conhecido e provido, nos termos do voto do Relator.

IX. Recurso da defesa parcialmente conhecido e parcialmente provido, nos termos do voto do relator.

ACÓRDÃO

Vistos, relatados e discutidos os autos em que são partes as acima indicadas, acordam os Ministros da Quinta Turma do Superior Tribunal de Justiça: "A Turma, por unanimidade, conheceu parcialmente do recurso interposto pelo réu e, nessa parte, deu-lhe provimento, e conheceu do recurso interposto pelo Ministério Público e lhe deu provimento, nos termos do voto do Sr. Ministro Relator".

Os Srs. Ministros Jorge Scartezzini, Laurita Vaz, José Arnaldo da Fonseca e Felix Fischer votaram com o Sr. Ministro Relator.

Brasília (DF), 19 de agosto de 2003 (Data do Julgamento).

Ministro Gilson Dipp, Presidente e Relator.

RELATÓRIO

EXMO. SR. MINISTRO GILSON DIPP (Relator):

Trata-se de recursos especiais interpostos pelo Ministério Público do Estado de São Paulo, com fulcro no artigo 105, inc. III, alíneas "a" e "c", da Constituição Federal e por I.F.S., com fundamento na alínea "a" do permissivo constitucional, contra acórdão do Órgão Especial do Tribunal de Justiça do Estado de São Paulo, que proferiu a seguinte decisão (fl.):

> "Ação Penal Pública. Posse de arma de fogo. Lei n. 9.437/97.
>
> Promotor de Justiça. Autorização legal para posse de arma de fogo de defesa pessoal.
>
> Posse de arma de fogo de uso restrito das Forças Armadas.
>
> Registro necessário. Arma clandestina. Tipicidade da conduta. Delito caracterizado.
>
> Aumento de pena previsto no artigo 10, parágrafo quarto, da Lei n. 9.437/97. Inocorrência. Ação penal procedente em parte contra o réu I.F.S. e procedente contra E.G.F.S..
>
> Circunstâncias favoráveis aos réus. Fixação de pena privativa de liberdade no mínimo legal e multa.
>
> Substituição da pena privativa de liberdade por pena restritiva de direito para E.G.F.S.
>
> Manutenção da pena privativa de liberdade e cumprimento em regime fechado para I.F.S. por ser foragido."

No presente recurso, o Ministério Público sustenta negativa de vigência ao artigo 10, parágrafo quarto, da Lei n. 9.437/97, além de dissídio jurisprudencial quanto à aplicação da causa de aumento de pena.

A defesa, por seu turno, alega contrariedade ao artigo 42 da Lei de Organização Nacional do Ministério Público, ao artigo 223 da Lei de Organização do Ministério Público do Estado de São Paulo e ao artigo 10 da Lei n. 9.437/97; negativa de vigência ao artigo 33, parágrafo segundo, c/c o artigo 3.º do Código Penal e, finalmente, desrespeito ao princípio do duplo grau de jurisdição.

Foram apresentadas contra-razões, pelo Ministério Público (fls.) e, também, por I.F.S. (fls.).

Os recursos foram admitidos (fls.).

A Subprocuradoria-Geral da República opinou pelo provimento do recurso ministerial e pelo parcial provimento do recurso do réu (fls.).

É o relatório.

VOTO

EXMO. SR. MINISTRO GILSON DIPP (Relator):

Trata-se de recursos especiais interpostos pela acusação e pela defesa, contra acórdão do e. Tribunal de Justiça do Estado de São Paulo, que, através de seu Órgão Especial, condenou I.F.S. como incurso no artigo 10, parágrafo segundo, da Lei n. 9.437/97.

Consta dos autos que I.F.S., Promotor de Justiça do Estado de São Paulo, foi denunciado pelo porte ilegal de arma de fogo de uso restrito das Forças Armadas - com a causa de aumento prevista no parágrafo quarto, do artigo 10 da Lei n. 9.437/97 - tendo sido julgado, em razão da prerrogativa de função, pelo Órgão Especial do Tribunal de Justiça do Estado de São Paulo.

Considerada parcialmente procedente a denúncia, o réu foi condenado, nos termos do artigo 10, parágrafo segundo, da Lei n. 9.437/97, a uma sanção de 02 (dois) anos de reclusão, em regime fechado, e ao pagamento de 10 (dez) dias-multa.

Irresignados, tanto o *Parquet* quanto a defesa interpuseram recurso especial contra a decisão.

O Ministério Público, sustentando negativa de vigência ao artigo 10, parágrafo quarto, da Lei n. 9.437/97, além de dissídio jurisprudencial, pretende a aplicação da causa de aumento de pena.

A defesa, por seu turno, sustenta que:

a) houve contrariedade ao artigo 42 da Lei de Organização Nacional do Ministério Público, ao artigo 223 da Lei de Organização do Ministério Público do Estado de São Paulo e ao artigo 10 da Lei n. 9.437/97, eis que, na condição de Promotor de Justiça estaria o réu autorizado a portar arma, independente de porte;

b) houve negativa de vigência ao artigo 33, parágrafo segundo, c/c o artigo 3.º do Código Penal, pois, condenado no mínimo legalmente previsto, sendo réu primário e possuidor de bons antecedentes, deveria ter sido fixado o regime inicialmente aberto para o cumprimento da sanção;

c) por fim, que houve ofensa ao duplo grau de jurisdição, tendo em vista que, julgado pelo Órgão Especial do Tribunal de Justiça do Estado de São Paulo, a ele não pode recorrer da decisão condenatória.

Os recursos foram admitidos (fls.), e merecem ser conhecidos, porque satisfeitos os pressupostos de admissibilidade.

Inicialmente, examino o recurso ministerial.

Assiste razão ao *Parquet*.

De fato, o dispositivo apontado como violado, qual seja o parágrafo quarto da Lei n. 9.437/97, não condiciona que a causa de aumento de pena seja determinada pela prática do delito em razão da função ou de o agente ter-se valido do fato de ser servidor público para tanto.

Nesse sentido, inclusive, já decidiu esta Corte:

> "Penal. Processual. Porte ilegal de arma. Servidor público, aumento de pena. Suspensão condicional do processo. Não aplicação. Habeas corpus. Recurso.

> 1. O que determina o aumento de pena, nos termos da Lei n. 9.437/97, é a simples condição de servidor público, não exigindo a lei qualquer nexo de causalidade entre a função e o evento criminoso.
>
> 2. Eventual atenuante, quando presente, deve ser analisada pelo Juiz, na aplicação da pena, e não pelo Ministério Público, quando do oferecimento da denúncia.
>
> 3. Computada a causa de aumento da pena, e ultrapassados os limites da Lei n. 9.099/95, artigo 89, não se verifica o constrangimento ilegal alegado.
>
> 4. Recurso em Habeas Corpus conhecido, mas não provido" (RHC n. 11.991/PB; Rel. Ministro Edson Vidigal; DJ 22/04/2002)

Passo, agora, ao exame do recurso da defesa.

Inicialmente, deixo de conhecer da irresignação no tocante à alegação de contrariedade ao artigo 223 da Lei de Organização do Ministério Público do Estado de São Paulo, tendo em vista o entendimento pacífico desta Corte no sentido de não se conhecer de recurso especial que verse sobre direito local, de acordo com o teor da Súmula n. 208/STF: "Por ofensa a direito local não cabe recurso extraordinário."

Por outro lado, conheço do recurso quanto às alegações de contrariedade ao artigo 42 da Lei de Organização Nacional do Ministério Público e ao artigo 10 da Lei n. 9.437/97, não merecendo prosperar a irresignação.

Como bem ressaltado pelo acórdão recorrido, a circunstância de o réu ser Promotor de Justiça não o exime do registro da arma que pretende portar e nem mesmo o autoriza a portar instrumento de uso proibido ou restrito pela lei, exatamente o caso dos autos, em que se apurou, mediante perícia, que a arma apreendida era de uso restrito das Forças Armadas.

Confira-se o seguinte trecho da decisão (fls.):

> "[...] Dúvida não há de que a arma apreendida - pistola 9 mm - é uma arma de uso proibido, nos termos do artigo 161, alíneas, 'e' e 'f'', do Dec. 55.649/65, mencionado na denúncia, a saber:
>
> 'Art. 161. São armas, acessórios, petrechos e munições de uso proibido: [...]
>
> e) pistolas semi-automáticas de calibres superiores a 7.65 mm, ou inferiores a 7,65 mm, mas que tenham o comprimento do cano maior de 15 centímetros;
>
> f) pistolas semi-automáticas tipo *Parabellum*; [...]'.

Esse decreto foi revogado expressamente por legislação mais severa - Lei n. 9.437/97 e Dec. n. 2.998/99. Daí o então relator, Des. Djalma Lofrano, haver solicitado laudo complementar ao Instituto de Criminalística (fls.), que assim concluiu:

'Esclarecem os senhores Peritos Criminais que a arma questionada, pistola da marca Taurus, calibre 9 mm e n. TOD65962 (detalhada no laudo de n. 02/140/20367/98) utiliza munição 9 mm LUGER (Parabellum/9x19) para realização de disparo; portanto, está catalogada como de uso restrito, de acordo com as normas da legislação vigente (Decreto n. 2998 de 23/03/1999 - artigo 16, inciso III, (...)'.

Assim, a arma apreendida não é uma arma de uso comum, mas uma arma de uso restrito às Forças Armadas.

Também não há dúvida de que a arma não está registrada. É o que informa o Dr. Dejair Gomes Neto, da Divisão de Produtos Controlados da Polícia Civil de São Paulo - fls.

(*omissis*)

A autorização para que magistrados e promotores possuam arma de fogo vem regrada na LOMAN - Lei Complementar à Constituição Federal n. 35/79, cujo artigo 33, inciso V, refere-se expressamente ao direito de portar arma de defesa pessoal; e nas Leis Orgânicas do Ministério Público Federal e Estadual - Lei n. 8.625/93 (artigo 42) e L.C.E. n. 734/93 (artigo 223).

No que diz respeito aos magistrados, o Conselho Superior da Magistratura já se manifestou em sessão de 2.10.1997 em decorrência de consulta formulada pelo Des. Flávio César de Toledo Pinheiro, concluindo:

'(...) a legislação não exime o magistrado do registro de sua arma de fogo, nos termos do artigo 50 da Lei n. 9.437/97, c.c. o artigo 3.º do Decreto n. 2.22/97. Como não há norma excludente quanto a esse aspecto, e a prerrogativa cingir-se somente a porte, indispensável se torna o registro da arma no Sistema Nacional de Armas - SINARM pelo magistrado, nos termos da legislação em vigor (...)'.

A boa Doutrina aponta no mesmo sentido, inclusive quanto aos promotores: 'são características deste tipo de porte (juízes e promotores de justiça): a) independem de pedido de licença ou de autorização pelo Poder Público, uma vez que concedidos pela própria lei; b) *omissis*; c) não afasta a necessidade do registro da respectiva arma

> de fogo com que se relaciona, uma vez que todas as armas devem possuir sua documentação individual; d) *omissis*; e) em princípio, estão apenas autorizadas armas de uso permitido, pois a finalidade é a autodefesa (conforme é possível observar da Lei Orgânica da Magistratura). Estaria justificada a utilização de arma de uso proibido no caso da profissão ser exercida em situação que contemple a necessidade de sua utilização pelos riscos que oferece (combate ao narcotráfico, terrorismo, crime organizado, etc.); f) o porte não está vinculado a uma arma determinada, aliás é genérico, autorizando o magistrado ou promotor de justiça a portar qualquer arma de uso permitido, desde que registrada' (cf. Luiz Flávio Gomes e William Terra de Oliveira, *Lei das Armas de Fogo*, Ed. Revista dos Tribunais, 1998, p. 125/126)".

Diante disso, não merece reforma a decisão recorrida quanto a este aspecto.

Da mesma forma, merece ser mantido o acórdão, no que diz respeito à alegação de eventual ofensa ao duplo grau de jurisdição.

Verifica-se que o recorrente foi julgado pelo Órgão Especial do Tribunal de Justiça do Estado de São Paulo especificamente em razão da prerrogativa de foro, legalmente estabelecida, em razão de exercer, à época, as funções de Promotor de Justiça. Desta forma, não há como se considerar ocorrente a ofensa apontada.

Nesse sentido, já decidiu o Supremo Tribunal Federal:

> "Constitucional. Competência por prerrogativa de função. Artigos 5.º, LIV, e 96, III, da CF. Exame da causa pelo órgão colegiado. Intenta reconhecimento ao direito de apelação. Inexistência de ofensa ao princípio do duplo grau de jurisdição. Ausência dos pressupostos ensejadores do Mandado de Injunção. Precedentes.
>
> Mandado de Injunção não conhecido." (MI n. 635-1/DF - Rel. Ministro Nelson Jobim; *DJ* 25/10/2002).

Por fim, entendo assistir razão à defesa quanto à possibilidade de fixação do regime aberto de cumprimento da pena, pois as circunstâncias judiciais do artigo 59 seriam favoráveis ao condenado, conforme ressaltado pelo próprio acórdão recorrido, à fl.

Nos termos do entendimento já adotado por esta Turma, se o condenado preenche os requisitos para o cumprimento da pena em regime aberto, eis que sem reincidência e maus antecedentes - por exemplo, não cabe a imposição de regime mais gravoso com base em fundamentação restrita à gravidade do delito praticado, como ocorrido *in casu*.

Não obstante reconhecer-se que há certa discricionariedade na fixação do regime mais rigoroso, quando existirem motivos de fato e de direito a recomendarem tal providência, necessária se faz a pertinente fundamentação em eventuais circunstâncias desfavoráveis do artigo 59 do Código Penal, o que não se vislumbra neste caso específico.

Ao contrário, se a maioria das circunstâncias judiciais do artigo 59 do Código Penal não foi negativamente valorada, tanto assim que a pena base foi fixada no mínimo legal, tem-se como plausível a irresignação.

Nesse sentido, trago à colação os seguintes precedentes desta Corte:

> "Habeas Corpus. *Roubo qualificado. Regime inicial de cumprimento da pena. Matéria não debatida na instância a quo sob o argumento de impropriedade da via eleita. Possibilidade de exame da questão. Imposição de regime mais gravoso tendo como fundamento, unicamente, a gravidade genérica do delito.*
>
> O habeas corpus é instrumento adequado para verificação da legalidade do regime prisional fixado, consoante entendimento pacífico nesta Corte.
>
> A gravidade genérica do delito, por si só, não justifica a imposição do regime inicial fechado, quando a dosagem da pena permite a aplicação do regime menos gravoso, tendo sido consideradas, no momento da fixação da pena-base, as circunstâncias judiciais (artigo 59, CP) favoráveis ao réu, sendo a mesma estabelecida em seu grau mínimo.
>
> Ordem concedida de ofício" (HC 18228/SP, DJ de 03/06/2002, Rel. Min. José Arnaldo).
>
> *"Penal. Processual. Tentativa de roubo. Erro material no cálculo da pena. Regime inicial do cumprimento da pena. CPP, artigo 33, parágrafo terceiro.*
>
> 1. Equívoco manifesto no somatório da reprimenda, passível de correção a qualquer tempo.
>
> 2. A gravidade genérica do delito, por si só, não justifica a imposição do regime inicial fechado, sendo de rigor a observância dos critérios previstos no Código Penal, artigo 59.
>
> 3. Configura constrangimento ilegal a fixação do regime inicial fechado, quando a dosagem da pena permite a aplicação do regime menos gravoso, tendo sido consideradas todas as circunstâncias judiciais (CP, artigo 59), no momento da fixação da pena base, favoráveis ao réu.

> 4. Ordem de Habeas Corpus deferida" (HC 15997/RJ, DJ de 25/02/2002, Rel. Min. Edson Vidigal).
>
> No mesmo sentido, ainda, a jurisprudência do Supremo Tribunal Federal:
>
> *"Penal. Processual penal. Habeas corpus. Sursis. Requisitos. Regime de cumprimento da pena. CP, artigo 77, I.*
>
> A simples alusão à gravidade do delito, sem suficiente fundamentação, não basta, por si só, para a fixação do regime de pena mais gravoso ao réu: HC 77.682-SP, Néri da Silveira, Plenário, 22.10.98.
>
> II - Preenchidos os requisitos objetivos e subjetivos - CP, artigo 77 -, pode ser concedido o sursis.
>
> III - H.C. deferido" (HC 77619/RJ, Ministro Carlos Velloso, DJ de 18/12/98).

Assim, entendo que merece ser conhecido e provido o recurso do *Parquet*, no sentido de que outra decisão seja proferida, com a aplicação da causa de aumento de pena prevista pelo parágrafo quarto do artigo 10, da Lei n. 9.437/97.

Quanto ao recurso da defesa, este merece ser parcialmente conhecido e parcialmente provido para que seja determinado o regime aberto para o cumprimento da reprimenda imposta ao recorrente.

Diante do exposto, conheço e dou provimento ao recurso ministerial e conheço parcialmente do recurso da defesa, para dar-lhe parcial provimento, nos termos da fundamentação acima.

É como voto.

Julgado: 19/08/2003

Relator, Exmo. Sr. Ministro Gilson Dipp: "A Turma, por unanimidade, conheceu parcialmente do recurso interposto pelo réu e, nessa parte, deu-lhe provimento, e conheceu do recurso interposto pelo Ministério Público e lhe deu provimento, nos termos do voto do Sr. Ministro Relator".

Os Srs. Ministros Jorge Scartezzini, Laurita Vaz, José Arnaldo da Fonseca e Felix Fischer votaram com o Sr. Ministro Relator.

Fonte: *DJ* 29/09/2003

RECURSO ESPECIAL N. 509.324-SP (2003/0050243-0)

STJ acórdão RESP - Acórdão do Superior Tribunal de Justiça negando provimento a recuso especial.

Superior Tribunal de Justiça - STJ.

Recurso Especial n. 509.324 - SP (2003/0050243-0) - Relator: Ministro Paulo Gallotti - Recorrente: I.F.S. - Advogado: Dora Cavalcanti Cordani e outros - Recorrido: Ministério Público do Estado de São Paulo.

EMENTA

Processo penal. Recurso especial. Ação penal. Homicídio qualificado e aborto. Promotor de Justiça. Foro privilegiado. Tribunal de Justiça. Competência. Prequestionamento. Reexame de provas. Súmula n. 07/STJ.

1. No exame de recurso especial, não se conhece de matéria que não foi objeto de apreciação pelo Tribunal de origem, ausente assim o necessário prequestionamento.

2. A Constituição Federal, em seu artigo 96, III, prevê a competência privativa do Tribunal de Justiça para o julgamento dos membros do Ministério Público Estadual nos crimes comuns, ressalvando somente a competência da Justiça Eleitoral.

3. A irresignação que busca desconstituir os pressupostos fáticos adotados pelo acórdão recorrido encontra óbice na Súmula n. 7 desta Corte.

4. Cabe ao magistrado valorar a utilidade das provas produzidas, não sendo, contudo, necessário que analise um a um todos os argumentos expendidos pelas partes, porquanto não está obrigado a julgar a questão de acordo com o pleiteado, mas sim valendo-se do que entender suficiente para a formação de sua convicção.

5. Recurso conhecido em parte, mas improvido.

ACÓRDÃO

Vistos, relatados e discutidos estes autos, acordam os Ministros da Sexta Turma do Superior Tribunal de Justiça, na conformidade dos votos e das notas taquigráficas a seguir, por unanimidade, conhecer parcialmente do recurso e negar-lhe provimento, nos termos do voto do Sr. Ministro Relator.

Os Srs. Ministros Paulo Medina e Hamilton Carvalhido votaram com o Sr. Ministro Relator.

Presidiu o julgamento o Sr. Ministro Hamilton Carvalhido.

Brasília (DF), 16 de dezembro de 2003 (data do julgamento).

Ministro Paulo Gallotti, Relator.

RELATÓRIO

O Senhor Ministro Paulo Gallotti: Cuida-se de recurso especial, calcado na alínea a do permissivo constitucional, interposto por I.F.S. contra acórdão do Tribunal de Justiça de São Paulo assim ementado:

> *"Ação penal pública. Homicídio qualificado e aborto sem consentimento da gestante. Prova técnica e grande quantidade de indícios veementes e coerentes a incriminar o réu. Ausência de indicação de motivo para o crime. Possibilidade. Questão de paternidade do nascituro. Irrelevância. Indícios favoráveis ao réu fracos e em pequeno número.*
>
> *Ação procedente. Presença de circunstâncias agravantes. Concurso formal de crimes - artigo 70, 1.ª* parte, do Código Penal. Cumprimento da pena de reclusão pelo homicídio qualificado em regime integralmente fechado. Perda de cargo de Promotor de Justiça" (fl.).

Opostos declaratórios, restaram rejeitados. (fl.)

Aponta o recorrente violação dos artigos 8.2.h da Convenção Americana de Direitos Humanos e 14.5 do Pacto Internacional de Direitos Civis e Políticos, sustentando ter havido supressão do duplo grau de jurisdição, uma vez que o julgamento perante o Órgão Especial daquela Corte não comporta recurso ordinário a uma instância superior.

Alega, ainda, negativa de vigência dos artigos 9.º, 10, parágrafo primeiro, e 13, I, todos do Código de Processo Penal, afirmando que, apesar da exposição do tema em plenário, o Tribunal não enfrentou a questão de não haver sido juntado aos autos o depoimento de M.P.P., ex-namorada do recorrente, colhido no curso do inquérito penal.

Aduz-se, por fim, que o acórdão violou o artigo 381 do CPP, visto que não foram apreciadas todas as teses sustentadas na defesa oral e apresentadas em memoriais distribuídos aos integrantes do órgão julgador, notadamente sobre "o fato de o veículo ter sido encontrado com o motor quente" e sobre "a incompatibilidade do uso de uma pistola 380 automática e a fragmentação apenas parcial do vidro da camionete".

Contra-arrazoado (fls.), o especial não foi admitido. (fls.)

Através da decisão de fl., dei provimento ao agravo de instrumento e determinei a subida do recurso para melhor exame da matéria.

A Subprocuradoria-Geral da República opina pelo não conhecimento do apelo. (fls.)

É o relatório.

VOTO

O Senhor Ministro Paulo Gallotti (Relator): O inconformismo, a meu ver, não deve ser abrigado.

Registre-se, inicialmente, que os artigos 9.º, 10, parágrafo primeiro, e 13, I, todos do Código de Processo Penal, bem como os artigos 8.2.h da Convenção Americana de Direitos Humanos e 14.5 do Pacto Internacional de Direitos Civis e Políticos não foram apreciados pelo acórdão recorrido, tampouco objeto dos embargos declaratórios opostos, ausente, destarte, o requisito indispensável do prequestionamento (Súmulas n. 282 e 356/STF).

Prequestionamento é o exame pelo Tribunal de origem, e não apenas nas manifestações das partes, dos dispositivos que se têm como afrontados pela decisão recorrida.

Anote-se, ainda, que a questão relativa ao constrangimento decorrente do julgamento em foro privilegiado também não foi objeto do voto condutor, limitando-se o Tribunal, após a oposição de embargos declaratórios, a anotar:

> "7 – As alegações do embargante quanto à competência do Tribunal para o julgamento do caso e quanto à restrição de direitos que teria sofrido em razão do sistema previsto pela lei especial não podem ser abordadas no campo estreito dos embargos de declaração.
>
> Jamais o acórdão poderia fazer menção a tais argumentos, que são novíssimos, só surgidos nos presentes embargos. Principalmente quando se sabe que a defesa, em sustentação oral, solenemente afirmou preferir que o julgamento se fizesse perante este Egrégio Órgão Especial do Tribunal de Justiça.
>
> Observe-se ainda que é entendimento assente em nossa jurisprudência civil e penal que o órgão judicante, para expressar a sua convicção, não precisa aduzir comentários sobre cada um dos argumentos levantados pelas partes, se achou fundamento suficiente para a conclusão, o que também vale para os embargos de declaração, notadamente quando as dúvidas são apresentadas sob forma de quesitos numa tentativa ingrata de polemizar com o juiz" (fls.).

Em conseqüência, havendo o acórdão deixado de examinar a questão controversa, mesmo após a interposição dos embargos declaratórios, caberia à parte recorrente, em conformidade com a pacífica orientação jurisprudencial desta Corte, alegar violação do artigo 619 do Código de Processo Penal.

Ainda que assim não fosse, não há qualquer ilegalidade na adoção do chamado foro privilegiado. A própria Constituição Federal, em seu artigo 96, III, prevê a competência privativa do Tribunal de Justiça para o julgamento dos membros do Ministério Público Estadual nos crimes comuns, fazendo ressalva somente quanto à competência da Justiça Eleitoral.

Nesse sentido, anote-se o magistério de Fernando da Costa Tourinho Filho, in *Código de Processo Penal Comentado* (artigos 1.º a 393), 5.ª Edição, São Paulo: Editora Saraiva, 1999, p. 84:

> "E nos crimes dolosos contra a vida, consumados ou tentados, praticados pelas pessoas que têm o Tribunal de Justiça como órgão competente para processá-las e julgá-las, por força de expressa disposição da Lei Maior? Evidente que se a Constituição Federal fixou a competência do Júri para julgar os crimes dolosos contra a vida consumados ou tentados, e considerando que a mesma Carta Política dispõe, expressamente, competir ao Tribunal de Justiça processar e julgar Prefeitos, Juízes e membros do Ministério Público estadual, indiscutível a competência desse foro privativo para o processo e julgamento desses crimes, uma vez que a Constituição pode excepcionar a si própria".

Eduardo Espínola Filho, no *Código de Processo Penal Brasileiro Anotado*, Volume II, 1.ª Edição, Campinas: Editora Bookseller, 2000, complementa: "Há, então, competência absoluta, determinada pela ordem hierárquica da jurisdição, ou instância, e, nos termos do nosso direito processual vigente, a competência se firma originária e privativamente" (p. 250).

Veja-se, ainda, o seguinte precedente:

> "*HC - Constitucional - Tribunal Ddo Júri - Promotor Público - Competência.* A Constituição da República reeditou a instituição do Tribunal do Júri, atribuindo-lhe competência para processar e julgar os crimes dolosos contra a vida (artigo 5.º, XXXIX). A Carta Política, igualmente, estabeleceu ser da competência do Tribunal de Justiça processar e julgar os membros do Ministério Publico, nos crimes comuns e de responsabilidade, ressalvada a competência da Justiça Eleitoral (artigo 96, III). Interpretação sistemática da Constituição (norma especial derroga norma geral) autoriza concluir, porque o homicídio é crime comum, ser da competência do Tribunal de Justiça processar e julgar promotor público acusado desse delito" (HC n. 3.316/PB, Relator o Ministro Vicente Cernicchiaro, *DJU* de 10/3/1997).

Quanto aos demais fundamentos do recurso, revela-se importante transcrever trecho do voto do relator nos embargos declaratórios:

> "1 – A afirmação de que o acórdão não poderia dizer que a morte da vítima se deu em razão de dois disparos de uma pistola automática Taurus, calibre 380, porque contradiz a prova dos autos, está fora do âmbito do recurso de embargos de declaração. A contradição que enseja embargos de declaração é a contradição do acórdão consigo próprio, nunca com a prova dos autos. Trata-se de mera tentativa de rediscussão do tema.
>
> Também não há contradição do acórdão quando diz que não foi possível precisar o calibre da arma. O que o acórdão diz (item 7 – pág. 20 – fls. dos autos) é o seguinte: 'Pelos dois orifícios produzidos na vítima pelos disparos, não foi possível precisar qual o calibre da arma'.
>
> É de percepção elementar que existe aí frase restritiva do alcance da oração principal. Isto é: não foi possível precisar o calibre da arma através do exame dos orifícios.
>
> Ora, o acórdão precisou o calibre da arma por outro motivo, ou seja, porque: 'Na caminhonete foram encontradas duas cápsulas deflagradas, marca WIN, calibre 380, automática" – fl., item B.
>
> 2 – A questão da fragmentação total do vidro da janela do veículo, que teria sido provocada por um único disparo, não foi abordada pela defesa. *Ex abundantia*, declara-se o acórdão, como segue. O primeiro policial a encontrar a caminhonete, R.C.R., informa que o vidro 'tinha um rombo', 'tinha um rombo grande', que havia uma perfuração só mas com 'um diâmetro grande', nada havendo de anormal que os dois disparos tenham produzido esse rombo, principalmente quando se sabe que os disparos tiveram a mesma direção.
>
> 3 – A circunstância de que se fosse ele o autor do crime por certo teria reconhecido o D. ou o 'Romário' não precisava ser referida pelo acórdão. Trata-se de argumento muito secundário e meramente hipotético, dispensável ao juiz abordá-lo especificamente, já que incompatível com os fundamentos do julgado.
>
> Também insignificante a referência dos embargos à testemunha de defesa M.P.P., a qual, aliás, depôs longamente perante o relator – fls. Ao contrário do que dizem os embargos, a defesa, em suas extensas alegações finais, não fez qualquer menção ao fato de não ter vindo para os autos o depoimento de tal testemunha na fase policial. Não consta qualquer reação da defesa quanto a esse ponto em todo o

processado, como também não há indicação de algum prejuízo para a defesa. Quem se referiu àquela testemunha foi apenas a acusação – fl.

4 – A questão do exame residuográfico nas mãos e vestes do acusado foi abordada no item 13 do acórdão, com a afirmação de que se tratava de indício favorável ao acusado, mas que tal exame, quando negativo, não era conclusivo, principalmente se as mãos já tinham sido lavadas.

A defesa agora alega omissão apenas porque não teria sido respondida a sua pergunta de por que não se fez o exame com microscópio eletrônico.

Declara-se o acórdão para constar que o exame se fez pelo método usual, consoante se vê do testemunho do Dr. Fernão Dias da Silva Leme, que desconhecia outro método de exame – fl.

5 – O fato de o veículo ter sido encontrado com o motor quente, segundo o depoimento de R.C.R., também não foi abordado pela defesa. Só em sustentação oral.

De qualquer forma, declara-se o acórdão nesse ponto para constar:

É compreensível que a testemunha R.C.R. tenha afirmado que o motor do carro ainda estava quente. Isto porque R.C.R. diz que chegou ao local 'à meia-noite e pouco' e que tinha sido informado pelo rádio da Polícia Rodoviária sobre a localização. O encontro da caminhonete não demorou, tanto que a vítima, apesar dos dois disparos, ainda foi socorrida com vida, sendo de lembrar-se que o acusado foi correndo até o Posto da Rodoviária, aí chegando em 15 minutos após a meia-noite, como consta do boletim de ocorrência – fl.

6 – Quanto ao fato de a arma do crime não ter sido encontrada, o acórdão é expresso – item 7 – da mesma forma que é expresso a propósito das declarações do acusado quanto a possuir ou não possuir armas de fogo – item 8, nada havendo a declarar" (fls.).

Nas razões do especial, o recorrente afirma que tais provas são "fundamentais ao esclarecimento dos fatos e capaz de aniquilar a hipótese prestigiada pelo v. aresto".

Assim, o exame da irresignação, no ponto, obrigaria, necessariamente, o revolvimento de matéria fático-probatória, providência sabidamente incompatível com a via estreita do apelo especial, incidindo o enunciado da Súmula n. 7 deste Tribunal, *verbis*: "A pretensão de simples reexame de prova não enseja recurso especial".

Ademais, cabe ao magistrado valorar a utilidade das provas produzidas, não sendo, contudo, necessário que analise um a um todos os argumentos expendidos pelas partes, não estando obrigado a realizar o julgamento de acordo com o que elas pleiteiem, mas sim valendo-se do que entender suficiente para a formação de sua convicção.

Ante o exposto, conheço em parte do recurso, mas lhe nego provimento.

É como voto.

VOTO-VOGAL

O EXMO. SR. MINISTRO PAULO MEDINA:

Pretende o recorrente I.F.S. a reforma do acórdão proferido pelo Órgão Especial do Tribunal de Justiça do Estado de São Paulo que o condenou à pena privativa de liberdade de 16 (dezesseis) anos e 4 (quatro) meses de reclusão, como incurso no artigo 121, parágrafo segundo, IV, e artigo 125, c/c artigo 70, primeira parte, todos do Código Penal.

Nos termos da alínea *a* do permissivo constitucional, suscita ofensa à Convenção Interamericana de Direitos Humanos, ao Pacto Internacional de Direitos Civis e Políticos, e violação aos artigos 9.º, 10, parágrafo primeiro, 13, I, e 381, todos do Código de Processo Penal.

Sustenta haver supressão do duplo grau de jurisdição, uma vez que o conhecimento e julgamento originário da ação penal pelo Órgão Especial do Tribunal de Justiça do Estado de São Paulo impossibilita o recurso de apelação.

Aduz, ainda, que o Tribunal *a quo* apreciou tão-somente as teses de defesa suscitadas em alegações finais, silenciando quanto às argüidas oralmente em sessão de julgamento.

Consistem as propostas da defesa:

> – "a arma utilizada no delito certamente não corresponde aos estojos calibre 380 dados como encontrados no interior da caminhonete";
>
> – "o mesmo policial, em outro momento de seu depoimento, asseverou ter encontrado a caminhonete ainda 'com o motor quente'".

Quanto à primeira tese, aduz o recorrente que "tal constatação é peremptoriamente contrária à premissa em que se fundou a condenação".

Aponta, por fim, a falta de juntada de documento (termo de depoimento da testemunha M.P.P.) colhido na fase inquisitorial.

PREQUESTIONAMENTO

A preliminar de não-conhecimento do recurso especial suscitada pelo Ministério Público do Estado de São Paulo, pela ausência de prequestionamento, motivo pelo qual também a Subprocuradoria-Geral da República opina pela sua inadmissibilidade, afigura-se-me improcedente.

As matérias suscitadas no recurso especial constituíram objeto de manifestação pelo Tribunal *a quo*, ainda que em sede de embargos de declaração, de natureza integrativa do acórdão condenatório.

Irrelevantes os argumentos quanto à inexistência de prequestionamento explícito dos artigos tidos por violados, bem como quanto à ausência de argüição das questões pela parte recorrente antes da decisão condenatória.

Já decidiu o Supremo Tribunal Federal que: "O prequestionamento não resulta da circunstância de a matéria haver sido empolgada pela parte recorrente. A configuração do instituto pressupõe debate e decisão prévios pelo Colegiado, ou seja, emissão de juízo sobre o tema".

Ademais, em sede de recurso especial criminal, cujo conhecimento cinge-se ao *error juris in judicando*, o rigorismo do prequestionamento deve ser mitigado, em consideração à possibilidade da concessão do habeas corpus de ofício.

Nesse sentido:

> "Ementa: I. Recurso extraordinário, prequestionamento e habeas corpus de ofício. Em recurso extraordinário criminal, perde relevo a discussão em torno de requisitos específicos, qual o do prequestionamento, sempre que – evidenciando-se a lesão ou a ameaça à liberdade de locomoção – seja possível a concessão de habeas corpus de ofício. [...]".

O duplo grau de jurisdição não é garantia constitucional.

A competência especial do Tribunal de Justiça por prerrogativa de foro atribuída ao membro do Ministério Público afasta a argüição de ofensa do duplo grau de jurisdição.

Esta Corte, no julgamento do Recurso Especial n. 476461/SP, em 19/08/03, interposto pelo ora recorrente I.F.S., já se manifestou sobre a matéria, *verbis*:

> "Da mesma forma, merece ser mantido o acórdão, no que diz respeito à alegação de eventual ofensa ao duplo grau de jurisdição.
>
> Verifica-se que o recorrente foi julgado pelo Órgão Especial do Tribunal de Justiça do Estado de São Paulo especificamente em razão da prerrogativa de foro, legalmente estabelecida, em razão de exercer, à

época, as funções de Promotor de Justiça. Desta forma, não há como se considerar ocorrente a ofensa apontada".

Nesse sentido, já decidiu o Supremo Tribunal Federal:

"*Constitucional. Competência por prerrogativa de função. Artigos 5.º, LIV, e 96, III, da CF. Exame da causa pelo órgão colegiado. Intenta reconhecimento ao direito de apelação. Inexistência de ofensa ao princípio do duplo grau de jurisdição. Ausência dos pressupostos ensejadores do mandado de injunção. Precedentes. Mandado de injunção não conhecido*" (MI n. 635-1/DF – Rel. Ministro Nelson Jobim, *DJ* 25/10/2002)".

No mesmo sentido, outro precedente do Supremo Tribunal Federal:

"Ementa: [...]

No ordenamento jurídico-brasileiro não existe a garantia do duplo grau de jurisdição. A Constituição concede aos Prefeitos foro especial por prerrogativa de função.

Determina que sejam julgados originariamente pelo Tribunal de Justiça (CF, artigo 29, X). [...]".

A apontada violação aos artigos 9.º, 10, parágrafo primeiro, 13, I, todos do Código de Processo Penal, possui como fundamentos a falta de juntada de documento (termo de depoimento da testemunha M.P.P.) colhido na fase inquisitorial.

Eis o teor dos dispositivos legais apontados:

"Art. 9.º Todas as peças do inquérito policial serão, num só processado, reduzidas a escrito ou datilografadas e, neste caso, rubricadas pela autoridade.

"Art. 10. [...]

Parágrafo primeiro. A autoridade fará minucioso relatório do que tiver sido apurado e enviará autos ao juiz competente. [...]

Art. 13. Incumbirá ainda à autoridade policial:

I – fornecer às autoridades judiciárias as informações necessárias à instrução e julgamento dos processos; [...]."

Pretende-se o reconhecimento da nulidade do processo, com base em tais fundamentos.

Orienta a teoria das nulidades no processo penal o princípio do prejuízo.

Está positivado no artigo 563 do Código de Processo Penal: "Art. 563. Nenhum ato será declarado nulo, se da nulidade não resultar prejuízo para a acusação ou para a defesa."

O princípio do prejuízo

> "constitui seguramente a viga mestra do sistema das nulidades e decorre da idéia geral de que as formas processuais representam tão-somente um instrumento para a correta aplicação do direito; sendo assim, a desobediência às formalidades estabelecidas pelo legislador só deve conduzir ao reconhecimento da invalidade do ato quando a própria finalidade pela qual a forma foi instituída estiver comprometida pelo vício".

Caberia ao interessado, portanto, a demonstração do prejuízo, quedando-se inerte em tal mister.

Não bastasse, o depoimento da referida testemunha foi tomado em juízo, oportunidade em que informou haver deposto na Delegacia, embora não haja assinado o termo, repetindo o que disse na fase policial, com a ressalva de não haver sofrido qualquer coação.

Quanto ao argumento da desconsideração das teses de defesa, pretende o recorrente, a rigor, o reexame da matéria fático-probatória.

A primeira tese, "a arma utilizada no delito certamente não corresponde aos estojos calibre 380 dados como encontrados no interior da caminhonete", foi apreciada pelo Tribunal *a quo*, o que ressai dos próprios fundamentos recursais quando se assevera que "tal constatação é peremptoriamente contrária à premissa em que se fundou a condenação".

Houve, pois, análise da tese de defesa, consistindo a pretensão do recorrente na rediscussão da prova, vedada pela Súmula n. 7 desta Corte.

Quanto à segunda tese, "o mesmo policial, em outro momento de seu depoimento, asseverou ter encontrado a caminhonete ainda 'com o motor quente', o que revelaria incongruência em relação à fundamentação do decreto condenatório, tem-se a manifesta intenção de provocar a reapreciação das provas dos autos, buscando a alteração do resultado do julgamento.

Em sede de embargos de declaração, o Tribunal *a quo* discorreu sobre a questão, consignando que

> "é compreensível que a testemunha R.C.R. tenha afirmado que o motor do carro ainda estava quente. Isto porque R.C.R. diz que chegou ao local, 'à meia-noite e pouco' e que tinha sido informado pelo rádio da Polícia Rodoviária sobre a localização. O encontro da caminhonete não demorou, tanto que a vítima, apesar dos dois disparos, ainda foi socorrida com vida, sendo de lembrar-se que o acusado foi correndo

até o Posto da Rodoviária, aí chegando em 15 minutos após a meia--noite, como consta do boletim de ocorrência – fls.".

Inexistente, pois, a omissão quanto ao conhecimento das teses da defesa.

Portanto, a) a competência especial do Tribunal de Justiça por prerrogativa de foro atribuída ao membro do Ministério Público afasta a argüição de ofensa do duplo grau de jurisdição, que não se constitui em garantia constitucional; b) orienta a teoria das nulidades no processo penal o princípio do prejuízo, quedando-se inerte o recorrente na sua demonstração; c) vedada a rediscussão da matéria fático-probatória, nos termos da Súmula n. 7 do STJ.

Posto isso, conheço parcialmente do recurso especial e, nesta extensão, nego-lhe provimento.

Fonte: Arquivo pessoal e TJSP

ÍNDICE ALFABÉTICO-REMISSIVO

Reintegração de posse, *20, 22, 24, 38, 56, 71, 88, 118-20, 631-2*

Esta obra foi composta na fonte Minion Pro, corpo 11, diagramada por Brandão Design e impressa pela Gráfica Rettec em papel Off-set 75g para a Editora Singular em Março de 2017.